융,
그의 삶과 저작

바바라 한나 지음 | 심상영 · 김영중 옮김

한국심층심리연구소

Jung, his life and work

A Biographical Memoir
by Barbara Hannah

Copyright 1999 ⓒ Chiron Publications
Korean Translation Copyright ⓒ 2010
by Center for Depth Psychology in Korea
Printed in Seoul, Korea.

이 책의 한국어판 저작권은 Chiron Publications와의 독점계약으로 한국어 판권을 한국심층심리연구소가 소유합니다. 저작권법에 의해 보호받는 저작물이므로 무단 전제와 무단 복제를 금합니다.

융, 그의 삶과 저작

지은이 | 바바라 한나
옮긴이 | 심상영 · 김영중
펴낸이 | 심상영
초판 펴낸날 | 2013년 10월 25일
펴낸곳 | 한국심층심리연구소
       서울시 서대문구 충정로 3가 30-17
       충정솔레디움 아파트 101-403
전화 | 02-312-4665
이메일 | cdpk2005@naver.com
팩시밀리 | 02-312-4627

등록번호 | 제 312-2005-000017호(2005년 7월 13일)

ISBN 979-11-85171-00-5 (93180)
값 30,000원

융,
그의 삶과 저작

8
Bearings

옮긴이의 말

    지은이 바바라 한나Barbara Hannah(1891-1986)는 영국 성공회 사제의 딸로 자랐으며, 원래는 화가였으나 뒤늦게 스위스로 가서 융 분석가가 된 후, 무의식의 소리에 귀를 기울이며 객체정신客體精神, objective psyche과의 진지한 관계에 기초하여 평생을 살았던 사람이다.

    이 책은 융이 세상을 떠날 때까지 30년 이상 가까이서 그를 지켜보며 도움을 주었던, 한 충실한 제자의 융에 대한 전기적인 회고록이다. 바바라 한나는 융의 일화를 그때마다 일일이 비망록 형식으로 적어 놓았던 것을 중심으로 이 책을 썼다고 밝히고 있다.

    2011년 겨울, 스위스의 성자 니클라우스 폰 플뤼에의 정신이 서려있는 쌍트 니클라우젠의 베다니 수도원에서 있었던 세미나에 참석했다가 이 책의 중요성을 새롭게 깨닫고 돌아온 후, 꾸준히 번역작업을 하여 이제야 세상에 나오게 되었다.

    이 책을 읽는 이들은 융이 그의 심리학을 어떻게 삶으로 살아냈는지 생생하게 체험하는 동시에 그의 진솔한 인간적인 면모를 접할 수 있는 기회를 얻게 될 것이다. 아울러 그의 저작이 어떻게 이루어졌는지 알게 됨으로써 융 심리학 공부에 도움을 받을 수 있으리라 믿는다. 원서에 주가 빠진 부분이 더러 있어서, 가능한 한 일일이 찾아 주를 달려고 노력했다. 그래서 주 번호가 원서와 달라진 것도 있다.

 이 책 제 6, 7, 8, 9장과 10장의 일부는 김영중 연구원이 번역했는데, 내가 문장을 고쳤다. 『주역』에 관한 부분을 옮기는데 도움을 준 유학자儒學者 안재순 교수와 원고를 읽기 편하게 다듬어 준 아내에게 고마운 마음을 전한다. 특히 스위스 융 심리학 재단Stiftung für Jung'sche Psychologie의 이사장 한스웰리 에터 박사Dr. Hansueli Etter의 격려와 지원에 감사드린다.

2013년 8월 21일

심 상 영

서문

이 책은 C. G. 융의 공식적인 전기가 아니라 그의 생애를 내 나름대로 살펴본 전기적인 회고록이다. 어니스트 존스Ernest Jones(프로이트의 영향을 받았으며 정신분석을 영국과 미국에 정착시키는 데 힘쓴 정신분석학자 - 역주)의 『지그문트 프로이트의 삶과 저작The Life and Work ot Sigmund Freud』과 같은 상세한 전기를 쓰기에는 시기상조라고 본다. 그런 전기를 쓰려면 현재 융의 가족이 갖고 있는 많은 문헌들을 주의 깊게 연구해야 되는데, 아직은 이러한 것들을 입수할 수 없는 형편이다. 실제로 나는 융의 자녀들이 그들의 아버지에 대한 전기가 쓰여 지는 것을 매우 싫어했다는 것을 알고 있다. 왜냐하면 그들은 필요한 모든 것이 『C. G. 융의 회상, 꿈 그리고 사상Memories, Dreams, Reflection』(이하부터는 『회상』으로 표기한다 - 역주) 안에 이미 언급되어 있다고 보기 때문이다. 그러므로 나는 이 책을 쓰고 있다는 것을 그들 중 아무에게도 알리지 않았다. 이 책을 다 쓰고 나서, 출간되기 전에 읽어보라고 하자 그들은 그리 탐탁하게 여기지 않았다.

그들의 아버지를 다른 관점에서 살펴보았기에 이것은 놀랄 일이 아니다. 나는 융의 가정생활에 대해 별로 아는 게 없다. 가족들과 생활하는 것이 융에게는 매우 행복했고, 또 매우 의미 있었다는 것 외에는 말이다. 이 책은 전적으로 나의 관점, 즉 분석시간 외에도 그를 만날 수 있는 특혜를 누렸던 한 제자의 관점에서 쓰인 것이다. 융은 『회상』의 거의 모든 내용을 어떤 외적인 사건보다도 그에게 훨씬 더 의미가 있었던 내적인 삶에 할애했다. 그가 나에게 항상 얘기해 주었던 것은 그의 삶의 이러한 내적인 측면이기도 했다. 나는 그가 처음에 그의 심리학을 어떻게 삶으로 살아냈고, 훗날 비로소 자신이 살았던 삶을 어떻게 말로 표현했는지 보여주면서, 그의 삶의 과정을 연대기적으로 따라가 보려고 했다.

융은, 나와 그의 공통점은, 정신적 전체성psychological wholeness, 곧 그가 개성화 과정individuation process이라 불렀던 것에 내가 큰 관심을 가진 것이라고 말하곤 했다. 그러므로 나는 이 책 전체를 통해 융에게 있어서 이런 과정이 어떻게 발달해 왔는지 주목하려고 했다. 그는 놀라울 정도로 전체성에 도달했고, 또 삶의 모든 가능한 측면을 철저하게 살아냈기에, 그 어떤 책으로도 그에 대해 서술하기가 불가능할 정도다. 아마 그가 살았던 삶의 일부분만 묘사한다 해도, 책이 족히 10권은 되고도 남을 것이다.

나는 또한 내가 죽으면 나와 함께 사장死藏될 정보를 기록하려고 했다. 어쩌면 이 책을 출간하는 것이 시기상조일지도 모르는 많은 것들을 언급하는 데에는 용기가 필요했다. 내가 알고 있는 사실 중에는 융의 토니 볼프Toni Wolff와의 오랜 관계가 포함되어 있다. 두 사람의 관계에 대해 계속 떠돌고 있는 거짓 소문들이 있다. 그래서 나는 그것을 균형 잡힌 관점에서 언급해야겠다고 느꼈다. 아마 나는 서로 관련되어 있는 세 사람, 곧 토니 볼프, 엠마 융Emma Jung, 그리고 융 자신에게서 이러한 사실들에 관해 들었던, 아직 생존해 있는 마지막 사람들 중 한 사람일 것이다. 이런 관계는 이미 폴 로젠Paul Roazen이 프로이트와 타우스크Tausk에 관해 쓴 책*에 언급된 바 있다.

같은 이유로 나는 융이 나치였다는 우스꽝스럽지만, 이상할 정도로 계속 없어지지 않고 떠도는 소문과 관련된 것을 자세히 다루었다. 이것은 편치 않은 일이었다. 나는 나치가 처음 생긴 때부터 나중에 나치가 몰락할 때까지 퀴스나흐트Küsnacht에서 살았으며, 그 때 융을 자주 만났다. 그것은 그가 종종 나와 토론

---

* *Brother Animal*, Alfred A. Knopf, Inc., New York, 1969, p. 165.

했던, 매우 드문 외적인 주제 가운데 하나였다. 그러므로 나는 그것에 대해 증언을 할 위치에 있다고 느낀다.

나는 이미 『회상』에 나와 있는 것, 특히 처음 몇 장에 나와 있는 많은 부분을 불가피하게 반복했다. 이러한 것들은 융에게 중요했던 삶의 측면들이었으며, 그 중 대부분은 그가 기억들을 기록하는 과제를 수행하기 오래 전에 나에게 얘기한 것들이다. 나는 약간 다른 관점에서 이러한 많은 측면들을 전달하려고 했으며, 또한—비록 내가 그러한 측면들이 처한 입장을 이해하려고 최선을 다했지만—자세한 것은 늘 『회상』을 참조했다. 그 책은 매우 광범위하게 읽혀왔으며, 언제나 융에 관한 가장 심오하고 믿을 만한 자료로 남아 있게 될 것이다.

나는 이 책을 내가 꼭 써야만 한다고 제안을 했던, 고인이 된 에스더 하딩Esther Harding에게 깊이 감사하지 않을 수 없다. 그녀의 진취적인 자극이 없었다면 이 책을 쓸 엄두를 내지 못했을 것이다. 이 책을 끝낼 수 있었던 것은 바트 라가즈의 휴고 코흐 박사Dr. Hugo Koch가 지혜로운 마음으로 나를 보살펴 준 덕분이다. 또한 나는 페터 비르크호이저Peter Birkhäuser에게 감사한다. 그는 자신의 장인이요 융의 평생 친구였던 알버트 외리Albert Oeri에 대한 정보를 관대한 마음으로 제공해 주었고, 김나지움과 바젤대학 시절에 대해 물었을 때도 친절하게 답해 주었다. 나는 전체 원고를 공들여 거듭 타이핑해줌으로써 많은 도움을 주었던 우나 토마스Una Thomas에게도 감사한다.

무엇보다도 나는 마리-루이제 폰 프란츠Marie-Louise von Franz와 버논 브룩스Vernon Brooks에게 빚을 졌다. 폰 프란츠는 동시성synchronicity에 관한 융의 논문을 잘 요약해 주었을 뿐만 아니라, 여러 가지 방법으로 나를 꾸준히 도와주기도 했다. 브룩스는 여름휴가 동안 이 책의 원고를 두 번이나 읽고, 전체를 속속들이 고쳐주었다. 그는 의미를 바꾸지 않고, 멋있는 말로 만드는 특별한 재능을 가지고 있다. 이 책은 그에게 힘입은 바가 크다.

1974년 볼링겐에서
바바라 한나

- 옮긴이의 말 ·· 5
- 서문 ·· 7

제1장 스위스의 땅 ··· 13
제2장 어린 시절의 인상(1875-1886) ······································ 25
제3장 바젤 김나지움(1886-1895) ·· 55
제4장 바젤 대학(1895-1900) ·· 91
제5장 부르크휠츨리 정신병원(1900-1909) ··························· 113
제6장 퀴스나흐트 초기시절(1909-1914) ······························· 143
제7장 제1차 세계대전(1914-1918) ·· 169
제8장 국경이 열리다(1919-1925) ·· 211
제9장 여행(1925-1926) ··· 239
제10장 유럽으로 돌아오다(1926-1933) ································· 275

제11장 먹구름이 유럽을 뒤덮다(1933-1937) ·············· 317

제12장 인도 간주곡(1937-1938) ·············· 365

제13장 먹구름이 짙어지다(1938-1939) ·············· 385

제14장 제2차 세계대전(1939-1945) ·············· 403

제15장 풍성한 수확기(1945-1952) ·············· 437

제16장 융합의 비의(1952-1955) ·············· 473

제17장 만년의 삶(1955-1959) ·············· 497

제18장 뿌리로 돌아가다(1960-1961) ·············· 521

• 주석 ·············· 534
• 참고문헌 ·············· 553

제1장

스위스의 땅

스위스가 세계에서 가장 잘 알려진 관광의 중심지이긴 하지만, 의외로 다른 방면으로는 거의 알려져 있지 않다. 만년에 융은 자신이 베른의 곰(스위스의 수도인 베른에는 유명한 곰 공원이 있으며, 베른 주의 깃발에는 곰이 그려져 있다 - 역주)처럼 상당한 즐거움을 주는 관광대상이 된 것을 불만스럽게 여기곤 했다. 유명해진 늙은 융을 보고 싶어서 스위스를 찾는 것이 거의 관광의 일부가 되었던 것이다. 마치 마터호른Matterhorn이나 융프라우Jungfrau를 놓쳐서는 안 되듯이 말이다.

당연히 그의 프라이버시를 침범하지 못하게 해야 하는 데에는 분명한 이유가 있었지만, 그것은 매우 건강한 본능에 기초한 것이었다. 스위스의 유명한 산들이 스위스에 속해 있고 스위스의 땅에 뿌리박고 있듯이, 융은 근본적으로 스위스에 속해 있다. 그가 국제적으로 명성이 나 있었고, 각국 사람들의 관점을 이해하고, 그들의 언어를 문자적으로 혹은 적어도 심리학적으로 말할 줄 아는 능력이 있었음에도 불구하고, 그는 철저하게 스위스 사람이었고 또 스위스 사람으로 살았다. 그러므로 처음에 덜 알려진 그의 나라의 특징들을 간단하게나마 살펴보지 않고 그를 묘사하기는 불가능할 것이다. 왜냐하면 그러한 특징들이 특히 그의 성장과 발달에 영향을 미쳤기 때문이다.

제임스 조이스James Joyce(1882-1941. 아일랜드 출신의 작가 - 역주)는 스위스를

"혼魂의 국립공원 Naturpark des Geistes"이라 불렀는데, 이것은 상당히 타당한 말이다. 우선, 스위스는 틀림없이 민주주의 국가이며, 비교적 정당정치를 하지 않는 나라다. 예컨대 영국 사람들과는 달리 스위스 사람들은 국회의원들을 선출하지 않으며, 수년 간 모든 정치권력을 그들의 손에, 더 나쁘게는 그들의 당의 손에 맡기지 않는다. 만일 정부가 나라를 잘 다스리지 못하면 영국 사람들이 할 수 있는 일은 큰 소리로 불평하고, 신문에 글을 쓰고, 모든 선거에서 반대 의견을 표하는 것이다. 그러나 스위스에선 매우 다르다. 어떤 스위스 정부도 국민의 여론을 묻지 않고는 그 어떤 중요한 문제도 결정할 수 없다. 다시 말해 스위스 국민들은 직접 투표, 곧 찬반 투표를 통해 그들 스스로 문제를 결정한다. 참다운 의미에서 볼 때, 민주주의는 스위스 사람들에게서 시작되고 자라났다고 볼 수 있다. 대부분 그들은 나라의 결정을 받아들이지만, 그것을 좋아하지 않을 수도 있다. 왜냐하면 그것은 다수의 뜻이지만, 어떤 더 큰 불만을 자아내는 나쁜 형태일 수도 있기 때문이다. 물론 어떤 사람들은 항상 특별한 결정이 개탄스럽거나 심지어 손해가 될 수도 있다고 생각할 수 있다.

그의 시대의 엄청난 요구에도 불구하고, 융은 항상 투표권자로서의 의무를 충분히 받아들였다. 그러나 그것이 그에게는 별로 흡족하지 않았다. 다만 만년에는 그의 아들이 그를 대신하여 투표권을 행사하게 해 달라는 청원이 받아들여져서 아들이 대신 투표를 했다. 그 전에 그는 주말을 잘 지내라는 말을 들으면 종종 상당히 애석해하며, "난 볼링겐[그가 좋아하는 별장]에 갈 수가 없어요. 투표하러 가야만 해요."[1] 라고 말하곤 했다. 스위스 사람들은 책임감이 있다. 나는 다른 그 어떤 나라에서도 이처럼 책임 있는 사람들을 본 적이 없다. 이것이 그들의 성격에 상당히 영향을 주었다고 여겨진다. 학생 때부터 그들은 국가의 복지를 위임할 수 있는 사람이 아무도 없다는 것을 이미 배운다. 즉, 국가의 복지가 항상 개인이 각기 투표권을 지혜롭게 사용하는데 달려 있다는 것을 말이다.

스위스의 유권자들은 거의 대부분 농부 출신이며, 땅과 그들의 본능에 여전히 확고히 뿌리박고 있다. 이것은 스위스에서 "서머 타임"을 숙명처럼 받아들이는 것을 보면 잘 알 수 있다. 다른 모든 나라의 농부들은 서머 타임을 매우 싫어했다. 왜냐하면 젖소들은 자연스레 해가 뜨고 지는 시간을 따르기 때문에, 농부들이 아침마다 제때에 우유를 시장에 갖다 주는 일이 불가능하진 않았지만 힘들었기 때문이다. 나머지 사람들은 자연스레 일을 마친 후에 해가 떨어지기 전 낮 시간을 즐길 수 있었고, 상업적으로도 전기를 상당히 절약할 수 있었다. 거의 모든 나라에서는 후자의 바람이 이루어졌으며, 농부들과 젖소들은 최선을 다해 잘 적응해야만 했다. 그러나 스위스에서는 서머 타임이 여름에만 지속되었으며, 그런 다음 국가는 농부들과 젖소들로 표현되는 자연 현상을 받아들여야만 했다.

오늘날에도 스위스에는 뿌리 뽑힌 도시 인구를 가진 큰 도시들이 더 큰 나라들에 비해 별로 없다. 이런 현상은 지금보다도 융이 어렸을 때 훨씬 더 뚜렷했었다. 예컨대 취리히 호반에 위치해 있는 퀴스나흐트는 1909년에 융이 취리히에서 이주했을 때 작은 마을에 불과했고, 그 때만 해도 결코 큰 마을이 아니었다. 그는 호숫가 땅을 사서 집을 짓고 거기서 나머지 삶을 살았는데, 그 때는 완전히 시골이었다. 다행히도 그는 큰 정원을 만들어 프라이버시를 유지하기 위해 충분히 넓은 땅을 샀는데, 그 당시에는 값이 매우 쌌다. 그의 정원 주위에 속속 들어선 건물들을 바라보며 융은 나에게 슬픈 어조로 이렇게 말한 적이 있다. "저 모든 건물들을 바라보면 내가 나이가 많이 들었다는 걸 느낀답니다." 그러나 바로 이웃 마을과는 달리 퀴스나흐트는 대도시 취리히의 일부가 되는 것을 계속 거부하고 열심히 독립을 지켜냈다.

물론 스위스는 현 시대의 엄청난 감염에서 완전히 자유로울 수 없었다. 스위스에는 공산주의자들이 더러 있었고, 지난 전쟁(제2차 세계대전을 말함 - 역주) 이전에 그리고 전쟁 중에 나치들이 소수 있었다. 그러나 이런 사람들은 극소수였다. 지금까지 어쨌든 대다수 책임적이고 상식을 가진 사람들이 잘 제어하며 살고 있고, 실제로 파업이 일어난 적이 별로 없다. 내가 처음 스위스에 온 — 거의 40년 전에 — 이후에 큰 도시들, 특히 취리히는 정말 그 규모가 엄청나게 커졌고, 인구가 늘어남으로써 상당한 감염 위험의 다른 징후들이 생겼다. 그러나 다행히도 스위스 사람들은 스스로 그런 위험을 충분히 인식하고 있으며, 그것에 가장 잘 대처할 수 있는 것이 무엇인지 의식하고 있다.

정보에 밝은 사람들조차도 잘 모르고 있는 다른 국가적인 특징은 스위스 군의 중요성에 대한 것이다. 스위스는 아주 작은 나라이며 수백 년 동안 외국과의 전쟁을 치른 적이 없기 때문에 스위스 군이 아마추어 수준이며 스위스 사람들은 군을 잘 운용하지 못한다고 생각하는 경향이 있다. 그것은 전혀 사실이 아니다. 스위스 남자들은 군에 대해 굉장한 관심을 가지고 있으며, 오늘날까지도 모든 것이 효율적으로 잘 운용되고 있다. 그 결과 스위스가 그토록 오랫동안 중립국으로 남아 있을 수 있었던 것이다. 제2차 세계대전 기간에 스위스는 공격을 받지 않았다. 왜냐하면 독일인들이 스위스를 공격하려면 자기네 군인들이 적어도 50만 명은 희생되어야 한다고 추산했기 때문이다. 어쩌면 더 많은 수가 희생되었을지도 모르며, 그래도 스위스 사람들은 결코 항복하지 않았을 것이기 때문이다.

나는 제2차 세계대전 기간에 취리히 호반에 있는 한 호텔에 살고 있었다. 한동안 거기 머물고 있었기에 그 호텔을 소유하고 있던 가족을 아주 잘 알고 있었다. 그 남편이 그 마을의 면장으로 있었는데, 전쟁이 실제로 발발하기 직전에 전면적인 동원령을 이미 받은 상태였다. 그의 아내는 나에게 이렇게 말했다. "만약 독일인들이 이리로 오면[취리히는 스위스 방어에서 중요한 지점에 포함되어 있었다], 우리는 여기서 식사하는 모든 독일인들을 독살할 겁니다. **그들 모두를 말입니다.**" 나는 정말 그녀가 어떤 일이라도 할 것이라고 확신했다. 그녀에게는 대다수의 국민들이 공유하고 있는 투지가 있었다. 독일인들은 이런 투지에 대해 잘 알고 있었다. 또한 그들은 스위스 군이 갖추고 있는 최신장비에 대해서도 잘 알고 있었다. 전쟁 기간에는 그들의 병력이 적어도 두 배나 국경에 집결되어 있었지만, 그들은 그들이 "무장한 작은 고슴도치"라고 불렀던 스위스를 결코 함부로 공격하지는 못했다.

의무적으로 군에 징집될 나이였을 때 융은 매우 열심히 군 복무를 했다. 그가 "무의식과 대면"[2]하는 동안, 즉 종종 모든 것에 대해 의심이 생길 때, 일상생활에서 정체성을 든든하게 해 주었던 것은 바로 자신이 전문의며 스위스군의 대위라는 사실이었다. 그는 군복무 시절, 특히 자신이 좋아하는 고트하르트 고개Gotthard Pass에서 근무했던 시절에 대해 이야기하곤 했다. 그는 마치 그 시절이 가장 행복했던 것처럼 회상했다. 대체로 음악에 재능이 있는 사람은 아니었지만, 누가 옛 군가를 시작하면, 소년처럼 열정적으로 같이 불렀다.

융 심리학의 발달 과정에서 큰 역할을 한 스위스의 또 다른 특징이 있다면, 그것은 그의 나라가 수백 년 전에 다른 나라와 싸우는 것을 그만두었다는 사실이다.

그 자신의 마음에서 보다 다른 곳에서 악마를 보려는 인간의 치명적인 경향에 대해 말하면서 융은, 영국방송협회B.B.C.의 세 번째 프로그램(1947년 11월 3일, 일요일)에서 이런 말을 했다.

예컨대 프랑스어를 하는 스위스 사람이 고지高地 독일어(현재 독일의 표준어 - 역주)를 하는 스위스 사람을 모두 악마로 본다면, 스위스에 사는 우리는 계속 내전에 시달렸을 것입니다. 우리는 또한 그러한 전쟁이 불가피했던 가장 확실한 경제적인 이유들도 알았을 것입니다. 그런데 우리는 내전을 치르지 않았습니다. 왜냐하면 우리는 4백 년 전에 이미 어떤 교훈을 얻었기 때문입니다. 우리는 외적인 전쟁을 피하는 것이 낫다는 결론에 이르렀습니다. 그래서 우리는 이런 사실을 깊이 깨닫고, 우리끼리 갈등을 겪었습니다. 스위스에서 우리는 소위 "완벽한 민주주의"를 확립했습니다. 이런 민주주의를 통해 우리의 호전적인 본능이 스스로 "정치적인 삶"이라 불리는, 내적인 싸움의 형태로 해소되었습니다. 우리는 법과 헌법이 허용하는 한, 그 안에서 서로 싸웁니다. 따라서 우리는 민주주의를 완화된 내전이 계속되는 상태로 생각하는 경향이 있습니다. 우리는 결코 우리 자신과 평화롭게 지내는 게 아닙니다. 반대로 우리는 서로 싸옵니다. 왜냐하면 우리는 내적인 전쟁에서 승리를 거두었기 때문입니다. 우리가 겉으로 평화롭게 보이는 것은, 다만 우리를 불안하게 만들 수 있는 외국의 침입자들로부터 우리의 내적인 분쟁을 지켜주는 데 이바지합니다. 따라서 우리는 상당히 성공한 것입니다. 그러나 우리는 아직 궁극적인 목표를 이루진 못하고 있습니다. 우리는 아직도 우리 몸 안에 적을 가지고 있습니다. 또한 우리는 아직 우리 자신 안에 도사리고 있는 정치적인 불화를 내향화하지 못하고 있습니다. 우리는 우리 자신 안에서 평화를 이루어야한다는 건전하지 못한 확신으로 고통을 겪고 있습니다. 그러나 모든 사람이 그 자신의 그림자를 볼 수 있고, 정말 가치 있는 유일한 투쟁, 곧 우리 자신의 그림자가 지닌 압도적인 권력 충동과의 싸움을 시작한다면, 우리 국가 안에 존재하는 완화된 전쟁 상태가 끝나게 될 것입니다. 우리가 우리 자신과 싸우고 있기 때문에 스위스에서 사회질서가 그런대로 무난히 유지되고 있는 것입니다. 사람들이 전투 욕망을 그들 자신 안에서 볼 수 있다면 완전한 질서가 자리 잡히게 될 것입니다. 안타깝게도 우리의 종교 교육조차도 이렇게 되는 데 도움이 되지 못합니다. 종교 교육은 즉시 내면의 평화를 주겠다는 거짓된 약속을 늘어놓을 뿐입니다. 평화는 마지막에, 승리와 패배의 의미가 퇴색된 후에나 찾아올지 모릅니다. 주님은 이렇게 말씀했습니다. "내가 평화를 주러 온 것이 아니라 칼을 주러 왔다."[3]

각 개인에게서 "전투 욕망"을 보도록 하는 것이 융에게 남겨진 과제였다. 그러나 이런 측면은 나중에 다루어 볼 것이다. 문제는 융이 수백 년 동안 "내적인 전쟁에서 승리를 거둔" 나라에서 태어나고 자랐다는 것이다. 즉, 그것은 이미 외국이 아닌 나라 안에서 대극 사이의 갈등을 볼 수 있는 방향으로 활기찬 단계에 진입했음을 의미한다. 학교에서 국가의 역사를 배울 때, 대부분의 나라 어린이들은 그들 자신의 들보에 대해서는 어떤 것도 배우지 않고, 이웃 나라의 눈에서 티를 보는 것(마태복음 7:3)을 배운다. 바로 그런 교육으로 인해 그들은 그리스도의 모든 말씀이 지닌 심리학적인 중요성을 인식할 수 있는 기회를 갖지 못한다. 티와 들보 심리학은 프랑스와 독일 같은 나라에서 가장 분명하게 드러난다. 이웃 나라들은 서로 상충되는 관심사를 가지고 있다. 영국 국가國歌에는 신에게 드리는 이런 기도가 들어 있다. 자비로운 국왕의 적들인 "그 나라들을 어지럽혀 주시고" 또한 "그들의 간교한 계략을 좌절시켜 주소서." 이것을 원시적이라고 말할 수는 없어도, 무척 바보 같을 정도로 순진하게 자신이 아닌, 다른 나라들에게서 악마를 보는 실례實例라고 볼 수는 있다. 이것은 어떤 원시종족이 선과 악을 다음과 같이 정의하는 것과 다르지 않다. "당신이 내 여자를 취하면 악이지만, 내가 당신 여자를 취하면 선이다!"

그러나 소년 융은 어떤 나라가 자신의 나라보다 더 나쁘다는 생각을 하도록 교육받지 않았다. 당연히 스위스 사람들은 다른 나라보다 은연중에 자기네 나라를 더 좋아한다. 하지만 그들 나라의 전통은 국가적인 적을 가지는 게 아니라 늘 다른 나라들 간에 싸움이나 전쟁에서 중립적으로 남는 것이었다. 가끔 융은 중립국의 운명은 양쪽 모두에게 학대를 받을 수 있다고 말하곤 했다. 스위스가 종종 비난을 받는 것들 중 하나는 이런 것이다. 즉, 스위스 사람들은 분명히 어떤 공격자를 보고도, 심지어 이런 사실을 드러내지 못할 때가 있는데, 이것은 그들이 소신을 가지고 "옳은" 편에 서서 싸울만한 용기가 없는 것이다. 그러나 스위스 사람들은 그 어떤 사람들보다 더 용기가 있다. 용기가 없었다면 그들은 결코 그토록 오랫동안 그렇게도 작은 나라를 보호하지 못했을 것이다. 왜냐하면 그들은 진정 골리앗들에게 에워싸인 작은 다윗이기 때문이다. 하지만 늘 어떤 이유로 전쟁에 개입하고 침략자들에게 맞서서 방어하려고 했다면, 그들은 그들의 최상의 가치를 포기할 수밖에 없었을 것이다. 여기서 그들의 최상의 가치란 그들이 내적인 전쟁에서 승리했고 더 이상 악을 국내에서 보는 대신에 외국에서 보지 않는 것이었다. 제2차 세계대전 때 스위스 사람들에게 엄청난 충격을 준 일이 있었다. 그것은 바로 그들에게 제5열(적과 내통하여 국내에서 파괴 행위를 하는 일단의 사람들 - 역주)이 있었다는 사실이었다. 그 무리가 비록 소수였지만 말이다. 스위스를 배반했던, 그 무리에 속해 있던 그 누구의 범과도 드러나지 않고 다 잊혀 버리고 말았다. 즉, 그들은 그들이 저질렀던 일의 대가를 아직 치러야 하는데 말이다. 그러한 직무유기가 스위스인의 관점에서 너무 쉽게 용납되었다는 사실은 다른 어떤 나라들과 엄청나게 대조가 된다.

 융이 "불가능한" 완벽함perfection이라는 목표보다는 전체성wholeness을 훨씬 더 높이 평가했다는 것은 잘 알려져 있다. 전체성에 이르기 위해서는 스위스 사람들의 부정적인 특성이 언급되어야만 한다. 이런 특성들 가운데 가장 주된 것은 돈에 지나친 가치를 두는 것이라고 말하고 싶다. 스위스가 4백 년 전 외국의 전쟁에 참전하기로 결정했을 때, 많은 스위스 군인들은 다른 나라들을 위한 전쟁에 용병으로 나가 있었다. 프랑스 속담에, "돈이 없으면, 스위스 병사도 없다."는 말이 있다. 스위스 사람들은 돈을 위해 엄청난 피를 흘렸던 것이다. 오늘날에도 지나치게 상업을 중시하는데, 이것은 스위스인의 최상의 가치를 위태롭게 하는 것이다.

 융만큼 자기 나라 국민의 이런 특징을 더 잘 인식했던 사람은 아무도 없었다. 그는 종종 프랑스 속담을 인용하며 나에게 이런 말까지 했다. "돈은 언제나 사람들에게 너무나도 강한 영향을 끼치지만, 사람들은 그것을 알고 있을 뿐이지요." 그러나 정말 이제 스위스가 상업을 중시하고 **무의식적으로** 과대평가하는 것은 위험한 일인 것 같다. 그것은 이미 엄청난 해를 끼쳐왔다.

 거의 모든 스위스의 휴양 리조트가 산속에 있기 때문에 사람들은 대개 스위스를 모두 산으로 이루어진 나라라고 생각한다. 스위스에는 정말 산이 많다. 스위스의 국가적인 특징은 산과 관련이 많다. 스위스에는 땅이 별로 없으며, 땅이 있다고 해도 대부분 돌이 많고 토질이 좋지 않다. 그래서 스위스 사람들은 먹고 살기 위해 엄청난 노력을 기울여 에너지를 얻고 산업을 발전시켰다. 그러나 스위스에도 아주 평평하고 비옥한 땅이 펼쳐져 있는 곳이 있다. 가장 넓은 땅 가운데 하나는 스위스 북쪽 경계의 많은 부분을 이루고 있는 라인 강을 따라 뻗어 있는 곳이다. 라인 강이 서쪽으로 굽이쳐 보덴 호Lake Constance(제네바 호Lake Geneva에 이어 세 번째로 크며, 독일과 스위스, 오스트리아 사이에 있다 - 역주)로 흘러들어가는 곳에서부터 프랑스와 독일 사이의 경계를 이루는 바젤을 지날 때까지 라인 강은 매우 아름다운, 굴곡이 심한 시골을 따라 흐른다. 거기서 보면 멀리 알프스 산이 가끔 희미하게 보일 때가 있다. 거기서는 유난히 쾌청한 날이라도 희미하게 보이지만, 영국이나 산이 없는 다른 나라에서는 쉽게 볼 수 있다. 융은 그의 생의 처음 25년을 비교적 평평한 곳에서 살았다. 그에게 알프스 산은 일종의 "도달할 수 없는 꿈나라"4였다. 그가 의식적으로 처음 알프스 산을 보았던 것은 그의 아버지가 아직 라우펜Laufen에서 목사로 있던 때, 즉 그가 4살이 되기 전의 일이었다. 한 아주머니가 목사관 앞에 있는 도로로 그를 데리고 갔다. 그 때 그는 알프스의 산줄기가 불타오르는 저녁노을 속에 놓여 있는 것을 보았다. 이것은 그에게 잊을 수 없는 인상을 주었다. 다음 날 그는 아이들이 취리히 근교의 위에틀리베르그 산(스위스 취리히 주州의 주도州都 취리히에 있는 산 - 역주)으로 소풍을 간다는 얘기를 들었다. 그는 너무 어려서 같이 갈 수 없다는 걸 알고 엄청나게 화가 났다. 그때부터 취리히는 그의 마음속에 알프스와 연관되어 있었다. 실제로 그것이 구릉 지대에 있지만 말이다. 아마 이것은 그가 전문의가 되자마자 자유롭게 일하고 싶었던 취리히로 이주하게 된 것과 어떤 관련이 있었을지도 모른다. 아무튼 그는 그 후 계속 취리히 호숫가에서 살았다.

융은 어떤 아이도 백지 상태tabla rasa에서 태어나지 않는다고 주장했다. 이런 사실은 잘 알려져 있고, 이제는 동물의 타고난 "행동 패턴"에서 대체로 인정되었지만, 그것이 인간에게 적용될 경우, 아직도 강한 반대가 일어난다는 것은 참 이상한 일이다. 예컨대 프로이트와 아들러Adler는 둘 다, 무의식을 온갖 불편한 것들이 던져져 있는 일종의 쓰레기 더미로 간주했다. 그래서 그들은 무의식을 한동안 의식적이었던 자료로 구성되어 있다고 했다. 융은 이런 층이 있다는 것을 충분히 인정했으며, 그것을 "개인적 무의식personal unconscious"이라 불렀다. 그러나 그의 가장 위대한 발견 중 하나는 모든 인류에게 공통적인 무의식의 깊은 층, 소위 "집단적 무의식collective unconscious"이 있음을 밝힌 것이다.

언젠가 융은 무의식의 층들을 분명히 하기 위해 강의 중에 색칠이 되어 있는 큰 도해를 사용한 적이 있다. 가장 낮은 층을 그는 "중심적인 불central fire"(생명 그 자체)이라 불렀다. 이 불로부터 불꽃이 일어나 모든 생명체 속으로 구석구석 스며들어 간다. 그는 다음 층을 "보편적으로 존재하는 동물 조상"이라 불렀는데, 이것은 더 높은 형태의 생명 속에 나타나기도 한다. 그는 그 다음 층을 "원시 조상"이라 불렀는데, 이것은 모든 인류에게 나타나는 층이다. 이것은 다음 층에서 서양인과 아시아인 같은 대집단으로 나눠지기 시작했다.

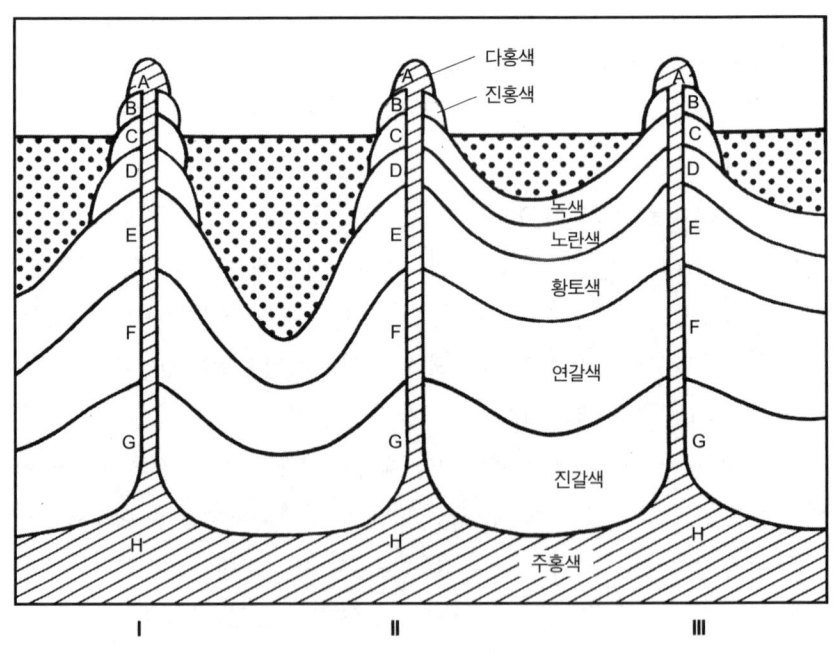

도해설명

A. 개인 (정점)—다홍색
B. 가족—진홍색
C. 씨족—녹색
D. 국가—노란색
E. 대집단(예컨대 유럽)—황토색
F. 원시 조상—연갈색
G. 보편적으로 존재하는 동물 조상—진갈색
H. 중심적인 불—주홍색

이런 층에 이르게 되면, 그것이 인간의 "행동 패턴"을 형성하고 있는 대부분의 원형상archetypal images을 제공하지만, 그 기반은 같은 대집단에 속하는 어떤 개인 안에서 거의 똑같이 발견된다. 하지만 국가의 층은 상당히 다르게 나타난다. 다양한 나라 사람들이 서로를 이해하는 것이 얼마나 어려운지를 알기 위해 우리는 다만 세계의 현재 상태를 살펴 볼 필요가 있다. 그런데 나는 융에게 매력을 느껴 취리히 융 연구소에 온, 국적이 다른 많은 사람들과 오래 동안 접해 본 경험을 통해 발견한 것이 있다. 개개인을 이해하기 위해서는 적어도 국가의 층을 어느 정도 알 필요가 있다는 사실이 바로 그것이다. 그러므로 나는 스위스에 대한 설명을 함으로써 이 장을 시작했다. 다음 장에서 우리는 개인의 저변에 있는 마지막 두 층에 대해 살펴보게 될 것이다. 즉, 씨족과 직계가족이 바로 그것이다. 이러한 꼭대기에 있는 세 층은 순전히 보다 깊은 층에서 연유하는 원형상에 영향을 끼치고 변화시키기도 한다.

제2장
어린 시절의 인상
1875-1886

    칼 구스타프 융Carl Gustav Jung은 보덴 호의 작은 마을, 케스빌Kesswil에서 1875년 7월 26일에 태어났다.ⓐ 케스빌이 투루가우 주에 속해 있지만, 융은 아버지가 바젤 시민이었기에 바젤 시민으로 태어났다.ⓑ

    파울 융Paul Jung 목사(1842-1896)는 의사인 칼 구스타프 융Carl Gustav Jung 교수(1795-1864)의 아들이었다. 칼 구스타프는 만하임Mannheim(거기서 그의 아버지 역시 유명한 의사였던)에서 태어났으며, 젊었을 때부터 독립적이고 독창적인 관점을 지닌 인물이었던 것 같다. 그는 하이델베르크에서 자연과학과 의

    ⓐ 현재 케스빌 목사관 벽의 돌에는 이런 말이 새겨져 있다. "이 집에서 1875년 7월 26일부터 1961년 6월 26까지 살았던, 인간 영혼의 탐구자요 그 숨겨진 심층의 탐구자인 칼 구스타프 융이 태어났다."
    ⓑ 스위스에서 시민권은 앵글로 색슨계 국가들에서보다 훨씬 더 중요하다. 비록 그들이 평생 다른 도시나 마을에서 산다고 해도, 자녀들은 태어날 때 그들의 아버지의 시민권을 따르게 된다. 시민권을 바꾸려면 아주 복잡한 과정이 필요하다. 융의 경우에 그의 어머니 역시 바젤 시민이었다. 그러나 이것은 자녀들에게 어떤 역할을 하지 않는다. 내가 처음 스위스에 살려고 왔을 때(1929년), 스위스 공무원에게 왜 내가 영국 제도British Isles의 어떤 곳에 속하지 않았는지를 설명하는 게 매우 어려웠다. 하지만 나중에 나에게 국적을 물었고, 내가 여권을 보여주자 만족했다. 더 이상 "국적 증명서Heimatschein"를 보자고 하지 않았다.

학을 공부했으며 매우 우수한 성적으로 마지막 시험을 통과했다. 그는 거기서 공부하는 동안 하이델베르크에서의 모든 생활을 즐겼다. 돼지새끼를 애완동물로 기르면서, 개처럼 거리에 데리고 다니기도 하면서 말이다.ⓒ

그는 겨우 24살이 되었을 때 베를린으로 가서 유명한 안과의사의 외과 조수가 되었고, 왕립 군사학교의 강사로 일했다. 그는 독일에서 탁월한 경력을 쌓을 만반의 준비가 되어 있었으며, 베를린에서 살았던 것 같다. 거기서 그는 어쨌든 한동안 출판업자인 게오르그 안드레아스 라이머의 집에 살았으며, 유명한 사람들로 이루어진 흥미로운 동아리를 만났다. 그 때 그는 시를 쓰기도 했다. 그의 시 가운데 어떤 것은 독일 가요집에 수록되기도 했다. 그러나 칼 구스타프가 젊었을 때 독일 학생들은 정치적인 계획을 가지고 있었으며, "통일된 독일"을 요구하고 있었다. 독일 극작가이며 정치가인 아우구스트 폰 코체뷰August von Kotzebue(1761-1819)는 반동분자로 낙인이 찍혀, 신학도인 칼 루드비히 잔트 Karl Ludwig Sand에 의해 1819년 3월에 살해되었다. 잔트는 사형을 당했다. 그러나 『대영백과사전Encyclopaedia Britannica』(1911)에는 이렇게 기록되어 있다. "정부는 그의 범죄를 대학들을 엄격하게 규제하기 위한 구실로 삼았다." 많은 사람들이 체포되었는데, 그 중에 칼 구스타프 융도 끼어 있었다. 그는 잔트와 친했던 것으로 알려져 있었고, 잔트가 준 광물학 조사 때 쓰는 망치를 가지고 있었던 것이 화근이었다. (이 위험하지 않은 망치가 공식 보고서에는 항상 도끼로 언급되었다!) 그는 1년 동안 감옥에 구금되었다가 나중에 석방되었지만, 프로이센에서 추방되었다. 그러나 그는 파리로 가서 외과의사로 일하면서 계속 연구할 수 있었다.

그는 28세 때 바론 폰 훔볼트Baron von Humboldtⓐ의 영향으로 바젤 대학의

ⓒ 나는 융의 조부모에 관한 이 이야기와 다른 자세한 여러 이야기를 아니엘라 야훼Aniela Jaffé의 *Memories, Dreams, Reflections*의 독일어판(영어판에는 나오지 않음), p. 399 ff를 통해 알게 되었다. 이부영 옮김, 『C. G. Jung의 회상, 꿈 그리고 사상』(서울: 집문당, 2012), 496 이하 참조.

교수 자리를 얻었으며, 거기서 대학이 대단히 부진한 상태에 있음을 발견하게 되자, 그것을 현재의 높은 수준으로 발전시키는 데 최선을 다했다. 무엇보다도 그는 바젤에서 친절하고 능력 있는 의사로 총애를 받았으며, 흥미롭게도 정신적으로 병약한 사람들을 돕기 위한 매우 초보 단계로, 정신박약아를 위한 희망원을 설립하기도 했다. 나중에 익명으로 출판된 강의에서 그는 이렇게 말했다.

오늘의 시대는 정신의학이 의사의 관심을 매우 끌고 있어, 특수한 학술지들이 전적으로 약물학의 분야를 다루고 있을 정도이다. 그러므로 약물학에 노력을 기울이는 사람에게 교수의 지도 아래 그런 관찰을 할 수 있는 기회를 주는 시설이 있다면, 그것은 대학으로서 매우 자랑거리라고 볼 수 있을 것이다. 내 생각에 그런 시설은 주로 치료 불가능한 환자를 수용하는 종래의 정신병원이 아니라, 모든 종류의 환자를 입원시키고 심리직인 방법으로 치료하려고 노력하는 병원이 되어야 할 것이다.[1]

이것은 자네Janet(프랑스의 심리학자, 정신병리학자로서 프로이트보다 일찍 1889년에 무의식 개념을 세웠다 - 역주)와 프로이트 같은 개척자들이 깜깜하고 무지했던 19세기의 정신의학 분야에 빛을 던져주기 훨씬 전이었으므로 놀라운 심리학적 통찰이라고 볼 수 있다. 즉, 칼 구스타프가 1865년에 사망했다는 것을 생각해 볼 때 그렇다는 말이다. 융은 그의 할아버지에 대해 이렇게 말했다.

ⓓ 독일의 자연연구가이며 여행가 알렉산더 폰 훔볼트(1769-1859). 대영백과사전(1911)은 1802년에 그가 감행했던 남아메리카 탐험 여행에 대해, "이 기억할 만한 탐험은 지리학과 기상학의 발전에 광범위한 기초를 놓아 주었다."라고 말하며, 심지어 그를 "괴테와 나란히 독일 문화의 과학적인 측면을 대표할 만한 거물"이라고 부르고 있다. 그는 항상 파리를 그의 "진정한 고향"이라고 여겼으며, 거기서 살면서 우연히 칼 구스타프 융을 만났다. 나중에 그는 베를린에 있는 최고법원에 들어오라는 부름을 받아 들였다. 그는 그 부름을 받아들여 그리로 이주하였으나 그것을 오랫동안 후회했다.

그는 두드러지고 강한 인물이었다. 그는 위대한 조직가였고, 매우 적극적이고, 총명하고, 익살과 말 재주가 좋은 사람이었다. 나 자신은 아직 그가 지나간 항적航跡을 따라 헤엄치고 있었다. "융 교수, 그는 대단했지!" 바젤에서는 계속 이런 말을 했다. 그의 자녀들 또한 그에게서 깊은 인상을 받았다. 그들은 그를 존경했을 뿐만 아니라 그를 두려워하기도 했다. 왜냐하면 그는 다소 독재적인 아버지였기 때문이다. 예컨대 점심 식사를 마친 후에 그는 늘 약 15분 정도 낮잠을 잤다. 이때 그의 대가족은 쥐 죽은 듯이 조용히 점심 식탁 앞에 앉아 있어야 했다.[2]

C. G. 융의 아버지는, 바젤의 오래된 가문의 딸인 프라이Frey와의 세 번째 결혼에서 낳은 칼 구스타프의 막내아들이었다. 그의 증손자인 프란츠 리클린Franz Riklin 박사는, 그가 특히 나이가 많이 들어 독일에서 망명하게 된 것이 그에게는 큰 슬픔이었다는 말을 내게 해 준 적이 있다.

18세기 초에 살았던 그의 할아버지인 지그문트 융Sigmund Jung, 곧 융의 고조부는 융의 가계에서 검증된 첫 번째 인물이었다. 그는 마인츠 시민이었으며, 가계가 그 윗대까지 거슬러 올라갈 수 없게 된 이유는, "마인츠 시립 도서관이 스페인 왕통 계승 전쟁 기간에 불타버렸다는 사실"[3]에 기인한다. 마인츠에서 만하임으로 이주한 것은 그의 아들, 곧 융의 증조부였다. 그러나 듣기로는 박식한 의학박사이자 법학박사인 칼 융은 17세기 초 마인츠에서 살았다고 알려져 있다. 융은 아마 직계 조상으로 볼 수 있는 이 사람에 대해 항상 관심이 많았던 것 같다. 왜냐하면 그는 특히 두 사람의 흥미로운 연금술사, 곧 미카엘 마이어Micael Maier 및 게라르두스 도르네우스Gerardus Dorneus(게르하르트 도른Gerhard Dorn)와 동시대 사람이었기 때문이다. 이들은 마인츠에서 매우 가까운 프랑크푸르트에서 살았다. 그것이 어쩌면 확실하게 밝혀질 수는 없겠지만, 나중에 융이 연금술에 관해 지극한 관심을 가지게 된 것을 고려해 볼 때, 그의 직계 조상이 이 두 사람의 유명한 연금술사와 관련이 있었다고 한다면, 그것은 주목할 만한 일이다. 융은, 옛날에 의사였던 칼 융이 적어도 파라셀수스Paracelsus의 제자 중에서 가장 유명했던 도르네우스의 저작을 잘 알고 있었으리라고 생각했다. 왜냐하면 그 당시의 약물학은 아직 파라셀수스의 영향 아래 있었기 때문이다.[4]

이제 19세기로 돌아가 보자. 파울 융 목사는 바젤에서 오래된 가문의 딸인 에밀리 프라이스베르크Emilie Preiswerk와 결혼했으며, 칼 구스타프 융 2세가 태어났을 때 케스빌의 교구 목사였다. 에밀리의 아버지 사무엘 프라이스베르크 Samuel Preiswerk(1799-1871)는 바젤 교구의 수석목사Antistes였다. (융은 이 직함을 "바젤의 감독Bishop으로 볼 수 있다"는 얘기를 내게 한 적이 있다.) 그는 투시력을 가지고 있었으며 죽은 자들과도 활발하게 대화할 수 있었다고 한다. 융은 이 할아버지에 대해 이렇게 말했다. "나는 나의 외할아버지에 대해 개인적으로 몰랐다. [그가 태어나기 전에 그의 조부모들이 모두 사망했다.] 그러나 내가 그분에 대해서 들은 모든 사실을 비추어 볼 때, 구약성경에서 따온 그분의 이름은 그분에게 매우 잘 어울렸을 것임에 틀림없다. 그분은 천국에서는 히브리어를 쓰고 있다고 믿었으므로 열정적으로 히브리어를 공부했다. 그분은 높은 학식을 가지고 있었을 뿐만 아니라 시적인 감각을 지니고 있었다. 그러나 그분은 항상 귀신들에게 둘러싸여 있다고 믿었던 특이하고 독창적인 사람이었다. 어머니는 종종 나에게, 당신의 아버지가 설교문을 쓸 때 그분 뒤에 앉아 있어야 했던 이유를 말씀하셨다. 그분이 공부할 때 귀신들이 등 뒤로 다니면서 방해하지 않도록 그렇게 한 것이다. 살아 있는 사람이 그분의 등 뒤에 있으면 귀신들이 놀라 도망갔다는 것이다!"

융의 어머니는 뷔르템베르크의 성직자의 딸인 아우구스타 파버와의 두 번째 결혼에서 태어난 막내였다. 흥미롭게도 파울과 에밀리는 둘 다 열세 자녀 중 막내였다. 그들의 아들은 외아들이었고, 9년 동안 유일한 아이였지만 말이다. 칼 구스타프 융 1세가 괴테의 사생아였다는 소문에 대해 여기서 언급해야겠다. 융은 이것에 대해 나에게 몇 번 이야기했다. 그러나 나는 그가 그 소문을 심각하게 받아들인다는 인상을 받지 않았다. 오히려 유별나게 끈질긴 주장 — 모든 외적인 증거와 상반되는 — 에 대해 융은 그리 불쾌한 내색을 하지 않았다. 『파우스트』가 그의 소년시절에 끼친 엄청난 영향[5]과 관련지어 볼 때, 그리고 항상 『파우스트』에 대해 늘 언급함으로써 괴테의 "주된 업무main business"를 그가 이후에 몸소 실천하려고 애쓴 것을 볼 때 이런 사실을 알 수 있다.

바젤은 두 가문의 본거지였다고 볼 수 있다. 그러나 융은 그의 부모가 바젤 근교로 이사하기 전에 네 살이었다. 그는 케스빌에 대한 기억이 별로 없었다. 왜냐하면 그가 태어난 지 겨우 여섯 달이 되었을 때 그의 가족이 라인 폭포ⓒ 상류로 이사를 했기 때문이다. 그러나 그는 보덴 호로 친구들을 보러 갔던 일을 생생하게 기억했다. 그 때 그는 아직 아주 작은 아이였지만, 그것은 그에게 감동을 주었다. 그는 이렇게 말했다.

> 나는 물가에서 떠날 줄을 몰랐다. 태양은 물 위에 번득이고 증기선이 지나가면서 생긴 파도가 기슭으로 밀려와 모래 위에 무늬를 만들었다. 호수는 끝없이 멀리 펼쳐지고 이 광활함은 상상할 수 없는 즐거움, 비길 데 없는 환희를 내게 안겨 주었다. 당시 나는 호숫가에 살아야겠다는 생각을 굳혔다. 물 없이는 사람이 아무 것도 아니라고 생각했다.[6]

이것은 큰 호숫가에서 태어난 영향일 수도 있고, 그렇지 않을 수도 있다. 그러나 어찌됐건 호숫가에 살아야겠다는 생각은 그의 마음에 확고히 자리 잡게 되었고, 훗날 그는 퀴스나흐트 호숫가에 집을 지었을 뿐 아니라 1922년에는 볼링겐에 위치한 취리히 호수 상류에 땅을 사서 물 가까이에 그가 좋아하는 성탑城塔, Tower을 지었다. 실제로 호수는 성탑 뜰의 벽 가까이에서 찰랑거리고 있다.

ⓒ 성城, 교회 그리고 라우펜의 목사관은 왼쪽 언덕에 있는 폭포 위쪽에 자리 잡고 있었다. 이 세 곳은 모두, 융의 가족이 거기서 살았을 때와 마찬가지로, 오늘날에도 다소 외진 곳에 있다. 그러나 라인 폭포가 관광객들에게 인기를 끌게 되면서 큰 주차장이 생겼고, 성은 식당이 되었다.

아이가 백지상태*tabla rasa*에서 태어나지 않는다는 융의 주장과, 집단적 무의식의 인도를 따라가야 한다는 것이 그렇게도 강하고 끈질긴 저항에 부딪쳤다는 것은 이상한 일이다. 어쨌든 앵글로 색슨 세계는 워즈워스Wordsworth(1770-1850, 영국의 낭만주의 시인 - 역주)의 "아동기의 회상으로부터 불멸성을 암시하는 송시 Ode: Intimations of Immortality from Recollections of Early Childhood" 와 똑같은 관념에 수십 년 동안 익숙해져 있었다. 나는 결코 이 시에 표현되어 있는 다음과 같은 관념에 반대하는 사람의 얘기를 들어본 적이 없다.

완전한 망각 속에 있지도
완전히 벌거벗고 있지도 않지만,
영광의 구름을 걸어가고 있네.

사실 워즈워스의 시가 감상적이고, 도덕주의적이고, 아니면 따분하다고 하며 거부반응을 보이는 대부분의 사람들도 이 시에 대해서는 예외를 둘 것이다. 다만 나는 "영광의 구름을 걸어가고 있네."라는 구절은 시적 자유로 치부될 수 있다고 생각한다. 그러므로 아무도 그것을 심각하게 다뤄야 한다고 느끼지 않았다. 하지만 워즈워스는 그 시 전체에서, 어린이의 영혼을, 불행히도 나중에 볼 수 없게 되는 세계의 **매우 진실한** 측면을 감지할 수 있는 것으로 생각했다고 분명히 밝혔다. 그가 개인적으로 세계의 이런 관점을 가지고 살았던 시간을 기억할 수 있었지만 말이다. 심지어 그는 어떤 메모①에서, 되돌아볼 수만 있다면 "모든 사람"이 이런 사실에 대하여 "입증"할 수 있다는 것을 믿었다고 했다. 만약

---

① "Everyman's" 판 *Wordsworth Poems*, Vol. 1, p. 240 f. 결국, 어떤 "선하고 경건한 사람들"은 워즈워스가 이 시를, "그것이 너무나 어두운 생각이어서, 우리의 불멸성에 대한 본능이 지닌 요소 보다 더 신앙에 어울리지 않는 생각"이라고 부가하며, 그가 부정했던 실질적인 거듭남을 믿었다는 증거로 보았다.

그것에 대해 생각해 보면, 일상생활에서 시인의 이런 충고를 실행에 옮길 수 있는 사람이 과연 몇이나 되겠는가. 대부분의 사람들은 "일상"과 동일시하기를 선호하는 것 같다.

마침내 그는 죽음을 감지하고
일상의 빛으로 흐려진다네.

융의 『회상』의 제1장을 유의해서 읽어보면,[7] 그의 첫 번째 회상이 대다수의 진지한 어린이들이 회상하는 것과 매우 다르다는 것을 알 수 있다. 놀라울 정도로 많은 어른들이 심지어 어린 시절에 꾸었던 첫 번째 꿈까지 기억했다.[8] 두드러진 것은 그들의 이러한 어린 시절의 기억에 대한 태도에 차이가 있다는 것이다. 융은 네 살이 되기 전에 꾸었던 꿈을 기억했다. 융은 서너 살 때 첫 꿈을 꾸었는데, 그것을 기억할 수 있었다. 그것은 그의 어린 시절을 채색했을 뿐만 아니라 평생 동안 뇌리를 떠나지 않았다.

그는 문득 자기 집 가까이 있는 넓은 초원 위에 "어두운 네모진 울타리로 에워싼 구멍"이 있는 것을 발견하는 꿈을 꾸었다. 거기에는 그 속으로 내려가는 돌 층계가 있었다. 주저하고 두려워하면서 그 층계를 따라 아래로 내려갔더니 호화로운 초록색 커튼이 아치형 입구를 차단하고 있는 것을 발견했다. 커튼을 젖혔더니 큰 네모난 방이 어렴풋이 보였다. 붉은 양탄자가 입구에서 연단까지 깔려 있었다. 그 안에 놀랄 만치 호화스런 황금의 왕좌가 있었다. 거의 천정까지 닿을 정도로 거대한 것이 이 왕좌 위에 있었다. 처음에 그는 그것이 큰 나무통이라고 생각했다. 그러나 그것은 피부와 살아 있는 벌거벗은 살로 이루어져 있었으며, 그 끝은 둥글고 얼굴이 없는 머리와 매우 흡사했다. "그 머리의 꼭대기에 단 한 개의

---

[8] 융은 여러 해 동안 어린이들의 꿈에 관한 세미나를 취리히 연방 공과대학에서 했다. 그러한 꿈은 거의 모두가 어른들이 그들의 어린 시절 기억을 더듬어 그에게 가져온 것들이었다.

눈이 움직이지 않은 채 위를 처다보고 있었다." 이 머리 위에는 조금 환한 빛이 있었으며, 너무 무서워서 몸이 마비되는 것 같았다. 그는 "그것이 꿈틀거리는 애벌레처럼 금방 그 왕좌에서 내려와 내게로 기어올 것 같은 기분이 들었다."고 했다. 그 때 그는 갑자기 다음과 같은 어머니의 목소리를 들었다. "저것을 잘 보아라. 저게 사람 잡아 먹는 것이란다!" 이때 그는 심한 공포에 질려 잠을 깼고, 그 뒤로부터 여러 날 밤 비슷한 꿈을 꾸는 것이 두려워 잠자러 가는 것을 무서워했다.[8]

어린애답지 않은 이 기이한 꿈은 융의 생애 전체를 예측하게 해 준다. 왜냐하면 그가 종종 지적한 대로, 대개 최초의 꿈은 미래의 운명과 인격의 패턴을 보여주기 때문이다. 사실 융의 전 생애는 창조적 원리에 의해 충만해졌다. 여기서 창조적 원리는 의식의 빛을 얻기 위해 애쓰는 숨겨진 본성의 원리로 드러났다. 그것이 그에게 다가올 것 같은 두려움은, 이후에 평생토록 그의 관심사였던 그의 창조성이라는 다이몬daimon(고대 그리스에서는 신에 가까운 존재 또는 신과 인간과의 중간적 존재를 의미했으며, 이것이 나중에는 인간의 수호령守護靈으로서 능력이나 성격 등 인간의 신들린 상태 또는 부분을 나타내는 데 쓰였다 - 역주)이라고 불렸던 것을 예측하게 해 준다. 이 꿈을 꾸고 나서 거의 80년 후에 그는 『회상』의 "회고"라는 장에서 이렇게 말했다.

> 나의 마음속에는 다이몬이 있었고 그것이 결국 결정적인 것이었다. 그것은 나를 압도했다. 왜냐하면 내가 앞뒤를 가리지 않았을 때는 이 다이몬에 내가 엄습되었기 때문이다. 나는 내가 한 번 도달한 곳에 멈춰 있을 수 없었다. 환상을 불러오기 위해서 서둘러야 했다…. 나는 항상 나에게 부과되었고 나에게 선택의 자유를 주지 않은 나의 내적인 법에 따라야 했다.[9]

만년에 융은 이 꿈이 그로 하여금 대지의 신비를 탐구하도록 해 주었다는 것을 깨달았다. 그것은 이를테면 땅 속, 곧 어둠의 영역에 묻히는 것을 예고해 주었다. 거기서 그는 가능한 한 많은 빛이 어둠속으로 비쳐올 수 있도록 애쓰며 오랜 세월을 보내야 했다. 그는 이 꿈이 자신의 영적인 삶intellectual life의 시작이었다[10]는 말도 했다. 그러나 그 당시 겨우 네 살이었을 때 이미 그는 지하의 신에 관한 꿈을 꾸었다는 것을 깨달았으며, 누군가 다른 사람들이 예수를 지나치게 강조하여 말할 때마다 늘 그것이 생각났다. 그는 이 지하의 신이 어느 정도 예수와 관련이 있고, 그의 대역counterpart이라는 것을 곧 깨달았다. 이것은 아마도 목사관에서 살면서 예수에 대한 어떤 의심이 이미 생겼기 때문에 그렇게 된 것 같다.

예컨대 매일 저녁 그는 사탄이 아이를 삼켜버리지 못하도록 그의 아이를 드시라고 "주 예수님"께 기도하는 것을 배웠다. 그 자체가 매우 위안을 주었으며, 아이는 예수님을 어둠 속에서 떠는 어린이들을 늘 잊지 않고 보살펴줄 준비가 되어있는, 성에 사는 친구 같은 "선하고 자애로운 신사"로 생각했다. 그러나 묘지는 목사관과 매우 가까운 곳에 있었으며, 그는 마을에 살던 사람들이 갑자기 없어져 버리는 게 매우 혼란스럽다는 것을 알게 되었다. 동시에 땅 속에 구멍이 있고, 없어진 사람들은 "땅에 묻혔고 예수님이 그들을 **데리고 갔다**"[11]는 얘기도 들었다. 이런 비유는 보통 다른 아이들이 대개 그들의 천진난만한 신앙을 잃어버리기 오래 전에, 아이로 하여금 예수를 불신하도록 만드는 불행한 결과를 가져왔다. 그러나 그것은 또한 융이 평생토록 신의 역설적인 성격에 몰두하게 만드는 근거가 되기도 했다. 그것은 70년도 더 지난 후에 「욥에의 응답Answer to Job」[12]에서 절정을 이루게 되었다.

또 다른 사건이 바로 이 초기의 예수에 대한 불신을 강화시켰다. 그는 예수회원에 대해 그의 아버지와 방문객이 하는 얘기를 어깨 너머로 들었다. 그런 얘기를 들으면서 그는, 예수회원들은 무언가 유난히 위험하며, 그의 아버지에게조차 위험하다는 것을 알게 되었다. 그는 예수회원이 다만 직접적으로 예수의 말씀과 연관되어 있다는 것을 몰랐다. 며칠 후에 카속cassock을 입은 가톨릭 사제를 만나게 되면서 그는 다시 한 번 예수회원들과 예수가 연관되면서 공포에 질려 도망을 쳤다. 훗날 그는 이 일이 그가 꿈꾸기 이전이나, 아니면 이후에 일어났는지 기억할 수 없었다.

이러한 매우 강하고 깊은 정서적인 초기 인상들은, 융이 관심을 갖고 끊임없이 인간을 탐구하도록 해주었다. 한참 커가는 대부분의 소년들과는 달리 그는 결코 그러한 것들을 잊을 수 없었다. 나이가 들어감에 따라 삶의 내적인 측면에 대한 관심이 커졌으며, 11, 12살쯤 되자 그는 외적인 삶의 의무들을 등한시하지 않으면서도 내적인 측면을 공정하게 잘 다룰 수 있었다.

라인 폭포에 인접해 살았던 것이 그의 삶을 형성하는 데 매우 중요했고, 그에게 상당히 영향을 끼친 것은 의심할 여지가 없다. 특히 강이 넘치면 — 겨울 동안 산에 내렸던 눈이 녹으면 가끔 넘치곤 했다 — 그것은 매우 인상적이었다. 그러나 융은 이렇게 말한다. 폭포 주위에는 여기저기 "위험지역이 도사리고 있었다. 사람들이 물에 빠졌고, 시체가 바위 위에 걸렸다."¹³ 그가 세 살 정도 되었을 때, 어부들이 시체 하나를 폭포 아래서 끌어냈고, 목사관 세탁장에 갖다 놓아도 되는지 물었다. 그의 어머니는 시체가 거기 있는 동안 그가 뜰로 절대 못나가게 했다. 그러나 주위가 잠잠해지자 그는 남의 눈에 띄지 않게 몰래 그리로 갔다. 그는 문아래서 물과 핏방울이 조금씩 번져 나오고 있는 것을 보았으며, 놀라기 보다는 "굉장한 호기심에 사로잡혔다!"¹⁴

융이 그랬던 것처럼, 시골 어린이들은 도시 어린이들보다 어떤 이점을 가지고 자라게 된다. 시골에서 어린이들은 아주 어릴 때부터 있는 그대로의 삶과 대면할 모든 기회를 갖게 된다. 삶의 밝은 면은 물론 어두운 면까지도 말이다. 이런 점에서 가족이 1879년 클라인-휘닝겐Klein-Hüningen으로 이사할 무렵까지는 그다지 변한 것이 없었다. 왜냐하면 그 때 그곳은 작은 시골 마을이었기 때문이

ⓑ 치마를 입은 남자를 만나는 것은 본능적으로 혼란스러운 것 같다! 나는 우리가 기르던 우호적이고 잘 참던 불도그가 보여주는 이상한 반응에 놀란 적이 있다. 그는 대부분의 방문객들을 따뜻하게 대했으나, 카속을 입은 사제나 바지를 입은 여자를 받아들이는 데는 오랜 시간이 걸렸다.

다. 그 때 이후 — 스위스에 있는 대부분의 큰 도시들처럼 — 바젤이 훨씬 더 커졌기 때문에 융이 살던 시대에 클라인-휘닝겐은 거의 바젤에 흡수되었으며 — 그의 아버지는 1896년 사망할 때까지 거기서 목사로 있었다 — 그곳은 아직 긴 시골 산책로에 의해 분리되어 있었다.

그럼에도 불구하고, 비교적 바젤에서 가깝다는 것은 융의 삶에 있어서 혈족의 영향이 더욱 더 강해졌다는 것을 뜻했다. 그 당시 자동차가 발명되기 훨씬 전에 라우펜은 여전히 바젤에서 먼 곳이었고, 친척을 방문하는 것도 상당히 드문 일이었다. 그러나 클라인-휘닝겐으로 이사하게 되자 파울 융 목사의 가족과 그의 아내의 가족은 가까이 있게 되었다. 이런 영향은 무엇보다도 신학적인 것이었다. 즉, 융의 아버지의 두 형제들이 목사였고, 그의 어머니 쪽에는 최소한 여섯 명의 목사가 있었고, 그녀의 가족의 연장자는 바젤에 있는 성 알반즈의 목사였으며, 그의 아들들이 모두 신학자들이었다. 그들이 그에게 영향력을 발휘하려고 했다는 것을 융이 처음으로 의식하게 된 것은 사실 훨씬 뒤의 일이었다. 그러나 융은 이렇게 말한다. "어린이는 어른이 말하는 것에 대해서보다는 주위의 분위기가 주는 헤아릴 수 없는 것에 대해서 훨씬 더 잘 반응한다."[15] 애초부터 이런 분위기는 융 가문과 프라이스베르크 가문의 압도적인 신학적 영향에서 생긴 선입견 및 은밀한 의심으로 가득 차 있었다. 이런 점에서 비극적인 운명이 그의 아버지를 기다리고 있었다는 사실을 우리는 확실히 알 수 있다. 융은 자기가 목사의 아들이 아니었다면 나를 분석하지도 내 꿈을 이해하지도 못했을 것이라고 말한 적이 있다. 아마 내가 목사의 딸이 아니었다면, 융의 어린 시절의 이런 측면을 이해하지 못했을 것이고, 그를 둘러싸고 있던 분위기를 "헤아릴 수 없었을" 것이다.

그러나 다른 "헤아릴 수 없는" 어려운 특성이 있었는데, 이것은 융의 어린 시절과 밀접한 관련이 있다. 라우펜에서는 그가 "우리 부모님의 일시적인 이별"이라고 불렀던 일이 이미 일어났었다. 그의 어머니는 바젤의 병원에 여러 달 입원해서 떨어져 있었고, "아마 그녀의 병은 결혼생활의 실망에서 나온 결과인 듯하다."[16] 그녀의 부재는 그를 "무척 괴롭혔으며" 이것이 원인이 되어 한 동안 "흔한 습진"을 앓았다. 그의 부모는 클라인-휘닝겐으로 이사를 가서도 사이가 나아진 것 같지 않다. 오래 전부터 그들은 방을 따로 썼고, 융은 아버지 방에서 잤다.**17**

　나는 성직자들이 이런 식의 결혼생활을 많이 하고 있다는 것을 알고 있다(내 부모의 경우도 융이 "인습적으로는 권리이며 심리학적으로는 완전히 잘못된 것"이라 불렀던 것에 해당되었다). 직임을 진지하게 수행해 나가는 모든 성직자들에게 가장 불안감을 주는 것 중 하나는, 교인들과 지인들이 관심을 갖고 비판적인 눈으로 보는 것이고, 가족들이 하는 행동이나 말하는 모든 것이 다 드러나는 것이다. 그들의 기대에 어긋나는 것이 조금이라도 있으면, 보통 사람에게는 용납이 되지만, 성직자들에게는 용납되기가 어려웠다. 사실 취리히에 왔을 때 나는 이상하게도 왕따 당하고 있다는 느낌이 계속 든다는 것을 처음으로 의식하게 되었다. 그것은 내가 어렸을 때 받은 영향에 의한 것으로 볼 수 있다. 융은 학교와 마을에서 그를 칼 융이라 부르지 않고 항상 "목사 아들 칼parson's Carl"로 불렸다고 나에게 말했다. 당연히 그는 그렇게 불리는 것을 싫어했다.

　기독교가 종교가 되면서 그 가르침에 부끄럽지 않게 살아가기가 실지로 불가능해진 것 같다. 왜냐하면 기독교는 인간의 어두운 면이나 신의 어두운 면 모두를 위한 넉넉한 여지를 갖도록 허락하지 않기 때문이다. 그 가르침을 실천하며 사는, 혹은 철저하게 신앙고백을 하며 사는 기독교인들은 계속해서 떳떳하지 못한 마음으로 고통을 당한다. 왜냐하면 그들은 자기네가 완전히 도달 불가능한 완벽한 삶을 **반드시** 살아야 한다고 느끼기 때문이다. 순진하게도 그들은 성직자들이 이렇게 사는 방법을 알기를 바라기 때문에 그런 기대를 가지고 있는 것이다. 그러나 그런 기대는 반드시 실망스런 결과에 이를 수밖에 없기 때문에, 그들은 성직자들과 그들의 가족이 잘못하는 것을 목격하게 되면, 그들 스스로 지나치게 다행스런 안도감, 심지어는 승리감을 느끼며 위안을 받기까지 한다.

　나는 아이들이 파티를 하며 라운더스rounders①를 했던 것을 기억한다. 나는

---

① 이것은 일종의 원시적인 크리켓으로서, 영국인들이 하는 경기다.

햇빛 때문에 눈이 부셔서 완전히 실수로 트랙 안을 돌고 말았다. 그랬더니 공격적인 군인 같은 심판이 그야말로 득의만만하여 이렇게 소리를 질렀다. "가관이군. 주임사제의 딸이 속임수를 쓰다니, 네 아버지에게 얘기할거야!" 나는 당시 내가 얼마나 절망감을 느꼈는지를 아직도 생생히 기억하고 있다. 즉, 그는 내가 일부러 그렇게 했다고 믿고 **싶었던 것**이다. 그래도 나는 꼼짝 못하고 가만히 있을 수밖에 없었다. 다른 아이들이 나처럼 했지만, 그는 다만 가볍게 그들의 실수를 지적하거나, 아니면 눈감아주기까지 했다.

사람들은 엄청난 기대를 가지고 성직자들의 결혼생활을 특히 날카로운 눈으로 보고 있는 게 분명하다. 말하자면 성직자들은 사람들의 눈초리를 피하며 살 수밖에 없다. 성직자 부부는 대개 최대한도로 이상적인 결혼생활을 해야 한다는, 다른 사람들의 기대에 부응하며 살아야 한다. 이것은 굉장히 부담스러운 일이다. 더욱이 다른 사람들이 그런 기대를 할 뿐만 아니라 더 나쁜 것은 그들 스스로 그런 기대를 하는 것이다. "내 부모님은 경건한 삶을 살려고 무진 애를 썼다. 그러나 그 결과 너무 잦은 소동이 벌어졌다. 이런 어려움 속에서 내 아버지의 신앙이 나중에 무너진 것은 이해할 만한 일이었다."[18]고 융은 말했다. 훗날 그는 솔직하게 이렇게 말했다. "내 부모님의 결혼생활은 화목한 것이 못되었다. 그것은 여러 가지 어려움에 짓눌린 인내의 시련이었다. 두 분 다 많은 부부들 간의 전형적인 잘못을 저지르고 있었다."[19]

그러나 두 사람은 대단히 소중한 분들이었던 것 같다. 융의 『회상』을 읽어보면 대단히 긍정적인 인상을 받게 된다. 그는 항상 두 사람에 대해 말하면서 — 그가 그들의 실수를 많이 비판했지만 — 양친에 대한 사랑과 존경을 분명하게 표현하고 있다. 예컨대 그는 자신의 어머니에 대해 이렇게 말했다. "내 어머니는 아주 좋은 어머니였다. 그녀는 크나큰 동물적인 따뜻함을 지니고 있었고, 요리를 아주 잘했으며, 매우 다정하고 상냥했다."[20]

그의 아버지는 정말 비극적인 인물이었다. 그가 훗날까지 이것을 의식적으로 깨닫지 못했지만 말이다. 다만 어린 아이의 입장에서 생각해 보면, 그의 어머니에게는 예기치 못한 것, 심지어 두려운 것이 있었다. 특히 밤에 그의 아버지는 대단히 믿을만했으나 불행하게도 무력해보였다. 그가 여섯이나 일곱 살이었을 때 그는 "가성후두염假性喉頭炎"을 앓기 시작했다. 이것을 그는 "심인성 요인, 즉 집의 분위기가 숨을 쉴 수 없게 되기 시작하면서 생긴 것"으로 보았다.[21]

그는 이런 "헤아릴 수 없는 것"을 부모의 결혼생활 탓으로만 돌리지 않고 — 거의 모든 심리학자들은 이런 것이 대부분의 어린이들의 어린 시절에 그 결정적인 요인이 있다는데 동의하지만 — 그의 아버지의 점증하는 신앙적인 회의懷疑에 기인한 것으로 보았다. 그는 이렇게 말했다.

> 소년시절에 이미 나에게 엄습했던 특이한 "종교적" 관념들은 자연발생적으로 생겨난 심상心像으로 그것은 나의 양친의 환경에 대한 반응이라고 이해될 수 있는 것들이다. 나의 아버지는 뒤에 신앙적인 회의에 눈에 띄게 시배받게 되었는데 그러기까지 물론 긴 준비기간이 있었다. 자기의 세계, 그리고 전 세계의 이와 같은 변혁은 그 변혁의 그림자를 오랫동안 미리부터 던졌었고, 의식이 절망적으로 이 힘에 대항하면 할수록 더욱 그림자의 투영은 오래 지속되었다. 미리 앞을 내다보는 이러한 예감이 나의 아버지를 불안에 휘말리게 했다는 것은 이해할 만한 일이며 그것이 또한 나에게 전달된 것은 당연하다.[22]

뒤에 그는 이런 말을 덧붙였다.

> 돌이켜볼 때 나는 나의 어린 시절의 발전이 미래의 사건들을 얼마나 앞질러 취하고 있었는지 또한 나의 아버지의 종교적 좌절과 오늘의 세계상의 충격적인 계시를 위한 적응양식을 얼마나 미리 준비하고 있었던가를 알게 된다. 이러한 것이 어제 오늘에 생긴 것이 아니라 그의 그림자를 오래 전부터 이미 던지고 있었던 것이다.[23]

밤에 어머니에게서 두려운 무언가가 나오는 것, 예컨대 그가 어릴 때 클라인-휘닝겐에서 살 때 어머니의 방에서 나오던, 떼어낼 수 있는 머리를 가진 "희미하게 빛을 발하는 분명치 않은 모습"[24]과 같은 것이 있었지만, 그는 "특별한 종교적 관념"은 다만 아버지에게서 흘러나온다고 느꼈다. 그는 이렇게 말했다.

> 나는 그런 영향이 어머니로부터 왔다는 인상을 한 번도 가져본 일이 없다. 왜냐하면 그녀는 어쩐지 보이지 않는 깊은 대지에 뿌리를 박고 있었고, 그것은 한 번도 나에게 기독교적 신앙에의 확신처럼 보인 적이 없기 때문이다. 그런 토대는 나의 느낌으로는 어딘가 짐승, 나무, 산, 들, 폭포 등과 관계되는 것이었다. 이로써 그녀의 기독교적 표층과 인습적인 믿음에서 나온 주장은 기묘한 대조를 이루고 있었다. 이와 같은 배경은 나 자신의 입장과 너무나 일치하는 것이어서 그 면에서는 아무런 불안이 생기지 않았다. 오히려 그 반대로 이러한 인식은 나에게 언제나 여기에 단단한 땅이 있어 그 위에 사람들이 서 있을 수 있다는 안정감과 확신을 주었다. 그 경우에 이런 원리가 얼마나 "이교적"인가 하는 생각이 한 번도 내게 떠오르지 않았다.[25]

그것은 또한 그의 어머니에게도 확실히 떠오르지 않았다. 그녀는 이런 본능적인 토대를 결코 처음부터 끝까지 의식하지 못했다. 그것은 융이 어렸을 때 충분히 발달시킬 수 있었던 비옥한 땅이었고 위대한 자산이었다.

두 가문의 가족 구성원들이 모두 신학자들은 아니었다. 몇몇은 토양에 매우 깊이 뿌리박고 있었으며 타고난 지혜로 충만해 있었다. 아주 오래 전 취리히에 살 때 나는 융의 삼촌들에 대해 긍정적인 인상을 받았다. 왜냐하면 그는 매우 종종 그들의 말을 인용하거나 그들에 대한 이야기를 했기 때문이다. 융은 그들이 타고난 지혜와 감정을 가지고 있었고, 매우 건전한 사람들이었다는 인상을 받았다고 했다.① 이런 삼촌들이 그의 가문에 속한 신학자들보다 그에게 더 큰 영향을 준 것이 확실하다.

그 동안 융은, 보이지 않는 "헤아릴 수 없는 것들"과 관계없이, 평생 사랑했던 자연의 품에서 건강한 시골 아이로 성장했다. 모든 스위스 아이들처럼 여섯 살이 되자 그는 마을 학교에 들어갔다. 그 학교는 "매를 아끼면 아이를 버린다."는 생각에서 교육을 시키는, 괜찮은 옛날 스타일의 학교였음에 틀림없다. 왜냐하면 언젠가 융이 세미나에서 그가 학교에서 처음으로 배운 교훈을 설명한 적이 있음을 내가 기억하고 있기 때문이다. 교사는 칠판에 쪽지를 붙이거나, 아니면 그가 아이들에게 가르치고 싶은 것이 무엇이든 그것을 쓰고, 그 다음에 아이들에게 교훈을 각인시키기 위해 그들의 등을 채찍으로 휙 소리가 나게 때리기도 했다. 나는 이렇게 다루는 것이 어떤 분노도 자아내지 않았다는 사실에 매우 깊은 인상을 받았다. 반대로 융은 그것을 잊어버리지 않게 하는 가장 좋은 방법으로 생각했던 것 같다.(그는 선사禪師들이 종종 제자들에게 그런 방법을 사용했다는 것을 몇 번 지적했다.)

학교에 가기 전, 융은 외로운 아이였다. 하지만 그는 그것을 전혀 괘념치 않았다. 왜냐하면 그는 혼자 자기 방식으로 놀이를 했기 때문이다. 그는 아주 어렸을 때, 누구의 방해를 받는 것을 원하지 않았고, 이런 게임에 깊이 몰두했으며, 그를 감시하거나 판단하는 사람을 싫어했다는 것을 기억했다.²⁶ 이것은 그의 가장 오랜 친구였고 「바젤 뉴스 *Basler Nachrichten*」의 오랜 편집장이었으며, 유명한 스위스의 국민의회ⓚ 의원이었던 알버트 외리Albert Oeri에 의해 확인되었다. 융의 60회 생일 기념논문집*Festschrift*에 기고했던 어릴 적 추억 몇 가지를 더듬어 보며 외리는 자신의 부모가 융의 부모를 방문했던 일에 대해 쓰고 있다.

---

① 스위스 어린이들은 대개 부모의 사촌, 즉, 오촌을 삼촌과 숙모(이모)라고 부른다. 그러므로 나는 이 모든 삼촌들이 실제로 그의 부모의 형제들인지는 확실히 모른다.

ⓚ 미국의 하원이나 영국의 국회와 같은 것이다.

융의 가족이 아직 라우펜에 살고 있었을 때, 그의 부모가 그를 데리고 갔었다는 것이다. 왜냐하면 그는 칼 융과 동갑이었고, 양쪽 부모는 그들이 친구가 되어 같이 놀기를 바랐기 때문이다. 외리는 유감스러운 듯 이런 말을 했다. "그러나 그것은 소용이 없었다. 칼은 거실 한 가운데 앉아 놀이에 푹 빠져있었고, 나를 거들떠보지도 않았다." 그는 왜 자신이 반세기도 더 된 그 일을 그렇게도 생생하게 기억하고 있을까 자문해 보았으며, 그때까지(그 때 그는 세 살이나 네 살이었다) 그런 붙임성 없는 괴짜를 만난 적이 없었다고 말했다. 외리는 대가족의 일원이었으며, 대가족에 속한 모든 아이들은 커다란 방에서 함께 놀거나 싸우기도 했다. 반면에 칼은 당시 혼자였으며 다른 아이들과 아무런 관계도 맺지 않고 있었다.[27]

융은 학교에 가는 것을 좋아했다고 회상했다. 왜냐하면 우선 매우 오랫동안 같이 놀 친구가 별로 없었다는 것을 알았기 때문이다. 그러나 그는 곧 이것이 그렇게 좋은 것만은 아니라는 것을 알았다. 즉, 그는 이러한 모든 아이들과 어울리는 것이 "나를 나 자신으로부터 소원하게 했다"는 것을 알았다. 그는 학교에서는 집에 있는 것과 달랐다. 분명히 장난도 같이 치고, 집에서는 생각지도 못했던 것을 고안해 내며 급우들과 잘 지냈지만, 그는 이런 것이 그를 편안하게 해 주지 못했다는 것을 곧 깨달았다. "부모 이외의 사람들을 알게 된 그 넓은 세계로부터의 영향은 전적으로 의심쩍다고 할 수는 없다 하더라도 의혹에 찬 것이었고 적대적인 것이었다."[28]

이런 반응은 결코 내향적인 아이들에게 드문 것은 아니다. 한참 뒤에 융은 이런 유형에 대해 말했다. 외향적인 아이들은 대개 "외부세계의 영향"을 즐기지만, 이것은 어떻게든 항상 외부세계를 꺼리는 내향적인 아이들의 경우에는 반드시 해당되는 것이 아니다. 융은 그 자신을 확실히 내향적이라고 판단했는데, 어린 시절 외부대상들과 사람들에 대한 그의 반응을 보면 이것을 분명히 알 수 있다. 동시에 그는 "푸른 잎사귀 사이로 햇살이 스며들어오는" 자연을 점점 더 사랑하게 되었다. 그러나 이것은 라우펜에서의 아주 어릴 적 체험(그의 최초의 꿈,

죽은 자들을 "데려가는" 예수, 예수회원들 등)을 한 이래, 그가 점점 더 인식하게 된 그림자의 세계와 대조적이었다. 그는 학교에서의 유년 시절에 대해 이렇게 말했다. "마치 내가 나 자신의 분단을 느끼고 두려워한 것 같았다. 나의 내적인 신뢰가 위협을 받고 있었다."²⁹

마을 학교에 진학하고 얼마 안 되어 ― 일곱 내지 여덟 살이었을 때 ― 그는 혼자 했던 놀이를 생각해내기 시작했다. 벽돌로 건물을 짓는 일을 열심히 했다.① 그 또래 소년들과 마찬가지로 그는 "호수물이 몰려와" 그가 만든 것을 파괴하는 것을 보고 즐거워했다. 그는 그 당시에 열광적으로 그림을 그리기도 했다. 특히 모든 종류의 전쟁 그림을 그렸다.⑪ 또한 그는 로르샤흐Rorschach 방법 보다 앞서서 연습 노트에 잉크의 얼룩을 채워놓고는 그것에 대한 멋진 해석을 해 보기도 했다.

학교에 다니면서 두 가지 면에서 그의 마음에 정서적 불안이 뿌리내리게 되었다.³⁰ 융의 심리학은 전적으로 그의 실제 체험에서 생긴 것이다. 이런 체험 가운데 많은 것이 그 자신의 어린 시절로부터 유래한 것이다. 그는 자신의 체험

---

① 그가 노인이 되어서도 이런 일을 열심히 한 것은 흥미롭다. 1923년 자신의 손으로 볼링겐에 자신의 성탑을 상당히 열심히 지었을 뿐만 아니라 그가 죽기 바로 전해까지 매 봄마다 볼링겐에 있는 자신의 땅에 인접한 호수로 흘러드는 작은 도랑 어귀에 가장 정교한 수로 ― 흙과 돌로 만든 ― 를 만드는 것이 그의 주된 쉼이기도 했다. 그는 이것을 그의 "급수 시설"이라고 불렀다. 호수물이 불어나면 ―겨울에 내린 눈이 녹아서 ― 매년 이 시설을 파괴해 버렸다. 그러나 그는 그것을 상관하지 않았다. 언젠가 그는 나에게 이 작업 ― 혹은 물을 뚫어지게 바라보면서 ― 은 그의 창조적인 작업을 위해, 그리고 학기 중의 바쁜 외향성에서 벗어나게 해 주는 가장 훌륭한 준비였다고 말했다. 집에 있을 때 혹은 그가 실제로 글을 쓰고 있을 때보다 훨씬 더 많은 생각들이 무의식으로부터 그에게 자유롭게 흘러들어왔다.

⑪ 그림을 그리는 것은 그가 평생 했던 다른 활동이었다. 볼링겐에는 그가 벽에 그린 그림 몇 개가 있다. 그러나 만년에는 돌을 매체로 쓰는 것을 더 좋아했다. 물론 전쟁 장면을 계속 고집한 것은 아니었다. 하지만 그는 1902년 쯤 마데이라 섬(혹은 카나리아 제도)에 있었을 때 남아프리카에서 "실전"을 치르고 군인들을 싣고 돌아오는 영국군 수송선을 보았을 때 얼마나 흥분이 됐는지 나에게 말한 적이 있다. 1914년 전에 그는, 세상이 상당히 재미없고 따분하다고 종종 생각했다고 씁쓸하게 설명했다.

가운데 하나에 대해 이런 말을 했다. "어릴 적에 나는 훗날 내가 아프리카 원주민에게서 관찰한 것과 같은 의례를 행했다. 그들은 다만 행동을 하지만 그들이 무엇을 하는지 아무 것도 모른다. 그들은 훨씬 뒤에야 비로소 그들이 행했던 것에 대해 반추해 본다."[31] 물론 그는 자신이 무엇을 하고 있었다는 것을 아직 모르고 있었다. 그러나 그는 훗날 그를 유명하게 만든 심리학을 이미 **삶으로 살고** 있었던 것이다. 나는 처음 그를 알게 되면서부터, 너무나 훌륭한 그의 세미나에 참석하고 그의 책들을 읽으면서, 실제로 그것이 바로 융 자신임을 확신시켜 준다는 사실을 곧 깨달았다. **그가 바로 그 자신의 심리학이었으며**, 이런 사실은 이미 유년 시절에 예측되었다. 그는 『회상』의 "회고"라는 장에서 "그의 삶의 흐름을 인지할 수 있도록 한 것이" 무엇인지 몰랐다고 썼다. "아마 그건 무의식 그 자체였을지 모른다. 또 아마 그것은 어릴 때의 꿈이었을지도 모른다. 그것들은 나의 삶의 방향을 처음부터 결정지었던 것이다. 뒷면의 과정을 알고 있다는 것이 세계에 대한 나의 관계를 일찍부터 형성했다. **그런 관계는 이미 나의 소년시절에 오늘날까지도 가지고 있는 그대로 있었던 것이다.**"[32]

혼자 불쾌한 느낌이 들 때 그가 행했던 첫 번째 의례는, 클라인-휘닝겐 목사관의 오래된 정원 울타리 아래 비탈진 곳에 있던 큰 돌 위에 앉아있는 것이었다. 그는 이런 돌과의 "신비로운 관계"를 갖고 있었고, 그 위에 혼자 여러 시간 앉아 있으며 "그것과 상상의 유희"를 하곤 했다. 그는 돌 위에 앉아 있었고, 돌은 분명히 그 아래 있었다. 그러나 돌은 또한 이렇게 생각할 수도 있었다. "돌 위에 앉아 있는 것이 나인가, 아니면 내가 돌이고 그가 내 위에 앉아 있는가?" 그는 이 돌과 그렇게도 완전히 동일시 ― 그것은 그의 특별한 돌이었다 ― 했기에 그가 소년이었는지, 아니면 돌이었는지 하는 물음으로 혼란스러워졌다. 그는 이 물음에 대한 답을 발견할 수 없었다. 그러나 그의 "불확실성에는 신기하고 매혹적인 어둠의 느낌이 따라 다녔다."[33]

『회상』에서 융은 30년 후에 일어났던 체험을 얘기한다. 그는 처음으로 소년과 돌의 문제를 자신과 관련하여 적절하게 설명한다. 그는 이미 전문의로 일하고 있었고, 결혼을 했고, 아이들이 있었으며, "머릿속에는 온갖 생각과 계획이 있었다." 그러나 갑자기 — 다시금 옛날 목사관의 그 비탈진 언덕에 섰을 때 — 그의 취리히에서의 모든 생활이 멀어지고 낯설어졌고, 다시 어린 시절의 세계에 깊이 빠져들었다. 그때 그는 일상생활에서 무시되었음에 틀림없던 심리학적 사실인 어린 시절의 세계가 **영원한** 세계라는 것을 깨달았다. 반면에 그의 취리히에서의 생활은 세속적인 시간에 속해 있었다. 워즈워스는 똑같은 것을 정확하게 인식하고, 그것을 불멸성의 존재가 지닌 희미한 증거라는 시적인 표현을 했다. 후자는 쉽게 소화될 수 있는 관념이다. 왜냐하면 대부분의 사람들은 불멸성에 대한 관념을 종말로서의 죽음에 대한 관념보다 더 좋아하기 때문이다. 그러나 융의 깨달음은 우리 모두가 **우리들 자신 안에** 존재하는 두 가지 세계와 어떻게든 화해하는 과제와 직면하도록 한다. 우리는 하나, 즉 어린 시절의 영원한 세계를 인식한다. 훗날 그것은 다만 세속적인 외부 세계만 인식하게 되는 대부분의 사람들에게 희미해진다. 그러나 그것은 그것을 초월해 있는 무언가가 확실히 존재한다는, 두려움을 주는 생각일 수 있다. 우리는 왜 그렇게도 많은 사람들이 모든 아이가 백지상태에서 태어**나기를** 광적으로 희망하는지 — 실질적인 모든 증거에 반反해서 — 를 이해하기 시작한다.

이제 어린 융과 돌 이야기로 돌아가 보자. 돌은 인간이나 어떤 종류의 동물이나 식물보다 훨씬 더 내구성이 있다. 오래 묵은 나무는 돌에 비하면 유아에 지나지 않는다. 후자는 아주 옛날부터 영원성의 상징으로 여겨져 왔다! 연금술사들의 "현자의 돌philosopher's stone" 및 "영원한 반석" 혹은 초석礎石으로서의 그리스도에 대해 언급해 볼 수 있다. 그가 돌 위에 앉아 있는 소년이었는지, 아니면 돌이 그 위에 앉아 있는지 골똘히 생각하고 있었을 때 이미 소년 융은, 그가 거의 80년 후에 "영원한 인간과 공간 속의 세속적 인간과의 관계라는 상당히 어려운 문제"[34]라고 불렀던 것을 이미 무의식적으로 골똘히 생각하고 있었던 것이다. 그는 심지어 인간에게 결정적인 물음은 이런 것이라고 했다. 즉, "그대는 무한한 것에 연계되어 있는가 하는 것이다. 이것이 그의 인생의 시금석이다."[35]

우리는 그의 생애의 나머지 기간 동안 이런 "상당히 어려운 문제"가 여러 형태로 다시 나타나는 것을 보게 될 것이다.

그가 만났던 두 번째 측면은 "커다란 세계에 대한 나 자신과의 분열과 동요"[36]였다. 그는 겨우 아홉 살 때, 마을에 있는 학교에 간지 3년이 거의 지났을 무렵 이것을 발견했다. 그것은 다시 한 번 상징의 형태를 띠었으며, 두 세계 사이의 분열을 대면하려는 그의 최초의 창조적인 노력이라 불릴 수 있다. 그 당시 그것은 당연히 그에게 "전혀 이해될 수 없는 것"이었지만 말이다. 그 때 모든 초등학생들처럼 융은 노란 니스 칠을 한, 잠금장치가 있는 노란 필통을 갖고 있었다. 거기에는 아이들이 갖고 다니던 자와 연필 그리고 다른 것들이 들어있었다. 그는 자의 끝을 깎아 작은 인형을 만들었다. 그는 자를 톱으로 잘라내고, 필통에 잠자리를 마련하고는 그것을 편안하게 눕혔다. 그 남자 인형에게 "프록코트를 만들어 입히고 높은 모자를 씌우고 반짝반짝 빛나는 부츠를 신겼다." 그는 그 옆에다가 비탈진 곳에 앉아 있던 자신의 돌과 아주 비슷한 돌을 하나 놓아두었다. 라인 강에서 주어온 이 매끈하고 길쭉한 돌에 물감으로 "그 윗부분과 아랫부분을 분간하여" 조심스럽게 여러 색으로 칠하고는 보물처럼 오랫동안 호주머니 속에 넣고 다녔다. 그 다음에 그는 그 필통을 몰래 출입이 금지된 다락방(마룻바닥이 벌레 먹고 썩어 있었기 때문에 들어가지 말도록 금지된)에 갖다 놓고, 지붕의 뼈대를 받치고 있는 대들보 위에 숨겨 놓았다. 마침내 — 이 모든 의식이 조심스럽게 행해졌을 때 — 그는 안도감을 맛보았고, 그 자신이 분열되어 있다는 괴로움이 이로 인해 없어졌다.[37] 불행을 느끼거나 어떤 식으로든 위협을 받게 될 때마다 그는 조심스럽게 감싸 눕혀 둔 작은 남자 인형과 화려하게 색칠한 그의 돌을 생각하곤 했다. 그 때 위로를 받았다. 그는 아무도 그를 보지 않을 때 가끔 이 다락으로 올라갔다. 그 때마다 그는 항상 글을 미리 써 놓은 종이 말이를 필통 속에 집어넣었다. 이것은 작은 남자 인형의 도서관 역할을 했다. 이것을 『회상』에서 언급하면서도 그는 그 종이에 무엇을 써 놓았는지 더 이상 기억하지 못했다.

왜 이런 의식이 마침내 그에게 그런 안도감을 주었는지를 이해하기 위해서는 융이 "상징"이라는 말을 사용했던 의미를 알아야 한다. 그 말은 알려진 사실을 표현하기 위한 단순한 표상, 표식 혹은 상像을 나타내기 위해 너무나 자주 사용되었다. 스위스 철도국에 근무하는 사람들이 날개 달린 바퀴문양을 단 옷을 입고 다니는 것처럼 말이다. 그러나 융은 이것을 결코 그런 의미로 사용하지 않았다. 그 당시 그에게 그것은 항상 **근본적으로 알려지지 않은 무언가**를 가장 잘 표현할 수 있는 것을 의미했다. 이 남자 인형을 매우 조심스럽게 만든 어린애가 자신이 표현하고자 했던 것을 생각한 것은 아니었다. 그는 자신의 삶이 "침범할 수 없는 비밀"을 유지하는 데 달려 있을 줄은 몰랐다. 그는 할 수 있는 모든 것을 했으며, 이런 상징을 산출하기 위한 엄청난 노력을 함으로써 평안을 얻을 수 있었다. 그는 약 1년 동안 그것을 기억하며 찾아가 보았다. 하지만 그 후에 그는 35세가 될 때까지 그것을 잊어버렸다. 그 후에 『무의식의 심리학*The Psychology of the Unconscious*』이라는 책을 준비하면서 이 어린 시절의 기억이 드러났다. 이 책은 여러 해 후에 개정되어 『변환의 상징*Symbols of Transformation*』**38**이라는 책으로 출간되었다. 그 때 그는 그것이 "고대 세계의 작은 외투를 입은 신," 즉 (어떤 목표나 특별한 효율성에 도달하는 것을 돕는) 텔레스포로스*Telesphoros*(병 회복의 신으로, 아스클레피오스*Aesclepius*와 더불어 숭배되며, 고대 미술에서는 종종 어린이의 모습으로 묘사되어 있다 - 역주)**39**였다는 것을 깨달았다. 텔레스포로스는 종종 아스클레피오스와 연관되어 있다. 내가 보기에 이러한 연관성은 특히 의미가 있다. 왜냐하면 융은 소년 시절에 결코 의사가 되려는 생각을 해 본적이 없었지만(그는 그의 증조부처럼 유명한 의사였던 할아버지에 대해 아주 많이 들었기 때문에 그것은 그 자체로 흥미로운 일이다), 그의 무의식은 이미 그가 겨우 아홉 살이었을 때 아스클레피오스와 연관된 어떤 이미지를 보여주었다. 대체로 고대의 난쟁이 신들 — 괴테의 『파우스트』에 다시 나오는, 카비르들*Cabiri*로 가장 잘 알려진 — 은 창조적인 충동을 상징한다. 이러한 충동은 융의 생애에서 엄청난 역할을 했다. 그가 쓴 많은 책들은 이를 입증해 준다.

독서를 통해 융은 이 남자 인형을 기억해 내고, 그것을 보편적인 상징으로 인식했을 때 "개별적인 사람의 마음속에 침투해 들어올 수 있는 고태적인 영혼의 요소가 존재한다."는 것을 처음으로 깨달았다. 그런 생각은 그의 심리학 발전에 엄청난 역할을 했다. 이 남자 인형은 가장 낮은 곳, 즉 전적으로 집단적인 층으로부터 유래한 것(이 책 22쪽의 도해를 보라)이었으며, 실제로 국가, 씨족, 혹은 가족에 의해 채색되지 않은 것이었다. 후자의 두 층이 소년 융으로 하여금 특이하게 진지하고, 종교적인 태도를 갖도록 하는데 이바지했는지 모르지만 말이다. 사실 겉으로 그는 기독교적인 의미에서 종교적으로 남아 있었다. 그가 선하고 아름다운 모든 것들이 확실히 존재하는지를 아주 어릴 때부터 의심하고 있었지만 말이다. 왜냐하면 그는 네 살이 되기 전부터 자신에게 그리도 깊은 인상을 주었던 어두운 측면이 있다는 것을 결코 잊지 않았기 때문이다. 그는 예수의 어두운 측면에 대한 두려움(그리고 그가 아주 어렸을 때 그를 놀라게 했던)과 남자 인형을 직접적으로 연관시키지 않았던 것 같다. 왜냐하면 그가 이렇게 말하고 있기 때문이다. "이 발기한 음경의 신에 관한 꿈은 나의 최초의 큰 비밀이었으며, 남자 인형은 두 번째 비밀이었다." 그는 이 주제에 대해 이렇게 말했다. "비밀을 소유한다는 것이 당시 나의 성격에 깊은 인각을 남겼다. 내가 보기로는 이것이 내게는 가장 뜻 깊은 사춘기 초기의 본질을 말해 주는 것이었다."[40] 훗날 "회고"라는 장에서 그는 이렇게 말했다. "우리가 비밀을 갖고 알 수 없는 것을 예감한다는 것은 중요한 일이다. 그것은 인생을 어떤 비개인적인 신성력 *numinosum*으로 가득 채운다. 이것을 한 번도 경험해 보지 않은 사람은 중요한 것을 놓친 셈이다…. 예기치 못한 것, 그리고 일찍이 들어 보지 못한 것은 이러한 세계에 속한다. 오직 그럴 때라야만 삶은 완전해지는 것이다. 나에게 세계는 처음부터 끝없이 크고 파악하기 어려운 것이었다.[41]

그가 그 당시 네 살이 되기 전의 첫 번째 이상한 깨달음과 남자 인형 사이의 어떤 연관성을 인정하지 않았지만, 상징은 그 둘이 무의식속에서 얼마나 밀접하게 연결되어 있었는지를 보여준다. 그 남자 인형은 "까만 프록코트를 입고 높은 모자를 눌러 쓰고 반질반질하게 닦은 까만 구두를 신은 엄숙한 남자들"**42**과 똑같은 옷을 입고 있었다. 그들은 라우펜 묘지의 파 놓은 무덤 곁에 서 있던 사람들이었고 그가 처음으로 예수에 대한 불신을 갖게 해 준 사람들이었다. 또한 그의 첫 꿈의 음경과 남자 인형은 은밀하게 연관되어 있었다. 왜냐하면 키스타 kista(고대 비의antique mysteries에서 신성한 물건들을 저장하는 곳)의 고대 신 antique god — 융이 그것과 비교했던 — 은 어떤 때는 인간의 모습으로, 어떤 때는 음경으로 드러났기 때문이다. 그래서 우리는 똑같은 비밀을 그 꿈과 남자 인형에게서 만나게 된다. 그러나 후자에서 인간이 아닌, 두려움을 주는 음경은 인간의 모습으로 대치된다. 그러므로 그것은 훨씬 더 인간적이고 인격적인 것이 된다.

    그 자신의 분열을 치유하기 위해 어린 융이 이런 엄청난 노력을 했다는 것은 다행한 일이다. 그가 남자 인형과 그의 돌을 계속해서 기억하며 또 그러한 것들을 생각함으로써 위안을 얻었던 반면에**43** 그들의 부모가 그들이 좋은 교육을 받기 원했던 다른 모든 스위스 어린이들처럼, 그는 11살이 되자 마을 학교에서 멀리 떨어져 있는 바젤의 김나지움⑩으로 보내졌다. 그것은 마을 학교에 진학함으로써 첫 발 걸음을 내디뎠던 것 보다 더 넓은 세계로 나아가는 엄청난 발전이었다. 그 당시의 바젤에 대해 생각해 보기 전에 작은 시골 학교에서 큰 도시에 있는 김나지움의 다른 분위기로 옮겨갔던 소년이 어떤 아이였는지를 잘 생각해 볼 필요가 있다. 김나지움에 다니면서 그의 친구들은 근본적으로 변했다. 클라인-휘닝겐에서 융의 아버지는 목사였다. 그는 그 마을에서 가장 중요한 인물이었고, 또 공부를 많이 한 사람들 중 한 사람이었다. 그러나 마을 학교에서 아버지 덕을 보게 된 그의 아들은 그것을 별로 좋아하지 않았다. 게다가 융은 반에서 항상 1등이었다. 급우들 대부분은 그의 아버지 교회 교인들의 아들들이었다. 바젤의 학교에서 그는 처음으로 자신의 부모가 얼마나 가난한지를 알게 되었다. 그가

---

⑩ 대학 준비를 위한 고등학교. 융은 1886년 봄에 김나지움에 들어갔다.

새로 사귄 친구들은 거의가 굉장한 부잣집 아이들이라는 것을 알게 되었다. 그들의 아버지들은 일반적인 세상 수준에서 보면 시골 목사보다 훨씬 더 중요한 사람들이었다. 이런 사실은 그들이 개인적으로 누리고 있는 혜택들에서 드러났다. 예컨대 그들은 충분한 용돈, 좋은 옷과 구두, 그리고 산과 바다에 자주 가본 것처럼 얘기했고, 그러한 것들은 아직 소년 융에게는 "도달할 수 없는 꿈나라"였다.

　그는 몹시 진지한 소년 — 그가 네 살이 채 되기 전에도 — 이었기에, 특히 종교적인 문제와 관련해서는 어떤 감상적인 것으로 그를 속일 수는 없었다. 그는 항상 아주 어릴 때부터 그가 배운 사실들을 다른 것들과 비교하고, 이런 비교를 통해서 결론을 도출했다. 이런 과정에서 그는 인간의 운명과 본성의 대극들을 직면했다. 이것은 그에게 이례적으로 있는 그대로의 삶에 대한 경험적인 상像을 제공해주었다. 그러한 현실주의는 마을 학교에 다닐 때 대부분의 그의 친구들에 의해 강화되었다. 왜냐하면 어느 누구도 스위스 농부보다 더 현실적이거나 실제적인 사람은 없기 때문이다. 그는 대부분의 그의 친구들의 부모들을 잘 알았다. 따라서 그들은 그가 꼬마였을 때부터 그를 속속들이 다 알고 있었다.

　따라서 스위스 농부와 관련된 배경과 특성으로부터 얻은 통찰력은 평생 융에게 도움이 되었다. 그는 볼링겐이라는 작은 마을 주민들 및 그 주변의 농부들과 매우 친하게 지냈다. 최근에야 (누가 묻지 않았는데도) 중년의 농부가 융이 볼링겐의 아이들을 얼마나 잘 이해했는지 말해 주었다. 예컨대 그는 융 교수가 호숫가에 인접한 그의 별장 주위에 부활절 달걀을 숨겨놓으면, 아이들이 그걸 찾으려고 돌아다니던 일을 생생하게 기억했다. 융이 소년시절 바젤에서 그의 할아버지에 대해 "융 교수, 그분은 대단한 사람이었다."는 말을 듣곤 했던 것처럼, 이제 우리는 볼링겐의 이웃으로부터 그의 손자인 융에 대해 똑같은 말을 들을 수 있게 된 것이다. 이것은 그의 명성과는 아무 관련이 없다(나는 대부분의 농부들이 그가 유명하다는 것을 알고 있는지, 단지 그의 인격에 대해서만 알고 있는지 모르겠다).

　그 지역 주민들은 융에 대해 매우 자유롭게 얘기했으며, 그들이 결코 다른 외지 사람들에게 말하지 않았던 것을 그와 의논했다. 이것은 그가 산골에 가서 스위스의 시골사람들을 만날 때도 마찬가지였다. 그의 책들이 그런 가정에 있다는 것은 놀라운 일이다. 그것은 단순한 장식품이 아니었다. 왜냐하면 분명한 것은 그의 책이 계속 읽혀지고 있었기 때문이다. 여전히 토양과 접촉하고 있는 이러한 사람들은 잃어버린 것이 무엇인지 본능적으로 이해하는 것 같다. 왜냐하면 우리는 늘 융의 책이 어렵다는 말을 듣기 때문이다. 스위스 전역에서 그런 소박한 사람들이 그들이 이해하지 못하는 것을 묻기 위해 융에게 왔을 때 — 종종 그런 사람들이 찾아왔다 — 그는 곧 그들이 대개 학계에 있는 사람들보다 자신의 책의 **본질적인** 의미를 훨씬 더 잘 이해했다는 것을 알게 되었다. 그는 그런 사람들이 많으며, 또 그런 사람들이 얼마나 진지하게 무언가를 탐구하려고 하는지를 알고 큰 감동을 받았기에, 그가 80세가 넘었을 때 그는 제자들 몇 사람, 특히 스위스 마을 학교에서 처음 5년 간 교육을 받은 적이 있는 마리-루이제 폰 프란츠에게 한 달에 두 번씩 모여 질문을 받아볼 수 있는, 그들을 위한 독서 모임을 만들어보라고 했다. 이런 모임은 아직도 진지하고 소박하면서도 참신하게 진행되고 있다.

융은 어릴 때 농부들과 접촉함으로써 나무와 돌과 같은 자연의 산물들을 알고 존중하는 것을 배웠다. 죽기 전까지 융은 볼링겐에서 땔감나무를 자르는 일을 했으며, 그가 그런 일을 할 때보다 더 행복하고 편안해 보인 적은 없었다. 우리는 그가 석공을 진심으로 존경했다는 말을 했다는 것을 알고 있다. 그가 개성이 있는 돌 하나하나를 이해하고 다룬 방식은 특히 모든 숙련된 석공의 감탄을 불러 일으켰다.

그러나 융이 스위스 농부의 현실주의에 대한 그의 어릴 적 체험에서 도움을 받았던 것은 미래의 일만은 아니었다. 그것은 소년시절, 그에게 이미 상류사회가 언제나 소중히 여기는 것처럼 보이는 환상을 피하는 데 매우 유익한 영향을 주었다. 그가 아홉 살 때 누이동생이 태어났을 때 보인 반응을 보면, 그 일이 그의 일상생활에 얼마나 영향을 끼쳤는지 알 수 있다. 이 사건은 그에게 정말 놀라운 일이었다. 그렇지만 대부분의 아이들처럼 자연과 동물을 접촉하며 성장했기 때문에 그는 아이가 분명히 엄마 뱃속에 있다가 나온다는, 삶의 진실을 쉽게 그리고 일찍이 깨달았다. 이것은 매우 관찰력이 예민한 소년에겐 처음에 이상하게 보였을 것이다. 그러나 그것은 실제로 남자아이가 으레 보이는 반응이다. 남자는 본래 관계relationship가 아닌, 구별discrimination과 **사실**에 주로 관심이 있다. 소녀는 아마 어머니가 평소처럼 자신에게 관심을 두지 않고 무언가에 몰두하고 있다는 것을 눈치 챘을 것이다. 하지만 자신의 관심사에 마음을 빼앗긴 건강한 소년은 어머니가 멀리 병원에 가서 음식을 만들 수 없다든지, 아니면 어떤 일들을 할 수 없기에 실제로 관계에 방해를 받을 수밖에 없다는 것을 눈치 챌 뿐이다. 그러나 그 당시엔 실제로 모든 아이들이 집에서 태어났으며, 또한 — 어머니가 평소보다 더 자주 침대에 눕는다는 것을 나중에 알게 됐지만 — 짬짬이 그녀는 아기를 낳을 때까지 모든 집안일을 열심히 했던 것 같다. 그러나 누이동생이 태어나자 융은 매우 놀랐던 것 같다. 겉으로 보기에도 전통적이었던 부모는 평소 황새 이야기를 그에게 했다. 그러나 그는 그것을 전혀 믿지 않았다. 왜냐하면 농부들은 그런 동화 같은 이야기를 믿지 않았기 때문이다. 어떻게 황새가 송아지를 가져다 줄 수 있단 말인가? 그러나 그는 아기가 어떻게 태어나는지 부모가 정확하게 자신에게 말하지 않기로 했다는 것을 단번에 알아 차렸다. 그래서 그는 평소처럼 자신의 생각을 따르기로 했다. 나중에 그가 누이동생의 성격을 매우 존중하는 법을 배우게 되었지만, 그녀는 보통 어릴 적에 동생들이 태어나는 것에 비하면 너무 늦게 태어났다. 그래서 둘은 각자 외동이인 것처럼 자랐다.

외견 상 융의 어머니는 아들이 훌륭한 삶의 태도를 가진 아이로 잘 커서 신사다운 소년이 되도록 하려고 무진 애를 썼다. 그러나 마음속으로는 이런 노력에 별 관심이 없었다. 그녀는 본능적으로 현실적인 데 관심이 있었으며, 그가 필요할 때 주먹을 쓸 수도 있고, 모든 면에서 자신을 주장할 수도 있는 건강하고 남자다운 소년으로 성장하는 데 훨씬 더 관심이 있었다. 비록 그의 몸가짐과 모습에 주로 관심을 두고 있다는 말을 했고, 바람직하지 못하게 그가 그들의 훨씬 더 고상한 친척들 및 친구들과 비교되기도 했지만, 그녀는 항상 이런 은밀한 바람을 아들에게 드러냈다.

특히 치장을 한 작은 여자 사촌아이가 차를 마시러 왔을 때 친절하게 행동해야 한다고 어머니가 말씀하신 것이 얼마나 딱 들어맞았는지, 그가 언젠가 나에게 말해 준 기억이 난다. 그녀를 보는 것이 결코 즐겁지는 않았지만, 그래도 그는 점잖게 정원으로 그녀를 데리고 가서 즐겁게 해 주려고 최선을 다하려고 했다. 그러나 그 때는 거름을 하려고 소똥을 정원에 막 뿌린 직후였다. 그런데 그녀는 도대체 어디서 그런 냄새가 나는지도, 소똥이 무엇인지도 몰랐다. 그는 그녀가 그것을 아주 맛있게 찍어 먹는 것을 보고 너무 놀란 나머지 충격을 받기까지 했다. 그는 나중에 그의 어머니에게 사촌 아이가 한 일을 흉내 내며 의기양양하게 말했다. 왜냐하면 언젠가 어머니가 아이를 너무 얌전하게 키우는 것은 좋지 않다고 솔직하게 인정한 적이 있기 때문이다. 사촌 아이는 다만 인간적인 생활 방식을 지키느라 너무 부자연스럽게 억제해 온 개의 행동원리principle of dog를 따랐던 것이다. 그는, 그런 개가 부자연스러운 삶에 대한 보상으로, 매번 혐오스러운 모습으로 나타나게 될 것을 알았다.

그의 어머니는 가끔 만족스럽게 그러한 것을 용인했으며, 더욱이 그녀가 들리지 않게 중얼거렸던 것들 — 그가 곧 그러한 것들이 무의식적인 것이고 이러쿵저러쿵 할 수 없는 것임을 알았던 — 은 어머니와 아들의 관계를 만족스럽게 만들어 주었다. 외견상 그는 자신의 용모와 태도에 대한 어머니의 끊임없는 훈계를 잘 경청했다. 본질적으로 — 그가 말은 은이고, 침묵은 확실히 금이라는 것을 곧 알았지만 — 그는 실제로 항상 자유로움을 느꼈으며, 그 자신이 되도록 격려를 받기도 했다. 따라서 모든 풍문을 고려해 볼 때 그는 매우 자유로운 아이였다. 내가 처음 그의 자녀들을 보았을 때 가장 강한 인상을 받은 것은, 그들은 내가 여태까지 본 가장 자연스런 아이들이었다고 기억한다.

융이 이런 현실적인 환경인 스위스의 시골 마을에서 자랐지만, 그것은 결코 물질주의적인 환경은 아니었다. 그의 가족과 가문이 종교적인 것을 강조한 것과는 달리, 그는 스위스 농부가 가진 확실성을 경험했던 것이다. 그것은 다음과 같은 사실과 관련된 것이었다. "시간과 공간, 인과론의 제약된 범주를 넘어서는 사건들이 있었을지 모른다는 사실은 그렇게도 굉장하지도, 세상을 뒤흔들 만한 것도 아니었다. 날씨와 지진을 미리 알아내는 동물들도 있고 어떤 사람의 죽음을 알리는 꿈, 죽음의 순간에 정지된 시계, 결정적인 순간에 부서진 컵, 나의 지금까지의 세상에서는 당연한 수많은 일들이 있었다."**44** 삶의 이 모든 측면이 바젤과 같은 도시에 사는 사람들에게는 얼마나 알려지지 않았는지를 융이 깨달은 것은 훨씬 뒤의 일이었다. 마을 학교를 떠날 당시에 그는, 결코 "시간과 공간, 인과론의 제약된 범주"에 의해 묶여 있지 않은 비합리적인 사실들이라는 경험적 존재를 의심하지 않았다. 그러므로 그는 다락방에 조심스럽게 숨겨놓은 작은 남자 인형이 있음으로 무한한 만족감과 안정감을 느낄 수 있었다. 왜냐하면 시골에 살면서 그는 그러한 상징들의 효능을 의심하는 것을 하찮게 보았기 때문이다.

어렸을 때 융이 어느 정도 건강했는지 확실하진 않지만, 건강한 체질을 타고 났다는 것을 곧 알게 되면서 그는 매우 건강하게 사는 것을 즐기기 시작했으며, 평생 동안 건강을 유지했다. 그는 또한 뛰어나게 튼튼해졌다. 그는 건강한 것이 학창시절을 잘 지내는 데 큰 도움이 되었다고 나에게 말했다. 그는 같은 반의 다른 모든 소년들보다 신체가 더 강했기에 항상 싸움을 하게 되면 혼자 상대할 수 있었고 그들의 존경을 얻을 수 있었다고 했다. 먼저 수년간 김나지움에 다녔고, 그 다음에는 바젤 대학에 진학했지만, 그는 계속 클라인-휘닝겐에서 살았다. 그러므로 그는 하루에 적어도 두 번 먼 시골 길을 걸어 다녔을 뿐 아니라, 그의 본질적인 뿌리가 그대로 남아 있을 수 있었다. 따라서 새로 진학한 학교에서 사회적 세계에 대한 그의 이미지와, 그러한 세계에서 차지하는 부모의 중요성을 충격적으로 경험했지만, 그는 어떤 상황에도 대처할 수 있는 준비가 **잘 되어있어야 한다는 것**을 확인하게 되었다. 그는, 훗날 자신의 심리학의 초석이 된 것 하나를 처음으로 경험했다고 할 수 있다. 즉, 중요시해야 할 것은 개인이지 외적인 환경이 아니라는 것을 말이다.

제3장
바젤 김나지움
1886-1895

    융이 바젤 김나지움에 들어가게 되었을 때 융의 가족은 약 7년 간 클라인 - 휘닝겐에 살고 있었다. 많은 친척들과 친지들이 바젤에 살고 있었고, 또 클라인 - 휘닝겐이 바젤과 매우 가까웠기 때문에 그는 이미 바젤이 어떤 도시인지 잘 알긴 했지만, 다만 방문객으로서 알고 있었을 뿐이었다. 그러나 김나지움에 진학하자 그는 그 도시의 본거지로 들어가, 말하자면 그곳의 작은 일부가 되었던 것이다.

    비록 바젤이 스위스의 도시들 중 가장 전통적인 도시의 하나지만, 그곳은 독일 국경에 인접해 있다. 오늘날에도 바젤 거리에서 독일과 프랑스로 쉽게 들어갈 수 있다. 그러나 그 당시 프랑스는 멀리 떨어져 있었다. 왜냐하면 1870년 이래 알자스로렌이 독일에 속해 있었기 때문이다. 그럼에도 불구하고, 수 년 전까지만 해도 바젤은 프랑스에 속해 있었으며, 융은 그 도시 주민들이 "품위 있는 독일어와 프랑스어"를 구사했다고 말했다.[1] 스위스의 알라만 말을 쓰는 지역의 공식적인 언어는 고지 독일어이다. 학교에 들어가자마자, 스위스 어린이들은 마을 학교의 최하층 출신이라고 해도 마지못해 고지 독일어를 사용해야 했다. 그러나 마을 학교에서 쓰는 말은 결코 "품위 있는" 말이 아니었다. 그것은 아이들이 좋아하는 말에 훨씬 더 가까운 것이었다. 따라서 김나지움의 요구에 의해 말을 "품위 있게" 해야 했던 것이 소년 융에게는 분명히 못마땅하게 느껴졌을 수도 있다. 심지어 바젤에서도 스위스 독일어는 모든 가족이 집에서 쓰는 말이다. 그러나 예컨대 사람들이 바젤에서 "기품 있는 독일어와 프랑스어"를 쓰는 것은 취리히에서 그런 말을 쓰는 것보다 더 힘들 것이다.

제1차 세계대전이 일어나기 전에는 — 융은 이미 1914년에 14년째 취리히 호숫가에 살고 있었다 — 몇몇 먼 나라를 여행할 때를 제외하고는 어떤 여권도 필요하지 않았다. 이미 상품에 대한 관세는 있었지만, 국경이 오늘날 보다는 훨씬 덜 정확하게 표시되어 있었다. 보행자들은 국경을 아주 자유롭게 오갈 수 있었으며, 종종 융은 독일 남서부의 삼림지대를 오래 동안 걷곤 했다. 취리히 근교에서 그곳은 청명한 날 특히 잘 보였으며, 그는 종종 그곳의 경계표를 바라보곤 했다. 마치 그 경계표가 옛날부터 잘 아는 소중한 것인 양 말이다.

바젤이 매우 전통적이고 스위스적인 도시가 된 것은 아마 크고 강한 독일과 인접해 있기 때문일 것이다. 바젤은 특히 스위스적인 도시가 되지 않으면 안 되었다. 그렇지 않았으면 독일에 점령당했을 것이다. 바젤의 역사를 통해 우리는 이것이 옳다는 것을 알 수 있다. 이런 점에서 바젤은 포겔 그리프Vogel Gryff@ 같

@ 포겔 그리프의 역사는 바젤을 대표하는 것이다. 그들 자신을 방어하기 위해 클라인-바젤의 주민들은 도시가 세워진 직후부터 세 집단을 형성했으며, 이 세 집단의 구성원들에게는 도시를 지키고 방어하는 중요한 과제가 있었다. 스위스에서 늘 그러하듯이, 이 세 집단 혹은 길드guilds는 여러 사업을 운영했다. 이 길드 중 하나는 "포겔 그리프"를 가지고 있었다. 그 문장紋章에는 동물의 꼬리와 사람의 발을 가진 엄청나게 큰 새가 그려져 있었고, 다른 것은 "사자lion"였으며, 세 번째 것은 "야만인wild man"이었다. 중세기에는 매년 각 집단이 포겔 그리프, 사자, 그리고 야만인으로 꾸민 사람에 의해 인도를 받는 열병식을 했다. 수세기 동안 그 집단은 병역 의무가 면제되었다. 하지만 포겔 그리프, 사자, 그리고 야만인은 매년 도시를 행진하는 일을 계속했다. 그들의 환상적인 춤은 주민들을 즐겁게 해 주었다.

이런 의식은 아직도 매년 1월에 행해지고 있다. 야만인은 라인 강을 타고 내려간다. 이 때 북을 치고 총을 쏘며 뗏목 위에서 야만인이 춤을 춘다. "중앙에 있는 다리"에 도착하면, 거기서 그는 포겔 그리프와 사자와 합류한다. 그 다음에 이 셋은 모두 거리를 지나며 그들 식의 춤을 춘다. 1932년쯤 융이 우리 몇 사람을 이 의식을 구경시키러 데려간 적이 있는데, 그때까지 나는 그런 것을 보

은 오래된 관습을 열광적으로 지키고 있다. 무엇보다도 매년 봄 파스나흐트 Fasnacht(매년 2-3월에 72시간 동안 스위스 바젤슈타트 주州의 주도州都 바젤에서 열리는 카니발 - 역주)가 행해지는 것을 보면 알 수 있다. 시민들은 매우 엄격하게 전통적이고 인습적이어서, 1년에 한 번은 완전히 대조적인 것을 필요로 한다. 그 때 그들은 이따금 그들에게 경련을 일으키게 하는 모든 전통, 규칙, 그리고 규정을 던져버리고, 그런 것을 잊어버리기까지 한다. 그런 것을 잊어버린다 해도, 왜 그런지 모르겠지만, 바젤은 도를 넘어서진 않는다. 언젠가 여러 해 전 처음 스위스에 왔을 때, 나는 융과 약 20여명의 취리히 심리학 클럽 회원들과 함께 바젤의 파스나흐트에 가 볼 수 있는 행운을 얻은 적이 있다. 그 때 우리는 독특한 바젤의 정신에 깊은 인상을 받았다. 우리 모두는 거리에서 가면을 쓴 사람들 사이를 자유롭게 돌아다녔다. 전혀 모르는 사람들에게 자주 말을 건넸지만 — 영국에는 카니발 같은 것이 없기 때문에 이것은 나에게 전혀 새로운 것이었다 — 품위 없이 제멋대로 행동하는 사람은 하나도 없었으며, 진심어린 그리고 보기 드문 유머감각으로 비판적이고 지나치게 솔직한 말은 자제했다. 그래서 아무도 억지웃음을 짓지 않았고 불편한 느낌을 갖지도 않았다. 그러나 우리가 이른 시간에 취리히로 돌아온 후에, 나는 내 차가 있는 곳을 향해 걸어가고 있었다. 그 때 나는 취리히가 전혀 다른 도시라는 것을 느꼈다. 취리히에도 카니발이 있었고, 가면을 쓴 사람들이 말을 건네기도 했다. 하지만 그곳은 전혀 달랐으며, 바젤의 카니발에 있었던 설명하기 힘든 무언가가 없었다. 융은 종종 다음과 같은 쇼펜하우어의 말을 인용했다. "유머감각은 인간이 지니고 있는 유일한 천부적인 특성이다." 그러한 천부적인 특성은 진정 바젤 주민들의 몸에 깊이 배어 있는 특징이다. 융은

느라고 하루를 꼬박 즐긴 적이 없었다. 뗏목이 라인 강을 따라 내려오자, 시간감각을 잃어버리고 말았으며, 그래서 지금 이 시대를 살고 있는지 아니면 중세기에 살고 있는지 모를 정도였다. 융은 — 이런 것을 보는 걸 신나 하면서 — 바젤에 살 때 과거의 무게가 얼마나 답답했는지를 얘기해주었다. 나는 여러 해 동안 영국의 치체스터Chichester라는 오래된 도시에 살았기에 충분히 이해할 수 있었다. 포겔 그리프의 역사에 관한 상세한 내용은, 친절하게도 바젤 시민이었던 고故 에르하르트 야코비Erhard Jacoby가 제공해 주었다.

여태까지 내가 알고 있던 그 어떤 사람보다도 더 많은 유머감각을 가지고 있었다. 바젤에서 어렵고 힘든 문제에 봉착할 때마다 그는 분명히 어린 시절부터 그 도시에서 이런 "천부적인 특성"에 크게 힘입은 것 같다.

바젤의 학교에서 보낸 처음 몇 달은 융에게 전혀 다른 세계를 보여 주었다. 앞에서 언급한 대로, 거기엔 지나치게 물질주의적인 가치를 가지고 있는 스위스 인구를 구성하는 큰 집단이 있다. 대개 그들은 매우 영리한 사업가들로서 부자가 된 스위스 사람들이다. 그가 다닌 마을 학교에는 단순한 농부의 자녀들이 많았지만, 이제 그는 새로운 급우들 대다수가 부잣집 아들들이라는 것을 알게 되었다. 그들에게는 큰 집과 정원이 있었고, 그들의 아버지들은 아주 아름다운 말들을 많이 가지고 있었다. 그 때는 말과 마차를 사용하는 시대였고, 말이 끄는 마차는 오늘날 멋있는 롤스로이스 자동차보다도 훨씬 더 멋있게 보였다.

처음에 그러한 신기한 것들 — 이런 집을 가보고 새로운 학교의 모습을 접하는 것 — 은 융을 흥분시켰다. 그러나 오래지 않아 융은 그런 것에 싫증이 났다. 마을 학교에서는 싫증을 느끼지 않았는데 말이다. 그가 다른 아이들을 따라가지 못했던 것은 아니다. 그는 항상 좋은 성적을 받았다. 그러나 그가 특히 싫어하는 어떤 계층이 있었다. 그는 그들에게 그들의 삶의 모습과 방법을 배우는 것을 아주 싫어했다. 예를 들어 그는 "다른 사람이 어떻게 움직여야 하는지 가르쳐 주는 것을 참을 수 없었기"[2] 때문에 체조를 아주 싫어했다. 그림 그리는 것에 비상한 재능이 있었지만, 그는 그의 상상력을 자극하는 것만 그릴 수 있었다. 그는 무감각하게 그저 베끼는 것은 전혀 할 수 없었다. 당시 많은 미술 선생들이 그런 것을 요구했지만 말이다. 그러나 이런 것보다 더 나쁜 것은 수학 수업이었다. 그는 그것을 너무나 싫어한 나머지 1년도 안 되어 결국 학교생활이 엉망이 되고 말았다.

우리는 그의 오랜 친구인 알버트 외리로부터 융의 학교생활에 대한 흥미롭고 밝은 면을 알 수 있다. 라우펜에 살 때 그들은 꼬마 소년들이었다. 그 때는 그들의 우정이 순조롭게 시작되지 못했다. 그들이 좀 더 성장했을 때 그들의 부모들은 다시금 그 둘을 가깝게 지내도록 했다. 그 때는 달랐다. 처음 방문했을 때 융은 외리를 친구로 불렀다. 왜냐하면 그는 진짜 소년이었고, 자신이 몹시 싫어했던 사촌처럼 옷을 잘 차려입은 꼬마 신사가 아니었기 때문이다. 나중에 외리의 부모는 일요일 오후에 그를 가끔 클라인-휘닝겐 목사관으로 데리고 갔다.

둘은 모두 1875년에 태어났으므로 같이 김나지움에 들어갔다. 그들은 같은 반이 되지도 않았고, 대학에서 전공도 달랐지만, 서로 자주 만났으며, 세상을 떠날 때까지 친구로 남아 있었다. 외리가 융의 60회 생일 기념논문집에 기고한 글을 보면, 융의 젊은 시절의 여러 사건들에 대한 설명을 접할 수 있다. 그러한 사건들은 외리가 글로 쓰지 않았다면 잊혀버리고 말았을 것이다. 융은 그러한 사건들을 오랜 세월이 지난 후에 상기하게 된 것을 즐거워하면서도 오히려 좀 씁쓸해 했다. 그것은 그의 생일을 축하하기 위한 것이었다! 그러나 융은 그 어떤 것도 부인하지 않았다. 80세가 넘었을 때 그는 자연스럽고 전염성이 있는 웃음을 가지고 있다는 것을 정말 즐거워했다. 이런 웃음은 그의 전 존재로부터 터져 나오는 것 같았기에 그는 속으로 웃을 수가 없었다. 외리는 그가 어릴 때부터 그렇게 웃었다고 했다. 기회가 있을 때마다 그는 즐겁게 하기 위해 농담하는 것을 좋아했고 결국 큰 소리로 웃을 수밖에 없었다. 그러므로 그들이 클라인 - 휘닝겐에서 가까워진 것은 융의 득의만면한 웃음 덕분이었다. 왜냐하면 융은 나이든 술고래가 방금 앉아 있던 벤치에 그의 우아한 사촌을 앉히는 데 성공했기 때문이다. 거기 앉자마자 그의 우아한 옷에 술 냄새가 배고 말았다. 언젠가 그는 급우 두 사람에게 목사관 정원에서 엄숙한 결투를 하도록 한 적이 있다. 왜냐하면 융은 나중에 그들을 보고 웃고 싶었기 때문이었다고 외리가 말했다. 하지만 즐거워하자고 했는데 친구들이 너무나 진지하게 결투를 하는 바람에 한 친구가 다른 친구의 손에 상처를 입히게 되었다. 그의 아버지는 그것을 더욱 걱정스러워 했다. 왜냐하면 그가 소년시절 펜싱을 하다가 심한 상처를 입어 손에서 계속 피가 흐르는 상태로 집에 가면, 의사인 아버지가 치료를 해주었기 때문이다. 그러나 소년들은 무엇보다도 그 이야기가 김나지움에 퍼질 때 어떻게 서열이 매겨지는 지에 관심이 있었다. 그러나 심각한 결론이 나오지 않자, 나이 많은 프리츠 부르크하르트 목사가 침착하고 온화한 미소를 지으며 결투를 한 두 친구에게 이렇게 말했다. "펜싱 칼로 장난한 걸로 치면 돼!"

비록 융이 대부분의 과목에 독창적인 재능이 있었다고 해도, 외리에 따르면 수학은 예외였다. 사실 그는 "수학에는 열등생"이었다. 그러나 그는 이런 말을 덧붙였다.

> 그가 수학을 못하는 것은 사실 그의 책임이 아니었다. 이것은 적어도 삼대에 걸쳐 그가 물려받은 약점이었다. 그의 할아버지(칼 구스타브 융 1세)는 광도를 측정하는 기구에 대한 강의에 참석한 후 쓴 1859년 10월 26일자 일기에 이런 말을 적어 놓았다. "나는 정말 한 마디도 이해하지 못했다. 만약 어떤 과목이 수학과 조금이라도 관련이 있다면, 그것은 나를 당장 망치고 말 것이다. 정말 내 자손들이 이 과목을 못한다면 그것은 그들 탓이 아니다. 그들이 그것을 못하는 것은 내 탓이다."**3**

융이 계산 — "2 더하기 2" 같은 — 을 못한 것은 아니다. 그러나 그의 할아버지처럼, 대수학代數學의 근거 없는 주장, 장난질 같은 모순이 "그를 당장 망치고 말" 정도로 저항을 일으켰던 것이다. 이런 것의 영향을 크게 받아, 그는 1, 2년 뒤에 학교 가는 것을 매우 싫어했다. 이것으로 인해, 그리고 혼자 숲과 들판에 있고 싶어 하고, 자연의 신비 속에 다시 침잠하고 싶어 했기에, 그는 다른 비밀로 이끌려갔다. 그러나 그는 이렇게 되는 것을 매우 애석하게 여겼다.

어느 날 아침 그가 좋아하는 교회광장에 서 있을 때, 그는 다른 소년의 갑작스런 공격을 받고 쓰러졌다. 보도步道의 모서리에 있는 돌에 머리를 부딪쳤던 것이다. 이런 일로 시작해서 계속 기절하게 되자, 그는 학교에 가지 못하고 6개월 동안 들판을 쏘다니게 되었다. 어떤 의사도 그에게 무슨 문제가 있는지 찾아내지 못했으며 그의 부모는 거의 절망상태에 빠지게 되었다. 그는 학교에 가지 않게 된 것이 기뻤으며, 학교 가지 않는 날이 길어지면 그 만큼 행복할 것이라 생각했다. 하지만 그가 그 자신으로부터 "도피하고 있다는 어렴풋한 느낌"4을 갖게 되자 점점 불안해졌다.

그의 아들이 치료될 수 없을지도 모른다면, 그것이 얼마나 끔찍한 일인지를 그의 아버지가 어떤 친구에게 말하는 것을 우연히 듣게 되자, 그의 기절 발작은 갑자기 그리고 극적으로 끝이 났다. 그 때 그의 아버지는 물려받은 얼마 안 되는 돈마저 날리고도, 아들이 평생 돈을 벌 수 없다면 어찌할 것인지 걱정하고 있었던 것이다. 김나지움에 진학한 후 그는 줄곧 아버지에게 약간 미안한 마음이 들었다. 왜냐하면 아버지가 부유한 급우들의 부모가 겪지 않아도 되는, 많은 걱정과 근심을 안고 있다는 것을 알았기 때문이다. 그러나 자기 나이 또래의 모든 소년들처럼 그 자신의 문제에 몰두해 있었기에, 그에게는 그 문제를 해결하기 위해 할 수 있는 것이 아무 것도 없었다.

12살 소년이 아버지의 대화를 듣고 충격을 받았다는 것을 볼 때, 우리는 융이 얼마나 진실하고 책임감이 있었는지 알 수 있다. 이러한 것들이 바로 그가 훗날 의사가 된 뒤에 보여준 두드러진 특성이었다. 공부하러 다시 학교로 돌아가야겠다고 즉시 결론을 내린 후에, 그는 자신을 꼼짝 못하게 했던 기절 발작을 극복하려고 노력하기 시작했다. 여러 달 전부터 줄곧 책을 들고 공부하려고 할 때마다 그는 기절하곤 했다. 그의 노력이 매우 성공적이어서, 그는 몇 주 뒤에 학교로 돌아갈 수 있었다. 더 이상 발작은 일어나지 않았다. 그는 더 성실하게 공부를 했다. 7시에 학교가기 전까지, 공부하기 위해 종종 아침 5시 전에 일어났다. 그는 수학공식을 암기하기 위해 자신의 탁월한 시각기억視覺記憶을 이용했으며, 모든 과목 중에서 가장 싫어하던 수학에서도 좋은 점수를 얻게 되었다.

하지만 나에게 가장 인상 깊었던 것은, 그가 자신에게 일어났던 일에 대한 윤리적인 책임을 자신의 문제로 기꺼이 받아들인 방식이었다. 그 누구의 탓 ― 예를 들어 그를 때린 소년 ― 으로 돌리지 않고, 그는 천천히 그리고 의심할 여지없이 그것이 처음부터 마지막까지 자신이 한 일이라고 기꺼이 받아들였다. 그것은 고통스런 일이었지만 말이다. 얻어맞는 순간 그는 이런 생각이 들었다는 것을 기억했다. "이제 넌 학교에 안 가도 돼!"[5] 또한 넘어지면서 좀 아찔한 정도였지만, 그는 금방 일어나지 않았다. 병이 들었을 동안 그는 이 모든 것을 완전히 잊어버리고 있었다. 그의 병은 지루한 일로부터 도망가기 위한 것이었고, 학교에 대한 저항이었다는 것을 기억해 내고 깨닫기 위해서는 상당한 용기와 인내가 필요했을 것임에 틀림없다. 훗날 그는 신경증이 무엇인지를 자신에게 처음 가르쳐 주었던 것이 바로 이 체험이었다고 말했다.

융이 이런 신경증으로부터 배웠던 것은 굉장히 중요하기 때문에 실제로 어떤 일이 일어났었는지 좀 더 면밀히 살펴보는 것은 가치 있는 일이다. 전혀 예상치 못한 상태에서 뒤에서 한 방 얻어맞고 쓰러지는 순간, 그는 이제 학교에 안 가도 될 수 있는 기회가 왔다는 것을 확실히 알 수 있었다. **만약 이런 생각을 그가 마음에 담아두었다면** 이것은 어떤 신경증과 병도 걸리지 않았을 것이다. 왜냐하면 그가 너무나도 솔직한 소년이었기에 **의식적으로** 그런 속임수를 쓸 수는 없었을 것이기 때문이다. 그를 때린 소년을 벌주기 위해 그는 필요 이상으로 조금 더 땅에 누워 있었을지(있었는지) 모른다. 하지만 그가 여러 주 동안 아픈 척하려고 그렇게 한 것은 결코 아니었다. 그의 목적을 달성하기 위해 정말 병을 앓았으며, 그것은 마음대로 되지 않았다. 그것이 자기도 모르게 어떤 목적을 가지고 한 행동이었다는 것을 나중에 고통스럽게 깨달았다. 하여간 그는 여러 달 동안 학교에서 도망가려는 본래의 생각을 완전히 잊어버렸다. 이런 어릴 적 체험으로부터 융이 배운 가장 중요한 점은, 그가 무의식적으로 이런 계획을 가지고 있었지만, 정말 아팠다는 것이다. 하지만 자신이 모든 것을 야기했다는 사실을 기억하고 기꺼이 받아들이자마자 그는 완전히 그리고 영구히 회복되었다.

그가 처음으로 이런 것을 깨닫는 것은 결코 즐거운 일이 아니었다. 그 때 그는 많은 신경증 사례의 원인 및 치료법에 대해 배웠던 가치 있는 교훈이 어떤 것인지 알 수 없었다. 이제 자신의 잘못으로 인해 부모가 고통을 받았다는 것을 깨닫게 되자, 그는 자신에 대해 엄청난 수치심을 느꼈다. 그에게는 누구에게도 말할 수 없었던 다른 것이 있었다. 다락방에 있는 그의 남자인형에 대해 생각하면서, 그는 막 김나지움을 다니기 시작하면서 겪게 된 많은 난관을 이겨낼 수 있었다. 그러나 안타깝게도 한 방 맞고 쓰러졌을 때 그는 그것을 완전히 잊어버렸다. 그래서 그는 더 이상 안도감을 가지지 못했던 것이다. 더욱이 우리가 외리로부터 알 수 있듯이, 오랫동안 병으로 학교에 결석하게 되자 — 스위스 학교에서는 늘 그런 것처럼 — 그는 뒤떨어지게 되었고, 외리를 포함하여 전에 동급생이었던 친구들을 잃어버리게 되었으며, 다시 새 친구들과 학교를 다녀야만 했다. 사실 이런 일로 인해 외적인 오명을 얻진 않았다. 왜냐하면 그 자신을 제외한 모든 사람은 그가 정말 아프고, 그것이 그의 불운이며 그의 잘못이 아니라고 믿었기 때문이다.

이 무렵에 — 나는 그것이 그가 아프기 전이었는지 아픈 후였는지 정확히 모른다 — 그는 또 다른 체험[6]을 했다. 나는 그 체험이 그의 어린 시절의 마지막을 특징지었다고 그가 종종 말하는 것을 들었다. 어느 날 아침 집에서 김나지움까지 보통 때처럼 먼 등교 길을 걸어가다가 그는 갑자기, 말하자면 짙은 안개 속에서 빠져나와 걷고 있는 자신을 발견하고는 놀랐다. 거기서 그는 즉시 **"지금 내가 여기 있다"** 는 것을 알았다. 그날 아침 안개가 낀 것도 아니었다. 그러나 그 뒤엔 짙은 안개의 벽이 있는 것 같았다. 진정으로 그 속에서 그는 다만 수동적으로 존재했다. 왜냐하면 이전의 모든 사건이 **그에게** 그저 우연히 일어났던 것이기 때문이다. 그것은 마치 안개 속에 있을 동안 모든 것이 그저 단순하게 그에게 일어났던 것 같았다. 그러나 이제는 그 자신이 의지를 발동할 수 있었다. 이것은 그에게 너무도 강력한 인상을 주었다. 왜냐하면 갑자기 그가 권위를 가지고 있다는 느낌이 들었기 때문이다. 이것은 나중에 다른 문제로 이어졌고, 결국 처음으로 신God에 관한 새로운 관심이 생겼다. 융이 기독교적인 의미에서 여전히 종교적이었지만,[7] 라우펜의 교회 묘지에서 장례식을 목격한 이래 줄곧 예수는 그에게 점점 더 문제가 많은 존재가 되었다. 이제 그 자신을 의식하게 되자, "신의 통일성, 위대함, 그리고 초인성"은 그의 상상력을 자극하기 시작했다.[8]

그가 기록해 놓은 다음 체험에서 겪었던 그의 고민을 이해하기 위해, 우리는 그 당시 그에게 문제가 되었던 신God을 어느 정도 마음에 담아 두어야 한다. 그는 이것을 자세하게 기록해 놓았다.9 그가 나에게 몇 번 말해 준 바와 같이, 이런 고통스런 체험을 통해 얻은 태도가 평생 그에게 남아 있었으므로, 여기서 그것을 잠시 살펴볼 필요가 있다.

그것은 또다시 교회 광장에서 일어났다. 햇빛이 비춰는 화창한 어느 날, 그는 이 모든 아름다운 것을 만든 신에 대한 생각에 잠겼다. 그는 그분이 교회의 반짝거리는, 새로 덮은 기와지붕 위로 보이는 저 높이 푸른 하늘 위에, 황금의 왕좌 위에 앉아있는 것을 상상했다. 그러나 그는 "그의 생각에 큰 구멍이 뚫리고 질식할 것 같은 느낌"으로 갑자기 멈추어 섰다. 계속 생각하다보면 "가장 큰 죄"를 저지를 것 같았다. 그것은 결코 용서받을 수 없는 성령을 거스르는 죄였다. 그는 이틀 동안 밤잠을 이루지 못했으며, 낮 시간은 순전히 고문을 당하는 것 같았다. 그러나 그 생각 — 그가 그것을 막으려고 했지만 — 이 끊임없이 의식에 엄습해 왔다. 우리가 이 책 22쪽의 도해로 돌아가 보면, 특히 우리는 이런 생각이 집단적 무의식의 가장 낮은 심층으로부터 연유한 "어떤 직계 전통이 없이 그의 개인적인 정신"으로 들어가려고 하는, 어떤 "고태적인 정신적 요소"였음을 분명하게 알 수 있다. "고대 세계의 작은 신," 곧 텔레스포로스에 대한 생각이 그의 마음에 더욱 부드럽게 파고들었다. 그것은 남자 인형의 상징에서 그 자신을 표현했던 어떤 창조적인 예감과 같은 것이었다. 그러나 그에게 성령을 거스르는 죄로 여겨졌던 이런 새로운 생각은 분명히 훨씬 더 파괴적이고 이상한 것이었다. 더욱이 그것은 처음의 경우보다 그 자신을 훨씬 더 무섭게 표현하려고 했던 것이다.

그러나 사흘째 되는 밤에 괴로움이 너무나 커서 견딜 수 없었으며, 그는 그의 저항이 약화되는 것을 느꼈다. 어쨌든 그는 전력을 다하여 그것을 미리 생각해 보기도 전에 굴복해서는 안 된다고 결심했다. 그가 알지도 못하고 알기 원하지도 않는 것을 생각하도록 **누가** 그에게 강요했단 말인가? 이 질문에 대답하기 위해 그는 본능적으로 그가 수십 년 후에 무의식의 층들이 있다고 인정했던 조상의 행적을 거슬러 올라갔다. 처음에 그는 그가 이런 생각을 하도록 부모가 강요한 것은 아닐까 생각했다. 그러나 이런 생각이 "아주 어리석은 것" 임을 발견했다. 그러면 그의 조부모가 그렇게 했을까? 그는 다만 초상화를 통해 그들을 알고 있었으며, 그들에 대해 들었던 모든 것을 통해 볼 때, 그것이 전혀 불가능함을 알게 되었다. 그 다음에 그는 "그가 모르는 긴 조상의 계보를 모두 섭렵하여 결국 아담과 이브에 도달했다." 그 당시 그가 생각할 수 있는 가장 깊은 층은, 바로 기독교 및 유대교 전통의 첫 부모(아담과 이브를 말함 - 역주)였다. 그들은 신에 의해 새로이 창조되었다. 신은 그들을 분명히 그분이 원하는 존재로 만들었을 것임에 틀림없다. 즉, 그분은 그들이 죄를 지을 수 없게 만들 수 있었다. 하지만 그분은 그렇게 하지 않았다. 그러니까 **그들이 죄짓지 않으면 안 되었던 것은 신의 의도였다.**

신이 의도적으로 아담과 이브가 죄를 짓도록 했다는 생각, 그리고 구원을 가져다 주는 복된 죄, 곧 펠릭스 쿨파*felix culpa*(다행스런 타락fortunate fall이란 뜻의 라틴어 - 역주)라는 비슷한 생각은 이미 초기 영지주의자들Gnostics에게서 나타났으며, 수세기가 지나면서 상당히 자주 다시 나타났다. 그러나 그것은 결코 신의 의지에 불복종한, 완전히 잘못된 행동으로 말미암은 원죄 사상을 강조했던 기독교 전통의 일부가 되지 못했다. 특히 개신교 신자들은 항상 후자의 측면을 강조했다. 융이 전자에 대해 줄곧 들어왔다고 볼 수는 없을 것 같다. 그럼에도 불구하고 그것은 즉각적인 확신을 주었으며, 그가 심한 고통에서 벗어나게 해 주었다. 왜냐하면 이제 그가 이런 갈등으로 고통 받도록 신이 의도했다는 것을 확실히 알게 되었기 때문이다. 그러나 그는 그가 둘 중 하나를 선택해야 한다는 것을 아직 몰랐다. 즉, 그런 생각을 해야 하는지, 아니면 그런 생각을 계속하는 것에 저항해야 하는지를 말이다. 마침내 그는 아마 신 역시 그가 무서운 생각을 하는 용기를 가지기를 원했을 것이라는 결론에 도달하게 되었다.

다시 한 번 그는 교회 위 하늘에서 똑같은 장면을 보았다. 그러나 그 때 그는 생각이 계속되도록 그냥 내버려 두었다. 엄청난 배설물이 그 옥좌 밑에서 햇빛에 반짝거리는 교회의 새 지붕 위로 떨어져, 교회 벽을 산산이 부수고 말았다. 그러나 기대했던 저주 대신에, 그는 전에 일찍이 알지 못했던 "형언할 수 없는 안도감"과 "말할 수 없는 축복감"을 느꼈다. 전통적인 관점에서 볼 때 이런 매우 불경스러운 생각은 그에게 "모든 것을 치유하며 모든 것을 이해시켜주는 은혜의 기적"에 대한 첫 번째 체험을 안겨주었다. 이것은 아무리 신성한 것이라 하더라도 전통을 따르는 것을 분명히 거부한, 거침없는 신의 요구에 그가 복종한 결과임을 즉시 깨달았다. 즉, 그는 또한 삶에서 정말 중요한 것은 신의 의지를 충족시키는 것뿐이라는 것을 깨달았다.¹⁰

이 엄청나게 충격적인 체험은 소년에게 이중적인 효과가 있었다. 한편으로, 그를 여러 해 동안 곤혹스럽게 했던 많은 것들이 마침내 해명되었다. 무엇보다도 그는 처음으로 그의 아버지의 우울증과 고통을 이해하게 되었다. 그의 아버지는 "성경과 교회 위에 자유롭게 전능한 힘을 가지고 서 있는 직접적인 살아 있는 신"을 모르는 게 분명했다. 다시 말해 아버지는 아들과 똑같은 상황에 처해 있었지만, **어떤 일이 있더라도** 선악을 구분하는 전통적인 생각을 계속 따라갔다. 왜냐하면 그는 "성경이 규정한 대로의 신, 그리고 조상들이 그에게 가르쳐 준 대로의 신을 믿었기(또는 믿으려고 애썼기) 때문이다. 그는 이것을 가장 좋은 신앙의 근거요 가장 깊은 신앙에서 우러나온 것으로 보았다. 그럼에도 불구하고 그는 한쪽 면만 보았으며, 결국 그 자신이 살아 있는 신 및 은혜의 기적으로부터 단절되고 말았다. 소년은 이것을 완전히 깨달았으며, 이전에 결코 그런 것을 경험하지 못했던 아버지에 대해 연민을 느꼈다. 반면에 전통적인 입장 — 융이 훗날 그렇게도 자주 지적하곤 했던 것처럼 — 은 다만 개인적인 교육의 문제가 아니라, 말하자면 우리 모두가 조상으로부터 물려받은 것이다. 소년의 이런 측면은 가장 깊은 무의식으로부터 연유한 이런 생각으로 인해 깊은 충격을 받았다. 왜냐하면 거기에는 어떤 직계 전통이 없을 뿐만 아니라, 내가 아는 한, 어떤 상응하는 것도 없기 때문이다. 훗날 그는 소위 맥락 — 다른 시대와 장소에 똑같은 종류의 다른 생각이 나타나는 — 이 거의 모두 어린 시절의 체험(남근 꿈, 남자

인형, 돌 그리고 그 밖의 것 등)에 있다는 것을, 그러나 내가 아는 한, 그것은 결코 그런 식으로 당신의 교회를 파괴하는 신에 대한 이런 관념에 있지 않다는 것을 발견했다. 그는 신이 끔찍하고 무서운 존재일 수 있으며, 그 자신이 신의 어두운 측면에 속하는 것을 보는, "대단히 흉측한" 마귀나 돼지임에 틀림없다는 결론에 도달했다. 한편으로, 은혜의 기적 체험으로 인해 그는 아버지나 그 주위의 성직자들 보다, 살아 있는 신에 대해 훨씬 더 많이 알게 되었다고 확신했다. 그는 이것을 "일종의 특별함으로" 느꼈다. 그러나 실제로 그와 동시에 그 자신의 전통적인 측면에서 보면, 그런 생각이 엄청나게 나쁜 것이고, 신성모독적인 것이기 때문에 그것은 "수치스러운 체험"이었다. 이런 의미에서 그는 뼈저리게 실제 일상적인 체험에서 그리고 그 자신의 일부로서 대극 — 훗날 그의 심리학에서 대단히 중요한 역할을 한 — 의 존재를 인식하게 되었다.

　이 시기에 대극은 대극 자체를 다른 방식으로 느끼게 만들었다. 얼마 후 그는 소년 시절의 안개에서 벗어났으며, 처음으로 "권위에 대한 느낌"을 갖게 되었다.11 그는 루체른Lucerne 호숫가에 있는 가족으로부터 초대를 받은 적이 있다. 그런데 그 집 주인은 그가 고분고분하지 않다고 호되게 꾸짖었다. 엄청나게 놀란 그는 이런 일에 대해 이중적인 반응을 보였다. 즉, 한편으로 그는 그 힐난이 지극히 정당하다는 것을 인정했지만, 다른 한편으로는 비합리적인 분노에 사로잡혔다. 그는 이 "뚱뚱하고 교양 없는 멍청이"가 감히 **그를** 모욕한다고 생각했다. 자신은 겨우 열두 살밖에 안 된 학생이고, 그 주인은 부자이고 세력 있는 사람이라는 것을 알게 되었다. 그러나 그 자신 **역시** "두려움과 존경의 대상인 늙은 남자"이기도 한, 어떤 중요한 사람이었다는 느낌을 갖지 않을 수 없었다. 강렬한 혼란을 느끼면서, 그는 실제로 두 다른 인격임에 틀림없다는 생각이 들었다. 하나는 그 자신에 대해 확신이 없는, 별로 중요하지 않은 학생이고, 다른 하나는 18세기에 살았던 중요한 늙은 남자였다.

　잘 알려진 대로, 나중에 융은 의식意識의 중심은 자아이므로, 의식은 전체 정신의 일부만을 드러낸다는 것을 발견했다. "자기Self와 자아ego"는 사도 바울이

"이제 내가 사는 것이 아닙니다. 그리스도께서 내 안에서 사는 것입니다."(갈라디아 2:20)라고 말한, 오래된 사실을 현대적으로 표현해 주고 있다. 동양에서는 옛날부터 "자기Self"라는 말이 보다 더 넓은 인격의 중심을 지칭하는 것으로 사용된다. 예를 들어 『브리하다라냐카 우파니샤드Brihadâranyaka Upanishad』에는 이런 말이 나온다.

> 그는 정액 속에 있지만 정액과 다르다. [그러므로] 정액은 그를 알지 못한다. 정액은 그의 몸이며, 그는 내면에서 정액을 지배한다. 그는 자기Self이며, 내면의 지배자이며, 불멸하는 자이다. 그는 보이지 않는 보는 자이며, 들리지 않는 듣는 자이며, 인식되지 않는 인식하는 자이며, 알려지지 않는 아는 자이다. 그 이외에 다른 보는 자는 없으며, 그 이외에 다른 듣는 자는 없으며, 그 이외에 다른 인식하는 자는 없으며, 그 이외에 다른 아는 자는 없다. 그는 그대의 자기이며, 내면의 지배자이며, 불멸하는 자이다. 그와 다른 [모든] 것은 비참하다.[12]

융은 "자기Self"라는 말을 동양적인 용법에서 빌려왔다. 융이 자신 안에 있는 이러한 두 인격을 묘사한, 그의 『회상』에 대해 비판하는 몇몇 사람들은 이것을 융에게 분열된 인격, 심지어는 정신분열증적인 분열이 있었다는 표시로 보았는데, 그것은 그들 자신의 무지를 드러내는 것이었다. 그와 반대로, 모든 정상적인 인간 안에 존재하는 이러한 두 사람은, 다만 우파니샤드가 묘사하고 있는 대로, 자기Self는 제한된, 의식적인 자아에 의해 대개 "보이지 않는 것"(그것이 보지만)이고, "들리지 않는 것"(그것이 듣지만)이고, "인식되지 못하는 것"(그것이 인식하지만)이며, "알지 못하는 것"(그것이 알지만)이다. 그러나 열두 살 때 융은 놀랍게도 이 사람을 보고, 듣고, 인식하고 알았던 것이다.

나는 자기와 자아와 관련되어 있는 융의 이 첫 번째 직관이 18세기의 늙은 남자로서의 전자(자기를 말함 - 역주)의 관념에서 시작된 이유를 모른다. 나는 18세기가 그에게 왜 익숙해 보였는지 알 수 없다고 그가 말하는 것을 들은 적이 있다. 그 때부터 아주 많은 것들은, 그가 『회상』에서 언급했던 삼림지대에서 온 고풍스런 초록빛 마차와 구두13 같이, 그에게는 분명히 기시감déjà vu(지금 자신에게 일어나는 일을 전에도 경험한 적이 있는 것 같이 느끼는 것 - 역주)으로 말미암아 생긴 것들이었다. 환생幻生, reincarnation을 믿는 사람들은 그가 그 당시 과거에 살았던 것처럼 얘기한다고 하겠지만, 그는 자신이 결코 "환생의 문제"에 관해 "확실한 의견을 주장할 입장"14에 있지 않다고 했다.

그렇기는 하지만, 분명히 인간 안에는 개인이 알고 있던 것이나 경험했던 것보다 더 많이 아는 누군가가 혹은 무언가가 존재한다는 증거가 너무나 많이 있다. 우리는 옛날부터 세계 도처에서 이런 현상에 대한 증거를 알고 있다. 열두 살 소년이었던 융이 이것에 대해 자연스럽게 알았던 것은 아니다. 그는 다만 새롭게 경험했으며(그리고 마치 자신 안에 시대와 중요성이 다른 두 사람이 있었던 것처럼 경험했으며), 그것이 혼란스럽다는 것을 알았다. 그는 다른 형태로 같은 것을 이미 경험한 적이 있었다. 즉, 그는 돌 위에 앉아 있으면서, 그가 소년인가, 아니면 돌인가 생각했던 것이다. 또한 그는 다시금 같은 것을, 조각한 남자인형의 상징에서 경험했다. 그는 전자前者를 잊지 않았다. 그는 때때로 바젤의 김나지움을 다니던 시절에도 돌 위에 앉아 있었으며, 그것이 "이상하게 불안감을 없애주고 편안함"15을 준다는 것을 발견했다. 그러나 남자인형은 오랫동안 완전히 잊혀졌다.

하지만 다른 두 사람에 대한 느낌은 훨씬 더 혼란을 주었으며, 끊임없이 지속되었다. 그래서 결국 "자신의 개인적인 용도로"16 그는 그들을 그 자신 안에 있는 두 개의 독립된 인격들이라고 생각하여, 각기 제1호No. 1와 제2호No.2라고 이름 붙였다.ⓑ 학생은 제1호였으며, "수백 년을 살고 있는" 그의 다른 부분은 제

ⓑ 내가 아는 한, 융은 처음에 **실제적인** 용어 — 제1호와 제 2호 — 를 사용했다. 비록 내가 가끔 여러 해 전에 그 현상 자체에 대해 그가 말하는 것을 들었지만, 그때 그는 『회상』의 독자에게 이런 기이한 현상을 분명히 설명하려고 했다. 그는 가끔 그의 자서전의 처음 세 장을 쓰고 있는 동안에 그러한 것을 가장 잘 이해할 수 있도록 어떻게 명확하게 표현할 수 있을지 논하곤 했다.

2호였다. 물론 소년 시절에 그는 이것을 일관되게 그리고 분명하게 알 수 없었다. 나중에는 그렇게 할 수 있었지만 말이다. 비록 그가 항상 어딘가에 "나 자신과 다른 무언가가 관련되어 있는" 것이 있다는 것을 실제로 알고 있었지만, 그는 가끔 제2호의 영역을 "그 자신의 개인적인 세계"라고 주장하기도 했다.[17] 또한 그는 "다른 사람이 있다는 것은 정말 말도 안 된다"[18]는 생각을 했던 때도 있었다. 그러나 그런데도 그(자신 안에 있는 다른 사람, 곧 제2호를 말함 - 역주)를 오래 동안 부정할 수는 없었다. 김나지움을 마치기 직전 그는 꿈을 꾸었다. 그 꿈은 제2호가 제1호의 세계로 떠난다 해도, 그의 배후에 분명히 남아 있을 것이라는 것을 그에게 보여주었다. 그러나 그 때 조차도 그는 제2호가 무슨 일이 있어도 무효화되지 않을 것이라고 확신했다.[19]

여기서 우리는 분명히 융과 그의 동년배들의 차이를 알 수 있고, 그가 그렇게 자주 소외감을 느꼈던 이유를 알 수 있다. 김나지움 학생들은 자연히 워즈워스의 "불멸성을 암시하는 송시"에서 묘사된 패턴을 따랐다. "감옥의 그림자"는 커가는 소년들에게 어둠을 드리우기 시작했으며, 많은 아이들이 이미 어둠에 갇히고 말았다. 그러나 기적과 같은 무언가에 의해 이러한 감옥의 담장은 융을 가두어 두지 못했으며, 그는 여전히 그의 동년배들보다 훨씬 더 분명히 "영광의 구름"을 보았다. 심지어 대학에서도 — 모두 다는 아니라 해도, 거기서 그의 친구들 대부분은 "영광의 비전"을 모두 잃어버렸다. 이유는 "평범한 일상의 빛"으로 점점 소멸되어 갔기 때문이다 — 융은 아직도 그것을 기억했다. 그것은 그에게 소외감을 주었다. 그러나 그는 그것을 결코 잊어버리거나 부정해선 안 된다는 것을 알았다.

여러 해 후에 융은, 잠시 자신의 제2호 인격을 떠나도록 허락해 준 꿈을 꾸었으며, 줄곧 수년간 최선을 다해 혼란에 대처해야만 했다. 그는 적어도 이런 짐을 혼자 지고 가야했으며, 아무에게도 그것에 대해 말하지 않았다. 이것을 얘기할 수 있는 단 한 사람이 어머니일지 모른다는 생각에 끌려 심각하게 고민을 했던 것 같다. 왜냐하면 어머니 역시 그의 마음을 기쁘게 해준 것들을 말해 주었던,

제2호 인격을 가지고 있음을 곧 깨달았기 때문이다. 그러나 어머니가 이러한 것들을 말해 주었지만, 그는 어머니에게 그것들에 대해 질문할 수 없다는 것을 곧 알게 되었다. 그러므로 그는 하는 수 없이 어머니에게도 역시 털어놓을 수 없다고 마음먹고, 이 모든 문제를 혼자 간직하기로 했다. 거의 70년 후에 "회고"에서 그는 그런 비밀이 자신의 삶에 엄청난 가치가 있으며 중요하다는 결론에 도달했다. 그러나 그 당시 그는 당연히 자신의 상황을 고통스럽고 외롭다고 느꼈다.

예컨대 외리의 아버지와 라틴어 교사 같은 김나지움의 몇몇 선생님들은, 그 소년(융을 말함 - 역주)을 매우 높이 평가했던 것 같다. 그러나 가끔 전혀 이치에 맞지 않게 그를 싫어했던 사람도 있었다. 큰 학교에는 학생들이 조금이라도 독창적인 낌새를 보이면 미워하고 그 싹을 잘라내려고 전력을 다하는 선생들이 몇몇은 늘 있기 마련이다. 그 당시 이 모든 것이 융을 극도로 부당하게 공격했다. 특히 그가 제출한 작문이 그가 썼다고 하기엔 너무나 훌륭하다는 단순한 이유로, 그가 남의 것을 베꼈다고 어떤 선생이 그를 비난했다.[20] 학교에 제출한 융의 작문이 얼마나 독창적이고 흥미로운 것이었는지 외리가 언급했다는 것을 알면, 우리는 그런 근거 없는 비난을 더욱더 이해하기 어려울 것이다. 그는 아버지 서재에 들어가 볼 마음이 생겨서 살짝 들어갔다. 그 때 수정하려고 탁자에 놓아둔 논문을 발견하고는 너무나 기쁜 나머지 그것을 몰래 읽어보았다.[21]

융은 분노, 특히 충분한 근거가 있는 분노라 하더라도 그것을 종종 견디기 힘들어했으며, 그의 작문 때문에 너무나 명백하게 부당한 취급을 받은 뒤에, 그는 "슬픔과 분노를 참기가 너무 어려웠다." 그 때 그 안에 있는 경험 많은 늙은 남자가 나타났음에 틀림없다. 그는 "갑자기 모든 것이 고요해 지는 것을" 느꼈고 ― 이런 일은 처음이 아니었다 ― 또한 모든 것을 다르게 보고 있다는 것을 알았다. 고요하게 그리고 객관적으로 그는 선생이 자신의 특성을 이해하지 못하는(이해할 수 없는) 멍청이라는 것을 알았다. 그래서 당연히 그는 남을 믿을 수 없었다. 융이 종종 그 자신을 불신했듯이 말이다. 그 당시 그는 이렇게 이해할 수 있었던 것과, 그가 전에 자신 안에 늙은 남자가 있다는 것을 인정했던 것을 서로 연관 짓지 못했다. 그러나 어느 정도 그 자신 안에 그런 것이 있다는 것을 알았던 게 틀림없다. 왜냐하면 그런 사건이 있은 지 몇 달 뒤에 급우들이 그를 "족장 아브라함Father Abraham"이라고 부르기 시작했기 때문이다. 그는 자신이 왜 그런 별명을 얻었는지 도무지 이해할 수 없었으며, "그것을 어리석고 우습게 여겼다. 그러나 마음속으로는 그것이 어딘가 내 특성을 맞추었다고 느꼈다."[22]

그는 학교에서 좋은 친구들을 많이 사귀었다. 그들 중에는 "수줍음이 많은 평범한 집안 출신의 소년들"[23]이 있었다. 또한 그는 동물들과 자연을 점점 더 사랑하게 되었고, 그들이 "사랑스럽고 충실하며 변함없고 신뢰할만한 것들"[24]임을 발견했으며, 당시 사람들보다 그들을 더 신뢰했다. 그의 작문 사건과 관련하여 그는 심지어 이렇게 말했다. "나는 사람들을 전보다 더 믿을 수 없었다." 그는 그 자신 역시 신뢰하지 못했기 때문에 사람들을 신뢰할 수 없었다. 그것은 괴로운 일이었다. 즉, 그것은 그가 의심쩍어 했던 인간의 본성 그 자체가 지닌 어두운 면이었다. 인간의 본성을 더 잘 알게 됨에 따라, 그는 대극이 얼마나 인간의 본성 안에서 대등하게 균형을 이루는지, 그리고 인간의 본성이 믿을 수 있는 것인지도 깨달았다. 어떤 세미나에서, 사람들은 항상 그들의 친구들에게서 대극을 볼 수 있다고 생각하는 오류를 범한다고 한 융의 말에 깊은 인상을 받은 기억이 난다. 누군가가 어느 날 그들에게 정말 선한 일을 한다면, 그들은 그들이 다음번에 더 선한 일을 기대할 수 있으리라고 생각한다. 그러나 그는 그것이 불가능하다는 것을 알았다. 추는 다른 방향으로 선회하기 마련이다. 누군가가 어느 날 유난히 긍정적이었다면, 다음에는 부정적인 것을 예상해야 한다.

물론 그 때 융은 학생이었기 때문에 그가 인간 본성을 잘 이해할 수 있게 된 것은 훨씬 뒤의 일이었다. 훗날 그가 예수와 신의 어두운 면을 통감痛感했던 것처럼, 이제 그는 다른 사람들 안에 있는, 그러나 무엇보다도 그 자신 안에 있는, 인간 본성의 어두운 면을 인식해야만 했다. 이것은 또한 놀랍게도 그에게 많은 즐거움을 주는 이점이 있었다. 예컨대 어머니가 언젠가 그에게 "넌 항상 착한 아이였단다."라고 말했을 때, 그는 귀를 의심했다. 왜냐하면 그는 자신이 "타락하고 열등한 사람"²⁵이었다고 믿었기 때문이다.

그가 네 살도 채 안 되었을 때 꾼 음경 꿈, 그리고 아무도 들어본 적이 없는, 그가 나중에 본 자신의 교회를 파괴하는 신에 대한 환상으로 인해, 이미 소년 융은 "타락하고 열등한" 느낌(불가피하게 우월감에 상응하는 열등감)을 갖게 되었다. 특히 그러한 것들은 그에게 극심한 소외감을 느끼게 만들었다. 그럼에도 불구하고, 15세가 될 때 까지 그는 교회와 일치된 느낌을 가지고 있었으며, 자신의 가문의 종교적인 세계에 익숙해 있었다. 그런데 그가 입교식confirmation(가톨릭에서는 견진성사라 함 - 역주)을 치를 때가 되었다.²⁶ 그의 아버지가 입교식을 준비시켰다. 이 사건을 통해 그는 전에 있었던 그 어떤 일보다도, 그의 아버지가 그의 직업과 관련된 무언가에 대해 **생각**하는 것을 결코 용납하지 않고, 말하자면 그것을 무턱대고 받아들이려고 했으며, 모든 기독교 신조를 **믿으려고** 했다는 것을 훨씬 더 분명하게 알게 되었다. 당연히 이런 식의 지도는 늘 모든 것을 신중하게 생각하기 원했던, 완전히 깨어 있는 마음을 가진 소년에게 정말 지겨운 일이었다. 그러나 그는 아버지의 관점을 받아들이려고 매우 진지한 노력을 했다. 다시 말해, "이해하지 않고 믿으려고" 했으며, 그의 첫 성찬식을 성실하게 준비했다.

처음부터 융은 역설에 마음이 끌리고 매혹되었던 것 같다. 테르툴리아누스 Tertullian(서방교회의 최초의 교부, 호교가로서 160년에 출생하여 220년에 사망함 - 역주)가 다음과 같이 말했던 것처럼 말이다. 즉, "하나님의 아들은 죽었다. 그것은 불합리하기 때문에 믿을 가치가 있다. 그가 장사된 뒤에 부활했다. 그것이 불가능하기 때문에 분명한 사실이다." 그래서 소년은, 어떻게 단일성이 동시에 삼위성 threeness이 될 수 있는가 하는, 삼위일체Trinity 개념에 매력을 느꼈다. 그의 아버지가, "이제 우리는 삼위일체를 이야기할 차례가 됐다. 그러나 이것은 생략하겠다. 나는 사실 여기에 관해 아무 것도 모른다."라고 말하며 전체 주제를 건너뛰어 버리자, 아버지의 솔직함에 경탄했지만, 크게 실망했다. 첫 성찬식을 준비하면서, 평범한 빵이 그리스도의 몸이 되고 평범한 포도주가 그리스도의 피가 되는 것, 성찬식을 통해 그리스도를 우리가 받아들여야 하는 것이 "너무나 현실적인 가능성이 없는 것"으로 여겨졌기에, 그는 그 뒤에 틀림없이 어떤 큰 비밀이 숨어 있을 것으로 생각했다. 어떻게 그런 일이 있을 수 있단 말인가? 그는 마지막에 무언가를 경험할 수 있을 것 — 그것이 무엇인지 알 수 없었지만 — 이라고 기대하며, "종교적인 입회식의 절정"인 성찬식에 참여하기 위해 교회로 갔다.

그날은 검은 새 양복을 입고 모자를 썼다. 그것은 그전 어느 때보다도 더 어른스러운 차림이었다. 그런 차림은 그에게 "사나이들의 사회에 받아들여지는" 느낌을 주었다. 융은 다만 예배에 참석한 늙은 남자들에 대해 언급했다. 늙은 마차대목馬車大木이 그의 대부代父였다. 융은 그에게 호감을 가지고 있었고, 그가 일하는 것을 감탄하며 자주 지켜보았으며, "신의 본질을 이루고 있는 걷잡을 수 없는 회의, 엄청난 감동 그리고 넘쳐흐르는 은혜 같은 것"의 징후가 있는지 마음을 졸이며 이 모든 사람들의 얼굴을 바라보았다. 그러나 거기서 그는 그런 것을 볼 수도 느낄 수도 없었다. 다만 평소 교회에서처럼 모든 것이 "전통적으로 바른 태도"로 성실하게 진행되었다는 인상을 받았을 뿐이었다. 그는 그날 그가 어떻게 느꼈는지 거의 알 수 없었다. 하지만 그는 차차 "이 성찬식이 불운한 체험이었고, 공허하게 지나갔으며, 전적인 상실이었음이 드러났다."는 것을 알게 되었다. 그는 결코 또다시 이 의식에 참여할 수 없다는 것을 깨달았다. 그가 보기에 신은 결코 교회에 존재하지 않았다. 교회는 그에게 생명이 아닌 죽음이 있는 곳 같았다. 그는 미래에 될 수 있는 한, 교회를 멀리해야겠다고 생각했다.

이것은 단지 지나치게 교회에 역행하는 목사 아들의 습관적인 반항이 아니었다. 융의 아버지는 이런 점에서 대단히 진보적이었던 것 같다. 융은 언젠가 나에게 그가 결코 **억지로** 교회에 가야했던 것은 아니었다고 얘기했다. 그러나 입교식을 치르기 전에는 자의로 교회에 다녔다고 했다. 그는 "그냥 다녔다"고 했다. 그의 아버지가 그에게 성찬 예배에 다시는 참여하지 말라고 한 것이 아니었다. 나중에 그가 교회에서 떨어져 나간 것을 보면 알 수 있다. 첫 성찬의 경험이 매우 큰 영향을 미쳤다. 왜냐하면 교회는 웬일인지 융이 목사의 아들로서 평소 느꼈던 것보다 훨씬 더 낯선 곳이 되었기 때문이다. 첫 성찬을 받은 후에 그는 전 보다 더 버림받은 사람처럼 느꼈다. 그는 이렇게 말했다.

지금까지 내가 가졌던 교회와 주위의 인간들과의 일치감은 이제 내게서 무너졌다. 나는 나의 인생의 가장 큰 패배를 맛본 듯했다. 내게 전체와의 관련성을 가진 것으로, 유일하게 의미 깊은 것으로 보인 종교관이 무너져 버린 것이다. 다시 말해 나는 통속적인 신앙에 참여할 수 없었다. 오히려 나는 내가 아무에게도 말할 수 없었던 나의 비밀, 설명할 수 없는 그것에 말려들고 있는 자신을 발견했다. 그것은 끔찍한 일이었고 더욱 최악의 것은 천하고 우스꽝스러운 것, 마귀 같은 간악한 웃음소리였다.

나는 곰곰 생각해 보기 시작했다. 신에 관해 무엇을 생각해야만 하는가? 신과 뮌스터에 관해 내가 겪었던 저 지나간 착상은 내가 스스로 만든 것이 아니었다. 더구나 세 살 때 꾼 저 꿈은 내가 만들어 내지 않았다. 나의 의지보다도 강한 의지가 그 두 가지 경험을 강요했던 것이다. 내 속의 본성이 그것을 시켰는가? 그러나 본성이란 창조자의 의지에 불과한 것이다. 마귀를 비난해도 도움이 되지 않았다. 왜냐하면 그도 역시 신의 피조물이기 때문이다. 신만이 현존한다. 즉, 신은 파괴하고 황폐하게 하는 불이요 형용할 수 없는 은혜다.

실패하고 만 성찬식은 나에게 어떤 영향을 끼쳤는가? 그것은 나 자신의 실패였던가? 나는 온 정성을 다해 준비했고 은혜와 깨달음의 체험을 기대했었다. 그러나 아무 일도 일어나지 않았다. 신은 계시지 않았던 것이다. 하필이면 교회와 내 아버지의 믿음과 기독교를 대변하는 모든 그 밖의 것들로부터 떨어져 나간 나를 발견했다. 나는 교회 밖으로 떨어져 나갔다. 그들이 기독교라는 종교를 대표하고 있는 한, 나는 이방인이었다. 그러한 깨달음은 나를 슬픔으로 가득 차게 했고, 대학에 들어갈 때까지 여러 해 동안 우울하게 했다.**27**

이 모든 체험으로 인해 소외감을 느꼈기에 그는 "신에 관해 아는 바"를 말해 줄 수 있는 책이 있는지, 먼저 아버지의 서재에서 찾아보았다. 거기에는 주로 신학에 관한 읽을거리들이 있는 것 같았다.[28] 그는 기독교 교의에 관해 비더만 Biedermann이 장황하게 쓴 책을 비롯하여 많은 책을 읽었다. 그러나 그는 다시금 실망했다. 실제로 심사숙고해서 쓴 책이 전혀 없었다. 결국 그는 믿기 위해서는 "이해하지 않고 믿어야" 한다는 동일한 요구에 봉착했을 뿐이다. 예컨대 그의 피조물이 "그토록 불완전하고, 그토록 타락했으며, 그렇게 가련한데도" 불구하고, 그런 것을 전혀 설명이 없이 신을 최고선最高善으로 믿어야 한단 말인가 하고 생각했다. 그의 첫 번째 성찬식처럼, 그의 독서가 결국 무척이나 실망스럽다고 느낄 무렵, 그의 어머니, 더 정확히 말하면 그녀의 제2호 인격[29]이 끼어들어, "갑자기 느닷없이 '넌 괴테의『파우스트』를 읽어 보았어야 했어' 라고 말했다."

그의 어머니가 한 이런 말은 완전히 무의식적으로 흘린 말 같았지만, 지혜가 가득했다. 그녀의 아들은 결국 그 충고를 즉시 실행에 옮긴 것이 분명하다. 그 책은 그의 영혼에 "기적의 향유"를 쏟아 붓는 것 같았다. 이것은 아마도 평생토록 그에게 엄청난 가치를 부여해 준 현상을 처음으로 경험한 일이었을 것이다. 즉, 그가 가지고 있는 이상한 생각으로 인해 자신을 "아웃사이더"로 느끼고 있을 때, 그는 뜻밖에 그 책을 읽음으로써 자신의 생각과 똑같거나 비슷한 생각을 가진 사람이 있다는 것을 발견했던 것이다. 이런 것을 통해 그는 안심하게 되었으며, 같은 문제에 골몰했던 사람들이 있었고, 그 자신처럼 같은 결론에 도달했던 사람들이 있었다는 것을 깨달았다. 그가 가지고 있던 많은 생각을 그 옛날 영지주의자들이 이미 가지고 있었다며, 그가 언젠가 나에게 다음과 같은 말을 했던 기억이 생생하다. "난 마침내 나를 이해하는 친구들이 있다는 걸 발견한 것처럼 느꼈답니다."

그가 "악과 악의 보편적인 힘 그리고 — 더 중요한 — 어둠과 고통으로부터 인간을 구원하는, 그것이 지닌 신비로운 역할을 했던" 누군가를 발견했다는 사실은, 그가 처음으로『파우스트』를 읽었을 때 굉장한 위안이 되었다. (그 때 그는 16살쯤 되었음에 틀림없다. 그러므로 신성모독적인 생각으로 고민에 빠져 있다가 은혜의 기적을 그가 몸소 체험한 것은 몇 년 뒤였다.) 이런 점에서 괴테는 그가 보기에 "예언자였다." 그처럼 어린 나이에 이미 융은 평생 가지고 있었던 특징을 드러내 보여주었다. 즉, 사람들에 대해 열정적이며 동시에 비판적일 수 있는 능력 말이다. 그는 파우스트가 "분명 허풍쟁이"였음을 즉시 알았다고 하며 이런 말을 덧붙였다. "내가 보기에 진정한 문제는 나에게 강렬한 인상을 준 메피스토펠레스Mephistopheles에게 쏠려 있는 것 같았다. 나는 거기서 모성 비의 mystery of the Mothers와의 관련성을 어렴풋이 짐작했다. 어쨌든 책 끝의 메피스토펠레스와 위대한 입사식initiation은 나의 의식 세계 변두리에서의 멋진 신비로운 체험으로 남아 있었다." 그러므로 괴테가, 파우스트의 영혼을 속였던 이런 힘 있고 지적인 인물이 "어리석은 꼬마 천사"에게 속게 만든 것은, 그에게 무척이나 실망스러웠다. 융은, 그가 신학자들처럼 속임수에 의해 악이 무해한 것이 될 수 있다는 주장에 빠졌다고 보았다.

비록 그가 철학에서 방향을 돌렸지만, 사실 파우스트는 본래 철학자였으며, 이것이 "진리에 대한 어떤 수용적 태도"를 분명히 갖게 했다. 거기에서 융에게는 새로운 희망이 움텄다. 그는 철학자들의 저작들을 읽어야 했으며, 철학자들이 그가 고민하던 문제에 빛을 던져줄 수 있을 것이라고 생각했다. 그러나 이것은 그리 쉽지 않았다. 그의 아버지는 철학자들을 못마땅하게 여겼다. 즉, 그들은 **생각을 했던 것**이다! 융은 그의 아버지 서재에서 크루그Krug의 『철학사전General Dictionary of the Philosophical Sciences』을 발견했을 따름이다.[30] 이것은 그에게 전혀 도움이 되지 않았다. 그 책을 읽고, 그는 사실 철학자들이 신학자들보다도 더 못하다는 것을 알았다. 왜냐하면 전자는 신을 다만 관념이나 견문으로만 아는 것이 분명했기 때문이다. 반면에 후자는 최소한 신이 존재한다는 것을 확신하고 있었던 것이다. 그가 매우 다른 "철학사 입문"을 발견하기 전 까지는 분명히 시간적 공백이 있었다. 나는 그 공백이 얼마나 오래 지속되었는지는 확실히 모르겠다. 이 책을 통해 그는 "이 분야에서 생각하고 있던 모든 것에 대해 일종의 조망"을 얻었다.[31] 여기서 그는 다시금 그의 외로움을 덜어주고 위안을 주는 것들을 찾았다. 왜냐하면 그의 생각과 직관력과 역사적으로 비슷한 것들을 많이 발견했기 때문이다.

융이 철학자들의 저작을 읽는 데 흥미를 가진 것은 17살부터 시작되어 의과대학 시절까지 지속되었다고 말했기 때문에 그가 언제 무엇을 읽었는지 알기는 어렵다. 다만 그가 학교를 졸업하기 전에 한 동안 쇼펜하우어와 칸트를 읽은 것은 분명하다. 왜냐하면 그가 "학교에서 그들에 대해 배우기" **전에** 그들에 대해 무언가를 아는 **체 한다**는 의심을 받았다고 말하고 있기 때문이다. 『파우스트』처럼 쇼펜하우어는 하나의 계시였다. 왜냐하면 그가 "세계의 고통"에 엄청나게 몰두하고 있었기 때문이다. 융은 이런 말을 하고 있다.

> 그런데 여기 마침내 우주의 근간에는 최선의 것들만 있는 게 아니라는 사실을 볼 줄 아는 용기를 가진 철학자가 있었다. 그는 창조주의 섭리가 모두 선하기만 하거나 모두 악하기만 한 것이 아니고, 이 우주가 조화롭게 이루어져 있는 것도 아니라고 말했다. 그는 인류 역사 과정 속에는 근본적인 결함이 그 밑바닥에 놓여있으며, 이는 자연계에 있는 잔인한 세계를 창조하는 의지Will의 맹목성에 관해 분명히 말했다.... 쇼펜하우어의 음산한 세계상世界像에 대해 나는 전적으로 동의했지만 그의 문제 해결 방법에는 동의할 수 없었다.**32**

쇼펜하우어는 실제로 "의지"가 신神, 곧 창조주를 뜻하는 것임을 분명히 했다. 그러므로 그는 신을 "맹목盲目, blindness"이라고 규정했다. 이것은 소년 융에게 전혀 충격적인 것이 아니었다. 왜냐하면 그는 그 자신의 경험으로부터, 신이 신성모독에 의해 상처를 입지 않는다 — 그렇다고 주장할 수도 있을지 모르지만 — 는 것을 알았기 때문이다. 그러나 그는 맹목적 의지의 흐름을 바꾸어 놓을 수 있도록 인간의 지성이 그 의지의 상像과 대면할 필요가 있다는 쇼펜하우어의 이론에 크게 실망했다. 또한 그는 쇼펜하우어가 "그런 부적절한 대답에 만족할 수 있었다"는 사실에 직면하고 "매우 당황했다." 이것은 『파우스트』에서 "속임을 당한 악마"에 대해 그가 열정적으로 보여주었던 것과 같은 대단히 중요한 반응이며, 처음에 가졌던 긴 인터뷰에서 프로이트에 대해 다시 한 번 보였던 반응이었다. 다만 이 세 가지 예를 통해, 우리는 이런 반응이 평생 융을 얼마나 특징지어 주었는지 이미 알고 있다.

그가 아버지의 가르침을 받으며 성찬식을 준비했던 기억이 아직 생생하지만, 첫 번째 성찬식이 낭패로 끝난 후에 융은 신과 종교에 대한 전적으로 상이한 그들의 태도가 그들 사이에 무한히 깊은 심연을 열어 놓았다는 것을 충분히 깨달았다. 그 때 그는 토론이 소용이 없으며, 그 끝없는 심연이 너무나 커서 다리를 이어 줄 아무런 가능성도 보이지 않았다는 것을 알았다.33 정말로 그때 그는 아버지에 대해 무한한 동정을 느꼈으며, 전에 볼 수 없었던 그의 운명이 지닌 비극을 보았다. 시간이 흘러 융이 17살쯤 되었을 때, 그의 아버지에게 훨씬 더 안 좋은 일이 생겼다. 그가 점점 더 우울해지고 신경질적이 되자, 그의 아들의 걱정은 점점 커져갔다.34 더욱이 아버지의 과민함으로 신경이 쓰였으며, 어머니가 토론을 피하는 게 좋겠다고 한 것이 옳았다는 것을 알았지만, 그는 항상 화를 잠을 수는 없었다. 하지만 그의 타고난 낙관적 성향이 발휘되어, 깊은 절망의 수렁에 빠져있는 아버지를 도울 수 있는 가망이 없는데도, 그는 희망을 버리지 않았다. 왜냐하면 그것이 종교적인 의심의 문제였다는 것을 그가 점점 더 확신하게 되었기 때문이다. 파울 융 목사는 절망적으로 교회와 교회의 신학적 가르침이라는 덫에 갇혀있었다. 그러므로 그에게는 신을 직접 체험할 수 있는 가능성이 막혀 있었다. 이제 너무 늦게, 죽을 때가 되어서야 그는 "믿기만 하고" 체험하지 못했던 것, 즉 전해 듣기만 했던 모든 것이 얼마나 공허한 것인지 — 그가 인정하진 않았지만 — 를 분명히 알게 되었다.ⓒ

ⓒ 내 아버지가 80세가 넘었을 때, 그는 나에게 그가 절망에 빠져 있었다는 것을 인정했다. 왜냐하면 죽음에 직면하여 그는 그가 성직자로서 50년 넘게 가르쳤던 것을 실제로 믿을 수 없었다는 것을 깨달았기 때문이다. 나는 내 자신의 경험을 통해 그러한 진전된 국면을 지켜보는 것이 얼마만큼 충격적인 것인지 잘 알 수 있다. 나는 40세가 다 된 나이에 그런 것을 알았지만, 융이 그런 것을 알았을 때는 아직 10대였다. 더욱이 파울 융 목사는 그가 의심하고 있었다는 사실을 결코 인정하지 않았다. 그러나 그는 그가 절망적인 상태에 있었다는 것을 끝까지 받아들이지 않았다.

아버지의 비참함을 직면하였지만 본인의 판단을 보류하고, 융은 계속해서 거의 2년 넘게 아버지와 "건설적인 대화"를 해 보기로 했다. 그는 물론 "늘 마음 속으로 기적을 낳는 은혜를 그에게 전하고 양심의 가책을 느끼고 있는 그를 돕기를 희망했다."**35** 그러나 그는 자신의 체험을 아버지에게 말하는 것이 불가능하다는 것을 알았다. 왜냐하면 아버지는 "신에 대한 직접적인 체험을 이해할 수 있는"**36** 징표들을 보여주지 못했기 때문이다. 따라서 신에 대한 직접적인 체험을 보여주는 징표들은 그 어떤 것도 없었다. 이러한 징표들은 어느 정도 유형 type으로 인해 방해를 받았던 게 틀림없다. 어쨌든 당시 융은 두드러질 정도로 사고형thinking type이었던 게 분명하다. 즉, 그는 늘 그것들이 무엇을 **의미하는지**에 관심이 있었다. 반면에 사고思考는 그의 아버지의 열등기능이었다. 즉, 그에게는 사물들이 의미하는 바가 항상 금기시되었으며, 사물들의 **가치**가 결코 의문시되지 않았다. 융이 네 가지 유형을 발견하고 이해한 후에 이런 논의가 이루어졌다면, 이것이 성공적일 수 있었던 것은 당연한 일이었다. 왜냐하면 그는 그때 충분히 아버지의 생각을 알고 있었기 때문이다. 그러나 그때의 사정으로는 융이 말했던 거의 모든 것이 격노케 하는 원인이 되었으며, 그 당시 그는 어떻게 "완전히 합리적인 주장이 그런 정서적인 저항에 직면할 수 있는지" 전혀 이해할 수 없었다. 융이 훗날 깨달은 바와 같이, 이러한 대화는 사실 아무 도움도 되지 않았다. 그는 "심리적인 것을 고려하지 않은, 지적인 방식으로" 대화를 시작했으며, "정서적인 측면을 피하려고 무척 애를 썼다." 그의 아버지가 세상을 떠나기 한 두 해 전에 있었던 이러한 "소득 없는" 토론은 두 사람을 모두 몹시 화나게 했으며, 결국 그들은 서로 합의점을 찾는 것을 포기하고 말았다. 그들은 "각각 그 자신의 특이한 열등감이라는 부담을" 떠안게 되었을 뿐이다. 그러나 융 자신에게는 긍정적인 결과 하나가 생기게 되었다. 그의 아버지가 얼마나 전통적인 교회의 가르침에 사로잡혀 있는지, 그리고 얼마나 그러한 장벽이 그를 살아 있는 신을 경험하지 못하게 하는지를 알게 되자, 그는 신이 자신의 교회 벽을 파괴했던 환상을 전보다 더 잘 이해할 수 있었다.

이 기간에 그는 앞으로 어떤 직업을 가질 것인지에 대한 문제를 심각하게 고민했다. 그의 아버지는 이렇게 말했다. "소년은 모든 것에 관심을 갖고 생각해 볼 수 있단다. 하지만 그렇게 되면 자신이 무엇을 원하는지 모르게 된단다."37 애석하게도 소년은 다만 자기 아버지가 옳다고 하는 것만 받아들일 수 있다. 하지만, 적어도 그는 자신이 원하지 **않았던 것**이 무엇인지 알았다. 그것은 신학을 공부하지 않는 것이었다. 이런 점에서 그의 아버지가 옳았다는 것이 밝혀졌다. 그가 자신의 실수를 인정하지 않았다면, 그는 아들이 그것을 되풀이하는 것을 막을 결심을 못했을 것이다. 그의 아버지는 그가 좋아하는 것이면 어떤 것이든 할 수 있다고 했다. 만약 그에게 충고를 구한다면, 신학은 멀리하는 것이 좋겠다고 했다. 그는 "신학자 외에 넌 무엇이든 될 수 있어"라고 단호하게 말했다.38 적어도 이것은 아버지와 아들이 완전히 합의한 사항이었다.

융의 친척들이 모두 같은 견해를 가진 것은 아니었다. 김나지움에 다닐 때 그는 매주 목요일마다 목사인 삼촌들 중 한 사람과 점심을 먹었다. 그는 외가에서 제일 어른으로, 바젤에 있는 성 알반St. Alban 교구의 목사였다. 처음에 융은 그 삼촌과 점심 먹는 것을 좋아했으며, 점심을 먹으며 나누는 어른들의 대화에 열심히 귀를 기울였다. 대화의 주제는 주로 종교적인 주제에 관한 것이었다. 왜냐하면 외갓집의 모든 아들들 역시 신학자들이었기 때문이다. 전에 아버지로부터 들었던 것보다 훨씬 더 의미심장한 무언가를 듣기를 기대하며, 그는 처음부터 이런 대화에 큰 희망을 가져 보았다. 왜냐하면 이 모든 사람들이 "저 까마득히 높은 곳에 있는 대학과 가까운 관계를 맺고"39 있는 게 아니었기 때문이다. 그러나 이런 환상이 곧 깨지고 말았다. 왜냐하면 그들 중 누구도 진정한 종교 체험에 관해 알고 있다는 인상을 받지 못했기 때문이다. 그와는 반대로 그들의 모든 토론은 "교리적인 견해"에 집중되어 있었다. 더욱이 그들 모두는 그 자신의 신에 관한 체험과는 동떨어진, "사회적이고 영적인 확고부동한 세계"에 싸여 있는 것 같았다. 직업을 선택하는 것이 시급한 문제였으므로, 그는 이 삼촌이 — 그가 그런 대화에 흥미를 보였기 때문에 — 점잖게 그러나 단호하게 신학을 공부하도록 그를 몰아붙이기 시작한 것을 알게 되었다. 이것은 그를 고통스럽게 했다. 왜냐하면 삼촌에게 그의 관점을 이해시킬 수 있는 희망이 전혀 없다는 것을 알았기 때문이다. 결국 그들과 점심을 먹는 것이, 전에 점심시간을 고대하던 것 못지않게 괴롭게 느껴졌다.

대학입학 허가시험이 가까워지자 그는 적어도 대학의 어떤 학부에 등록할지를 결정해야 했다. 그러나 그것은 정말 어려운 일이었다. 왜냐하면 그가 얘기했던 바와 같이, 제1호 인격은 자연과학을 공부하기를 간절히 원했는데, 제2호 인격은 인문학을 원했기 때문이다. 아마 처음으로 이런 중요한 **외적인** 문제가 꿈에 의해 결정되었던 것 같다. 두 개의 꿈이 그로 하여금 결정을 하게 했다.[40] 그 당시 그가 꾸었던 가장 결정적인 꿈은 그로 하여금 수년 동안 제2호 인격을 떠나도록 만들었다.

그는 칠흑같이 어두운 밤에 작은 등불을 하나 들고 세찬 폭풍을 받으며 천천히 걸어가는 꿈을 꾸었다. 모든 것은 이 등불을 살리는데 달려 있다고 생각하고, 안간 힘을 쓰고 있었다. 동시에 "거대한 검은 형체"가 그를 따라오고 있다는 것을 알고 두려움을 느꼈다. 잠에서 깨자 그는 그것이 "브로켄의 유령," 즉 소용돌이치는 안개에 그가 들고 있던 등불 때문에 생긴 그 자신의 그림자였다고 생각했다. 그 등불은 그의 의식의 작은 빛이었던 것이다. (독자들은 자세한 내용을 『회상』에서 찾아 볼 수 있다.[41]) 융은 이 꿈을 아담이 낙원을 떠나는 것과 유사한 것으로 간주했다. 빛으로 가득했던 그의 제2호 인격은 이제 어둡고 유령 같은 것이 되었으며, 융 자신의 "길이 어쩔 수 없이 외부로, 제약된 것으로, 삼차원의 세계의 어둠으로 인도" 되었다. 필수적인 일은 외부세계에서 그의 의식의 빛이 계속 타오르도록 하는 것이었다. 그는 더 이상 제2호 인격과 동일시할 수 없었다. 그러나 그는 그것의 존재를 잊거나 부정할 수 없었다. 비록 제2호가 유령이 되었거나, 아니면 유령이 되었을지 모르지만, 그는 "어둠의 세계에 대항하여 제2호 인격을 지킬 수 있는 혼이었다." 그 누구도 — 이제, 현존하는 어두운 세계에서 75년을 지낸 후 — 우리의 제2호 인격을 포함하여, 온갖 어둠 속에서도 제2

호 인격을 지킬 수 있는 혼이 있다는 사실을 결코 부정할 수 없을 것 같다.

『회상』에서 융은 직업을 선택하게 된 모든 단계를 상당히 자세하게 얘기했다.**42** 그러나 의사가 되기로 한 것이 그의 **운명**이었으며, 그 문제에 있어서 선택의 여지가 별로 없었고, 그가 정말 "인생을 타협으로" 시작했다기보다는, **다른** 직업에 대해 생각해 봄으로써 변경할 수 없는 운명에서 벗어나려고 애를 썼다는 인상을 받게 된다.

『회상』에서 그는 이것이 안타까웠다고 적고 있다.**43** 1959년에 영국방송협회와 인터뷰 할 때, 왜 의사가 되었느냐는 질문에 그는, 그것은 "기회주의"에서 나온 행동이었다고 대답했다. 『심리학과 연금술』에서 개성화 과정(전체가 되는)에 대해 말하면서 그는, 수정水晶의 구조처럼 그 과정이 어떻게 그 패턴을 정확히 보여주는지, 직유법을 사용하여 심지어 이렇게 말했다.

> 사실 삶의 강도를 만들어내는 모든 개인적인 갈등과 극적인 변화는 마치 아무 것도 아니었던 것 같다. 오히려 우유부단하고, 소심하게 움츠러들고, 하찮은 복잡한 문제와 세심하고 보잘 것 없는 것들이, 최종적으로 이런 이상하거나 묘한 결정화結晶化 과정에 직면하는 것을 회피하도록 만들었다. 종종 개인의 정신이 부끄러움을 타는 동물처럼 이런 중심점을 빙빙 돈다는 인상을 준다. 그런 동물은 매혹되기도 하고 놀라기도 하면서, 항상 도피하며, 그러면서도 계속 더 가까이 접근한다.**44**

그러므로 나는 이것이 바로 직업을 "선택"해야 했던 시기에 그에게 일어났던 일이었다고 조심스럽게 가정해 본다. 비록 내가 두 가지 심리학적 증거만을 댈 수 있지만 말이다. 즉, 그 둘은 다음과 같은 것들이었음에 틀림없다: (1) 융이 아홉 살 때 그의 무의식이 아스클레피오스에 대한 생각이 나도록 해 주었다는 사실, 즉 아스클레피오스의 텔레스포로스에 상응하는, 그가 조심스럽게 보물처럼 감추어둔 남자인형 말이다. (2) 융이 1944년 병이 들었을 때 본 그의 환상인데, 그 때 그의 의사는 융을 지상으로 되돌아오게 하기 위한, 코스의 왕*basileus of Kos*으로서, "태곳적 모습"으로 나타났다.⁴⁵ 그는 『회상』에서 단지 자신이 아마 그의 "태곳적 모습"으로 보였을 것이라고 말했다. 그러나 병을 앓고 난 뒤에 그는 놀랍게도 자신이 "코스의 왕"ⓐ이었음을 알았다고 나에게 말했다.

그가 쓴 글과, 80세가 넘었을 때 영국방송협회와의 인터뷰에서 한 말을 보면, 그가 정말 위대한 의사였는지, 아니면 처음부터 실제로 "코스의 왕"이 되는 소명을 "신으로부터 부여받아" 의사가 되지 않을 수 없었는지 알기 어려웠던 게 분명하다. 융의 천재성과 타고난 겸손함 — 내가 그를 알고 있던 기간을 통해 보면, 그는 조금도 열등감을 가지고 있었다고 볼 수 없다 — 은 그의 가장 멋진 매력 중 하나였다.

훗날 그는 의사가 된 것이 자신의 삶에서 가장 중요한 외적인 사실이었다는 것을 충분히 깨달았던 게 분명하다. 그는 이런 사실을 항상 다른 모든 요구보다도 더 중시했다. 나에게는 아직도 그가 나무라듯이 이렇게 말하는 소리가 들리는 것 같다. "내 친애하는 숙녀분이여, 당신은 내가 의사란 걸 잊고 있소." 융은 정말 기분이 상할 때만 친구들이나 제자들을 "친애하는 신사" 혹은 "친애하는 숙녀"라고 불렀다.

인생을 타협으로 시작하는 느낌이 유쾌하진 않았지만, 의학을 공부하기로 하자, 융은 상당한 안도감마저 들었다. 그러나 잘 알려진 대로, 의학은 가장 돈이 많이 들고, 오래 공부해야 되는 과정 중의 하나다. 그의 아버지는 필요한 금액의 일부를 겨우 조달해 줄 수 있었다. 그러므로 그는 아들을 위해 대학에 장학

ⓐ 코스에는 대개 에피다우루스Epidaurus 도시 그 자체를 지칭하는 것으로 잘 알려진 아스클레피오스 사원이 있었다. 그러나 코스는 기원전 460년쯤에 태어난 ("의학의 아버지"로 불리는) 히포크라테스 때문에 매우 유명해졌다. 그는 아스클레피오스 사원에서 공부했으며, 그것을 고대 세계에서 의학을 배우는 가장 훌륭한 학교로 만들었다. 히포크라테스는 최초의 코스의 왕(의학의 왕자라는 의미가 됨)이었다. 이런 칭호는 신이 임명했다고 생각되는 가장 훌륭한 의사에게 주어졌다.

금을 신청해서 받게 해 주었다. 이런 돈을 받게 된 것이 융에게는 큰 충격이었던 것 같다. 왜냐하면 "수준 높은 사람들"이 그를 하찮게 생각하고, "좋지 않게" 볼 것이라고 속으로 확신했기 때문이다. 그는 다만 장학금이 전적으로 "선하고 단순한 사람이었던" 아버지의 명성 덕분이었다고 생각할 수밖에 없었다.[46]

김나지움에서 대략 9년을 보낸 후에 융은 학창시절을 마감하고 대학에 진학했다. 마침내 그는 대학에서 무언가 **참된** 것을 배우게 되었다.[47] 그는 또한 자신의 김나지움 시절이 권태를 느낀 유일한 때였다고 말했다.[48] 전부는 아니었지만, 의심할 여지없이 김나지움에서 받은 많은 수업이 그에게는 매우 지루했으며, 매일 먼 거리를 걸어 다녀야 하는 것도 괴로운 일이었던 게 분명하다. 게다가 시골에서 도시로 가서 살게 되니, 수준이 전혀 맞지 않았다. 그렇기는 했지만, 그가 김나지움에서 보낸 9년이 불행한 기간이었는지는 확실치 않다. 천재는 아니었다고 해도, 삶을 즐길 줄 알았기에 융의 삶은 엉망이 되지는 않았다. 내가 언젠가 소년 시절에 불행했었느냐고 물었을 때, 그가 그렇지 않았다고 단호하게 부인했던 기억이 난다. 훗날 그의 어머니는 그가 김나지움 다닐 때 종종 우울했었다고 말했지만, 『회상』에서 그는 실제로 그렇지 않았다고 말한다. 오히려 그는 "비밀을 곰곰이 생각하고"(신이 그로 하여금 불경스러운 생각을 하도록 만든 체험으로 인해 훨씬 더 강해진 비밀) 있었고, 그 때에도 돌 위에 앉아 있으면 안심이 되고 편안함을 느꼈다.[49]

그의 비밀 — 라우펜에서 꾸었던 남근상이 나온 꿈으로 시작된 — 은 시골 마을학교를 다닐 때보다 김나지움에 다닐 때 그를 훨씬 더 무겁게 짓눌렀던 게 거의 확실하다. 그는 누구에게도 그것에 대해 전혀 얘기하지 않았지만, 어린 시절 시골의 전체 분위기는 비합리적인 것을 당연시했다.[50] 반면에 바젤의 분위기는 훨씬 더 합리적이고 일방적이었다. 김나지움에서는 삶의 비합리적인 측면에 대해 언급하는 것을 피해야 한다는 것을 곧 알게 되자, 그는 자연히 이전보다 훨씬 더 외롭게 되었다. 그는, "도시 생활에 익숙해지면 익숙해질수록 내가 지금 현실이라고 인식해가고 있는 것은, 나와 더불어 시골에서 자라온 그 세계상과는 다른 사물의 질서에 속한다는 인상을 더 강하게 받았다."[51]고 말하고 있다. 대학에서는 그렇지 않았다. 그러나 전에 그는 어느 정도 이런 "색다른 세계"를 상대하지 않을 수 없었다. 이런 세계는 김나지움에 다닌 오랜 기간 그가 실제로 그것을 잘 배워서 도달할 수 있었던 세계가 아니었다. 어쨌든 그에게 그 기간은 지루하고 마음에 들지 않는 기간이었던 것 같다.

도시생활의 현실을 알게 되자, 그는 시골의 세계상이 더욱 더 큰 가치를 주었다는 것을 깨달았다. 그는, 자신이 자란 곳은 "강과 숲 사이에서, 동물과 인간 사이에서, 햇빛이 머무르고 바람과 구름이 그 위를 지나가는 작은 마을, 어둡고 막연한 것들로 가득 채워진 밤으로 에워싸인 곳, 지도 위의 단순한 장소가 아니라 '신의 세계'이며, 그것은 신에 의해 질서 잡혀진, 비밀스런 의미로 채워진 곳"이었다고 말했다. 그런데 인간은 물론이고, 동물조차도 왠지 이런 것을 지각할 수 있는 감각을 잃어버렸으며, 인간들은 할 수 있는 대로 모든 것을 이용하려고만 하지, 그들이 "하나가 된 우주 속에 살고 있으며 신의 세계에, 영원 속에 모든 것이 태어날 것이며 모든 것이 이미 죽어버린 세계 속에"[52] 살고 있다는 것을 모른다고 그는 한탄했다.

소년들이 대개 어떻게 해서라도 학교 분위기에 맞추고, 다른 소년들처럼 되고 싶어 할 때, 융이 그 당시 자신의 본성에 철저하게 충실하려고 했다는 것은 정말 놀랄 만한 일이다. 학교 분위기에 맞추거나 보통 아이가 되고 싶어 하는 마음이 그에게 없었다는 것은 아니다. 나는 그가 소년 시절 다른 소년들과 다르게 되는 것을 무척 싫어했다고 말하는 것을 들은 적이 있다. 그러나 그의 관심은 전혀 달랐으며, 처음부터 그는 자신의 동년배들보다 훨씬 더 멀리 내다보았다. 그래서 그가 그것을 좋아했든 안 했든, 이것이 그를 그런 사람으로 만들었다. 9년 동안 그는 매우 성숙해졌다. 신경증을 앓은 경험을 한 후에 그는 큰 책임감을 갖게 되었다. 이것은 그의 인생의 다음 단계에서 매우 소중한 것이 되었다.

김나지움에서 보낸 시간이 큰 기쁨을 주기도 했다. 융은 가난했기 때문에 대개 휴가를 어머니와 누이동생과 함께 클라인-휘닝겐에서 보냈지만, 독서를 통해

"신의 세계"를 점점 더 사랑하게 되었기 때문에 가난이 그에게 결코 힘든 것은 아니었다. 삼림지대와 유라 산Jura mountains은 둘 다 바젤에서 쉽게 갈 수 있는 곳이었다. 그래서 그는 그 두 곳을 계속해서 탐험했다. 더욱이 자연과학에 대한 관심이 되살아나자, 그는 끊임없이 라인 평야에서 화석, 광석, 뼈 등을 수집했다. 그곳에는 그러한 것들이 풍부했던 것 같다.53 그는 얼마 안 되는 휴가를, 그런 진기한 것들을 더 찾아보는 데 소중하게 사용했다.

그에게 엄청난 기쁨을 주었던 탐험은 그가 열네 살 때 했던 것이다. 그 때 아버지가 그를 루체른에 데려갔었는데, 마침내 그는 "도달할 수 없는 꿈나라," 곧 산에 가까이 갔다. 루체른에서 휘츠나우Vitznau까지 가는 증기선은 굉장한 즐거움을 주었다. 아버지가 손에 차표를 쥐어주며 혼자 리기Rigi 산의 꼭대기까지 갔다 올 수 있다고 말했을 때, 그는 너무나 행복했다. 60년이 지난 후에도 융은 리기 산에 마음이 끌려, 1, 2년에 한 번씩 여러 번 짧은 휴가를 리기 - 슈타펠Rigi-Staffel에서 보냈다. 내가 휘츠나우에서 우연히 같은 케이블카로 그리로 올라갔을 때, 그는 나에게 그가 처음 그곳에 올라갔던 일에 대해 얘기해 주었다. 융은 또한 훗날 그것에 대해 『회상』에 묘사해 놓았다.54 그는 아직도 그의 아버지가 베풀어 주신 친절에 깊이 감동을 받고 있었다. 왜냐하면 그의 아버지는 표 두 장을 살 만큼 여유가 없었기 때문이다. 즉, 케이블카를 타는 것이 당시에는 매우 비쌌던 것이다.ⓒ 그는 그 여행을 통해 신의 세계의 절정을 경험했다. 왜냐하면 그 위에서 그는 신의 세계가 "실제로 존재하는" 것처럼 느꼈기 때문이다. 그는 "이것은 아버지가 일찍이 나에게 준 가장 값지고, 가장 좋은 선물이었다."고 말했다. 그때 받은 인상이 너무나 커서, "그 뒤에 신의 세계에서 일어났던 것에 대한 모든 기억이 완전히 소실되었다"고 했다. 그러나 그의 제1호 인격, 곧 학생 역시 이 여행에서 아주 멋진 시간을 가졌으며, 그는 대나무 지팡이를 들고 영국

ⓒ 융이 리기 산에 올라갔던 것이 1911년이었는데, 22년이 지나서 나는 내 아버지와 함께 그곳에 처음 올라가 보았다. 그 때는 케이블카 요금이 지금보다 훨씬 더 비쌌었다.

식 경마기수의 모자를 쓴 "세계 여행자"처럼 느꼈다.

   파울 융 목사는 여름휴가를 작젤른Sachseln⑦에서 보냈다. 어느 해 십 오륙 세쯤 되었을 때 융은, 그곳에 있던 아버지를 방문해도 좋다는 허락을 받았다. 아마 그의 볼링겐 성탑에 대한 생각이 처음으로 거기서 생긴 것이 아니었나 싶다. 그 때 그는 니클라우스 수사의 암자에 가 보았다. 그곳은 니클라우스 수사가 1487년 죽은 뒤에도 여전히 작젤른 뒤쪽 깊은 골짜기에 그대로 남아있다. 그곳은 "신의 세계"에 속한 장소이며, 소년 융에게 깊은 인상을 남겨 주었던 게 틀림없다. 그곳에서 걸어 나왔을 때 그는 처음으로 아니마anima⑧의 모습을 어렴풋이 보았다. 그는 스위스 전통 의상을 한 예쁜 소녀를 만났다. 그 옷은 당시에는 평소에도 자주 입는 옷이었으며, 마치 그들이 "짝을 이루고 있기나 한"⁵⁵ 것처럼, 그는 소녀와 함께 작젤른으로 걸어가고 있었다. 이 소녀는 실제로 그의 사촌을 제외하고, 그가 최초로 만났던 소녀였다. 그는 이상하게 감동이 되고 당황스러워졌으며, 심지어 그 소녀가 그의 운명이 될 수 있을까 하는 생각까지 해 보았다. 그에게 관심을 불러일으켰던 모든 주제를 계속 생각해 보았지만, 아무 것도 그녀에게 할 말이 없었다. 게다가 그들은 스위스의 가톨릭 지역에 속한 곳에 있었기에, 그는 그녀에게 자신이 개신교 목사의 아들이라고 말할 수 없었다. 결국 그들은 기껏해야 피상적인 말밖에 할 수 없었다. 그는 결코 그녀를 다시 볼 수 없었다. 그는 이렇게 기록해 놓았다. "이 만남은 겉으로 보기에 전혀 의미가 없었지만, 내적으로는 큰 비중을 차지하고 있어, 이 문제는 나를 여러 날 생각하도록 했을 뿐만 아니라, 그것은 나의 기억 속에 길가의 기념비처럼 언제나 잊혀 지

---

   ⑦ 루체른에서 브뤼니히 고개Brünig Pass로 올라가는 길에 있는 작은 마을. 그곳은 스위스의 성자인 플뤼에의 니클라우스Niklaus von der Flüe의 고향 마을로 유명하다.
   ⑧ 융은 남자 안에 있는 여성적인 인물을 "아니마"라고 불렀다. 여러 해 후에 그는, 남자의 영혼이 늘 여성에 대해 생각해 왔던 사실이 무엇인지 생각해 보는 것은 물론, 모든 남자의 태아 속에도 여성적인 유전자가 어느 정도 있는지, 그리고 심지어 대부분의 남자의 남성성 안에서도 종종 볼 수 있는 여성적인 반응을 생각해 보면서, 아니마라는 인물을 상정想定했다.

지 않은 채 남아 있었다." 그는 그 때 그것을 알 수 없었다. 그러나 그것은 어떻게 내적인 아니마의 이런 신성하고 매혹적인 모습이, 외적인 소녀 혹은 여인에게 투사⑮될 수 있는지 알게 된 그의 첫 번째 체험이었다. 그에게는 아니마가 잠시 동안 나타나기도 하고, 가끔은 더 오래 동안 나타날 때도 있고, 심지어는 평생 동안 나타나기도 했다. 괴테는 이런 체험을 이렇게 설명했다. "내 누이 혹은 내 신부가 전에 그 모습을 드러내지 않았던 적은 없다."

그가 학생이었을 때 아니마 투사가 일어났던 적이 단 한 번 있었는데, 그것은 다른 측면으로 나타났다. 클라인-휘닝겐 가까이에 있는 혹은 클라인-휘닝겐 안에 있는 큰 시골집에 살던 학교 친구의 어머니 역시 그를 이상하게 매혹시켰다. 그 집에 초대받으려고 그는 그녀의 따분한 아들과 잘 지냈다. 그녀가 멋있게 보였지만, 그녀의 눈은 약간 사팔뜨기였다. 그는 이것이 아니마를 투사한 이유였다고 나에게 말했다. 즉, 육안으로는 보이는 세계를 보고, 내면의 눈으로는 무의식을 보는 것 말이다.

그의 인생에서 이런 기간은 마침내 끝이 났으며, 대학 입학 허가시험을 치르고 난 뒤 1895년 봄에 그는 의과 대학생으로 대학에 들어갔다. 그 때 그는 19살이었으며, 첫 학기가 지나고 20살이 되었다. 보통 이 나이가 스위스에서는 대학에 들어가는 때다. 그가 병 때문에 1년을 허비하지 않았다면, 다른 학생들보다 더 어린 나이인 18살에 시험에 통과했을지도 모른다.

---

⑮ "투사"란 종종 오해를 받은 융 학파의 용어다. 우리가 투사**하는 것**이 아니다. 다만 우리는 우리가 모르는 우리 자신의 심혼의 일부를 만난다. 다른 사람에게 투사할 때, 우리는 투사가 일어나고 있음을 볼 수 있는 기회를 전혀 얻을 수 없다. 우리는 그렇게 투사된 내용에 이상하게 늘 강하게 끌린다. 그것이 긍정적이든 부정적이든 말이다.

제4장
바젤 대학
1895-1900

1895년에 바젤 대학은 주로 융의 할아버지의 노력에 힘입어 융성해 지고 있던 상태였다. 융이 학교를 마친 것을 다행스럽게 여긴 것은, 늘 지루했던 기간이 끝나고 마침내 **참된** 무언가를 배울 수 있으리라는 기대에 기인한 것만은 아니었다. 그것은 그 어느 때보다도 동년배들보다 더 자유로운 삶을 살 수 있으리라는 느낌에 기인한 것임에 틀림없었다. 더 이상 제2호 인격과 동일시해서는 안 되고, 다만 외부세계에서 의식의 빛이 타오르도록 계속 집중함으로써 제1호 인격으로 살 때가 되었음을 보여준 꿈에도 불구하고, 그는 제2호의 존재를 잊거나 부정할 수 없었다. 그렇지만, 그는 여러 해 동안 이중적 반응으로 생긴 엄청난 혼란에서 벗어날 수 있었다. 이것은 그가 대학에서 많은 친구를 사귈 수 있고, 대학생활에 전적으로 참여할 수 있게 해 주었다.

첫 학기는 특히 별 걱정 없이 지냈지만, 곧 그의 아버지의 건강이 악화됨에 따라 가정생활에 먹구름이 드리워졌다. 이런 걱정스런 기간이 시작되기 전에 "대학과 학문의 자유를 향한 황금의 문이 활짝 열려 있는 것"을 보자, 융은 열의가 넘치게 되었다. 어느 날 그의 아버지는 "색깔이 있는 옷을 입는 학생회"의 소풍에 간 적이 있었다. 이제 그의 아들이 그 학생회에 입회하게 되었던 것이다.

그 때 그는 아버지의 그런 열정이 오래가지 못한 이유를 곧 알게 되었다. 한편 그는 아버지가 다시 한 번 "학생 시절의 쾌활한 기운"에 사로잡히게 된 것을 보고, 또 연설을 매우 멋지게 하는 것을 듣고 기뻐했다. 그러나 다른 한 편 그는 아버지의 삶이 졸업과 함께 정지되었다는 것을 즉시 깨달았다. 한때 그는 자신의 아들과 마찬가지로 열정적인 신입생이었으며, 자신이 살아내야만 했던 삶이 분명히 있었다. 그런데 — 그의 아들이 왜 그랬는지 고통스럽게 생각했던 문제가 바로 이것이다 — 모든 것이 잘못되고 말았으며, 좌절과 씁쓸함으로 변하고 말았다.[1]

그에게는 아들의 동년배들과 함께 보낸 즐거운 저녁이, 회상해 보건대 삶을 즐길 수 있었던 마지막 기회였다. 왜냐하면 다음 학기 초에 융의 아버지는 너무나 병이 깊어져서 일어날 수 없었기 때문이다. 그는 항상 적극적인 사람이었다. 그런데 아들이 그를 안아서 옮길 때 그가 마치 "뼈 한 부대"처럼 느껴졌다고, 옛 친구인 알베르 외리의 아버지에게 말한 것을 보면, 그런 아버지의 모습을 보는 것이 융에게 얼마나 힘들었는지 상상해 볼 수 있다.[2] 그는 오랫동안 마음 아파했던 게 분명하다. 그 당시에는 내장에 암이 생겼다는 것을 알아내기가 지금보다 더 어려웠다. 다행히도 그가 자리에 누워 고통을 당한 기간은 짧았다. 왜냐하면 그가 1896년 초에 세상을 떠났기 때문이다.

그의 죽음은 그의 아들에게 엄청난 슬픔을 안겨주었다. 왜냐하면 서로 다른 견해를 가지고 있었음에도 불구하고, 융은 아버지에게 헌신적이었기 때문이다. 그의 어머니의 제2호 인격이 "아버지는 **너를 위해서** 지금 죽은 거야."라고 말한 것이 그를 더 힘들게 했다. "너를 위해서"라는 말이 가슴을 아프게 했다. 그 말은 아버지와의 종교적 토론이 성과 없이 끝나고 말았을 때 느꼈던 열등감을 되살아나게 했을 것임에 틀림없다. 여러 해 후에 그는 나에게, 그 당시 그의 아버지가 종교적인 딜레마를 해소할 수 없었기 때문에 죽었다는 것을 의심치 않았다고 말했다. 그는 적어도 암은 어쩌면 환자가 어떤 문제를 해결할 능력이 없어서 생기는 것이라고까지 생각했다. 여러 해 동안, 정말 그의 생의 대부분 동안 받은 의학수련을 통해 그는, 암은 알 수 없는 그러나 의심할 여지가 없이 순전히 육체적인 원인으로 생기는 육체적인 질병이라고 배웠다고 말했다. 만년에 그는 그 문제에 대해 다시 생각하게 되었다. 왜냐하면 그는 환자가 해결되지 않은 갈등으로 고통당하다가 암으로 죽는 경우를 많이 보았기 때문이다. 나는 그가 언제나 그 문제에 대해 결론을 내렸다고 생각하지 않는다. 내가 아는 한, 그는 그것에 대해 공적으로 어떤 글을 쓰거나 말을 하지 않았다. 그러나 나는 암에 걸린 사람이 반드시 해결할 수 있었던 것은 아니지만, 암이 적어도 부분적으로는 해결되지 않은 문제로 인해 생길 수 있다고 융이 본 것은 기록되어야 한다고 생각한다. 미래에 그것이 사실로 판명될 경우를 고려해 볼 때 그렇다는 말이다.

    융은 아버지가 죽은 뒤에 특히 어려운 기간을 보냈던 게 틀림없다. 신의 실재를 체험함으로써 확신을 얻었던 그가 아버지를 도울 수 있었던 것 보다는, 어머니의 제2호 인격의 가혹한 의견에 의하면, 어쩌면 그에게는 그 자신의 견해를 자유롭게 발전시키기 위해 아버지의 죽음이 필요했는지도 모른다. 그는 항상 전통이나 교의dogma가 아닌, 체험에 기초한 견해를 가지고 있었기에 말이다. 설상가상으로, 그의 아버지는 돈에 대한 재능이 전혀 없었다. 그는 생계를 꾸려갈 수 있는 방도가 전혀 없는 가족을 남겨 놓고 죽었다. 그리하여 나이 20세에 융은 어머니와 누이동생을 돌보아야 했고, 어떻게 해서든 대학을 다닐 경비를 마련해야만 했다. 어머니의 많은 친척들은 그에게 의학 공부를 그만두고, 즉시 돈을 벌 직업을 찾아보라고 충고했다. 그러나 그는 그것이 해결책이 아니라는 것을 알았다. 그는 어떻게 해서라도 공부를 계속하면서 어머니와 누이동생이 어려움 없이 살 수 있는 충분한 돈을 마련할 수 있는 방법을 찾아야 했다.

    나는 그가 그 때 경제적으로 굉장히 궁핍하고 힘들었다고 말하는 것을 자주 들었다. 거의 절망상태에 있을 때 그는 그가 신뢰하고 있던 아저씨에게 찾아가서 하소연을 했다. 그는 적어도 그가 어떻게 해야 할지 가르쳐 주리라고 확신하며 기대를 가지고 찾아갔던 것이다. 그러나 그 아저씨는 그를 쳐다보다가 파이프 담배를 피우며 이런 말을 했을 뿐이다. "얘야, 이렇게 해서 어른이 되는 걸 배우는 거란다." 처음에 그는 화가 잔뜩 나서 아저씨 집에서 걸어 나왔다. 그러나 융은 거의 늘 그랬듯이, 화가 났다가도 이내 마음이 굉장히 차분해졌다. 그는 평소보다도 자신이 더 그렇게 될 수 있다는 것을 확실히 알 수 있었다. 집에 도착하기 직전에 걸음을 멈추고 그는 이런 생각을 했다. "그것은 어쩌면 그가 나에게 해 줄 수 있었던 최선의 충고인지도 몰라." 그런 충고를 통해 그는 색다른 운명을 만나게 되었다. 그래서 그 충고를 받아들였다. 그 때 소년 융은 어른이 되는 것이 무엇인지 배웠다.

하지만 그것은 힘든 일이었다. 왜냐하면 어머니가 경제적인 능력이 전혀 없었으며 돈에 대해 비현실적이었기 때문이다. 그는 모든 것을 혼자 힘으로 해결하고 어머니에게 매주 살림에 쓸 돈을 드려야만 했다. 하여간 그는 어머니가 어떤 일을 할 수 있을지 도무지 이해하기 어려웠다. 예를 들어, 어느 날 그녀가 바젤에 왔을 때 그는 어머니에게 포도를 먹어치우던 말벌들로부터 포도를 보호할 수 있는 면직물 자루를 많이 만드시라고 했다. 그런데 그것 대신에 걸레를 만들어 가지고 왔다! 그것은 상점에서 필요로 했던 게 아니었지만, 상점 주인은 그것이 꽤 쓸모가 있다고 그녀에게 말했다. 몹시 화가 난 그녀의 아들은 "백 개라니요?"라고 했다. "**네가** 백 개라고 했어"라고 그녀가 대답했다. 나는 그가 언젠가 어떤 세미나에서 바뀌지 않는 아니무스 사고animus thinking를 설명하면서 이 예를 들었던 것을 기억한다. 그러나 그 사건은 거기에 아니마나 아니무스 같은 것이 개재되어 있었음을 융이 알기 오래 전에 일어났던 것이다. 그 당시 그것은 다만 융의 가정 사정이 얼마나 어려웠는지를 보여준 사건이었다. 놀랄 만치 비현실적이고, 돈이 없는 것을 제외하고, 그의 어머니는 따뜻하고 다정하고, 요리를 아주 잘 하고, 대학생인 아들과 여학생인 딸을 위해 집안을 매우 잘 꾸려갔다. 외리는 융이 집에 늦게 들어갈 때마다 화해의 선물로 집에 가는 길에 들꽃 한 다발을 꺾어가곤 했다고 전해주었다.

융의 가족들은 친척으로부터 약간의 경제적인 도움을 받았다. 어머니의 막내 남동생은 최선을 다해 그녀를 도왔으며, 아버지의 동생은 그에게 학업을 계속할 수 있도록 돈을 빌려주었다. 그는 조수 노릇을 하고, 나이든 숙모의 골동품 상점에서 물건을 파는 일을 하며 나머지를 벌었다. 그 일로 상당히 괜찮은 이윤을 얻었다. 이런 경험으로 그의 장사 수완이 나아질 수 있었다. 그의 아버지는 이런 면이 너무나 부족했었지만 말이다. 사실상 이 때의 모든 경험은 — 그것이 어려운 것이었지만 — 훗날 그의 환자들에게 큰 도움이 되었다. 왜냐하면 그런 경험은 너무나 많은 분석가들이 전혀 경험해 보지 못했던 삶의 측면을 이해할 수 있게 해 주었으며, 그가 결코 잃어버린 적이 없는 삶의 작은 즐거움이 얼마나 가치 있는지 가르쳐주었기 때문이다. 행복은 반드시 수입에 달려 있는 것이 아님을 깨달은 것이 바로 이때였다. 즉, 부자들은 종종 불행하지만, 가난한 사람들은 자주 삶을 충분히 즐긴다는 것을 말이다.

그는 다른 방법으로 돈을 벌기 위해 페스탈로치 선생이 휴가를 가 있을 동안 멘네도르프 마을에서 하인리히 페스탈로치 선생을 대신해서 일을 했다.ⓐ 이런 일로 의학 공부가 늦어졌지만 말이다. 이것은 융이 취리히 호수에서 머물렀던 첫 번째 경험이었다고 나는 생각한다. 융은 외진 농장과 시골집들을 많이 걸어다니며 진료를 해야 했다.ⓑ 융은 언제나 스위스 농부를 사랑했다. 비록 그 당시 엄청난 책임이 따르고 그의 지식과 경험을 넘어서는 문제들과 그가 종종 직면하게 되었다는 것을 알았지만, 그는 시골 의사로 일하는 것을 즐겼고, 시골에서 환자 보는 것을 재미있고 보람된 일로 여겼다.

페스탈로치 선생의 아들은 아돌프 야콥에게 이런 편지를 썼다. 그가 16살 때 병이 들어 누워있었는데 융이 진료하러 왔었다고 하면서, 그 때 그는 융의 인격,

---

ⓐ 이런 정보를 친절하게 나에게 알려준 사람은 바젤에서 가까운 뤠라흐의 아돌프 야콥이다. 그의 아내가 바로 페스탈로치 선생의 손녀다. 그는 또한 그 당시 방명록의 복사본을 가지고 있었다. 거기엔 만네도르프에 그가 머문 후에 쓴, 융의 시가 적혀 있었다.
ⓑ 그는 이미 자전거를 가지고 있었을지 모른다. 여러 해 동안 융은 일을 하기 위해 또 즐기려고 자전거로 돌아다녔다. 그는 종종 휴가 때가 되면 자전거로 먼 여행을 다니곤 했다. 1929년 봄, 그는 의사 자격증을 딴 지 거의 30년이 지나서 마지못해 차를 샀다.

인상 깊은 판단, 자신감 있는 모습에 크게 감동을 받았다고 했다. 언젠가 그의 어머니는, 융이 너무 자신감에 차 있어서 다소 이상하다고 생각했다는 말을 한 적이 있다.

그들이 각기 다른 과에 다녔지만, 우리는 융의 오랜 친구인 외리로부터 융이 김나지움 다닐 때보다 대학 다닐 때 일화를 더 많이 들었다. 그들은 같은 학생회인, 초핑기아Zofingia©에 속해 있었다. 처음부터 융은 이 학생회에서 있었던 토론과 강의에 매우 적극적으로 참여했으며, 1897-98년에 회장으로 있었다. 외리는 융이 연설을 할 때면 모든 과를 망라하여 모인 50-60명의 학생들이 그의 말을 흥미로워하며 넋을 잃고 들었다고 전해주었다. 왜냐하면 그들 모두가 모르고 있는 신비한 것에 대해 융이 얘기했기 때문이다. 외리가 기록해 놓은 그의 강의의 몇 가지 제목은 다음과 같은 것들이다. "정밀과학의 범주에 관하여Concerning the Boundaries of the Exact Science," "기독교의 태도에 관한 고찰, 알브레히트 리츨과 관련하여Reflections on the Attitudes to Christianity, With Special Reference to Albrecht Ritschl," "이론적인 탐구의 가치The Value of Speculative Exploration," "심리학에 관한 몇 가지 고찰Some Reflections on Psychology." 방금 앞에서 인용한 강의 프로토콜에 대해 잘 알고 있던 외리는, 그가 최소한 30번 정도 발표를 했고, 이어 토론이 펼쳐졌다고 말했다. 그는 1890년대 후반부에 이렇게 했다는 게 얼마나 놀라운 일이냐고 했다. 그 때 의학과 자연과학 분야는 순전한 물질주의의 지배를 받고 있었으며, 오만한 회의론이 심리학과 관련이 있는

© 1965년 판 *Basler Stadtbuch*에는 초핑기아에 속해 있던 대학생 융에 대한 다른 글이 주로 나온다. 그것은 융 보다 1년 뒤에 초핑기아에 가입했던 구스타브 슈타이너Gustav Steiner가 쓴 글이다. 슈타이너 박사는 1957년 12월에, 그가 바젤에 처음 왔을 때의 생활에 대한 자전적인 글을 *Basler Stadtbuch*에 기고해 줄 것을 융에게 부탁했다고 분명히 썼다. 슈타이너는 1957년 12월 30일자로 된, 융이 육필로 써서 답한 것을 그대로 인쇄해서 실었다. 유감스럽게도 융은 그 청을 거절했다. 그가 이미 『회상』의 처음 세 장에서 그것을 써 놓았기 때문이다. 이것은 매우 흥미 있는 편지인데, 독일어 판으로 나온 융의 편지 제3권에 나온다. 그것은 영어 판 제2권에 들어 있다. 슈타이너 박사의 글은 『회상』의 출간에 대한 반응으로 쓰여 진 것이다.

것이면 무엇이든 꼼짝달싹 못하게 하던 시대였다.

외리는 학생회에서 쓰는 별명 — 60대가 된 지금도 아직 옛 친구들이 사용하는 — 이 있는데, 융은 중기 롤러*Walze*(밀어 붙이는 힘이 있다는 뜻 - 역주)이고, 자신은 그것*Es*이라고 했다는 얘기를 들려주기도 했다. 언젠가 단 한번, 그는 롤러가 청중의 관심을 어찌 끌지 못했겠느냐고 말한 적이 있다. 저녁 모임에는 어떤 강의도 계획되어 있지 않았고, 토론할 주제도 없었다. 대부분의 학생회원들은 다만 사교 모임으로 저녁 시간을 보내고 싶어 했다. 그래서 그들은 여유 있게 포도주를 마시는 것으로 시작했다. 포도주를 마셔서 기분이 어느 정도 좋아지면, 융은 답이 나오지 않는 **모든** 철학적인 문제를 토론해 보는 게 좋지 않겠느냐는 의견을 내 놓았다. 누가 그를 제지하기 전에 그는 자리에서 벌떡 일어나서 갑자기 "떠들어 댔다*schwadronierte*." 이것은 적절한 절차에 따라 프로토콜에 기록되었으며, 다음 모임에서 읽혀졌다. 융은 다만 "떠들어 댔다"는 단어를 쓰는 것을 반대했다. 그것이 너무 주관적인 표현이라고 보았으며, 그 단어 대신에 "말했다 *redete*"라는 단어로 바꾸어 달라고 주장했다.

외리는 대학생인 융이 심령술*Occultism*(자연 또는 인간의 숨어 있는 힘이나 현상을 연구하는 비학秘學의 총칭 및 그것을 실용화하려는 태도 - 역주)이라는 괄시를 받던 분야를 옹호했던 것에 특히 감탄했다. 그는 그것이 아직 그 누구도 이해하지 못한 미지의 분야라는 이유만으로 터무니없는 것이라고 일축하는 것은 어리석은 일이며, 그것은 오히려 과학적인 정신을 가지고 탐구되고 논의되어야 한다고 주장했다. 융은 그것을 매우 정성껏 탐구했다. 그가 당시에 정신과 의사가 되겠다는 생각을 하지 못했지만, 그렇다고 하더라도, 그는 신비학을 과학적인 연구대상으로 만드는데 개척자였다. 그가 학생으로서 그와 같은 미지의 것들에 대해 말하는 것을 얼마나 조심스럽게 피했는지 그리고 그러한 것에 관심을 둠으로써 의혹을 받아 고립되는 것을 얼마나 두려워했는지 생각해 보면, 그가 얼마나 더 학생으로서 안전감을 느낀 것이 틀림없는지, 그리고 대학 친구들이 회의적인 태도를 보이고 거침없이 말할 때, 그의 초기체험이 얼마나 그와 같은 인기 없는 주제를 성공적으로 옹호할 수 있을 만큼 충분히 확고한 근거를 제공해 준 것이 틀림없는지 알 수 있다. 여기서 외리의 증언은 특히 가치가 있다. 왜냐하면 그는 그 자신이 순전히 합리적인 관점을 더 좋아한다고 솔직히 인정했기 때문이다.

융의 어머니는 남편이 죽은 뒤 비닝엔Binningen으로 이사를 했다. 그곳은 바젤에 인접한 도시였다. 마을에서 집으로 가는 길을 걷다보면, "보트밍거뮐레의 나이팅게일 숲"이라는 평화스러운 이름에도 불구하고, 으스스한 곳으로 유명한 숲이 나온다. 초핑기아 학생회 모임이 늦게 끝난 후 융은 혼자 그 숲속을 걸어가는 것을 괘념치 않았다. 그러므로 그 숲속을 걸으며 특히 재미있는 대화를 시작하곤 했으며, 그의 친구 몇몇은 너무나 이야기에 매혹되어서 함께 집으로 가곤 했다. 융이 괴츠 박사가 살해되었던 숲속의 정확한 지점을 지적하는 것을 좋아했지만, 그들은 어디를 지나가는 줄도 모르고 걸어갔다. 외리는, 융은 항상 친절하게도 그 당시 돌아가는 길에 사용하라고 그의 권총을 현관에 놓아두었다는 얘기를 해 주었다. 그러나 외리는 융의 바지 안에 든 권총이 괴츠 박사의 혼령이나 어떤 살아 있는 악한惡漢보다 더 두려움을 주었다는 것을 알았다. 그는 그런 것을 잘 다룰 수 있는 재주가 없었다고 솔직하게 인정했으며, 그 권총이 공이치기가 있는지 아니면 없는지, 그래서 어떤 순간에 그것이 발사될지 알 수 없었다.

융은 거의 4년간 바젤 대학을 다녔는데, 그 때 합리적으로 설명될 수 없는 이상한 일이 두 번이나 각기 2주일 내에 일어났다. 이런 두 사건은, 아무도 이해하거나 설명할 수 없는, 그야말로 물질의 요새에서 그러한 일들이 일어날 수 있다는 것을 의심의 여지없이 보여줌으로써, 그에게 그의 존재의 심연을 탐구해보도록 도전의식을 북돋워 주었다. 그것은 특이하지만 널리 알려진 인간의 특징 — 융이 항상 이해하기가 어렵다고 했던 — 이며, 비합리적인 사실을 부정할 수 없다는 것이 입증될 경우, 사람들은 종종 기를 쓰며 그것의 존재를 무시하려고 할 것이다. 반면에 융은 늘 합리적인 설명을 해 보려고 최선을 다했지만(그는 **전혀** 쉽게 잘 믿지도 않았으며, 입증된 **사실** 외에는 그 어느 것도 받아들이려고 하지도 않았다), 처음의 두 가지 예에서 알 수 있는 것처럼, 이것이 **정말** 불가능하다고 판명될 경우, 불가해한 것을 항상 그가 이해할 수 있도록, 아니면 적어도 받아들일 수 있도록 최선을 다해야 한다고 느꼈다. 이 사건에 대한 자세한 설명은 『회상』에 나온다.³ 나는, 느닷없이 갑자기 집에서 쓰는 70년 된 밤나무로 만든 매우 든든한 둥근 식탁이 큰 소리를 내며 그 테두리 중앙을 넘어서까지 쪼개졌던 일에 대해 간단히 언급할 것이다. 두 주일 후에 또 다른, 귀청이 떨어질 것 같은 폭발음이 났다. 나무랄 데 없는 강철로 만든 빵 자르는 칼이 여러 조각으로 부러졌던 것이다.ⓐ 첫 번째 사건이 일어났을 때 융은 옆방에서 공부하고 있었고, 문이 열려 있었으며, 어머니는 식탁 가까운 곳에서 뜨개질을 하고 있었다. 두 번째 사건이 있어 났을 때 그는 오후 6시쯤 집에 돌아왔는데, 그 이유를 도무지 알 수 없는 폭발음을 듣고 깜짝 놀랐고, 그 때문에 어머니와 14살 된 여동생(처음 사건이 있었을 때는 없었던)과 하녀가 몹시 불안해하고 있었다. 사이드보드(주방에서 상에 내갈 음식을 얹어 두는 작은 탁자. 서랍이 달려 있어 그 안에 나이프, 포크 등을 넣어둔다 - 역주) 쪽에서 큰 소리가 났다. 더 자세히 살펴보다가 융은 19세기 초부터 사용해 온 무거운 찬장 안에 빵 자르는 칼이 조각 나 있는 것을 발견했다. 그 칼은 조금 전까지 사용되었던 것이고, 평소처럼 찬장 서랍에 넣어두었던 것이다.

융은 거의 믿기 힘들지만, 부인할 수 없는 이 두 사건으로 인해 몹시 당혹스러웠다. 그의 합리적인 측면은 그가 깊은 인상을 받은 것을 부인하고 싶어 했지만, 그는 그렇게 하는 것이 불가능하다는 것을 알았다. 그러나 몇 주 동안 그는 이러한 현상과 조금이라도 관련될 수 있는 게 전혀 없다는 것을 알 수 있었다. 그 때 그는 책상의 이동에 대해 들었으며, 어떤 친척들이 15살쯤 되는 어린 소녀를 영매靈媒로 하여, 교령회交靈會(산 사람들이 죽은 이의 혼령과 교류를 시도하는 모임 - 역주)를 가진다는 소리를 들었다. 그 소녀는 그의 친척이었다. 내 생각에, 그가 그녀를 알긴 했지만 잘 알진 못했던 것 같다. 그러나 그를 그 교령회에 참석하도록

ⓐ 융은 언젠가 나에게 이 칼의 나머지 부분을 보여 준 적이 있다.

하자는 얘기가 있었던 것 같다. 그는 즉시 이 영매가 그의 집에서 있었던 괴상한 현상들과 어떤 관련이 있다고 추측할 수 있었다.

1896년 봄, 대학에서 두 번째 학기를 마친 후에 융은 이미 그에게 엄청나게 큰 관심을 불러일으켜 준 어떤 신학자가 심령술spiritualism의 기원에 대해 쓴 것을 읽은 적이 있었다. 왜냐하면 보고된 자료가 그가 어릴 적부터 살았던 곳에서 계속해서 들었던 이야기들과 너무나 똑같았기 때문이다.⁴ 그 자료들은 의심할 바 없이 참된 자료들이었지만, 심령현상이 **물리적으로** 사실이었느냐 하는, 화급을 요하는 질문에 대한 답은 결코 아니었다. 그는 이렇게 말했다. "나에게 기괴하고 의심스러운 것처럼 보이는 심령술사들의 관찰은 내가 객관적인 정신 현상을 처음으로 접해 보았던 내용들이다.... 그러나 이러한 가장 중요한 질문 — 마음의 객관적인 성격 — 과 관련해서, 나는 철학자들이 말한 것을 제외하고는, 전혀 아무 것도 발견할 수 없다."ⓔ

그러나 그 책은 **동일한** 현상이 모든 장소와 모든 시간에 나타난다는 사실에 대해 그가 눈을 뜨게 해 주었다. 아마 그는 훗날 그가 "집단적 무의식"이라고 불렀던, 객체 정신 objective psyche안에 깊은 층이 존재하며, 그것이 모든 인간 안에 똑같이 들어있다는 것ⓕ을 처음으로 어렴풋이 알게 되었던 것 같다. 교령회를 열고 있던 그의 친척들의 모임과, 자동적으로 친밀한 가정생활을 혼란에 빠뜨렸

ⓔ 모든 사람이 마음을 탐구하는 학문을 의미하는 "심리학"에 대해 말을 잘 하지만, 많은 사람들은 "마음psyche"이라는 말을 혼동하거나 이 말을 "영혼soul"이라는 말과 막연히 동일시하는 것은 이상한 일이다. 그러나 "마음"은 "영혼"보다 훨씬 더 광범위한 의미를 가지고 있다. 후자는 대개 기독교적인 의미로 사용되었다. 대략 "마음"은 외부세계와는 대조적으로 내면에 있는 모든 것을 지칭한다. 예전에 내적인 인간은 항상 의식적인 자아와 동일시되었다. 그러나 지난 70, 80년 동안의 연구는 무의식의 존재, 즉, 자아가 모르는 우리 안에 더 큰 존재가 있다고 단정했다. 이런 이유로 융은 이것을 "마음의 객관적인 성격"이라고 말했다. 부득이 우리는 마음에 의해서 모든 것을 받아들인다. 그러므로 엄밀히 말해서 우리는 사람들이나 사물에 대한 우리의 인상이 외적인 실재와 일치한다고 확신할 수 없다. 그러므로 우리는 궁극적으로 "나에게는 그들이 이렇게 보이기도 하고 혹은 저렇게 보이기도 한다."고 말할 수 있을 뿐이다.

ⓕ 22쪽 이하를 보라.

던, 가족들이 식사할 때마다 하루에도 여러 번 사용했던 매우 단단했던 식탁과 칼을 산산조각 나게 만든 놀라운 사건들 사이에 어떤 관련이 있을지 모른다는 것을 즉시 알아차린 것은, 분명히 그가 심령현상에 대해 이미 많은 생각을 하고 있었기 때문이라고 볼 수 있다. 그는 이런 방향으로 관심 분야를 확장할 수밖에 없게 된 것을 탐탁하게 여기지 않았다. 왜냐하면 초핑기아 학생회와 대학에서 사귄 모든 친구들이 그에게 매우 중요했기 때문이다. 그들은 김나지움에 다닐 때 그다지도 그를 힘들게 했던 외로움에서 벗어나게 해 주었으며, 그는 심령술과 관련된 것이 친구들의 "조롱과 불신"을 받을 뿐만 아니라, 일종의 "불안스러운 방어적인 태도"를 갖게 만들 수도 있다는 것을 이미 알고 있었다. 결국 이것이 그를 크게 당황스럽게 했다. 왜냐하면 이 모든 분야가 "괴상하고 의심스러운" 것처럼 보였지만, 그는 친구들이 그것을 **두려워하고**, 있을 수 없는 것이라고 조롱하는 것을 이해할 수 없었기 때문이다. 많은 심령주의자들처럼 너무나 짜증스러울 정도로 무턱대고 잘 믿고 무비판적이 되는 것만큼이나, 설명할 수 없다고 해서 **있을 수 없는 것**이라고 주장하는 것이 그에게는 변명의 여지가 없는 것처럼 보였다. 철저한 과학적인 연구가 이루어지기 전에, 어떻게든 우리가 **알 수 있는** 방법은 없을까? 그는 설명되지 않은 것과 알 수 없는 것이 "매우 흥미 있고 매력적"이라는 것을 알았다. 결국 그는 이 교령회에 정규적으로 참석하기로 결정했다. 비록 마음에 안 맞는 게 많이 있다는 것을 알았지만 말이다.

    여기서 우리는 젊은 융에게 집단적 무의식의 미지의 영역을 발견하도록 해 준 태도가 있었음을 알 수 있다. 융은 항상 심령술의 미지의 영역을 연구하고 탐색했다. 하지만 그는 그것이 마음에 들지 않아 그런 현상을 의심스럽고 말도 안 되는 것으로 일축하고 싶었다. 융은 매우 합리적인 면을 가지고 있었다. 그 당시에 그는 대체로 사고형思考型이었던 게 분명하다. 그가 바젤 대학을 다닌 시절은 오늘 우리가 사는 이 시대와 아주 비슷하게 물질주의적인 것을 매우 중시했다. 그래서 그의 위대한 동시대인들인 지그문트 프로이트와 알프레드 아들러처럼 대체로 개인적이고 합리적인 설명을 하는 것으로 끝나고 싶은 유혹을 너무나 강하게 받았다. 그러나 융은 결코 합리적인 방법에 만족하지 않았다. 식탁과 칼이 쪼개진 것 같은 **사실***facts*은, 그것이 비록 전적으로 미지의 그리고 너무나 인기없는 영역으로 이끌어 갈지 모르지만, 가능한 방법을 모두 동원하여 **반드시** 받아들여지고 연구되어야 했다. 어떤 경우에는 여러 해 동안 그리고 어떤 경우에는 평생 동안 그렇게 했지만, 그는 자신이 이해할 수 없었던 것은 미결 문제로 그냥 남겨두어야 했다.

거의 20년 후에 마침내 융은, 자의대로 하려고 애쓰면 애쓸수록 ("뜻이 있는 곳에 길이 있다") 진실을 추구하는 것을 모호하게 만들뿐만 아니라, 최악의 파국으로 이끌어 갈 수 있는, 삶의 자연스런 발달을 극심하게 제한하기도 하는 꿈을 꾸었다. (그는 이것을 『회상』의 "무의식과의 대면"[5]이라는 장에서 이상할 정도로 극적인 방식으로 묘사했다.) 그는 대학을 다닐 때에도 부분적으로나마 이런 굉장한 진실을 알았으며, 예컨대 합리적인 설명을 제멋대로 하고 싶은 마음을 포기했다. 이해할 수 없는 사건에 온통 관심을 집중하면 친구들을 잃을 수도 있었지만, 그는 그렇게 했다. 우리는 융이 괄시를 받던 "심령술" 분야를 대담하게 옹호하는 것을 보고 외리가 찬사를 보냈었던 사실을 이미 알고 있다. 그렇게 함으로써 그는 친구들 중 제일 친한 친구를 잃어버리진 않았다. 외리만큼은 아니었지만, 그래도 신실한 많은 친구들이 그를 떠났던 게 확실하다. 사실 이런 일은 그가 살아 있는 동안 흔히 일어났던 일이다.

융은 세기가 바뀌는 바로 그 시기에 한 동안 교령회에 정규적으로 참석했다. 그 당시 그는 25세였다. 그 때 이미 그는 가장의 책임을 떠맡은 지 거의 5년이 지난 상태였다. 그가 교령회에 참석하는 유일한 목적은 그러한 현상이 사실인지 아닌지를 입증하는 것이며, 그런 현상이 사실이라 하더라도, 그것을 과학적으로 연구하고자하는 것임을, 그는 그 모임을 주도하던 사람들에게 숨기지 않았다. 2, 3년이 지난 뒤에 그는 이런 사례를 박사학위 논문[6]의 중심주제로 삼았다. 그러나 그 당시에는 그럴 생각이 없었다. 왜냐하면 그가 정신과 의사가 되려고 결정한 것은 교령회가 있은 지 얼마 안 된, 최종시험을 치르기 바로 전날 밤이었기 때문이다. 그가 교령회 일지를 자세하게 기록한 것은 미지의 분야에 대한 순수한 관심 때문이었다.

교령회는 책상의 회전과 더불어 시작되었다. 하지만 영매는 이내 환상을 보고, 그녀를 지배하는 영들과 대화하기 시작했다. 더 정확히 말해 그녀는 그들이 그녀를 통해 말하도록 허용했다. 처음 몇 주 동안 (융은 "전체 과정이 4주에서 8주 안에 절정에 달했다"[7]고 말했다.) 매우 강한 인상을 준 두 인물이 나왔다. 하나는 영매가 당초에 성직자였던 그녀의 죽은 할아버지라고 알아보았으며, 다른 하나는 짜증스럽게 구는 가벼운 수다쟁이였다. 그는 자칭 울리히 폰 게르벤쉬타인Ulrich von Gerbenstein이라고 했다. 동시에 두 인물은, 영매인 그녀 자신 안에 있는 특징을 보여주었다. 즉, 상당히 유치한 여학생이요, 훨씬 더 성숙하고 재미있는 여성이었다. 그녀는 이베네스Ivenes라고 불렸다. 그녀의 할아버지가 그녀 자신의 유령이었든, 아니면 영매 자신 안에 있는 자율적인 인물이었든 간에, 그것은 융이 평생 동안 단정 짓지 않고 그대로 놓아 둔 문제다. 그가 죽기 직전에 융은, 비록 그가 죽은 자들이 그들 자신을 드러내 보여줄 수 있는, 문서로 잘 기록된 사례들이 있다는 것을 인정했지만, "유령이나 목소리가 정말 죽은 사람과 같은 것인지, 아니면 심리적인 투사인지, 그리고 그것들이 정말 죽은 자들로부터 나온 것인지, 아니면 무의식속에 있을 수 있는 지식으로부터 나온 것인지 하는 문제가 남는다."[8]고 말했다.

이 경우에 영매 자신의 무의식에는 분명히 두 여성상, 즉 자기Self와 자아ego, 그리고 중요한 두 아니무스 상인 긍정적 아니무스와 부정적 아니무스 등 모두 넷이 있었다. 항상 — 그가 그 자신의 제1호 인격과 제2호 인격 그리고 그의 어머니의 제1호 인격과 제2호 인격을 처음에 체험한 것을 통해서 — 그는 이미 우리 각자 안에 있는 영원한 상과 일시적인 상에 대한 생각에 친숙해 있었다. 그는 그것을 각기 자기와 자아라고 불렀다. 그러나 그가 여자 안에 아니무스(남성) 상이 있고, 남자 안에 아니마(여성) 상이 있다는 것을 알게 된 것은 나중의 일이었다. 처음 몇 달이 지난 후 교령회에 대한 관심은 천천히 그러나 꾸준히 줄어들었다. 융은 마지막 시험을 치르기 전에 교령회를 떠났다. 그에게 가장 흥미로웠던 것은 — 『회상』에서 얘기한 것처럼 — 그가 "이런 예에서, 어떻게 제2호 인격이 형성되며, 그것이 어떻게 어린이의 의식으로 들어가고, 결국 그것이 그 자신 안에 통합되는지를 배웠다"[9]는 것을 발견한 것이다. 이러한 모임들이 그의 집에 있던 것들이 쪼개진, 이해할 수 없는 일들을 어떤 식으로든 설명해 주었다고 그가 말한 적도 없고, 내가 들은 적도 없다. 그러나 그는 교령회에서 있었던 심리현상이 전적으로 사실이었다는 것은 의심의 여지가 없었다고 했다. 비록 영매의 의식적인, 여학생의 인격에는 변화가 거의 없었지만, 그녀는 나중에 훌륭한 재봉사가 되었다. 『회상』에서 그는 이렇게 말했다. "나는 그녀가 24세 때 그녀를 다시 한 번 보았고, 그녀의 인격의 자주성과 성숙도에 계속 깊은 감명을 받았다." 그녀는 26세에 폐결핵으로 죽었다. 그래서 융은 이렇게 말한다. 그녀는 "조기 완성된 자의 하나"였다. 그녀가 죽은 뒤에 그는 그녀의 가족으로부터 "그녀의 생의 마지막 달에 그녀의 성격이 하나하나 그녀로부터 떨어져나가, 결국 두 살 난 아이의 상태가 되더니, 그런 상태에서 그녀가 마지막 잠이 들었다."[10]⑧ 는 말을 들었다.

교령회가 끝난 지 얼마 안 되어 융은 마지막 시험을 치러야 했다. "심령술 분야"에 깊은 관심이 있었음에도 불구하고, 그가 정신과 의사가 되려는 생각을 전혀 하지 않았다는 것은 이상한 일이다. 시험을 치르기 전에 그는 뮌헨에서 솔깃한 제의를 받았는데, 그 일은 막 그곳으로 발령을 받았던 프리드리히 폰 뮐러 Friedrich von Müller의 조수로 일하는 것이었다. 폰 뮐러는 예리한 지성을 갖춘 사람이었으며, 다른 그 어떤 선생들보다도 융에게 깊은 인상을 주었던 인물인

---

⑧ 융은 이런 정보를 그녀가 막 죽은 뒤에 그녀의 가족으로부터 들었다. 60년도 더 지난 뒤에 그녀의 조카딸이 그녀의 아주머니에 대한 전기적인 연구를 글로 썼다. 거기서 그녀는 그녀의 아주머니를 여자 영웅으로 만들려는 노력이 지나쳐서, 결국 그 상황을 완전히 허구로 꾸미고 말았다. Stefanie Zumstein-Preiswerk, *C. G. Jung's Medium* (Munich: Kindler Verlag, 1975).

것 같다. 그러므로 그 자리는 필요한 조건을 다 갖춘 젊은 의사들이 선망하는 자리였다. 융은 그 때까지 아직 의학 분야 중 어떤 과를 전공해야 할지 몰랐다. 그가 뮌헨으로 가기로 했다면, 그것은 아마 내과를 하기로 결정한 것으로 보아야 할 것이다. 왠지 그는 폰 뮐러의 제안을 받아들이는 것을 여전히 망설이고 있었다. 그 때 — 언젠가 그는 나에게 그것은 그가 정신의학 시험을 치르기 전 날 밤이었다고 말한 적이 있다 — 그는 크라프트 에빙Krafft-Ebing의 정신의학 교과서**11**를 읽는 것을 꺼려했는데, 마침내 그런 마음이 충분히 극복된 것은 11시였다.

그런 그의 저항은 이해할만하다. 왜냐하면 19세기 말에 정신의학은 의학에서 가장 괄시받던 분야였다. 당시에는 정신의학에 대해 아무도 몰랐고 알려고 하지도 않았다. 다양한 정신병에 종종 아무런 의미도 없는 긴 이름을 붙이는 것 외에는 말이다. 바젤대학에서의 강의와 임상실험은 그에게 "지루하고 싫증나는 것" 말고는 전혀 어떤 감동도 주지 못했다. 에빙의 책은 "다른 종류의 책과는 근본적으로 달랐다."고 융은 말한다. 그럼에도 불구하고, 시간이 충분히 무르익었던 게 분명하다. 왜냐하면 그것이 그에게 번개 같은 충격을 주었기 때문이다. 즉, 그는 한 페이지를 읽기도 전에 정신의학이 "그에게 유일한 목표일 수 있다는 것"을 알았다. 그것에서 마침내 그의 두 가지 관심분야가 하나로 통합될 수 있었다. 모든 친구들의 태도에도 불구하고, "심령술"에 계속 관심을 갖는 것이 어려웠지만, 그가 가장 괄시받던 의학 분야를 전공하기로 결심한 것과, 인정받고 존경받을 수 있는 목표에 도달할 수 있는, 남들이 선망하는 뮌헨의 일자리를 거절하는 것에 비하면, 그것은 그리 어려운 일이 아니었다. 『회상』**12**에서 그는 이런 결정을 내리기가 얼마나 어려웠는지 넌지시 언급했다. 왜냐하면 그가 관심을 가지고 있던 모든 사람의 공감을 받지 못할 것을 알았기 때문이다. 그 당시에는, 아무도 정신과 의사가 되려고 하는 사람을 이해할 수 없었다. 특히 융처럼 내과의 평판이 좋은 사다리(조직 · 활동 분야 등에서 성공하기 위해 밟고 올라가는 단계 - 역주)의 첫 단계를 제안 받은 사람이 정신과 의사가 되려고 하는 것을 이해할 사람은 없었다. 그러나 그 기억할만한 저녁 이후에는 결코 그의 마음에 어떤 의심도 생기지 않았다. 그에게 애정을 갖고 있던 사람들이 그렇게도 격렬하게 반대하는 것을 알면서도 그는 강한 확신을 가지고 시험을 치렀다. 거기서 그의 모든 관심이 통합되었다. 그는 우수한 성적으로 시험에 합격했다.

그는 취리히의 최고 정신병원인 부르크휠츨리 병원의 조수가 되었으며, 1900년 12월 10일에 새로운 임무가 시작되었다. 그것은 그가 바젤 대학에서 공부를 시작한 지 거의 6년이 지난 뒤였다. 나는 종종 그가 바젤을 떠난 이유(그가 『회상』에서도 그 이유를 간단하게 적어 놓았다)와 그것을 떠나는 것이 얼마나 어려웠었는지 설명하는 것을 들었다. 그는 자신이 그렇게 한 것을 지지해 준 몇몇 사람들에게 아직도 감사했고, 그들이 알고 있던 것보다 훨씬 더 자신에게 도움을 주었으며, 반면에 그렇게 하는 것 때문에 비난을 받을 때마다 조금 물러났다가 계속 그것과 맞서 싸워야만 했다고 말했다. 그의 어머니 — 당연히 그것이 그녀에게 힘든 일이었지만 — 는 그것이 그에게 필요한 단계였다는 것을 알고, 또 그것을 잘 받아들였다. 그러나 어떤 면에서 그것은 그에게 더 어려운 일이었다. 왜냐하면 그가 어머니에게 너무 잔인하다고 하며, 모든 친척들과 친구들이 그를 비난했을 때, 어머니가 안 좋게 행동했다고 해도, 그것 보다 비난 받는 것을 더 힘겹게 느꼈을 것이기 때문이다.

그가 바젤을 떠나는 것을 어머니가 잘 받아들였지만, 그는 그 나이의 모든 젊은이들처럼, 모든 어머니가 싫든 좋든, 의식적이든 무의식적이든 자녀들에게 영향력을 행사하고 성장을 방해하는 것과 싸워야 한다는 것을 일찍부터 알고 있었다. 그는 어떤 세미나에서 이런 사실을 깨달았다는 것을 언급한 적이 있다. 어느 날 어머니가 벽에 핀으로 고정해놓은 많은 도해가 걸려 있던 그의 방에 들어왔다. 그녀는 그 도해를 깔보듯이 쳐다보며 이렇게 말했다. "넌 이런 걸 대단하게 생각하는 것 같구나." 그녀는 이런 식으로 괄시하며 아들에게 충격을 주었다. 왜냐하면 그는 엄청나게 창의적인 에너지를 도해에 쏟아 부었으며, 그것이 음울한 질문에 어느 정도 빛을 던져주었다고 느꼈기 때문이다. 그는 이삼일 동안 아무 일도 할 수 없었으며, 창의력이 완전히 바닥났었다고 우리에게 말했다.

그는 기운을 되찾고 이런 생각을 했다. "그녀는 그것에 대해 아무 것도 모르고 있다. 나는 어떤 일이 생기더라도, 그녀에게 그게 힘든 일이라 하더라도, 그녀가 나를 방해하지 못하게 할 것이다." 즉시 창의성이 되살아나서 그림 작업을 계속 할 수 있었다. 그 결과 그의 문제가 명료화될 수 있었다.

그것은 바로 어머니와 아들 사이에 꼭 필요한 싸움이었으며, 그렇게 함으로써 그는 남자가 될 수 있었다. 만약 융이 이런 싸움을 하지 못하고 자신의 창의적인 에너지가 바닥이 나게 방치했다면, 그는 모성 콤플렉스에 붙잡혀 있는 영원한 소년으로 머물러 있을 수밖에 없었을 것이다. 애석하게도 오늘날 많은 소년들이 그렇듯이 말이다. 아마도 이 문제에 대해 융은 자신의 책, 『아이온 Aion』에서 가장 분명하게 잘 묘사해 놓은 것 같다. 이 책은 1951년에 독일어 판으로 처음 출간되었다.13 그것은 젊은이의 가장 어렵고도 끊임없이 지속되는 문제 — 융이 그랬던 것처럼, 특히 그가 어머니를 정말 좋아할 경우에 — 이며, 결코 한 번의 싸움으로 승리가 결정되는 것이 아니다. 그것을 의식하지 못하고 퇴행하기는 아주 쉽다. 특히 남자가 그런 싸움에서 이겼다고 생각한다고 해도 말이다. 그러므로 융은 항상 젊은이들이 가정이라는 둥지에 너무 오래 동안 머물러 있는 것을 반대했다. 그가 20세 때 아버지가 돌아가시자, 경제 문제 때문에 융은 바젤에서 의학 공부를 하면서 25세가 될 때까지 집에서 살았다. 그러나 그 때 그는 집을 떠나야 한다고 확신했다. 그러나 그것이 어머니를 슬프게 만들었다. 그것은 그의 가정 형편만이 아니라 바젤과 같은, 오래되고 매우 세련된 도시에 상존하는 힘든 문제이기도 했다. 취리히는 주로 상업도시이므로 바젤보다 훨씬 덜 세련된 곳이다. 취리히는 상업을 통해 세상과 관계를 맺고 있는 곳이다. 그래서 융은 그곳의 분위기가 자유로웠다고 종종 말했다. 거기서는 바젤에서 보다 전통적인 것에 매이지 않아도 되었다.

그러므로 융이 바젤이 아닌 다른 곳에서 일을 하게 된 것은 그에게 절대적으로 필요한 단계였다. 취리히는 네 살 이후로 줄곧 그를 매혹시켜 왔던 곳이었다. 바젤에 있는 어머니를 떠나는 것도 꼭 필요한 일이었다. 여러 해 후에 융이 결혼을 하고 아이들이 학교를 갈 때쯤, 어머니와 누이동생이 취리히 호반의 퀴스나흐트에 있는 그의 집에서 그리 멀지 않은 집에 살게 되었지만, 그들은 다시 한 지붕 아래 살지 않았다.

사실상 그의 어머니는 취리히로 데려가지 않는다고, 무시당한 느낌을 가질 이유가 없었다. 왜냐하면 융은 가능한 한 더 철저히 공부하기 위해, 그리고 경비를 줄여 실용적으로 살기위해, 줄곧 병원 안에서 기거했기 때문이다. 그는 여전히 어머니를 재정적으로 돕고 있었으며, 그가 공부를 계속할 수 있도록 돈을 빌려 주었던 아저씨에게 진 3천 프랑의 빚을 될 수 있는 한 빨리 갚아야 했다. 바젤과는 완전히 단절되고 말았다. 그는 항상 바젤에 대한 향수어린 사랑을 간직하고 있었다. 그러나 그가 멀리 떨어져 살 수 없을 것이라는 가족들과 친구들의 예언에도 불구하고, 그는 결코 그리로 돌아가지 않았다. 대신에 그는 취리히 호반에 자리를 잡고, 거기서 1900년 12월부터 1961년 6월 죽을 때까지 60년 넘게 살았다.

자신이 직접 쓴 『회상』의 처음 세 장 끝부분에서 그는 마지막 시험이 끝난 후 자신을 위해 어떤 일을 했는지 묘사했다. 그는 난생 처음으로 오페라(비제의 카르멘)를 보러 갔으며, 며칠 동안 뮌헨과 슈투트가르트에 가 보았다. 거기서 그는 당시 아직 생존해 있던 매력적인 늙은 고모를 만나기도 했다. 지나가 버린 시대의 흔적을 잠깐 동안 방문하는 것이 젊은 사람들에게는 소중한 것이다. 왜냐하면 그들은 계속 대를 이어가려는 경향이 있기 때문이다. 융은 이렇게 말했다. "이 방문은 나의 어린 시절의 향수와의 최종적인 결별이었다."**14**

융이 학부시절에 겪은 많은 어려움에도 불구하고, 대학 시절은 아마 그의 인생에서 행복한 시절이었던 것 같다. 그는 김나지움을 다닐 때보다 대학 시절을 더 즐겁게 추억했다. 그 주된 이유는 그 시절이 훨씬 더 자유로웠기 때문이다. 즉, 마음에 맞지 않는 강의와 실습에서 어느 정도 벗어날 수 있었다. 그래서 그는 이따금 억지로 모든 수업에 참석해야 했던 김나지움에서처럼, 어떤 과목이나 선생과 마찰을 겪지 않아도 되었다. 게다가 그는 공부하는 것이 매우 재미있다는 것을 알게 되었다.

융은 종종 기독교가 신자들을 어린아이 상태로 머물러 있게 만드는 치명적인 경향을 가지고 있다는 사실을 개탄하곤 했다. 인간이 약하다는 것을 너무나 강조하고, 전적으로 그리스도에게만 의지함으로써 어떤 것을 이룰 수 있다는 희망을 가지게 만들기 때문에, 기독교는 보편적으로 인간을 유아상태에 머물러 있게 하는 치명적인 경향을 분명히 가지고 있다고 보았다. 만년에 융은, 전체주의 국가 체제에서는 다른 사람에게 중요한 삶의 문제에 대한 책임을 떠넘기는 것을 **선호했던** 대부분의 사람들이 득세할 수 없었음을 종종 지적하곤 했다. 융과 분석 작업을 하는 것은, 주로 자신이 모르고 있던 유치한 상태에서 벗어나는 것으로 볼 수 있다. 그런데 분석 과정에서 유감스럽게도 많은 사람들이 이런 유치한 상태에 있다는 것이 드러났다.

융의 가장 두드러진 특징 가운데 하나는, 그가 처음에 그 자신에게 물었던 것을 결코 다른 사람들에게 묻지 않았다는 사실에 있었다. 언젠가 그는 거의 60세가 되었을 때 자신의 모든 생을 어린애 같은 상태에서 벗어나기 위해 보냈다고 나에게 말한 적이 있다. 그는 솔직히 초지일관하여 그렇게 살았다고 확신하지만, 아직도 그런 것이 조금이라도 남아 있을까봐 걱정된다고 후회하듯이 말했다. 그에게는 평생 그 어느 때도, 대학에서 보낸 6년만큼 어린애 같은 상태에서 벗어나는 데 도움이 되었던 시절은 없었다. 내향적인 관점에서 볼 때 융은 심지어 어린 시절에도 특이할 정도로 어른스러웠다. 그는 놀랄 만큼 어른같이 사려 깊은 면과 책임감을 가지고 있었으므로, **내적인** 사실과 문제에 직면하게 되었다. 하지만 외향적인 관점에서 보면, 즉 학교를 마칠 때, 그가 외부 세계와 문제를 다루는 면에서는 아직 무력한 젊은이에 불과했다.

대부분의 학우들의 경우보다, 아버지가 교육비를 감당하기가 훨씬 더 어려웠다는 것을 그가 "신경증"에서 벗어날 때쯤 생생하게 깨달은 것은 사실이다. 그는 항상 세심하게 마음을 써서 공부를 열심히 해야 한다는 의무감을 가지고 있었다. 그러나 그는 재정적인 면과는 담을 쌓고 살았다. 대개 성직자들(특히 파울 융 목사)은 물질적인 것보다는 영적인 것에 가치를 두어야 한다는 의무감을 느끼기 때문에, 물질적인 것이 종종 억압되고, 그것에 대해 무언의 금기를 갖게 된다. 이것은 목사의 자녀들에게 부정적인 영향을 미칠 수 있다. 특히 성과 돈은 왠지 악마와 같은 것이기에 어떻게든 피해야 한다는 느낌을 갖게 된다. 융은 시골에서 가장 효율적인 교육을 받으며 성장했으므로 성과 관련해서는 별 문제가 없었지만, 돈에 대해서는 타격이 커서, 그것을 완전히 극복하지 못했다. 60세가 넘었을 때 그는 돈을 **결코** 기피해선 안 되며, 그것을 효율적으로 다루어야 한다고 배웠다 해도, 어린 시절의 금기에서 완전히 벗어날 수 있다고 생각하지 않는다고 말한 적이 있다. 왜냐하면 돈과 관련해서는 늘 불편한 느낌이 어느 정도 남아 있었기 때문이다. 그는 유감스러운 듯이 이런 말을 했다. "지금도 나는, 한 번 상담을 받는 데 얼마나 내야 하느냐고 누가 묻는 게 싫답니다. 그가 주소를 적어주면서 나에게 청구서를 보내달라고 하면 마음이 편해져요."

두 번째 학기 중에 아버지가 세상을 떠난 것이 그에게 얼마나 견딜 수 없을 만큼 힘든 일이었는지 생각해 볼 수 있다. 아버지가 세상을 떠나자, 갑자기 그는 가족의 생계를 전적으로 책임지게 되었다. 앞에서 살펴보았듯이, 그의 어머니는 전혀 도움이 되지 못했다. 그가 가장 신뢰하던 아저씨는 그것이 그가 성장할 수 있는 기회라는 말만 했다. 그의 말이 매우 못마땅했지만, 융은 그것을 기회로 삼았다. 그는 어머니에게 생계를 꾸려갈 돈을 드렸으며, 어떻게든 이모저모로 경비를 충당해 나갔다. 그는 자신의 직업과 관련된 일을 하기도 하고 그 외의 일을 하기도 하면서 모든 기회가 생기는 대로 돈을 벌었다.

아마도 그의 늙은 숙모의 골동품 상점에서 위탁판매를 하는 일을 통해 그가 본래부터 가지고 있던 돈에 대한 어린애 같은 생각이 치유된 것 같다. 골동품 판매원들은 대개 물건을 싸게 사서 가능한 한 비싸게 파는, 타고난 투지를 가진 장사꾼들이다. 장사 경험이 전혀 없었던 융은, 숙모의 물건들을 시장에 가져가서 흥정을 해야 하는 일이 무척 싫었지만 그것을 이겨내고 각 물품에 따라 최대한 좋은 가격을 받았다. 그는 수집품을 빨리 처분하는 게 좋다는 것을 알았으며, 전문가들로부터 그가 대체로 놀랄 만큼 좋은 가격을 받았다는 말을 들었다. 그는 돈 문제에 자신이 특이한 능력이 있다는 것을 알게 되었다. 하지만 그는 거래하는 것을 즐기진 않았다. 왜냐하면 그가 나에게 부르크휠츨리 병원에서 매달 봉급을 받게 되자 크게 안심이 되었다고 말했기 때문이다. 그것이 그의 생계를 꾸려가는 일과 직접적인 관련은 없었던 것 같지만 말이다. 그러나 학부생 때 자연스럽게 배웠던 것이, 그가 훗날 개업을 하게 되었을 때 큰 도움이 되었다. 그는 항상 적정한 상담료를 받았다. 그가 유명해져서 원하는 만큼 받을 수 있었지만, 예컨대 미국의 프로이트 학파 분석가들과, 유감스럽게도 그의 몇몇 제자들과 비교해 볼 때, 사람들은 그가 상담료를 많이 받지 않는 것을 보고 늘 놀라곤 했다.

그 당시에 융은 돈에 관해서만 그렇게 한 것이 아니라 외부세계를 받아들이는 많은 다른 방식에서도 그런 태도를 보였다. 학교에서 그는 학우들과는 달리 너무나 다른 것에 관심을 두었기 때문에 항상 아웃사이더라고 느끼곤 했다. 그러나 대학에 들어가서 그는 동료 대학생들의 관심사를 옹호하는 것을 배웠다. 이런 것이 아주 성공적이어서, 그는 부지불식간에 그들의 마음을 끌게 되었다. 그 당시 그가 훨씬 더 자신감에 차 있음을 알았기에 그는 철저하게 그의 천직으로 인식했던 것을 추구하기 위해 모든 것을 감수할 수 있었다. 비록 이로 인해 그 당시 실질적으로 의학 분야에서 가장 인기 없는 분야에 종사하게 되었지만 말이다. 그는 이 공부에 최선을 다했다. 왜냐하면 존경하는 폰 뮐러 교수와 모든 친구들의 "놀라움과 실망"에도 불구하고, 그의 "옛날 상처와 소외감이 다시 괴롭히기 시작했기 때문이다. 그러나 지금 나는 왜 그런가를 더 잘 이해했다."[15]라는 말을 우리에게 하고 있기 때문이다.

"왜" 그런가를 이해하는 것이 융에게는 늘 가장 중요했다. 나는, 가장 참기 어려운 고통이 있다면, 그것은 다만 이해하지 못하는 고통이라고 그가 말하는 것을 종종 들었다. 무엇보다도 이것은 그가 대학을 다니면서 얻은 교훈이었다. 즉, 그는 그 당시 많이 이해하는 것을 배웠다. 하지만 여전히 더 중요한 것은, 항상 이런 "참기 어려운 고통"에 직면하고, 그것을 결코 외면하지 않을 때 비로소 이해가 가능하다는 것을 그가 배운 것이다. 이런 통찰은 그의 삶의 다음 국면에 큰 도움이 되었다.

제5장
부르크휠츨리 정신병원
1900-1909

　　부르크휠츨리에 도착해서 연구를 시작하자마자 융은 전에 없이 "이해하지 못하는 것에 대한 잠기 어려운 고통"에 직면하게 되었다는 것을 알았다. 부르크휠츨리는 다른 병원들보다 더 나쁘진 않았다. 그와 반대로 그곳은 특히 건물과 위치로 보면 다른 병원들보다 상당히 더 나았다. 그 당시 그곳은 스위스에 있는 모든 병원 중에서 최상급 병원이었으며, 이상적인 정신병원의 모델로 평가받고 있었다. 융이 1900년 12월에 그곳에 갔을 때, 그 병원은 세워진 지 몇 년밖에 안 되었고, 그 당시 모든 시설이 잘 구비된 좋은 건물을 가지고 있다고 알려진 것은 물론이고, 거의 스위스의 모든 지역으로 통하는 도시 가장자리에 위치해 있었다. 제1차 세계대전이 끝난 후에 취리히가 얼마나 크게 발전했는지를 알기는 어려운 일이다. 왜냐하면 부르크휠츨리가 지금은 도심에서 멀리 떨어진 곳에 위치해 있기 때문이다. 리클린 박사Dr. Franz Riklin Jr.는 그 병원이 처음부터 약점을 하나 가지고 있었다는 얘기를 나에게 해주었다. 즉, 호수와 산이 잘 보이는 데 건축되었어야만 했고, 또 건축될 수도 있었다는 것이다. 그러나 그 당시에는 정신과 환자들이 호수를 바라보는 것이 위험하다고 여겨졌다. 물이 보이면 자살 충동이 일어날 수 있기 때문이다.

부르크횔츨리가 평균보다 훨씬 나은 것은 건물만이 아니었다. 융의 주임교수인 오이겐 블로일러 교수Prof. Eugen Bleuler Sr.는 마음이 매우 넓은 사람이어서, 젊은 조수들에게 당시 그 어느 때보다 더 많은 자유를 갖도록 기꺼이 허용해 주었다. 융의 조수 취임 논문 제목은 **심령현상**Occult Phenomena에 관한 것이었다. 융이 그의 "제1 조수"로 있을 동안 1902년에 발간된 속표지를 보면, 이 "논문은 블로일러 교수의 승인을 받아 통과되었다."라고 적혀있다. 이것은 그 당시에 정말 놀랄만한 일이었다.

그러나 이 모든 이점에도 불구하고, 세기가 바뀔 무렵에 정신의학적인 지식이 거의 없었다는 것은 슬픈 일이었다. 즉, 당시에는 융 같은 사람이 관심을 둘 수 있고, 그에게 맡겨진 환자 개개인을 치료하는 방법에 상당한 도움을 받을 수 있는 경험적·정신의학적인 지식이 없었다. 환자를 진단하고 딱지를 붙이는 이론은 정말 많았다. 용어와 이론은 융에게 일시적인 도움을 주는 것 외에는 아무 관심도 끌지 못했다. 인간 정신의 여러 측면에 붙이는 용어에 대해 언급하면서 융은, 자신이 마지막으로 쓴 두꺼운 책(1955년에 출간된), 『융합의 비의 *Mysterium Coniunctionis*』에서 이렇게 말했다. "그런 개념들이 일시적으로 경험적인 자료를 정리하는 데 도움이 되었다면, 목적을 달성했다고 보아야 할 것이다."[1] 그는 너무나 많은 제자들이 그런 개념들을 교의로 만드는 경향을 개탄하곤 했으며, 언젠가 화가 나서 이런 말을 했다. "내가 융을 따르는 사람이 아니라 융인 게 정말 다행이요!"

이런 태도는 뒤늦게 생긴 것이 아니라 그가 처음에 환자를 보기 시작할 때부터 가지고 있었던 것이다. 그에게 중요한 것은 환자 **개개인**이었다. 이론에 따라 이름을 붙이는 것이 과연 치료에 도움이 된다는 증거가 있단 말인가? 부르크휠츨리에서 환자를 보기 시작하자 그는 그러한 것들이 한심할 정도로 부적당하다는 것을 알았다. 처음에 그는 자신이 무지하다고 생각해서, 이런 핸디캡을 극복하기 위해 「정신의학잡지*Allgemeine Zeitschrift für Psychiatrie*」 50권 전권을 포함하여, 그런 주제에 관해 출간된 자료들을 모두 읽었다.[2]

이런 주제에 대해 알고 싶어 했던 사람들이 융 이전에 전혀 없었던 것은 아니다. 그러나 그들의 책은 병원에서 용인되지 않았으며, 젊은 정신과 의사들이 그런 것을 입수하기가 아직은 어려웠다. 게다가 그런 책을 입수하여 그런 말도 안 되는 것을 읽는다면 동료들로부터 외면당할 것이고, 아직은 그것을 훨씬 더 심각하게 여길 것이라는 사실을 그는 알고 있었다. 이것은 특히 프로이트의 저작에 적용되는 것이었다.

나는 부르크횔츨리에서 보낸 처음 몇 년에 대해 융이 말하는 것을 종종 들었다. 그 때 그는 그런 직업을 선택한 것이 얼마나 힘들었는지를 이렇게 표현했다. "나는 전혀 아무 것도 이해하지 못했다." 그의 동료들 대부분은 아주 행복하고, 만족스러울 정도로 성실하게 의무를 감당하고 있는 것처럼 보였다. 처음에 그는 어떻게든 자신에게 도피처를 제공해 줄 수 있는, 인정을 받은 어떤 지식이 있을 것이라고 생각했다. 머지않아 그는 동료들이 이루어 낸 결과가 자신의 것보다 나은 것이 없다는 것과, 그들은 대부분 그런 결과들에 대해 결코 의문을 품어보지 않았다는 것을 알았다. 그들은 그들에게 기대할 만한 일을 모두 했다는 것에 만족했다. 그러므로 그들은 근무가 끝나고 당당하게 나머지 시간을 즐길 수 있었다. 처음 몇 년 동안 환자들에 대해 떳떳치 못한 마음이 들어, 평상시에 누릴 수 있는 삶의 기쁨을 실제로 일시적으로 포기했었다는 말을 융이 나에게 해 준 기억이 난다. 처음 6개월 동안 그는 그의 **모든** 자유 시간을, 그가 알고 있던 모든 방법을 동원하여 힘써 노력하며 보냈다. 그는 주로 그의 무지와 부족함을 극복하기 위해 독서를 했다.

1902-03년 겨울에 그는 파리에서 피에르 자네Pierre Janet와 함께 연구를 하기 위해 몇 달을 보내며 지식을 증진시키려고 힘껏 노력했다. 나이가 많은 자네가 언젠가 취리히 대학에서 강의를 했을 때, 나는 융이 다정하고 존경하는 마음으로 그에게 인사하는 것을 본 적이 있다.

처음에 의사로서 떳떳치 못하다고 생각했고, 병원에 있는 많은 환자들이 술에 빠져 참담할 정도로 파괴적인 결과가 생긴 것이 분명했기 때문에 아마 융은 몇 년간 음주를 하지 않게 된 것 같다. 외리는 이것을 블로일러(전혀 술을 마시지 않는 사람이었던)의 영향이라고 제대로 지적했으며, 그(외리)가 오랫동안 해외에 있다가 스위스로 돌아와서 융을 다시 만났을 때, 융이 포도주 잔을 슬쩍 쳐다보고는 즉시 포도 식초 잔을 집어 드는 것을 본 적이 있다.

외리는 융이 부르크횔츨리에서 조수로 있을 동안 옛 친구를 방문했다. 그런데 그의 말을 들어 보면, 그 때는 융이 의사로 능력 있게 일하게 된 이후였음이 틀림없다. 외리는, 어떻게 해서 융이 정신의학을 선택하게 되었는지 알 수 없었지만, 융이 환자를 열정적으로 보는 것을 목격하고는 그 이유를 확실히 알았다. 외리는 융이 맡은 병동을 개인적으로 안내를 받으며 둘러보면서 융이 존경받고 있다는 것을 알았다고 재미있게 표현했다. 상태가 가장 나쁜 환자들이 입원하고 있는 병동 한 곳에는 침대에 누워있거나 우두커니 서있는, 매우 힘들어하는 환자들이 많았다. 융은 고통을 호소하는 그들의 말을 잘 듣고, 그들 몇몇과 대화를 나누고 있었다. 외리는 그것이 대단히 흥미로웠으므로 그들과 대화를 나눠보기도 했다. 그 때 조용히 누워있던 환자가 갑자기 침대에서 펄쩍 뛰어올라 뒤에서 그를 한 대 때리려고 했다. 그런 행동은 그의 친구를 놀라게 하여 관심을 끌려는 것이 아니었다. 그래서 융은, 조심하지 않으면 그 사람이 정말 한 방 날릴 수 있다고 약간 너스레를 떨며 말했다. 그가 하도 껄껄 웃어서, 외리는 융이 마치 클라인 - 휘닝겐 목사관의 뜰에 있는 것처럼 느꼈다. 옛날 거기서 그는 처음으로 소년 융이 바로 그렇게 웃는 소리를 들었던 적이 있다.[3]

융은 항상 그의 인격 — 어떤 자료를 이해해도 도움이 되지 못할 때 — 이 환자들에게 치유, 곧 "온전케 하는" 영향을 준다는 것을 깨닫기가 어렵다는 것을 알았다. 사실 그의 인격이 때로 그와 개인적인 접촉이 없었던 사람들에게도 영향을 주었지만 말이다. "이해하지 못하는 고통이 참을 수 없는 유일한 고통이었기" 때문에 그는 여러 해 동안 모든 사려 깊은 사람들이라면 자신과 똑같은 느낌을 가졌을 것이라고 생각했다. 그러므로 수년 뒤에도 환자의 꿈을 이해하지 못하는 일이 생겼을 때 그는 심지어 그 환자에게 늘 다른 분석가를 찾아보라고 권했다. 그런 환자가, 자신은 완전히 만족하고 있고, 분석가를 절대 바꾸지 않겠다고 대답하면, 그는 늘 놀라움을 금치 못했다. 나는 동양에서 태어나, 조그만 소녀가 될 때까지 거기서 살았던, 어떤 환자에 대해 그가 언급했던 사례를 기억하고 있다. 융은 그녀의 꿈을 전혀 이해할 수 없어서 매우 절망하고 있었다. 비록 그것이 그 환자를 조금도 혼란스럽게 하진 않았지만 말이다. 그 때 그는 아더 아발론Arther Avalon의 『뱀의 힘Serpent Power』이라는 책을 손에 넣게 되었다. 그 책에는 쿤달리니 요가Kundalini Yoga에 대한 설명이 들어 있었다. 즉시 그 꿈들이 그에게 분명해졌다. 왜냐하면 이 모든 동양적인 개념이 어린 아이였을 때 그녀의 무의식에 흘러들어왔던 게 분명했기 때문이다. 그것은 30여 년 동안 잠자고 있다가 그녀의 간병인 혹은 환경의 영향을 통해 꿈에 나타났던 것이다.

이 사례는, 우리가 살펴보고 있는 시기보다 적어도 20년 후에 일어난 것이 틀림없지만, 그가 부르크휠츨리에서 보낸 처음 몇 년 동안 매우 힘들게 느꼈던 이유에 대한 실마리를 제공해 준다. 그 당시 그에게는 환자들의 자료를 **이해하기** 위한 지식이 부족했었다. 비록 그가 그때 그것이 의미를 지니고 있고, 중요한 것은 다만 환자 개인이지 병동이 아니라는 것을 깨닫고, 거기서 답을 찾을 수 있다는 것을 인식했지만 말이다. 1902년에 라이프치히에서 출간된 논문을 쓴 것이, 그의 마음을 확고하게 만들었고, 또 그의 사례들이 지닌 어떤 배경을 드러내는데 도움이 되었음에 틀림없다. 그러나 어쩌면 연상 실험association experiment을 통해 그것이 맨 먼저 밝혀졌을지 모른다.

이 검사는 독일 의사이며 철학자인 빌헬름 분트Wilhelm Wunt(1832-1920)에 의해 먼저 시작되었으며, 다른 여러 사람들에 의해 발전되었다. 하지만 그 당시에 그것은 단지 사고의 의식적인 흐름을 탐구하기 위해 사용되었다. 이전에 융이 그것에 대해 읽어 본 것은 분명하지만, 그는 1904년쯤에 처음으로 그것이 실제로 치료에 사용될 수 있다는 것을 알았다. 그 때는 프란츠 리클린 1세가 독일에서 돌아왔던 때였으며, 거기서 그는 구스타프 아샤펜부르크Gustav Aschafenburg와 함께 연상검사에 대한 작업을 한 바 있다. 그의 아들인 프란츠 리클린 2세는 이것이 어떻게 해서 생기게 되었는지 얘기한 적이 있다. 그의 아버지는 아샤펜부르크와 했던 작업에 지대한 관심이 있었으므로 독일에 좀 더 머무르고 싶어 했던 것 같다. 그러나 재정적인 문제가 있었기에 그는 마지막 의학 시험을 치르기 위해 스위스로 돌아왔다. 재정적인 문제로 그는, 시험을 치르는 동안에도 돈을 벌기 위해 부르크횔츨리 병원에서 일을 해야만 했다. 어느 날 늦은 저녁 시간 취리히에 도착했을 때, 블로일러 교수가 그의 미래의 새 조수를 만나려고 역에 나와 있는 것을 보고, 그는 놀랍기도 하고 반갑기도 했다. 부르크횔츨리로 오는 도중 블로일러는 그의 수석 조수인 C. G. 융에 대해 매우 열심히 얘기했다. 늦은 시간이었지만 그의 아파트에서 융에게 전화를 걸어, 셋이서 연상 실험에 관해 여러 시간 이야기를 나누었고, 그것을 실제로 병원에서 어떻게 사용할 것인지 계획을 세워보았다. 전에는 이 검사가 사고의 의식적인 흐름을 알기 위해 사용되었을 뿐이다. 그런데 이것이 매번 융과 연관되어 있는 이유(나는 융이 그것을 시작했다는 얘기를 들은 적도 있다)는 그가 처음으로 반응의 **장애** disturbances를 조사한 사람이었기 때문이다. 그렇게 함으로써 그것을 정신병의 보다 깊은 뿌리를 조사하기 위한, 가치 있는 방법이 되게 만들었다. 그 결과 융은 콤플렉스complex의 존재를 인정하게 되었고, 프로이트와 관계없이 무의식을 발견했다. 처음에 그는 프로이트와 아들러처럼, 그가 나중에 개인적 무의식이라고 불렀던 것을 발견했다. 그러나 그는 머지않아, 분명히 개인적인 영역이 미치지 않는, 많은 정신적인 내용들이 있음을 알았다. (이 책 22쪽의 도해에 묘사된 것과 같은 보다 낮은 층의 내용들은 연상 실험의 결과에 그리고 꿈에도 종종 나타났다.) 이러한 것을 인식하게 되자 융은, 보다 깊이 연구하여 결국 집단적 무의식을 발견했다.

나는 여기서 연상 실험에 대해 묘사하려고 하지 않겠다. 왜냐하면 연상 실험

ⓐ 특히 『전집』 제2권, Experimental Researches에는 연상 실험을 다룬 많은 훌륭한 논문들이 들어 있다.

에 대해 설명해 놓은 다른 자료가 많이 있기 때문이다.③ 다만 이 검사는 긴 단어들의 각 목록에 대해 피검자가 머리에 떠오르는 첫 단어로 반응하는 것임을 언급하고자 한다. 융은 단어로 반응하는 게 어려운 것이(이전에는 이런 장애가 있다는 것을 모르고 있었는데), 실제 이 검사가 지니고 있는 흥미로운 면이라는 것을 발견했다. 왜냐하면 바로 그런 어려움이 피검자의 무의식적인 장애가 무엇인지 알게 해 주었기 때문이다. 그 방법은 특히 융이 부르크휠츨리에서 근무할 동안 놀랍고도 생산적인 결과를 가져다주었다. 비록 진료를 하게 되면서 그것을 곧 포기했지만 말이다. 그 이유는 그것이 자신에게 더 이상 필요하지 않다는 것을 알았기 때문이다. 즉 마음, 특히 꿈에 대해 그가 더 많이 알게 되자 그것을 포기하고 말았던 것이다. 하지만 그는 나중에 스위스 법원이 형사 사건에 대한 그의 조언을 요구할 때마다 그것을 계속 사용했다. 또한 계속해서 그는 무의식에 대한 경험이 거의 없거나 전혀 없는 젊은 아마추어 심리학자들과 의사들이 그것에 관심을 갖도록 했다. 예컨대 1935년에 런던의 타비스톡 클리닉Tavistock Clinic에서 약 200명의 의사들에게 다섯 번에 걸쳐 강의를 했는데, 그 때 그는 그것에 대해 정성들여 설명하는 데 많은 시간을 할애했다.[4] 그는 그것을 취리히 융 연구소의 필수 시험과목으로 만들기도 했다. 연구소의 규정이 만들어진 것은 1948년이었다.

모든 사람 안에 있는 콤플렉스에 대해 처음부터 융의 관심을 끈 것은 연상검사였다. "콤플렉스"라는 말을 간단하게 정의한다면, 그것은 감정이 실린, 표상의 무의식적 혹은 반-의식적 군집이라고 할 수 있다. 콤플렉스는 연상의 핵과 그 주변 영역으로 구성되어 있다. 콤플렉스는 개인적인 경험에 의해 생길 수 있으며, 그것의 핵은 원형적인 내용에 의해 형성될 수 있다. 극심한 감정이 연루되어 있을 때, 콤플렉스는 모든 종류의 신경증적 장애, 심지어 정신병리 장애가 될 수도 있다. 이러한 감정은 그것과 관련되어 있는 단어 검사에 의해 자연스럽게 드러난다. 융은 소년 시절 그 자신이 몸소 경험했던 신경증으로 인해 많은 도움을 받았을 것임에 틀림없다. 그의 신경증은 독창적인 생각을 잊어버림으로써 자초한 것이었다. 독자 여러분은 교회당 광장에서, 어떤 소년이 그를 뒤에서 공격해서 기절하게 되었을 때, "이젠 더 이상 학교에 갈 필요가 없을 거야"라는 생각이 그에게 들었던 것을 기억할 것이다. 이런 동기를 잊어버리고 있는 동안 그는 정말 아팠다. 그러나 고통을 기억하고 그 고통에 직면하고, 그가 속임수를 쓰고 있다는 것에 대해 수치심을 느끼자마자 병은 재발되지 않고 완전히 회복되었다.ⓑ

잠깐 이 간단한 예로 다시 돌아가 보면, 어떻게 콤플렉스가 생길 수 있는지를 정확하게 알 수 있다. 만약 소년 융이 그 병의 기원과 목적을 잊어버림으로써 그 병이 자신이 자초한 것이라는 사실을 직면하지 않았다면, 신경증이 계속되었을 뿐만 아니라 잊어버렸던 사건이 콤플렉스의 핵을 형성했었을 지도 모른다. 모든 비슷한 이후의 경험들이 그것 주위에 모이게 되었을 것이며, 그 때 그가 망각하고 있던 죄책감을 생각나게 했던, 어떤 단어가 장애 반응을 일으켰을 것이다. 그러나 결국 그는, 어떤 고통을 치르게 되더라도 자신의 죄책감을 기억하고 인식하는 것이 자유롭게 살아 숨 쉴 수 있는 가장 중요한 요소임을 알았다.

다만 실제로 이런 경험을 통해 확실하게 무언가를 알 수 있었기에, 그는 연상검사를 실시함으로써, 그리고 자신의 환자들에게 그들의 과거 생활에 대해 질문함으로써 정보를 얻을 수 있는 용기를 가지게 되었다. 가능한 한 그는 그들이 진실에 직면하도록 했고, 그들이 한 일 혹은 그들에게 일어난 일이 무엇이든, 그것에 직면할 용기를 갖게 될 때, 항상 유익한 결과가 생기게 되었다. 그는 부르크횔츨리 초기 시절에 이런 모험을 했다. 한 사례가 바로 그의 임상의 이정표가 되었는데, 나중에 그는 초기에 그가 다룬 그 어떤 사례들 보다 더 자주 그것에 대해 말했다.[5] 그것은 그녀가 좋아하던 아이를 죽였다는 죄책감에 직면해야만 했던, 어떤 엄마와 관련된 사례였다.

처녀 시절 이 여자는 어떤 부유한 젊은 남자를 사랑했던 적이 있다. 그러나 둘 사이에는 너무나 큰 차이가 있어서 그녀가 청혼을 받기 어렵다고 믿었기에

ⓑ 이 책의 60쪽 이하를 보라.

그녀는 절망 상태에서 다른 남자와 결혼했다. 5년 후에 옛날 남자 친구가 찾아와 그녀가 결혼했다는 소식을 들었을 때 슬픔을 가눌 수 없었다고 말했다. 바로 그 소리를 들은 지 얼마 안 되어, 그녀는 두 아이를 목욕시키고 있었다. 그녀는 그 물이 마실 수 없는 것임을 알고 있었다. 하지만 그녀는 딸이 목욕할 때 쓰는 수건을 빨고 있는 것을 보고도 그냥 두었으며, 심지어 아들에게는 오염된 물 한 컵을 먹이기까지 했다. 그녀는 현재 결혼의 모든 흔적을 파괴하려는 **무의식적 소망**an unconscious wish에서 그런 행동을 했다. 그렇게 함으로써 그녀는 자신이 선택한 남자에게서 다시 한 번 벗어나려고 했던 것이다. 어린 딸은 장티푸스에 걸려 죽고 말았다. 그 남자가 그녀를 사랑했었다는 사실을 알았을 때 시작되었던 엄마의 우울증이, 딸이 죽고 난 후 더 심해져서 부르크횔츨리에 오게 되었다. 그녀는 거기서 정밀한 진찰을 받은 후에, 회복이 어려운 "조발성치매 dementia praecox"라는 진단이 붙여졌다.

융은 이러한 진단이 붙여진 그녀가 아이의 죽음에 책임이 있다는 것 외에, 그녀의 역사에 대해 아는 것이 아무 것도 없었다. 처음에 그는 그 진단을 의심하려 들지 않았다. 그러나 그녀의 꿈, 연상검사, 주의 깊은 질문을 통해 그녀의 역사가 드러나자, 그는 엄청난 갈등을 겪게 되었다. 왜냐하면 그는 자신의 경험을 통해, 그녀가 진실을 말하고 또 진실에 직면하지 않는다면 회복되지 않을 것임을 알았기 때문이다. 하지만 그는 그녀에게 그럴 만한 용기가 있는지 없는지 알 수 없었다. 그는 다만 자신의 방법으로 조치를 취하지 않을 수 없었다. 왜냐하면 그는 자신의 동료들이 그러한 과정을 단호하게 반대하리라는 것을 매우 잘 알고 있었기 때문이다. 마침내 그는, 그녀가 아이를 죽인 것이라고 그녀에게 드러내 놓고 말해야겠다고 결심했다. 그녀가 그 사실을 받아들일 수 없다면, 그것으로 그녀의 삶이 끝날 것을 알았지만 말이다.

그녀는 용감한 여자였음이 분명하다. 왜냐하면 절망상태를 겪은 뒤에 그녀는 진실에 직면했고, 결국 3주 내에 퇴원할 수 있었기 때문이다. 융은 수년 간 그녀를 추적 조사할 수 있었는데, 재발되지 않았다. 물론 그것은 사전에 계획된 살인이 아니었다. 그렇기 때문에 그녀는 법적인 책임을 지지 않을 수 있었다. 그러나 그녀는 그 물이 오염되어 있음을 알고 있었다. 즉, 그녀는 처음부터 어떤 일이 일어날지 알고 있었다. 마치 융이 학교에 안 가려고 했다는 것을 알고 있었던 것처럼 말이다. 이 사례는 젊은 의사에게 엄청난 인상을 남겨 주었다. 그러나 그는 그녀가 회복된 이유를 혼자만 알기로 했다. 그는 그 여자가 아이를 잃어버리고 나서, 자신이 저지른 일로 인해 견디기 어려운 죄책감이라는 짐을 이미 지고 있었다는 것을 감지했다. 하지만 그는 그 사실을 어느 누구에게도 말할 수 없었고, 법적인 문제를 제기할 수도 없었다.

하지만 그는 전부터 가지고 있던 신념을 확신하게 되었다. 즉, 다른 무엇보다 중요한 것은 개인이며, 환자가 자신의 과거 삶에 대해 이야기하는 것을 듣고, 각 사례를 그 특성에 맞게 각기 다른 방식으로 치료하는 것임을 말이다. 그런 것은 거의 믿을 수 없는 것처럼 보였다. 프로이트와 융이 개인의 이야기와 개인의 심리가 중요하다는 것을 알기 전까지는, 아무도 정신의학에서 이런 요소들을 진지하게 다루는 꿈을 꾸어본 적이 없었다. 융은 항상 프로이트가 정신의학에 심리학을 최초로 도입했다고 확신했다. 프로이트는 정신과 의사가 아니라 신경과 의사였지만 말이다. 프로이트의 책을 읽으면서 융은, 점점 더 "개별적인 사례를 이해하고 좀 더 넓게 탐구할 수 있는 방법"[6]을 배웠던 것 같다.

부르크횔츨리에서 보낸 몇 해 동안에 융은 다만 그의 직업의 뿌리만이 아니라 개인적인 삶의 뿌리도 발견했다. 여러 해 전, 바젤에서 젊은 의학도였을 때 융은 이제 결실을 보게 된, 잊을 수 없는 경험을 한 적이 있다. 그의 어머니가 온 가족이 오래 동안 잘 알고 지내온 라우쉔바흐 부인Frau Rauschenbach을 방문하기를 바라셨기에 한 친구와 샤프하우젠으로 여행을 떠난 적이 있다. 아마도 그는 그 여행을 기꺼이 하고 싶었던 것 같다. 왜냐하면 아주 오래 전에 바로 그 라우쉔바흐 부인을 만났던 기억이 났기 때문이다. 그는 라우펜에 아직 살고 있을 때 — 다섯 살이 되기 전이었던 게 틀림없다 — "매우 젊고 예쁘고 매력적인 여성"이 "맑은 가을 날 폭포 아래 라인 강가"에서 자신을 데리고 놀았던 것을 생생하게 기억했다. 나뭇잎 사이로 햇빛이 반짝이고 있었다. 그는 항상 그런 풍경을 특히 좋아했으며, "많은 노란 색 나뭇잎들이 땅위에"7 떨어져 있었다. 소녀 시절 라우쉔바흐 부인은 융의 아버지를 매우 흠모했지만, 그 때 이미 그녀는 결혼을 해서 샤프하우젠에 살고 있었다. 그래서 융은, 아마 21살 때 어머니가 그녀를 방문하라고 보낼 때까지 그녀를 다시 볼 수 없었던 것 같다.

그녀를 방문하는 동안, 그는 아직 10대였던 한 소녀를 보았다. 계단을 올라가는 그녀를 본 순간, 즉시 그는 그녀가 장차 자기 아내가 될 사람이라는 확신을 갖게 되었다. 같이 갔던 친구에게 이런 확신을 성급하게 털어놓자 그는 공연히 비웃음만 당하고 말았다. 엠마 라우쉔바흐Emma Rauschenbach는 그 때 아직 어린아이 — 겨우 14살밖에 안 된 — 였으며, 부유한 사업가 가문의 딸이었다. 융은 긴 의학 과정을 겨우 2년 마친 젊은 대학생에 불과했으며, 아버지가 돌아가시고 1년쯤 되어, 집안 살림살이가 극도로 기울진 상태에 있었다. 그러나 그를 조소하는 일이나 그럴만한 근거가 있는 그 어떤 상황도 융의 내적인 확신을 바꾸어 놓진 못했다. 비록 그가 자신의 확신이 사실에 입각해 있음을 친구나 다른 사람에게 입증시킬 수 있을 때까지 여러 해를 기다려야 한다는 것을 충분히 인식했지만 말이다.

나는 그가 아직 대학생이었을 때 엠마 라우쉔바흐를 다시 보았는지 모른다. 그러나 3년을 넘지 않는 교제 기간을 가진 후에, 즉 부르크휠츨리 병원에 간지 3년 만에 결혼(1903년에) 한 것을 보면, 그가 독립적인 위치를 갖게 되자마자 그녀에게 접근했던 게 틀림없다. 속으로 그는 직업상 큰 성공을 거두게 되리라고 확신했다. 그러나 그때 그의 상황은 엠마 라우쉔바흐처럼 양육된 처녀에게 청혼할 수 있는 처지가 아니었다. 그녀의 아버지는 성공한 사업가였다. 그녀는 소녀 시절에 전통적인 스위스의 사회적 생활양식이 살아 있는 샤프하우젠에서 자랐다고 나에게 말한 적이 있다. 정신의학은 여전히 의학에서 가장 괄시받는 분야였다. 따로 떨어진 멋진 아파트에 살긴 했지만, 그들은 융의 일 때문에 결혼 생활 첫 6년간을 부르크휠츨리에서 살 수밖에 없었다. 더욱이 직장생활 초기에 가지고 있던 그의 주된 세상적인 야심은, 연구할 수 있는 여가와, 마음에 맞는 동료가 있는 교수가 되는 것이었다. 여러 해가 지나서야 결국 그는 이런 꿈을 포기했다. 왜냐하면 그가 자신의 "무의식과 대면"함으로써, 그것이 자신의 진정한 과제와 양립할 수 없다는 것을 알았기 때문이다.[8] 1935년에 교수가 되었을 때, 스위스 사람들이 쓰는 표현으로, 그의 부인은 항상 "교수님 사모님 Frau Professor"이라고 불리게 되었다. 그녀는 그렇게 불리는 것을 가장 못마땅해 했고, 그런 호칭이 매우 싫었다고 나에게 말했다. 어린 소녀였을 적에 그녀는 항상 결코 교수와는 결혼하지 않겠다고 다짐한 바 있다고 했다. 그러나 그녀는 젊은 의사인 융과 결혼했을 때 자신에게 이런 운명이 닥쳐오리라는 것을 알았을 것임에 틀림없다. 그러므로 융이 얘기한대로[9] 처음에 그녀가 그를 거부했었다는 것은 놀랄 일이 아니다. 그러나 그들 사이의 관계는, 어떤 외적인 상황에도 불구하고 너무나 운명적이었고, 또 "그렇게 될 수밖에 없는" 것이었다. 오랫동안 품고 있던 생각으로 인해 엠마 라우쉔바흐는, "거부" 하다가 이내 "수용"하게 되었다.

    융은 부르크횔쯜리에서 9년 동안 일하면서 많은 것을 배웠으며, 인간의 정신에 대한 지식도 매우 깊어졌다. 나중에 그가 이해하게 된 것처럼, 무의식이 그 자신을 표현하는 상징은, 비정상인과 정상인에게 똑같이 드러났다. 큰 차이가 있다면, 전자에게는 의식意識이 완전히 감추어져있고, 후자에게는 의식의 상태가 유지된다는 것이다. 자연히 이런 상징은 제약을 받지 않고 훨씬 더 자유롭게 흘러들게 된다. 그러므로 정신과 의사가 아닌 어떤 의사나 심리학자보다도, 융은 실제로 그것을 훨씬 더 잘 관찰할 수 있는 좋은 기회가 많았다. 그러나 프로이트와 융 이전에는 정신이상자들의 이상한 관념과 환상이 의미가 있다고 보았던 정신과 의사가 없었다. 처음에는 융 역시 그러한 것들을 발견했을 때 혼란스럽고 어리둥절했다. 하지만 그는 그러한 것들 배후에 어떤 의미가 있음을 결코 의심하지 않았으며, 그런 것을 이해하지 못한다면 그것은 의사의 잘못이라고 보았다. 왜 한 환자가 한 종류의 환상을 가지고 있고 그것과 전혀 다른 종류의 환상도 함께 가지고 있단 말인가? 부르크횔쯜리에서 의사 일을 막 시작했을 때에도 융은 어떤 사람이 흉계를 꾸미고 있다고 생각하는 사람들의 모든 사례들을 자신의 동료들이 분류하는 것에 만족하는 것을 보고 놀랐다. 그런 환자들은 피해를 받고 있다는 생각 때문에 고통을 당하고 있었다. 그런데 그의 동료들은 환자들의 환상 내용이 어떤 것인지, 아니면 가해자라고 간주되는 사람들의 부류나 계층에 큰 차이가 있는지에 대해선 고려해 보지도 않았고 아무런 관심도 없었다. 처음에 의사로서 일을 하면서 강한 인상을 받았던 것이 또 있었는데, 그것은 의사가 그 자신에 대한 지식을 가지고 있는 게 중요하다는 것이었다. 그는 모험을 무릎 쓰지 않으면, 거의 아무 것도 할 수 없거나, 전혀 아무 것도 할 수 없다는 것, 따라서 그 자신을 알아야만 한다는 것을 곧 깨달았다. 앞에서 언급한 사례를 되풀이하자면, 이것의 단순한 예는 바로 자신의 아이를 죽였다고 말했던 어머니의 사례다. 만약 융 자신이 죄책감에 직면해 볼 수도 없었고, 또 그렇게 함으로써 그의 신경증이 치료되었다는 것을 몰랐다면, 그가 그 여자에게 그것을 말해 주는 게 중요하다는 것을 인식했다고 해도 — 그럴 가능성이 희박하지만 — 이 여자에게 확신을 가지고 말해 주지는 못했을 것이다. 만약 그 자신이 그 자신의 속임수를 인정하지 않았더라면, 그와 그의 환자가 함께 맹점에 빠졌을 것이고, 치유는 일어나지 않았을 것이다. 물론 이 사례만큼 완전하게 모든 환자를 충분히 만족시키기 위해 그의 맹점들을 제거할 수 있기까지는 여러 해가 걸렸고 또 오랜 경험이 필요했다. 그가 처음에 그 자신의 죄책감을 알고 대면할 필요성을 어떻게 배우게 되었는지 우리가 알고 있기 때문만이 아니라, 그의 치료가 이 여인에게 영구히 치유 효과를 주었다는 것도 알고 있기 때문에 나는 이 한 가지 사례에 중점을 두었던 것이다.

프란츠 리클린 1세가 독일에서 돌아오자마자 융은 리클린과 함께 그의 상급 공동연구자 자격으로 부르크휠즐리 정신의학 치료소에 실험적인 정신병리학 연구소를 만들었다. 1905년에 융은 부르크휠즐리의 상급 의사가 되었으며, 같은 해 취리히 대학의 정신의학 강사가 되었다. 연상 실험은 치료소에서 많이 사용되었고, 이 일에 많은 젊은 의사들이 참여했다. 그 중에는 두 명의 미국 의사들도 포함되어 있었다. 내가 알기로는, 융이 그 때 앵글로 색슨인과 처음으로 접촉하게 되었던 것이다. 얼마 안 있어 미국에서 환자들이 그에게 진료를 받으러 왔다. 나중에 그는 거기서 많은 환자들의 방문을 받게 되었다. 어떻게 보면 미국인들이 처음으로 그의 심리학의 특성을 인정한 것으로 볼 수 있다. 그들은 정말로 진정한 것이 무엇인지를 아는, 어떤 본능적인 느낌을 가지고 있는데, 그것은 다른 민족이 따라올 수 없는 면이다.

내가 1952년 미국에 강의하러 갔을 때, 미국에서 강의하는 것이, 예컨대 영국에서 강의하는 것과 어떻게 다른지 융이 나에게 말해준 기억이 난다. 영국에서는 무지에서 나오는 실수를 하지 않도록 주의해야만 하는데, 미국에서는 그런 것이 전혀 문제되지 않았다고 했다. 중요한 것이 하나 있는데, 그것이 무엇이든 확실하고 분명하지 않은 것은 말하지 않으면 된다고 했다. 미국인들은 진실한 것을 알아내고, 가식과 검증되지 않은 것을 그럴 듯하게 꾸미는 것을 인식하는, 일종의 육감을 가지고 있다고 융은 말했다. 융은 스위스 악센트를 상당히 쓰긴 했지만, 영어를 모국어처럼 유창하게 했다. 씁쓸하지만 우리는, 그가 정말 우리말을 우리보다 더 잘 안다는 것을 종종 인정하곤 했다. 이것은 부분적으로는 영어를 유창하게 하는 대부분의 외국인들과는 대조적으로, 누군가 실수를 지적하면 그가 늘 고마워했고, 두 번 다시 실수하는 일이 거의 없었기 때문이다. 그가 원치 않는 실수를 몇 번 한 것은 사실이다. 몇 번이고 그것을 고쳐주었는데도 소용이 없었다. 예를 들어, 몇 년 동안 그는 "reminded"라는 말 대신에 "remembered"라는 말을 계속 썼다. 옥스퍼드 대학에서 박사학위를 받게 되었을 때, 그는 모든 의식儀式에 대하여 그리고 옥스퍼드 대학에 대하여 흥분한 상태로 집으로 돌아왔다. 그는 자신이 실제로 영국 사람이 된 것처럼 행동하기도 했다. 그러나 몇 분이 지나자 그는 평소처럼 "remembered"라는 말을 썼다. 나는 그가 지금 영국 사람처럼 말하려면 "reminded"라는 말을 써야 한다고 냉정하게 말했다. 그는 잠시 난감한 표정을 지었다. 그러나 나는 그가 그 후에 다시 그런 실수를 하는 것을 들은 적이 없다.

부르크휠츨리의 정신의학 치료소에서 일하던 처음 몇 년 동안 융은 상당히 자유롭게 최면술을 사용했다. 그는 처음 몇 해 동안 대학에서 최면술 강의를 하기도 했다. 그러나 그는 다리를 저는 어떤 부인이 최면을 통해 극적으로 치료되자 상당히 혼란스러워졌다. 그는 이 경우에 무엇이 일어났는지 전혀 알 수 없었다.**10** 융은 어둠 속에서 일하는 것("이해하지 못하는 것에 대한 참기 어려운 고통")을 싫어했다. 그러므로 이 한 가지 사례는, 듣자하니 긍정적인 결과가 있었음에도 불구하고, 그에게 실망을 안겨주었다. 병원에서 그리고 개업을 하면서 경험이 많아짐에 따라, 그는 즉시 최면을 그만두었다. 여기엔 여러 가지 이유가 있었다. 즉, 첫째는 이해하지 못하고 어떻게 그 일을 계속 하겠는가 하는 것이고, 둘째로 그는 환자가 타고난 성향을 따라야만 한다는 것을 점점 더 알았기 때문에 마땅히 그렇게 해야 한다고 환자에게 얘기하는 것이 너무나 싫었고, 셋째로 최면으로 인한 치료효과가 얼마나 오래 갈지 아무도 몰랐고, 넷째로 경험이 많아짐에 따라 무의식이 최면을 달가워하지 않음을 알았기 때문이다. 이맘때에 그는 자신에게 프로이트와 일치하는 것이 있다는 것을 발견하기 시작했다. 즉, 그는 꿈이 치료의 왕도*via regia*임을 알고는, 꿈 분석을 치료에 점점 더 많이 사용했다.**11**

프로이트는 아직도 학문적인 의학계에서 환영받지 못하는 사람이었다. 그럼에도 불구하고 융은 공개적으로 그를 감쌌으며 대학에서 그의 책을 가지고 강의했다. 그가 강의에서 뿐만 아니라 학회에서 그리고 출판물을 통해서도 그를 계속해서 옹호하자, 앞으로 대학에서의 장래가 위태로워질 것이라고 경고하는 교수들이 있었다. 그는 그들에게 이렇게 대답했다. "만일 프로이트가 말하는 것이 진리라면 나는 그와 함께 하겠다. 출세가 연구를 제약하고 진리를 묵살하는 것을 전제한다면 출세 같은 것은 거들떠보지도 않겠다."**12** 학문적인 생활에 큰 매력을 느끼고 있었음에도 불구하고, 또한 이미 그 때 "**만일** 프로이트가 말하는 것이 진리라면"이라는 말을 쓴 것을 보면, 프로이트의 배타적인, 성적인 해석에 대해 상당히 의심을 가지고 있었음에도 불구하고 그는 이런 입장을 고수했던 것이다.

몇 년 더 지나 프로이트와의 관계가 최종적으로 단절되고 그들의 우정이 끝이 나고 말았지만, 프로이트는 두어 번 퀴스나흐트의 호숫가에 있는 융의 집에 융의 가족과 함께 머물렀다. 단연코 융의 생애에서 프로이트와 관계를 맺었던 가장 중요한 시기는, 아직 그가 부르크횔즐리에 있을 때라고 보는 것이 옳을 것 같다. 그 당시에 나는 융을 모르고 있었다. 하지만 나는 그가 프로이트와 단절한 것에 대해 얘기하는 것을 종종 듣곤 했다. 그것은 이미 과거의 일이고 완전히 소화된 경험이었기에 어떤 감정도 더 이상 남아있지 않았다.

처음부터 그가 의구심을 가지고 있었음에도 불구하고, 융이 부르크횔즐리에 있을 동안 프로이트가 융에게 매우 큰 영향을 준 것은 분명하다. 융은 그에게 깊은 존경심을 가지고 있었고, 그에게 빚이 있음을 항상 인정했다. 그가 자주 말과 글로 표현한 바와 같이, 그는 프로이트를 우월한 인격으로 보았고 그에게 부성父性을 투사했다.**13** 그러나 그가 1907년에 첫번째 긴 만남부터 늘 그런 느낌을 가졌다고는 생각하지 않는다. 처음부터 그들의 길은 계속 평행선을 달렸기 때문이다. 처음 만난 지 2년 후인 1909년에 각기 클라크 대학Clark University의 초청을 받고, 그들은 함께 미국으로 갔다. 그 때 이미 융에게는 둘의 관계가 미심쩍어 보였다. 프로이트에게 객관적으로 보는 것이 부족했기에, 그의 프로이트에 대한 신뢰가 자꾸만 흔들렸다. 융은 프로이트가 다른 것들, 즉 그의 권위, 그가 좋아하는 이론, 진리를 탐구하는 것보다 배타적으로 모든 것을 성적으로 설명하려는 데 지나치게 집착한다고 점점 더 느끼고 있었다. 미국에 머무는 동안 그들은 각자의 꿈을 분석했으며, 그의 활동을 통해 전보다 훨씬 더 분명하게 프로이트의 특징이 드러나게 되었다. 그럼에도 불구하고 융은 프로이트에게 강한 애정을 느꼈고, 두 사람이 불가피하게 갈라설 수밖에 없다는 것을 알기 시작했을 때 무척 고통스러워했다.

미국에 있을 때 융이 꾼 꿈,**14** 곧 지금은 『변환의 상징』이라는 제목으로 나와 있는 책15을 쓰게 한 꿈은, 무의식으로부터의 메시지였다. 그 메시지는 융에게 프로이트의 길에 더 이상 머물지 말고, 완전히 미지의 영역에 있는 그 자신의 길을 어떻게든 발견해야 한다는 것이었다. 프로이트는 이 꿈(『회상』16과 『인간과 상징』17에 전부 기술되어 있는)을 개인적인 차원에 기초하여 완전히 환원적으로 해석했으며, 이것이 얼마나 부적절한 해석인지 전혀 모르는 것 같았다. 융은 프로이트가 그의 꿈 하나를 해석하기 위해 그의 사생활에 대해 자세한 연상을 할 필요가 없다고 했을 때, 이미 크게 실망했다. 왜냐하면 그가 융을 "의심이 가득 찬 눈초리로" 쳐다보며, "나는 내 권위의 손상을 무릅쓸 수는 없다"고 말했기 때문이다. 융은 이런 말을 한다. "이 순간 그는 바로 그 권위를 잃었다."18 어쩌면 프로이트 학파건, 융 학파건, 그 어떤 학파에 속하건, 그 사람이 정직한 분석가라면, 내담자가 연상을 제대로 하지 않으면 그 어떤 꿈도 적절하게 해석할 수 없을 것이라고 나는 생각한다. 물론 프로이트도 그런 사실을 잘 알고 있었을 것이다.

프로이트는 그 자신의 꿈에 대해 개인적인 연상을 거부한 것은 물론이고, 융의 원형적인 꿈을 순전히 개인적인 차원에서 다루어야 한다고 주장했다. 융은, 말하자면 그가 "그의 입장을 고수하려고" 한다면 프로이트와 결별할 수밖에 없다는 것을 알았다. 그 당시에도 그는 이것을 분명히 알았다. 하지만 그는 프로이트의 우정을 잃지 않을까 하는 생각이 들어 견딜 수 없었다. 그러므로 그는 그의 비위를 맞춰주고, 그가 묻는 것에 대해 꾸며낸 연상으로 개인적인 연상을 말하기로 결심했다. 그는 『인간과 상징』에서 프로이트에게 거짓말을 했다고 인정한다.19 여기서 융을 오해하기가 쉬울 것이다. 융은 결코 쉽게, 무심결에 거짓말을 한 게 아니다. 그러나 이 경우에서처럼 그가 거짓말을 하기로 결심한 데에는 더 중요한 문제가 개재되어 있었다. 그래서 그는, 전통적인 도덕주의자가 나무랄 수 있는, 전통적인 도덕률에 배치된 행동 — 거짓말을 하는 것 같은 — 을 한 것이다. 그러나 **일상적인** 거짓말과 **의식적인** 거짓말의 큰 차이는, 후자의 경우 그렇게 하는 것을 **아는 것**이고, 또한 수준 이하의 행동을 하는 것을 알기에 **고통스**

러워하는 것이고, 더 이상 자신이 올바른 사람이라고 자부하지 않는 것이다. 융은, 의식意識은 그런 행동에 의해 확장되지만, 그런 행동으로 어두워지기도 한다고 말하곤 했다. 즉, 그것은 말하자면 더 이상 순백純白이 아니며, 자신이 순전하다고 주장하거나 생각한다면 정말 비윤리적인 것이라고 말했다.

융이 진짜가 아닌 연상을 함으로써 프로이트의 눈을 "속였다"는 것을 인정했지만, 융의 수준에 부응하지 못했다는 것을 프로이트가 눈치 채지 못한 것은 놀라운 일이다. 어니스트 존스가 쓴 프로이트의 전기에 따르면, 그는 실제로 이삼년 후에 그들의 관계가 어그러질지를 전혀 눈치 채지 못했다는 것이다. 사실 미국으로 여행을 떠날 당시 프로이트가 "가까운 지지자"로 남아있지 못하면 어떻게 하나 걱정한 사람은 바로 존스였다. 존스는 미국에서, "프로이트는 내가 떠날지 모른다는 과장된 생각을 가지고 있었다."고 말했다. 그래서 그는 "거기서 머물다 내가 토론토로 떠나는 날 나를 배웅하러 와서는 내가 계속 그들과 함께 하길 바란다는 따뜻한 희망을 표현하는 특별한 모습을 보였다. 그는 마지막으로 이런 말을 했다. '당신은 그것이 가치 있는 일이란 걸 알게 될 겁니다.'"**20** 존스는 진정으로 죽을 때까지 그의 가장 충실한 지지자였다. 존스의 전기에 나오는 다른 많은 예 중에서 미국에 머물러 있을 동안 있었던 이야기를 보면, 프로이트에게는 사람을 이상하게 판단하는 면이 있었다는 것을 알 수 있다.

그러나 프로이트에게 다른 의견을 견디지 못하는 예민한 측면이 있음을 융이 알게 된 것은 그 다음 해(1910년) 빈Vienna에서였다. 그와 교제가 시작된 때부터 융은, 프로이트의 종교적인 감정이 그의 성 이론에 투사된 것이 아닌가 하는 어렴풋한 의심이 들었다. 프로이트가 종교를 전적으로 거부한 것은 잘 알려진 일이다. 1920년에 그의 딸 소피Sophie가 갑자기 죽었을 때, 그는 산도르 페렌치Sandor Ferenzi에게 이런 편지를 썼다. "나는 **완전히 비종교적**이기 때문에 탓할 수 있는 사람이 아무도 없으며, 불평을 털어놓을 수 있는 곳이 아무 데도 없다는 것을 **압니다.**"**21** 그러나 니체가 주장한 것처럼, 그 누구도 "신은 죽었다"고 선언할 자격은 없다. 그렇게 한다면 그 사람 안에 있는 누군가가 혹은 무엇인가가 보복하게 될 것이다. 융은 점점 더 프로이트가 성에 관해 말한 방식에 깊은 인상을 받았다. 그는 다음과 같이 말했다.

성 이론이 프로이트에게 이상할 정도로 강하게 그의 마음속에 자리를 잡고 있었다는 것은 틀림없는 사실이다. 그가 거기 관해 말할 때 그의 어조는 급해지고 거의 초조해지며, 평소에 지닌 비판적이고 회의적인 태도는 사라져 버린다. 이상하리만치 감동적인 표현이 그의 얼굴에 나타났는데, 그 이유를 나는 이해할 수 없었다. 이것에 나는 강한 인상을 받았다. 성욕이란 그에게 일종의 신성력을 자아내는 것이었다.[22]

그는 계속해서 말하기를, 1910년에 했던 대화를 통해 그의 직관이 확인되었다고 했다. 그 때 프로이트가 갑자기 그에게 이렇게 말했다. "친애하는 융, 성 학실을 포기하시 않는다고 약속해 주게. 그것은 가장 근본적인 것이네. 보게나, 우리는 이것으로 도그마를 만들어야 하네. 흔들리지 않는 방파제를 말일세." 그가 이전에 가졌던 직관에도 불구하고, 융은 **놀랐다**. 왜냐하면 아무도 "의혹을 단번에 누르기 위한 것"이 아니라면 도그마를 만들기 원하는 사람은 없기 때문이다. "그러나 그것은 이미 학문적인 판단과는 아무 관계가 없으며 사적인 권력충동과 관계할 따름이다." 그가 "프로이트를 관찰하여" 그것이 "무의식적·종교적 요인의 분출"[23]이었음을 충분히 이해하게 되기까지는 여러 해가 걸렸다. 항상 비종교성을 강조해 온 프로이트는, 지금은 그가 잃어버린 질투에 찬 신, 곧 야훼 대신에 다른 강박적인 상像을 만들었던 것이다. 융은 이런 말을 하고 있다.

아마 프로이트는 이러한 변신이 다음과 같은 이점이 있다고 생각한 듯하다. 즉, 이 새로운 신성한numinous 원리가 학문적으로 이론의 여지가 없는 듯 보인다는 점, 그리고 온갖 종교적 부담에서 해방된다는 점이다. 그러나 엄밀하게 말해서 합리적으로 비교할 없는 대극 — 야훼와 성 — 의

심리학적 성질로서의 신성성numinosity은 결국 같은 것이다. 단지 이름만 바뀌었을 뿐이고, 물론 그로써 관점도 달라졌다. 잃어버린 신은 위에서 찾을 것이 아니라 아래에서 찾아야 한다는 것이다. 그러나 보다 강한 것에 대하여 이렇게 부르든 저렇게 부르든 결국 무슨 상관이 있는가?**24**

존스가 쓴 프로이트의 전기를 읽으면서, 어찌할 도리가 없는 오해로 끝나버린 프로이트의 많은 교우관계의 거의 모든 경우가, 그가 성을 고집스럽게 주장했기 때문임을 발견하는 것이 나에겐 흥미로웠다. 존스는 종종 프로이트의 관대함을 강조했다. 그러나 우리는 그것이 성 이론과 연루되었을 경우엔 아무 소용이 없었음을 분명히 알 수 있다. 프로이트에게는 — 또한 어쩌면 존스 자신에게도 — 순전한 비겁함 혹은 기회주의를 **제외하고** 이 이론을 버리는 것은 불가능했다. 프로이트는 심지어 융에 관해 다음과 같은 글을 존스에게 써 보냈다. "인간을 성sex의 어려움으로부터 해방시키겠다고 약속하는 사람은 누구나 영웅으로 불리게 될 것이오. 그가 무엇이든 허튼 소리를 하도록 그냥 놔두시오."**25** 결코 융은 인간을 그와 같은 것으로부터 해방시키겠다고 약속한 적이 없었던 게 분명하다. 성이 사실 기본적인 문제였던 어떤 개인적인 사례들에서, 심지어 그는 그것을 프로이트만큼 강조하기조차 했다. 그러나 그는 어떤 보편적인 원칙이 설정될 수 없다는 것을 더욱더 확실히 알았다. 왜냐하면 성은 유일한 충동이 **아니기** 때문이다. 다만 광적인 사람만이 그의 진리가 **유일한** 진리라고 항상 믿을 수 있다. 그러나 프로이트에게 있어서 그의 성 이론은 **유일한** 궁극적인 진리였으며 — 그 옛날 유대인들이 야훼를 위해 모든 모험과 희생을 무릅 쓰려고 했던 것처럼 — 프로이트도 성에 관한 그의 확신을 위해서 모든 모험과 희생을 마다하지 않았던 것이다.

존스는, 그가 프로이트로부터 오토 랑크Otto Rank의 "이탈"이라고 불렀던 것과, 융의 이탈 사이에 어떤 피상적인 유사점이 있다고 지적했다. 그러나 그는 이런 비교를 정직하게 다음과 같은 말로 끝맺었다. "두 경우의 가장 두드러진 차이점은 융은 랑크를 파괴했던 어떤 정신적인 병으로 고통을 받은 것이 아니었기에, 대단히 유익하고 생산적인 삶을 계속 살아갈 수 있었다."[26] 나는 존스가 비교 대상으로 랑크 대신에 요셉 브로이어Josef Breuer를 택했더라면, 그가 훨씬 더 흥미로운 유사점을 발견했을 것이라고 생각한다. 브로이어가 프로이트보다 나이가 훨씬 더 많았기 때문에 실제로 역할이 뒤바뀌었다. 그러나 사실 각 경우에 불가피하게 관계가 단절될 수밖에 없었던 데에는 흥미로운 유사한 점이 있다. 존스는 심지어 이런 말조차 했다. 브로이어의 "태도는 프로이트가 도움을 필요로 하는 어린 아들로 있으려고 하는 한, 가장 만족스러웠던 적이 있었다. 그러나 그는 많은 아버지들이 자녀들에게 그렇게 하듯이 프로이트가 자꾸 독립적이 되려고 할 때 매우 싫어했던 것 같다."[27] 두말할 것 없이, 성에 관련해서 프로이트가 고집불통의 주장을 편 것을 브로이어가 거부했기 때문에 결국 20년간의 우정이 깨진 것이라고 나는 생각한다.

아무튼 그 앞에 펼쳐지고 있었던 분야를 그가 계속 탐구해 나간다면, 프로이트가 애지중지하는 이론들에 계속 동의하는 척할 수 없으리라는 것을 융은 이미 미국에서 깨달았다. 1914년 전쟁이 발발하기 전까지 그는 거의 매년 미국에 다시 가서 강의를 하거나 상담을 하곤 했다. 아마도 사실이 이론보다 더 중요하다는 융의 타고난 감각이, 진정한 것을 감지할 수 있는 미국인의 육감으로 인해 강화되고 상당히 증강됐던 것 같다. 그러나 그 책(지금은 『변환의 상징』이라는 제목으로 출간되어 있는)을 쓰게 되었을 때, 그는 비로소 이러한 사실들이 프로이트에게 받아들여질 수 없다는 것을 충분히 인식했다.

엠마 융은 이에 대해 자신의 남편보다 좀 더 희망적이었다. 즉, 그녀는 프로이트가 그러한 사실들을 관대하게 받아들일 것으로 생각했다. 그럼에도 불구하고, 그녀가 언젠가 나에게 말한 대로, 그녀 자신도 그 무렵 프로이트에 대해 의심이 들었다. 그는 그녀에게 한 번은 그의 딸들 중 하나가 불안한 꿈을 여러 번 꾸었다고 말한 적이 있다. 융의 부인은 대담하게 이렇게 물어 보았다. "물론 선생님은 그 꿈을 분석해 주시든지, 아니면 적어도 이해는 해주시겠지요?" 그러나 프로이트는 이런 대답을 했다. "부인, 난 내 환자들의 꿈을 보는 데 내 시간을 모두 써야 해요. 그러므로 내 딸은 혼자 꿈 작업을 할 수밖에 없답니다."**28** 엠마 융은 이 말을 듣고 큰 충격을 받았다. 마치도 그녀의 남편이 다른 분야에서 충격을 받은 것처럼 말이다. 가족 중 하나가 어떤 중요한 꿈을 꾸면 융은 정성스럽게 봐주었으며, 그녀는 그것을 당연하게 여겼다. 그럴 수밖에 없는 이유가 있었겠지만, 그 일로 인해 프로이트에 대한 그녀의 신뢰가 완전히 깨지고 말았다. 그럼에도 불구하고 그녀는 남편이 프로이트와의 우정을 잃어버리게 될 것이 확실해지자 슬픈 마음이 들기도 했다. 많은 남자들이 융과 일정한 거리를 둘 수밖에 없었다는 사실이, 엠마 융에게 항상 큰 슬픔을 안겨주었다. 여자들은 심리학에 훨씬 쉽게 접근하게 된다. 왜냐하면 그들에게는 관념이 그리 중요한 것이 아니기 때문에 남자들에 비해 훨씬 더 쉽게 관념의 영역에 존재하는 어떤 새로운 것을 받아들일 수 있다. 자신의 딸의 꿈을 대하는 프로이트의 태도를 접하고 충격을 받았던 엠마 융에게서 알 수 있듯이, 여자들에게 지극히 중요한 것은 관계의 영역이다. 그러나 남자는 그런 것으로 인해 심하게 혼란을 겪진 않는다.

만약 융의 "회고"라는 장**29**(이것은 그가 마지막으로 쓴 글 중 하나다)을 자세히 읽어본다면, 이 두 심리학자가 결별할 수밖에 없었던 이유를 쉽게 알 수 있을 것이다. 융의 생애에서 가장 중요한 것은 그의 창조적인 영creative spirit이었다. "회고"라는 장에서 융은 그것을 그의 다이몬daimon이라고 불렀다. 그것은 항상 그에게 새로운 진실을 드러내 보여주었다. 그는 결코 한 번 성취했던 어떤 것에도 머물러있을 수 없었으며, 오히려 항상 그의 창조적인 다이몬과 계속 교통하려고 애를 써야만 했다고 말했다. 사람들이 그를 더 이상 이해하지 못할 때에도 — 프로이트가 『변환의 상징』에 나타난 사실들과 생각들을 이해할 수 없었던 것처럼 — 융은 여전히 연구를 진척시켜나갔다. 종종 전쟁터에 있는 것처럼 느꼈다고 하면서, 그는 이렇게 말했다. "좋은 동료인 당신과 저 사이가 벌어졌군요. 그러나 저는 제 길을 계속 가야합니다... 전 당신을 좋아했답니다, 정말 당신을 사랑하지만 전 이대로 머물 수가 없군요." 그것은 사실이었다. 즉, 그는 프로이트를 좋아했고, 그를 사랑하기까지 했다. 그를 떠나는 것이 고통스러웠지만 그에게 머물 **수는 없었다**. 그는 자신의 창조적인 다이몬을 따라야만 했으며, 어떻게든 자신에게 떠오르는 새로운 생각들과 친숙해져야만 했다. 격렬한 전쟁을 치르고 있을 때 장교 혹은 병사가 상처를 입었거나 심지어 죽어가는 친구에게 머물 수 **없는** 것처럼 말이다. 프로이트가, 왜 융이 그를 떠나야만 했는지를 정말 이해했는지, 아니면 왜 융이 아버지(프로이트를 말하는 것 - 역자)에게 반대해서 그 자신의 길을 가야만 했는지를 그 자신이 알았는지 모른다. 마치도 그 자신이 브로이어에게 반대해서 자신의 길을 가야만 했던 것처럼 말이다. 프로이트는 브로이어를 훨씬 더 오래 동안 알았으며, 그에게서 돈을 거저 받기도 했고 빌리기도 했다.**30** 이 두 경우(융과 브로이어가 프로이트를 떠난 것 - 역주)에 논란거리된 것이 성과 관련된, 프로이트의 공인되지 않은 종교적 확신 때문이었던 것 같지는 않다. 그것은(내가 보기엔) 두 사람의 기질적인 차이 때문이었던 것 같다. 즉, 융은 그의 장소석인 다이몬이 그를 강력히 촉구하였기에 확립된 어떤 이론에 그냥 머물 수 **없었다**. 반면에 프로이트는 자신이 확립한 성 이론에 평생 머물렀다. 즉, 그는 결코 영원한 진리에 의문을 품지 않고 그것에 머물러 있었으며 끝까지 그것을 방어했다. 비록 그가 자신의 이론의 다른 부분을 기꺼이 수정했지만 말이다.©

부르크휠츨리에서 보낸 후반기가 융에게는 점점 더 삶의 영역이 넓혀지던 때였다. 그 때 그는 자신의 직업에 대해 더 자신감을 갖기 시작했을 뿐만 아니라 스위스 국경을 넘어 삶의 폭이 갈수록 더 넓게 펼쳐지던 시기이기도 했다. 독일 및 다른 곳에서 학회가 열렸는데, 학회에서 그는 그 자신의 영역에서 일하고 있던 많은 사람들을 만남으로써, 서로 생각을 교환할 기회를 갖게 되었다. 그렇게

© 프로이트 학파와 융 학파의 관점이 어떻게 차이가 있는지 알고 싶은 독자들은 Lillian Frey-Rohn, *From Freud to Jung* (New York: C. G. Jung Foundation and G, P. Putnam's Sons, 1974)을 읽어볼 것을 권한다.

함으로써 그는 항상 고무될 수 있었다. 학회에 대한 그의 태도는 항상 상당히 양립적인 것이었다. 왜냐하면 대개 너무나 편협한 마음으로 새로운 생각에 대해 비난했고, 너무 나 많은 참석자들이, 융에게 가장 중요하게 여겨졌던 진리 그 자체를 위한 것이 아닌, 개인적인 야망에 의해 더 영향을 받는 것을 보았기 때문이다. 나중에 나는 융이 참석했던 많은 학회에 참석했다. 거기서 나는 그가 정말 관심 있어 하는 대화를 나누며 매우 즐거워하기도 하고, 어쩔 수 없이 그런 만남이 지닌 어리석고 옹졸한 모습에 실망하고 그것을 견디기 어려워하는 것도 목격했다. 그는 훗날 이런 말을 종종 하곤 했다. "만약 우리의 문명이 파괴되고 사라지게 된다면 그것은 주로 어리석음 때문이고, 그 다음엔 악 때문일 겁니다." 사도 바울이 그랬듯이, 그는 한평생 "어리석은 짓을 참는 것"이 어렵다는 것을 알고 있었다. 그는 특히 맹목성과 편견 때문에 학계와 의료계에 필요한 새로운 가능성이 묵살되는 것을 힘겨워했다. 왜냐하면 이런 것은 지적인 사람들이 생각을 자유롭게 교환하지 못하게 하고, 정말 필요한 것보다 훨씬 더 어리석은 삶을 살도록 하기 때문이다.

어쩌면 그 당시 강연 여행에서 그를 가장 흥분시켰던 것은, 1909년 미국에 처음 갔을 때였던 것 같다. 그 여행은 편도 항해를 포함하여 7주간이 소요되었다. 융이 자기 아내에게 쓴 몇 통의 편지[31]를 보면, 그가 "신세계"의 영향을 받았다는 것을 알 수 있다. 내향적인 스위스 사람에게 있어서 미국인들의 개방적인 외향성은 엄청나게 대조적이었음을 상상할 수 있다. 그들은 누군가를 실제로 잘 안다고 느끼게 되면 친절하고 매우 우호적으로 대하지만, 스위스 사람들은 낯선 사람들에게 마음을 열기까지 오랜 시간이 걸린다. 관계가 무르익어 초대를 하기까지는 오랜 시간이 걸린다. "우리 집에 한 번 오시죠."라고 처음 말하고 나서, 날짜를 정해 정식으로 초대하기까지 몇 년은 아니더라도 몇 달은 걸린다. 반면에 미국인들은 손님을 환대한다. 융은 미국에서는 모든 문이 활짝 열려 있으며, 5분을 혼자 있게 두지 않는다고 말하곤 했다. 한번은 그가 문이 열려 있는 손님용 방에 있었다. 2인용 방이었는데, 하나는 손님이 썼고, 다른 하나는 주인이 사용했다. 화장실을 사용하는 동안 문을 닫으려고 했다가 즉시 그렇게 하지 말라는 소리를 들은 적이 있다. "그들은 결국 나를 아기 다루듯 했으며, 항상 나를 돌볼 권리가 있는 것처럼 느꼈다. 사실 그들은 그렇게 하는 것을 신성한 의무로 간주하는 게 분명했다."

클라크 대학은, 그곳을 방문하는 동안 융과 프로이트에게 명예 법학박사 학위를 수여했다. 이것은 몇 십 년 후에 받은, 많은 명예박사 학위 가운데 첫 번째 것이었다. 그러나 처음부터 끝까지 그런 것들은 융에게 별로 감동을 주지 못했다. 하지만 그는 그들에게 감사했다. 왜냐하면 다른 학계에서 그를 거의 인정해 주지 않고, 사실 그의 심리학을 광적으로 반대한 것과는 대조적으로, 그들이 환영을 해주었기 때문이다. 그는 항상 인정과 비난에 대해 모두 적절한 반응을 보였다. 그러나 내적인 확신에 근거한 그의 본질적인 입장에는 어떤 차이도 없었으며, 지나친 칭찬이나 비난에 의해 흔들리지도 않았다.

그는 미국의 대조적인 면을 상당히 즐겼다. 특히 아름다운 시골지역을 좋아했다. 하지만 다른 유럽인들처럼 피곤을 느꼈으며, 마침내 배를 타고 다시 한 번 평화와 고독 속에서 대서양을 항해하는 것을 즐거워했다. 융은 언제나 바다를 좋아했으며, 훌륭하게 요트를 몰았다. 대부분의 승객들이 배 멀미로 꼼짝 못할 때도, 그는 음식을 즐길 수 있었다. 그는 절대 금주자였지만, 미국 여행을 통해 다시 술을 마시게 되었다. 그는 이제 아내에게, "여러 절대금주 협회에서 명예롭게 탈퇴하게" 되었다는 편지를 보냈다. 융은, 내가 늘 알고 있던 그 어떤 사람보다도 포도주에 대한 가장 훌륭한 태도를 가지고 있었다. 그러나 그는 한 순간도 포도주에 대해 그의 객관성을 잃어버린 적이 없다. 그러므로 그를 오래 알고 있던 사람이, 그를 절대 금주자라고 생각하는 것은 있을 수 없는 일이다. 그는 배를 타고 돌아오는 길에 자기 아내에게 이런 편지를 썼다. "금지된 것이 내 마음을 끌 뿐이오. 난 나 자신에게 너무 많은 것을 금해선 안 된다고 생각하오." 그가 술을 마시게 된 것은 분명히 아주 잘 된 일이었다. 융의 절대금주 기간이 끝난 것을 알았을 때 그의 친구 외리가 얼마나 기뻐했을지 생각만 해도 즐거운 일이다.

1909년은 융에게 운명적인 해였다. 왜냐하면 그 때 부르크휠츨리를 떠나, 퀴스나흐트 호숫가에 집을 짓고 이사를 했기 때문이다. 엠마 융은 나에게 말하길, 부르크휠츨리에서 보낸 마지막 몇 년 간, 그들이 얼마나 집을 짓고 싶어 했는지에 대해 종종 얘기를 나누었다고 했다. 그러나 적당한 장소를 찾는 데에는 시간이 걸렸다. 여러분은 융이 일찍이 소년 시절 보덴 호에서 그런 결심을 했던 것을 기억할 것이다. 그 때 그는 심지어 "물 없이는 사람이 아무 것도 아니라"ⓐ는 생각을 했다. 그는 부르크휠츨리의 아파트에 살았으므로 멀리 떨어져 있는 호수를 볼 수 없었다. 그래서 당연히 호숫가의 적당한 장소를 발견하기 전까지 집을 지을 수 없었다. 융의 부인은 마침내 그들이 우연히 그 장소를 발견했다고 나에게 말했다. 어느 일요일 에를렌바흐와 퀴스나흐트 마을 사이에 있는 호숫가를 산책하다가 땅을 판다는 광고를 우연히 보게 되었던 것이다. 그곳을 보고, 두 사람 모두 얼마나 기쁘고 흥분이 되었는지를 설명하면서, 그녀의 눈이 여전히 빛나고 있었다. 그곳은 너무나 매력적인 장소였다. 왜냐하면 호수와 호수 끝까지 펼쳐져 있는 주 도로 사이에 넓은 땅이 있었기 때문이다. 물론 당시에 그곳은 다만 조용한 도로였다. 하지만 나중에 그 도로에 많은 차들이 다니도록 개발되었고, 호숫가에 좋은 집들이 많이 들어서면서 계속 소음에 시달리게 되었으며, 결국 호수와 도로 사이의 땅이 너무 좁아지고 말았다. 다행히 융의 가족은 전면에서 뒷면까지가 깊은 땅을 사서, 길에서 훨씬 많이 떨어진 곳에 집을 지었기에, 매년마다 늘어나는 교통량 때문에 심각하게 방해를 받지 않을 수 있었다. 처음에 그들이 산 땅은 호수에 면해있는 좁은 땅이었다. 그러나 그들은 나중에 이곳을 상당히 확장할 수 있었다.

『회상』에서 융은 환자를 보는 일이 너무 많아졌고, 프로이트를 떠나면서 자신을 희생 제물로 삼았기 때문에 부르크휠츨리를 떠났다고 기록했다. 그리하여 그는 프로이트가 그에게 바랐던 모든 일을 하는데 더 많은 시간을 쓸 수 있었

ⓐ 이 책 30쪽을 보라.

다.³² 그 당시에 부르크휠츨리의 의사들에게는 병원에서 일하는 것 외에, 개업하여 환자를 보는 일이 허용되었다. 그러나 융은 더 이상 대학병원 일을 감당해 낼 수가 없었다. 그는, 병원을 그만두면 병원 일에서 자유로워질 뿐만 아니라 그가 보던 환자들도 부르크휠츨리에 근무하는 다른 의사들에게 맡기면, 결국 연구 및 학문적인 일을 자유롭게 할 수 있을 것이라는 환상을 품고 있었다. 따라서 그는 여러 해 동안 대학 강의를 계속했으며, 환자들을 위한 대기실이 없는 집을 짓기도 했다. 이층에 있는 그의 서재 옆에 대기실로 쓰기에 충분한 방이 있었다. 서재에는 따로 떨어져 있는 작은 방이 있었다. 결국 그 서재는 상담실로 쓸 만했다. 그러나 대기실은 옷 방으로 만들어진 것이었으며, 거기엔 찬장이 있었다. 그래서 융의 부인이 나에게 말한 대로라면, 대기실에 환자가 없을 때에만 찬장에 무엇을 가지러 갈 수 있어서, 살림하는 사람의 입장에서 보면 상당히 불편한 일이었다.

자주 덧붙여 지어 진 볼링겐에 있는 그의 성탑과는 달리, 퀴스나흐트에 있는 그의 집은 거의 오늘날의 모습으로 건축되었다. 다만 융이 아프리카에 있는 동안 1925년에 구조를 조금 바꾸었을 뿐이다. 그는 50년이 넘게 퀴스나흐트 집에서 살았다.

융은 부르크휠츨리에서 보낸 9년을 "나의 수련기"³³라고 불렀다. 마지막 시험을 앞둔 전날 밤, 정신과 의사가 되기로 결심한 후에 그는 실제로 정신과에 대한 지식도 없이 부르크휠츨리로 갔다. 왜냐하면 그의 의학 수업은 전부 신체를 연구하는데 집중되어 있었기 때문이다. 당연히 그에게는 불확실한 것이 너무나 많았다. 그래서 그는 정신의학에 대한 것을 찾을 수 있는 대로 모두 찾아 읽었다. 그 때 그는 다만 불확실했던 것을 확실한 것으로 바꾸려고 애를 썼다. 왜냐하면 독서와 다른 정신과 의사들과의 경험을 통해 그는 직업상 아직도 배울 것이 널려 있다는 확신을 갖게 되었기 때문이다.

융에게는 도전하는 것이 어려웠다. 하지만 그는 그것 때문에 결코 좌절하지 않았다. 처음에는 불확실한 것이 많았고, 또 자신이 무지하다는 느낌이 들었음에도 불구하고, 자신이 택한 직업에 대한 열정이 급속도로 커지게 되었다. 나는 그가 잠시라도 자신이 선택한 것을 후회했다고 생각하지 않는다. 실제로 부르크휠츨리를 떠나고 나서 몇 해 동안 엄청난 고투 — "무의식과의 대면" — 를 하긴 했지만, 그의 지식은 급속도로 늘어났고, 그것으로 인해 안정감을 얻게 되었다. 하지만 그는 이미 수련을 마쳤으며, 그 당시에 실제로 어느 성실한 정신과 의사만큼 안정되어 있었다. 그는 여전히 "다만 참기 어려운 고통, 이해하지 못하는 고통"을 겪는다고 하며, 종종 자신의 속내를 드러냈다. 바젤 대학에서 공부하던 시절보다 부르크휠츨리에서 보낸 몇 년 동안 그는 이런 고통을 대면함으로써 많은 것을 배웠으며, 결코 그것을 회피하지 않았다. 더욱이 그는 자신의 통전성과 과거 자신의 모든 모습, 그리고 그 당시에 환자를 다루는 법을 알게 됨으로써 뜻밖에 좋은 결과를 얻을 수 있었다는 것을 알았다. 그 결과 그는 엄청난 발전을 이룩하게 되어 치료를 잘 할 수 있었다. 하지만 그때는 어째서 왜 그런 일이 일어났는지 몰랐다.

    훗날 그는 정말 개업을 하면서 여전히 치료를 잘 할 수 있었다. 그러나 그 당시에 그는 실제로 치료가 의사에 의해 영향을 받을 수 있지만, 환자 자신의 무의식을 통해서만 이루어질 수 있다는 것을 알게 되었다. 프로이트와 아들러처럼 그는, 부르크휠츨리에 있던 몇 년 동안 개인적 무의식만을 발견했을 뿐이다. 그는 인간의 마음속에 전혀 알려지지 않은, 심층적인 차원이 있는지 의심스러워했다. 그러나 신화를 연구하고, 그 무엇보다도 그 자신의 무의식과 대면하는 실험을 함으로써 그는 집단적 무의식을, 경험적이고 입증 가능한 사실로 인식하게 되었다. 그는 실제로 매일 환자들의 환상 속에서 그것을 경험했으며, 대부분의 동료들과는 달리 이러한 환상들이 의미가 있다고 믿었다. 그러나 그는 아직 그 신비의 문을 열 수 있는 열쇠를 가지고 있지 못했다. 대학시절에 겪었던 것보다 더 많이, 그는 매일 마다 그 자신의 특이한 지옥과 같은 고통, 즉 이해하지 못하는 고통을 대면해야만 했다. 그러나 그 당시에 그는 열등감을 느끼지 않았으며,

환자들을 위해 최선을 다함으로써 자신이 변변치 못하다는 느낌에 사로잡히지 않고 그렇게 할 수 있었다.

부르크휠츨리에 갔을 때 융은 25살의 젊은이였고, 아직 미혼이었다. 그러나 그곳을 떠날 때는 어린 딸 둘과 아들 하나를 둔, 34살의 기혼자였다. (그의 작은 두 딸은 퀴스나흐트로 이사한 후에 태어났다.) 그는 그 때, 그가 나중에 약 35세가 되면 중년기에 이른 것이라고 했던 나이가 거의 되어 있었다. 그는 종종 인생의 전반기의 과제는 **외적 생활**에 뿌리를 든든히 내리는 시기라고 말했다. 퀴스나흐트에 집을 지으면서 융은 이런 과제를 완수했다. 즉, 그는 직업상 유럽과 미국에서 모두 이름이 알려졌고, 결혼을 해서 가족들이 늘어났으며, 이제 자신의 집과 땅을 갖게 됨으로써 마침내 뿌리를 내리게 되었다. 실제로 그는 환자를 보는 **외적인** 일에서 떠나서 연구에 몰두하려는 확고한 의지를 가지고 퀴스나흐트로 갔다.

융은 중년기가 지나면 삶의 과제가 내적인 뿌리를 내리는 것으로 삶의 방향이 바뀐다고 종종 말하곤 했다. 그 때 목표는 더 이상 세상으로 나아가는 것이 아니라 오히려 인격이 넓어지고 통합되는 것이다. 결국 인생 후반기의 목표는 더 이상 세상에서 무언가를 성취하는 것이 아니라 궁극적으로 죽음의 불가피성을 인식하는 것이다. 비록 우리가 살고 있는 물질적인 시대에는 대개 이런 사실이 무시되고 있지만, 후자야말로 의미 있는 목표라 할 수 있다. 이것은 인생 후반기가 되면 삶에 대한 의무가 없어진다는 것을 의미하지 않는다. 말하자면 더 이상 세상사를 **추구**할 필요가 없다는 것이다. 그러나 후반기에 다다르게 되면 후반기의 삶이 요구하는 것을 다룰 의무가 있다는 것이다. 사실 그가 더 이상 직업상의 과제들을 **추구하지** 않았다고 해도, 융 자신은 항상 그러한 과제들이 자신에게 다가왔을 때 그것들을 받아들였다. 부르크휠츨리에서 하던, 환자 보는 일에서 벗어날 수 있으리라고 믿었던 게 착각이었음이 드러나자, 그는 이런 마땅치 않은 사실을 충분히 받아들였으며, 상당히 많아지는 개업일과, 잊혀 진 옛 지식에 대한 연구, 새로운 관념과 저술 사이에서 시간과 에너지를 분배하면서 평생 과제를 수행하기 시작했다.

융이 학창시절에 꾸었던 마지막 꿈은, 그에게 제2호 인격을 떠나서 오로지 제1호 인격에 몰두함으로써 세상 속으로 나아가야 한다는 것을 가르쳐 주었다. 그는 자신의 제2호 인격이나 후자의 영원한 세계를 결코 부정할 수 없었다. 그러나 바젤 대학 시절 그리고 부르크휠츨리에서 보낸 9년 동안, 그는 제1호 인격 및 그것의 세계, 대부분의 사람들이 모두 알고 있는, 외적인 일상 세계에 몰두했다. 우리가 살펴본 대로, 그는 인생 전반기의 과제를 성공적으로 달성함으로써 외부세계에 든든하고 확고하게 뿌리를 내렸다.

노년이 되어서도 융은 환자 보는 일을 뒤로하고, 그가 바라던 대로 일을 훨씬 줄일 수 있었다고 볼 수는 없다. 그러나 그는 호숫가에 있는 조용한 집과 정원을 찾아가는 것을 너무나 좋아했으며, 그것이 그에게 많은 자유를 선사해 주었다. 예컨대 그는 거기서 일할 시간과 휴가를 가질 수 있었다. 아마 거기서 그는 그의 꿈ⓒ이 그에게 요구했던 것을 성취할 수 있었다고 짐작할 수 있다. 즉, 그는 제1호 인격의 세계에서 나와, 등불을 켜들고 외부세계 속에서 자신의 길을 찾아가기 위해 안간 힘을 쓰다가, 이제는 한 번 더 주위를 돌아보고, 제2호 인격 및 그것의 내면세계를 대면해야 할 때가 되었던 것이다.

ⓒ 이 책 82쪽을 보라.

제6장
퀴스나흐트 초기시절
1909-1914

    다행히도 융과 그의 부인은 퀴스나흐트의 새 집에 만족했으며, 마침내 호숫가에 살고 싶었던 평생소원을 이루게 되었다. 처음 몇 년간 융에게는 어려운 일들이 있었다. 그가 미국에서 꾸었던 꿈이 지울 수 없는 인상을 주었고, 이제 그는 자신에게 영향을 주었던 모든 것에 직면해야 한다는 것을 알았다. 『회상』[1]에 자세히 기록되어 있는 이 꿈의 도입부에서, 그는 미지의 집에 있었다. 그것은 "그의 집"이었다. 2층에는 로코코 식의 멋지고 오래된 가구들과 값진 옛날 그림들이 걸려있었다. 놀랍게도 그는 아래층에 내려가 본 적이 없다는 생각이 들었다. 내려가면서 그는 그 집과 내용물들이 15세기와 16세기의 것들이라는 것을 알았다. 육중한 문을 지나자 돌계단이 나왔고, 이 계단을 따라 내려갔더니 로마시대의 것이 확실한, 벽이 있는 오래된 훌륭한 아치형의 지하 저장고가 있었으며, 그 밑에는 꼭 원시시대의 것으로 보이는 해골 두 개를 포함한 유물들이 있는 낮은 동굴이 있었다. 믿기지가 않지만, 프로이트는 이 꿈을 전적으로 개인적 단계에서 해석하려고 했다. 그리하여 융은 이 꿈의 진정한 의미를 스스로 찾아보아야 했다.

    1909년 미국에서 이 꿈을 꾼 직후에 융은, 그 꿈이 인간의 의식 아래에 있는 무의식 층들에 대해 말하고 있다는 것을 깨달았다. 스위스로 돌아와 휴식을 취하면서 그는 이러한 층들을 탐구해야 한다는 것을 알았다. 그러나 다시 한 번 — 처음에 부르크휠츨리에서 일할 때처럼 — 그는 어둠과 "견디기 어려운 유일한 고통, 즉 이해하지 못하는 고통"에 직면했다.

아주 어릴 때 넓게 펼쳐져 있는 물가에 살고 싶어 했던 그는 보덴 호湖에 매료되었다. 그의 이런 갈망은 변덕스럽고 유치한 환상이 아니었다. 그것은 그가 평생 바라던 것이었고, 그 무엇보다도 만년에 보다 큰 도움과 힘이 되어 준 것이었다. 물은 특히 무의식의 상징이다. 그런데 그가 어릴 때는 그것을 몰랐던 게 분명하며, 호숫가에 땅을 샀을 때도 나는 그가 그런 사실을 알았는지 잘 모르겠다. 물론 그것이 단지 외적인 상像이지만, 물은 무의식에 대한 무지에 직면했을 때, 다른 그 어떤 것 이상으로 도움을 준다. 융은 1909년부터 죽을 때까지, "견디기 어려운 고통"이 있을 때 호숫가로 가면 그것을 해소할 수 있었다. 그러므로 그가 물가에 살게 된 바로 그 해에, 꿈이 그를 무의식의 미지의 심연과 대면하게 한 것은 흥미로운 일이다.

바젤의 김나지움에 다니는 동안, 그는 장래 직업에 대한 결정을 앞두고 고고학에 강하게 끌렸다. 사실 그가 고고학자가 되고 싶은 목표를 포기한 것은 단지 돈을 벌기 어려웠기 때문이다. 그의 꿈이 준 첫 번째 효과는, 오래된 그의 관심사를 되살리는 것이었다. 그는 집에 돌아와서 바빌론 유적에 대한 책을 읽고, 신화와 고대 영지주의에 대한 책들을 끝없이 섭렵하며 굉장히 방대한 지식을 쌓아나갔다. 그러나 마침내 그는 부르크휠츨리에서 일을 시작했던 때 그랬던 것처럼, 자신이 혼란스러워하고 있다는 것을 알게 되었다. 그 때 그는 우연히 미국 소녀의 환상들을 접했다. 그는 밀러 양Miss Miller을 전혀 만난 적이 없다. 그녀의 환상들이 그가 산더미같이 잔뜩 쌓아놓은 자료에 촉매와 같은 작용을 했기 때문에 그것들은 그에게 뜻밖의 선물이었다. 하지만 여전히 그것에 대한 생각이 정리되어 있지 않은 상태였다.

이 환상들은 융의 오랜 친구인 제네바의 테오도르 플루르누와Théodore

Flournoy에 의해 출간되었다. 융이 플루르누와에 대해 말할 때, 최고의 사랑과 존경을 표하는 것을 나는 자주 들었다. 『회상』의 독일어 판에는 영어 판에 없는 두 쪽 분량의 감사의 글이 실려 있다.[2] 안타깝게도 그들이 처음 만났을 때 플루르누와는 이미 노인이었고, 융이 부르크횔츨리를 막 떠날 무렵이었으며, 플루르누와가 세상을 떠나기 몇 해 전이었다. 그러나 융은 늙은 의사이며 심리학 및 철학 교수였던 그에게 진 빚에 대해 가장 따뜻한 말을 했다. 플루르누와는, 특히 융이 프로이트와 결별하고 퀴스나흐트에서 생활한지 몇 해 되지 않았을 때 그를 지지해 준 위대한 인물이었다. 융은 플루르누와야말로 프로이트에 대해 가장 현명하게 말한 사람이라고 말했다. 그는 프로이트가 반종교적인 계몽주의 시대에 집착했음을 지적했고, 특히 그가 일방적인 태도를 가지고 있다고 했다. 이때에 융은 종종 플루르누와를 만나러 제네바로 갔으며, 그가 프로이트와 논의했던 것보다 훨씬 더 광범위한 주제에 대해 그와 논의할 수 있다는 것을 알았다. 플루르누와는 자신의 환자들뿐만 아니라 모든 주제에 대해서도 객관적이고 과학적이면서도 따뜻한 마음으로 접근했다. 융은 몽유병, 초심리학parapsychology(일반 심리학으로 설명할 수 없는 정신 영역을 다루는 학문 - 역주), 종교심리학과 같은 것에 대한 자신의 관심사를 그에게 자유롭게 말할 수 있었다. 프로이트와 결별한 후 융은, 그가 홀로 서기에는 여전히 너무 젊고 경험이 부족하다고 느끼고 있을 때, 플루르누와가 도움을 주는 다리가 되어주어, 그가 나중에 독립할 수 있었다고 했다. 밀러 양의 환상을 융이 분석한 것에 플루르누와가 충심으로 동의해준 것이 융에게는 정말 기쁜 일이었다.

평생 융은 새 책을 쓰기 **전까지** 그의 창조적인 다이몬과 함께 힘든 시간을 보내곤 했다. 이 다이몬은 그가 또 다른 책을 쓸 때가 되면 그를 재촉했고, 작업이 시작되기 전까지 그를 가만히 내버려두지 않았다. 그의 책은 대부분 엄청난 압박 속에서 쓰여 졌고, 그를 상당히 지치게 했음에도 불구하고, 그는 실제로 글쓰기를 즐겼으며, 이에 매우 만족했다. 『변환의 상징』은 이러한 규칙에서 벗어난 것이었다. 그를 알게 된지 얼마 안 됐을 때 내가 그에게 물어봤던 적이 있다.

대부분의 그의 책들이 나에게 새로운 희망으로 채워주고, 전에는 전혀 이해할 수 없었던 것들을 결국 알게 해준다는 느낌으로 나를 충족시켰던 반면, 『변환의 상징』(영어 판 제목이 『무의식의 심리학』으로 잘못 번역된 것은 의문의 여지가 없다)은 그와 정반대 영향을 주었다고 말하자, 그는 이렇게 외쳤다. "얼마나 놀라운 일인가요! 그 책을 쓰는 동안 줄곧 힘들고 우울한 상태였으니까요."

주로 이러한 우울감은 대부분 그의 확신이 증대되면서 생겼음이 분명하다. 만약 그가 그러한 느낌을 가지고 책을 썼다면, 그것은 아마 프로이트와의 우정을 잃어버렸기 때문이라고 볼 수 있다. 그러나 거기에는 더 깊은 이유가 있었다. 우리가 이 모든 발전의 직접적인 원인이 된, 그가 미국에서 꾸었던 꿈으로 다시 돌아가 본다면, 우리는 그 꿈의 도입부(시작 장면)가 꿈속에 나오는 미지의 집이 **그 자신의 것**임을 강조하고 있다는 것을 상기해 볼 수 있을 것이다. 그 꿈은 그의 집을 계속 탐색해 나갔고, 그는 꿈이 시작된 2층에서 아래로 내려가면서 집이 모두 3층으로 되어 있다는 것을 알았다. 그는 거기서 "위"층이 그의 의식意識을 표현하는 것으로 해석했다. 어쨌든 이제 꿈을 이해하기 위해서는 꿈의 맥락을 알 필요가 있으며, 그 어떤 것이든 개인적인 연상을 알아보고, 아무 연상도 없다면, 인간의 공통적인 저장고인 역사, 신화, 그 밖의 것에서 이와 비슷한 것을 찾아보는 게 필요하다. 따라서 융이 『변환의 상징』을 집필하기 전에 했던 모든 연구와 실제 글쓰기는 꼭 필요한 첫 걸음이었다. 예컨대 세계의 신화에 대한 광범위한 지식이 없이는, 그가 그의 꿈을 결코 이해할 수 없었을 것이며, 책을 쓰는 것조차도 준비단계에 불과했을 것이다. 꿈의 진정한 의미가 드러나게 해 준 것은 다만 "무의식과의 대면"이었으며, 그 자신의 무의식이었다. 그러므로 그 계단 — 거기에 그런 계단이 있었다는 것을 알게 되는 것조차 — 이 무엇을 의미하는지는 여전히 미래의 몫으로 남았다. 그러므로 그 책을 집필하면서 계속 융은 우울했고, 보통 글쓰기가 그에게 주었던 만족감을 전혀 경험하지 못했다. 그 이유는 당시에 그 꿈의 충분한 의미를 분명히 이해할 수 없었기 때문이다. 나중에야, 주관적으로 볼 때 그 꿈이 바로 그 자신의 내면적인 문제였음을 깨달았다.

1925년에 융은 취리히에 있는 몇몇 제자들과 환자들을 대상으로 세미나를 열었다. 그 세미나에서 그는 처음으로 그 자신의 경험으로부터 그의 심리학이 발전해 나갔다고 말했다. 그 세미나는 영어로 진행되었으며, 거기에 참석한 여러 회원들에 의해 필사되었다. 캐리 드 앙굴로Cary de Angulo — 나중에 갓윈 베인스 박사Dr. Godwin Baynes와 결혼해서 캐리 베인스Cary Baynes라는 이름으로 불렸으며, 융의 책들을 번역한 사람으로 잘 알려진 — 가 이 세미나 필사본을 편집하고, 클래스에서 사용하기 위해 멀티그라프로 인쇄하는 작업을 주도했다. 이 강의 자료는 그가 잘 아는 몇몇 사람들에게만 주어졌다. 그러므로 그것은 우리가 『회상』에 분명히 드러나 있지 않다고 여겨지는 당시의 실상을 잘 알려준다.

그의 환자들과 제자들이 무의식과 대면하는데 어려움을 겪고 있을 때 융은, 『변환의 상징』을 집필하던 때에 대해 자주 얘기했다. 그는 나쁜 꿈에 시달렸고, 계속해서 『변환의 상징』이라는 책이 **그 자신**으로, 또한 그 자신의 정신적인 상태를 묘사하는 것으로 여겨질 수 있다는 것과, 당시에도 그 책에 대한 분석이 자신의 무의식적 과정에 대한 분석으로 이어질 수 있으리라는 것을 깨닫기까지는 몇 년이 걸렸다. 그는 두 종류의 사고가, 지적 혹은 목표 지향적 사고intellectual or directed thinking와 환상적 사고fantastic thinking(그 책의 서두에서 말하는)로 정의될 수 있다고 설명하곤 했다. 당시에 그는 지적인 관점에서 볼 때 일종의 무의식과의 근친상간적인 교류이므로 후자가 전적으로 불순하고 부도덕하다고 느꼈다.

그가 책을 쓰고 있을 때, 그 자신에게 환상이 일어나는 것을 그냥 내버려 두었다면, 마치 목수가 어느 날 아침 작업장에 갔더니 모든 도구들이 여기저기 날아다니면서 그의 의도와는 상관없는 일들을 일으키는 것과 같은 결과가 되고 말았을 것이다. 환언하면, 어쨌든 그의 의식이 환상적 사고를 인식할 수 있었던 유일한 길은, 그 자신의 내면적인 자료를 투사함으로써 가능했으며, 그는 이런 사실에 매우 큰 충격을 받았을 것이다.

그 당시 그에게는 그러한 사고가, 마치 그가 부르크횔츨리에서 종종 환자들에게서 보았던 것과 같은, 약하고 왜곡된 것으로 여겨졌다. 그는 다만 그것을 밀러 양과 같은 여성의 환상 속에서 다룰 수 있었다. 이것은 그가 나중에 자신의 무의식과 대면함으로써 겪어야 했던 고통을 미리 맛보게 해주고, 그 책을 쓰면서 느꼈던 엄청난 우울감에 대한 실마리를 제공해 준다.

어떻게 새로운 관념이 융의 의식에 떠올랐는지 알게 되면, 우리는 이 시기에 직접적으로 "무의식과 대면" 하기 전 어떤 일이 일어났는지를 확실히 알 수 있을 것이다. 그는 그 때 이미 적어도 희미한 느낌을 가지고 있었는데, 그의 꿈에 대해 적절하고 온전한 답이 주어지려면 그것이 다른 책보다 훨씬 더 주관적이어야 한다고 믿었다. 앞서 언급했던 것처럼, 그것이 아직은 미지의 것이었지만, 꿈속에서 그것은 **그 자신의 집**이었다. 그는 그것이 분명한 사실임을 인정하지 않을 수 없었다.

보다 더 깊은 이러한 주관적 이유가, 그의 우울감과 깊이 관련되어있다는 확신이 들었지만, 나는 그 당시 그가 분명히 더 의식하고 있던 외적인 이유를 축소하고 싶지 않다. 특히 친구에 대해 큰 고마움을 느낄 때 그가 보인 태도를 보면, 융은 매우 성실한 사람이었다. 특히 프로이트에게 그랬던 것처럼 말이다. 그는 어떤 책을 쓰고 있었다고 하면서 이렇게 말하고 있다. "말미末尾의 '희생 Sacrifice' 이라는 장을 집필하기에 이르자 나는 이것이 프로이트와의 친교를 희생하게 되리라는 점을 예측하고 있었다.... 내가 보기에 근친상간이 개인적으로 얽혀들게 되는 것은 극히 드문 경우다. 대부분 그것은 고도로 종교적인 내용을 표현한다. 그러니까 그것은 거의 모든 창세신화와 수많은 신화에서 결정적인 역할을 하고 있다. 그러나 프로이트는 이것을 글자 그대로의 해석에 집착해서 상징으로서의 근친상간의 정신적인 의미를 파악할 수 없었다. 나는 그가 이 모든 것을 결코 받아들이지 않으리라는 것을 알고 있었다."[3]

융은 이런 갈등으로 너무나 고통스러워 두 달 동안 펜을 들지 못할 정도였다. 프로이트의 우정을 잃는 것과, 그에게 배은망덕하게 여겨지는 것은, 당시 그에게 거의 견디기 어려운 희생이었다. 그 두 달 동안 그는 "그의 생각들을 혼자서만 간직하고" 책을 내지 않을 것을 진지하게 생각해 보았으나, 결국 "집필을 계속하기로" 결심했다. 그가 프로이트를 위한 학문적인 활동을 희생했던 것처럼 — "탐구를 제한하고 진실을 감추는 것을 전제로 한다면, 나는 그런 활동을 절대 하지 않을 것이다." — 이제 그는 프로이트와의 우정 역시 같은 이유로 포기했다.

어니스트 존스의 프로이트 전기를 읽어보면, 프로이트는 융이 겪었던 우정의 희생에 따른 고통이나 갈등을 느끼지 않았음이 분명하다. 프로이트와 그의 가까운 추종자들은 단 하나의, 유일한 진리를 이미 발견했으며, 가장 비열한 동기로 그것을 의심하는 자는 그들에게 누구나 배신자요 겁쟁이였다. 말년에 융은 아이러니컬하게도 당시에 그가 "프로이트가 가장 관심을 가졌던 두 가지 문제, 곧 '고태적 잔재archaic vestiges' 와 '성sexuality'"을 추구하는 연구에 몰두했다는 것을 깨달았다. 널리 알려진 바와 같이, 융이 성의 가치를 이해하지 못했다고 생각하는 것은 큰 실수다. 그러나 프로이트가 그랬던 것처럼 그는, "성의 개인적 의미와 생물학적 기능"에만 머무를 수 없었다. 그는 또한 "성의 정신적인 면과 누미노제적인 의미"를 탐구하고 충분한 가치를 부여했다. 이것은 분명 프로이트가 전적으로 매료됐으나 인식할 수 없었던 신성력numinosum이었다. 융은, "지하계적 심령心靈의 표현으로서 성性은 가장 중요한 의미를 지니고 있다. 왜냐하면 그 심령은 신의 다른 얼굴, 즉 신상神像의 어두운 측면이기 때문이다."4라고 말했다. 그는 계속해서, 신상의 어두운 측면에 대한 그의 관심은 근본적으로 1910년쯤에 프로이트와 나눈 대화로 인해 자신 안에 일깨워졌다고 말했다. 그때 대화를 하면서 프로이트가 그에게, 절대로 성 이론을 포기하지 말고, 그가 "그것을 도그마로 만들어, 흔들리지 않는 보루를 만드는 일"을 도와줄 것을 요청했을 때 매우 혼란스러웠다고 했다. 프로이트는 분명히 끔찍한 정서에 사로잡혀 있었고, 그가 성에 관해 이야기 할 때마다 보여주었던 종교적 열정은, 융으로 하여금 성이 다만 보이는 대로가 아니라 또 다른, 훨씬 깊은 의미를 지니고 있다는 사실에 처음 눈을 뜨게 해주었다.

이러한 사실이 동양에서는 수천 년간 인식되어왔다. 동양의 종교들은 성에 대한 종교적 측면으로 가득 차있다. 즉, 많은 동양 사원에 있는 조각상들만 생각해봐도 그렇다. 1938년에 인도에 가서 코나락 사원을 방문할 때 융은, 그와 동행한 어느 인도 지식인에게 왜 이 조각상들이 능청스러울 정도로 외설적인지 물어본 적이 있다. 그 인도 학자는 "하지만 사람들이 얼마나 흥미로워하는지 보시오."라고 대답했다. 융은 그들이 성에 지나치게 관심을 두는 것 같아서 반론을 제기했다. "그렇게 할 수 있는 데에는 사연이 있지요."라고 하면서 그 인도 학자는 이렇게 대답했다. "그렇게 하지 않으면 그들이 어떻게 생명력 있는 삶을 살아가고, 선업善業, right karma을 쌓을 수 있겠소? 어리석게 살도록 그냥 두시오. 그들을 잘 대하겠다고 약속해 주시오. 그것이 바로 그네들이 바라는 것이란 말이오." 융은 이런 관점이 명상에 대한 훌륭한 보답이라고 말하곤 했다.

초대교회와, 심지어 중세 교회에도, 무엇보다도 연금술에 이와 비슷한 통찰의 흔적들이 보이는데, 이러한 것들은 그동안 교회가 무시하고 비난하기까지 했던 전체성의 측면들이다. 융은 이러한 것들이 점점 더 회복되고 살아나고 있다는 말을 자주 했다. 연금술의 풍성한 성적 상징체계, 특히 근친상간의 주제에 주목하면서 융은 연금술이 고사됐다가 19세기 말에 프로이트에 의해 다시 회복된 것처럼, 이것 역시 세상에서 잊힐 수 있다고 지적했다. 프로이트가 성에 종교적으로 몰두한 데에는 충분한 이유가 있었다. 성에 대한 그의 관념이 그리 편협하지 않고 배타적으로 생물학적이지 않았다면 좋았을 텐데 말이다. 『변환의 상징』을 집필할 때 융은 동양 종교에 관해 별로 아는 바가 없었고, 연금술에 대해서도 마찬가지였다. 그럼에도 불구하고 융의 연구를 살펴보면, 성의 개인적이고 생물학적인 측면만을 지속적으로 강조하기보다는, 그가 "정신적인 측면"과 "누미노제적인 의미"에 훨씬 더 많은 관심을 가지고 있다는 것을 확실히 알 수 있다. 물론 이러한 측면은 축소되거나 간과될 수 없다. 즉, 그것은 분명히 성 문제를 전체적으로 볼 때 중대한 위치를 차지한다고 볼 수 있다. 그러나 제자리에 주저앉아 계속 빙빙 돌고만 있었기 때문에, 그것은 형편없이 부적당하고, 극히 천박해지기까지 했다.

프로이트와의 우정이 퀴스나흐트로 이사한 후에도 몇 년간 지속되었지만 (프로이트는 1911년 9월 바이마르 학회가 열리기 직전에 나흘간 융과 함께 있었다), 프로이트가 그의 새로운 생각을 받아들이지 않을 것이 확실했으므로, 융의 마음은 당연히 암울해질 수밖에 없었다. 그는 그전에 그랬던 것처럼, 프로이트와 자유롭게 대화할 수 없었을 것이다. 더욱이 프로이트는 정신분석 모임에서 중심적인 역할을 하도록 융을 점점 더 압박했다. 즉, 융에게 「연보」편집자 및 국제협회 회장직이 맡겨졌다. 다시 말해 그는 "황태자"로 언급되었는데, 융은 그런 역할을 하는 것을 원치 않았다. 존스는 이렇게 말했다.

그[융]는 여러 학회들 사이에서 필요한 곳이라면 어디든지 조언하고 돕고, 학회의 여러 가지 행정업무, 편집하는 일 등을 감독하는 연락책 역할을 떠맡았다. 이렇게 하여 프로이트는 그의 취향에 맞지 않는 활동적인 중심 위치에서 해방될 수 있었다. 안타깝게도 이것은 융의 취향도 아니었다. 융은 종종 그가 타고난 이단자이기 때문에 처음에 프로이트의 이단적인 일에 끌렸다고 말했다. 그는 혼자서는 훌륭한 능력을 발휘했지만, 협력하는 일이나 감독하는 일을 다른 동료들과 함께 하는데 필요한 특별한 재능은 전혀 가지고 있지 않았다. 그는 또한 일상적인 서신 업무를 포함한 실무에도 별 취향이 없었다. 요컨대 그는 프로이트가 그를 위해 계획했던 협회 회장과 운동의 지도자의 자리에 어울리지 않았다."[5]

우리가 이러한 학회(1910년 뉘른베르크, 1911년 바이마르, 1913년 뮌헨 학회)가 모두 융이 호숫가 집에서 살던 초창기, 곧 연구에 전적으로 몰두하는 데 관심을 두었던 시기에 열렸다는 것을 알게 된다면, 우리는 그가 이런 취향에 맞지 않는 임무들을 감당한 것은, 다만 그가 프로이트를 돕기 원했기 때문이었다고 짐작할 수 있다. 그는 자신의 새로운 생각들이 극도로 그를 당혹스럽게 할 것을 너무나 잘 알고 있었기에, 아주 당연히 — 그는 여전히 프로이트를 좋아했고, 자신이 정신의학에 대한 전혀 새로운 접근을 하도록 도와준데 대해 감사해야 할 의무가 있었기 때문에 — 할 수만 있다면 어느 곳에서든지 프로이트를 기쁘게 하기 위해 모든 일을 다 했다. 그러나 프로이트도 의심을 갖기 시작했다. 1909년 그는, 융을 "후계자요 황태자"로 그가 지명한 "반가운 소식"을 대하는 융의 반응에 실망했다. 여전히 그는 융이 바로 이런 역할을 하기위해 선택받은 사람이라고 확신했다. 존스는 프로이트가 그와 융 사이에 틈이 생길 미래의 모든 징조를 "보고도 못 본 체할 만큼 가장 강한 이유"를 가지고 있었다고 지적했다.[6] 그러나 존스는 1912년에 "먹구름이 드리우기 시작했다"고 말했다. 사실상 그 전에 이미 프로이트는 융이 "연구에 열심히 몰두하는 것"을 보고 불안을 느끼기 시작했다. 즉, 그는 그 연구가 "그가 자신에게 부여한 회장의 직무를 방해하고 있다"고 느꼈다. 프로이트가 얼마나 오랫동안 내향적인 융이 프로이트가 원했던, 무엇보다도 외향적인 직무를 감당해야 하는 기획자가 될 수 있으리라는 환상에 사로잡혔었는지 깨닫는다면, 성격을 판단하는 프로이트의 능력을 의심하지 않을 수 없다.

『변환의 상징』은 원래 「정신분석 연보」에 두 부분으로 나누어 실렸다. 존스에 따르면, 프로이트가 1910년 여름에 융 부부와 함께 퀴스나흐트에 머무를 때에 원고를 보았는데, "그 주제에 대해 말하기를 매우 꺼려하는 것"[7] 같았다는 말을 융의 부인이 했지만, 프로이트는 전반부(1911년에 쓴)를 어느 정도 받아들일 수 있었다. 최종적으로 결별하게 된 것은 1912년에 발표한 두 번째 부분에 담긴 생각 때문이었다. 존스에 따르면 (프로이트와 그의 가까운 추종자들은 어쩔 수 없이 이단적이므로) "근친상간은 더 이상 문자적으로만 해석될 것이 아니라 더 높은 관념의 '상징'으로 여겨져야 한다."는 견해가 들어있는 것은 바로 이 부분이다. 1912년에 그들의 우정은 끝나고 말았다. 비록 두 사람이 (1913년 11월 뮌헨 학회에서) 한 번 더 만났지만, 그들이 상호 합의된 의견에 도달하는 것은 더 이상 불가능한 일이었다. 이제 프로이트는 융이 (그가 융의 타고난 성향을 거스르고 떠맡긴 연보 편집자직과 국제협회 회장직을 통하여) 세력을 키워서 프로이트와 그의 내부 그룹을 어려운 입장에 처하게 만들까봐 두려워했다. 융은 그 어떤 종류의 권력도 원하지 않았고, 이것은 프로이트를 매우 놀라게도 하고 안도하게도 했다. 결국 그는 1913년 10월에 연보 편집자 직을, 1914년 4월에 국제협회 회장직을 사임하였다.

 1911년에 융은 프로이트와의 우정이 끝나게 될 것을 이미 알고 있었다. 그 때 그의 삶에서 엄청난 역할을 하도록 운명 지어진, 새로운 우정의 여명이 처음으로 그에게 밝아왔다. 처음에는 삶의 길을 찾기 위해 그에게 찾아왔던 많은 환자들 중 새로운 환자가 온 것으로 여겨, 그리 중요하게 생각하지 않았다. 그 해 초에 토니 볼프의 어머니가 토니를 융에게 데려왔다. 왜냐하면 토니가 아버지의 죽음으로 큰 충격을 받아 우울증과 방향상실로 고통을 겪고 있었기 때문이다. 그녀는 매우 총명한 23세의 처녀였다. 그녀에게는 삶에 대한 흥미(사랑하는 아버지의 갑작스러운 죽음으로 인해 잃어버린)를 다시 일깨워줄 새로운 목표가 필요하다는 것을 융은 곧바로 깨달았다. 그는 그녀에게 당시 미완성이었던 책을 쓰는데 필요한 연구를 좀 해 보도록 했다. 이 연구 자료에 자극을 받아 그녀는 삶의 흥미가 생겼으며, 우울증이 호전되었고, 잃어버렸던 삶의 방향을 되찾았다. 1911년 9월에 열린 바이마르 학회 때 찍은 사진에 그녀의 모습이 보이는데, 그때 그녀는 매우 편해 보인다. 사실 그녀는 이미 심리학 집단에서 흥미를 끄는 새로운 친구들을 발견했다. 또 그 집단 자체가 토니에게 생명력을 불어넣어 주었다. 왜냐하면 그녀는 취리히의 오래된 가정에서 자랐기에 그 가정의 관심사는 너무 제한되어 있었고, 너무 전통적이었기에 상당히 총명한 그녀가 거기서 충분히 자양분을 공급받을 수 없었기 때문이다. 토니 볼프와의 이러한 우정은 어떻게 무의식 자체가 손실을 이득으로, 그리고 전혀 예상치 못한 방법으로 보상해 주는지를 보여주는 예라고 볼 수 있다. 매력적이지만 전통적인 여인인 볼프 부인을 아는 사람은 그 누구라도, 무엇이 그녀를 자신이 속한 집단의 전통 밖으로 나와서 자기 딸을 당시 틀에 박힌 취리히에서는 거부되던 의사 프로이트를 여전

히 공공연하게 지지하던 특이한 젊은 의사에게 데려가게 했는지 알면, 놀라지 않을 수 없을 것이다.ⓐ

『변환의 상징』을 집필할 동안 융이 겪었던 우울감에 대한 더 심오하고 주관적인 이유로 다시 돌아가 보자. 그 책을 쓰는 동안 그는, 신화의 비밀을 열 수 있는 열쇠를 찾았다는 것을 알게 되었다. 하지만 그 때 그에게 불편한 생각이 떠올랐는데, 그것은 그가 다만 **과거**의 신화만을 설명했었다는 사실이다. 기독교는 여전히 살아있는 신화인가? 그리고 무엇보다도 그 자신이 여전히 그 신화 속에서 살아왔었는가?[8] 그 질문에 대해 그는 다만 부정적인 대답밖에 할 수 없었다. 그때 그가 미국에서 꾼 꿈의 주관적인 측면이 매우 고통스럽게 그의 의식에 분명히 떠올랐다. 그는 다시금 — 이전보다 더 심해진 — "이해하지 못하는 것에 따른 견디기 어려운 고통"에 직면했다. 말하자면 이 때 그것은 해답을 찾기 위해, 미지의 영역뿐만 아니라 그 존재 자체가 강하게 부정되는 영역도 탐구하는 것을 의미했다.

융은 프로이트와 결별하고 나서 자신이 얼마나 큰 외로움을 느꼈는지 종종 나에게 말해주곤 했다. 대부분의 스위스 그룹이 그의 편이었던 게 사실이다. 오랫동안 그들 역시 근친상간에 대한 지나칠 정도의 문자적인 해석을 의문시했다. 그러나 그들 대부분은 그것이(근친상간이) 정신적이고 상징적인 측면을 가지고 있다는 해석에도 똑같이 반대했다. 더욱이 그의 환자들 대부분은 더 쉽게 이해할 수 있는 프로이트식의 접근을 선호했고, 그가 진료하는 그 시간에, 다른 곳에 비해 텅 비어있는 대기실을 바라볼 뿐이었다. 그러나 그것은 큰 축복이었다. 왜냐하면 이로 인해 그는 자신의 생의 가장 어려운 과제, 즉 자신의 무의식과 대면할 수 있는 시간을 더 많이 가질 수 있었기 때문이다.

ⓐ 토니의 자매인 에르나 네프-볼프는 (어머니) 볼프 부인이 딸을 융에게 데려간 것은 친구 한 사람이 융을 강력하게 추천했기 때문이라고 내게 알려주었다. 융은 그 친구의 아들을 아주 잘 치료해준 적이 있다. 네프 부인은 그녀의 어머니가 당시에 분석에 대한 일반적인 편견을 모르고 있었을 것이라고 생각한다.

과거의 신화에 관한 외적 작업이 끝나고 책이 저술되었지만, 이제 융은 훨씬 더 어렵고 힘든 과제에 직면하게 되었다. 즉, 그것은 이 모든 것이 그에게 어떤 의미가 있는지 밝혀내는 것이었다. 그는 꿈을 더 많이 꾸기 시작했다. 그 당시 그는 인상적인 꿈을 꾸었지만, 그것을 이해할 수 없었다. 나중에야 그 꿈이 그의 과제에 적합한 것임을 깨달았다. 그는 그 꿈 중 두 개를 『회상』에 자세히 기록해 놓았다.[9] 이 꿈은 그로 하여금 프로이트가 이미 인식했던 오랜 경험의 흔적들은 죽거나 시대에 뒤떨어진 형태가 **아니고**, 여전히 생명력으로 충만해서 "우리의 살아있는 존재에 속하는" 것임을 깨닫게 했다. 여전히 우울하고, 완전히 방향을 잃었다고 느꼈기에, 그는 자신의 무의식을 탐색하기로 결심했다. 그는 그때 그가 알고 있던 유일한 방식으로 이 과제에 착수했다. 그의 어린 시절에 특히 주목하며 그가 살아온 생 전체를 자세히 살펴보았다. 그는 불안의 원인을 밝혀내기를 희망하며 **두 번**이나 그 꿈 자료를 자세히 살펴보았다. 그러나 자신의 무지를 새롭게 인식하게 될 뿐이었다. 그는 이런 무지를 직면하는 것이 가치가 있음을 알았기 때문에 그것이 그에게 견디기 어려운 고통을 안겨주었지만, 또다시 그런 일을 했다. 그는 자신의 무지를 충분히 인정하면서 이렇게 말했다. "나는 아는 게 전혀 없기 때문에 나에게 무슨 일이 일어나든, 그것을 해 볼 것이다. 따라서 나는 무의식적으로 내 자신을 무의식적인 충동에 맡기기로 했다."[10]

그러한 첫 번째 충동으로 그는 자신이 받아들이기 힘든 활동을 했다. 하지만 그것은 또한 프로이트가 과거의 유물일 뿐이라고 했던, 민족적이고 개인적인 오랜 경험의 잔재가 아직도 생명, 정동, 그리고 에너지로 가득 차 있을 수 있다는 것을 그에게 가르쳐주었다. 그는 아홉 살이나 열 살 때 집 짓는 일을 매우 열심히 했었는데, 이런 활동이 아직도 생명과 정동으로 가득 차있음을 발견했다. 어떻게 나아가야 할지를 몰라 암흑 속에서 고통스러워하고 있을 때 생각난 것은, 그가 다만 유치한 놀이를 해 보는 것임을 깨달았는데, 그것은 그에게 거의 견디기 어려운 일이었다. 논리적으로 그런 결론을 내렸다고 해서, 실제로 용기를 내어 자신의 정원에 있는 호숫가에서 다시 집짓기를 시작하는 사람은 아마 거의 없을 것이다. (그것은 개인 소유의 정원이었지만, 호수에서 배를 타는 사람은 누구든지 그가 무엇을 하고 있는지 볼 수 있었다.) 그러나 이것은 융이 가진 성격의 특징이다. 즉, 그는 모든 길이 다 막히고 대부분의 사람들이 경멸하고, 그들에게 유치하고 무가치한 일이라고 여겨 묵살해버리는 것 외에는 아무런 방법이 없다고 해도, 그 길로 가서 자신의 주변에 있는 모든 사람이 그가 원하던 대로 생각하도록 했다. 그들이, 그것은 다만 그의 정서적 불안 혹은 관점의 천박함을 보여주었을 뿐이라고 말하더라도, 그는 여전히 그의 창조적 충동이 이끄는 대로 따라갔다. 다만 이런 대단한 집요함과 의향 때문에 어린 아이 같은 바보로 보이기도 했지만, 이것은 융이 풍성한 무의식의 세계로 나아가는 길을 발견할 수 있게 해 주었다. 이전에는 무의식을, 좋아하지 않는 모든 것이 버려진 쓰레기 더미로 여겨왔다. 하지만 그는 모든 창조적인 충동을 따르면서 밀고 나아감으로써, 집단적 무의식이라는 미지의 영역을 발견했다.

오래된 많은 문명은 놀이가 인간의 창조적인 정신에 필요한 입문의식rite d'entrée이라는 것을 알고 있었다. 그러나 나는 융이 그 당시에 이것을 알았다거나, 그가 그것을 받아들이는 데 어려움이 없었을 것이라고 생각하지 않는다. 놀이는 매우 중요하게 여겨졌다. 예컨대 고대 중국, 이집트, 수메르에서는 심지어 사자死者들이 다양한 보드 게임을 했다고 생각되었다.[11] 그의 책을 완성하고, 프로이트와 결별하게 될 것을 예견한 후에, 막다른 벽을 만나 그것을 넘게 만든 입문의식이 바로 이 집짓는 놀이임을 깨달았을 때 융은, 또 다른 막다른 벽을 만날 때마다 비슷한 활동으로 시간을 보냈다. 그는 그림을 그리고, 돌 조각을 하고, 볼링겐 호수로 흘러들어가는 수로를 만드는 놀이를 하기도 했다. 그는 항상 자신의 창조적인 다이몬에 의해 선택된 길을 받아들이는 것을 위태롭게 했던 장애물을 그런 식으로 극복했다는 것을 알았다. 사실 나도 그 당시 그것을 목격하긴 했지만, 그는 그의 아내의 죽음으로 52년간 동고동락했던 결혼생활이 끝나자 엄청난 충격을 받았으며, 돌을 조각하는 일에 몰두함으로써 그 충격을 극복할 수 있었다.[12] 내가 그를 만나러 갈 때마다 그는 거의 매번 돌 조각에 몰두했으며, 내가 거기 머무는 내내 계속 작업을 했다.

이런 작업을 통해 그가 발견한 이러한 모든 것들은 여전히 미래의 몫으로 남게 되었다. 당시 그가 할 수 있는 일은 다만 그의 저항을 극복하고 정성을 다해 어린아이 같은 놀이를 하는 것이었다. 그는 이렇게 하는데 성공했고, 환자가 없거나 날씨가 허락되는 때면, 정원에서 모든 시간을 보내거나, 아니면 호숫가를 따라 걸으면서 그가 만들고 있던 마을을 완성하는데 적당한 돌을 찾아다녔다. 자만심을 극복하고 나서 그는 속으로 조금 부끄러워했던 놀이를 그가 즐기고 있음을 알았다는 말을 했다. 그는 놀이를 하면서 부모가 말해주었던 환상에 점점 더 관심을 갖게 되었으며, 오래 전부터 자신 안에 있는 비슷한 환상을 스스로 관찰하기 시작했다는 것을 알았다. 그 동안 무의식으로부터 받은 압박이 거의 견딜 수 없는 지경에까지 이르게 되었다.

이때는 무의식으로부터의 굉장한 압박이 대체로 온 유럽에 만연해 있던 시기였다. 아무도 우리가 살고 있는 계몽된 시대에 전쟁이 **설마** 일어날 수 있다고 믿지 않았지만, 독일 황제가 전쟁을 일으킬 것처럼 행동하고 있다는 것을 부인할 수 없었다. 그는 영국을 매우 불신했고, 사람들이 "전쟁이 일어나지 않으면 좋으련만" 하며 볼멘 소리를 하는 것을 우리는 **자주** 들었다. 그러나 영국인들조차도 정말 이러한 잔혹한 일이 일어날 가능성을 **진지하게** 믿지 않았다. 유럽 대륙에서는 대체로 빌헬름 2세Wilhelm II(제1차 세계대전 때의 독일 황제로, 1890년 철혈 재상 비스마르크를 파면시키고 범게르만주의를 주창하면서 독자적인 제국주의적 세계 정책을 수행했으며, 제1차 세계대전에 패배하고 네덜란드로 망명했다 - 역주)가 훨씬 더 악의적이지 않다고 여겨졌다. 그는 존경을 받기까지 했고, 전쟁이나 전쟁 소문이 거의 나돌지 않았다. 그러나 그것은 무의식으로부터의 압박을 더욱 심화시킬 뿐이었다. 1913년 가을경 융은 내적으로 그에게 큰 고통을 주었던 압박감을 느꼈다. 그 압박감이 "밖으로 옮겨간 듯했다. 마치 그것이 공중에 있는 것처럼, 실제로 바깥 분위기는 예전보다도 어두웠다. 마치 이미 정신적 상황이 아니라 구체적인 현실이 문제인 듯 보였다. 이런 인상이 점점 더 강해졌다."[13]

1913년 10월에 융은 첫 번째로 — 이를 무엇이라 부르든 — 무의식 속에 매우 가까이 잠복하고 있던 전쟁에 대한 예언자적 환상을 보았다. 나는 여기서 우리가 깨어있을 때 의식으로 뚫고 나오는 자율적인 환상과 꿈을 이해하는 것을 가장 어렵게 만드는 특성 중 하나는, 바로 무의식에는 시간의 차원이 존재하지 않거나 전적으로 다른 우리만의 시간이 존재한다는 것을 언급해야겠다. 따라서 꿈과 환상이 미래의 사건에 대한 분명한 징조를 보여주는 것은 흔한 일이다. 미래의 사건 자체의 상像도 그렇다. 그리고 그러한 상을 일상적인 꿈의 내용으로부터 구별해낼 수 있는 것은 아무것도 없다. 이것이 바로 융에게 일어났던 일이다. 그는 다가오는 전쟁의 상을 보았는데, 전쟁은 아홉 달 후에 일어났다. 그는 이 환상을 『회상』에 자세히 기록해 놓았다.**14** 그는 혼자 기차여행을 하고 있었다. 그 때 그는 갑자기 무시무시한 홍수가 유럽 전역을 덮쳐서 수천구의 시체가 물에 떠나려 가는 것을 보았다. 그러자 바다가 피로 변했다. 알프스 산은 스위스를 보호하기 위해 점점 높아졌다. 그러나 그가 처음으로 그 환상에 대해 나에게 말해 주었을 때 이것을 강조했지만, 그는 피로 덮였던 나라들이 정확히 전쟁에 연루되었다는 것을 설명해 주진 않았다. 네덜란드, 덴마크, 그리고 스칸디나비아 같이 중립국으로 남을 수 있었던 나라들은 영향을 받지 않았다. 2주 후에 그 환상이 다시 나타났다. 이번엔 홍수가 훨씬 심해졌고, 마음속의 목소리가 외쳤다. "보라, 이것은 정말 현실이다. 그리고 이렇게 될 것이다. 너는 의심하지 말라." 나중에 무의식을 더 경험하게 되었을 때 그는 그 환상이 대개 객관적으로, 즉 무시무시한 위험이 바로 그 나라들을 위협했던 사건으로 일어나리라는 것을 알았을 것이다. 당시 그는 그것이 강이 피로 물들게 될 혁명을 가리키는 것인지를 막연하게 상상할 수 있었지만, 그는 한 번도 전쟁의 가능성을 생각해본 적이 없었다.

혁명에 대한 생각이 융에게는 현실적인 일로 여겨지지 않았으며, 그는 항상 꿈과 환상을 주관적으로 보았기 때문에 — 즉, 꿈꾼 사람 자신의 무의식에 관해 말하는 것으로 — 순전히 객관적인 접근을 위한 아주 적당한 근거가 아니라면,

이 끔찍한 환상이 그 자신에 관해 무언가를 말해주는 것이라는 결론을 내렸다. 그는 자신이 정신병의 위협을 받고 있다는 결론에 이르기도 했다. 이는 그의 가장 심한 우울증을 대변하는 것임에 틀림없었다. 왜냐하면 정신과 의사는 무의식의 파도가 의식을 잠식해오는 것이 무엇을 의미하는지 너무나 잘 알고 있기 때문이다. 그는 또한 경험을 통해서 우리가 위험을 **보는** 것과, 그것이 모르는 사이에 우리를 압도하는 것이 얼마나 다른지를 알게 되었다. 그러나 나는 지금 우리가 보기에, 그 당시에 무의식의 내용들 및 그것이 사용하는 이미지들이 비 정상인과 정상인에게 똑같이 나타난다는 것과, 모든 것이 개인의 의식이 지닌 태도와 힘에 달려있다는 것을 그가 알 만큼 충분한 경험을 가지고 있었다고 생각하지 않는다.

그러므로 그 환상이 주관적인 것이라는 결론에 이르렀을 때, 그가 어떤 사람도 공격할 수 있는 최악의 불안, 즉 미쳐가는 것에 대한 두려움에 직면하고 있었음을 알 수 있다. 그는 그것을 특이한 방식으로 마주쳤던 것이다. 그는 이러한 운명이 정말 피할 수 없는 것이라면, 그가 분명하게 기록하거나 생각할 수 있는 마지막 순간까지 그에게 일어났던 모든 것을 적어도 정확하게 기록해 두어야겠다고 생각했다. 그는 그러한 기록이 자신의 후계자들에게 매우 유용할 것이고, 적어도 자신이 과학에 가치 있는 공헌을 할 수 있으리라고 확신했다. 그가 일을 하면서 혹은 살아가면서, 그의 마음이 어떤 식으로든 좋지 못한 상황에 빠지고 말았다는 증거는 없다. 하지만 그는 최소한 그것을 예상했을 때, 분명히 홍수가 갑자기 들이닥치리라고 생각했다. 왜냐하면 그 두려움은 그가 그 환상을 보고 아홉 달이 지나 실제로 전쟁이 일어날 때까지 계속 그를 떠나지 않았기 때문이다.

지금은 거기서 해방되었지만, 그는 처음에 홍수의 환상 때문에 끔찍한 고난을 겪은 이 아홉 달 동안, 그에 상응하는 정서의 홍수를 경험했다. 그는 외적인 삶을 성공적으로 살아나가기 위해 애를 썼다. 그러나 환자들의 환상을 이해하지 못한다는 느낌 때문에 점점 더 걱정이 늘어가기도 했다. 그는 자신의 환상들을 될 수 있는 대로 다 적었다. 이는 그가 모든 정서 뒤에 숨어있는 상像이 있고, 그가 정서를 상으로 옮기는데 성공할 때마다 "내적으로 평온하고 안심이 되었다"는 것을 깨닫는 데 충분했다. 그 자신을 대상으로 한 이 실험은, 모든 정서 뒤에 숨어있는 특정한 상을 찾는 것이 치유에 엄청나게 도움이 된다는 것을 그에게 가르쳐주었다. 달리 표현하면, 정서에 **굴복하는** 대신에 — 이내 그것이 의식을 점유하려 할 때 — 정서를 객관화하여 상을 산출함으로써 그 형태를 바꾸거나, 그것이 원하는 대로 **말하도록** 유도할 수 있다. 예컨대 화가 날 때, 흥분하여 통제력을 잃는 대신에 멈춰 서서 이렇게 말할 수 있다. "내가 왜 이렇게 화를 내는가? 이 분노가 정말 나에게 바라는 게 무엇인가?"

이것은 융에게 많은 도움이 되었다. 즉, 그가 그 자신의 정서적인 반응을 대할 때, 그리고 그의 환자들이 그들의 정서적인 반응을 대하는 것을 도와줄 때 모두 많은 도움이 되었다. 여전히 그는 무언가가 더 필요하다고 느꼈다. 그리고 유럽의 홍수를 경고하는 환상을 체험한지 꼭 두 달 만에 그는 한 단계 더 나아가기로 결심했다. 정서를 객관화하기 위해서는 어느 정도 그 아래로 내려가야 한다. 그래서 이제 그는 어떤 환상 속으로 빠져들기로 결심했다.[15] 그래서 그는 그것이 의미심장하게 지속될 수 있도록, 그리고 관련이 없는 환상의 홍수로 인해 모든 에너지가 낭비되지 않도록 **하나**의 환상에 주의를 집중했다. 『회상』에 나오는, 이런 내용을 다룬 장에서 융은 그가 어떻게 "적극적 명상active imagination"법을 발견하게 되었는지 정확하게 기술하고 있다. 몇 년이 지난 후에야 그가 그런 이름을 붙였지만, 이것은 나중에 그의 심리학에서 아주 중요한 역할을 하게 되었다. 이때 그가 발견한 모든 것이 "**적극적** 명상"이라는 용어로 설명된 것을 알 수 있다. 왜냐하면 적극적 명상을 할 때, 자아가 **적극적인** 역할을 하기 때문이다. 즉, 그것은 의식적인 결정을 포기하고 환상 속으로 내려가서, 그 후에 추이를 보면서 의식이 **적극적인** 역할을 하는 것이다. 1913년 12월에 이 실험을 하기 전에 융은, 다만 "**수동적** 명상passive imagination"의 관찰자였다. 즉, 그는 극장의 관객이 극에 아무런 영향도 줄 수 없듯이, 환상이 지나간 뒤에 환상을 바라

보았다. 그러나 적극적 명상에서 그 자신이 적극적인 역할을 하는 것을 알게 된 후에, 그는 그것이 발달해 가는 데 영향을 줄 수 있으며, 끝없는 환상의 홍수 속에서 더 이상 수동적인 관객이 아니라는 것을 깨달았다. 의식은 무의식에 맞서서 그 자신의 길을 갈 수도 없고, 그 스스로의 의지대로 행할 수도 없다. 실제로 융이 환상을 숨기면, 꿈은 이내 이러한 환상을 산산조각 내 버렸다. 그는 이 꿈에서 "뜻이 있는 곳에 길이 있다"는 식의 영웅적인 태도를 대변하는 지크프리트 Siegfried(게르만 민족의 영웅전설 가운데 가장 빛나는 영웅 - 역주)는 어떤 대가를 치르더라도 희생되어야 한다는 것을 배웠다.¹⁶ 융의 모든 생각은 의식과 무의식 사이의 *Auseinandersetzung*(토론, 논쟁이라는 뜻 - 역주)이라는 말로 표현될 수 있다. 번역할 수 없는 이 독일어 단어는 모든 측면에 대한 철저한 토론을 통해 도출되는 것을 뜻하는 말로서, 모든 찬성과 반대에 대해 토론함으로써 결국 합의에 이르게 하는 단서를 그 안에 항상 지니고 있다.

Auseinandersetzung을 하기 위해서는 많은 것들이 요구되는데, 지금은 안타깝게도 융의 제자 중 극소수만이 그것의 진정한 가치를 알고 기꺼이 최선을 다하려고 한다. 하지만 결국 그것은 보상을 받게 된다고 할 수 있다. 그것이 바로 무의식을 진지하게 여기는 사람들이 분석을 받지 않으면서도 의식과 무의식 사이에서 **그들 자신의 균형**을 유지할 수 있는, 내가 아는 유일한 방법이다. 나중에 융은 그것은 해야 할 일을 회피하려는 생각을 가진 사람들로부터 진정으로 벗어나길 원하는 사람들을 알아볼 수 있는 시금석이라는 말까지 했다. 그러나 그것이 지금도 매우 어렵고 힘든 일이지만, 융이 미지의 무의식의 개척자였던 시기에, 그에게 과연 무슨 의미가 있었겠는가? 모든 사람이 그에게 말하길, 그가 미쳐서 그런 것을 현실이라고 생각하는 것이라고 했다. 더욱이 유럽이 피로 흠뻑 젖는 환상을 본 후에 그는 그들의 의견에 동의하고 싶었다.

훗날 융은 자신의 온전한 정신을 의심하는 게 고통스러웠지만, 그것은 그가 동시에 바깥 세계에서, 특히 성이 단지 구체적인 것으로 여겨질 수 없다는 그의 생각이 즉각적인 지지를 얻은 미국에서 큰 성공을 거둠으로써 완화되었다는 말을 하곤 했다. 1909년에 첫 방문을 한 후에 그는 계속 강연 초청을 받았으며, 그뿐 아니라 1910년에는 미국에 7일밖에 머무를 수 없었지만, 자문을 해주려고 시카고로 가기까지 했다.[17] 1913년에는 백만장자의 딸이요 엄청난 부자의 아내인 부유한 미국 여성이 분석을 받기로 결심했다. 그녀는 그의 집보다 훨씬 좋은 미국 집을 그를 위해 구매중이고, 그의 가족을 유럽에서 데려오기 위한 계획을 하고 있다고 융에게 조용히 일러주었다. 그러나 그는 스위스에서 분석을 할 것이고, 분석을 받으려면 그녀가 스위스로 와야 한다는 소견을 밝히며 그녀의 제안을 단호히 거절했을 때, 그녀는 귀를 의심할 수밖에 없었다. 그녀는 마호메트처럼, 산이 별 이유 없이 그녀에게 오기를 거절한다면 그녀가 산으로 가야한다는 것을 깨달아야 했다. 이것은 그녀가 연쇄적으로 받아야했던 충격 중 첫 번째 충격이었다. 그녀는 돈으로 살 수 없는 것이 없다고 확신했기 때문에 현실과 완전히 단절된 기분이 들었다. 이것은 백만장자들이 가지고 있는, 일상적인 현실로부터 괴리되어 있는 흔한 현상이다. 왜냐하면 그들은 어려운 상황을 거의 겪지 않고도 원하는 것을 얻을 수 있었기 때문이다. 사실 돈을 상속받으면, 이 경우에 그랬던 것처럼, 학창시절 융을 성숙하게 만들어준 것과 같은 생존을 위한 투쟁에 전혀 직면하지 않게 된다.

그러한 경우, 지금껏 가장 효과적인 치료법은 그 백만장자로 하여금 스스로 배우도록 하는 것이다. 이 치료법이 어떻게 작용했는지를 보여주는 재미있는 예가 하나 있다. 즉, 이 미국 여성에게는 경미한 광장공포증과, 기차 여행을 하지 못하는 증상이 있었다. 이를 극복하기 위해 융은 그녀가 계속 취리히 호수를 따라 여행할 것을 제안하였다. 호수 오른쪽 제방 쪽으로 기차가 천천히 달리면서 모든 역에 정차했다. 그녀의 운전기사는 각 역마다 롤스로이스 차를 대기시켜 놓았으며, 그녀가 더 이상 견딜 수 없을 때에는 기차에서 언제든지 내리도록 했다. 그녀는 서서히 나아졌고, 날마다 조금씩 더 멀리 가더니, 마침내 당당히 호수 끝에 있는 라퍼스빌Rapperswil 직전 역인 펠트바흐Feldbach까지 갈 수 있었다. 이 아름다운 펠트바흐 역에는 호수 전경이 보이는 아름다운 경관, 그리고 그림 같은 라퍼스빌의 오래된 마을이 산을 등지고 펼쳐져 있었다. 그녀는 이곳, 다만 이곳만이 그녀가 짓고 싶은 집을 지을 수 있는 이상적인 부지라고 마음을 굳혔다. 융에게 그녀의 계획을 알렸을 때, 그는 철도회사가 결코 부지 매매에 동의하지 않을 것이라고 했다. 그녀는 보상으로 그들이 얼마나 많은 돈을 받을지 아마 몰랐을 것이라고 하며, 그의 말을 믿지 않으려고 했다. 그 때 그는 그녀를 현실에 직면하게 할 또 하나의 이상적인 기회가 왔음을 알고, 더 이상 말을 하지 않았다. 정말 그녀는 노력을 아끼지 않았다. 그녀는 다섯 명의 변호사를 고용하여 철도회사 간부들을 설득하려고 했다. 그녀는 어떻게 철로를 다른 데로 돌릴 수 있을까 하는 계획을 세웠다. 당연히 그녀는 그것에 대해 보상을 하려고 했다. 그녀는 보상금을 점점 더 많이 마련했다. 그러나 아무 소용이 없었다. 이 완고하고 굉장히 약아빠진 스위스 사람들을 설득하는 것은 불가능한 일이었다. 결국 그녀는 다시 한 번 자신이 졌다고 인정해야만 했다.

내가 많은 사례 중에서 이것을 언급하는 것은, 융의 치료가 상담실 안에서만 이루어지지 않고, 얼마나 멀리까지 그 영향을 미쳤는지를 보여주기 위해서다. 그는 분석가가 분석할 때 외에는 절대 환자를 만나지 않는 프로이트 학파의 규칙을 이내 포기했다. 그는 종종 분석을 하지 않을 때 환자에 대해 가장 많이 배울 수 있었다. 더욱이 그의 환자들은 삶 속에서 그들 자신에 대해 가장 많이 배울 수 있었던 것이다. 이는 특히 인생의 전반부에 있는 사람들, 혹은 외적인 삶 속에서 자신의 뿌리를 아직 찾지 못한 사람들에게 잘 들어맞았다. 융의 동료들 중 한 사람에게 수년간 성실하게 분석을 받던 어떤 젊은 여자가 있었는데, 그녀는 분석이 상당히 막힌 것 같은 느낌이 들어서 융에게 상담을 받게 되었다. 융은 즉시 그녀가 약혼했으며, 질문을 통해 모든 것이 만족스러워지려면 연애결혼을 해야 한다는 사실을 곧 알게 되었다. "그런데 왜 결혼을 하지 않는 것이오?"라고 융이 물었다. 그녀는 이렇게 대답했다. "저는 분석을 끝내야 해요. 먼저 그렇게 하는 게 제 의무예요." 융은 그녀에게 분명히 큰소리로 이렇게 말했다. "누가 당신더러 분석 받을 의무가 있다고 했단 말이오? 당신의 의무는 현실적인 삶을 사는 것이오!"

1913년에 융은 내적인 방향 상실과 외적인 성공을 거둔 시기에 취리히 대학에서 강의하는 것을 그만두기로 결심했다. 거기서 그는 1905년부터 사강사 Privatdozent ⓑ로 있었다. 그는 이렇게 말했다. "내 자신의 지적인 상황이 의혹 덩어리에 지나지 않은 상태에서 젊은 학생들을 계속 가르치는 것은 부당한 것이다." **18** 이런 결정을 하게 된 것은 두 학생이 그의 강의를 들은 후에 학교를 나서면서 한 대화를 엿듣게 되었기 때문이라고 나에게 말한 적이 있다. 한 여학생이 다른 학생에게 "오늘 그가 말한 걸 넌 이해했니?"라고 말하자, 다른 학생이 "아니, 한 마디도. 하지만 그는 매우 건강한 사람이니까 아마 그의 말이 맞을 거야!"라고 대답했다.

비록 대학의 정규 강의는 그만두었지만, 그는 초청 강의, 특히 취리히 대학이 아닌 다른 곳에서 특강을 요청하면 대개 수락했다. 방향 상실감이 최고조에 달하여 정신병이 생긴 것은 아닌지 심각하게 생각하고 있을 때, 그는 영국의학협회로부터 1914년 7월 말 애버딘Aberdeen(스코틀랜드 북동부의 항구 도시 - 역주)에서 열리는 학회에서, "정신병리학에서 본 무의식의 의미에 관하여On the Importance of the Unconscious in Psychopathology"라는 주제로 강연을 해달라는 요청을 받았다. 나중에 그는 "그 때의 내 마음 상태에서, 나를 사로잡고 있던 두려움이 있던 때에 무의식의 의미에 관해 말해야 한다는 것은 나에게 숙명처럼 여겨졌다" **19**고 말했다. 결국 제1차 세계대전이 발발했고, 당시 융은 집에서 멀리 떨어진 스코틀랜드 북부에 있었다. 그는 전에 그랬던 것처럼 뉴스를 듣고 충격과 공포에 휩싸였지만, 그가 보았던 환상이 그대로 지금 유럽에 닥쳐 온 일을 미리 분명하게 보여주었다는 것을 알고는 자신의 정신이 온전한 상태인지 두려워했던 데서 완전히 그리고 영원히 벗어날 수 있었다. 전시戰時에 혹은 전쟁이 끝

ⓑ 사강사는 봉급을 받지 않는 교수다. 그들은 다만 그들의 강의에 참여한 수강생들이 낸 수업료를 받는다.

난 상황에서 전쟁을 온 몸으로 겪고, 또 다른 전쟁의 공포가 항상 존재하는 상황에서, 1914년의 전쟁이 우리 모두를 얼마나 놀랍게 만들었는지를 깨닫는 게 젊은이들에게는 힘든 일이었음에 틀림없다. 우리가 다만 귀를 기울였다면, 영국에서도 젊은 윈스턴 처칠을 포함하여 몇몇의 경고하는 외침을 들을 수 있었을 테지만, 그것은 사실 전혀 예상치 못한 일이었다. 융의 숙명적인 꿈들이 그로 하여금 **무언가** 일어날지 모른다는 사실에 대비하게 했지만, 전쟁이 발발하자 집으로 돌아오는 길이 스코틀랜드에서 끊기게 될 것을 그가 거의 예상하지 못했다고 짐작해 볼 수 있다.

볼링겐 성탑城塔에서 어느 날 저녁식사 후에 ― 그가 당시 팔순을 훨씬 넘긴 나이였는데 ― 무언가가 집으로 돌아오는 길에 겪었던 위험했던 일을 상기시켜 주었던 게 틀림없다. 그것은 40년도 더 지난 일인데도 그는 그것을 자세히 묘사했다.ⓒ 그는 중립국 사람이었지만, 프랑스를 경유하여 곧장 집으로 돌아오는 것이 당장에는 불가능하다는 것을 알았다. 왜냐하면 독일군이 벨기에를 휩쓸고 진군해 들어가고 있었으며, 그들은 파리를 노리고 있었던 게 분명했기 때문이다. 그래서 그는 가장 힘든, 네덜란드를 가로지르는 길을 택했다. 영국의 철도 체계가 전시동원령으로 인해 혼란스러워졌고, 유럽대륙과의 민간 통신수단도 다 두절되었었기 때문이다. 게다가 중립국에서 온 하계 휴양객들이 네덜란드로 갈 수만 있다면, 어떤 운송 수단이든 잡으려고 몹시 애를 썼기 때문이다. 그러나 융은 어려운 경로를 택했고, 마침내 네덜란드 땅에 이르게 되었다. 제1차 세계대전 중에 네덜란드는 중립국이었고, 이를 유지하려고 노력했지만, 네덜란드인들은 전대미문의 흥분 상태에 빠져있었다. 벨기에의 운명은 이제 자신들도 어찌할 도리가 없었고, 그들 자신의 안위는 위험스럽게도 네덜란드를 침공하는 독일군 손에 놓이게 되었다. 이 나라는 분명 파리로 향하는 독일의 경로 상에 있는 나라가 아니었기 때문에 사실 극심한 공포를 느끼지 않을 수 있었다. 그러므로 그 중에

ⓒ 그 때 루스 베일리, 마리-루이제 폰 프란츠, 그리고 내가 거기 함께 있었다.

서 네덜란드를 거쳐 독일 국경으로 가는 여정은, 초만원의 기차들과 주변의 모든 사람들이 느끼는 극도의 불안감 속에서도 그나마 융에게는 가장 쉬운 길이었다.

네덜란드에 있는 동안, 융은 집으로 가는 길에 대한 최선의 조언을 들을 수 있었다. 유일한 방법은 독일을 통과하여 라인 강을 따라 내려가는 것이었다. 그는 전쟁이 불가피해지자마자 내려진 스위스군의 총동원령에 응하기 위하여 고국으로 가는 다른 몇몇 스위스 사람들과 합류했다. (전쟁 기간 동안 스위스가 계속 중립국의 위치에 있었다 하더라도, 국경지대는 항상 공습에 대비하여 철저한 방어태세를 갖추고 있었다.) 그러나 서두를 수가 없었다. 출발했던 몇 안 되는 기차들도 인산인해를 이루고 있었다. 융은, 복도에서, 심지어는 화장실에서 며칠 밤을 선 채로 보냈으며, 군인들을 태운 열차가 전선으로 가는 동안, 옆으로 밀려난 채 오랜 시간을 기다려야 했다고 우리에게 말했다.

그러나 그가 가장 감동을 받은 것은 독일 국민들의 마음 상태였다. 역 안에는 모든 종류의 휴게 시설들이 마련되어 있었는데, 아무도 돈을 내는 사람이 없었으며, 사람들은 마치 특이한 황홀경 속에 빠져있는 것처럼 보였다. 그는 모든 것이 사랑의 향연처럼 그에게 감동을 주었다고 말했다. 그것은 인상적이었고, 그것을 생각하면, 40년이 지났는데도 여전히 감동을 주었으며, 적잖이 어리둥절해졌다. 그는 독일인들이 다른 나라사람들보다 의식과 무의식 사이의 문턱이 낮다고 말하곤 했는데, 그 이유는 그들이 대중에게 호소하는 사상에 너무나 쉽게 넘어가기 때문이다. 마침내 약 한 달 후에야 여행을 시작할 수 있었는데, 융은 자신에게 익숙한 바젤 쪽으로 국경을 넘었다. 드디어 집에 전화를 하고, 정상적으로 철도를 이용하고, 문명세계의 편의를 누릴 수 있게 된 것이 그에게는 믿을 수 없는 일이었다고 우리에게 말했다. 동원령이 끝나고 배급이 진행되자 스위스 사람들은 일상적인 삶을 살 수 있었다. 하지만 1940년에 그랬던 것처럼, 그들은 언제라도 공격받을 수 있는 가능성이 있다고 생각했다.

전쟁이 발발했을 때, 융은 이제 막 그의 운명적인 "무의식과의 대면"을 시작한 상태였다. 더욱이 그는 그때 엄청난 어려움을 겪고 있었다. 그것은 그가 잠재된 정신병에 대한 공포로 인해 앞이 안 보이고 길을 잃어버려, 굉장히 당혹스럽고 고통스러운 상태에 있었기 때문이다. 그는 여전히 그 자신을 찾기 위한 대부분의 고투를 해야 했으며, 전쟁 중에 그것을 겪게 되었다.

제7장
제1차 세계대전
1914-1918

      융은 유럽 전역을 뒤덮은 고통과 공포로 크게 동요되었지만, 어려운 여정을 마치고 호숫가 집으로 돌아오자 안정을 되찾았다. 자신의 정신 상태가 과연 온전한 것인지 걱정스러웠는데, 이제 그것이 말끔히 해소되었기 때문이다. 물론 이런 두려움이 무의식을 탐색하는 과제를 수행하는 과정에서 그를 방해하기도 했다. 하지만 그는 이렇게 말했다. "이제 나의 과제는 분명해졌다. 즉, 나는 무엇이 일어났으며 어느 정도까지 나의 체험이 인류의 보편적인 경험과 일치하는지 이해하려고 했다. **그러므로 나의 첫 번째 임무는 내 자신의 마음의 심층을 탐색하는 것이었다.**.... 이런 작업이 그 밖의 다른 모든 것보다 우선했다."[1]

      아마 "자신의 마음의 심층"을 경험해 보지 않은 사람들은 이것이 얼마나 위험한 모험인지 이해하기 어려울 것이다. 22쪽의 도해로 돌아가 보면, 이제 융은 모든 인류에게 공통되는 하층부를 탐구하는 일에 참여하게 되었다고 할 수 있다. 그가 최초로 이 층이 있다는 주장을 제기한 사람은 결코 아니었지만, 이것은 현대 심리학에 의해 아직 고려되지 않고 있던 부분이었다. 그 당시에 현대 심리학은, 융이 나중에 "개인적 무의식"이라고 부른, 의식 아래에 있는 첫 번째 층을 탐색하는 데 그쳤다. 융은 그 당시 그것을 몰랐다. 하지만 같은 스위스 사람인,

유명한 파라켈수스Paracelsus(르네상스기 스위스의 혁명적인 연금술사적 의화학자로서 철학자 - 역주)는 거의 400년 전에 이미 그러한 층을 탐색한 바 있다.

우리가 지금 언급하고 있는 때로부터 거의 30년이 지나, 파라켈수스가 1541년에 죽은 지 400주년이 되었을 때 융은 스위스의 유명한 의사이자 연금술사였던 그에 관한 강연을 두 번 했다. 1941년 10월 5일 저녁, 그는 아인지델른Einsideln(베네딕트회 수도원에 있는 '검은 성모상'으로 유명한 스위스 최대의 순례지 - 역주)에서 열린 두 번째 강연에서 거기 가득 모인 사람들에게 이렇게 말했다.

"무의식을 받아들이는 것"이 무엇을 의미하는지 이해할 수 있는 사람들이 오늘날 얼마나 되는지 나는 모른다. 나는 그 수가 너무 적을까봐 두렵다. 그러나 아마 괴테의 『파우스트』 제2부는 단지 부수적인 관점이나 의심스러운 관점에서 보면 미학적인 문제이지만, 본질적인 관점이나 훨씬 위대한 관점에서 보면 인류의 문제로 여겨질 것이다. 이 시인을 고대古代로 인도한 것은 바로 파라켈수스의 지혜로운 노동labor Sophiae에 비교할 수 있는 몰두, 즉 무의식과의 연금술적인 대면이다. 이것은 한편으로는 정신의 원형적 세계를 이해하기 위해 노력하는 것이고, 다른 한편으로는 정신적인 진실이 지니고 있는 측량할 수 없는 높이, 깊이와 역설에 매혹되어 온전한 정신이 위협받을 위험성과 맞서는 것이다. 여기서 빡빡하고, 구체적이고, 낮과 같이 밝은 마음은 한계에 도달한다. 여기에서 인간의 마음은 그 근원, 즉 원형과 대면하게 되고, 유한한 의식은 그것의 고태적인 근원들과 대면하게 되고, 그리고 죽을 수밖에 없는 자아는 불멸의 자기Self(안트로포스Anthropos, 푸루샤purusha[인도 베다교의 원인原人을 상징하는 인도철학 상의 개념 - 역주], 아트만atman, 또는 개인적 자아에서 생긴 인간의 생각이 집단적 전의식前意識 상태에 부여할 수 있는 모든 이름들)와 대면하게 된다. 그것은 혈족과 낯선 이를 즉시 알아보면서도, 아직은 뭐라고 말할 수 없으나 현실적인 것을 향해 다가오는 미지의 형제를 알아보지 못한다.... 여기서 우리는 파라켈수스와 더불어, 우리 문화에서 전에는 전혀 공공연하게 혹은 결코 분명하게 제기되지 못했던 질문, 부분적으로는 순전히 무의식에서, 부분적으로는 거룩한 경외감에서 나온 질문을 하고 있다는 것을 알아야 한다. 더욱이 안트로포스의 비밀 교의는 교회의 가르침과 전혀 관련이 없었기 때문에 위험시되었다. 왜냐하면 그러한 관점에서 그리스도는 내면의 안트로포스의 반영이었기 — 또한 반영에 불과했기 — 때문이다. 그러므로 거기에는 이 인물을 해독할 수 없는 비밀스러운 이름들로 위장해야 할 수백 가지의 타당한 이유들이 있었다.2ⓐ

그러나 그 당시 융이 그 자신의 마음 깊은 곳을 탐색하고 있을 때, 이 발췌문에서 언급된 것들 중에서 그가 알고 있던 유일하게 필적할만한 여정은, 바로 괴테의『파우스트』였다. 우리는 그가 학창시절에 이 거대한 드라마를 처음부터 끝까지 읽고, 그것이 "신비의 묘약miraculous balm" 처럼 그의 영혼에 스며들었다는 것을 알고 있다. 그러나 나는 그가 "무의식과 대면" 하는 동안, 그것이 그의 마음속에 항상 있었는지는 모른다. 나는 그것이 그의 마음에 있었다고 그가 말하는 것을 들은 적도 없고, 그것을 물어보았지만 아직까지 거기 대해 대답해 준 사람도 없었다. 그가 연금술을 공부한 **후에** 비로소『파우스트』제2부가 그러한 대면이었음을 더욱 더 깨달을 수 있었으리라고 나는 생각한다. 그는, 우리가 지금 언급하고 있는 때로부터 거의 20년이 지나서야 연금술을 공부하게 되었다. 아무튼 그는 자신의 경험을 통해, 히폴리투스Hippolytusⓑ의『논박Elenchos』에 보고된 영지주의 문헌들이 처음으로 아주 비슷하다는 것을 발견했다는 말을 나

ⓐ "해독할 수 없는 비밀스런 이름들"은 (파라켈수스를 포함한) 연금술사들에 의해 그들의 중심 비의에 부여된 "수천 가지 이름들"을 말한다.
ⓑ 히폴리투스가 교부였고, 영지주의자들에 **반대하여** 글을 썼을 것으로 예상되지만, 대부분은 아니더라도, 우리는 그러한 것들에 대한 정보를 얻는데 그에게 많은 빚을 지고 있다.

에게 몇 번 한 적이 있다.

　전쟁이 발발하기 전에 — 그 극도로 어두웠던 때에 — 융은 환상을 기록했고, 하나의 환상을 붙들고 늘어져, 점차 그 환상에 적극적으로 참여하는 법을 배웠다. 이제 그는 많은 것을 발견함으로써 그가 만났던 인물들에게 말할 수 있다는 것과, 그들이 그에게 말하고 싶어 하는 것과, 그들이 그에게서 원하는 것이 무엇인지 알게 되었다. 그는 이 때 한 가지 규칙을 만들었는데, 그가 만났던 한 인물 혹은 여러 인물들이 **왜** 자신에게 나타났는지를 말해주기 전에는 그들을 절대 보내주지 않았다고 나에게 말했다. 이를 위해선 엄청난 노력이 필요하다. 왜냐하면 환상속의 인물들은 꿈속의 자율적인 인물들처럼 너무나 쉽게 사라지거나, 아니면 무언가 다른 것으로 변할 수 있기 때문이다. 그러나 의식을 충분히 그들에게 집중하면 그들을 단단히 붙들어 놓을 수 있다.

　이런 일이 어떻게 가능한지 보여주는 고전적인 예가 바로 호메로스의 『오디세이*Odyssey*』 제4권에 나온다.3 텔레마코스Telemachus(그리스 신화에 나오는 인물. 오디세우스와 페넬로페의 아들로, 행방불명된 아버지를 찾아 유랑했으며, 아버지가 돌아온 후에는 아버지와 함께 어머니에게 구혼했던 자들을 죽였다 - 역주)는 어머니 페넬로페Penelope에게 구혼했던 자들의 충격적인 행위로 인해 집에 머무는 게 싫증이 나서 트로이에서 아직 돌아오지 않은 아버지 율리시스Ulysses('오디세우스'의 라틴어 이름 - 역주)를 찾아 나선다. 그가 두 번째로 탐사한 곳은 메넬라오스Melelaus(그리스 신화에 나오는 스파르타의 왕. 아내 헬레네가 트로이의 왕자 파리스에게 유혹되어 트로이로 가자, 형 아가멤논과 함께 군대를 모아 트로이 전쟁을 일으켜 트로이를 함락한 후 헬레네를 찾아 스파르타로 돌아왔다 - 역주)의 고향인 스파르타다. 후자(메넬라오스를 말함 - 역주)는 "결코 실수하지 않는 바다의 노인(프로테우스Proteus[예언과 변신술에 능했던 그리스 신화에 나오는 바다의 신 - 역주])의 입술을 통해 내가 들은 모든 것을 숨기거나 남겨두지" 않고 텔레마코스에게 이야기해 줄 것이라고 말한다. 그때 그는 그(메넬라오스)가 신들에게 마땅히 드려야 할 제물을 드리지 않고 너무 일찍 트로이를 떠났다고 말한다. 그래서 그는 나일 강 하구에 있는 파로스 섬island of Pharos(그리스 키클라데스

제도에 딸린 섬 - 역주)에 발이 묶이게 되었다는 것을 알았다. 먹을 것이 부족했고, 또한 "불멸의 존재들을 노엽게 했음"을 그제야 깨달은 메넬라오스는 어떻게 보상해야 할지 몰라 당혹스러워했다. 어느 날 그는 모래사장을 걷다가 한 아리따운 여인을 만나게 되는데, 그 여인은 바다의 노인 프로테우스의 딸 에이도테 Eidothee였다. 아무것도 하지 않는 그를 꾸짖은 후에 그녀는, 그가 알아야 했던 모든 것을 그에게 말해주겠다고 약속했다.

그 때 그녀는 그에게 그 섬이 "포세이돈에게 충성을 맹세하고, 바다의 모든 깊이를 알고 있는," 그리고 그가 바로 그의 모든 어려움을 극복할 수 있는 방법을 말해줄 수 있는, 프로테우스가 자주 나타나는 곳이라고 알려주었다. 하지만 프로테우스는 그렇게 하지 **않을 수** 없었다. 그때 에이도테는 어떻게 그것이 가능한지 설명해 주었고, 메넬라오스를 돕기로 약속했다(그녀는 매우 큰 도움을 주는 아니마 상이라는 것을 보여준다). 매일 정오에 프로테우스는 "그가 태어난 소금"에서 나와서 목자가 양을 세듯, 먼저 그의 바다표범들을 센 후에, 동굴의 은신처에서 낮잠을 잤다. 메넬라오스는 다음날 아침 자신의 최고 수하 세 명과 함께 거기서 그녀를 만났고, 그 때 그녀는 자신의 아버지를 어떻게 대해야 할지 그에게 가르쳐주었다.

다음날 아침 동틀 무렵, 그들은 그 여신女神을 만났다. 그녀는 모래를 파서 그들을 위해 은신처를 만든 후에, 그들을 각기 갓 벗겨낸 바다표범 가죽으로 덮어 주었고, 그들에게 달콤한 향이 나는 암브로시아ambrosia('불멸'을 의미하는 것으로 올림포스 산에 있는 신을 위한 음식 - 역주)를 주어서, 견딜 수 없는 악취를 견뎌낼 수 있게 해 주었다. 곧 바다에서 수많은 바다표범들이 솟아 올라와서 그들 주변을 온통 에워싸며 자리에 누웠다. 정오에 프로테우스가 나타났으며, 의심하지 않고 그들을 그의 바다표범들과 함께 세어 본 후에 누워 잠이 들었다. 에이도테의 지시를 따라, 그들은 우선 소리쳐서 그를 깨웠고, 네 명의 힘센 남자들은 그를 굳게 붙들었다. 여신女神이 예견한대로, 그는 즉시 일련의 변신을 시작했다. 즉, 그는 재빠르게 사자로 변하더니, 그 다음 뱀, 표범, 거대한 멧돼지로 변신했다. 그는 심지어 흐르는 물과 잎이 무성한 큰 나무로 변하기도 했다. 그러나 드디어 그의 "마법 창고"가 바닥나게 되었고, 그의 본래 모습으로 돌아가서 말하기 시작했다. 이때가 바로 여신이 그들에게 기다리라고 말했던 순간이었다. 왜냐하면 이제 드디어 그가 질문에 대답해 주려고 하는 순간이 되었기 때문이다. 그는 메넬라오스에게 이집트로 돌아가는 길뿐만 아니라 그가 전에 제사를 빠뜨린 것으로 인해 분노했던 신들을 진정시키는 방법도 일러주었다(그리하여 그는 순풍을 타고 항해하여 집으로 돌아갈 수 있었다). 그러나 텔레마코스에게 최대의 관심사는, 그가 헬레네Helen(스파르타 왕의 아내로 절세 미녀이며 트로이 왕자 파리스Paris에게 잡혀가 트로이 전쟁이 일어났음 - 역주)와 함께 황급히 떠났던 트로이에 아직 머물고 있는 그의 고향사람들의 운명을 마지못해 그에게 말해준 것이었다. 그가 처음으로 말해준 두 사람은 (메넬라오스의 형제 아가멤논을 포함하여) 재앙을 만났다. 이는 메넬라오스에게 큰 슬픔이었다. 그러나 세 번째로 텔레마코스의 아버지 오디세우스는 아직 살아있었고, 님프 칼립소Calypso(그리스어로 '감추는 여자' 라는 뜻의 그리스 신화에 나오는 님프이며, 티탄족인 아틀라스의 딸이다 - 역주)의 섬에 갇혀있었다.

이 이야기는 우리가 "무의식과 대면" 할 때 만나게 되는 인물들을 어떻게 다루어야 하는지를 가장 유연하게 보여준다. 즉, 이것은 융이 스스로 발견한 방법과 거의 똑같다. 예컨대 그는, 어느 날 그의 환상이 분명히 원시인들이 거주하던 외딴 계곡으로 그를 인도했다고 나에게 말했다. 키가 크고 꽤 인상적인 주술사가 그의 모든 발걸음과 움직임을 주시하며 아무 말 없이 그의 곁에 있었고, 융은 바위에 새겨진 어떤 글을 우연히 보게 되었다. 그것을 읽어 보고 싶었지만, 그것은 그가 전혀 모르는 언어였다. 그것이 꽤나 읽기 어려웠기 때문에 그는 정과 망치를 가져다가 바위 위에 그 글자들을 조심스럽게 더 깊게 새기기 시작했다. 그를 아주 열심히 주시하던 그 주술사가 다가왔다. 그 때 그는 갑자기 돌가루가 눈에 들어갔다고 불평했다. 그는 융에게 그것을 꺼내라고 했지만, 융은 그것을 기회로 알고, 그 주술사가 이 비문을 읽고 해석해주기 전까지 그렇게 하는 것을 거부했다. 그 사람은 그렇게 하기를 원치 않았고, 융은 마치 메넬라오스와 그의 동료들이 했던 것처럼, 그를 놓아주지 않고 기다렸다. 결국 그는 돌에 새겨진 전문을 읽어주었다. 그리고는 그 환상이 끝나고 모든 것이 사라졌다. 하지만 융은 그 비문을 기억하여 그것을 새겨 넣을 수 있었다. 그것은 분명 그 모든 환상의 핵심이었다.

융이 『오디세이』를 읽었다는 것은 의심의 여지가 없다. 왜냐하면 그는 바젤 김나지움에서 라틴어뿐만 아니라 헬라어도 배웠기 때문이다. 그러나 그는 그것이 그자신의 경험과 비슷하다는 것을 분명히 눈치 채지 못했다. 아무튼 마리-루이제 폰 프란츠가, 이 고전적인 예例를 그가 주목한 것이 적극적 명상에 필적하는 것이라고 했을 때, 그는 매우 감동을 받았고 흥미로워했다. 내가 이를 여기에서 언급하는 이유는, 적극적 명상에 관한 나의 강의에서, 이러한 인물들이 어떻게 다루어져야 하는 지를 보여주는 것이 큰 도움이 된다는 것을 발견했기 때문이다. 나는 이것이 또한 융이 무의식을 탐색하면서 무엇에 직면하고 있었는지 독자들이 약간의 아이디어를 얻도록 도울 수 있기를 바라기 때문이다.

그는 어떤 노인과 어떤 소녀에게 말을 걸려는 첫 번째 시도를 했다. 그들이 엘리야Elijah와 살로메Solome라고 말하자 그는 놀랐다. 융은 이것을 가장 기이한 짝이라고 생각했다. 하지만 엘리야는 그들이 영원부터 함께해왔다고 확실하게 말했다. 나중에 그는 많은 신화들에서 이런 커플들의 다른 예들, 곧 클링조르Klingsor와 쿤드리Kundry, 노자老子와 춤추는 소녀, 트로이의 헬레네의 화신이라고 언급된, 매춘 굴에서 데려온 소녀와 항상 함께 있었던, 영지주의 전통을 가진 마술사 시몬Simon Magnus(사도행전 8장 9절에 나오는 인물 - 역주), 기타 다수를 발견했다. 엘리야와 살로메는 커다란 검은 뱀과 함께 있었는데, 융은 이 뱀이 매우 마음에 들었다. 융이 보기에 엘리야는 그 셋 중에서 가장 합리적이고 지적이었다. 이 삼인조三人組는 얼마간 그와 함께 있었고, 점차 필레몬Philemon의 모습이 엘리야로부터 발전되어 나타났다.(융의 모든 탐구 가운데 가장 중요한 인물인 필레몬에 대한 이야기는 나중에 다시 하게 될 것이다.)

이런 쌍 — 어린 소녀와 노인 — 은 융의 운명에 광범위한 영향을 미치도록

되어있었다. 왜냐하면 — 동시에 너무 많은 환상을 보았기에 — 그가 놀라운 발견을 했기 때문이다. 그의 모든 친구들과 지인들 중에서 한 처녀만이 그의 비범한 경험들을 따라갈 수 있었고, 대담하게 그와 함께 지하세계로 동행할 수 있었던 것이 사실이다. 토니 볼프는 실제로 융보다 13살이 적었다. 그는 당시에 40세 정도 되었다. 그러나 우리가 알다시피, 그와 김나지움을 함께 다닌 친구들은 이미 그를 "족장 아브라함"으로 불렀던 적이 있다. 나는 그 두 사람을 다 잘 알고 있었는데, 그들이 함께 있는 것을 종종 본 사람이라면, 그가 노현자의 원형 prototype of the wise old man이었던데 반해, 그녀는 영원한 젊은이eternal youth의 특질을 지니고 있었다는 사실에 동의할 것이다. "무의식과의 대면"에서 동무가 되어주기 위해 그녀가 자신의 비범한 재능 — 그것을 그녀의 천부적 재능이라 부르는 것은 과장이 아닐 것이다 — 을 그에게 부여해 줄 수 있는 생활방식을 발견하는 것이 처음에는 결코 쉽지 않았다.

앞 장에서 살펴본 대로, 토니 볼프는 아버지가 갑작스럽게 세상을 떠나자 우울증이 심해져서 어머니가 융에게 데려갔었다. 이런 일이 일어날 것을 아무도 예상하지 못했다. 왜냐하면 볼프 씨는 클럽에서 병이 나서 집으로 옮겨진 후 불과 몇 시간 만에 사망했기 때문이다. 나는 분석이 얼마나 오래 지속되었는지 정확히 모르지만, 삼년 쯤 받은 것으로 생각한다. 분석이 진행되고 나서 한동안 그들은 서로 다시 만나지 못했다. 융은 이미 그녀의 놀라운 재능을 알아보았으며, 토니에 대한 그의 감정으로 인해 그의 아내와 가정에 대한 애정과 헌신의 폭이 줄어들지 않고, 오히려 깊어졌음을 깨달았다. 그의 가족과 가정의 존재는, 특히 무의식과 대면하는 시기에 그에게 절대 필요했다. 또한 우리는 토니 볼프를 그의 인생에 어떻게 포함시킬 것인가 하는 문제도 같은 시기에 속한다는 것을 기억해야 한다. 그는 가족에 대해 다음과 같이 말했다.

나는 그 낯선 내면세계를 조정하는 반대극의 무게로서, 말할 것도 없이 당연한 합리적인 생활을 영위하는 것을 가장 절실히 필요로 했다. 가족과 직업은 나에게 내가 그곳으로 언제나 돌아올 수 있는 기반으로 남아 있었고, 그것은 나에게 내가 정말 현존하는 평범한 사람임을 증명해 주었다. 무의식의 내용은 때로 나를 정상궤도에서 벗어나게 할 수 있었다.... [그러나 가족과 직업]은 나에게 무언가를 요구하는 현실이었고, 내가 실제로 존재한다는 것을 재차 증명해주었기 때문에, 나는 니체처럼 바람이 부는 대로 나부끼기만 하는 잎사귀가 아니었다. 니체는 그의 사상의 내면세계 이외에는 아무 것도 소유하고 있지 않았기 때문에 — 사실 이 내면세계는 그가 그것을 소유하고 있는 것보다 그를 더 많이 소유하고 있었지만 — 발을 딛고 설 토대를 잃었던 것이다. 그는 뿌리가 뽑혔고 땅 위를 떠돌았다. 그러므로 그는 과장과 비현실성에 빠졌다. 이런 비현실성은 나에게는 혐오 그 자체였다. 왜냐하면 나는 전 세계가 아닌, 이 세계*this world*, 이 삶*this life*을 원했던 것이다. 내가 그토록 방황하고 침체되어 있기는 했지만, 나는 언제나 내가 체험한 모든 것은 바로 이 나의 살아 있는 삶을 원하고 있었다는 것을 알았고, 나는 그 삶의 의미와 폭을 충족시키고자 노력했다. "여기가 로도스 섬이다. 여기서 뛰어라!Hic Rhodos, hic salta!" (이솝우화에 따르면, 로도스 섬에서 열린 운동경기에서 한 운동선수가 "나는 집에서는 훨씬 더 잘 뛸 수 있다"고 하자, 옆에 있던 사람이 "알았으니 여기서 증명해보라"고 말했다고 한다 - 역주)가 나의 모토였다. 따라서 내 가족과 내 직업은 언제나 나에게 즐거움을 가져다주는 현실로 남아있었고, 내가 정상적인 생활을 하고 있다는 것을 보증해주었다.**4**

"무의식과 대면" 하느라 극도로 힘들었던 시기에 그는 또한 결혼한 남자가 늘 직면해야만 하는 가장 어려운 문제에 대처해야 했던 것 같다. 즉, 그것은 아내와 다른 여성을 동시에 사랑할 수 있느냐 하는 점이었다. 그러나 한 가지 문제가 다른 문제와 얽혀있었는데, 그 둘은 실제로 같은 문제의 두 측면이었다. 비록 그가 그 때에는 아직 아니마 원형*archetype of the anima*을 인식하지 못했지만,

이 인물은 내면의 모든 인물들 중 한 남자와 가장 비슷한 존재다. 그녀는 무엇보다도 남자와 그의 무의식을 잇는 다리이며 중개자다. 융은 또한 아니마가 그녀 자신을 현실의 여성에게 자주 투사한다는 것과, 이 투사가 그 여성에게 전적으로 누미노제적인numinous 무의식적 속성을 부여한다는 것을 아직 모르고 있었다. 다시 말해 그녀는 여신과 같은 매력까지 가지고 있다. 융이 아직 소년이었을 때 플뤼에의 니클라우스 암자를 방문하고 돌아오는 길에 작젤른 근처에서 만난 소녀에게서 우리는 이미 아니마가 첫 번째로 나타난 것을 보았다.ⓒ 그 만남은 단지 가벼운 맛보기에 불과했지만, 그것이 그에게 지울 수 없는 인상을 남겼다. 이 경우에, 융이 바로 전에 그의 암자를 방문했던, 노현자老賢者 클라우스 수사와, 그곳을 방문한 직후에 만났던 어린 소녀가 어떤 연관이 있었다는 것은 흥미로운 일이다.

 토니 볼프는 아마 — 내가 여태까지 알고 있던 모든 "아니마 유형" 중에서 — 이런 인물로 투사받기에 가장 적합했던 것 같다. 엄격히 고전적인 의미에서 보면, 그녀는 그리 아름답지는 않았다. 하지만 그녀는 이 세상의 여자라기보다는 오히려 여신과 같은 모습을 지닌, 훨씬 아름다운 모습으로 비추어질 수 있었다. 그녀는 남자들과 함께 하는데 있어서 아주 특별한 재능을 — 또한 어떤 여자들 역시 다른 방식으로 — 가지고 있었다. 즉, 무의식 속으로 들어가는 것이 바로 그녀의 운명이었다. 사실 그녀는 융과의 관계를 통해 이러한 재능을 배웠지만, 나중에 분석가가 되었을 때 그와 같은 재능을 보여주었다. 사실상 그것은 분석가로서 그녀가 가진 가장 값진 재능이었다. 이상하게도, 그녀의 설명에 따르면, 그녀는 한 번도 무의식속으로 들어가 보지 않았다고 한다. 여러 해가 지난 뒤에 — 1944년에 융이 가장 오래 병을 앓고 있을 동안에 — 그녀는 이제껏 한 번도 적극적 명상을 실제로 해본 적이 없었다고 하면서, 그 방법을 가르쳐 줄 수 있는지 나에게 물어본 적이 있다. (그래서 나는 놀랐다. 왜냐하면 나는 그녀가

ⓒ 88쪽 이하를 보라.

적극적 명상법으로 많은 사람들을 도운 것으로 알고 있었고, 대체로 자신이 직접 경험해보지 않고서는 이것을 할 수 없기 때문이다). 그러나 나는 이내 그녀가 적극적 명상을 할 수 있는 능력도 없고, 직접 무의식을 경험해보고자 하는 최소한의 바람(그녀가 정말로 **해야 한다**는 희미한 느낌을 가지고 있는 것을 제외하고)도 가지고 있지 않다는 것을 알았다. 그녀는 분명히 무의식의 객관적인 존재를 의심하지 않았지만, 그녀 스스로 무의식 안으로 들어가고자 하는 노력은 기울이지 않았다. 그녀는 다른 사람들의 진솔한 경험들을 주저 없이 받아들이고, 평온한 태도로 가장 비합리적이고, 믿기 힘들 정도로 기묘한 현상들을 대함으로써, 그들에게 가장 확실한 도움을 줄 수 있었다. 나는 최소한 그녀처럼 이렇게 존중하는 자세를 가지고 있는, 다른 사람을 본 적이 없다. 대개 그런 재능을 가진 사람들은 독특하기 마련이다.

    융과 떨어져 있는 동안 토니는 원래 가지고 있던 우울증에 다시 빠지게 되었다. 그리 심하지는 않았지만, 분명히 그것은 우울증이었다. 그러나 융은 여전히 어떤 식으로든지 분석시간 외에 그녀를 따로 만나는 것을 망설였다. 왜냐하면 그는 자신이 그녀에게 얼마나 끌렸는지를 잘 알고 있었으며, 그의 아내와 가족에게 고통을 안겨주는 것을 매우 싫어했기 때문이다. 그는 마리-루이제 폰 프란츠와 나에게, 이상하게도 그가 어떤 대가를 치르고서라도 생활방식modus vivendi을 찾도록 마지막으로 자극을 준 것은 바로 그의 가족이었다는 말을 한 적이 있다. 의사로서의 업무를 통해, 그는 이것이 얼마나 필요한지 알고 있었다. 왜냐하면 그는 이미 아버지들이, 결혼 생활에서 애정을 좀처럼 찾아보기 힘들거나, 애정을 충분히 표현하지 못함으로써 딸들에게 막대한 피해를 주고 있다는 것을 너무 자주 목도했기 때문이다. 아버지가 살아내지 못한 삶은 **무의식적으로** 딸들에게 옮겨지게 된다. 그는 이러한 두려움 때문에 밤을 꼬박 새웠으며, 본의 아니게 전적으로 무의식의 영향을 받아 매력적인 삶을 살기를 거부했다면 딸들의 에로스를 망쳐놓을 수밖에 없다는 것을 그날 밤 서서히 깨달았다고 우리에게 말했다. 이러한 그의 노력이 성공을 거두었음은, 그의 네 딸들이 모두 일찍 결혼했다는 사실을 통해 알 수 있다. 아버지가 저명한 사람인데도 불구하고 이런 경우는 매우 드문 일이다.

융은 토니와의 우정을 자신의 삶의 일부로 만드는 노력에 성공할 수 있었다. 이는 주로 그 자신과 관계된 모든 이들을 세심하고 공정하게 대했기 때문이다. 특히 어떤 생활방식이 자리 잡기 전까지는, 물론 그와 관련된 모든 이들에게 너무나 큰 고통과 어려움이 있었다. 질투는 누구나 다 가지고 있는 속성이다. 그러나 융은 종종 이런 말을 했다. "모든 질투의 핵심에는 사랑의 결핍이 있다."[5] 그런 상황에서 벗어날 수 있었던 것은, 이들 셋 중 어떤 이에게도 "사랑의 결핍"이 없었기 때문이다. 융은 아내와 토니 모두에게 만족할 만큼 최선의 것을 줄 수 있었고, **두 여자는 정말로** 그를 사랑했다. 그러므로 오랫동안 그들이 때로 서로에 대해 고통스러운 질투의 감정을 가지고 있는 동안에도, 언제나 사랑으로 모든 것을 헤쳐 나갔으며, 상대방에게 어떤 파괴적인 행동도 하지 않았다. 몇 년 후에 엠마 융은 심지어 이런 말을 하기도 했다. "그는 내게서 어떤 것을 취해서 토니에게 주지 않았답니다. 오히려 그가 그녀에게 더 주면 줄수록, 나에게 더 많은 것을 줄 수 있을 것 같았어요." 물론 이런 놀라운 통찰은 쉽게 얻어진 것도 아니고, 고통 없이 이루어진 것도 아니다. 그러나 우리가 대부분의 아내들이 독점하려는 태도를 가진 것을 생각해 보면, 어쨌든 이렇게까지 할 수 있었다는 것은 놀라운 일이다. 토니 역시 많은 미혼 여성들이 빠지기 쉬운 죄, 즉 어떻게든 결혼생활을 파탄내고 그 남자와 결혼하고자 하는 욕구를 극복했다. 토니는, 이 정도로 거의 보편적인 여성적 본능에 여지를 주어서는 **안 된다**는 것을 배우는 것이, 자신의 인생에서 그 어떤 것보다도 힘들었다고 내게 말한 적이 있다. **사실**을 천천히 깨닫는 것 — 그녀는 직관형이었다 — 은 토니의 특성이었다. 그러나 일단 그녀가 그것을 한 번 깨닫게 되면 그것을 영원히 인식했고, 다시는 흔들리지 않았다. 그녀는 나중에 융이 결혼생활에 변함없이 충실하다는 것을 알고 나서, 그것이 오히려 충실하지 않은 것보다 그녀에게 더 많은 것을 줄 수 있음을 깨달았다.

융이 "무의식과 대면"하는 동안, 언제나 변함없는 공감과 이해를 보여준 토니와 교제할 수 있었던 것이 융에게는 매우 큰 도움이 되었다. 그는 여러 해가 지난 후에, 이런 일이 실제로 일어나진 않았지만, 그녀가 그를 위해 더 이상 아무 것도 할 수 없었다 해도, 그는 당시 그녀가 그를 위해 했던 일들을 **결코** 잊을 수 없었을 것이라고 나에게 말한 적이 있다. 그는 이렇게 말했다. "그녀가 나를 사랑하지 않고 내 운명에 관해 무관심했든, 아니면 그녀가 나를 사랑했든 — 정말 사랑한 것이 확실하지만 — 그 때 그것은 영웅심이 부족해서 그런 게 아니었어요. 그러한 것들은 영원히 변함이 없을 것이며, 나는 그녀에게 영원토록 고마워할 겁니다." 내 생각에, 그는 자신이 전적으로 홀로 견뎌온 모든 여정 중 가장 어려운 여정에서 살아남을 수 있을지 의심스러워했다. 아무튼 환자가 분명히 무의식과 소통하려는 사명을 가지고 있는 경우도 드물고, 또 그가 환자에게 적극적 명상을 하면서 무의식에로의 여행을 하도록 충고하는 경우도 드물었지만, 그는 항상 위험을 무릅쓰면서라도 자신을 이해해주는 사람하고는 그 누구와도 든든한 관계를 유지했다. (분석가가 이런 역할을 늘 하지는 않지만 종종 하기도 한다.) 이것은 그러한 든든한 관계가 없이는 너무나 위험하며, 결코 시도되어서도 안 된다.

"무의식과의 대면"에 관해 융이 설명한 것이 『회상』에 나와 있다. 그러나 나는 특별히 중요한 몇 가지를 독자들에게 상기시키고 싶다. 독자들은 융이 아직 바젤대학 학생이었을 때, 그의 집에서 일어났던 이상한 사건을 떠올리게 될 것이다. 70년 된 호두나무 식탁이 갑자기 폭발음을 내며 그 테두리가 중앙을 넘어서까지 쪼개졌던 일과, 두 주 후에 멀쩡하던 빵 자르는 칼이 산산 조각났던 사건 말이다. 1916년에 (그의 무의식에 관한 대부분의 작업이 그 해에, 그리고 제1차 세계대전 중에 이루어졌다) 같은 종류의 몇몇 사건들이 그의 퀴스나흐트 집에서 일어나기 시작했다.[6] 갑자기 담요가 젖혀졌으며, 그의 딸은 하얀 물체가 방을 가로질러 계속 걸어가는 것을 보았다. 이 일련의 사건들은 어느 일요일 오후에 온 식구들과 두 가정부가 정문 초인종이 요란하게 울리는 것을 들었을 때 절정에 달했다. 융은 초인종 소리를 들었을 뿐만 아니라 그것이 움직이는 것을 보기도 했다. 종이 거세게 울리는 동안 누가 거기 있는지 확인해보았지만, 거기엔 아무도 없었다. 숨이 막히도록 탁한 이 집의 공기를 더 이상 견디지 못하여(거기 사는 모두가 그렇게 느꼈다), 융은 서재로 가서 펜을 들고 무의식이 그 자신을 표현할 수 있도록 했다. 그는 사흘 저녁 동안에 "죽은 자를 향한 일곱 가지 설법 *Septem Sermones ad Mortuos*"ⓐ이라는 이상한 글을 썼다. 그는 이렇게 말했다. "내가 펜을 들자마자, 모든 유령의 무리가 사라졌다. 방은 조용해졌고, 분위기는 상쾌해졌다. 유령사건은 끝이 났다."**7**

말하자면 무의식속에 있는 어떤 것이 의식화되려고 할 때, 그러한 초심리학적인 현상이 종종 일어난다는 사실을 그가 처음으로 경험한 것이 확실하다. 나중에 융은 종종 창조적인 노력을 위한 전 단계(보통 그런 현상은 그가 무엇을 쓰려고 했는지 깨닫기 **전에** 일어났다)로 그런 현상(예컨대 가구에서 난 커다란 폭발음)을 경험했다. 또한 이것은 아마 초심리학적인 현상이 아직 그들 자신 안에서 일어나고 있는 커다란 변화를 의식하지 못하고 있는 청소년들에게서 특히 자주 일어나는 이유이기도 할 것이다. 그가 학부 시절에 경험한 매우 강렬한 현상(탁자와 칼)이, 그가 정신과 의사이며 "인간의 영혼과 그 숨겨진 깊이를 탐구하는 자"로서의 자신의 운명을 아직 의식하지 못했던 사실과 아무런 관계가 없었는지 모르겠다.ⓒ

모든 이상한 현상과 집안의 탁한 공기가 그가 펜을 집어든 순간 없어졌던 일은 융에게 엄청난 인상을 주었다. 그것은 무의식에 관한 작업을 계속하도록 크게 고무시켜주었다. 왜냐하면 그가 이 작업을 조금이라도 소홀히 하면, 그것이 그의 모든 환경에 나쁜 영향을 미치는 것을 보았기 때문이다. 결국 그로 하여금

ⓐ 이것은 개인적으로 인쇄되어 몇몇 가까운 친구들에게 전해졌다. 융은 이것이 *MDR* (pp. 378-90)의 부록으로 출간되는 것을 마지못해 허락했다. 거기에는, 나중에 "그는 그것을 젊은 시절의 죄로 묘사했으며 그것을 후회했다."고 기록되어 있다. 물론 그것을 후회했다고 한 것은 다만 개인적으로 **출간한** 것을 가리키는 것이다. 나중에 그는, 이것은 그의 다른 환상 및 내면의 인물들과의 대화처럼, 단지 『붉은 책Red Book』에 기록되었어야만 했다고 단언했다.

ⓒ 융이 태어난 집 벽에 새겨져 있는 말. 25쪽 각주 ⓐ를 보라.

토니 볼프와의 관계에서 오는 모든 어려움에 직면하게 된 것도 무의식이 그렇게 하도록 격려한 것으로 볼 수 있다. 즉, 무의식의 자극을 받아들이지 않으면 그의 주변에 부정적인 결과가 생겼다. 그는 무의식의 자극을 맹목적으로 따르지 않고, 의식과 무의식의 모든 관점을 고려하면서 늘 그 둘을 진지하게 다루고 그것들과 합의하는 것을 배웠다.

여러 해가 지난 후에, 그러니까 융이 인도에 가기 꽤 오래 전에, 매우 교양 있는 인도인은 자신의 구루가 바로 100년 전에 사망한 베다경Veda(고대 인도의 종교 지식과 제례규정을 담고 있는 문헌으로 브라만교의 성전을 총칭하는 말로도 쓰인다 - 역주)의 주석가인 샹카라차리야Shankaracharya였다고 그에게 말했다. 그 때 융은 대부분의 인도인들이 살아있는 구루를 갖고 있지만, 어떤 영靈을 스승으로 가지고 있는 사람들도 몇몇 있다는 것을 발견했다. 이것은 "무의식과 대면"하는 동안 그의 경험을 통해 확인했던 것 가운데 하나였다. 그것은 융에게 늘 매우 반가운 일이었다. 즉, 대부분의 유럽인들이 "신비적"이라고 하거나, 심지어 미쳤다고 하며 즉시 비난할 때, 완전히 독자적으로 똑같은 경험을 한 다른 사람들을 발견하게 되면 큰 위안이 되었을 것이다. 그리고 이 경우에 더욱이 문명화된 인도 사회에서, 혹은 30대 초반에, 살아있는 구루의 제자가 되는 것과 마찬가지로 영혼을 스승으로 가지는 것이 자연스럽게 여겨졌음을 알 수 있다.

이것이 바로 융이 경험했던 것이다. 그는 다만 무의식으로 인도하는 살아있는 안내자를 갖게 되는 것이 너무나 기뻤다. 그는 오랫동안 프로이트가 그런 안내자가 되어 주리라는 소망을 갖고 있었다. 어쩌면 이것이 둘의 관계를 희생시키는 것이 그렇게도 어려웠던 진짜 이유였을 것이다. 그러나 처음부터 프로이트의 "영혼에 대한 태도는 매우 의문스러워 보였다."[8] 점차 이런 일방적인 태도를 가지고서는 아무것도 이루어질 수 없다는 것을 서서히 알게 되면서,[9] 그는 불가피하게 무의식 자체로 돌아가서 무의식의 안내를 받을 수밖에 없었다. (토니 볼프의 다함이 없는 공감과 이해가 그에게 절대 필요했지만, 물론 그녀는 아무래도 **인도자**guide가 될 만한 경험도 지식도 갖고 있지 않았다.) 그는 엘리야의 본래 모습에서 서서히 발전된, 필레몬이라고 불렀던 인물로부터 안내를 받을 수 있다는 것을 알았다. 그는 융이 만났던 다른 어떤 인물들보다 무의식에 관해 훨씬 많이 가르쳐주었다. 요컨대 필레몬은 바로 인도에서 발견했던 인물들과 아주 비슷한, 적어도 15년 전엔 융이 후자의 존재에 대해 어떤 생각을 가지고 있던 영적인 구루였다.

필레몬이 그에게 가르쳐준 가장 중요한 것은 **정신이 실재한다**reality of the psyche는 것이었다. 이것이 바로 그의 심리학의 핵심이다. 그는 이것을 매우 유연한 방식으로 가르쳐주었다. 그는 그가(융이) 자신의 생각을 스스로 만든 것처럼 여기고 있다고 그에게 말해주었다(이것은 사실 흔히 있을 수 있는 서양적인 편견이다). 그러나 필레몬은 그에게, 생각은 오히려 숲속의 동물이나 방 안에 있는 사람들과 아주 비슷한 것이라고 하면서 이렇게 덧붙였다. "만일 그대가 방 안에 있는 사람들을 보았다면, 그대는 그대가 그 사람들을 만들었다거나 그대가 그 사람들에게 책임을 져야한다고 생각지는 않을 것이다."[10] 융이 정신의 객체성과 실재성, 정신의 절대적으로 독립적인 존재를 알게 된 것은 바로 필레몬을 통해서였다. 우리는 그것을 탐색할 수 있다. 하지만 우리는 극히 제한된 수준에서만 그것에 영향을 미칠 수 있다. 어떤 때는 사실 전혀 영향을 미치지 못한다. 나는 이것이 요점이라 생각한다. 왜냐하면 바로 여기에서 융 심리학에 대한 대부분의 오해가 생기기 때문이다. 무의식에 대한 탐구는 다른 어떤 과학과 똑같다고 할 수 있다. 즉, **다만 거기 있는 것만을 탐구할 수 있는 것이다**. 필레몬의 표현을 빌리면, 숲속에 나타나는 특정한 동물들을 살펴보듯이 하면 되는 것이다. 그러나 많은 사람들이 숲속을 걸으면서도 숲속에 어떤 동물들이 있는지 모르는 것처럼(종종 그것들을 열중해서 찾아보면서도), 많은 사람들은 — 심지어 대부분은 — 무의식으로부터 결코 아무것도 보거나 듣지 못한다. 사람들이 감지할 수 없는 것은 존재하지 않는다고 주장하는 것은 인간의 보편적인 특성이다. 그래서 그들은 무의식의 객관적 존재를 부정한다. 그때 그들은 있는 그대로의 과학적 진술이 아닌 것은, 그들이 보지 못하는 이러한 **사실**facts에 대한 진술을,

"신비적이니," "비의적esoteric이니" 하는 소리를 하면서 스스로 정당화했다고 생각한다.

이 시기에 융이 발견한 매우 중요한 또 다른 것은, 바로 남성 속에 존재하는 아니마 상이었다. 그는 오랫동안 남성 속에 여성적인 유전자, 그리고 여성 속에 남성적인 유전자가 어떻게 생기게 되었는지 궁금하게 여겨왔다.ⓕ 물론 그는 남성의 영혼soul이 보통 여성적인 것으로 간주되었다는 것을 알았다. 그러나 그는 처음에 무의식을 탐구할 때, 목소리가 갑자기 끼어들어, 그가 하고 있는 일은 예술이라고 단언하는 것을 들음으로써 이 상像의 존재를 실제로 알게 되었다.11 (그는 자신이 본 것을 글로 조심스럽게 써 놓았을 뿐만 아니라 그림으로 많이 그리기도 했다. 그는 그림에 타고난 재능을 갖고 있었는데, 그의 그림을 본 사람이라면 누구나 동의할 것이다. 따라서 남의 말을 잘 믿는 사람일수록 쉽게 이 주입된 생각을 더 믿을지도 모르겠다.) 즉시 그는 의심의 여지없이 그것이 어떤 여성의 목소리인 것을 알았고, 또한 곧바로 무의식이 그 안에 어떤 인격 — 그의 의식적인 자아가 아닌 — 을 형성하고 있던 것은 아닌지, 그리고 그 인격은 그녀 자신을 표현하고 싶어 하는 것은 아닌지, 생각해 보았다. 그가 만났던 남성상들과는 달리 이 여성은, 그것이 예술이라는 그녀의 반복된 주장을 넘어서서, 자신을 표현하는데 어려움을 겪고 있는 듯 했다. 그래서 융은 그녀에게 자신만의 표현수단을 제시해야만 했고, 그녀는 그 제의를 즉시 활용했다. 융은 다음과 같이 말했다.

내 속에 있는 여성이 나를 방해했다는 사실에 나는 매우 끌렸다. 내 결론은 그녀가 원시적 의미로 볼 때 "영혼"임에 틀림없다는 것이다. 그

ⓕ 배아胚芽의 성性은 그 안으로 들어가는 대부분의 남성 유전자 혹은 여성 유전자에 의해 결정된다는 것은 상식적인 문제다. 그러므로 유전자가 많이 들어가는 쪽으로 남녀 성이 결정된다 할 수 있다.

리고 나는 영혼에 붙여진 이름이 왜 "아니마"였는지 생각해 보기 시작했다. 왜 그것은 여성으로 간주되었는가? 후에 나는 이 내면의 여성상이 남성의 무의식 속에 있는 전형적인 혹은 원형적인 역할을 한다는 것을 알게 되었으며, "아니마"라고 불렀다. 여성의 무의식 속에 있는 이와 상응하는 상을 나는 "아니무스"라고 불렀다. 처음에 나에게 가장 큰 인상을 주었던 것은 아니마의 부정적 측면이었다. 나는 그녀에게 약간 두려움을 느꼈다. 그것은 방 안에 있는 보이지 않는 존재와 같이 느껴졌다.¹²

대체로 처음으로 우리가 감지하는 것은, 보통 의식意識에서 원하는 것과 대극으로 나타나는 아니마 혹은 아니무스의 부정적인 측면이다. 엠마 융은, 그녀가 남편을 알기 전에, 그리고 융이 아니마 혹은 아니무스를 발견하기 훨씬 전인, 소녀시절에 있었던 이야기를 나에게 들려준 적이 있다. (그녀는 또한 이것을 아니무스에 대한 내 강의에서 예로 들 수 있도록 허락해 주었다.) 그녀가 십대 소녀였을 때, 그녀의 가족은 새 집으로 이사했고, 처음으로 그녀는 자신의 방을 갖게 되었다. 그녀는 방을 갖게 되어 너무 뿌듯했고, 온 정성을 다해 그 방을 꾸몄으며, 특별히 화장 도구가 마음에 들었다.⑧ 그녀는 그것을 깨뜨릴까봐 걱정이 되어 하녀들을 방안에 들이지 않고, 직접 자신이 모두 닦았다. 그러던 어느 날 아침, 그녀가 아끼던 세트 중 단지를 떨어뜨려 깨뜨리고 말았다. 그녀의 어머니는 똑같은 것을 구해주겠다고 약속하며 그녀를 안심시키려 했으나, 그녀가 내게 말했듯이, 그녀는 **그녀 자신 안에** 분명히 그녀를 **위해서가** 아니라, 그녀에게 **반反하여** 작용한 무언가가 있다는 것을 알았기 때문에 의기소침해졌다. 이러한 경험은 오랜 세월이 지난 후에 그녀로 하여금 무의식의 객체성을 인식하는데 도움이

---

⑧ 그 당시에 침실에는 수도가 들어오지 않았고, 항상 세면대라고 불리는 커다란 자기磁器 단지, 대야 등이 있었다. 대저택에서는 식사하기 전에 하녀들이 양동이에 있는 온수를 대야에 부어 놓았다.

되었음에 틀림없다. 왜냐하면 감각형sensation type인 엠마 융은 자신이 경험하지 않은 것을 받아들이기가 특히 어렵다는 것을 알았기 때문이다.

무언가를 받아들이기 전에 항상 경험을 필요로 했던 융은, "나는 믿지 않습니다. 나는 압니다."라는, 많이 인용되는 말을 했을 때에도, 이것을 마음속에 지니고 있었다. 존 프리만John Freeman이 (1959년 영국방송협회 텔레비전 인터뷰에서) 그에게 신을 믿느냐고 물었을 때, 융은 위와 같이 유명한 대답을 했는데, 이는 당시에 엄청난 논쟁을 불러일으킨 바 있다. 그러나 바로 이런 이유로 그가 그런 말을 한 것이다. 즉, 어렸을 때 그는 당연히 나면서부터 무엇을 믿어야 할지 늘 들어왔다. 그는 믿으려고 열심히 애썼다. 그러나 교회와 많은 관계를 갖고 살던 대부분의 정직한 어린이들처럼 그는 완전히 실패하고 말았다. 그러고 나서 그는 신을 **경험했으며**ⓑ 물론 그 다음에 신을 **알게** 되었다. 그래서 필레몬이 무의식의 객체성에 대해 알려주었을 때 — 그것에 대해 생각해 보면, 그것은 자신이 발명한 게 아니라 숲속의 동물을 보는 것과 같다는 것 — 그는 단번에 그것을 받아들을 수 있었다. 왜냐하면 그것은 그가 무의식과 대면하기 전에 **경험했던 것**을 유연하게 묘사한 것이었기 때문이다.

그는 이런 아니마의 갑작스런 개입을 예상치도 못했고, 아니마의 개입으로 그 자신이 그것을 만든 것이 전혀 아니라는 것을 깨달았다. 그런데 그 아니마는 그가 매우 조심스럽게 기록하고 있던 모든 것이 예술이라는 것을 그에게 설득하려고 애를 썼다. 흥미로운 것은 그 목소리가 누구의 목소리인지 알아차렸다. 그가, "나에게 강력한 전이를 가지고 있었던 재능 있는 정신병질자psychopath인 어떤 환자의 목소리와 같이 들려왔다. 그녀는 내 마음 속에서 살아있는 상像이 되었다."**13** 고 말하는 것이 흥미롭다. 내가 아는 한, 이것이 융이 처음으로 투사와 투사 철회 현상을 알게 된 때였다. 투사는 — 정신의 객체성과 같이 — 흔히

ⓑ 64쪽 이하를 보라.

오해를 받는 용어다. 사람들은 항상 우리가 능동적으로, 심지어 의식적으로 투사한다고 생각하는 경향이 있다. 융 심리학에서 이 말처럼 잘못 사용되는 말은 없을 것이다. 우리 자신 안에서 우리가 보지 못하는 것들은, 적당한 연결고리를 찾을 때마다 **그것들 스스로 투사한다**. 그 연결고리란 사람이나 사물과의 어떤 유사성을 말하는데, 그것들은 그 안에 그것들 자신과 아직 보이지 않던 내면의 내용을 투사한다. 우리가 지금 살펴보고 있는 경우를 예로 들자면, 융은 아직 아니마 상이 자신 안에 있다는 것을 모르고 있었다. 그래서 그녀(아니마를 말함 - 역주)는 그녀 자신을 이 여성에게 투사했고, 말하자면 그녀의 목소리를 이용했다. 따라서 융은 그동안 이 여성 안에서 보아왔던 무언가가 정말로 자신 안의 내면의 상에 속해 있음을 알았다. 투사된 요소는 분명하다. 나중에 그는, 심미적인 여성이라 할 수 있는 그 환자가, "나의 무의식으로부터 올라오는 환상은 예술적인 가치가 있고, 상당한 예술로 여겨져야 한다고 완강하게 주장했다."**14**고 말했다. 만일 그가 그러한 것을 믿었다면, 그는 정상궤도에서 벗어났을 것이다. 바로 이 아니마상이 나중에 그에게 말해주는 것을 기뻐했던 것처럼 말이다. 아니마의 부정적 측면이 지닌 그러한 암시를 믿는 남자는 아니마에 사로잡히게 된다. 아니마가 남자와 그의 무의식 사이에 매우 긍정적인 기능이나 다리가 될 수 있듯이, 그녀가 남자와 그의 의식세계 사이를 방해한다면 그녀는 항상 부정적이 되며, 그녀가 — 남자를 대신하여 — 행동할 때 우리는 "아니마에 사로잡혔다"고 말한다.

물론 아니마의 긍정적인 측면은 "무의식과 대면" 했던 초기에 토니 볼프에게 주로 많이 투사되기도 했다. 나중에 그가 아니마 상을, 긍정적이고 부정적 측면을 모두 지닌 내면의 상으로 보았을 때, 더 한층 분명히 그는 무의식 속에 있는 외적인 여성의 중재에 덜 의존하게 되었으며, 그것을 전적으로 홀로 직면할 수 있게 되었다. 그러나 투사를 철회하는 것과, 덜 의존하게 되는 것이 덜 관련되는 것을 의미하지는 **않는다**. 이에 반해, 실제 개인적인 관계는 — 최상의 의미에서 볼 때 — 단지 투사가 드러날 때 가능하다. 왜냐하면 당연히 우리 자신에게 속해 있는 투사의 파편들은 정말 다른 사람들을 있는 그대로 바라보지 못하게 하며, 의존하는 것은 우리가 다른 사람에게 자유를 허락하지 못하게 하기 때문이다.15 그러므로 융은 내면의 아니마를 보고 그녀를 받아들이기 위해 엄청난 노력을 함으로써, 실제 개인적인 관계에서 점점 더 해방될 수 있었다. 그래서 그는 여성 환자들을 있는 그대로 볼 수 있게 되었으며, 이는 분석가로서 그가 가진 견줄 데 없는 천재적인 비밀이다. 아니마를 보고 아니마를 받아들이는 것은, 남자가 항상 마주치게 되는 가장 어려운 과제이며, 이는 여자가 그녀의 아니무스를 대하는 것보다 언제나 더 어려운 일이다. 융은 유사 이래 남자는 외부세계에 대처해야 했었다고 말하며 이렇게 설명한 적이 있다. 원시시대 숙소에서 남자는 숙소 주변을 따라 세워진 토루(과거 방어용으로 쌓았던 둑 - 역주)에 서서 적이 접근하는지 잘 살피기 위해 주변 지역을 감시했다. 반면에 여자는 거주지 안에서 안전하게 있으면서 불을 살피며 요리를 하고 아이들을 돌보았다. 그러므로 여자는 환상을 가질만한 여유가 있었다. 반면에 남자는 환상을 가질 만한 여유가 없었기에, 그가 내면의 상을 인식하는 일이 훨씬 더 어렵게 되었다. 왜냐하면 그가 그렇게 하지 못하게 하는 강력한 원시적 본능이 있기 때문이다.

아니마에 사로잡힌 행동을 한 어느 남자 제자 한 사람에게 융이 화를 낸 적이 있는데, 너무 심한 게 아니었는지 내가 물어본 기억이 난다. 그는 심하게 한 게 사실이라고 대답했다. 하지만 그 때 나는 그가(융이) 그 자신의 아니마를 받아들이려고 애쓴 것을 인정했는가? 물론 나는 그것을 진심으로 인정했다. 왜냐하면 그것이 사실이라는 것을 **알았기** 때문이다. "글쎄요" 하며 융은 이렇게 응수했다. "그렇다면 난 시도조차 하지 않는 젊은이들에게 당연히 화를 냈을 겁니다. 아니면 내가 아니마를 받아들이는 데 있어서 불가능한 일을 했다고 말해야겠지요. 그렇다면 난 그들에게 미안한 마음을 가져야겠군요! 하지만 난 불가능한 일을 해냈다는 식의 주제넘은 생각은 하지 않을 겁니다."

전쟁이 끝나가고 있을 때 무의식 작업은 대부분 끝이 났고, 반복될 필요가 없었다. 그 때 무엇보다도 중요한 또 다른 상징이 떠올랐다. 전쟁기간 동안 융은 여러 번 반복해서 군 복무를 하며 열정을 가지고 일했다. 그가 나이가 들어가면서 힘들어진 일 중 하나는, 1944년에 심하게 아프기 전까지는 그가 아주 건강하고 활동적이었지만, 제2차 세계대전 때에는 나이가 많아서 군복무를 할 수 없었다는 것이다. 제1차 세계대전 때 그는 종종 고트하르트 고개에 배치되었는데, 그곳은 그에게 늘 이상하게 따뜻한 느낌을 주었다. 그는 고트하르트에서 군복무를 하던 시절에 "**초월적 기능**The Transcendent Function"[1]이란 논문을 썼다고 말했다.

1917-18년에 융은 샤또 드외Château d'Oex에서 영국인 포로 지휘관으로서 오랜 기간 군복무를 했다. 포로들이 탈주하여 스위스로 들어오게 되면, 스위스는 중립국가로서 그들을 받아주었지만, 그들이 고국으로 돌아가 다시 싸우는 것을 막기 위해 전쟁이 끝날 때까지 그들을 억류해야만 했다. 전쟁이 끝날 무렵까지 주둔지에는 다양한 국적의 탈주 포로들이 아주 많이 들어와 있었다. 융은 영국인들을 담당하고 있었는데, 이 시기에 대해 말할 때는 항상 흥분했으며, 그때 그는 샤또 드외에서 가족 대부분과 함께했다. 무의식의 어두움에서 벗어난 후, 바로 이 시기에 그는 매우 중요한 새로운 상징에 몰두했다.

나는 만다라mandala에 친숙하지 않은 독자들에게, 왜 만다라가 말하자면 모든 상징의 진수를 표현해 주는지 설명해야겠다. 전 세계, 전 세대를 통틀어 사람들이 인간의 전체성의 상징을 찾으려고 할 때, 그들은 자신의 이해를 뛰어넘는 전체성을 보여줄 수 있는 가장 만족스러운 표현으로서, 원 혹은 사각형을 사용했다. 그러한 상징들은 인도에서 만개滿開하게 되었고, 산스크리트어로 만다라라고 불렸으며, 융은 이 용어를 차용했다. 고대인들 — 예컨대 마야 문명과 같은 — 은 그것이 무엇을 뜻하는지 고민하지 않고 이런 형태를 본능적으로 사용했다. 그래서 융은 이미 그것의 있음직한 의미에 대해 별로 생각하지 않고, 자신의 그림에서 그것을 종종 사용했다. 샤또 드외에서 그는 자신이 매일 아침 작은 공책에 "그 때의

---

[1] 이 논문은 오랫동안 출간되지 않았지만, 1951년에 그는 나에게 원문을 보여주었다. 거기에는 이미 핵심적인 자료들이 다 들어있었는데, 이것을 그가 내게 준 것은, 내가 적극적 명상에 대한 강의를 하는데 도움이 될 것이라 생각했기 때문이고, 실제로 도움이 되었다. 지금은 『전집』 제8권, par. 131-93에 실려 있다.

내면적 상황"16에 상응하는 듯한 새로운 원을 그리고 있음을 알았다. 동시에 그는 만다라 그림을 이해하고 싶은 욕구를 강하게 느꼈다. 그가 화가 났다거나 마음이 불편할 때는 만다라 그림이 심적인 문제를 잘 보여주었는데, 극단적인 경우에는 주변의 일부가 터져 나와 균형이 깨어져 있었다. 그는 이렇게 말했다. "만다라가 정말 무엇인가를 나는 점차 발견하게 되었다. 즉 그것은 '형성, 변환, 영원한 마음의 영원한 재창조'였다."17 그리고 그것은 모든 것이 잘 되어 나가면 조화가 이루어지지만, 자기-기만을 용납할 수 없는, 자기 자신Self, 곧 인격의 전체성이다.

전체성totality의 원형 — 실제로 다른 모든 원형들을 포함하고 있는 — 은 융이 감행한 전체 "무의식과의 대면"의 왕관이요 정점이었다. 1918년과 1920년 사이의 시기에 대해 그는 이렇게 말했다.

> 정신적 발전의 목표는 자기Self라는 것을 이해하기 시작했다. 거기에는 직선적인 발전은 없다. 오직 자기의 순환circumambulation of the Self만 있을 뿐이다. 균일한 발전도 존재하지만, 그것은 기껏해야 처음에만 존재한다. 나중에 모든 것은 중심을 향한다. 이런 통찰은 나에게 안정을 주었고, 점차 나의 내적 평안이 회복되었다. 나는 만다라가 자기Self의 표현임을 발견함으로써 무엇이 나에게 궁극적인 것인지 알게 되었다. 아마도 누군가 더 잘 알겠지만, 나는 아니다.18

융은 이 전체 기간에 대해 이렇게 말했다.

> 내가 내면의 상들을 추적하던 그 몇 년은 내 삶에 있어서 가장 중요한 시기였다. 즉, 그 속에서 모든 본질적인 것들이 결정되었다. 모든 것이 그 때 시작되었다. 이후의 자세한 것들은 다만 무의식으로부터 분출되는 자료에 대한 보충과 설명에 불과하며, 처음에 나에게 쇄도해왔다. 그것은 평생 해야 할 작업의 원 질료prima materia였다.19

여기서 우리는 무의식을 탐구하던 이 기간에 융이 내적 삶을 무척 중요하게 생각했음을 알 수 있다. 나는 그것이 그가 수행했던 그 어떤 것보다도 비교할 수 없을 정도로 가장 어려운 과제였다고 말하는 것을 자주 들었다. 훗날 무언가로 인해 강한 압박을 받게 때면, 그는 그것이 그로 하여금 무의식에 대한 작업으로 고군분투하던 때를 떠올리게 했다고 볼 수도 있다. 그러나 그는, "하지만 그것이 훨씬 더 힘들었지요."라는 말을 늘 덧붙였다. 그는 또한 자신의 학생들과 환자들에게 그들의 내적인 삶이 어려울 때, 그들이 정말 좌절하여 바닥을 치게 되면 그보다 더 나쁠 것이 없을 것이므로 안정감을 찾게 될 것이라는 말을 하곤 했다. 대개 그들이 그런 때가 바로 지금 다가왔다고 말하면, 그는 친절하게 그러나 단호하게 이렇게 말했다. "나는 지금 당신이 무엇 때문에 그렇게 생각하는지 궁금하군요!" 다만 몇 사람만이 융이 마침내 바닥을 치고, 최고의 상징, 곧 "내적 평안"을 되찾아주는 "자기의 표현으로서의 만다라"를 마침내 발견하는 심원한 경험이 무엇인지를 알고 있다.

그것이 융의 생애에서 가장 중요했고, 또 그가 전쟁기간에 그것을 "다른 어떤 것보다 우선시"했기 때문에 나는 이 몇 해 동안의 그의 내면 상황을 다른 무엇보다도 더 많이 다루었다. 그러나 어쩌면 많은 서양 독자들이 (또한 그의 환자들과 주변 사람들이) 외부 세계가 전쟁으로 시련과 고통을 겪고 있을 때, 융의 내적인 삶이 매우 중요했다는 것을 깨닫는 것은 어려운 일일지 모른다. 융의 절친한 친구였던 리하르트 빌헬름Richard Wilhelm은 그가 중국에서 경험했던 이야기를 해주었다. 융은, 서양인들이 이 이야기를 그 어떤 것보다도 더 귀담아 들어야 한다고 생각했다. 그는 이것과 관련 없이는 절대 강의를 하지 말라는 충고를 나에게 하기도 했다.

리하르트 빌헬름은 중국의 어떤 외딴 마을에 있었는데, 그곳은 유래 없이 긴 가뭄으로 고난을 겪고 있었다. 모든 일을 다 해보았지만 아무 효과가 없었다. 온갖 기도와 주문을 동원해 보았지만 아무 소용이 없었다. 그리하여 마을 어른들은 빌헬름에게 말하기를, 이제 해 볼 수 있는 일이 단 하나 있는데, 그것은 멀리서 레인메이커rainmaker를 모셔오는 것이라고 했다. 그는 이 일에 아주 큰 관심이 생겨서, 레인메이커가 도착했을 때 조심스레 그리로 가 보았다. 그는 지붕이 덮인 수레를 타고 왔는데, 몸집이 작고 주름이 쪼글쪼글한 노인이었다. 그는 수레에서 내리며 공기 냄새를 맡더니 불쾌한 표정을 지었고, 마을 외곽에 오두막을 마련해 달라고 했다. 그는 아무도 그를 방해할 수 없는 곳에 있었고, 음식은 문 밖에 놓아두도록 했다. 사흘 동안 그 사람으로부터 아무런 소식도 들을 수 없었다. 하지만 그 후에 모든 사람들은 폭우가 쏟아지는 소리에 잠에서 깨어났다. 눈까지 왔는데, 이는 그맘때쯤엔 볼 수 없던 현상이었다.

빌헬름은 매우 감동을 받아서 그 레인메이커를 찾아갔다. 그는 이제 칩거 상태에서 벗어나 있었다. 빌헬름은 놀라서 그에게 이렇게 물었다. "당신은 비를 만들 수 있습니까?" 그 노인은 바로 그런 생각을 비웃는 듯이 하면서, **물론** 그는 비를 만들 수 없다고 했다. "하지만 당신이 오기 전까지 가장 지독한 가뭄이 지속되었는데요."라고 대꾸하며 빌헬름은, "그리고 나서 — 사흘 안에 — 비가 내리지 않았습니까?"라고 물었다. 그랬더니 노인이 이렇게 답했다. "아, 그것은 서로 아주 다른 겁니다. 당신이 알다시피, 난 모든 것이 질서 속에 있는 곳에서 왔답니다. 그곳에선 비가 와야 할 때 비가 내리고, 무언가 필요할 때 충족이 되고, 사람들 또한 질서 속에, 그들 자신들 안에 있답니다. 그러나 여기 와 보니 이곳 사람들은 그렇지 않았어요. 그들은 도道, Tao에서 그리고 그들 자신으로부터 벗어나 있었답니다. 난 도착하자마자 오염되었지요. 그래서 내가 다시 한 번 도道 안에 거하고, 자연스레 비가 내릴 때까지 홀로 있어야 했지요."①

이 이야기는 우리의 현대적이고 합리적인 서양적 개념과 그 입장이 다르다는 점에서, 조심스러운 숙고careful consideration를 위해 충분한 가치가 있다. 중세 유럽에는 이와 비슷한 방식으로 생각했던 사람들이 있었다. 예컨대 마그데부

---

① 융은 이 이야기를 자주 했다. 심지어 그는 심리학 클럽에서 있었던 마지막 크리스마스 만찬에서도 이 이야기를 했다.

르크의 성 게르트루트Saint Gertrude of Magdeburg의 주변에 있는 사람들은 모두 그녀가 기도로 날씨에 영향을 미칠 수 있을 것이라고 믿었다. 그리고 우리가 그것에 대해 생각해 보면, 올바른 기도를 하는데 첫째로 필요한 것은 자신 안에 머물러 있는 것이라고 할 수 있다. 중국인들은 그것을 도道라고 부른다. 우리가 합리적인 시대에 살고 있기 때문에, 나는 제1차 세계대전이 끝남과 동시에 융이 다시 내적인 평화를 되찾았다고 잘라 말할 수 없다. 내가 아는 한, 그는 이런 "우연의 일치coincidence"를 알아차리지 못했으며, 나는 최근에야 내가 그것에 대해 기록해 놓은 것을 알게 되었다. 그러나 잠간동안 우리가 인과적으로가 아니라 동시성적으로synchronically20 생각할 수 있다면, 분명히 이처럼 되어야 한다. 다시 말해, 때가 되자 평화의 원형이 배열되고, 그 결과 자연스럽게 융에게 그리고 세계에 평화가 동시에 찾아오게 된 것이다. 앞에서 언급했듯이, 융은 전쟁이 발발하고 나서 그 자신의 마음의 깊이에 대한 작업을 다시 시작하기 전에, 그 자신의 경험이 (무의식과의 만남을 통해) 얼마나 "보편적인 인류의 경험과 일치하는지" 궁금해 했다. 그는 결코 이런 문제를 다시 언급하지 않았다. 하지만 그 두 시련이 동시에 끝났다는 사실로 보아, 아마 우연히 일치하는 일들이 상당히 많이 일어났으리라고 나는 생각한다.

 내가 여태까지 융에게서 들었던 이야기 가운데 매우 인상적인 것이 있는데, 그것은 그가 좋아하는 레인메이커 이야기와 맥을 같이 한다. 1954년경에 그는 취리히 심리학 클럽에서 핵전쟁이 일어날 것인지, 일어나게 되면 어떤 일이 벌어질 것인지에 대한 질문을 받은 적이 있다. 그는 이런 대답을 했다. "난 그것이 얼마나 많은 사람들이 자신 안의 대극의 긴장을 견뎌낼 수 있느냐에 달려있다고 생각합니다.⑯ 만약 그럴 수 있는 여유가 있다면, 난 **그냥** 그 상태에 머물러 있게 될 것으로 봅니다. 그리고 우리는 엄청난 위협 속에서 조심스레 살아가며 최악

---

 ⑯ 만다라는 대극의 합일에 대한 완벽한 표현이다. 왜냐하면 갈등을 겪는 두 쌍의 대극이 사각형 혹은 원형圓形 안에서 화해되기 때문이다.

의 참사를 막을 수 있겠지요. 대극의 마지막 충돌은 핵전쟁입니다. 그러나 그럴 여유가 없고 전쟁이 발발할 수밖에 없다면, 그것이 필히 문명의 종말을 의미하게 될까봐 두렵습니다. 과거에 수많은 문명들이 종말을 고했지만, 그것은 다만 작은 규모에 불과했지요." 과연 융의 이런 제안이 모든 사람에게 각기 얼마나 큰 의미와 위엄을 줄 수 있겠는가! 그는 자신의 마음 깊은 곳에 있는 대극을 직면하려고 무진 애를 썼으며, 그렇게 함으로써 아마 운명이라는 큰저울에 알갱이 하나를 얹을 수 있었을지도 모르겠다.

제1차 세계대전 기간에 내적인 고투가 다른 그 어떤 것보다 우선시 되었음에도 불구하고, 융은 외적인 삶을 결코 소홀히 하지 않았다. 사실 그는 자신의 환상이 어디로 이끄는지를 먼저 깨닫기 전에는 그에게 환상을 가지고 온 환자들을 도울 수 없다고 믿었다. 그의 환상은 종종 내면 작업을 버텨낼 수 있게 해 준 가장 강렬한 동기였다. 그 자신이 감히 시도해 볼 수 없었던 것을 어떻게 그가 그들에게 해 보라고 요구할 수 있겠는가? 그 때 그는 "의심스러운 가치가 지니고 있는 몇몇 이론적 편견"에 빠지지 않도록 그들을 도와야 한다는 것을 깨달았다. 그는 이렇게 덧붙였다. "이러한 생각 ─ 나 자신만을 위해서가 아니라 내 환자들을 위해서도 내가 나 자신을 모험에 내맡긴다는 ─ 은 여러 차례 위험한 고비를 맞았을 때 나에게 도움이 되었다."[21]

바꾸어 말하면, 융은 제자들과 환자들의 안녕을 염려했다. 그는 특히 그들 사이에서 외국인들이 너무 소외되어 있기 때문에 같은 관심사를 가진 다른 사람들과 만날 기회가 거의 없거나 아예 없다고 생각했다. 물론 국경이 개방되어 있고 여행이 상대적으로 쉬웠던 평화로운 시기보다는 외국인의 수가 적었지만, 미국이 참전하기 전까지는 상당수의 미국인들이 많은 어려움에도 불구하고 여행을 감행했으나, 전쟁 기간에 스위스에 머물렀던 외국인들은 별로 없었다. 그러나 융의 스위스인 제자들과 환자들 ─ 그들이 외국인들처럼 뿌리가 뽑혀 있지는 않았지만 ─ 또한 심리학적 관심사를 나눌 사람들이 필요하다고 느꼈다. 대체로 스위스 사람들이 어쩌면, 융 심리학이 생기를 불어넣어주는 특성을 갖고 있다는 것을 별로 인정하지 않았을지 모르지만("예언자는 자기 고향과 자기 친척과 자기 집 밖에서는, 존경을 받지 않는 법이 없다"[마가복음 6:4 - 역쥐는 말은 여전히 영원한 진실이다.), 안목이 훨씬 더 높은 사람들은 늘 있었으며, 환자를 보는 융의 일은 전쟁이 지속되는 동안에도 꾸준히 확대되어 나갔다.

그의 주변 집단이 확대되면서, 이것을 어떻게 조직화할 것인지 하는 문제가 제기되었다. 집단의 구성원 대부분은 서로 잘 알지 못했다. 전부는 아니더라도, 그들은 주로 융의 제자들과 환자들이었다. 하지만 그들은 가끔 그의 대기실에서 보는 것 외에는 당연히 서로 만나지 못했다. 그럼에도 불구하고, 그들은 심리학에 대한 공통 관심사가 있었기에 무의식 속에서 연결될 수 있었다. 융은 그들이 배우고 있는 심리학에 대한 **현실** 기반이 될 수 있는 사회적 집단이 필요하다는 것을 점차 실감했다. 적어도 당시에 융은 분석을 제외하고는, 환자들과의 모든 사회적 접촉을 피했던 프로이트 학파 분석가들을 따르지 않았으며, 상담실과 분석 시간보다도 외적인 생활에 더 가까운 환경에서 그의 환자들과 그들의 제반 반응을 알 수 있는 기회가 필요하다는 생각을 하기 시작했다. 그는 그들을 집단으로 만날 때, 정해진 분석 시간에 그들이 그에게 말했던 것보다, 환자들의 어떤 면에 대해 종종 더 많은 것을 얻을 수 있다고 느꼈다. 그러나 오해를 막기 위해 융은 항상 어떤 형태의 "집단 분석"도 단호하게 반대했다는 것을 알아야 한다. 분석은 근본적으로 개인적인 것이고, 개인을 빼고서는 아무런 의미가 없다. 그의 환자들을 위해 어떤 종류의 사회적 집단이나 삶을 찾는 일은 그들이 지나치게 고립되거나 삶으로부터 단절되는 것을 막기 위해 반드시 필요했다. 그는 나중에 늘 이렇게 말했다. "당신의 개성화①가 에베레스트 산에서 이루어질 수는 없습니다!" 분석을 받는 사람들에게는 홀로가 아니라, 같은 관심사를 가진 다른

---

① 개성화는 융이 정신의 전체성을 알아가는 과정 및 자아에게 자리를 빼앗기는 대신에, "자기Self"에게 중심적인 위치를 내주는 것에 부여한 일반적인 용어다.

사람들을 만나 서로 의견을 나누고 교제할 수 있는 장소가 매우 필요했다. 그는 또한 심리학 및 그것과 관련이 있는 주제의 강의를 마련했으며, 제자들과 환자들이 강의할 수 있는 능력을 발휘해 보도록 격려했다.

이러한 것이 바로 융이 1916년에 심리학 클럽을 창설하도록 했던 주된 이유였다. 그는 이 일을 계획할 때 매코믹 부인Mrs. Harold McCormick(존 D. 록펠러 1세의 딸이며 결혼 전 이름은 이디스Edith이다 - 역주)에게 큰 도움을 받았다. 그녀는 취리히에 살던 미국인으로, 융에게 분석을 받으면서 전쟁 기간 내내, 엄밀히 말하면 1913부터 1923년까지 에밀 아베크Emil Abegg와 함께 철학을 공부했다. 이디스 매코믹Edith MacCormic은 부자의 아내였을 뿐만 아니라(해럴드 매코믹 또한 클럽을 창설하는데 조력했고, 그와 그의 아내 모두 창립 회원이었다), 존 록펠러 1세John D. Rockefeller, Sr.의 딸이었기 때문에 이 클럽이 시작될 때 엄청난 돈을 출연할 수 있는 위치에 있었다. 사실 토니 볼프가 나에게 말하기를, 이 클럽은 너무 호화로운 수준에서 시작되어서 미국식 클럽과 비슷했으며, 식당과 방은 누구나 이용할 수 없을 정도로 비쌌다고 했다. 그러나 다소 비현실적으로 시작된, 취리히 중심부 가장 비싼 땅을 이내 포기하고, 훨씬 조용할 뿐만 아니라 쾌적한 동네에 위치한, 게마인데슈트라세Gemeindestrasse에 있는 비교적 소박한 집을 샀다. 클럽은 1층에 자리 잡았는데, 강의와 파티를 할 수 있는 큰 방과 도서실과 기타 사교적 목적으로 쓰일 수 있는 서너 개의 작은 방이 있었고, 위층은 주거용 아파트로 꾸며졌다. 이 건물은 여전히 그대로 있으며, 용도도 변하지 않았다. 1층에는 여전히 클럽이 있으며, 지금은 융 연구소가 위층에 자리 잡고 있다(아직도 이 건물은 심리학 클럽으로 남아 있지만, 융 연구소는 나중에 퀴스나흐트로 옮겨갔다 - 역주).

융이 의당 중심적인 위치를 점하고 있었고, 클럽에 영감을 주는 인물이었지만, 그는 회장직을 맡지 않았으며, 다른 회원에게 운영을 전적으로 맡기면서 어떠한 지도적 역할도 계속 거절했다. 엠마 융과 토니 볼프 두 사람이 나에게 클럽 초창기의 생생한 이야기들을 많이 들려주었는데, 일이 순조로워 보이지 않을 때도 있었고, 활기차면서도 대립도 많았다고 한다. 클럽을 창설했을 때 그의 제자들과 환자들이었던 창립회원들 중 대다수를 융은 이미 알고 있었다. 그들은 그의 관심을 받으며 그를 단독으로 만나곤 했다. 물론 분석을 받을 때 당연히 단독으로 그를 만날 수 있었지만, 다른 사람들과 집단을 이루어 그와 함께해야 한다는 것을 알게 되었을 때 결코 즐거워하지 않았다. 이것이 바로 그가 바랐던 바였다. 다시 말해 그들은 현실 및 예상치 못한 그들 자신의 측면들과 직면하게 되었다. **무의식적** 질투는 현존하는 가장 파괴적인 힘 중 하나다. 반면에 질투를 의식하고, 인지하고, 또 질투 때문에 고통을 겪어보면, 그것은 상대적으로 덜 해롭게 된다. 이것은 클럽 초기에 서로 다른 회원들이 그동안 깨닫지 못하던 것들 중 하나였을 뿐인데, 절망하여 자신을 비판하지 **않는** 사람들은 많은 것을 배울 수 없었다. 특히 융은 다음 분석 시간에 그들과 그러한 경험들을 논의할 준비가 늘 되어 있었다. 클럽은 점차 매우 가치 있는 공동체로 성장해 나갔으며, 매우 첨예한 대립이 있었음에도 불구하고, 오랫동안 융이 창립 당시 바라던 일들이 잘 이루어졌다.

융이 클럽의 정신적인 중심이었다면, 토니 볼프는 분명 가장 큰 지원자였다. 극히 내향형인 그녀는, 처음에는 클럽이 힘든 상태라는 것을 깨달았다. 그러나 시간이 지나면서 그곳에 점점 더 많은 에너지를 쏟게 되었고, 클럽 역사상 단연코 가장 훌륭한 회장이었다. 클럽은 융 자신을 제외하고서는 그 누구보다도 그녀에게 가장 큰 빚을 지게 되었다. 그녀는 그것에 헌신했고, 항상 클럽을 위한 새로운 활동들을 모색했다. 요약하면, 심리학 클럽이 가장 번성했던 것, 그리고 많은 외로운 사람들을 지지해 주고 그들과 함께 교제할 수 있었던 것은, 융의 덕분이기도 하지만, 그 못지않게 토니의 공이라 할 수 있다.

제2차 세계대전 기간에 스위스 전역에 살고 있는 스위스 사람들은, 극소수의 제5열을 제외하고는, 연합군을 지지했으며, 독일을 맹렬히 반대했다. 그러나 내가 듣기로는 제1차 세계대전 때는 국론이 훨씬 분열되어 있었다. 독일어를 쓰는 스위스 지역은 자기네 이웃인 독일에 공감하는 경향이 있었으며, 프랑스어를 쓰는 스위스 지역은 자기네 이웃인 프랑스 편을 들었다. 나는 언젠가 융에게 1914

년의 전쟁에 대해 어떻게 생각했는지 물어 본 적이 있다. 그는 지지하는 마음이 양분되어 있었다고 대답했다. 즉, 그는 독일인들에게 미안한 마음이 있었지만, 결코 그들이 이기는 것을 원치는 않았다. 당시 그는 독일인들이 승리하기를 원하지 않는다는 편지를 썼다. 왜냐하면 그들에게 소중하고, 또 그들이 잃지 말아야 할 것은 바로 그들의 영혼이라 생각했기 때문이다. 사실 제1차 세계대전 때 그의 마음은 그의 조국이 4백 년 동안 중립국 전통을 유지해왔던 것처럼 중립적이었다. 그에 반하여 제2차 세계대전 때 그와 그의 모든 동포들이 스위스가 전쟁에 적극 참가하는 것을 전적으로 반대했지만, 그를 포함한 스위스 국민들은 단 한 순간도 연합군에 대해 진심어린 공감을 아끼지 않은 적이 없었다.

언젠가 그는 제1차 세계대전 중에 겪은 매우 흥미로운 경험에 대해 나에게 말해준 적이 (1916년쯤이었음에 틀림없다) 있다. 그는 일련의 꿈을 꾸었는데, 꿈에서 독일의 황제에게 화친을 맺으라고 설득하려 했다는 것이다! 그러나 황제는 늘 거절했고, 마침내 — 융이 말했듯이 — 무의식은 그런 시도를 다시 하지 않았다. 그는 꿈들이 이상하리만치 객관적으로 느껴졌고, 가끔은 무의식이 황제와 비슷한 시도를 하고 있지는 않은가 궁금해 했다. 예컨대 그는 미지의 남자가 그의 야심찬 계획을 포기하고, 평화를 위해 그가 최선의 노력을 하도록 설득하는 꿈을 꾸었는지도 모른다. 환자들 및 꿈에 대해 논의할 수 있는 또 다른 사람들과 함께 융은, 그러한 것들을 확인했으며, 이따금 흥미롭고 예상치 못한 결과를 얻기도 했다.

융은 제1차 세계대전 동안 무의식에 직면했을 뿐만 아니라, 유형의 문제에도 깊이 몰두해 있었다. 『심리학적 유형*Psychological Types*』(1920년 봄에 쓴)의 독일어 초판 서문에서 그는 이렇게 말하고 있다.

이 책은 의학 심리학의 영역에서 거의 20년간에 걸쳐 이루어진 작업의 열매다. 이것은 서서히 이루어진 지적 작업의 결과이며, 정신의학 및 신경질환 치료에서의 무수한 인상들과 경험들이 균등하게 결합되어 나타난 것이며, 모든 사회적 수준에 있는 사람들과 교류한 결과 나온 것이라 할 수 있다. 그러므로 이것은 내가 개인적으로 친구들과 적들을 상대하며 얻은 소산이며, 결국 나 자신의 심리학적 독자성에 대한 비판을 다룬 많은 자료를 포함하고 있다.[22]

융은 여기서 인간이 서로 다른 유형을 가지고 있음을 처음으로 경험하게 된 시기를 1900년 부르크휠츨리에서 연구하던 초창기로 본다. 하지만 이 문제는 그가 프로이트와 아들러의 심리학을 비교하기 시작했을 때 비로소 중요하게 인식되었다. 이 두 사람은 최종적으로 1911년에 결별했으나,[23] 이것은 한 동안 준비되어 왔던 일이다. 프로이트는 모든 사례를 성sexuality으로 설명했고, 그에 반해 아들러는 모든 사람을 이끌어 가는 힘을 권력power이라고 보았다. 융은 그의 사례들 중 일부는 전자에, 다른 것은 후자에 해당한다는 것을 금방 알아차렸다. 양측의 실수는 하나의 범주를 가지고 원칙을 만들고 그것을 **모든** 사례에 적용했다는 것이다.

프로이트와 아들러가 결별하기 전은 아닐지 몰라도, 그 둘이 갈라 선 직후에 융은 프로이트와의 결별이 불가피하다는 것을 알았다. 그때 여전히 유형의 문제는 더욱 중요했다. 융은 자신을 비판하는데 있어서 고지식할 정도로 정직했고, 그가 집단적 무의식을 발견함으로써 프로이트의 입맛에 맞을 수 없었던 것이 유형의 차이 때문이 아닐까 생각했다. (그 당시에 그가 아직 유형의 문제에 대해 전혀 모르고 있었다 하더라도, 우리는 그가 아버지와 종교적인 논쟁을 벌였을 때도 분명히 유형이 작용했다는 것을 알았다.[⑩]) 그러나 1920년 봄에 『심리학적 유형』 서문을 인용하면서 언급했듯이, 그는 그 책을 자신의 "개인적으로 친구들과 적들을 상대하며 얻은" 소산이며, 자신의 "심리학적 독자성"의 비판에 대한 결과물로 여겼다. 그는 항상 제자들에게 그들 자신의 실수는 바로 그들의 주된

⑩ 79-80쪽을 보라.

관심사라고 가르쳤다. 내가 언젠가 친구와 했던 논쟁에 대해 그에게 말했을 때, 그가 나에게 이렇게 말한 것이 기억난다. "그것이 90%가 그의 잘못이고, 10%가 당신의 잘못이라 해도, 당신이 90%를 생각하면, 당신은 그것에 대해 아무 것도 할 수 없기 때문에 배울 게 하나도 없을 겁니다. 반면에 당신의 10%로부터는 가장 고귀한 것들을 배울 수 있을 겁니다." 그리고 전에 언급한바와 같이, 융의 가장 믿을 수 있는 성격은 그가 그 자신에게 먼저 물어보지 않고서는 절대로 남에게 무언가를 묻지 않는다는 것이다. 나는 이것이야말로 많은 사람들이 그를 신뢰하고 존중하고, 심지어 그에게 헌신할 수 있게 만든 주된 이유 가운데 하나라고 생각한다. 따라서 우리는 그의 결점들이, 주된 이유는 아닐지라도, 유형에 관한 책을 쓰게 만든 한 가지 이유라고 확신할지도 모른다.

나중에 『심리학적 유형』을 집필하고, 사람들에 대해 상당히 더 많은 경험을 하고 나서 융은, 모든 유형의 "언어"로 말할 수 있게 되었다. 그가 자신의 환자들의 언어(영어, 프랑스어 등)를 배우기 위해 많은 어려움을 겪었던 것처럼, 그에게 말하는 대상의 언어를 듣고 그것을 심리학적 유형의 언어로 옮기는 법을 배우기도 했다. 그 사람들은 정해진 유형으로 뚜렷이 분류될 수 없었으나, 예컨대 누군가가 항상 그것이 무엇을 의미하는지에 관심을 둔다면(사고형), 그는 당신이 단지 가치에 관해 말하는 것을 이해하지 못한다(감정형). 오래 전에 융이 아버지와 종교에 대해 토론했었을 때, 그는 당연히 당시 그에게 우세했던 유형(사고)의 언어로 이야기했고, 그에 반해 그의 아버지에게는 어떤 의미를 생각하는 것이 금기였던 것이다! 그 때 융이 가치에 관해 말할 수 있었다면(감정), 그는 절실하게 갈망하고 있던, 신에 대한 자신의 직접적인 경험을 아버지에게 전달할 수 **있었을지도** 모른다. 그러나 그가 이미 자신의 언어 대신에 프로이트의 "언어"를 말할 수 있는 충분한 지식을 갖고 있었다고 해도, 그는 아마 **모든 것**이 그의 성 이론으로 설명되어야 한다는 프로이트의 강박관념 *idée fixe*에 맞서 싸울 수는 없었던 것 같다.

융은 종종 프로이트 주변 사람들의 갈등을 **이해하기** 위해 이 책을 썼다고 말했다. 그가 이 책을 썼을 무렵에는 프로이트와 단절됨으로써 겪었던 고통은 이미 극복되었고, 그것을 전적으로 수용한 상태였다. 나는 그 후에도 그가 프로이트와 결별한 것을 후회했다고 생각하지 않는다. 그는 이것이 전적으로 불가피한 일이라고 여겼다. 왜냐하면 그가 프로이트에게 빚을 지고 있다는 것은 항상 인정했지만, 그들의 우정은 계속 붙잡고 있을 수 있는 것이 아닌, 지나가야 하는 어떤 통과의례로 여겨졌기 때문이다.

비록 그 책이 전쟁이 끝난 후에 출판되었지만(융은 집필을 마치면 항상 그의 서문에 시기를 명기했다. 그러므로 그것은 1920년 봄에 완성된 것이다), 모든 연구와 대부분의 집필은 전쟁 중에 이루어졌다. 흥미로운 것은 주로 **의식** 심리학 *conscious* psychology에 관해 다룬, 이 두꺼운 한 권의 책이 그가 "무의식과 대면" 했던 시기에 계획되었다는 것이다. 그러나 융은 나중에 하나가 다른 것에 속해 있다고 거듭 강조하곤 했다. 왜냐하면 의식이 잘 확립되어 있지 않고 진실 위에 서 있지 않고서는 무의식의 낯선 세계를 만나는 것이 불가능하기 때문이다. 우리는 이미 융의 일상적인 삶(그의 가족, 일, 군복무)이 그 시기에 얼마나 중요했는지 살펴보았다. 우리는 또한 그가 마음의 심층과 집단적 무의식을 경험하고 있었을 때, 의식의 역사와 통합에 대한 작업이 틀림없이 동시에 이루어졌다는 것이 얼마나 도움이 되었는지 이해할 수 있다. 훗날 그는 사람들이 무의식을 탐구하기 **전에** 항상 의식 세계에 건강하고 진실 되게 뿌리내리고 있어야 한다고 말했다. 의식 세계에 단단한 기반을 두는 것은 필요불가결한 일이며, 우리는 그가 얼마나 의식 세계에 발을 딛고 있던 사람인지 잘 알고 있다. 어떤 면에서 볼 때 그것이 두 개의 별도 연구 영역이었지만, 그 둘은 이미 『심리학적 유형』이라는 책에서 만났고, 거기서 그는, 예컨대 열등 기능과 필연적인 의식의 변환에 대해 언급했다.

자기, 즉 정신의 전체성의 상징인 만다라를 발견하게 되면서 융은 "무의식과의 대면"을 결말짓게 되었다. 이러한 발견과 더불어 『심리학적 유형』을 집필하는데 필요한 대부분의 준비가 이루어졌으며, 제1차 세계대전은 막바지에 이르게 되었다. 더 나아가기 전에 우리는 융 그 자신 안에서 일어난 변화가 어떤 것인지 살펴보아야한다. 그 시기란 대략 그가 퀴스나흐트에서 보낸 52년 중 처음 10년을 말한다. 의심할 여지없이 이 시기는 그의 인생에서 가장 중요했던 시기였다. 그가 직접 한 말을 인용하자면, 그 시기에 "모든 본질적인 것들이 결정되었다."

불가능한 것은 아니지만, 이 시기에 융에게 일어난 변화를 과대평가하는 것은 어려운 일이다. 왜냐하면, 이것을 당장 깨닫는 사람은 거의 없겠지만, 그것은 무엇보다도 마성 인격mana personality(걸출한 인간)을 지닌 사람과 평범한 사람들을 구분 짓는 무의식 속으로 깊숙이 들어가는 여정이기 때문이다. 인류 역시 항상 이 점을 인식하지 못해 왔다. 안타깝게도 현대인이 그래왔듯이 말이다. 오늘날까지도 문명화되지 않은 원시 부족들은 그들의 조상들과 우리의 옛 조상들이 살았던 삶을 그대로 살고 있으며, 그 속에서 우리는 그 부족에서 가장 존경받는, 족장보다도 더 존경받는 사람은 이러 저러한 형태로 깊은 무의식의 심층을 여행한 샤먼이나 주술사임을 알고 있다. 오로지 이 두려운 모험을 통해서 샤먼은 자기 부족에게 영적 안내자로서의 기능을 수행하는 자격을 얻을 수 있다. 주술사가 이런 여행을 하는 것은, 말하자면 신들의 뜻을 확인하고 그들의 안내를 따르기 위한 것이다. 그렇게 함으로써 그는 개개인과 부족이 모두 더욱 더 건강하고 번영을 누리도록 도울 수 있다. 불행하게도 순전히 이기적인 이유로, 다른 사람들 위에서 힘을 행사하고 순전히 개인적 이득을 위해 부족을 착취하려고 이런 여행을 하는 것 또한 가능하다. 이 후자에 해당하는 "주술사"는 소위 흑마술사로 불리는 자들로 이루어지는데, 그들은 그 부족에서 그 어느 누구보다도 증오와 공포의 대상이 된다. 그렇다 하더라도, 그런 사람은 다른 사람들과 구별된다. 왜냐하면 그는 더 많이 알고 경험했기 때문이다. 하지만 그는 자신의 지식을 파괴적이고 이기적인 목적으로 사용하기 때문에 항상 끝에 가서는 좋지 않은 결말을 맺게 된다.

대부분이 그렇다고 할 수는 없지만, 부분적으로 이런 이유로 융은, 개성화 과정을 밟아가려는 사람에게는 민감한 도덕성이 **필수적으로** 요구된다고 말하곤 했다. 그는 노자老子의 많은 제자들에게 너무 부족했던 면이 바로 이런 것이었다고 지적하곤 했다. 결국 스승이 죽기도 전에 그의 제자들 대부분은 그의 본질적 가르침을 저버리고, 그것을 한갓 마술로 변질시키고 말았다. 애석하게도, 많은 융의 환자들과 제자들에게도 현대적인 형태의 똑같은 운명이 닥쳐왔다. 이러한 사실은 만년의 융을 매우 슬프게 했다. 그는 가끔 슬픔에 가득 차 이렇게 말하곤 했다. "그는 (혹은 그녀는) 융 심리학을 포기하고, 대신에 인기에 영합하는 심리학prestige psychology을 하고 있어요." 그는 가끔 모두 모인 자리에서 그것에 대해 말했다.

"무의식과의 대면"을 묘사하는 다른 방법은, 그것을 자기 - 인식에 상당한 이득이 되는 것으로 보는 것이다. 물론 융이 최초로 자기 - 인식의 중요성을 깨달았다고 할 수는 없다. "너 자신을 알라"는 말은 고대 델포이(아폴론 신전이 있던 곳 - 역주)의 신탁을 받는 신전 벽에 기록되어 있으며, 그 때부터 세계 도처의 현자나 선견자들이 가끔 그 말을 사용했다. 아마도 자기-인식의 가치에 대한 가장 명확한 묘사는 성 빅토르의 리처드Richard de St. Victor(스코틀랜드 사람인)의 글에서 찾아볼 수 있을 것이다. 그는 12세기 빅토르 수도회의 가장 유명하고 학식 있는 수도승들 중 하나였다. 그는 자신의 책 『소 벤자민Benjamin Minor』에서 다음과 같이 말했다.

인식의 정상에 오르고자 애쓰는 마음의 첫 번째이자 근본적인 과제는, 그 자체를 아는 것임에 틀림없다. 자기 자신을 완전히 아는 것이야말로 인식의 정상이다. 합당한 마음을 완전히 인식하는 것은 크고 높은 산과 같다. 그것은 세상의 모든 지혜의 봉우리보다 높고, 세상의 모든 지혜와 지식을 위에서 내려다본다.

이것과 관련하여 성 빅토르의 리처드는 철학의 약점을 계속 지적하며 이렇게 말했다.

> 이런 것에 대하여 아리스토텔레스는 무엇을 찾아냈고, 플라톤은 무엇을 찾아냈으며, 수많은 철학자들이 찾아낸 것은 과연 무엇이란 말인가? 진정으로 그리고 의심 없이, 이런 그들의 식견이 높은 마음의 산을 그들이 오를 수 있었다면, 그들의 노력은 그들 자신을 발견하는데 충분했을 것이다. 즉, 그들은 그들 자신을 완전히 인식했을 것이고, 만물이 창조된 언덕에 오르고 싶은 마음이 들지 않았을 것이고, 창조주에게 맞서 고개를 들지 않았을 것이다. 여기서 찾는 자들은 탐색에 실패했다. 여기서 나는 그들이 실패했다고 말했다. 그러므로 그들이 산에 오르는 것은 불가능했다. "인간이 마음 깊은 곳에서 자신을 높이 들어 올리면, 하나님이 높임을 받으십니다."(시편 63편) 오 사람아, 명상하는 법을 배워라. 신에 대해 명상하는 법을 배워라. 그러면 너는 네 마음속 가장 깊은 곳에 이르게 될 것이다. 네가 매일 자기 인식을 점점 심화하게 될 수록, 너는 점점 더 너 자신을 뛰어넘게 될 것이다. 완전한 자기 인식에 이르는 사람은 이미 산 정상에 오른 것이다.**24**

융을 잘 알던 사람은 누구나 그를 그답게 만든 것은 바로 그 자신을 인식하는 것이었음을 깨달았을 것이다. 그의 심리학에는 공허한 이론이 없다. 즉, 모든 것은 바닥을 치는 경험에 기반을 두고 있고, 철두철미하게 진실한 것이다. 따라서 그것은 — 적어도 내 경험상 — 이제까지 나를 결코 실망시키지 않았다.

물론 성 빅토르의 리처드가 극찬한 자기 - 인식의 산은 단순한 자아 인식ego knowledge도 아니고, 개인 심리personal psychology도 아니라는 것이, 그가 "인간이 마음 깊은 곳에서 자신을 높이 들어 올리면, 하나님이 높임을 받으십니다."라는 시편 63편을 인용했을 때 매우 분명해졌다. 리처드는 여기서 중세 기독교 언어로, 융이 7백년 후에 다른 말로 표현한 것과 똑같은 것을 말하고 있다. 이러한 자기 인식에 관해서, 우리 자신의 존재에 대한 이런 마음을 꿰뚫어보는 참된 지식은, 그것이 자아를 통해서 보는 것을 의미한다고 생각하는 실수를 범하지 않는다. 자아를 이해하는 것은 아주 쉬운 일이다. 하지만 자기를 통해서 보는 것은 전적으로 다른 것이다. 진정한 어려움은 미지의 것을 인식하는 데 있다. 기회가 된다면, 그 누구라도 권력을 얻으려하고, 큰 부자가 되고 싶어 하고, 폭군이 되고 싶어 하고, 즐거움을 추구하고, 다른 사람을 부러워하는 등의 사실을 모르는 채로 있을 필요는 없다. 모두가 자신에 관한 것들을 알 **수 있다**. 왜냐하면 그런 것들이 단순히 자아 인식과 관련된 것들이기 때문이다. 하지만 자기 인식self knowledge은 전적으로 다른 것이다. 그것은 모르는 것들을 알려고 배우는 것이다.

그 자신 안에 있는 미지의 것을 인식하는 것이야말로 융이 최고로 여겼던 것이며, 그 결과로 우리가 살펴보고 있는 몇 십 년 동안 그의 심리학 전체의 초석이 놓이게 된 것이다. 내 생각에 성 빅토르의 리처드는, "산 정상"에 오른 사람이 있다고 해도, 극소수만이 오른 것이라고 말했을 것이다. 또한 리처드는 "만물이 창조된 언덕에" 오르고 싶어 했거나, "창조주에 맞서 고개를" 들었다고 해서 그 사람을 책망하지는 않았을 것이다. 심지어 아리스토텔레스나 플라톤 같은 유명한 철학자들이라도 그렇게 하면 그가 책망하기를 주저하지 않았지만 말이다. 이것은 융이 전체 시대정신이 점점 더 물질주의로 변해가던 19세기 후반에 성장했던 것을 기억해 볼 때, 더욱 더 놀랄만하다. 프로이트와 아들러가 개인 심리학 영역에서 눈부신 성과를 얻었음에도 불구하고, 그들은 모두 이런 추세에 굴복하여 물질과 개인을 넘어서서 볼 수 없었다. 따라서 융이 시대의 조류에 역행한 것과, 결코 "만물이 창조된 언덕에 오르고 싶어" 하지 않은 것은 특히 어려운 일이었음에 틀림없다. 그리고 독자들이 알다시피, 시대정신은 개인의 가치를 거슬러서 죽어버렸고, 개인은 대중 속에 점점 더 잠식되어갔다. 개인을 위한 권리가 아직 남아있던 국가들조차도 모든 내관內觀 혹은 자성自省을 병적으로 묵살

했지만, 융은 결코 흔들리지 않고 평생 "자기 - 인식의 산에 오르는 일"에 충실하였고, 리처드가 말한 대로 그 앞에 펼쳐진 세상의 모든 지혜와 지식을 보았을 뿐 아니라 우리 안에 있는 영원한 인간, 그의 말로 표현하면, 저 멀리 제2호 인격, 즉 자기Self까지도 볼 수 있었다.

그러나 자기 - 인식의 산에 오르는 것, 그리고 그 무엇보다도 자기Self에 대한 보다 더 분명하고 객관적인 견해를 얻는 것은, 대극을 해결하는 것을 의미한다. 이러한 것을 지적으로 받아들이고, 정말 델 정도로 뜨거운 대극의 쌍 — 선과 악 — 에 대하여 말하는 것은, 마치 어둠과 빛, 뜨거움과 차가움, 혹은 어떤 다른 자연의 대극 쌍에 대해 말하는 것만큼 쉬운 일이다. 그러나 나는 독자들에게, 융이 목사의 아들이었던 것과, 그가 고작 열한 살이었을 때 신과 바젤 교회당에 대해 경험했던 것을 상기시키고자 한다.⑥ 다른 어떤 것으로 대체할 수 없는 그 체험은 선과 악의 대극이 그의 일생을 대변하는 심각한 문제였음을 보여준다. 70여 년 후에 『회상』에 나오는 "만년의 사상"이라는 장에서 융은 같은 주제에 대해 이렇게 말하고 있다.

빛에는 창조주의 다른 측면인 그림자가 따른다. 이런 발전은 20세기에 절정에 달했다. 지금 기독교의 세계는 진정으로 악의 원리와 대결하고 있다. 다시 말해 공공연한 부정, 횡포, 허위, 굴종과 양심의 압박과 대결하고 있다. 적나라한 악의 현상은 러시아 민족에서 영원한 형상을 취하게 된 듯이 보이지만 그 최초의 강렬한 발화는 독일 민족에게서 일어났다. 그것은 20세기 기독교가 얼마나 침식되어 빈껍데기로 남게 되었는지를 철저하게 입증했던 것이다. 이에 직면하여 악은 이제는 더 이상 선의 결여privatio boni라는 완곡한 말투로 과소평가할 수 없는 것이 되었

---

⑥ 64쪽 이하를 보라.

다. 악은 결정권을 가진 현실이 되었다. 그것은 이름을 바꿔 부르는 것으로는 이 세상에서 제거될 수 없는 존재가 되었다. 우리는 그것을 다루는 법을 배워야 할 것이다. 왜냐하면 그것은 함께 살고자 하기 때문이다. 그것이 커다란 피해 없이 가능할는지 현재로는 예측할 수 없다.[25]

우리가 세계의 상태를 생각해 보고, 악의 상태를 집단적인 문제로 여긴다면, 아직도 우리가 어떻게 그것과 함께 살아가고 또 생존할 수 있을지 전혀 생각할 수 없다. 그러나 융이 몇 번이고 강조한 것처럼, 어떤 중요한 문제든지 그것이 해결될 수 있는 길은 다만 개인 안에서 그리고 그 자신의 개인 심리에서 찾을 수 있다. 융은 특히 "무의식과 대면"하는 동안 분명히 그것을 찾아보았으며, 그 자신의 어두운 면, 그리고 창조주의 어두운 면과 함께 살 방법을 모색하기도 했다. 그는 신과 바젤 교회당에 대한 체험이 일생의 지침이 되었다고 나에게 말한 적이 있다. 마지막으로 한 번 더 말하자면, 그는 신이 때로는 우리에게 악을 요구하며, 이때 우리는 어떤 대가를 치르더라도 이에 복종해야 한다는 것을 깨달았다. 카이로스 *kairos*(시의 적절하고 결정적인 순간)를 알아내려는 최선의 노력을 하지 않고 경솔하게 악을 행하는 것 — 혹은 선을 행하는 것 — 은 전적으로 파괴적이다. 그러나 자기Self의 요구에 따라 악을 의식적으로 행하는 것은, 융이 그런 신성모독적인 생각을 끝까지 품었듯이, 순전히 창조적이다.

호숫가 집에서 지낸 이 처음 10년이 어째서 융을 송두리째 변화시켰는지, 아마 독자들에게 충분히 설명이 되었을 것이다. 무의식에 대한 작업은 완성되었기에 결코 반복되는 일이 없었다. 그 때부터 계속 융은 자신이 대극과 더불어 살아야 하며, 단지 "선한 사람"으로 마음껏 살 수 없다는 것을 알게 되었다. 그러나 당연히 그는 여전히 수십 년 동안 어떻게 악과 더불어 살아야 할지를 배워야만 했다. 왜냐하면 제1차 세계대전이 끝날 무렵에 우리 모두, 악이 극에 달해 그 도를 넘었다는 생각을 하긴 했지만, 우리가 얼마나 잘못되어 있었는지 여전히 깨닫지 못하고 있었기 때문이다.

우리가 바젤 대학과 부르크횔츨리에 관한 장에서 보았듯이, 융은 학창시절이 끝나갈 무렵에 꿈을 통해 그에게 부과된 과제를 실행했다.◎ 그는 그의 제1호 인격으로 외적인 삶에 직면하여 그의 작은 등불이 활활 타오르도록 했다. 그리고 이번 장과 그 앞 장에서 우리는 그가 한 번 더 전환을 경험하고, 그의 제2호 인격을 대면했음을 목도했다. 그 때부터 그는 한 번 더 두 인격으로 살아야 했지만, 이전과는 달랐다. 어렸을 때는 주로 무의식적으로 그렇게 했지만, 이따금 그가 그것을 인식했을 때 그는 그것을 끔찍한 갈등으로 경험했다. 그러나 이제 그는 그 문제를 충분히 의식하게 되었고, 만다라가 자기Self의 상징이라는 것을 발견한 후에는 매우 조화로운 삶을 살 수 있었으며, 다시는 그것으로 인해 둘로 찢겨지는 고통을 느끼지 않았다. 다음과 같이 말한 것으로 보아, 사도 바울은 똑같은 현상으로부터 무언가를 발견한 것이 분명하다. "이제 사는 것은 내가 아닙니다. 그리스도께서 내 안에 사시는 것입니다"(갈라디아 2:20). 사실 지나치게 단순화시켜 말하자면, 이런 시기가 지난 후에도 융은 여전히 제1호 인격으로 살았으며, 그와 관련된 모든 책임을 감당했다. 하지만 그의 실제 생활은 그 자신이 아니라, 그보다 더 위대한 제2호 인격에 의해 영위되었다고 할 수 있을 것이다. 그는 언젠가 이런 의견을 피력하기도 했다. "매일 저녁 나는 의미 있는 삶이 영위되는 강바닥으로 가고, 아침이 되면 일어나서 융 박사Dr. Jung라는 페르조나를 쓰고, 가능한 한 충만하게 살려고 애쓴다고 볼 수 있습니다." 세월이 지날수록 그는 이것이 본질적으로 둘이 **아니라** 하나임을 점점 더 깨닫게 되었다.

◎ 82쪽을 보라.

제8장

국경이 열리다

1919-1925

전쟁 기간에 대체로 스위스의 국경이 닫혀있었던 것은 융에게 다행이었다. 그는 내가 만났던 사람들 가운데 가장 훌륭한 업무능력을 갖고 있었지만, "무의식과 대면"하던 시기에는 분석을 많이 할 수 없었다. 후자(무의식과의 대면을 말함 - 역주)와 비교할 수 있는, 그가 늘 했던 다른 유일한 작업은 연금술 문헌의 미지의 밀림 속에서 길을 찾는 것이었으며, 당시 그는 일주일에 2, 3일로 분석 횟수를 줄여야만 했다. 그의 다른 저술은 모두 휴가 기간에 이루어졌다. 그는 항상 대부분의 분석가들보다 더 긴 휴가를 보냈다. 그런데 나는 이것이 그 반대의 경우보다 피분석자들에게 득이 되었다고 확실히 말할 수 있다. 누구나 가끔 자신이 얼마나 독립적일 수 있는지 시험해 보는 것은 좋은 일이며, 긴 휴가는 분석가나 피분석자 모두 진부해지지 않도록 해 준다. 그러나 가장 긴 휴가도 지금까지 전혀 몰랐던 것을 탐구하게 될 경우에는 너무 짧게 느껴지기 마련이다.

융이 "무의식과의 대면"을 끝낸 것은 전쟁이 끝나기 직전이었지만, 그는 여전히 무언가가 더 필요하다고 느꼈다. 그는 자신이 경험했던 모든 것들을 기록으로 남겼고, 자신이 보았던 무의식의 내용들을 담은 훌륭한 그림을 많이 그렸다. 그러나 그는 지면에 기록된 것들만으로는 진정으로 충분한 형식이 못 된다는 느낌을 여전히 가지고 있었다. 그는 이렇게 느꼈다. "나는 마음속 가장 깊은 곳에 있는 생각과 내가 얻은 인식을 돌에 새겨야 했다. 다른 말로, 나는 돌 속에 신앙고백을 해야 했다. 이렇게 해서 내가 혼자 힘으로 볼링겐에 지은 집인, '성탑城塔'이 시작되었다."**1**

강렬하고 끊임없이 지속된 이런 느낌은 전쟁이 끝났을 때도 여전히 모호한 상태였으며, 그가 그것을 구체적인 현실로 깨닫기까지는 몇 년이 더 걸렸다. 게다가 수많은 외국인들이 갑자기 융에게 몰려올 때까지 국경은 좀처럼 열리지 않았다. 그들은 여러 나라에서 찾아왔다. 하지만 이맘때 우위를 차지한 것은 앵글로-색슨 계통 사람들이었다. 그들은 두 번의 세계대전 기간 내내 우위를 차지할 수밖에 없었다. 그래서 융은 취리히에서 열린 대부분의 세미나를 영어로 개최했다. 물론 다시 전쟁 전처럼 국경을 완전히 자유롭게 넘나들 수는 없었다. 이제 우리는 여권에 익숙해져야 했을 뿐만 아니라, 국경이 다시 개방된 후에도 얼마 동안은 모든 영사관에서 이런 저런 국가의 비자를 받기 위해 따라야 할 상당한 형식상의 절차에도 익숙해져야 했다. 하지만 이런 일들은 눈에 띌 정도로 빠르게 정착되었으며, 사람들은 그런 것들에 매우 익숙해져서 더 이상 그런 것들 때문에 괴로움을 겪지 않았다.

(항상 피터Peter로 불렸던) 갓윈 베인스Godwin Baynes@는 취리히에 있는 융에게 처음으로 찾아온 영국 의사들 중 하나였다. 그는 일찌감치 융 심리학의 가치를 깨달았고, 상당히 파란만장한 경력이 될 것임에도 불구하고, 제2차 세계대전 중에 죽을 때까지 융 심리학에 평생을 바쳤다. 그는 융보다도 키가 몇 인치나 더 큰 사람이었고, 대학 때는 조정 선수였으며, 스포츠와 경기에도 뛰어났던 사람이다. 그가 처음에 융을 찾아오게 된 것은, 그의 첫 번째 결혼이 해외에 파병되어 있을 동안에 파경을 맞았기 때문이다. 그가 맡았던 첫 번째 과제 가운데 하

ⓐ 그는 『영혼의 신화와 빙의된 독일The Mythology of the Soul and Germany Possessed』의 저자이자 융의 책 번역가로서 가장 잘 알려져 있다.

나는 『심리학적 유형』을 영어로 번역하는 것이었다. 그 결과 독일어 판이 1920년에 나온 지 얼마 되지 않은 1923년에 그 책이 출간될 수 있었다. 피터 베인스는 당시에 독일어를 썩 잘하지 못했기 때문에, 그 책의 번역본은 융이 직접 단어 하나하나를 검토했던, 융의 저서 중 유일한 타국어 번역서로서의 의미를 갖고 있다.

피터 베인스는 외향적이고 대단히 상냥한 사람이었다. 그래서 그는 이내 취리히에서 편히 지낼 수 있었다. 엠마 융과 토니 볼프는 특별히 그를 좋아했으며, 그는 오래지 않아 융의 조수로서의 첫 임기를 시작했다. 여러 방면에서 그는 융이 여태까지 두었던 조수들 중 최고였다. 왜냐하면 융처럼 뛰어난 사람과 함께 일을 하게 되면, 다른 사람들의 경우 나이가 꽤 어려도, 유감스럽게도 어떤 질투와 열등감이 생길 수 있는데, 그는 특이할 정도로 이런 것들로부터 아주 자유로웠기 때문이다. 피터 베인스는 의사였지만, 흔히 있을 수 있는 의학적 편견과 한계로부터 자유로웠다. 그는 결코 단 한 순간도 "융을 넘어서기를" 원치 않았다. 이것(융을 넘어서기 원한다는 말 - 역주)은 오늘날도 여전히, 융이 어떤 입장에 서 있었는지, 또는 그가 어떤 사람이었는지를 전혀 이해하지 못하는 젊은이들로부터 거의 항상 듣는 말이다. 피터 베인스가 조수로 일한 이 시기는, 과중한 업무 가운데 있던 융에게 그가 큰 도움을 주었던 여러 시기 중 첫 번째 시기였다.

언젠가 피터 베인스는 자신의 참된 소명은 분명 융의 조수가 되는 것이라고 내게 말한 적이 있다. 그러나 그는 외향적이고 개방된 성품을 가지고 있었기에 계속 다른 계획에 연루되었다. 결과적으로 그는 항상 영국과 스위스 사이에서 망설였고, 심지어는 미국에서 얼마간 시간을 보내기도 했다. 융의 조수로 결코 오래 있을 수 없었으므로, 그는 1922년 가을에 영국으로 돌아갔다. 그 동안에 그는 힐다 데이비슨Hilda Davidson(당시 캔터베리 대주교의 조카)을 만나 사랑에 빠져, 영국으로 돌아가기 얼마 전 결혼했다.

융은 그가 돌아가기 2년 전인 1920년에 영국에서 첫 번째 세미나를 열었다.

에스더 하딩Esther Harding ⓑ의 기억에 의하면, 그 세미나는 콘스탄스 롱 Constance Longⓒ에 의해 계획되었고, 피터 베인스가 아마 당시 일을 도왔던 것 같다. 콘월Cornwall에 있는 세넨 코브Sennen Cove에서 세미나가 열렸는데, 그 주제는 『피터 블롭의 꿈Peter Blobb's Dreams』이라는 책에 관한 것이었다. 그러나 내가 아는 한, 그 세미나에 대한 기록은 존재하지 않는다. 참석자들은 12명 정도 의 소수였는데, 이는 융에게는 매우 기쁜 일이었음에 틀림없다. 그는 항상 소집 단을 좋아했고, 시간이 지나면서 세미나 규모가 불가피하게 커지게 된 것을 너 무 안타깝게 생각했다. 모든 사람이 세넨 코브에 있는 기숙사에 함께 머물렀던 게 분명하며, 융은 세미나는 물론이고 분석하는 시간을 갖기도 했다. 융과 함께 하는 그런 세미나와 자유로운 사교적인 접촉은 제2차 세계대전이 끝나고 나서 도 한참을 지날 때까지 다양한 형태로 지속되었고, 거의 분석을 받는 것만큼 그 의 환자들이 발전하는데 도움이 되었다.

콘월에서의 이 첫 번째 세미나를 통해 또 다른 의사 한 명이 취리히에 오게 되었다. 그녀는 자신의 생을 융 심리학에 바쳐, 미국에서 융 심리학 발전에 주도 적인 역할을 하게 될 운명이었다. 엘리노어 버틴Eleanor Bertineⓓ은 뉴욕에 있는 벨뷰Bellevue 병원의 최초의 여의사 중 하나였다. 일반의로 일하는 동안에 그녀 는 책을 통해 융을 알게 되었다. 1920년에 그녀는 콘스탄스 롱과 함께 일하러 런 던으로 갔으며, 세넨 코브에서 열린 세미나에 참석했다. 그 후에 그녀는 곧바로

ⓑ 제1차 세계대전 직후의 앵글로 - 색슨 계열에 대한 대부분의 나의 지식은 하딩 박사의 호의 에 신세를 지고 있다. 그녀는 『모든 여성의 길The Way of All Women』, 『정신적 에너지Psychic Energy』, 『여성의 신비Woman's Mysteries』, 『자기에로의 여정Journey into Self』, 『자아와 비-자아 The I and the Not-I』, 『부모의 상The Parental Image』의 저자로 잘 알려져 있다.

ⓒ 롱 박사는 융의 Collected Papers on Analytical Psychology (London: Balliére, Tindall and Cox, 1916)를 번역했다.

ⓓ 그녀는 Human Relationships (New York: Longmans, Green & Co., 1958)와 Jung's Contribution to Our Time (New York: C. G. Jung Foundation and G. P. Putnam's Sons, 1967)의 저자다.

취리히로 가서 약 1년 동안 융과 함께 공부했고, 융이 쉬는 날에는 그의 제안으로 그녀와 피터 베인스는 서로의 꿈을 분석했다. 그녀가 영국인 의사 에스더 하딩을 만난 것은 그녀가 두 번째로 취리히에 머물렀던 1922년인데, 나중에 이 둘은 버틴 박사의 오랜 친구인 크리스틴 만Kristine Mann과 함께 뉴욕에서 최초의 융 그룹을 만들었다. 이는 힘든 일이었다. 왜냐하면 공식적으로 분석 영역에서는 프로이트 학파가 훨씬 우세했기 때문이다. 언젠가 나에게 엘리노어 버틴은, 자신들의 경력에 어떤 **외적인** 보탬이 될까 기대하고 분석 받으러 온, 전문적인 심리학자가 되고 싶어 했던 모든 젊은이들에게 항상 주의를 주었다고 말했다. 왜냐하면 그녀는 그런 것을 줄 수 있는 위치가 아니었기 때문이다. 이것은 엄청난 이득을 주었다. 왜냐하면 이러한 의사들을 찾아왔던 초창기 환자들은 그 누구도 경력이나 야망 때문에 그들과 함께 하지 않았기 때문이다. 그러므로 그들은 전적으로 **내적인** 길과 자기 - 인식에 의지하는 그룹을 만들 수 있었기 때문이다.

오늘날에도, 융 심리학이 더 잘 알려지게 되자, 유감스럽게도 순전히 야심적인 사람들에게 훨씬 더 매력적인 것이 되었고, 그것이 초기에 실시된 뉴욕에서의 수련에 유익한 영향을 끼치게 된 것 같은 느낌이 든다. 1968년 여름에 고故 프란츠 리클린 2세Franz Riklin Jr.와 마리 - 루이제 폰 프란츠와 나는 에스더 하딩의 팔순 기념잔치에 초청을 받아 강의를 하러 취리히에서 메인Maine 주에 있는 베일리 섬으로 갔던 적이 있다. 나는 결코 학회에 가입하지는 않았다. 그런데 그곳 분위기는 아주 편안하였고, 사람들이 서로 마음으로 연결되어 있었으며, 개인적인 야망과 호기심을 찾아볼 수 없었다. 이 때 — 이전보다 훨씬 더 — 나는 이 미국 그룹이 엘리노어 버틴과 에스더 하딩의 정통 융 학파의 접근 방법에 얼마나 많은 빚을 지고 있는지를 깨달았다. 여기서 나는, 두 사람의 업적에 대해 융이 죽기 직전에 깊은 감사를 표했다는 것을 언급하고 싶다.

콘월에서 열린 첫 번째 영어 세미나(1920)가 열리기 전에 융은 "그가 가고 싶어 했던 곳, 즉 유럽 말을 쓰지 않으며 기독교적 관념이 지배하지 않는 곳, 유럽인과는 다른 종족이 살며 다른 역사적 전통과 철학이 군중들의 얼굴에 각인되어 있는 비 유럽 국가"에 가 볼 수 있었다. 그는 계속해서 이렇게 말했다. "나는 한 번이라도 유럽인들을 외부에서 볼 수 있기를 종종 바랐다. 어느 모로나 전혀 생소한 환경에 의해 반영된 유럽인의 이미지를 보고 싶었다." 그는 북아프리카 여행에 대해 『회상』에 묘사해 놓았다.**2** 그러므로 내가 융으로부터 종종 들었던 잊지 못할 경험들 중에서 중요한 몇 가지에만 주목해볼 것이다. 사실 그는 1925년에 동아프리카에서 더 오래 있었으며, 여전히 그곳을 더 흥미롭게 여기며 그곳에서 있었던 일들을 더 많이 이야기했다. 나도 6개월간 튀니지(북아프리카 지중해 연안에 있는 나라이며, 기원전 명장 한니발이 활약했던 옛 카르타고 땅 - 역주)에 머물렀던 적이 있었는데, 그가 그 나라에 대해 가졌던 인상에 특히 관심이 있었다. 왜냐하면 그것은 내게도 잊을 수 없는 인상을 주었으며 대답할 수 없는 많은 질문을 남겨두었기 때문이다.

아프리카 여행은 융에게 있어서 그 자신이 속한 문명 밖에서의 지표*point de repére*를 얻는 것을 주된 목적으로, 그리고 전적으로 타 문화를 이해하기 위해 떠난 첫 번째 여행이었다. 그것은 철저하게 언어장벽에 부딪혔던 유일한 여행이었다. 호텔과 큰 마을에서만 극소수의 몇몇 아랍인들이 불어를 할 줄 알았고, 융은 아랍어를 전혀 몰랐다. 그는 언젠가 나에게 말하길, 아랍어는 그가 전혀 배우지 못한 유일한 언어였으며, 이런 특이한 상황은 그의 아버지가 그 언어를 잘 알고 있었기 때문이라고 했다. 아무튼 그것은 그가 사람들에게 말을 건네고 질문을 할 수 있었던, 나중에 했던 여행의 경우와는 전혀 다른 방향으로 접근하게 해주었다.

튀니지에서 특히 흥미를 끈 것은 신기한 아랍의 카페들 — 말 그대로 딴 세상에 와 있는 것 같은 — 이었으며, 그런 카페에서 한 마디도 알아들을 수는 없었지만, 융은 사람들의 제스처와 그들이 분명하게 표현하고 있는 감정표현을 예리하게 지켜보면서 많은 시간을 보냈다. 그는 유럽인들이 "동양의 여유와 무감동"이라고 여기는 것은 정말로 다만 가면에 불과하다는 것을 곧 깨달았다. 그가 가장 큰 관심을 둔 것은 북 아프리카인들이 유럽인과 이야기할 때는 그들의 몸짓에 미묘한 변화가 나타나며 "어느 정도 좀 색다른 눈으로 보는 것을 알게 되었고, 또한 백인을 그 자신의 환경 밖에서 아는 법을 배웠다."

융은 1920년 봄에 스위스인 친구이며 사업차 여행을 가야했던 헤르만 지크 Hermann Sigg와 함께 북아프리카로 갔다. 그들은 알제리까지 비행기로 가고, 다시 기차를 타고 해안을 따라 30시간을 달려 튀니스(튀니지의 수도 - 역주)에 도착했다. 그는 아내에게 보낸 편지(『회상』의 부록 III[3]에 수록되어 있는)에서 이 여행과 아프리카에 대한 첫인상에 대해 생생하게 설명했다. 그녀에게 말하기를, 그는 여전히 어찌할 바를 모르겠으며, 아프리카가 무언가 말을 하고 있다는 것은 알겠지만, 아직 무슨 말을 하고 있는지 모르겠다고 했다. 튀니스를 떠난 두 남자는 남쪽에서 수스Sousse(튀니지 수스 주의 주도州都 - 역주)로 갔는데, 거기서 지크는 사업상 거래를 하기 위해 융과 헤어졌고, 융은 혼자 사막지대인 토주르 Tozeur(튀니스에서 남서쪽으로 약 435km 떨어진 곳에 위치하며, 로마시대의 전초기지였고 거상들의 무역을 위해 왕래하는 카라반이 성행했던 곳 - 역주)로 갔으며, 거기서부터 그는 통역과 함께 잘 달리는 노새를 타고 네프타Nefta의 오아시스로 갔다.

사막과 오아시스들은 아프리카 도시들과는 별개의 세계다. 그러나 융이 가장 큰 관심을 가졌던 것은 바로 사람들이었다. 그는 이렇게 말했다. "나는 문득 내가 끝없이 순진한 인류의 청소년기로, 수세기를 거슬러 올라간 것 같은 느낌을 받았다. 그들은 그곳에서 약간의 코란의 지식의 도움을 받아, 기억하지도 못할 아득한 세월을 그 속에서 존재해 온 그들의 원초적인 미미한 의식 상태에서 벗어나 북쪽으로부터 그들을 위협하는 세력들로부터 자기-방어를 하며 그들 자신의 존재를 인식하기 시작한 것이다."[4]

인도의 타지마할을 방문한지 20여년이 지나서야 비로소 회교 국가와 기독교 세계 사이의 엄청난 문화적 차이가 융에게 보이기 시작했다. 히말라야와 타지마할이 지닌 믿기 어려운 극치감은 그가 인도에서 돌아오면서 가졌던 두 가지 가장 생생한 인상이었다. 아름다운 타지마할 — 서기 1632년에 샤자한Shah Jahan 황제가 그의 가장 사랑했던 아내를 위한 영묘로 지었고, 그 자신 역시 거기 묻혔다 — 은 여태껏 세워진 것들 중 가장 완벽한 사랑의 사원이라는 인상을 융에게 주었다. 그는 앉아 있으면서 그것이 그에게 이야기하도록 했으며, 기독교가 참으로 다른 모든 위대한 종교들처럼 로고스 원리Logos principle, 즉 남성적인 구별의 원리masculine principle of discrimination에 기반을 두고 있는 반면, 이슬람교는 에로스 원리Eros principle, 즉 여성적인 관계의 원리feminine principle of the relationship에 기초하고 있음을 깨달았다. 그가 마지막으로 쓴 두꺼운 책인, 『융합의 비의』에서 융은 이 두 가지 원리에 대해 매우 그림 같은 묘사를 했다. 그는 이렇게 말했다.

    지적으로 보면, 로고스와 에로스는 해와 달이라는 원형상의 직관적인 등가물로 표현된다. 내가 보기에 이 두 발광체는 그 함의含意가 매우 사실적이고 더할 나위 없이 생생하여, 나는 이를 평범한 용어인 로고스와 에로스로 부르는 것을 선호한다. 물론 후자가 상당히 분명치 않은 "해와 달" 보다도 더 적절하게 어떤 심리학적 특성을 정확히 밝혀준다고 할지라도 말이다.[5]

융은 이 구절을 언급하기 직전에 밝은 햇빛 아래서는 모든 것이 보일 수 있고 구별될 수 있으므로, 해는 훨씬 밝은 의식을 나타낼 수 있으며, 그에 반해 은은한 달빛은 사물을 구별하기 보다는 융합한다는 것을 분명히 밝혔다.

    그것은 지나치게 밝은 한낮의 빛처럼 냉엄하게 구별하고 분리하면서 대상들을 드러내지 않는다. 그러나 그것은 작은 것을 큰 것으로, 높은 것을 낮은 것으로 마술적으로 변화시키고, 모든 색을 푸른빛의 옅은 안개로 은은하게 만들고, 야경을 미지의 통일체로 어우러지게 하면서 현혹시

키는 희미한 빛 속에서 가까운 것과 먼 것을 혼합한다.⁶

융은 1925년 스워니지Swanage에서 있었던 세미나에서 로고스와 에로스를 신들gods로 묘사했다.⁷ 그는 지적하기를, 우리가 소포클레스(고대 그리스 3대 비극 시인의 한 사람으로 정치가로서도 탁월한 식견을 지니고 국가에 공헌했으며, 『아이아스』, 『안티고네』 등의 작품이 있다 - 역주)의 시대에 살았더라면, 우리는 "연관성의 신god of relatedness인 위대한 신 에로스"와 더불어 "형식의 신god of form인 로고스"도 인식했을 것이라고 했다. 그는 로고스 원리는 논리적인 사고思考나 지적인 사고를 만들어내지 않는다고 설명했다. 왜냐하면 로고스는 경험이요 계시이기 때문이다. 사도 바울과 영지주의자들은 여전히 로고스의 법칙에 따라 생각했다(예컨대 우리는 기독교인들을 박해하러 다마스쿠스로 가던 바울을 떠올린다). 그러므로 우리는 융의 타지마할(여태까지 지어진 사랑의 사원 중에서 가장 완벽한 사원인)에서의 경험을 보면서, 에로스 신의 경험이 이슬람교의 근간으로 인도했다고 가정할 수 있다. 그에 반해 다른 모든 위대한 종교에서는 로고스 신이 결정하는 힘이었다. 우리는 이것을 기독교에서도 입증할 수 있다. 왜냐하면 요한복음의 서두를 보면 그리스도 자신을 로고스와 동일시하기 때문이다.

앞서 말한 것은 이 두 원리의 몇몇 차이점을 보여주며, 타지마할에서의 이 차이를 그가 깨달은 것이, 지난 모든 세월 내내 융에게 대답되지 않은 채 있었던 질문들에 대해 어떻게 답을 제시해 주었는지 보여준다. 사실 그는 튀니스에서 보낸 마지막 날 밤 꿈을 꾸었다. 그 꿈은 아프리카에서의 "모든 경험을 요약해" 주었고, 그에게 지나치게 넘쳐났던 인상과 생각을 소화할 수 있도록 도와주었다. 그는 이 꿈과 꿈에 대한 해석을 매우 상세히 『회상』에 기록했다.⁸ 그러나 이것은 그의 여행의 절정이었을 뿐만 아니라, 이 두 원리와 어둠과 빛의 대극이 그 자리를 찾게 된 미래도 거의 믿기 어려울 정도로 많이 담고 있었기에, 나는 독자들에게 이 꿈의 주된 맥락을 다시 한 번 말해 주려고 한다.

꿈속에서 융은 아랍의 어느 도시에 있었는데, 그곳은 벽으로 둘러싸여 있었고 네 개의 문이 있는, 그러니까 만다라였다. 중심에는 그 자체가 전형적인 북아프리카 풍인 요새, 곧 카스바('요새' 라는 뜻이며 이슬람 도시의 방어를 위한 시가지의 일부 또는 그 외곽에 세워지는 성 - 역주)가 있었는데, 중세 유럽의 성처럼 호濠로 둘러싸여 있었다. 목조 교량 너머에 있는 대문이 열려있었고, 더 살펴보기 위해 융은 그 다리를 건너기 시작했다. 그러나 그가 그 다리 중간쯤 갔을 때 요새의 주인인 젊은 아랍 왕자가 그를 쓰러뜨리려고 했다. 그들은 격투를 벌였고, 난간에 부딪혀 함께 호 안으로 떨어졌다. 왕자는 융을 익사시키기 위해 그의 머리를 물속으로 처넣으려 했으나, 오히려 융이 그 왕자의 머리를 처넣는데 성공했다. 하지만 융은 그에 대한 커다란 경의를 느꼈기에 그를 죽이지 않고 살려주었다. 그는 다만 그 왕자를 제압하려고만 했다. 분명히 융은 이런 시도에 성공했고, 그 다음에 그들은 요새의 중심부에 있는 커다란 8각형 모양의 방에 함께 앉아있었으며, 융은 저항하는 왕자에게 "아버지 같은 친절과 인내로" "서부 투르케스탄Turkestan(중앙아시아의 광대한 지방 - 역주)의 위구르 족의 글"로 쓰인 훌륭한 책을 읽도록 재촉했다. 그런데 그것은 융이 쓴 책이었다. 이 책을 읽는 것은 굉장히 중요한 일이었으며, 꿈의 말미에서 결국 그 왕자는 그것을 읽었다.

꿈에서 왕족이나 귀족의 상像들은 항상 자기Self와 관련이 있다. 그러므로 융이 지적했듯이, 그의 어스름한 얼굴빛 때문에 그 왕자는 분명히 그림자였지만, 그는 결코 개인적인 그림자가 아니라 지금껏 알려지지 않은 자기의 그림자 shadow of the Self를 나타낼 수 있다. 뒤돌아보면, 우리는 융의 어린 시절에 자기 Self의 대변자인 제2호 인격이 항상 긍정적이었던 것을 기억할 것이다. 그런데 우리는 똑같은 것을 "무의식과의 대면" 시기에서도 이야기할 수 있다. 거기서 이 상은 처음에는 엘리야의 모습으로 나타났다가 점차 도움을 주는 필레몬으로 변하였다. 그러나 전체성의 상징으로서, 이 상은 긍정적인 것은 물론 부정적인 것임에 틀림없다. 그리고 이제 그것의 다른 면이 드러났고, 심지어는 목숨을 앗아가려고까지 했다. 『회상』에서 융은 야곱이 주님의 사자使者, 즉 사람들을 구별하지 않고 죽이려 하는 야훼의 어두운 면과 씨름하였던 것을 독자들에게 상기시켜 주었다.

당시에 융은 이 꿈이 북아프리카에서 받은 엄청난 충격의 결과였다는 것을 깨달았다. 다시 말해 5년 후, 다음 번 아프리카 방문에서 그는 자신이 **잠식될** 위험에 처해있었다는 것을 더 깊이 이해할 수 있었다. 왜냐하면 그가 지적했듯이, 그 꿈이 아프리카에 사는 유럽인들이 거의 인지하지 못하는, "피부 밑이 검게 될" 정신적 위험을 처음으로 암시해 주었기 때문이다. 융은 또한 그가 유럽 밖에서 마음을 관찰할 곳을 찾기 위해 아프리카로 갔을 때, 어떤 소원에 의해 무의식적으로 자극을 받았다는 것을 지적했다. 그 소원이란 바로 "유럽인으로 살아야 한다는 압력으로 인해 보이지 않게 된 내 인격의 어떤 부분을 찾으려는" 것이었다고 그가 말한 적이 있다. 그때까지 그의 이런 부분은 그의 의식적인 인격에 반反하였기 때문에 그는 그것을 억누르려고 했다. 그러나 이제 그것은 처음으로 충분히 드러나기 시작했다. 왜냐하면 이러한 "이질적이고 완전히 다른 아랍의 환경"이 원형적인 기억을 분명하게 일깨워주었기 때문이다. 이것은 융이 당시 "그런 현상을 주목하고, 미래의 더 많은 연구를 통해 자기의 그림자와의 이런 충돌이 주는 의미가 드러나기를 바라며" 스스로 만족할 수 있었던 꿈 가운데 하나였다.

그 의미는 정말 먼 미래에 드러났다. 왜냐하면 거의 20년이 지난 후, 그가 연금술을 공부하고 있었을 때에야 그것의 충분한 의미가 그에게 분명해지기 시작했음에 틀림없기 때문이다. 마리-루이제 폰 프란츠는 융이 훨씬 뒤에 자신의 논문 "철학자의 나무 Arbor Philosophica"[9]를 쓰면서, 『오스타네스의 아랍어로 된 책Arabic Book of Ostanes』ⓒ에서 놀랍게도 비슷한 글을 인용했다는 사실을 나에게 환기시켜 주었다. 이 책에 연금술의 돌alchemistic stone(자기Self)에 대한 설

ⓒ 오스타네스는 우리가 알고 있는 고대 연금술 저자 중 한 사람이다. 이 특별한 문서는 아랍어 전승에 의해 우리에게 전해졌으며, 우리는 이것을 베르텔로Berthelot의 『중세의 화학La chimie au moyen âge』(Paris, 1893)에서 찾을 수 있다. 하지만 오스타네스는 그의 『고대 그리스 연금술 모음집Collection des anciens alchimistes Grecs』(Paris, 1887-88)에서도 등장한다.

명이 들어있다. 그것은 산 정상에서 자라는 나무로, 이집트에서 태어난 젊은 남자로, 그리고 안달루시아의 왕자로 표현되기도 한다. 그는 그 돌을 찾는 거장EE을 괴롭히고, 심지어 그들의 지도자들을 죽이기까지 한다.10 다음 장에서 융은 "당신의 돌이 당신의 적敵이 되지 않으면, 당신은 바라는 바를 이루지 못하리라."11는 또 다른 문구를 문자 그대로 인용했다. 이 두 개의 연금술적인 병행구들을 통해, 융이 이런 자기Self의 어두운 면을 만나지 않았다면, 그의 "무의식과의 대면"이 적절하게 혹은 온전하게 이루어질 수 없었다는 것을 분명히 알 수 있다. 당시 그의 첫 아프리카 방문의 소산인 이 꿈은 그러한 대면에 대한 첫 번째 결말로 볼 수 있을 것이다. 그의 무의식에 관한 작업이 결코 반복된 것이 아니라고 내가 지적했을 때, 그것은 그의 대면이 대부분 매우 성공적으로 이루어진 것이 분명하지만, 그것에 계속 무언가가 추가되면서, 실제로 평생 지속되어 그것이 마침내 종결되었다는 뜻이다. 왜냐하면 그 누구도 집단적 무의식을 무한정 소진시킬 수 있는 사람은 없기 때문이다.

비록 아니마가 **처음에는** 부정적인 면으로 나타났지만(무의식의 어떤 측면을 드러내는 대부분의 상像들에게는 언제나 있는 일이지만), 지금까지 자기Self가 융에게 항상 도움을 주는 형태로 나타난 것은 흥미로운 일이다. 이것은 설명될 수 없는 있는 그대로의 이야기Just-So Story이지만, 그것은 거의 무의식 그 자체가 의식화되기를 원했던 것처럼 보인다. 융은 이 분야의 개척자였으므로, 그의 제2호 인격은 분명히 그의 연구를 격려했고, 그가 무의식의 실재와 유효성을 충분히 그리고 최종적으로 확신할 때까지 그것의 어둡고 파괴적인 면이 드러나는 것을 유보했던 것 같다. 그는 이미 어린 시절 남근 꿈ⓕ과, 11살 때 결국 신성모독적인 생각을 하지 않을 수 없었던 경험ⓖ 둘 다를 통해 하느님의 어두운 면을 체험했다. 따라서 그러한 생각은 결코 그에게 생소한 것이 아니었다.

ⓕ 32쪽 이하를 보라.
ⓖ 64쪽을 보라.

융은 다음과 같은 말로 첫 아프리카 방문에 대한 설명을 마쳤다.

나는 당시에 이러한 원형적인 체험의 성격을 전혀 감지하지 못했고, 역사적인 유사성에 대해서는 여전히 아는 것이 별로 없었다. 그러나 당시 내가 그 꿈의 의미를 충분히 파악하지 못했지만, 그 꿈은 내 기억에 오래 머물러 있어서 다음 기회에 다시 아프리카에 가고 싶은 강렬한 소원이 생기게 되었다. 그러나 그런 소원은 5년 후에나 이루어질 수 있었다.[12]

융이 1920년 봄에 취리히로 돌아오자 그에게 환자들과 제자들이 많이 모여들었고 해외 강연과 세미나 초청이 쇄도했으므로, 그는 전시 때보다 훨씬 더 외향적인 삶을 살지 않을 수 없었다. 융은 항상 그가 하는 모든 일에 전심을 다했지만, 그의 기질과 본성상 내향적인 삶을 몹시 갈망했다. 그는 상당히 오래 동안 휴가를 가짐으로써 이러한 필요에 응했다. 그러나 융은 휴가 중이라도, 진심으로 자신을 필요로 하는 사람은 그 누구라도 늘 만날 준비가 되어 있었다. 나중에는 휴가 중에라도 이따금 적어도 하루 종일 일을 하기 위해 퀴스나흐트로 자주 내려왔다.

이 장에서 우리가 살펴보고 있는 시기(1919-25)에 융에게 더욱 더 필요했던 것은 정말 내향화된 피난처였다. 취리히 호수 위쪽 끝에 있는 슈메리콘 Schmerikon에서 좀 떨어진 섬이 하나 있었는데, 그는 거기서 여러 번 야영을 하며 휴가를 보냈고, 이 섬을 사서, 자신의 "내밀한 생각과 지식"을 묘사하는 돌을 그곳에 세우려는 생각을 많이 했다. 그 당시 그 섬은 정말 유리한 점을 많이 갖고 있었다. 그곳은 배로 가거나, 아니면 이례적으로 장거리 수영을 하지 않고서는 아무도 그에게 갈 수 없는, 정말 내향적인 피난처였다. 그런데도 그곳은 퀴스나흐트에서 약 20마일 정도밖에 떨어져 있지 않았기에 정말 필요하면 언제든지 그곳에 갈 수 있었다. 그는 이 섬을 사려던 노력이 수포로 돌아가자 실망했다. 여러 해가 지난 후에 그는, 바로 그것이 마음속으로 간절히 바라는 것을 종종 이룰 수 없다는 게 얼마나 다행한 일인지 자신에게 일깨워주었다고 말하곤 했다. 그것은 분명 노인에게는 실현불가능한 일이었을 것이다. 반면에 볼링겐에 있는 성탑은 그의 만년에 계속 커다란 기쁨으로 남아있었다.

그러나 적절한 부지를 찾는 것은 쉽지 않았다. 그는 사실 취리히 호수 위쪽을 여전히 좋아했다. 지금까지 그곳은 물가에 사람이 사는 집이 거의 없는, 실질적인 마을로 남아있다.⑮ 최적의 부지를 찾는 것이 매우 어렵다는 것을 알게 되자, 그는 호수와 산이 보이는 멋진 경치를 지닌 볼링겐 위쪽에 있는 땅을 조금 사려는 생각조차 했다. 그곳은 마리-루이제 폰 프란츠가 그의 조언을 듣고 30년 후에 그녀의 탑을 세운 곳과 매우 가까이 있다. 그가 『회상』에서 "처음부터 나는 물가에 집을 짓기로 마음먹었다."고 말했다고 해서, 결코 호숫가가 아니면 어디에도 집을 짓지 않겠다는 의미는 아니었다.

마침내 1922년에 이상적인 부지를 매입할 수 있었다. 그는 넓은 땅을 살 수 있었는데 — 스위스는 땅이 매우 부족하기 때문에 스위스의 수준으로 볼 때 넓다는 것이다 — 그곳은 정면에 호수가 펼쳐진 곳이었다. 그곳은 고립된 곳이었지만, 접근하기가 용이했다. 왜냐하면 그곳은 볼링겐 역에서 1마일 조금 넘는 거리였으며, 자주는 아니지만 퀴스나흐트로 가는 직행 열차가 있었기 때문이다. 융이 소유한 땅의 경계를 따라 놓인 철도는 실제로 그의 사생활을 지켜주는 특이한 방어벽이 되어주었다. 이것은 소음공해가 될 만큼 성탑에 가까이 있지는 않았지만, 오랜 후에 자동차가 많이 다니는 시대가 되면서 특히 위험한 횡단 지점이 되었다.① 거기에는 두 개의 출입구로 이루어진 두 개의 육중한 기둥으로

---

⑮ 너무나 유감스럽게도 볼링겐 마을은 이제 "건축 지역"으로 지정되었다. 배수장치가 설치될 때까지는 건축이 이루어지지 않겠지만 — 배수장치 없이는 건축 허가가 나지 않을 것이기 때문에 — 내가 우려하는 것은 이것이 단지 시간문제라는 것이다. 회사의 수도시설이 이미 볼링겐 전역에 들어와 있다. 나는 그곳이 교외 지역이 될 것 같다는 뜻으로 말하는 것은 아니다. 나는 그 호숫가가 그대로 남아있기를 바라지만, 아마 많은 별장들이 그곳에 지어질 것이다.

① 융이 사망한 지 몇 년 후에 철길 건너, 다리가 있는 우회로를 통해 성탑에 도달할 수 있게 되었다.

된 투박한 진입로가 있었고, 철로가 곡선으로 되어 있어서 기차가 눈앞에 다가온 다음에야 그것을 볼 수 있었다. 융의 성탑이 위험한 진입로로부터 보호받아야 한다는 생각을 우리가 늘 한 것은 매우 당연하다고 할 수 있다.

융은 이 땅을 매입하고 나서 7년이 될 때까지 차를 타고 다니지 않았다. 이렇게 함으로써 얻을 수 있는 가장 큰 장점 가운데 하나는 그가 시간이 있을 때마다 배로 자신의 두 집(퀴스나흐트 집과 볼링겐 성탑 - 역주)을 오갈 수 있었다는 것이다. 이것은 그가 가장 좋아하는 교통수단이었으며, 그는 항상 이것이 그에게 특히 잘 맞는다고 느꼈다. 왜냐하면 이렇게 함으로써 그는 물(무의식의 주된 상징)과 공기(의식적인 외부세계가 내려다보이는)를 가르고 다닐 수 있었기 때문이다. 초기에는 보통 철도를 이용했고 볼링겐 역에서부터 걸어 다녔지만, 그는 여전히 이동 수단으로 자전거를 매우 선호했다. 융은 기차여행을 항상 잘 견뎌냈다. 당시에는 그것이 느리고 시간 낭비이긴 했지만, 그가 놀라운 집중력을 가지고 있었기 때문이다.

융은 『회상』에서 성탑과 그 부속건물을 짓는 일에 대해 기록해 놓았다.[13] 그는 1923년에 첫 번째 건물을 짓기 시작했는데, 실제로 첫 성탑의 많은 부분을 손수 지었다. 그 때는 특히 바쁜 해였기 때문에 어떻게 그가 시간을 냈는지 궁금하다. 1922년 가을에 피터 베인스는 남자 조수가 없는 그를 남겨두고 영국으로 돌아갔다. 토니 볼프는 능력 있는 여성 조수가 틀림없었지만, 분석가 한 사람이 결코 다른 사람을 완전히 대체할 수는 없는 노릇이었다. 왜냐하면 어떤 환자들은 특히 여성 분석가를 필요로 하고, 어떤 이들은 남성 분석가를 필요로 하기 있기 때문이다. 더욱이 토니는 의사가 아니었다. 그녀가 나에게 말한 바에 의하면, 융은 처음에 분석가가 되려는 그녀의 생각을 결코 반기지 않았고, 꽤 오랫동안 그런 생각을 단념시키려고 했다. 그러나 1929년 초에 내가 취리히에 왔을 때 융은 그녀를 조수로 완전히 받아들였고, 그녀에게 많은 사람들을 보냈다. 하지만 그는 항상 신중하여서 — 그는 실제로 자신의 모든 조수들에게 그렇게 했던 것처럼 — 그녀에게 맞는 사람들만 그녀에게 보냈다. 사실 그가 어쨌든 의심스럽다는 느낌이 들면, 그는 그들에게 분석이 잘 맞지 않을 경우, 그에게 말해달라고 했다. 이러한 제약에도 불구하고 그녀는 일을 완벽하게 해냈고, 피분석자들에게는 물론이고 분석하는 일이 과중했던 융에게 훌륭한 조수가 되어주었다.

언젠가 나는 그에게 왜 처음에 토니가 분석가가 되는 것을 강하게 반대했었는지 물어 본적이 있다. 토니가 비범한 문학적 소질을 가지고 있다고 믿었기 때문에, 그는 그녀가 창조적인 작업에 헌신하기를 간절히 원했다고 대답했다. 그는 그녀가 분석가가 된다면 글을 거의 쓰지 않을까봐 걱정했다. 이러한 우려는 현실이 되었다. 즉, 그녀는 훌륭한 논문을 쓰기도 하고 강의를 잘하기도 했지만, 그 수가 적었다.**14** 그녀가 1935년 7월 26일 융의 회갑 기념논문집에 제출할, 그녀가 썼던 논문들 중 가장 긴 논문을 쓰고 있었을 때 융이 했던 말이 문득 생각난다. 대개 그녀의 다른 논문들은 처음에는 심리학 클럽에서 강의할 목적으로 시작되었으나, 이따금 나중에 약간 증보·개정되었다. 그러나 기념논문집에 실을 긴 논문을 쓰는 동안 그녀는 평생 단 한 번 가능한 한 분석 시간을 과감하게 줄이거나 취소하기까지 했다. 반면에 그녀는 열정을 가지고 글을 썼으며, 그 일에 매진했던 1, 2년 동안의 작업에 매우 만족스러워하는 것 같았다. 나는 그녀가 죽기 전에 글을 더 쓰지 못한 것을 후회하지 않느냐고 물어 본적이 있다. 그녀는 평생 글 쓰는 사람으로 살기보다는 남을 도우며 사는 게 더 좋았다고 대답했다. 그렇다고 그녀가 나를 완전히 납득시켰다고 볼 수는 없다. 그녀가 두 가지 일을 함께하지 못한 것은 유감이다. 그녀는 정말 장편의 책을 쓸 수 있는 뛰어난 능력을 가지고 있었는데, 나는 그녀가 그렇게 하지 못한 것을 아쉬워하지 않을 수 없다.

1923년 7월에 융은 다시 영국으로 가서 또 다른 세미나를 인도했다. 이번에는 콘월에 있는 폴지스Polzeath에서 세미나가 개최되었다. 이 일은 피터 베인스와 에스더 하딩에 의해 계획되었고, 엠마 융과 토니 볼프를 포함하여 29명이 참석했다. 융의 부인은 훗날 나에게 말하길, 그녀가 그것을 매우 즐기긴 했지만, 그 후 몇 해가 지나서도 영국인들을 이해할 수 없었다고 했다. 영국인들은 정을 표현하는 데 있어서 스위스 사람들보다 훨씬 더 외향적이고 산만하다는 인상을 그녀에게 주었다. 그녀는 아직 미국을 경험해보지 않았기에 정말 외향적인 삶이 무엇인지를 알 수 없었다. 그녀는 1936년이 될 때까지 미국에 가 본적이 없었으며, 그곳에 갔다가 돌아왔을 때 그녀는 거의 숨을 쉴 수 없을 정도였다.

내가 취리히에 오기 거의 6년 전에 폴지스 세미나가 열렸었지만, 그 세미나에 참석했던 융의 모든 제자들은 여전히 그것에 대해 계속 이야기했다. 그 세미나는 그들 중에서도 특히 에스더 하딩에게 깊은 인상을 주었다. 당시 융은 그가 개개인의 꿈에 주목했던 것들 중 몇 가지에 대해 말한 바 있는데, 그것들이 지금에 와서는 전 세계적인 위협이 되었던 것이다. 나는 에스더 하딩과 다른 사람들이 1923년 세미나에 관해 나에게 말해주었던 것들을 종종 생각하게 된다.

그 때 이미 교회의 영향력이 쇠퇴함에 따라, 융은 훗날 "원형상"이라고 불렀던 인간의 비인격적인 개념이 만연해있음을 간파했다. 말하자면 작금의 세계관 Weltanschauung[①]이 그것을 담아낼 만한 그릇이 되기엔 부족했기 때문이다. 따라서 이런 에너지는 무의식속에 함몰되어, 고태적인 그리고 정말 받아들일 수 없는 형식으로 되돌아가게 된다. 그 좋은 예가 바로 — 폴지스 세미나 가 끝난지 10년 후에 — 나치가 정권을 잡은 것인데, 그것은 옛날의 방랑자인 보탄 Wotan(북유럽 신화의 오딘Odin에 해당하는 게르만 신화의 신이며 Wednesday는 그의 이름에서 유래했다 - 역주)이 독일에서 다시 되살아난 것으로 볼 수 있다. 그러한 고태적인 내용으로 인해 융은 이미 걱정을 많이 했다. 왜냐하면 그것이 갑자기 분출되면, 소위 전이transference로 인해 부드럽고도 조화로운 관계가 방해를 받을 것이기 때문이다.

비록 융이 전이의 중요성에 관한 프로이트의 견해에 동의했다고 해도, 그는 그 내용에 있어서는 매우 다른 견해를 가지고 있었다. 프로이트는 환자의 **모든**

[①] 세계관Weltanschauung: 이 서술적인 독일어 단어는 번역할 수 있는 적절한 영어 단어가 없다. 이것은 보통 "삶의 철학"으로 번역이 되지만, 그 이상을 의미한다. 이 단어는 삶에 대한 그리고 무의식에 대한 온전한 주관적 태도를 포함하고 있다.

투사가 개인적인 것이라고 여긴데 반해, 융은 상층부만이 개인적인 기원을 가지고 있다고 보았다. 그러므로 그는 결국 모든 개인적인 투사가 이루어진 후에 전이로 인해 제 기능을 못한 채 남아있게 된 것을 반드시 유아적인 것으로 생각하진 않았다. 하지만 그는 그것을 대개 우리의 종교에서 더 이상 그 자리를 찾을 수 없는 비인격적인 내용으로 인한 것으로 보았다. 이것이 실제 분석에서 어떻게 작용하는가는, 융이 "자아와 무의식의 관계The Relations between the Ego and the Unconscious"라는 논문에서 제시한 사례에 가장 잘 나타나있다. 이 논문에서 그토록 오래 지속되는 전이를 일으키는 요인은 환자의 잃어버린 신 patient's lost god의 상像으로 밝혀졌다.[15] 물론 그런 경우에 분석을 너무 일찍 종결하는 것은 치명적이다.

융은 무의식속에 이미 비인격적인 요소들이 자리를 잡게 된, 네 가지 주된 억압 요인들을 제시했다. 이러한 입장은 나에게 깊은 인상을 주었다. 왜냐하면 내가 교회와 처음 관련을 갖게 되면서 그 모든 것들 때문에 힘들었기 때문이다. 이런 경향 가운데 첫 번째 것은, 교회가 점점 더 자연nature을 배척한 것이다. 그러나 강조되어야 할 것은, 융은 늘 그리스도의 근본적인 가르침과 교회가 가르치는 것 사이에 차이가 있음을 지적했다는 것이다. 그리스도는 분명히 자연과 훌륭한 관계를 맺고 있었다. 나는 이에 대한 증거로 그리스도의 말씀을 한 구절만 인용하겠다. 즉, "하나님은 어디에나 계시느니라(두 사람이 있는 곳에도 하나님이 그들과 함께 계시느니라). 즉, 내가 말하노니 누군가 홀로 있는 곳에도 내가 그와 함께 있느니라. **돌을 들어 보라. 그러면 거기서 나를 발견하게 되리라. 나무를 쪼개보라. 그러면 내가 거기 있으리라.**"[16]

1923년부터의 외적인 발전은 융의 결론을 강화해 준다. 예술은 모든 종류의 추상적 개념에 정신이 팔려서 자연을 거의 다 포기하고 말았다. 건축가들은 더 이상 건물이 들어설 곳의 경관에 주목하지 않는 것처럼 보인다. 가장 아름다운 중세풍의 고읍들은 커다란 상자 같은 아파트에 둘러싸이게 되었으며, 새로 하나씩 지을 때마다 이전보다 더 흉물스러워졌다. 강과 호수의 물은 산업의 발달로 인해 점점 오염되어 갔다. 젊은 세대의 농부들은 자연에 대한 감정을 모두 잃어버린 것 같이 보이며 도시로 모여들고 있다. 만약 우리가 지난 50년간 지속되어 온 방식으로 계속 살아간다면, 이 땅에는 이내 넘쳐나는 인구로 인해 어떤 자연도 더 이상 남지 않게 될 것이다. 반면에 자연은 상당수의 사람들의 의식 속에 자리 잡고 있다. 자연과학은 19세기에 발달하기 시작했고, 처음으로 자연의 진정한 기적이 과학으로 탐구되었다. 말하자면, 다시금 자연을 탐구하기 위해 자연을 탐험하려는 일반적인 경향이 생기게 되었고, 특별히 아름다운 시골을, 건물을 짓는 것과 그 외의 일로부터 보호하려는 내셔날 트러스트national trusts(역사적인 의미가 있거나 자연미가 뛰어난 곳을 소유·관리하며 일반인들에게 개방하는 일을 하는 민간단체 - 역주) 운동이 일어났다. 그러나 안타깝게도 쓰레기투기 금지캠페인에도 불구하고 대중에 의해 그러한 장소들이 오렌지 껍질, 빈병, 담배꽁초 등으로 더럽혀지는 개탄스러운 경향이 증대되어 왔다. 왜냐하면 자연은 너무 오랫동안 소홀히 여겨져 왔고, 자연을 소홀히 대하는 것이 "기독교인"의 마음속에 조상 때부터 너무나 깊이 새겨져 있었기 때문이다.

융이 지적한 두 번째 점은 교회가 점점 더 동물들을 배척한 것이다. 그러나 여기서 다시 강조해야 할 것은, 교회가 그렇게 한 것이지 그리스도가 그렇게 한 것이 아니라는 점이다. 왜냐하면 "누가 우리를 천국으로 이끌어줄 것입니까?"라는 제자들의 질문에 대해, "공중의 새들, 땅 속의 모든 것들, 바다의 고기들, 이들이 너희를 천국으로 이끌어줄 것이다. 그런데 천국은 너희 안에 있느니라."라고 예수께서 대답했던 외경(옥시린쿠스Oxyrhynchus[이집트 중부 나일 강 서안西岸의 유적으로, 여기서 1897년에 파피루스가 발견됨 - 역주)의 구절을 통해 이를 알 수 있기 때문이다.17 동물의 왕국에 대한 가치가 이보다 더 높아질 수는 없다. 그리스도는, 분명히 은총이 새들과 물고기들을 통해서 가장 직접적으로 발견될 수 있다고 생각했다.

그 무엇보다도 교회의 이러한 태도는 인간을 더 큰 비인격적 본능으로부터뿐만 아니라 그 자신으로부터도 소외시켰고, 그 결과 세계도처에 개탄스러운 상태가 야기되었다. 제럴드 더럴Gerald Durell, 버나드 그르지멕Bernard Grzimek, 콘라드 로렌츠Konrad Lorenz와 같은 자연주의자들이 항상 강조하는 바와 같이, 많은 동물의 종이 완전히 멸종될 위험에 처해 있다. 자신의 이익을 위해 무모하게 동물들을 죽이고, 이익이 되지 않으면 동물들을 하찮게 여기는 인간은, 어느 곳에서나 동물들에게 가장 큰 위협이 되고 있다. 기독교 세계에 관한 한 — 또한 이런 면에서 볼 때 가장 큰 죄인들은 바로 기독교 국가에서 자라난 사람들이다 — 교회가 자연과 동물들을 배척하지 않았더라면 이러한 일은 결코 일어날 수 없었을 것이다. 그러나 그와 반대되는 운동도 있으며, 오늘날 동물들은 전에 없이 중요하게 인식되고 있다. 동물 보호를 위한 법이 제정되고, 대부분의 국가에는 동물학대 방지협회가 있으며, 유래 없이 더 많은 동물들이 소중한 애완동물로 길러지고 있다. 그러나 이것은 다만 최근의 일이며, 유감스럽게도 "기독교" 인이 이득을 기대하며 동물을 착취하거나 멸종시키는 일을 저지르는 것은 그전이나 별 차이가 없는 것 같다.

세 번째로 배제한 것은 아마 심리학적인 관점에서 볼 때 최악의 것일 것이다. 왜냐하면 그것은 인간이 자신의 그림자를 인정하지 못하게 했기 때문이다. 이것은 열등한 인간을 배제하는데서 연유한다. 후자(열등한 인간 - 역주)는 죄가 된다고 매도되었고 완전히 억압되어야만 했다. 열등한 인간은 대체로 번식을 위해서만 허용되었던, 성생활에 탐닉하는 인간과 동등하게 간주되었다. 남아메리카에서는 교회를 위해 봉사할 더 많은 사람들을 만들기 위한 의무를 다할 것을 일깨우기 위해 교회의 종을 울리기까지 했다는 사실이 항상 내 마음에 남아 있었다. 융은, 성은 늘 두 가지 측면을 지니고 있다고 말하곤 했다. 즉, 하나는 번식을 위한 육욕적인 성의 측면이다. 하지만 성은 또한 숭배를 위해 사용될 수도 있는데, 말하자면 에로스 신, 곧 관계를 뜻하는 성의 측면이다. 교회가 죄가 된다고 매도한 것은 바로 후자였다.

이런 억압의 외적 결과가 매우 분명해졌으므로 그것을 열거할 필요는 없다. 즉, 인구과잉 — 결국 원자폭탄보다 인류에게 더 위협적인 것으로 융이 보았던

— 은 전 세계에 불길한 위협이 되고 있다. 젊은이들은 (교회에 속한 극소수의 사람들로부터 생긴 반전현상으로) 육체적인 성에 지나치게 탐닉하고 있으며, 이제는 이성 간에 진정한 관계가 존재한다는 것과, 그것이 성욕과 관련이 없다는 것을 거의 알지 못한다. 소위 열등한 사람, 혹은 상당히 미개한 — 이제 이렇게 불리고 있는 — 사람은 아마 주로 아프리카에 사는 사람일지 모르지만, 어느 곳에서나 심각한 문제가 되고 있다. 흑백 문제는 미국이 직면한 최악의 문제 중 하나이며, 머지않아 영국도 똑같은 문제에 부딪치게 될 것이다. 교회가 열등한 인간을 배제하지 않았다면 이런 현상들이 결코 그렇게 부정적으로 진전되지는 않았을 것이다. 그 때문에 소위 겉으로 보기에 열등한 혹은 미개한 인간을 다룰 수 있는 자격을 부여해주는 **우리 자신의 그림자** 문제가 다루어진 적이 없다. 하지만 다시금 대극의 움직임을 잊어서는 안 된다. 즉, 노예제도는 19세기가 되어서야 폐지되었고, 아주 최근에야 우리는 원시인들로부터 무언가를 배울 수 있을 것이라는 생각으로 그들의 관습을 연구하기 시작했다. 예전에 민족학은 골동품 같은 학문이었다. 게다가, 아무튼 겉으로 우리는 소위 우리 **가운데 있는** 열등한 인간에 대해 무언가를 연구하기 시작했다. (매우 안타깝게도 극소수의 사람들만이 그들 자신들 **안에 있는** 바로 그 사람에 대하여 무언가를 연구하고 있다.) 이제 우리는 인간의 결점에 관한 일종의 과학을 연구하기 시작했고, 그것에 대한 우리의 태도를 근본적으로 바꾸었다.

    네 번째 억압은 창조적 환상에 관한 것이다. 만약 환상이 충분한 자유를 얻게 된다면, 아마도 그것은 개인으로 하여금 자신 안의 신적인 불꽃divine spark, 훨씬 뒤에 사용된 명확한 표현으로 하자면, 자신의 제2호 인격을 발견할 수 있게 해줄 것이다. 이처럼 개인이 상징을 만들어내면서 교회의 권위가 약화되자, 교회는 어떻게 해서라도 이를 막고 싶어 했다. 그러나 이로 인해 한탄스러울 정도로 공정한 태도가 결핍되고, 여러 세기에 걸쳐서 많은 창조적인 사람들을 억압하는 일이 벌어졌다.

    오늘날 교회는 영향력을 별로 행사하지 못하는 것처럼 보인다. 하지만 —

앞에서 말한 바와 같이 — 이러한 오랜 억압은 이를테면 인간의 마음 깊이 새겨져서, 전적으로 다른 제譜 영역에서 계속 작용해 왔다. 예컨대 산업은 대다수의 고용자들에게 영혼을 죽이는 반복적인 작업을 요구함으로써 창조적 환상을 계속 억압해왔다. 이들 노동자들 중 다수는 그들 자신 안에 작은 창조적 힘을 지니고 있다. 그들이 독립적으로 혹은 소규모로 일을 할 때는, 일을 하면서도 어느 정도 자주적으로 선택하여 그런 힘들을 이용할 여지가 충분했다. 예를 들어 예전의 건축일이나 목공업에는 창조적 환상을 위한 여지가 있었다. 그러나 현대의 공장에서는 그런 것을 전혀 찾아볼 수 없고, 매일같이 지루하게 똑같은 일을 반복해야만 한다. 세계 어디에나 산업화로 인해 생긴 문제는 주로 단조롭고 기계적으로 다람쥐 쳇바퀴 같은 일만 하게 되었다는 것이다. 자연히 노동자들은 살면서 더 많은 변화와 환상을 **갈망하고**, 더 높은 임금으로 그것을 얻을 수 있으리라는 덧없는 희망을 품고 있다.

미래를 내다볼 줄 아는 소수의 고용주들은 일에 변화를 가져오려는 몇몇 시도를 통해서 대단히 고무적인 성공을 거두었다. 하지만 교회가 창조적 환상을 억압해 온 세월이 너무 길었기에 그 동안의 손실을 복구시키기가 너무 어려웠다. 아마도 지금껏 자행되어온 것 중에서 가장 큰 피해는 이 네 번째 범주에 속한 것일 것이다.

이 세미나의 내용이 오늘날 우리들의 존재를 위협하고 있는 이러한 위험을 융이 얼마나 일찍이 깨달았는지를 충분히 상기시켜 주었기를 바란다. 그는 타계하기 직전에 그러한 위험에 대한 글을 아주 많이 썼다. 왜냐하면 그는 늘 인간이 얼마나 인간 자신에 대해 위험이 될 것인가를 매우 염려했기 때문이다.

이제 우리는 이 시기에 융에게 가장 큰 도움이 되었던 성탑 이야기로 돌아가 보자. 그는 돌에다 자신의 내밀한 생각을 표현했는데, 어떤 형식으로 그것을 표현할지 미리 계획한 것은 아니었다. 하지만 그것은 『회상』에서 다시 언급한 바와 같이, "순간의 구체적인 요구에 따라" 점차 발전되었다. "모든 부분이 어떻게 그렇게 어울리는지, 그것도 의미 있는 형태, 즉 정신적 전체성의 상징이 되었는지"**18** 그가 확인할 수 있었던 것은, 1923년에 처음으로 세운 탑에 덧붙여 1927년부터 1956년까지 부속건물들이 지어진 다음이었다. 그러나 둥근 형태로 지어진 첫 번째 탑은 이미 완벽하고 단순한 만다라였으며, 융에게 있어서 그가 다다를 수 있는 궁극적인 목표인 자기Self를 표현하고 있었다.

최초의 둥근 탑의 문 위에 그는 돌에다 이런 문구를 새겼다. "필레몬의 성소, 파우스트의 속죄Sanctuary of Philemon, penitence of Faust." **19**ⓚ 훗날 후속 건물을 덧붙여 지으면서 이 문구가 담으로 가려지자, 그는 1934년에 지은 "은거하는 방" 안쪽 문 위에 그것을 다시 기록해 놓았다.**20**

성탑은 우선적으로 융이 "돌로 다시 태어날" 수 있고, 전적으로 그 자신이 될 수 있고, "영적인 관상觀想의 장소"가 될 수 있는 장소로 지어졌다. 그곳에는 또한 맨 처음부터 "순간의 구체적인 요구"가 있었다. 그는 자신이 "무의식과 대면" 할 동안 토니 볼프가 했던 역할을 결코 잊을 수 없었다. 그녀는 공감해 주고 용기를 북돋아줌으로써 그 어려운 시기에 성공적인 결과를 얻는데 도움을 주었으며, 그가 그 때에 얻었던 심원한 통찰을 "돌에다 고백" 할 수 있게 해 주었다. 성탑은 토니에게도 유익을 주었다. 왜냐하면 그녀는 거기 머무는 것을 좋아했기 때문이다. 처음에 그녀는 그것을 달가워하지 않았다. 융은 그녀가 처음 보인 반응을 보고 매우 재미있어했다. 왜냐하면 그러한 원시적인 생활방식 — 모든 것을 그들 자신의 힘으로 하는 것, 즉 "사람을 단순하게 만드는 모든 단순한 행동"을 하는 것은 융이 일부러 의도했던 것이다 — 은 토니 볼프가 이전에 경험했던 것과는 완전히 다른 것이었기 때문이다. 그들은 직접 땔감을 마련했으며, 처음에는 마실 물을 호수에서 끌어와 그 물을 걸러서 사용했다. 왜냐하면 1931년이

ⓚ "필레몬"은 "사랑하는 자"를 뜻한다. 이는 융을 무의식으로 이끄는 영적 인도자의 이름이자 그가 "무의식과 대면" 하던 시기의 자기Self의 상징이다(MDR, pp. 182 ff). "파우스트의 속죄"는 (『파우스트』제2부 끝부분에서) 파우스트가 땅을 넓히려는 야망 때문에 신들이 사랑하는 종인, 아무 잘못이 없는 이 노부부, 즉 필레몬과 바우치스Baucis를 죽인 것과 관련이 있다. 성탑에 새겨진 말들은 모두 라틴어와 그리스어로 되어있다.

돼서야 겨우 융이 수맥을 찾는 사람을 불러 깨끗한 샘을 찾았기 때문이다. 그러나 여전히 손으로 펌프질을 해서 물을 퍼 올려야 했다. 물론 그들은 그 물로 요리를 하고, 빨래를 하고, 청소도 했다. 융은 "우리가 새 냄비를 마련할 때마다 그야말로 토니의 신경이 곤두섰다."고 말했다. 융은 1934년경에 그것에 대해 나에게 말하면서 웃었다. 그러나 토니는 이내 단순한 생활을 즐기는 것을 배우게 되었고, 볼링겐에서 보낸 시간을 단연 가장 행복한 시간으로 여기게 되었다.

나는 퀴스나흐트에 있는 그의 정원 옆에 수영장이 개장된 다음에도, 융이 소음 때문에 불평하는 것을 들은 적이 없다. 그러나 그가 전적으로 자신만을 위한 한적한 장소를 점점 더 필요로 했음을 잘 알 수 있다. 때로는 그곳을 그의 가족이나 친구들(예컨대 그는 북아프리카로 첫 번째 여행을 떠나도록 자극을 주었던 헤르만 지크와 종종 하루나 이틀 동안 성탑에서 요트를 탔다)과 함께 사용하기도 했지만, 볼링겐은 본래 그가 전적으로 혼자 있는 곳이었고, 그가 일하는 동안에는 그에게 가장 소중한 사람들조차 "잠깐 들를" 수도 없는 곳이었으며, 시종일관 그 무엇보다도 사랑했던 곳이다. 그가 세상을 떠나기 불과 2년 전쯤인 어느 날 나는 호숫가에서 장작을 패고 있던 그와 함께 앉아있었다. 우리는 불교의 윤회신앙에 관해 이야기하고 있었다. 윤회가 어떤 것인지 모르지만, 나는 이번 생이 마지막이기를 바란다고 했다. 융은 이런 이야기를 나눌 때마다 항상 그랬던 것처럼 따뜻하게 내 말에 동의했지만, 갑자기 말을 멈추고 조용히 주변을 둘러보았다. 그리고는 이런 말을 했다. "아니요, 난 그렇게 생각하지 않아요. 볼링겐을 가질 수 있다면, 난 기꺼이 다시 태어날 거요."

『회상』에서 융은, 볼링겐은 삼차원의 현실과 현시점에서 지금 이 순간을 경험하기 위해 제1호 인격을 아직 필요로 하는, 원래 인간 안에 있는 무시간적인 혹은 영원한 상figure인, 자신의 제2호 인격의 집이었다는 것을 강조했다. 그는 이렇게 말 했다.

볼링겐에서 나는 나 자신에게 가장 잘 어울리는 진정한 나 자신으로 살 수 있었다. 여기에서 나는 말하자면 "어머니의 나이든 아들"이다. 이는 연금술에서 매우 현명하게 말하는 "노인," "고대인"이며, 내가 어린 시절에 이미 경험한 제2호 인격, 즉 언제나 그래왔고 또한 언제나 그러할 인격이었다. 그는 시간 밖에 존재하며 모성적인 무의식의 아들이다. 나의 환상 속에서 그는 필레몬의 형상으로 나타났고, 볼링겐에서 소생했던 것이다.[21]

나는 융의 땅과 주변 지역 대부분이 소위 성 마인라트St. Meinrad의 구역이며, 오래된 교회 땅이라는 사실과 관련이 있는지 모르겠다. 그러나 볼링겐은 확실히 어떤 특별한 능력을 가지고 있다. 다른 그 어떤 곳보다도 거기서 훨씬 더 자신 안에 있음을 느낄 수 있으며, 사실 그곳은 특이할 정도로 어떤 병이라도 치유하는 특별한 능력을 지니고 있었다. 나는 언젠가 융이 해 준 말을 듣고 이것을 처음으로 충분히 깨달았다. 마리-루이제 폰 프란츠가 그곳에 땅을 사기 전 부터 우리는 볼링겐에 많이 머물렀다. 처음에 나는 오랜 친구인 한스와 린다 피에르츠Hans and Linda Fierz와 함께 머물곤 했으며, 그들이 죽고 나면, 린다는 폰 프란츠와 나에게 그 집을 사용할 수 있는 특혜Gastrecht①를 부여해 주기로 했다. 그 집은 융의 성탑과 가까운 곳에 있었다. 내가 볼링겐에 머무르고 있을 동안, 그 특혜를 아끼며 적절히 사용하긴 했지만, 나는 가끔 융의 성탑에 들를 수 있는 허락을 받기도 했다. 그러나 언젠가 온전한 휴가를 보내려고 퀴스나흐트에 내려가 있을 때 나는, 볼링겐에 있을 때 항상 약속을 하고 가야했기에 별로 좋지 않았는데, 이제는 당장 가볼 준비가 되어있다고 하면서, 가끔 퀴스나흐트에서 그곳에 가서 들러도 되겠느냐고 융에게 물어 본 적이 있다. 나는 즉각 모질게 거절을 당했다. 그는 나중에 설명하기를, 내가 볼링겐에 얼마간 머물렀을 때에는 그를 방

---

① 나는 이 말을 영어로 어떻게 번역해야 할지 모르겠다. 하지만 그녀의 아들들이 그 집을 사용하지 않을 때 우리는 거기서 지냈으며, 머무는 기간은 서로 의논해서 정했다.

해하지 않았지만, 퀴스나흐트에서 올라오게 되면, 전혀 다른 분위기를 몰고 와서 어쩔 수 없이 방해가 될 것이라고 했다.

나는 처음으로 성탑을 방문한 뒤에, 호수 위에 펼쳐진 그 경관과 무엇보다도 융을 보면서, 거기에 매우 특별한 능력이 있음을 느꼈다. 그러나 이러한 능력이 어떤 것인지 처음으로 희미하게 감지한 것은 왜 융이 방문을 거절했는지 내가 숙고하고 있을 때였다. 말하자면, 볼링겐에서 융은 철저하게 자신의 제2호 인격으로 살았다. 그곳 혹은 그곳에 있는 무언가가 제1호 인격이 늘 관심을 두고 있는 수많은 자잘한 일에 대해 걱정하는 것을 멈추게 만들었다. 융은 거기서 어느 정도 자신의 제2호 인격에 익숙해졌으므로 어떠한 방해도 받지 않았다고 나는 생각한다. 그러나 퀴스나흐트에서 올라오면 그렇지 않았다. 즉, 그 때 거기 있는 사람은 자동적으로 방해를 받을 수밖에 없었기에 피하는 법을 배우는 수밖에 없었다.

이것은 물론 융이 제1호 세계에서 온 사람들이 볼링겐에 있는 그를 전혀 방문하지 못하게 했다는 의미는 아니다. 그는 종종 사람들이 그를 방문하는 것을 허락했다. 하지만 그 때 그는 그들이 오고 있다는 것을 알고, 그들을 맞을 준비를 했다. 그는 낯선 분위기를 몰고 와서 불시에 "불쑥 들르는 사람"을 받아들이지 않았다. 그렇게 하지 않으면, 융은 그가 제2호의 세계로 되돌아가는데 시간이 낭비된다는 것을 알았다. 또한 퀴스나흐트에서 혹은 바깥세상에서 융을 만났던 사람은 어디서나 그의 제2호 인격의 존재를 감지했다. 그러나 그는 제1호 인격, 즉 교수이자 의사인 C. G. 융의 페르조나를 쓰고 있었다. 그가 바깥세상에서 온 사람들을 만날 준비를 할 때를 제외하고는, 볼링겐에서는 그렇지 않았다. 그가 입었던 바로 그 옷은 제2호에 속한 것이었다. 그런 옷은 유행 패션과는 아무 관련이 없었지만, 볼링겐에서 장작을 패고, 요리를 하는 등의 소박한 생활을 하는 데는 잘 어울렸다.

제2호 인격이 볼링겐에서 정말 온전히 배정配定되었기에, 그의 창조적인 작업 중에서 가장 중요한 부분이 그곳에서 이루어진 것은 자연스러운 일이다. 바깥세상에서 그곳으로 처음 가게 되면, 그는 항상 그 장소에 익숙해지기 위해 단순하게 살면서, 해야만 했던 모든 일들을 하면서, 아니면 다만 호수를 바라보면서 며칠씩 보내곤 했다. 제2호의 세계와 완전히 조화가 이루어졌을 때 가장 기발한 생각들이 떠올랐고, 그는 제2호가 바라는 대로 글을 썼다. 물론 지나치게 이상한 생각들을 이해될 수 있는 언어로 옮겨서 실제로 글을 쓴 것은 제1호였지만 말이다. 그는 특히 나중에 시간이 더 많이 있을 때 퀴스나흐트에서도 글을 많이 썼지만, 대부분의 창조적인 작업은 늘 볼링겐에서 이루어졌다.

처음부터 융은 볼링겐에서 혼자 많이 있었다. 그는 고독 속에 있을 때 자신에게 떠올랐던 어떤 특이한 환상이나 정신적 사건을 『회상』에 기록했으며[22] 자신의 성탑을 제2호를 위한 적합한 거처로 만든 많은 이유들을 제시하기도 했다. 그것은 1923년부터 1956년까지 — 대부분 4년씩의 간격을 두고 — 건축되었다. 첫 탑은 그의 어머니가 세상을 떠난 지 두 달이 지난 뒤에 시작했으며, 마지막 건물은 1955년에 그의 아내가 죽고 몇 달이 지난 후에 지어졌다. 그러므로 그가 지적했듯이, 성탑은 "죽은 자들과 연결된" 곳이었다.

융의 어머니는 1923년 1월에 갑자기 세상을 떠났다. 그때 그는 테신(스위스 남부의 주 - 역주)에 머무르고 있었다. 그는 『회상』에서 전날 밤에 꾸었던 무서운 꿈에 대해, 그리고 취리히로 돌아오는 데 서로 반대되는 두 정서가 서로 엇갈려 나타났던 것에 대해 묘사했다. 죽음에 관한 이 두 정서는 정말 매우 원형적인 주제다. 성 아우구스티누스가 그리스도의 죽음을 어머니와의 신성혼*hieros gamos*으로 보고, 애도**와** 기쁨의 원인으로 해석한 예를 언급하고자 한다. 그는 이렇게 말했다.

> 신랑처럼 그리스도는 방에서 나와, 자신의 결혼식을 예감하면서 세상이라는 장場으로 나갔으며, 부부 침대, 곧 십자가에 올라가 신방을 치렀다. 피조물의 탄식을 느끼게 되었을 때, 그는 신부를 대신하여 스스로 고난을 달게 받았으며, 여인(아내*matrona*)과 영원히 맺어졌다.[23]

융은 실제로 그의 아버지가 약 두 달 전쯤에 결혼심리학에 관해 물어보았던 꿈을 꾼 적이 있었다. 그는 나중에 그 꿈이 자신에게 경고를 한 것인지도 모른다고 생각했다. 그러나 그 당시에는 그것이 자신의 어머니의 죽음에 대한 것을 얘기하는 것이라고 전혀 생각하지 못했다.²⁴

융의 어머니는 그녀가 귀여워했던 아들과 손자들 가까이 있으려고 몇 해 전에 딸과 함께 퀴스나흐트로 이사했다. 언젠가 엠마 융은 자녀들이 종종 학교에서 집으로 오는 길에 할머니를 보러 들렀으며, 그렇지 않다면 어려웠을지도 모르는 문제를 이것이 해결해 주었다고 나에게 말한 적이 있다. 엠마 융도 그녀의 남편도 교회에 다니지 않았다. 하지만 그들은 자녀들이 종교적인 배경으로 양육되어야 한다고 확신했다. 엠마 융은 자녀들이 아직 매우 어렸을 때는 할머니가 이상적인 해답이었다고 나에게 말했다. 왜냐하면 그녀는 아직도 절대적으로 기독교 교리를 믿었거나, 아니면 적어도 믿는다고 생각했으며, 손자들에게 그것을 가르치는 것을 아주 즐거워했기 때문이다. 융은 자신의 어린 시절부터 어머니가 자연과 관련이 있는 "보이지 않는 땅에 어떻게든 뿌리를 두고 있었다."는 것을 알고 있었다. 그래서 그는 자녀들이 너무 인습적인, 뿌리 뽑힌 종교의 가르침을 받는 것을 걱정하지 않았다. 내가 들은 모든 것, 특히 그녀의 조카 딸의 아들인 프란츠 리클린 2세Franz Riklin Jr.⑪에게 들은 것을 종합해 볼 때, 그녀가 75세에 죽었을 때 그것은 큰 손실이었음에 틀림없다.

융에게 1923년은 복잡한 인상을 받았던 매우 다사다난했던 해였다. 내가 아는 한, 1924년은 비교적 조용한 해였다. 그러나 1925년은 그의 인생에서 가장 다사다난하고 복잡했던 여러 해 중 한 해였음이 틀림없다. 그는 그 해 초에 미국에 있었으며, 1월에는 세 명의 미국인들과 함께 푸에블로 인디언들을 만나러 가기 위한 생산적인 여행을 했다.

---

⑪ 실제로 프란츠 리클린의 어머니와 융은 사촌 간이었다. 그러나 그는 항상 그들을 삼촌과 숙모라고 불렀다.

제9장

여 행
1925-1926

    뉴멕시코의 푸에블로 인디언들을 찾아간 여행은 늦어도 1925년 초에 시작되었다. 파울러 매코믹Fowler McCormick은 그들이 언제 시카고에서 모였는지 정확히 기억하지 못했지만, 1924년 크리스마스와 새해 사이였다는 느낌이 든다고 했다. 아무튼 그 때 융과 함께 여행했던 세 명의 미국인 중 두 명은 시카고에서 융을 만났다. 이들 중 첫 번째 사람은 해럴드 매코믹 부부의 아들, 파울러 매코믹이었다. 그는 매우 활동적이었으며 1916년 취리히 심리학 클럽을 창설하는데 도움이 되었던 사람이다.ⓐ 파울러는 어머니가 스위스에 오래 머무는 동안 상당히 착한 소년이었다. 그는 자신의 누이처럼 스위스에 있는 학교를 다니지 않고, 실제로 미국에 있는 학교에 진학했다. 그는 융을 잘 알고 있었으며, 성장하면서 그에게 얼마 동안 분석을 받기도 했다. 융과 함께 뉴멕시코에 갔을 때, 그는 20대의 젊은이였다. 자신의 다른 업무와 조화를 이루는 게 쉽지 않았지만, 그는 그것이 얼마나 흥미로운 기회인지를 철저히 깨닫고, 융의 초대를 즉시 받아들였다.

ⓐ 앞의 197쪽 이하를 보라.

일행 중 두 번째 사람은 조지 포터George Porter였다. 그는 종종 취리히에 머물렀으며, 그를 높이 평가했던 융은, 그가 몇 년 후에 사망하자 대단히 상심했고, 조지 포터가 얼마나 힘들었는지 알았더라면, 당장 미국에 가서 그에게 필요한 모든 도움을 주었을 것이라고 말했다. 그들이 산타페Santa Fe에서 만난 세 번째 사람은 샤이메 데 앙굴로Xaime de Angulo였다. 융은, 그를 알기는 했지만 썩 잘 알지는 못했다. 취리히에서 무척 긍정적인 역할을 했던 사람은 아마도 캐리 데 앙굴로였을 것이다. 그녀는 데 앙굴로에게 그들과 동행할 것을 제의했다. 이는 그가 특히 그 지역과 인디언들을 잘 알고 있었기 때문이다. 캐리와 샤이메 데 앙굴로는 1924년쯤에 이혼했지만, 그들은 좋은 친구로 남았다. 어쨌든 파울러 매코믹은 데 앙굴로가 유쾌한 사람이었고 일행에 새로 합류했다고 말했다. 나는 그가 스페인 귀족이었지만, 캐리와 결혼하게 되면서 미국 시민이 되었다고 생각한다.

융, 매코믹, 그리고 포터는 시카고에서 산타페까지 기차로 여행했고, 데 앙굴로를 만난 후에 처음으로 푸에블로 인디언들을 찾아갔다. 융은 거의 언제나 이들에 대해 말했다. 왜냐하면 그들이 그에게 단연 가장 강한 인상을 주었기 때문이다. 그러나 그 여행은 융의 『회상』에 나오는 "미 발행 원고 초록Extract of an Unpublished MS"[1]을 통해 알 수 있는 것보다 더 연장되었다. 파울러 매코믹은, 그들이 뉴멕시코의 데 로스 프리홀레스 협곡Canyon de los Frijoles에 있는 동굴과 작은 집에서 살았던, 많은 원시 인디언들을 잠시 방문하기도 했다고 말했다. 유감스럽게도 나는 그들 여정의 이 부분에 대한 그 어떤 기록도 찾을 수 없었다.

이 여행을 마친 후에 그들은 모두 그 유명한 그랜드 캐년Grand Cayon을 보러, 노새를 타고 협곡으로 내려갔다. 군복무를 하는 동안 융은 말 타는 법을 배웠다. 그가 취미로 말을 탔다는 얘기를 내가 들어본 적은 없지만, 그는 여행을 할 때 말이나 노새나 낙타를 타야할 필요가 있을 때 전혀 어려움을 겪지 않았다. 캐년의 가장자리와 안쪽의 거대한 심연이 자아내는 풍경은 그에게 강렬한 인상을 주었다. 일행은 그랜드 캐년을 다녀 온 뒤에 헤어졌다. 융은 또한 미국 흑인들과 접촉하기를 원했기 때문에 파울러 매코믹과 함께 뉴올리언스로 갔다. 그 당시에는 많은 흑인들이 뉴올리언스 가까이 있는 숲에서 일을 하고 있었다.

융이 뉴멕시코로 가게 된 주된 이유는, 여전히 백인을 밖에서 바라볼 필요를 절실히 느꼈기 때문이다. 그가 지적한 것처럼, 어쨌든 우리 자신을 비판해 볼 수 있으려면 항상 **국외에** 나가 볼 필요가 있다. 특히 아랍인들과 이야기를 나눠볼 수 없었기 때문에 그는 북아프리카 여행에 만족할 수 없었다. 그는 그들이 백인과 말하는 것을 볼 때마다 그들의 반응을 살펴보았지만, 그들이 받은 인상에 대해 말해 달라고 할 수는 없었다. 그는 물론 인디언들에 대해, 특히 그들의 종교에 대해 가능한 한 많이 알고 싶어 했다. 하지만 이것은 미국인들에 대한 그들의 의견을 말해달라고 하는 것보다도 훨씬 더 어려운 일이었다.

융은 타오스 푸에블로Taos Pueblo(미국 뉴멕시코 주 북부 타오스에 위치한 푸에블로족 마을 - 역주)의 추장과 상당히 친해졌으며, 유럽인과 말해 본적이 거의 없는 그 사람과 이야기를 나누어볼 수 있다는 것을 알았다. 그는 유럽인들과 말할 때는 오래전부터 잘 알고 있던 무미건조한 모래언덕에 당도하면서도 전혀 이해된 적이 없었지만, 이 인디언과 말할 때는 마치 "낯선 깊은 바다 위를 배가 자유로이 떠가는" 느낌이 들었다고 했다. 산호山湖, Mountain Lake를 뜻하는 오쉬비에이 비아노Ochwiay Biano라는 이름의 이 추장은 백인에 대해 매우 비판적이었다. 융은, 미국인들이 머리로 생각하기 때문에 미쳤다고 믿는다는 인디언들의 말을 듣고 놀랐다. 인디언들은 어디로 생각하느냐고 융이 그에게 묻자, 그는 가슴으로 생각한다고 대답했다.

이것은 융에게 큰 감동을 주었다. 우리가 다른 인종에게 저지르는 최악의 실수 중 일부는, 그들이 우리처럼 머리로 생각한다고 여기기 때문이라고 융이 말하는 것을 나는 종종 들었다. 인디언들만 가슴으로 생각하는 게 아니라, 더 많은 원시 부족들은 훨씬 아래로 내려가서, 예컨대 배로 생각한다. 이것은 실제로 다른 인종들이 서로 오해하고 있다는 것을 분명히 보여준다.

산호와 많은 대화를 나누고, 백인에 대한 그의 비판을 대부분 겸허히 수용한 후에 융은, 직접적인 질문을 통해서는 푸에블로 종교의 신비를 결코 파악할 수 없다는 것을 깨달았다. 그는 다만 천천히 그리고 서서히 산호의 신뢰를 얻을 수 있었다. 그는 산호가 감정을 드러내고 있다는 점에서 무언가 진전이 이루어지고 있다고 판단했다. 즉, 예를 들면 인디언들이 종교적 비의秘儀를 행하고 있을 때, 그의 눈에 눈물이 가득 고이는 것을 볼 수 있었다. 엘레우시스Eleusis(여신 데메테르와 그의 딸 페르세포네의 성지聖地이며, 신성한 비의가 이루어졌다 - 역주)에서 비의가 행해진 것처럼, 인디언들은 아직도 조심스럽게 그것을 행하고 있었던 것이다. 어느 날 어떤 푸에블로인의 집 지붕위에 함께 앉아서 태양이 떠오르는 것을 보면서, 그들은 미국인들에 대해 말하고 있었다. 산호는 그들에 대해 거침없이 말했다. 그는 인디언 종교에 대한 그들의 태도를 특히 신랄하게 비판했다. 긴 침묵이 흐른 뒤에 그는 이렇게 말했다. "미국인들은 우리의 종교를 근절하기를 원한답니다. 왜 그들은 우리를 그냥 내버려둘 수 없는 건가요? 우리가 하는 것은 우리 자신뿐만 아니라 미국인들을 위해서도 하는 것인데 말입니다. 그래요, 우리는 전 세계를 위해서 이런 일을 한답니다. 모든 사람이 그 혜택을 받게 되는 겁니다."[2] 융은 자신의 정서적인 흥분이 커지는 것을 느끼면서, 그들이 푸에블로 종교에 관련된 매우 중요한 무엇인가에, 어쩌면 신비 그 자체에 접근하고 있다는 것을 깨달았다. 이것은 매우 미묘한 입장일 수도 있었다. 그래서 그는 왜 전 세계가 혜택을 받느냐고 물었다. 그러자 산호는 그에게 이렇게 말했다. 푸에블로 인디언들은 세계의 지붕위에 사는 사람들이므로, 신과 하늘에 가장 가까운 사람들이다. 이렇게 볼 때 그들은 매우 특별하게 "아버지 태양Father Sun의 아들들이며 우리의 종교를 통해서 우리는 매일 우리 아버지가 하늘을 가로질러 가도록 돕는다. 우리는 우리 자신뿐만 아니라 온 세계를 위해서도 이일을 한다. 만약 우리가 우리의 종교 의식을 행하지 않으면, 10년 안에 태양은 더 이상 떠오르지 않을 것이다. 그 때에는 영원히 밤이 계속될 것이다."

이것은 융이 인디언들과 함께 했던 모든 시간 중에서 가장 인상적인 순간이었다. 그는 심지어 이것이 자신에게 다음과 같은 것을 깨닫게 해 주었다고 말했다. 즉, "어떻게 해서 인디언 개개인의 위엄과 잔잔한 평정심이 확립되었는가 하는 것이다. 그것은 그가 태양의 아들이라는 존재감을 가진 것에서 비롯된 것이다. 그의 삶은 우주론적으로 중요하다. 왜냐하면 그는 아버지요 생명의 보존자인 태양이 매일 마다 떠오르고 지는 것을 돕기 때문이다." 대부분의 백인들은 이러한 순진함을 비웃으며 자기네가 개화되고 우월하다고 느낄지 모르지만, 사실 이러한 반응은 인디언들이 여전히 훨씬 더 깊은 인생의 의미를 지니고 있음을 감추고 받아들이지 않으려는 질투심에서 오는 것이고, 이점에서 우리 자신의 빈곤함을 보지 않으려는 것이라고 융은 지적했다. 합리적으로 보면 ― 머리로 생각하면 ― 인간이 태양에 영향을 미칠 수 있다는 것은 어리석어 보인다. 그러나 만약 우리가 그들에게 있어서 태양이 신이며, 또한 기독교에도 "특별한 행동이나 특별한 유형의 행동 ― 예컨대 어떤 의식儀式이나 기도에 의해, 아니면 신을 만족시키는 도덕률에 의해 신에게 영향을 끼칠 수 있다는 생각이 퍼져있다"는 것을 기억한다면, 우리는 이 문제를 다르게 볼 수 있을 것이다. 원래 우리에게 낯선 것은 인간이 신(인디언들에게는 태양)에게 영향을 미칠 수 있다는 생각이 아니라, 인간이 신을 **돕는다는** 생각이다. 우리의 기도는 모두 신의 도움을 요청하는 것이다. 그런데 인디언은 훨씬 더 위엄을 지니고 있다. 왜냐하면 그는 **가슴으로 생각하고**, 받는 것은 물론 주는 것도 원하기 때문이다. 그의 가슴은 모든 생명이 태양의 따스함과 빛을 필요로 한다고 그에게 말해 줄뿐만 아니라, 그는 태양이 하루 여정에서 그를 도와줄 인간과 인디언의 의식儀式을 필요로 한다는 것을 확신하기도 한다. 본래 이것은 융이 가장 좋아하는 중국의 레인메이커 rainmaker 이야기와 같은 관념이다. 왜냐하면 그 중국 노인 역시 인간이 올바른 태도를 갖기만 하면, "레인메이커"가 말한 대로, 그가 도道 안에 있으면, 날씨는 곡식들과 인류의 번영에 호의적일 수 있을 것이라ⓑ고 확신했다.

만약 우리가 머리로 합리화하는 대신, 가슴으로 생각하려고 애쓴다면, 우리

ⓑ 192쪽 이하를 보라.

는 그 인디언 추장이, 백인이 항상 머리로 생각하고, 모든 것을 합리화하고, 지성과 이성으로만 살기 때문에 미국인은 미쳤다고 말했을 때, 그가 얼마나 진리에 가까이 있었는지 금방 알 수 있다. 가슴으로 생각하는 인디언들은 신화적인 언어로 말한다. 하지만 얼마만큼 그들이 무의식의 원형적인 세계에 더 가까이 있으며, 얼마나 더 큰 의미와 품위를 가지고 살고 있는지는 모른다. 뉴멕시코를 방문한지 30년도 더 지나서 기록한 『회상』의 "죽음 뒤의 생에 관하여"라는 장에서 융은 이렇게 말했다. "인간에게 던져진 결정적인 물음은 이런 것이다. 즉, '그가 무한한 것과 연관되어 있는가? 아니면 연관되어 있지 않은가?' 이것이 바로 그의 인생에 관해 묻고 있는 질문이다."**3** 인디언은 분명히 이런 관계를 가지고 있으며, 그것은 영혼의 모든 위엄과 평안을 가져다준다. 그러나 그것은 오늘날의 백인에게는 개별적인 질문이며, 너무나 많은 백인들은 스스로에게 결코 물어 본 적도 없는 것이다.

    백인에 대한 산호의 신랄한 비판은 융을 "긴 명상에 빠지게" 만들었다. 왜냐하면 인디언들이, 미국인들은 머리로 생각한다고 말하기 때문에 미쳤다고 주장했을 뿐만 아니라, 모든 백인들이 얼마나 잔인하게 보이는지를 지적하기도 했기 때문이었다. 그는 이렇게 말했다. "그들의 입술은 얇고, 코는 뾰족하고, 얼굴은 주름으로 덮여 일그러져 있지요. 그들의 눈은 노려보는 것 같은 표정을 하고 있지요. 즉, 그들은 항상 무언가를 찾고 있지요. 그들은 무엇을 찾고 있나요? 백인들은 항상 무언가를 원하지요. 그들은 항상 불안하고 안절부절 못하지요. 우리는 그들이 무엇을 원하는지 모른답니다. 우리는 그들을 이해할 수 없어요."**4** 융은 그가 매우 오랫동안 찾아왔던 것, 즉 백인을 전적으로 외적인 관점에서 바라보았다는 것을 알게 되었다. 그는 우리의 모든 역사를 그가 배웠던 것에 비추어 고찰했다. 왜냐하면 이 인디언이 "우리의 치명적 약점을 건드렸고, 우리가 못 보던 진실을 드러냈기" 때문이다. 산호가 말한 것을 오랫동안 생각해 본 후에 융은 본의 아니게 "갈리아의 도시들을 파멸시키는 로마 군단과 율리우스 대제의 날카로운 얼굴 모습, 스키피오 아프리카누스와 폼페이우스의 상像"을 보았다. 그는 "북해와 백白 나일 강 제방 위에 있는 로마의 독수리… 그리고 약탈하고 살해하는 십자군의 무리들… 십자군에 대한 오래된 낭만의 공허함"을 보았다. 그리고 그는 더 최근에 선의를 가진 우리 선교사들에 의해 자행된 모든 해악들을 보았다. 그들은 "그들의 아버지인 태양 안에서 평화롭게 꿈꾸던, 이 멀리 떨어진 푸에블로들에게" 기독교(사랑의 종교)를 전해주려고 했고, 태평양의 섬에 사는 평화로운 사람들에게 "화주火酒와 매독과 성홍열"을 옮겨놓음으로써 해악을 끼쳤던 것이다.

융은 이 명상으로 충분했다고 말했다. 그는 우리의 모든 선의의 선교사들과 우리가 "문명의 전파"라고 부르는 것의 또 다른 얼굴을 보았다. 그것은 "잔인한 의도를 가지고 멀리 떨어져 있는 사냥감을 노리며 먹이를 찾는 새의 모습, 즉 해적이나 노상 강도떼에게나 어울리는 얼굴"이었다. 그 때 그는 "우리의 온갖 문장紋章을 장식하고 있는 독수리와 다른 포식자들이, 심리학적으로 우리의 진정한 본성을 그대로 드러내주고 있다"는 것을 깨달았다.

세계 도처에서 일어나는 최근의 사건들은, 융이 살아 있을 때보다 더 분명하게 산호의 판단이 얼마나 정확했는지를 보여 주었다. 우리가 그것을 모두 철의 장막 반대쪽에 투사하는 것만큼이나 어리석고 근시안적인 것은 없다. 융은 산호가 대체로 백인들에게 대해 지적한 비판적인 관점을 받아들일 준비가 되어 있었고, 그렇게 함으로써 그 자신의 그림자를 탐구할 수 있었다. 왜냐하면 그것은 여전히 자신의 선의의 측면이 유일한 측면이라는 망상으로 가득 찬 사람이라면, 누구든지 그것을 전혀 깊이 생각해보지 않고 거부했을 것이기 때문이다. 그러나 그것은 융에게 영원히 지워지지 않는 인상을 주었으며, 제2차 세계대전 및 차후의 역사가 정말 비난 받아 마땅하다는 것을 더 분명히 보여준 바와 같이, 그는 훗날 그것에 대해 자주 생각해 보았다. 마침내 융은 북아프리카를 처음으로 여행하면서, 자신이 원했던 것이 무엇인지 알았다. 외부에서 유럽을 바라보는 것은 더 이상 미국 여행의 남은 여정이나 그 이후의 그 어떤 여행에서도 **주된** 동기가 아니었다.

푸에블로 인디언들과의 다른 경험 하나가 더 언급되어야 할 것 같다. 왜냐하면 융이 그 당시에 종종 그것에 대해 언급했다고 파울러 매코믹이 나에게 알려주었기 때문이다. 사실 매코믹은 여기서 언급된 노인을 아주 잠시 만났지만, 산호보다 더 큰 인상을 융에게 주었다고 생각했다. 이 사건은 『회상』에 자세히 묘사되어 있다.5 강가에 서서 융은 고원 위로 거의 6천 피트 정도 솟아 있는 산을 바라보고 있었다. 갑자기 어느 인디언 노인이 소리 없이 그의 곁에 나타나서는 "감정으로 떨리는 깊은 목소리로 그에게 물었다... '모든 생명이 산에서 나온다고 생각하지 않나요?'" 융은 "산"이라는 단어에서 특별한 감정을 느꼈으며, 인디언들이 산 위에서 그들의 비밀 의식을 행한다는 말을 들은 기억이 났다. 융은 모든 진솔한 사람들을 충족시킬 수 있었던 즉각적이고도 깊은 이해심을 가지고 이렇게 대답했다. "당신이 진리를 말하고 있다는 것을 모든 사람이 알 것이오." 그것은 누군가가 말하자면 메시지를 전달하기 위해 아주 잠시 융의 삶에 감동을 주었던 듯 여겨진, 아주 짧은 만남 가운데 하나였다.

융은 또 다른 이유로 인디언들에게 관심을 가지게 되었다. 인디언들을 만나기 위해 여행을 떠나기 몇 해 전에, 처음으로 중서부에 갔던 어느 날, 그는 한 미국인 친구와 함께 서서 수백 명의 노동자들이 공장에서 쏟아져 나오는 것을 바라보고 있었다. 그는 미국인들 속에 인디언 피가 그렇게 많이 섞여 있는지 전혀 상상하지 못했다고 그의 친구에게 말했다. 그의 친구는 웃으면서, 여기 이 수백 명 속에는 인디언의 피가 한 방울도 섞이지 않았다고 장담할 수 있다고 대답했다. 이것은 융이 미국인들을 충분히 분석하여, 미국인들이 이상할 정도로 "인디언 화된 것"을 알기 전의 일이었다. 이것은 아마 전에 인디언들만 살았던 땅에 그들이 정착하게 됨으로써 일어난 일이라고 볼 수 있을 것이다.

융은 분석을 시작하는 제자들에게, 미국인과 그림자에 관해 이야기할 때는 유럽인들과 이야기할 때보다 훨씬 더 주의를 기울여야 한다고 종종 강력히 충고했다. 유럽인은 수세기 동안 자신의 땅에 정착해왔지만, 미국인들은 비교적 최근에 그들의 뿌리인 유럽을 떠나 대서양을 건너왔으므로 그들에게는 커다란 간격이 존재하기 때문이라고 했다. 그는 이렇게 말하곤 했다. "유럽인은 의식의 방 모퉁이에 하나의 문을 가지고 있다. 거기에는 그림자의 영역으로 내려갈 수 있는, 잘 만들어진 층계가 있다. 그는 그 문을 열지 않으려고 할지도 모른다. 하지만 그렇게 하는 것이 그에게는 매우 안전할 것이다. 그러나 미국인이 마음속에 있는 비슷한 문을 열 때, 거기엔 수백 피트나 되는 위험한 간극이 있으며, 그가 그 절벽을 잘 통과할 수 있는 경우에는 인디언이나 흑인의 그림자와 직면하게 될 것이다. 반면에 유럽인은 자기 종족의 그림자를 발견하게 될 것이다."

1927년(이 여행을 하고 나서 2년 후인) 다름슈타트에서 열린 "심혼과 대지 Seele und Erde" ⓒ라는 강의에서 융은, 미국인의 심리에 영향을 끼친 인디언과 흑인의 역할에 대해 많이 다루었다. 그곳의 흑인들과 접촉할 기회를 갖기 원했기 때문에 융과 파울러 매코믹은, 그랜드 캐년을 보고 난 후 뉴올리언스로 갔다. 그것은 주로 미국인 환자들의 심리에 대해 그들이 어떤 기여를 했는지 이해하기 위해서였다. 인디언을 방문함으로써 그는 바로 그 땅이 "양키 유형의 이주민"에게 전해진 것으로 보이는 인디언의 모습과 관련이 있다는 것을 깨달았다. 그는 인디언 피가 섞인 것이 완전히 무시되진 않았을지라도, 거의 무시되었다는 것을 이미 확신했으며, 피가 전혀 섞이지 않았을 경우에도, 미국인의 심리에 흑인이 영향을 준 것에 지대한 관심을 갖기도 했다.ⓓ 이 경우에 육체적으로 비슷한 것은 전혀 없었다. 하지만 흑인이 미국 백인의 행동에 엄청나게 강한 영향을 끼친 것은 사실이다. 1927년 강의에서 융은 놀랄 만큼 흑인을 닮은 그들의 웃음과 미국인들에게서 종종 보게 되는 늘어진 팔다리와 흔들거리는 엉덩이에 대해서도 언급했다. 이러한 모든 특징은 그가 뉴올리언스 근교의 흑인 삼림 노동자들에게서 발견했던 근원적이고 순수한 모습이다. 융은 또한 순수하게 미국적인 음악과

ⓒ 독일어 단어 *Seele*(영혼 혹은 심혼)를 "마음Mind"이라고 번역하는 것은 우리가 머리로 생각한다고 말한 산호山湖의 판단이 얼마나 적중했는지를 보여주는 적절한 예례다.

ⓓ 물론 1927년 강의는 최근 미국의 인종 문제가 발생하기 수십 년 전에 한 것이다.

춤의 주된 영감을 흑인들에게서 발견했다고 지적했다. 그들의 순진함은 고사하고, 대부분 그들의 정서적이고 종교적인 부흥 가운데 상당수는 동일한 근원에서 직접 기인하되, 매력적인 모습과 덜 용인되는 모습 모두로 나타난다. 융은 또한 미국 신문을, 흑인 마을에서 쉴 새 없이 떠들어대는 것에 비유했다! 미국인의 문이 늘 열려 있는 것, 즉 가장 호화로운 사유지에 있는 많은 정원들이 담도 쳐져 있지도 않고 울타리도 없이 길가에 그냥 활짝 개방되어 있는 게 유럽인의 눈에는 낯선 것이었다. 즉, 은밀한 사생활이 결여되어 있고, 사교성과 사회생활에 경계가 없었다. 아무튼 1927년에 융은, 흑인들의 일상생활을 보면서, 개방되어 있는 오두막에서의 원시적인 삶과 신비적 참여participation mystique, 즉 심지어 동체성이 연상된다고 느꼈다. 여기서 우리는 융이 왜 인디언을 방문하는 것에 그치지 않고 흑인들을 보러 갔는지 잘 이해할 수 있다.

　뉴멕시코에서 돌아오는 길에 융은 뉴욕에 있는 크리스틴 만의 집에서 강의를 했다. 크리스틴 만은 엘리어노어 버틴, 에스더 하딩과 함께 1936년에 뉴욕 분석심리학 클럽을 창립한 사람이다. 이 강의는 개인 주택에서 열렸기 때문에 작은 모임이었음에 틀림없다. 융은 이런 것을 좋아했다. 그는 모임이 커지면 커질수록 형편없는 모임이 되고, 백 명 정도가 되면, 심각한 뇌수종腦水腫, *Wasserkopf* (그야말로 "물로 가득 채워진 머리"[바보를 뜻하는 비유 - 역주])이 된다고 말하곤 했다. 그는 항상 심리학 클럽과 취리히 C. G. 융 연구소가 훗날 유명무실하게 유지될 것을 염려했다. 유감스럽게도 그의 사후에 이 둘은 모두 굉장히 커졌다.

　1925년 이른 봄에 퀴스나흐트로 돌아오자, 융은 취리히에서 처음으로 긴 영어 세미나를 시작했다. 이 세미나는 3월 23일부터 7월 6일까지 계속되었고, 16번의 강의로 구성되었기에 거의 매주 열렸다. 게다가 분석을 받기 위해 매우 많은 사람들이 그에게 찾아왔다. 우리가 소형 윤전 인쇄기로 인쇄된 기록물을 얻을 수 있었던 것은 그 수업에 참석했던 사람들, 특히 캐리 데 앙굴로(훗날 베인스와 결혼하여 캐리 베인스라고 불렸던) 덕분이다. 이때까지 캐리 데 앙굴로(1921년에 취리히에 처음 왔던)는 호수 건너편에서 자매인 엔리 시노Henri

Zinno와 그녀의 어린 딸 시메나 데 앙굴로Ximena de Angulo와 함께 지내고 있었다. 짧은 막간을 제외하고는 캐리와 그녀의 가족은 제2차 세계대전 직전까지 취리히에 머물렀다. 그들의 집은 항상 심리학 모임, 특히 영국인들의 센터였으며, 따뜻한 남쪽나라와 같은 그들의 환대는 많은 사람들에게 뜻밖의 선물이었다. 캐리와 헨리는 모두 대단히 지적인 여성들이었다. 그들의 집에서 이루어지는 대화는 늘 매우 값진 것이었으며, 새로 온 많은 이들에게 융 심리학을 배울 수 있는 기회가 되기도 했다.

취리히에서 있었던 영어 세미나가 끝난 지 얼마 안 되어 융은 도싯Dorset(영국의 남서부에 있는 카운티 - 역주)의 스와니지Swanage에서 또 다른 세미나를 인도하기 위해 영국으로 갔다. 영국에서의 세 번째 세미나에 백여 명의 사람들이 참석하는 바람에 융이 원했던 것보다 훨씬 더 큰 모임이 되고 말았다. 그럼에도 불구하고 그는 7월 25일부터 8월 7일까지 "꿈 분석"을 주제로 12번의 강의를 했다. 늘 그랬듯이, 융은 바다를 즐겼기에 그곳을 매우 좋아했다. 융 학파 분석가들에게 "엄청난 역사적 가치"가 있음에도 불구하고 그 세미나는, 내가 생각하기에 일반 대중에게는 별 관심을 끌지 못했다. 왜냐하면 "꿈 분석"은 나중에 개최된 많은 세미나의 주제이기도 했기 때문이다. 더욱이 그것은 융의 여러 저서에서 종종 다루어진 주제다.[7]

융은 영국에 있는 동안, 동아프리카의 열대지역을 여행하기로 결정했다. 그러므로 1925년의 남은 여름 기간과 이른 가을까지 그는, 여행을 준비하는 일과 여러 달 동안 환자들을 못 보게 될 일정을 조정하는 일에 몰두했다. 이번 여정은 그가 스위스를 떠나있었던 그 어느 때보다도 길었다. 그럼에도 불구하고 그는 그가 무척 사랑하는 볼링겐 타워에서 그의 여정을 위해 마음을 들여다보고 내적으로 준비하는 시간을 가졌다. 어쩔 수 없이 평소 여름 휴가기간 보다는 짧았지만 말이다.

1925년 여름에 융은 스와니지에서 열린 큰 세미나를 위해 영국에 머물렀으며, 런던에서 열린 웸블리 박람회에 가 보았다. 거기서 "영국의 지배하에 있던 부족들에 대한 훌륭한 조사에 큰 감명을 받았으며," 위에서 언급한대로 그는 "가까운 시일 내에 아프리카 열대지방으로 여행을 떠나기로 결심했다."[8]

이것은 그 때까지 했던 그 어떤 여행보다도 더 많은 준비를 필요로 하는 훨씬 더 복잡한 여행이었다. 그의 친구인 헤르만 지크의 제안으로 가게 된 북아프리카 여행은 주로 이미 정해진 지크의 사업상 경로를 따라 이루어졌으며, 그 때 그 때 상황을 보고 즉흥적으로 여행을 연장하기도 했다. 뉴멕시코의 인디언들을 만나러 갈 때 같이 갔던 세 명의 미국 친구들은 요령을 터득하거나 필요한 정보를 쉽게 얻을 수 있었다. 그러나 그 지역에 대해 전혀 아는 게 없는 미국인 둘과 영국인 한 명과 함께 했던, 열대 아프리카 오지 부족을 만나러 간 여행을 위해서는 엄청난 계획과 엄선된 장비들이 필요했다. 그가 그의 계획을 매우 빠르게 수행할 수 있었던 것은 상당히 놀랄만한 일이었던 것 같다. 왜냐하면 영국 정부로부터 허가를 받아야 했고, 주로 런던에 있는 육군과 해군 매점에서 구입해야 될 캠핑 도구와 식량이 굉장히 많았기 때문이다. 준비가 그리 순조롭게 이루어지지 않자, 융은 그의 계획이 무의식의 현재적인 배열과 합치하는지 그에게 확신을 줄 만한 직접적인 메시지를 무의식으로부터 듣기를 원하게 되었다.

그는 무의식이 스스로를 드러낼 수 있는 고대 중국의 신탁을 얻는 방법인, 『주역』에 물어보기로 결심했다. 융은 리하르트 빌헬름Richard Wilhelm을 만나기 전부터 이 방법에 관심을 갖고 있었다. 그는 어느 여름 『회상』의 부록 IV[9]에서 "주역의 답이 의미가 있는지 없는지"를 알아보기로 결심했기에 "전력을 다해" 그 책에 대해 도전해 보았다고 했다. 그는 그 때 "놀랄만한 일치"에 직면하고 그것에 매료되었으며, 1923년에 빌헬름의 번역이 나왔을 때, 그가 갖고 있던 "의미 있는 연관성에 대해 빌헬름이 같은 견해를 가지고 있다는 것에 만족감"을 느꼈다.

융은 빌헬름을 다름슈타트에서 열린 "지혜의 학교" 모임 중에 카이절링 백작Count Keyserling(1880-1946, '의미'의 인식을 추구한 독일의 문화철학자이며, 1920년 다름슈타트에 "지혜의 학교School of Wisdom"를 설립하여, 창조적인 인식을 통한 인간의 자기실현을 추구했다 - 역주)의 집에서 처음 만났다. 나는 그것이 1922년이었던 게 틀림없다고 생각한다. 왜냐하면 1923년에 빌헬름은 이미 취리히 심리학 클럽에서 『주역』강의를 하도록 초청받았기 때문이다. 그 때 융은 그와 함께 주역에 관해 상세히 논의할 기회가 있었다. 왜냐하면 빌헬름이 그 주제에 관한 모든 문헌을 알고 있었고, 융에게 있었던 많은 간극을 채워줄 수 있었기 때문이다. 그들은 좋은 친구가 되었다. 빌헬름은 종종 취리히에 와서 융의 가족과 함께 머물기도 했다.

그러므로 아프리카를 여행하기 직전인 1925년에 융은 이미 『주역』에 관해 잘 알고 있었고, 그것의 의미 있는 대답에 대해 의심치 않았다. 그가 계획된 여행에 관해 『주역』에 물어보았을 때, 괘 53(풍산점風山漸을 말함 - 역주)의 구삼九三(구삼에는 "기러기가 산마루에 나아감이니 지아비가 가면 돌아오지 못한다"고 되어 있다 - 역주)이 나왔다.ⓒ 이 효爻에는 "인간은 앞으로 나아가 되돌아오지 않는다."는 말이 포함되어 있다. 이것은, "성장Development"(점진적 과정Gradual Process)" 괘 전체가 무의식이 분명히 모험을 지지하는 것을 의미하지만, 이 여행을 하려면 평생 대가를 지불해야 할지도 모른다는 사실을 그에게 직면하도록 했다. 그는 몸바사를 여행하는 동안 계속해서 그러한 느낌이 특히 강하게 들었다고 말했다. 동아프리카에서 그것이 그의 마음 속 깊숙이 가능성으로 여전히 남아있긴 했지만, 그것은 더 이상 전면에 나타나진 않았다.

그는 그것이 그 여행 중에 특히 강렬했음을, 아프리카에서 살려고 했던 승객 여러 명이 그 나라에 도착한지 한 달도 안 되어 죽은 사실을 통해 설명했다. 여기에는 그가 앉아있던 식탁 건너편에 있던 젊은이도 끼어 있었다. 『주역』은 비슷한 운명이 그를 기다리고 있을지 모른다는 사실에 부득이 직면하도록 했지만, 그는 여행하는 동안 막연한 죽음의 기운이 감도는 것을 항상 마음으로 느끼고 있었다고 말했다. 그런데 그것이 누구에게 닥치게 될지는 아무도 알 수 없었다.

ⓒ 소양少陽, sevens과 소음少陰, eights과는 달리 노양老陽 nines과 노음老陰 sixes은 앞으로 그러한 변화나 사건이 일어날 수 있는 효사의 내용·lines을 강조하는 것이고, 그 효사의 내용이 신탁의 가장 중요한 부분이 된다. [이것은 옮긴이가 의역한 것임]

그렇지 않았다면, 융은 바닷가에 있는 것을 즐겼을 것이다. 여행하는 동안 스와힐리어를 독학하여 원주민들에게 직접 말할 수 있을 만큼 눈에 띄는 진전을 이루었지만, 그는 이전에 배우려고 했던 그 어떤 언어보다도 어려웠다고 말했다. 그는, 어릴 때는 우리 마음이 비교적 비어있지만, 해가 지날수록 그것이 점점 채워져서 결국 새로운 언어가 차지할 수 있는 여지를 찾기가 훨씬 더 어려워지기 때문이라고 그 이유를 설명했다.

융과 함께 아프리카 여행을 했던 영국인 친구 피터 베인스는 여행을 시작하기가 더 어려워졌다. 여행을 떠나려고 짐을 싸고 있을 때 그의 두 번째 부인이 갑자기 비극적인 상황에서 죽음을 맞이했다. 어쨌든 여행을 하기 위해 피터는 마르세유까지 육로로 가서, 융과 그의 젊은 미국인 친구 조지 벡위드George Beckwith가 이미 승선하고 있던 보어맨 호를 타야만 했다. 회상해 보건대, 아프리카 여행이 특히 그에게 큰 의미가 있었지만, 아내의 죽음으로 그는 힘든 여행을 하게 되었다. 언젠가 나에게 피터는 — 그가 애정이 담긴 자기비판을 할 수 있었음에도 불구하고 — 자신이 여행 분위기를 망쳤다고 말한 적이 있다. 왜냐하면 그는 자신의 아니마를 전혀 통제할 수 없었으며, 음울한 기분에 빠져있었기 때문이다. 가끔 그런 기분이 들어 괴로웠지만, 융은 그것을 이해할 수 있었고, 계속 객관성을 유지할 수 있었다. 하지만 융보다 훨씬 젊었던 조지 벡위드는 그런 것들을 도무지 견뎌낼 수가 없어서 점점 더 힘겨워했다.

조지 벡위드 역시 비극적인 운명을 맞이했다. 그를 좋아했던 융은, 그의 큰 용기 때문에 그런 운명에 직면하게 된 것이라고 말한 적이 있다. 그는 몇 년 후에 자동차 사고로 죽었던 것이다. 인생 여정을 위한 믿을만한 배가 없다는 것을 그의 꿈이 너무나 분명하게 보여주었으므로, 융은 그를 분석하면서 그 배가 일찍 가라앉을 것 같다고 그에게 말해주지 않을 수 없었다. 조지 벡위드는 자신이 늘 그러한 것을 의심해 왔다고 대답했고, 그것을 온전히 직면했으며, 짧은 생이나마 충실하게 살았다. 자신의 아니마로 인해 어려움을 겪은 것을 제외하면, 피터 베인스는 아프리카 탐험여행을 상당히 즐겼다.

일행 중 네 번째 멤버는 파울러 매코믹이라는 미국인이 될 뻔 했다. 그러나 마지막 순간, 그의 장비가 아프리카로 수송되고 있는 중이었지만, 그는 부득이 갈 수가 없었다. 융은 어려운 상황에 처하게 되었다. 왜냐하면 조지 벡위드가, 그들 셋이 가는 것은 그에게 너무나 어려운 일이기에 네 번째 동료가 합류되지 못하면 이 여행에 함께할 수 없다고 분명히 말했기 때문이다.

그러므로 탐험대에게 루스 베일리Ruth Bailey를 맡아 달라고 청한 우간다 총독의 편지10가 융에게는 정말 뜻밖의 선물이었다. 즉시 조지 벡위드는 그녀가 네 번째 일원이 될 수 있다면 완전히 만족할 것이라고 말했다. 그들은 나이로비에서 잠시 머물렀을 때부터 그녀를 이미 알고 있었으며, 그녀가 모든 난관에 침착하게 대처할 수 있는 여성이라는 것을 알았다. 네 명의 남자 형제들이 있었던 그녀는 그들에게 헌신적이었으며 늘 그들에게 뒤지지 않으려고 애썼다. 훗날 융은 그녀의 남자 형제들이 그에게 매우 큰 도움이 됐었다고 말하곤 했다. 왜냐하면 그녀에게 어떤 문제가 생기면, 그들은 "루스, 힘내"라고 말해주었으며, 대부분의 다른 여성들과는 달리 그녀는 정말 "힘을 냈기" 때문이다.

루스 베일리는 동아프리카에 갔을 때 자신이 곤란한 상황에 처하게 된 것을 알았다. 그녀의 막내 여동생이 동아프리카에서 훌륭한 지위를 가진 영국인과 약혼을 한 것이다. 그 젊은 한 쌍은 가능한 한 빨리 결혼하고 싶어 했다. 그러나 그는 그의 신부를 데리러 영국으로 돌아갈 수 없었다. 베일리 부인(루스 베일리의 어머니 - 역주)은, 그녀의 언니인 루스가 동행할 수 있다면 그녀가 동아프리카에서 결혼하는 것을 승낙하겠다고 했다. 그들은 융의 일행과 같은 배를 타고 왔다. 하지만 배에 타고 있던 거의 모든 사람들과 마찬가지로, 그들은 그들이 항해 중인 것을 모르고 있었다. 그들은 당연히 발랄하고, 젊고, 잘 놀고, 춤도 잘 추는 한 쌍이었으며, 융과 그의 두 친구를 "세 명의 오바댜"①라고 불렀다. 융은 대부분 책을 읽든지, 스와힐리어를 공부하든지, 아니면 갑판을 조용히 거닐든지 했다. 그

---

① 당시 공연장에서 인기가 높았던 노래에 나오는 말.

러나 나이로비에서 루스는 신경이 날카로운 상태에 있었다. 왜냐하면 자신이 젊은 커플에게 반갑지 않은 존재라고 느꼈기 때문이다. 그럼에도 불구하고 그 젊은 커플은 그녀를 돌보기로 결심하고, 그녀와 계속 어울리려고 애를 썼다.

제1차 세계대전 휴전 기념일(11월 11일) 밤에 나이로비에 있는 호텔에서 벌어진 무도회에서 상황이 절정에 달했는데, 그 때 루스는 제부가 자신과 춤을 추고 싶어 한다는 것을 알았다! 그녀는 융 박사가 혼자 탁자에 앉아 글을 쓰고 있는 것을 보았다. 필사적인 심정으로 그녀는 그에게로 걸어가서, 방해가 안 된다면 되도록 오래 옆에 앉아있어도 되겠느냐고 물어 보았다. 이렇게 하여, 그녀는 그 젊은 커플을 자유롭게 해주려고 했다. 그 때부터 그들이 나이로비를 떠날 때까지 루스는 융과 그의 친구들을 자주 만났다. 그들은 모두 그녀를 좋아했고, 그녀의 뛰어난 유머감각과 모험심 있는 태도를 높이 평가했다. 그곳을 떠나기 전에 융은, 그녀가 아프리카에 머물러 있는 몇 달 동안, 젊은 커플처럼 살지 말고, **그녀 자신의 삶을** 사는 방법을 찾아야한다고 그녀에게 말해 주었다. 나는 일행 중 어느 누구도 정말 루스를 다시 만나게 되리라고 예상했다고 생각하지 않는다.

루스 베일리보다 그 탐험여행에 더 어울리는 여자를 찾기는 거의 불가능했을 것이다. 그러므로 우간다 총독의 요청은, 잘 준비된 토양에 씨가 떨어져 결실을 얻게 된 것과 같은 결과를 가져다주었다. 루스는 융보다 스무 살 이상 어렸으나, 강하고 건강한 사람이었고, 나이와 취향이 조지 벡위드와 거의 같았다. 그녀는 언제나 자신이 일행을 위해 "재미있게 기분 전환을 해주는" 역할을 했다고 말한다. 그럼에도 불구하고 융은 모험을 무릅쓰려고 하지 않았다. 총독의 편지가 도착했을 때 이미 그들은 매우 외진 엘곤 산에 있었다. 융은 그들이 요청받은 대로 그녀를 보호해줄 것이고, 그녀가 그들의 막사에 합류할 수 있게 해 주겠다는 편지를 루스에게 보냈다. 그는 산에서 그들과 함께 머물 수 있도록 그녀를 초대했다. 그들의 여정의 마지막 지역인, 도보로만 갈 수 있는 등반 구역을 알려주기 위해 원주민 한 사람이 파견되었다. 그는 그녀가 만남의 장소인 키밀릴리

Kimilili로 가는 길을 찾을 수 있게 해 주려고 그녀에게로 떠났다. 우리는 그들의 엘곤 산 여행에 관해 융이 써 놓은 이야기를 읽을 필요가 있다. 융은, 철로가 더 이상 연결되지 않은 곳에서 그들의 막사가 얼마나 멀었으며, 또 그 나이 또래의 젊은 여성이 그리로 오는 것이 무척 힘들었을 것이라고 말하고 있다. 엘곤 산으로 여행을 하게 되었을 때 루스는 아직 서른 살이 되지 않은 나이였다.

이것이 바로 융의 전형적인 모습이었다. 그는 대개 누군가에게 관심과 노력을 쏟기 전에 그들이 패기를 보여주기를 바랐다. 그러므로 루스는 자신의 삶에서 가장 어려운 과제에 직면하게 되었다는 것을 알았다. 대단히 전통적이고 성실한 그녀의 제부는 그 계획에 반대했으며, 최선을 다해 그것을 못하게 말렸다. 그러한 벽지로 가는 수송수단을 찾는 것이 어려웠기에 대부분의 젊은 여성들은 위축될 수밖에 없었다. 그러나 그녀를 보자마자 모든 사람이 좋은 동료로 인정했으므로 그녀를 도와주는 사람들이 늘 있었다. 즉, 여행 중에 거의 있을 수 없는 일이었지만, 그녀를 태워주는 사람들이 있었다. 그녀는 마침내 키밀릴리에 도착했다. 거기에는 융 박사가 보낸 소년이 그녀를 기다리고 있었다. 그러나 그녀를 마지막으로 태워 준 젊은 영국 남자는 그곳이 영국 처녀를 남겨두고 떠날 만한 적절한 장소가 아니라고 했다. 다행하게도 그 순간 그녀는 "C. G. 융"이라고 적힌 물병을 등에 지고 있는 원주민 한 사람을 발견했다. 그래서 그녀는 그 사람이 바로 계획한 대로 자신을 데리러 온 사람이라는 것을 알 수 있었다.

그 소년은 영어를 한 마디도 하지 못했다. 그녀의 짐을 운반하면서 그는, 숨 막히는 더위 속에서도 두 시간 동안 수풀을 헤치고 가며 묵묵히 사자가 다니는 길을 따라 앞서갔다. 루스는 사자를 만날지도 모른다는 생각이 들었다. 그러나 그녀는 대담한 여성이었기에 아무 말 없이 그를 따라갔다. 마침내 그들이 막사에 도착했을 때, 그녀는 물론 무언가 상당한 성취감을 느꼈으며, 융에게 자랑스럽게 이렇게 말했다. "드디어 제가 도착했어요!" 그는 그녀가 이웃집에서 잠시 들른 것처럼, "그러게 말이요"라고 침착하게 말했다. 그러나 그녀는 패기가 있음을 입증해 보였을 때 일단 인정을 받았으며, 자신이 진정으로 그룹의 보호 아래 있다는 것을 알았다. 그녀는 항상 어떤 일이라도 할 준비가 되어 있었고, 막사에서 그녀에게 할당된 몫을 충분히 해냈다. 오래지 않아 융은 이집트로 가는 고된 여행에 그녀를 데려가기로 확실히 결정했다. 사실 조지 벡위드는 그녀가 일행에 끼게 된다면 가지 않겠다고 분명히 말했다.

나는 이런 결정에 이르게 된 외적인 이유를 정확하게 지적했다. 그러나 융은 진행 중인, 상당히 놀랄만한 일련의 사건이 시작된 보다 더 깊은 이유를 댔다. 그는 파울러가 일행에 합류하지 못하게 되자, "무의식 혹은 숙명의 배정, 즉 삼위의 원형"이 나타났고, 그 원형이 항상 그것을 완성하기 위해 네 번째를 불렀다. 이러한 원형의 "역사 속에 언제나 그렇게 반복되어 제시된 것처럼"11⑧ 말이다. 융은 "원형이 우리의 행동에 영향을 미치는 미묘한 방식을 시사하기" 위한 에피소드를 언급했다. 22쪽의 도해에 의하면, 이것은 원형상이 아래로부터 올라와서 외적인 사건에 영향을 미치는 것을 보여준다.

융은 『회상』에서 아프리카 여행 전반에 대해 잘 설명해 주고 있다. 나는 이 여행에서 주로 얻은 것이 무엇인지 요약해 봄으로써, 융이 "무의식과 대면"하고 나서 이미 얻었던 것에 덧붙여, 1919-26년의 기간이 얼마나 풍성한 결실을 거두었는지 보여주고 싶다. 아프리카 여행은 어쩌면 그의 삶에서 가장 행복한 시기 중 한 때였을지도 모른다. 특히 엘곤 산에 머물렀던 기간이 그랬다. 그는 이렇게 말했다.

나와 나의 여행 동반자는 복이 많았다. 아프리카의 태초의 세계가 지닌 한없는 아름다움과 또한 깊은 고뇌를 아직 폐문되기 전에 경험했기 때문이다. 우리의 막사생활은 나의 인생의 가장 아름다운 시절의 하나였다. 나는 아직 태고의 땅으로 남아 있는 곳의 "신성한 평화"를 만끽했다. 나는 헤로도토스Herodotos가 말한 "인간과 다른 동물들"을 일찍이 그처

⑧ 기원전 6세기에 피타고라스는 4가 전체성totality의 수라고 지적했다.

럼 분명히 본 적이 없었다. 나와 저 온갖 마귀의 어머니인 유럽 사이에는 수천 마일의 거리가 있었다. 마귀들은 내가 있는 여기까지 미칠 수 없었다. 거기에는 전보도, 전화도, 편지도, 아무런 방문객도 없었다. 나의 해방된 정신력은 환희에 차서 먼 태고의 광대한 곳으로 되돌아가 흐르고 있었다.**12**

여행을 떠나기 전 — 『주역』에 물어보았더니 괘 53(풍산점風山漸을 말함 - 역주)이 나왔으며, 그 괘의 구삼九三을 보고 — 융은 자신의 생이 이 아프리카 여행에서 끝날지 모른다는 사실에 직면했다. 그것은 쉬운 일이 아니었다. 즉, 그 때 융은 50세 밖에 안 된 나이 — 한창 힘이 왕성한 — 였으며, 많은 사람들이 자신에게 의지하고 있음을 잘 알고 있었다. 이것은 경제적인 문제에서 그렇다는 게 아니었다. 왜냐하면 그가 만약 죽는다면, 그의 가족들이 물질적인 어려움이 아니라 정신적인 문제로 어려움을 겪을 것이기 때문이었다. 그는 의사로서 절정기에 있었으며, 자신의 많은 환자들과 제자들이 아직 홀로 남겨질 준비가 안 되어 있다는 것을 잘 알고 있었다. 이것이 그가 여행을 떠나기로 결정하는 것을 매우 힘들게 했지만, 이상하게도 그는 아프리카 그 자체에 별 관심이 없는 것으로 느껴졌다고 나에게 말했다. 언젠가 그는 몸에 열이 난 후에 자신에게 어떤 결과가 생겼는지 말해준 적이 있다. 즉, 아무 것도 영향을 줄 수 없는 보기 드문 초연함이 생겼다고 했다. 어느 무더운 오후에 휴대용 의자에 누워서 그는 실제로 가장 심각한 유럽의 모든 걱정거리들, 예컨대 가장 큰 근심의 원인이었던 환자들을 생각함으로써 초연함에서 벗어나려고 했다. 그러나 그 모든 것은 멀리 떨어져 있는, 중요하지 않은 일로 여겨졌다. 그가 유럽으로 돌아왔을 때 그것은 달랐다. 그러나 아프리카에 서 보낸 시간은 완전한 초연함ⓑ을 경험한 기간이었다.

ⓑ 중세 독일의 신비주의 신학자 마이스터 에크하르트Meister Eckhart는 초연함을 "가장 훌륭한 최상의 덕"으로 보았다.

내가 아는 한, 융이 인생의 전반기에서 후반기로 넘어가는 시기에 중대된 확신을 구체적인 현실로 옮겨야만 했던 것은 이때가 처음이었다. 그는 인생의 후반기에 접어들어, 더 이상 삶의 **외부로** 나아가지 않고, 궁극적으로 내면, 즉 필연적인 죽음이라는 목표와 대면하고 있다는 사실을 똑바로 직시하게 되면, 비로소 온전한 삶을 살 수 있다고 느꼈다. 그는 병을 앓은 후에 자신의 생의 마지막 10년간 종종 이렇게 말했다. "나는 그것이 마지막이라고 생각했으며, 정말 뜻밖에 고비를 넘기고 의욕을 되찾은 이유가 있다고 생각한다." 어쩌면 그것은 그가 아프리카 여행을 위해 지불해야할 가능성을 똑바로 직면할 수 있었기 때문이었을 것이다. 그는 아프리카에서 너무나도 풍부하고 의미 있는 삶을 경험했던 것이다. 하여튼 그가 아프리카에서 보낸 시간에 대해 내가 여태까지 들은 바로는 ― 그는 종종 그것에 관해 말했는데 ― 그것은 그의 생에서 정말 "가장 멋진 막간의 하나"였고, 어쩌면 가장 생산적인 기회였을지도 모른다.

 그가 한 이야기를 반복하게 되는 것인지 모르지만, 나는 아프리카에서 융이 얻은 깨달음에 대해 내가 받은 인상을 기술하고 싶다. 내가 보기에 그는 연속적으로 깨달음을 얻었던 것 같다. 그가 처음으로 깨달은 것은, 어쩌면 몸바사에서 나이로비로 가는 기차 여행에서 잠을 깬 순간, "꼼짝 않고 긴 창(槍)에 몸을 의지하고 있는 흑갈색의 날씬한 사람"을 보았을 때였을 것이다. 융은 마법에 걸린 느낌이었다. 그는 그것이 이승에서 체험해 보지 못한, 한 번도 본적이 없는 모습이라는 것을 알았다. 그러나 동시에 그는 그것이 "가장 강렬한 기시감"[13]을 주는 것으로 체험했다. 그는 이런 느낌에 대해 이렇게 표현했다. "마치 내가 이런 순간을 이미 한 번 체험했고, 비록 시간적으로는 나와 분리되어 있으나, 언제나 그 세계를 알고 있었던 것 같은 느낌을 가지고 있었다. 그것은 내가 나의 젊은 시절의 나라로 되돌아간 것 같은 느낌이었으며 5,000년 전부터 나를 기다리고 있던 저 검은 사나이를 내가 이미 알고 있었다는 느낌이었다."[14]

 이것은 그가 아프리카(몸바사)에 머문 지 이틀 만에 일어났으며, 내가 보기에 거기에 체류했던 모든 것에 대해 설명해 준다. 그의 제1호 인격과 제2호 인격이 배정되었으며, 이 둘이 동시에 활성화되었던 것이다. 제1호는 어두운 피부를 가진 사람을 이질적으로 느꼈다. 왜냐하면 그는 50년을 살아오면서 결코 그와 같은 모습을 본 적도 없고 경험한 적도 없었기 때문이다. 그러나 시대를 초월한 제2호는 무의식의 층을 통해 태곳적 조상들과 정확히 연결해 주었으며, 당연히 그는 다만 그 때까지 자신과 분리되어 있던 그 사람을 이미 알고 있었던 것처럼 느꼈다. 그러한 자기Self와 자아ego의 완전한 배정이 나에게는 아프리카가 융에게 주었던 강렬한 인상의 필연적인 프롤로그처럼 여겨졌다. 사실 그는 "이 진기한 체험이 주는 특이한 감흥이 야생 아프리카①를 여행하는 동안 줄곧 나를 따라다녔다"고 알려주었다.

두 인격은 정말 그가 뒤에 가졌던 압도적인 경험에 꼭 필요한 것이었다. 그런 경험은 우리 자신의 신화를 발견하는 것에 못지않은 것이었다. 그는 일찍이 "무의식과 대면"하면서 자신이 더 이상 기독교 신화에 따라서 살지 않았음을 고통스럽게 깨달았다. 기독교 신화는 그에게 아무런 의미를 주지 못했던 것이다. 그 자신의 신화를 발견하려는 갈망이 그 때 시작되었다. 그러나 그런 갈망은 그가, 그 해(1925년) 초 인디언 산호山湖가 푸에블로족의 존재 이유가 그들의 아버지 태양이 매일 하늘에 올라가도록 돕는 것이라는 말을 들은 후에 특히 강렬해졌다. 융은 이렇게 말했다. "나는 그들의 그런 믿음이 지닌 의미 충족을 부러워했었다. 그리고 아무런 기약 없이 우리 자신의 신화를 살펴보았다."¹⁵ 이제 갑자기 그리고 뜻밖에, 그는 나이로비 가까이에 있는 아티 평원에서, 천천히 흐르는 강물처럼 앞으로 점점 움직이고 있는 거대한 동물의 무리들 사이에서 혼자라는 느낌을 맛보았다. 나는 융이 이 순간을 묘사하는 것을 종종 들었으며, 매우 많은 사람들이 여기서 그를 이해할 수 없다고 말하는 것을 듣기도 했다. 사실 자기

---

① 독일어로는 "durch das wilde Afrika"라고 표현했다. 나는 "wilde"를 여기서 "savage"라고 번역한 것을 전적으로 동의할 수가 없다. 『회상』의 전체 번역이 훌륭하게 되어 있다고 하더라도 말이다.

Self와 자아를 경험하지 않고, 그것을 이해하기는 어렵다. 그것을 이해하기가 불가능하진 않지만 말이다.

아티 평원에서의 융의 이런 경험에 대해 말하기 전에, 나는 『회상』에 기술되어 있는 그 다음 구절에 대해 이야기하고 싶다. 그는 거기에서 영원한 자기 eternal Self는 **외적인 현실에서 그것을 경험하기** 위해 제한된 자아를 필요로 한다고 말했다. 따라서 그것은 세속적인 모습으로 "삼차원의 세계를 경험하고, 보다 더 큰 자각에 의해 좀 더 자기를 실현"16할 수 있게 된다." 다시 말해 제2호 인격은 그 반대의 경우만큼 제1호를 필요로 한다.

아마 융이 이런 사실을 처음으로 충분하게 깨달은 것은 그 날 아티 평원에서 있을 때였던 것 같다. 그곳에는 그의 동반자들이 보이지도 않고 그들의 소리가 들리지도 않았으며, "늘 존재해 온 세계"의 "영원한 태초의 고요함"이 있었다. 물론 동물들은 헤아릴 수 없이 오랜 세월 동안 그 평원에 존재해 왔다. 그러나 누군가 그것들이 거기 있었다는 것을 창조적으로 인식함으로써 그것들에게 "객관적인 존재"를 부여할 때까지 융은, 이것이 다만 잠재적인 존재에 불과한 것이었음을 갑자기 깨닫게 되었다. 그는 이것이 바로 연금술사들이 "자연이 불완전하게 둔 것을 [연금술적인] 예술이 완전하게 만든다."라고 말한 의미라고 했다. 따라서 그에게 "의식의 우주적 의미가 너무나도 분명해졌으며," 그는 또한 인간이 창조를 계속할 수 있다는 것을 알았다. 사실 인간은 "창조의 완성에 없어서는 안 될" 존재이기도 하다. 만약 인간이 이런 과제를 받아들인다면 세계는 "비존재의 깊은 밤에 정처 없는 종말을 향해" 계속 지나가게 될 것이다. 그러나 인간이 "창조의 완성에 없어서는 안 될 존재라는, 이 극히 중요한 인간의 신화를 인식할 수만 있다면, 문제가 많은 우리 시대는, 그것이 잃어버렸던 것만큼, 아니면 한층 더 큰 삶의 의미를 재발견할 수 있을지도 모른다.

융에게 깊은 인상을 준 그 다음 사건은 우간다 철도의 임시 종착역에서 일어났다. 거기서 일행은 그들의 여행의 다음 단계를 끝마치기 위해 두 대의 자동차를 기다리고 있었다. 그들은 자동차에 실은 짐 위에 올라가 앉아 가게 되었다.

융은 "생활필수품 상자" 위에 앉아 파이프를 피우고 있었다. 그때 그는 그 옆에 앉아있던 나이든 영국인과 합류하게 되었는데, 그 사람도 파이프를 피웠다. 그는 막 도착했는지 그리고 어디로 가는지 융에게 물었다. 그는 40년째 거기 살고 있다고 하며, "선생! 이곳은 인간의 나라가 아니라 신의 나라요. 그러니 무슨 일이 생기더라도 아무 걱정 말고 가만히 앉아 있어요."라고 말했다. 그러더니 그는 한마디도 하지 않고 일어나서 그들 주위로 몰려드는 아프리카 사람들의 무리 속으로 사라졌다.

그 한마디 충고가 그에게 그렇게 강한 인상을 줄 수 없었다. 융은 무명의 그 영국인에게 깊은 고마움을 느꼈다. 그래서 아프리카에서 일이 잘못될 때마다 그는 늘 최상의 결과를 기다리며 "아무 걱정 말고 가만히 앉아있으라"는 말을 기억했다. 이 충고에 큰 감동을 받았고, 그것이 아프리카에서 얼마나 도움이 되었는지를 잘 알았기에 융은 "무의식과의 대면"을 하도록 운명 지어진 자신의 모든 제자들에게 그 말을 전해주었다. 왜냐하면 밀림이나 숲에서 적용되는 것은 무의식에도 적용되기 때문이다.

융 심리학에 익숙하지 않은 사람들에게는 그것이 이상하게 보일지 모르지만, 똑같은 상황이 매우 원시적인 나라들과 집단적 무의식 속에 팽배해 있는 것은 사실이다. 만약 우리가 22쪽의 도해를 잠시 다시 생각해 보면, 이것은 전혀 놀랄 일이 아니다. 융이 1925-26년에 머물렀던 아프리카는, 그 당시 사정으로는 늘 "암흑대륙"이라 불리던 매우 원시적인 나라였다. 그러므로 아프리카에 있는 동안은, 집단적 무의식의 가장 낮은 층에 있는 것이다. 아프리카에 있는 것은 원시 조상들, 심지어 공통적으로 존재하는 동물 조상들 사이에 있는 것이다. 그러므로 아프리카에서는 어떤 면에서 그러한 층의 **외부**를 만나게 되며, "무의식과의 대면"에서는 **내부**와 만나게 된다. 그러나 지혜로운 영국 노인이 융에게 말한 대로, 그 두 측면은 모두 신의 나라이지 인간의 나라가 아니다. 심리학적인 용어로 말하자면, 그것은 자아의 나라가 아니라 자기Self의 나라다. 우리는 자기 혹은 융의 제2호 인격이 "가장 강렬한 기시감"을 가지고 있을 때, 이것이 얼마나 실제로 작용하는지 알고 있다. 창檻에 몸을 의지하고 기차위에서 내려다보고 있던 검은 피부의 사나이를 보았을 때, 그는 마치 그 사람이 5,000년 동안 자신을 기다리고 있었던 것처럼 느꼈다. 그 반대로 자아, 곧 제1호 인격은 다만 생소한 것처럼 보이는 완전히 새로운 경험을 등록할 수 있다. 그러나 우리는 또한 여기서 자아가 자기에게 얼마나 중요한지 알 수 있다. 왜냐하면 그 인상을 **의식화**한 것은 전자(자아를 말함 - 역주)였기 때문이다. 5,000년이 자기에게는 어제와 같은 반면에, 자아는 3차원의 존재, 곧 **분명한** 존재를 부여하기 때문이다. 자기의 지식은 사실 지금 여기에, 곧 이 순간에 등록되지 않은, 절대적인 것일 수 있다. 따라서 자아는 분명한 혹은 객관적인 존재를 부여한다고 볼 수 있다.

우간다 철도의 종착역에서 출발했을 때 융은 자신이 늘 잘 알고 있던 문명세계를 뒤에 남겨 두고 떠나, 그 앞에 펼쳐져 있는 아프리카 도처에 뻗어있는 길을 가게 되었다. 나이든 영국인의 충고에 대해 생각하면서 그는 그것이 그의 40년의 "경험"의 정수精髓였음을 깨달았다. "즉, 이곳을 장악하고 있는 것은 인간이 아니라 신이라는 것, 환언하면 의지와 의도가 아니라 헤아릴 수 없는 신의 점지라는 것"을 말이다. 그것은 실제로 그가 "무의식과 대면"하면서 가졌던 경험과 정확히 같은 것이었다. 즉, 그 경험은 그 자체를 드러내는 헤아릴 수 없는 신의 점지를 받아들이는 것이요, 결코 그 자신의 길을 밀고 나아가려고 애쓰지 않는 것이었다. 사실상 그것은 통제할 수 없는 것을 통제하려고 하는 대신, "헤아릴 수 없는 신의 점지"가 그 자체를 드러낼 때 까지 "아무 걱정 말고 기다리는 것"이었다.

마침내 그들이 엘곤 산에 도착했을 때 "가장 멋진 막간"은 그를, 그가 유럽이 키운 마귀로 특징지었던 전보, 전화, 편지, 그리고 방문객 같은 흔한 문명의 병에서 벗어나게 해 주었고, 그는 자신의 "해방된 정신력이 기쁨에 겨워 원시의 광활한 지역으로 되돌아가 흐르는 것"을 느꼈으며, 거기서 한동안 "늘 그 상태로 있었던 세계," 곧 "영원한 태초의 고요함"을 즐길 수 있었다. 그러나 그의 의식은 늘 태초에 대한 모든 것을 배우기 위해 깨어있었다. 그런 목적으로 그는 매일 아침 하루 종일 막사 주위에 서서 "결코 지칠 줄 모르는 호기심으로 온갖 동작"을 추적하는 원주민들과 팔라베르palaver(백인과 아프리카인의 교섭 - 역주)를 개최했다. 그러나 그들의 꿈이나 종교나 실제로 그들에게 필수적인 것에 대한 어떤 정보를 얻는 것은 매우 어려운 일이었다. 엘곤 족은 그 때까지는 아직 순진한 상태였지만, 나중에 그들이 사는 가까운 지역에서 금이 발견된 후에 "순진하고 우호적인 원주민들 사이에서" 마우마우Mau Mau(아프리카의 영국령 케냐 주민인 키쿠유족이 1950년경에 조직한 반反 백인 테러집단 - 역주) 운동이 일어났다. 그러나 융과 그의 동료들이 그들 사이에 있던 행복한 순간에도, 종족의 안녕에 매우 중요한, 그들의 깊은 종교적인 뿌리와의 연관성을 잃어버리고 있다는 증후들이 있었다. 예컨대 그들의 꿈에 대해 별 성과 없는 질문을 하고 나서 융은, 그들이 더 이상 여느 때처럼 순진한 부족에게 조언을 해주고 예전에 엘곤 족에게 도움을 주던 주술사들 medicin men의 꿈을 통해 인도를 받지 못하고 있다는 것을 발견했다. 이것은 지방 행정관이 다스리게 되면서, 영국인이 모든 것을 알고 있다는 사실 때문에 주술사들은 자신들의 꿈이 더 이상 필요하지 않다는 망상에 시달렸기 때문이다.

늘 하늘에 태양이 높이 떠올랐을 때 개최된 팔라베르를 보면서 융은 처음으로 그들의 낙관론에 큰 감동을 받았다. 그들은 동물들, 곧 가축을 잡아먹는 사자 같은 큰 야수들이 "좋고 아름답다"고 했고, 질병도 공포를 자아내지 못했으며, 그들은 태양 속에 누워 있을 수 있으니 모든 것이 좋다고 했다. 그러나 그는 해가 질 때 이 낙관론이 갑자기 사라져 버리고, 그들이 공포의 무력한 희생자가 된다는 것을 곧 발견했다. 어둠을 다스리는 신은, 낮을 다스리는 신이 자애로운 것만큼이나 사악하고 위험한 존재였다. 이러한 공포는 주로 귀신에 대한 공포였다. 실제로 그들이 대낮에 엘곤 산에 있는 숲속을 지나가고 있을 때 융은 갑자기 이 귀신에 대한 공포가 밤에 국한되어 있지 않고 어떤 장소와 연관되어 있다는 것을 감지했다. 언젠가 나는 이 사건에 대해 융이 대략 다음과 같이 말하는 것을 들은 적이 있다. 즉, 대개 자발적인 원주민들은 자신들이 지쳤다고 불평했으며, 길 안내자도 온갖 평계를 늘어놓았다는 것이다. 그들 뒤에서 걷는 단순하고 효과적인 방법을 사용함으로써 융은 그들이 숲속으로 들어가도록 했다. 그러나 그들이 괴로운 모습을 보이자, 그는 길 안내자에게 이렇게 말했다. "이제까지 잘 해 왔는데, 도대체 무슨 일인가요?" 그는 아무 말도 하지 않았다. 하지만 융이 그의 귀에 대고, "귀신 때문인가요?"라고 금기시된 말을 했을 때, 그 길 안내자는 크게 안도하며, "맞아요. 귀신이 엄청나게 많아요."라고 대답했다. 그 때 융은 이 사람들이 얼마나 공포에 영향을 받고 있는지, 그리고 그것이 그들에게 얼마나 현실적인 것인지 알게 되었다. 코뿔소의 발자국이 나 있는 대나무 숲속을 걸어가는 것은 몹시 으스스했을 것 같다. 즉, 코뿔소를 만나지 않을 거라고 확신할 수 없으며, 코뿔소는 사람보다 키가 더 작기 때문에 걸으면서 상체를 구부려야 한다. 이런 길밖에 없었으며, 코뿔소는 유럽인에게도 매우 기분 나쁜 동물이다. 그러나 모든 것이 고요하고 습하고 죽어있는, 물속에 있는 느낌이 들었음에도 불구하고, 숲속에 땅거미가 지자 원주민은 두려움에서 완전히 벗어났다. 원주민은 우리보다 집단적 무의식과 훨씬 더 친근해 있었다. 다시 말해 비교적 우리는 가끔씩 거기서 벗어날 뿐인, 극도로 두꺼운 의식 층을 가지고 있지만, 원주민은 거의 모든 시간을 무의식 속에서 보낸다.

 엘곤 산에 머무는 동안 융은 머지않아 그에게 가장 깊은 인상을 주었던 것을 발견했던 것 같다. 동이 틀 때, 곧 태양이 지평선에 떠오를 때 원주민들은 오두막에서 나와 손에 침을 뱉고 손바닥이 태양을 향하도록 돌아섰다. 그들은 이런 행동을 융에게 설명할 수 없었다. 그것은 그저 그들이 늘 해 오던 것이었다. 그러나 그가 지적한 대로, 과연 얼마나 많은 유럽인들이 왜 성탄목聖誕木에 초를 켜놓는지, 또 왜 색칠한 부활절 달걀을 숨겨놓는지 그 이유를 설명할 수 있을까? 그러나 그는 떠오르는 순간의 태양만이 뭉구mungu, 곧 신God이라는 것을 알았다. 동시에 그는 새로 떠오른 달, 곧 최초의 섬세한 황금빛 초승달 역시 신이라는 것을 알게 되었다. 그러나 다른 때, 엘곤 족은 결코 해나 달을 경배하지 않고, 신으로 여기지도 않는다. 침은 원주민들에게 영혼이 담긴 물질soul substance이다. 그래서 그들은 실제로 이렇게 말한다. "나는 신에게 내 살아 있는 영혼을 바

칩니다." 이것은 "말없는 행위로 화한 기도로서 이렇게 말할 수도 있을 것이다. 주여, 당신의 손에 내 영혼을 맡깁니다!" **17**

동이 트는 바로 그 순간 그들이 경배를 했다는 사실이 융에게 깊은 인상을 주었다. 막사에 있는 동안 줄곧 그는 매일 아침 그 지역에서 일출의 매우 인상적인 광경을 보기 위해 접의자를 갖다 놓는 습관이 생겼다. 그들의 막사 가까이에 있는 높은 절벽에 사는, 언제나 시끄럽게 떠들어 대던 비비 원숭이들도 마치 태양이 떠오르는 것을 기다리거나 하는 듯이 거의 움직이지 않고 앉아 있었다. 그것은 융이 인간의 신화를 발견하리라는 것을 예시해 주는 자연 속에 있는 원형상이었다. 즉, 그것은 의식의 탄생 birth of consciousness — 태양의 빛 light of the sun은 늘 의식을 상징했다 — 이며, 자아가 자기를 위해 할 수 있는 것, 곧 삶의 의미를 말하는 것이다. 사실상 매일 아침이 밝아오는 일은 계속 끝없이 반복되며, 시간에 맞춰 순간을 포착하고, 순간을 붙잡고, 순간의 의미를 발견하기 위해서 인간은 이런 창조행위를 계속해야 한다. **무의식**이 인간의 신화를 위해 어떤 일을 하듯이, 엘곤 족이 그들의 영혼을 매일 아침 태양에게 바치는 의식을 행한다는 사실이 융에게 깊은 인상을 심어주었음에 틀림없다. 이것은 그러한 것들을 **의식화**하는 것이 현대인의 과제요, 잃어버린 삶의 의미를 회복할 수 있는 신화라는 것을 그가 경험을 통해 발견했기 때문에 특별히 신선했다.

나중에 그들이 천천히 나일 강 수원지에서 이집트를 향해 여행하면서, 융은 함족(이집트 주민은 대부분 코카서스 인종인 함족에 속한다 - 역주)이 이집트의 아주 오래되고 미분화된 문화에 엄청나게 공헌한 것에 점점 더 깊은 인상을 받았다. 방금 우리는 엘곤 족이 낮에는 밝은 낙관론을 가지고 있다가, 밤이 되면 그것과 내적인 모순 없이 두려움과 비관론에 빠지는 것에 그가 얼마나 깊은 인상을 받았는지를 살펴보았다. 이것은 원시인들에게 있어서 문명이 그들 사이에 만들어 놓은, 넓고 고통스런 공백이 전혀 없이, 대극이 얼마나 서로 근접해 있는지 우리에게 생생하게 보여준다. 융은, 엘곤 족이 전적으로 자비로운 신을 아디스타 *adhista*라고 부르며, 또 그 신을 떠오르는 태양으로 맞아들이지만, 해가 지면 자연히 밤의 원리요 두려움을 만드는 자인 아이크ayik의 지배를 받는다고 암암리에 믿고 있다는 것을 알게 되었다. 이집트에 도착했을 때 융은 이 두 신이 나일 강과 함께 흘러내려서, 오시리스Osiris의 두 시종, 곧 빛의 원리(아디스타로 재 명명된)인 호루스Horus와, 어둠의 원리(아이크로 재 명명된)인 세트Seth로 다시 나타나는 것을 보고 놀랐다. 물론 그는 엘곤 족과 함께 있을 동안, 이것이 그에게 가장 깊은 인상을 준 것 같다는 것을 알게 되었다. 그래서 그는 세미나를 인도하거나 대화를 할 때 자주 그것에 대해 언급했다.

나일 강 하류로 내려가면서, 그는 이집트 종교에서 태양 신화가 큰 역할을 했으며, 이 신화가 전적으로 얼마만큼이나 아프리카의 영향을 받았는지에 깊은 인상을 받았다. 그는 엘곤 족이 손에 침을 뱉고 그들의 침(영혼이 담긴 물질)을 떠오르는 태양에게 바칠 때, 그것의 기원을 알 수 있었다. 이집트에서 그것은 이집트인들의 종교에서 가장 중요한 신화라고 할 만하다. 태양신 라Ra는 매 시간마다 새로운 상징으로 나타나 하늘에서 움직이다가, 서쪽에서 악어의 모습으로 가라앉고, 자신의 태양의 배sun boat(역주: "태양의 배"는 고대 이집트인이 숭배했던 태양신 라Ra가 은하수와 사후세계를 여행할 때 타고 다녔다는 신령스러운 배다. 이집트 신화에서 태양신 라는 매일 태양의 배를 타고 동쪽 하늘에서 떠올라서 서쪽 하늘을 통하여 사후세계로 들어간다고 믿어졌다)를 타고 지하세계의 모든 위험을 지나, 다음 날 아침 동쪽에서 **쇠똥구리**scarab(역주: 고대 이집트인들은 쇠똥구리가 똥을 굴리고 가는 모습을 보고 태양신 라가 태양을 움직이는 모습을 떠올렸다. 라의 분신인 케프리는 쇠똥구리의 모습을 하고 있다. 그리고 똥이나 죽은 동물에 알을 낳는 모습은 부활을 상징했다)로 부활한다. 융은 기독교의 태양(의식의 빛) 모티프는 이집트에서 비롯된 것이지, 종종 주장되어 온 것처럼 그 반대가 아니라고 설명했다. 헬무트 야콥슨 박사Dr. Helmuth Jacobsohn는 1968년 에라노스 학회 강의에서 이 주제를 매우 흥미롭게 밝혀주었다.[18]

루스 베일리가 남자 세 명과 함께 이집트를 통해 돌아와야 한다는 사실이 확정되었으므로, 그녀는 여동생과 제부에게로 돌아가기 위해 그들이 도착하기 전에 어쩔 수 없이 엘곤 산을 떠나게 되었다. 그녀는 모든 일을 매듭짓기 위해 거기에 짐을 남겨놓았다. 그녀는 원래 계획했던 대로 6개월 동안 머무는 대신, 그 젊은 부부 곁을 즉시 떠나야 했다. 그녀는 자신이 이집트로 가는 "세 명의 오바 댜" 의 보호를 받는 것을 제부가 반대한다는 것을 알았다. 그녀가 산을 찾아가는 것을 그가 반대했던 것처럼 말이다. 그러나 그녀의 여동생은 다른 의견을 가지고 있었기에, 그런 기회를 놓치는 것은 어리석은 일이라고 말했다. 루스는 성탄절 전에 그들을 떠났다. 그녀는 나이로비에서 성탄절을 지냈으며, 큰 짐을 배로 보냈고, 세 남자를 만나기로 한 장소였던 빅토리아 호潮 연안에 있는 진자Jinja에 어떻게 도착할지 하는 문제에 골몰했다. 평소처럼 그녀는 난관을 극복하고 실제로 융 일행이 도착하기 며칠 전에 진자에 도착했다. 이 시점에 그녀는 배에서 알게 된 어떤 남자를 만났다. 그녀의 계획에 대해 듣고, 그는 맨 먼저 그녀를 네 번째 오바댜로 기꺼이 환영했다! 그는 호텔을 운영하고 있는데, 병으로 인해 일손이 부족하니 좀 도와달라고 했다. 그녀는 그 호텔에서 평상시처럼 일을 잘 감당했다.

그럭저럭 하는 동안 융이 더 없이 행복하게 보낸 엘곤 산 체류가 끝났다. 모든 삶의 막간이 너무나 빠르게 지나가듯이 말이다. 무거운 마음으로 일행은 막사를 철거하고 엘곤 산의 남쪽 경사면을 따라 이동하여 부기슈Bugishu 지역으로 갔다. 탐험대가 런던에서 출발했을 때 부족민들이 전체 탐험대에 부기슈라는 이름을 붙여준 바 있다. 그들은 부남발레Bunambale 휴게소에서 며칠 동안 머물렀다. 그곳에는 넓은 나일 계곡의 훌륭한 전망이 펼쳐져 있었다. 그 다음에 그들은 빅토리아 호 연안에 있는 진자로 나아갔다. 그들은 거기서 루스 베일리가 그들이 묵을 수 있도록 공식적으로 방 몇 개를 예약해 놓은 것을 보고 깜짝 놀랐다. 그녀는 호텔 일을 즉시 그만두었으며, 그들 네 명은 모두 협궤철도를 이용하여 키오가 호Lake Kioga(우간다 중부에 있는 호수 - 역주)까지 여행을 했다. 거기서 그들은 선미에 바퀴가 달린 기선을 타고 그들의 여행의 다음 단계로 나아갔다. 거기서 그들은 1926년 새해를 맞이했다.

그들은 가급적이면 모든 수단을 동원하여 여행을 했다. 그러나 오랫동안 교통

수단을 전혀 이용할 수 없을 때도 있었다.① 오래 걸어 한참 기진맥진 해졌을 즈음에 그들은 융이 『회상』에서 생생하게 묘사하고 있는 모험을 했다.19 나는 자주 피터 베인스, 루스 베일리, 그리고 융이 원주민 춤을 추었던 밤에 대해 이야기하는 것을 들었다. 춤추는 사람들이 흥분의 도가니에 사로잡혀 있었기에, 융이 통제할 수 없는 매우 다른 결말을 가져왔을지도 모른다는 생각이 들었다. 나중에 그는 사람들이 이 부족을 위험한 부족으로 여겼다는 말을 들었다. 두 주 전에 그들은 비슷한 춤을 추다가 실제로 유럽인 두 명을 창으로 찌른 적이 있었다는 것이다.

하지만 융과 그의 일행이 함께 춤을 추었던 밤에, 융은 아직 그런 일을 전혀 모르고 있었다. 그렇지만 그는 아직 만나본적이 없는, 가장 피부가 검고 야만적인 원주민들로 구성된 이 부족의 얼굴을 보고 전혀 안심할 수 없었다. 그는 그들이 춤을 같이 추자고 했을 때, "이 부족의 보다 나은 측면이 표면에 드러나기를" 바라면서 기쁜 마음으로 동참했다. 그러나 솔직히 말해 그것은 겁나는 일이었다. 밤이 되어 피곤에 지친 일행이 "잠들고 싶어" 할 때 북소리가 들리기 시작했다. 그 때 "번득이는 창과 곤봉과 칼로 무장한 60명의 남자들이 나타났다." 모든 여자들과 아이들이 그들을 따라왔으며, 섭씨 34도의 열기에도 불구하고, 큰 불을 피우고 그 주위에 둘러앉았다. 춤과 노래가 시작되자 원주민들은 여자들과 아이들 주위로 바깥에 원을 만들었는데, 이것은 이들을 보호하려는 것이었다. 그리고는 네 명의 유럽인들 앞으로 전진 하여 그들 주위에서 점점 더 거칠게 춤을 추었다. 네 명의

---

① 루스 베일리는 이 기간에 대해 다음과 같이 설명한 적이 있다. "우리는 니물레Nimule에서 레자흐 까지 약 100마일을 가려고 했다! 그러나 이틀 동안을 걸었을 뿐이었는데(약 40마일쯤), 더위에 지쳐버렸고 물도 매우 부족했다. 우리는 오전 5시 30분에서 9시 30분까지 걸었다. 그런 다음에는 걸을 수 없어서 소위 휴게소(네 기둥 위에 지붕을 덮은)에서 쉬었다. 사흘째가 되자 상당히 절망적인 느낌이 들었을 때 독일 박물학자를 마중하러 가는 낡은 구식 트럭을 만났다. 그렇지만 C. G.(루스는 융을 늘 그렇게 불렀다-역주)가 그 트럭을 잡았고, 우르르 몰려 타고 레자흐까지 갔다. 거기서 그 트럭은 그 독일 과학자를 태우러 돌아갔다! 우리는 레자흐에서 수단을 통과해서 항해하는 바닥이 넓적한 배를 한 주 동안 기다렸다." 20년대 이래 융을 잘 알고 있던 앵글로 색슨 사람들은 그를 "C. G."라고 불렀다. 피터 베인스가 제일 먼저 그렇게 불렀다고 나는 생각한다. 하지만 확실하진 않다. 나중에 다른 나라 사람들도 그렇게 불렀다.

백인들은 그들과 가까운 거리에 놓인 접의자에 앉아 있었다. 융은 이렇게 말했다.

> 그것은 불빛과 마법적인 달빛에 젖어 있는, 거칠고 열광적인 광경이었다. 내 영국 친구[피터 베인스]와 나는 뛰어나가 춤추는 사람들과 섞였다. 내가 가지고 있는 유일한 무기인 나의 코뿔소 가죽채찍을 흔들며 함께 춤을 추었다. 나는 사람들의 얼굴이 환해지는 것을 보고 우리의 참여가 긍정적으로 받아들여진 것을 알 수 있었다. 이들의 열정은 가속되고 온 집단은 발을 구르고, 노래하고, 소리치고, 땀을 뻘뻘 흘리고 있었다. 차츰 춤과 북소리의 리듬이 가속되기 시작했다.
>
> 이런 춤과 음악으로 원주민들은 쉽게 일종의 혼수상태에 빠진다. 이 경우에도 그랬다. 11시쯤 되자 그들의 흥분상태가 한도를 벗어나기 시작했고, 갑자기 사태가 무척 이상해지는 듯했다. 춤추는 사람들은 거친 무리로 변했으며, 나는 그것이 어떻게 결말이 날지 걱정이 되었다. 나는 추장에게 이제 끝낼 시간이라는 신호를 보냈으며, 그와 그의 부족들이 잠을 자러 가야한다고 했다. 그러나 그는 "한 번만 더, 한 번만 더"라고 했다.[20]

훨씬 더 가벼운 상황이긴 하지만, 예컨대 가면무도회에서 도를 벗어난 듯한 흥분상태가 되었을 때, 나는 이와 약간 비슷한 모습을 보여준 융을 몇 차례 본적이 있다. 자기Self — 융의 제2호 인격 — 가 발휘됨으로써, 힘들이지 않고 차분히 그리고 완전히 질서를 회복하게 해 준 경우를 보고, 나는 항상 깊은 인상을 받았다.[k] 융이 아프리카에 있을 때 그런 상황에서 원주민들을 확실히 제압한 것

---

[k] 우리는 올림피아(그리스)에 있는 박물관의 많은 조각품에서 비슷한 것을 확인할 수 있다. 거기서 조각가는, 술 취한 켄타우로스들[그리스 신화에 나오는 반인반마의 괴물. 여기서 지은이는 켄타우로스들 대신에 라피테스족Lapiths이라 했는데, 이는 잘못 표기한 것 같다-역주]이 여자들을 강간하지 못하게 하고 있는 아폴론을 매우 감탄스럽게 묘사하는 데 성공했다. 그 조각품을 보면 "이제 그만하라"고 말하는 듯하다.

을 보면, 그들이 보기에 그가 큰 인물로 보였다는 얘기를 어느 날 저녁 루스 베일리가 우리에게 해주었을 때 나는 매우 흥미로웠다. 무의식의 깊은 차원, 곧 유럽인과 아프리카인에게 공통된 차원에 도달했던 게 분명하다. 왜냐하면 융이 이 부족의 언어를 전혀 몰랐지만, 그가 채찍을 휘두르며 스위스 독일어로 큰 소리를 지르며 욕을 했을 때, 그들은 그의 말을 즉시 이해했던 것 같았기 때문이다. 그들이 겅중겅중 뛰면서 어둠 속으로 흩어지자 융과 그의 동료들은 지쳐 깊은 잠에 빠졌다. 그들은 "멀리서 나는 환호성과 북소리"를 아직도 들을 수 있었다. 그러나 긴장과 위험은 사라졌다.

이것은 정말 융이 "5,000년 동안 나를 기다리고 있었던" 것 같았던 원주민을 보았던 순간과 비슷한 순간이었다. 그 때 우리는 어떻게 융의 두 인격이 모두 동시에 배정되었는지 쉽게 알 수 있다. 제1호 인격은 그런 장면을 전혀 경험한 적이 없기에, 오히려 두려워하기까지 했다. 하지만 제2호는 정말 편안함을 느꼈으며 그 상황을 힘들이지 않고 쉽게 처리할 수 있었다.

이 잊을 수 없는 저녁이 지난 지 얼마 안 되어, 일행의 탐험은 수단의 레자흐에서 끝났다. 그때부터 그들은 다소 문명화된 환경아래 있는 나일 강을 따라 나아갔다. 아프리카에 머무는 동안 줄곧 융은 실망스러울 정도로 고향과 개인적인 문제에 대한 꿈을 꾸었다. 그런데 이제 정말 몹시 힘든 여행이 끝나고 그들이 나일 강에 안전하게 도착했을 때, 그는 흑인에 관한 첫 번째 꿈을 꾸었다. 그러나 이 남자는 그가 아프리카에서 본 사람이 아니라 12년 전 미국에 머물 때 본 인물이었다. 그는 기분 나쁘게도, 꿈에서 융의 머리카락을 곱슬머리로 만들려고 하는, 다시 말해 그의 머리를 흑인 머리카락으로 만들려고 하는 미국 흑인이었다. 그는 자신이 처음에 느낀, 더 할 나위없는 평화에 너무 오래 머물러 왔으며, 아프리카에 정착한 유럽인들을 위협하는 위험, 곧 "흑인화"의 위험에 처해 있음을 즉시 깨달았다. 그가 아프리카에 머무는 동안 일어났던 모든 일을 적어놓은 많은 기록을 통해, 어떤 결론을 내릴 시간이 된 것이 분명했다.

오랫동안 숙고한 후에 그는 자신이 그 여행을 하게 된 진정한 동기는 주로 원시심리학의 과학적인 탐구라기보다는, "아프리카 야만인 속에서 심리학자 융에게 무슨 일이 일어날 것인가?"[21]라는 당혹스러운 물음에 대한 답을 얻으려고 하는 것이었다는 고통스런 결론에 도달했다. 유럽의 분위기가 그에게 너무나도 무겁고 답답했기에 그는 모험을 해야 했던 것이다.

젊은 독자들은 두 번의 세계대전 사이의 기간에 얼마나 팽팽한 긴장감이 감돌고 불확실한 느낌이 들었는지 알기 어려울지 모른다. 예컨대 1918년 휴전 기념일에 우리 모두는 1914에 일어났던 전쟁이 마침내 끝난 것을 매우 기뻐할 수 있을 것이라고 생각했다. 그런데 나는 겉으로는 그것에 대해 기뻐했지만, 속으로는 전쟁 기간 동안 보다 재앙에 대한 불길한 예감을 더 많이 가지고 있었다. 나는 이것이 순전히 개인적인 감정이 아니라는 것을, 다른 많은 사람들도 내가 가지고 있던 불안을 똑같이 가지고 있었다는 사실을 통해 분명히 알게 되었다. 실제로 스페인 독감(1918-19년에 스페인에서 유행하기 시작하여 약 2천만 명이 죽었다-역주)이 그것을 설명해 주었다. 전쟁으로 인해 죽은 사람보다 더 많은 사람이, 제1차 세계대전이 끝난 직후에 전 세계를 휩쓸었던 스페인 독감으로 죽었던 것이다. 하지만 전염병이 끝났는데도 여전히 긴장이 남아 있었다. 물론 우리 모두는 정상적인 삶으로 되돌아가려고 애를 썼다. 하지만 불확실하고 암울한 느낌 — 주로 엄청난 긴장감 — 은 표면 아래 마냥 지속되었다. 물론 지금은 상황이 이전보다 더 불길해졌고, 위험이 더 가시화되었다고 말할 수 있다. 상황이 더 나빠졌다고 해도, 적어도 사려 깊은 사람에게는 그런 상황이 드러나지 않을 수 없다. 주로 위험은 두 번의 전쟁 기간, 특히 1920년대에 상존하고 있었다고 볼 수 있다. 우리가 알 수 있는 대로, 융은 전혀 다른 세계에서 유럽을 보기 위해, 그리고 유럽의 분위기가 그에게 "너무나도 무겁고 답답하다"[22]고 느꼈기에 동아프리카로 가야만 했다.

북아프리카 및 뉴멕시코의 인디언 지역을 여행하면서 융이 공언한 바 있는 목적은, 백인을 전혀 다른 관점에서 어떻게 보느냐 하는 것이었다. 그러나 그가 열대 아프리카를 여행하는 의식적인 목적은 원시인들을 과학적으로 더 깊이 탐구하는 데 있었다. 그런데 그는 나일 강을 따라 이집트로 내려가면서 그의 여행 기록을 통해 결론을 도출하게 되었고, 흑인화의 위험을 보여준 꿈을 꾼 후에 놀랍게도 그의 무의식이 이런 계획에는 그 어떤 관심도 없음을 알게 되었다. 하지만 무의식은 그 여행이 융 자신의 심리에 어떤 작용을 일으킬 것인지에 대해 지극한 관심이 있었기에 여행을 하도록 격려했다. 왜냐하면 무의식은 "그것이 그 자신의 심리에 있을 수 있는 온갖 약점을 건드릴 때까지" 융으로 하여금 그 어느 때보다도 더 깊이 여행에 빠져들게 만들었기 때문이다.

융이 수단에서 이집트로 가는 데는 두 달이 걸렸다. 유럽에서 항상 가던 길로 가는 대신, 아프리카에서 이집트로 들어가는 동안, 그는 그것이 지닌 놀라운 고대 문화를 훨씬 더 잘 이해하게 되었다는 느낌이 들었다. **결국 이집트는 아프리카이며**, 그것은 사실 나일 강을 따라 흘러내려갔던 것에 거의 전적으로 영향을 받아왔지, 초기에 그리스와 나머지 유럽 국가들과 접촉함으로써 얻은 것은 비교적 거의 없었던 것으로 보인다. 나일 강은 이집트에 생명을 주는 강이다. 즉, 모든 경작은 나일 강물에 의존하고 있으며 이집트가 건국된 이래 이것은 정말 사실이다.

내가 아는 한, 단지 카르툼Khartoum(수단의 수도 - 역주)에서 융은 유명한 심리학자 역할을 하지 않을 수 없었다. 고든 대학Gordon College은 그에게 몇 번의 강의를 하도록 했다. 그러나 이것은 적어도 그의 일행 중 한 사람에게는 이득이 되었다. 왜냐하면 루스 베일리가 말라리아에 걸려서, 그들이 호텔에 일주일 동안 머물게 된 것이 다행이었기 때문이다. 거기 머물게 된 것이 탐험여행에 지장을 주지는 않았다. 여행을 하면서 "그녀의 짐을 운반하는 것"은 그녀에게 물론 중요한 일이었다. 이렇게 볼 때 그녀에게는 잘 된 일이었다.

그들은 아스완(이집트 공화국 남동부의 도시 - 역주)과 룩소르(이집트 공화국 남부, 나일 강변에 면한 상 이집트Upper Egypt의 소도시이며 고대 테베의 유적이 있다 - 역주)에 오래 머물렀다가, 천천히 나일 강을 따라 카이로를 향해 갔다. 융은 고대 이집트 문화 유적들을 보고 깊은 감동을 받았을 뿐만 아니라, 그가 북아프리카에 있었을 때 그랬던 것처럼, 이슬람교에 큰 인상을 받기도 했다. 나는 8년 후에, 그가 오래된 카이로의 회교 사원이 그에게 준 생생한 인상을 묘사하는 것을 들은 적이 있다. 그가 카이로에 가기 7년 전, 곧 "무의식과의 대면"을 끝낼 무렵 융은 그가 발견했던 모든 것 중에서 그에게 궁극적인 결실이었던, 만다라를 발견한 바 있다.① 그러나 그 기간에 그는 만다라에 대해 공적으로 글을 쓰거나 말하지 않았다. 왜냐하면 그에게는 그것이 주관적인 발견인지, 아니면 모든 인류에게 속하는 객관적인 상징인지 아직 확실하지 않았기 때문이다. 그가 침묵을 깨기까지는 3년이 더 걸렸다. 그 동안에 그가 카이로에서의 이런 경험을 얼마나 기뻐했을지 상상해 볼 수 있다. 1933년경, 그가 공적으로 그것에 대해 말했을 때, 그는 이미 만다라에 관해 자유롭게 말을 하고 글을 쓰고 있었다.

그는 이 회교 사원이 양쪽에 매우 아름다운 넓은 주랑柱廊이 있는 완벽한 정사각형 모양을 하고 있다고 하면서, 그것에 대해 아주 상세히 묘사했다. 씻는 의식이 행해지는 세정洗淨의 집이 중앙에 있었다. 샘이 거기서 솟아 나왔기에, 회춘, 곧 영적인 재생을 가져다주는 목욕이 가능했다. 융은, 밖은 먼지투성이의 혼잡한 거리였지만, 이 큰 홀은 천국의 궁정으로 들어가는 것 같았고, 그것 자체가 마치 천국 같았다고 말했다. 그는 하늘의 엄청난 빈 공간 안에 완벽하게 집중되고 받아들여지는 인상을 받았으며, 신이 실제로 거기 계시는 듯 느껴지는 이 종교가 마침내 이해되었다. (우리는 그가 튀니지에서 그것과 처음으로 접촉하게 된지 6년이 되었다는 것을 기억해야 한다.) 그는 "알라"를 부르는 소리를 들은 것에 대해 말하며, 그 소리가 이 거대한 홀을 통해 메아리치며 천국으로 스며들어가는 것처럼 느꼈다고 했다.

그러한 인상과 아주 오래된 고대 문화에 매혹되었기에, 융은 일행 가운데 두 젊은이, 곧 벡위드와 루스 베일리가, 가자Gaza에 있는 피라미드를 본 것으로 충분하다고 생각하여, 그 날 오후 사카라의 피라미드를 보러 가는 대신, 메나 하우

---

① 190쪽 이하를 보라.

스 호텔 수영장에서 수영을 하면 어떻겠느냐고 했을 때 아주 깜짝 놀랐다. 융은 이집트에서 본 모든 것을 너무나 만끽하고 있었기 때문에 그러한 선택을 전혀 이해할 수 없었다. 그가 얼마나 충격을 받았는지 알았기에, 그 두 젊은이는 결국 피라미드를 더 보러 가기로 결정했다.

전체 여행 중에 단 한 번 심각한 병에 걸린 것도 카이로에서였다. 그런데 조지 벡위드가 흑수열黑水熱(열대지방의 악성말라리아로 오줌이 검게 된다 - 역주)일 수도 있는 지독한 열대 말라리아에 걸렸던 모양이다. 『회상』에서 융은, 이 병이 걸렸을 때 그들에게 간호 경험이 있는 루스가 있었다는 게 얼마나 다행이었는지 모른다고 말했다. 그녀는 대부분의 제1차 세계대전 기간 동안 프랑스에서 구급 간호봉사대원으로 있었다. 그들은 벡위드가 그들이 포트사이드Port Said(이집트의 수에즈 운하 북쪽 끝에 있는 도시 - 역주)에서 타야 할 배를 못 탈까봐 매우 염려했다. 그러나 그는 그 배를 탈 수 있었다. 그가 회복될지 의심스러워 보였던 기간에 융은 평상시처럼 용기를 보여주었으며, 그가 숨을 거둘지도 몰라 두려워했다고 하며 나직하게 이렇게 말했다. "좋은 여행이었어요!" 실제로 바다 공기가 그가 건강을 회복하는 데 도움이 되었던 것 같다.

융은 그가 아프리카에서 깨달았던 것들을 소화하고 이해하는 데 몇 년이 더 걸렸다. 우리가 살펴본 대로, "무의식과의 대면"을 끝내며 그가 했던 말을 보면, 그 때 그가 직면했던 것과 관련해서 더 많은 빛이 융에게 생겼음을 분명히 알 수 있다. 그러나 그러한 것들이 더 이상 그의 태도와 인격이 뚜렷하게 변화하거나 발전하는데 분명하게 영향을 미친 것은 아니다.

제10장

유럽으로 돌아오다
1926-1933

    1926년 이른 봄에 융이 퀴스나흐트로 돌아왔을 때, 그는 유럽에 새로운 태도를 발견하려는 요구가 있음을 느꼈다. 그에게 유럽의 "분위기가 너무 지나치게 부담이 되었던" 사실이 주된 동기가 되어 여행을 하기로 결정한 것은, 아프리카에서 그가 고통스럽게 깨달았던 것에 반하는 것으로 보아야 한다. 많은 사람들이 당시에 휴전이 될 것으로 — 베르사유 회의가 개최되는 동안 — 알았지만, 사실 전쟁으로 해결된 것은 아무 것도 없었으며, 20년대 까지도 반동反動이 일어났고, 대부분의 사람들은 태평하게도 전쟁이 일어나기 전에 누렸던, 평화롭고 비교적 근심걱정 없는 생활을 재건하려는 노력을 하고 있었다. 이것은 헛수고였다. 왜냐하면 그 때 우리들 대부분이 기꺼이 인정하려고 했던 것보다 더 많은 것이 영원히 사라지고 말았기 때문이다.

    무의식은 결코 그런 노력에 현혹되지 않았으며, 우리 안에 있는 그 무언가 — 아마 그것은 우리의 제2호 인격이었을 것이다 — 가 머지않은 미래에 재앙이 우리에게 일어날 것 같은 불길한 느낌이 들게 했다. 우리의 외적인 의식적 삶과 세계의 실상 사이에 너무나 큰 차이가 있을 때, 엄청난 긴장감이 늘 증대되는 법이며, 그것은 실제로 무의식속에 있는 것으로 늘 알려져 왔다. 심리학자인 융조차도 아프리카에서 그러한 사실을 고통스럽게 깨닫기까지는 20년대의 일반적인 반동에서 전혀 자유로울 수 없었음이 분명하다. 여행하고 싶은 소망 — 1년에 두 번이나 여행을 계속하게 된 — 이 실현되었고, 아프리카가 주었던 "영원한 태초의 고요함"을 잠깐 들여다보며 놀라운 평화를 맛보았기에, 그는 아마 일시적으로나마 조금은 개방된 국경에 현혹되었던 것 같다. 그러나 가장 완벽한 막간은 너무나 빨리 끝나고 말았다. 일행이 나일 강에서 이집트로 내려가고 있을 동안, 융은 그 여행을 좀 더 객관적으로 살펴보고, 고통스런 결론에 도달하기 시작했다. 왜냐하면 그가 여행을 하는 동안 열대 아프리카의 원시인들을 연구하고 싶은 간절한 소망으로 인해, 유럽의 긴장을 충분히 인식하지 못했기 때문이다.

융은 집단적인 긴장이, 그것을 완전히 인식하진 못했지만, 비참한 결과를 초래할 수 있다는 것을 이미 알고 있었다. 1914년 이전의 세계에 살던 서양인은 또한 우리의 문명화되고 계몽된 시대에 전쟁이 일어날 수 없다고 의식적으로 확신했기에, 견딜 수 없는 긴장을 억압했다. 피로 흠뻑 젖은 유럽에 대한 융의 환상은, 무의식이 집단적인 긴장에 눈을 뜨게 하고, 세상에 파국이 잠복해 있음을 그에게 보여주려고 했던 것이다. 우리가 살펴본 대로, 그는 그 때 무의식이 말하려고 했던 것 — 사건이 일어난 **다음에야** 우리가 쉽게 알 수 있는 — 을 분명히 이해하지 못했다. 그러나 그는 그 환상을 자신의 개인적인 무의식의 주관적인 상태를 말해주는 것으로 간주했다. 그는 결코 **같은** 실수를 다시 범하지 않았다. 그러나 이 때, 내가 아는 한, 무의식은 그에게 어떤 꿈이나 환상을 보여주지 않았다. 그리하여 그는 자기비판의 남다른 재능을 통해 다시 어렵게 깨달아야만 했다.

웸블리 전람회Wembley Exhibition가, 유럽의 분위기로부터 도피하려는 **무의식적인** 소망보다 아프리카로 가려는 그의 결정과 훨씬 덜 관련되어 있다는 것을 깨달은 것은 즐거운 일이 아니었다. 그러나 융은 또한 아프리카에서 현대인의 살아 있는 신화를 알게 되었고, 가장 고통스러운 진실에 대한 우리의 의식이 "창조의 완성에 필수적이라는 것"을 확실히 깨달았다. 따라서 그는 **의식화가** 대단히 중요하다는 것을 그 어느 때보다도 더 확실히 인식했다. 유럽으로 돌아왔을 때 그는 무의식적으로 무시하려고 했던 이런 긴장을 직면해야 하고, 20년대의 근거 없는 느긋한 낙관론은 근거 없는 환상으로 완전히 불식되어야 한다는 것을 알았다. 그 때부터 줄곧 융은 유럽의 상황과, 죽기 전에 자신의 세대에 엄습할 것 같은 추가적인 재앙에 대한 그 어떤 환상도 갖지 않았다.

20년대의 상황을 지켜보는 것은 어려운 일이었다. "교양 있는" 세계를 휩쓸고 있던 물질주의적인 입장을 거부했을 때, 융은 다시 한 번 어쩔 수 없이 자신이 속한 시대의 대세에 역행할 수밖에 없음을 알았다. 20년대의 강한 여론의 동향을 보면, 제1차 세계대전 동안 충분히 고통 받아왔고, "우리 시대의 평화"가 **확보**되어 왔고, 그것이 엄청난 값을 치렀던 "전쟁을 없애기 위한 전쟁"(제1차 세계대전 때의 연합군의 슬로건 - 역주)에 대한 당연한 보상으로 여겨졌다는 느낌이 들었다. 그러나 융은 긴장이 커져가고 있음을 잘 알고 있었다. 그러므로 그는 제자들에게 착각하지 말라고 자주 주의를 주었다. 7, 8년이 더 지나서야 그는 위험한 일이 어디서 일어날 것 같다는 것을 알았다. 하지만 그는 이미 1926년에 "전쟁을 끝낼 수" 있으리라는 희망을 가지고 제1차 세계대전을 치른 것이 얼마나 헛된 일이었는지 알고 있었다.

스위스로 돌아오자 그는 평소처럼 시간과 에너지를 써야하는 엄청난 요구에 직면했다. 즉, 그의 부재 시에 초조하게 기다리고 있던 환자들과 제자들의 요구가 많았고, 해외에서 강의와 세미나 요구를 많이 받았다. 그러나 이러한 외적인 요구에 기꺼이 응했지만, 중요한 것은 내적인 삶이며 외적인 과제를 능률적으로 수행하는 것은 무의식이 의식화를 촉구하는 요구를 그가 얼마나 투철하게 받아들이냐에 전적으로 달려있음을 더욱 더 깨달았다. 그래서 다음 해, 곧 1927년에 그는 볼링겐을 더 한층 살기에 알맞은 곳으로 만들었고, "돌 속에 신앙고백"을 했으며, 1923년에 지은 첫 번째 둥근 탑에 덧붙여 첫 번째 부속 건물을 지었다.

그러나 이런 일을 하기 전에 그는, 1927년 1월 9일에 친구인 헤르만 시크가 갑자기 죽는 바람에 엄청난 상실의 고통을 겪어야만 했다. 앞에서 언급한대로,

시크는 종종 융과 함께 퀴스나흐트에서 탑까지 요트를 타고 가곤 했다. 시크는 탑에서 처음 몇 년을 보낸 사람으로서 그곳과 밀접한 관계가 있었기에, 융은 그를 추모하며 부엌의 돌 벽 위에 처음으로 라틴어 문장을 새겨 넣었다. 1927년에 지은 부속건물은 실제로 큰 득이 되었다. 왜냐하면 그 안에는 융이 방해받지 않고 실내에서 작업할 수 있는 서재가 있었기 때문이다. 이것이 그가 『회상』에서 말한 바 있는 "은거하는 방"은 아직 아니었다. 즉, 그것은 4년 뒤인 1931년에야 지어졌다. 어쨌든 그것이 그때까지 결코 이상적이진 않았지만, 낮 시간에 그 서재는 전적으로 그의 차지였다. 왜냐하면 늘 여분의 방으로 사용되던 침실이 서재에서 들여다보였기 때문이다. 더욱이 그 당시에는 입구가 두 개 있었다. 하나는 처음 지어진 탑으로 들어가는 것이었고, 하나는 새로운 부속 건물로 들어가는 것이었다. 그래서 날씨가 나쁠 때는 한쪽에서 다른 쪽으로 가려면 비를 맞아야 했다. (그 건물은 내가 처음으로 1929년 12월에 탑에 머무르고 있었을 때에도 이런 상태로 있었다.) 그 부속 건물은 가장 유용하게 증축되었다. 왜냐하면 거기에는 식료품 저장실로도 사용되던, 서재 아래에 위치한 훌륭하고 매우 시원한 저장실이 있었기 때문이다. 따라서 처음에 만들어진 둥근 부엌과 많이 떨어진 장소를 찾기는 어려웠을 것임에 틀림없다.

융은 항상 탑을 짓는 일을 무척 즐겼으며, 결코 소음 때문에 방해를 받지 않았다. 그는 건축이 진행될 때 건축하는 사람들이 실수를 저지르지 않도록 하기 위해 가능한 한 거기 있었다. 처음부터 최대한 자신의 내면에 머물 수 있는 장소인, 볼링겐에 있는 것이 그에게 큰 기쁨을 주었을 뿐 아니라, 그곳은 그가 유럽의 긴장 상태를 가장 잘 직면할 수 있는 장소이기도 했다. 그럼에도 불구하고, 그는 자신이 필요한 때에 거기 머무는 것을 즐길 수 있고, 퀴스나흐트로 일하러 갈 필요가 생기면 결코 그리로 가서는 안 된다는 것을 곧 알게 되었다. 보통 때는 휴가 기간에 그리로 갔으며 학기 중에는 가끔 주말에 — 대개 혼자서 — 갔다.

그는 열대 아프리카 경험을 한 후 몇 년간 바쁜 시간을 보냈다. 1926년과

1927년에는 강의와 세미나를 하러 미국으로 갔으며, 1928년 가을까지는 취리히에서 더 이상 영어 세미나를 하지 않았지만, 해마다 점점 더 많은 환자를 보아야만 했다. 환경은 그로 하여금 세상에서 **외적인** 삶을 적극적으로 살게 했지만, 그가 유럽의 긴장상태에 재적응하고 있던 시기는 주로 **내적인** 깨달음의 시기였다. 즉, 그 시기는 최초의 "무의식과의 대면"을 처음으로 충분히 의식적으로 끝냈던 때라고 볼 수 있다. 왜냐하면 튀니스에서 꾼 꿈이 훨씬 뒤에야 비로소 이해되었기 때문이다.

그의 만다라에 대한 관심은 거의 10년 내내 결코 약화되지 않았다. 그러나 그것에 대한 그의 지식은 1927년에 꾼 꿈으로 인해 크게 증대되었다. 그는 이 꿈을 꾸고 만다라를 그릴 필요를 느꼈으며, 결국 두 개의 특히 중요한 만다라를 그리게 되었다. 이것은 그 꿈이 "의식 발달의 전 과정의 절정을 묘사해" 주었기 때문이며, 그것은 그를 완전히 만족시켜주었다. 그는 심지어 그 꿈을 "은혜의 행동"ⓐ이라고 느끼기조차 했다.

그 꿈은 『회상』에 자세히 기록되어 있다.1 하지만 그것이 정말 지극히 중요한 클라이맥스를 보여주기 때문에 그 주된 줄거리는 되풀이해 볼만하다. 그는 불쾌한 상태에서 여섯 명 정도의 스위스 사람들과 함께 리버풀에 있었다. 다시 말해 그는 비가 오는 어두운 겨울밤, 더럽고 연기에 그을린 거리에 있었다. 그것은 바젤을 회상케 했는데, 거기서 그들은 시장에서 소위 죽은 자의 골목을 통해 높은 고원으로 걸어 올라갔다. 고원에 도착했을 때 그들은 모든 것이 만다라 형태로 정돈되어 있음을 발견했다. 그 도시의 지역들은 중심 주변에 방사형으로 위치해 있었고, 각각의 지역은 또한 그 중심점 주변에 방사형으로 배열되어 있었다. 따라서 그것은 전체성의 작은 모형을 형성하고 있었다. 주위가 비, 안개, 연기에 싸여 있는 것과는 대조적으로, 더 큰 만다라의 중심에는 둥근 연못이 있

ⓐ 독자들은 융이 "은혜의 기적"을 처음 경험한 것을 기억할 것이다. 그 때 그는 겨우 11살이었다. 훗날 그는 마지막까지 자신에게 신성모독적인 생각을 하려는 용기가 있었다는 것을 알게 되었다. (이 책 66쪽을 보라)

었고, 중앙에는 햇빛에 빛나고 있는 작은 섬이 있었다. 그 섬 중앙에는 아름다운 목련 꽃이 피어 있었다. 융이 이 섬의 매우 아름다운 풍경에 넋을 잃고 있었던 반면, 그는 자신의 동료들이 그것을 전혀 보지 못한 것에 놀랐다고 말했다. 그들은 지긋지긋한 날씨를 탓하기만 했으며 "다른 스위스 사람"이 리버풀과 이 부근에 정착하게 된 것에 놀라움을 표했다. 융은, "왜 그가 이곳에 정착했는지를 매우 잘" 알았다고 생각했다. 그 도시 하나하나의 구역 자체에는 커다란 가로등으로 비쳐진 중심점이 있고, 그것은 모든 중심에 있는 빛나는 섬의 작은 모형을 이루고 있었다.

『회상』에서 언급하진 않았지만, 언젠가 융은 그가 그림으로 그려² 보여준 바 있는 이 꿈에서, "다른 스위스 사람"이 "이차적인 중심 가운데 한 인접지역에 살고 있다"는 것을 발견한 것이 가장 큰 수확이라고 나에게 말한 적이 있다. 그런데 그곳은 전체 만다라의 중심 가까이에 있지 않았다. 이것이 그가 첫 번째로 본 자기Self의 성격에 대한 생생한 이미지였다. 자기는 주된 중심에 있는 섬(그것을 볼 수 있는 모든 사람에게는 개방되어 있고 접근 가능한)에서는 집단적인 것이며, 작은 독특한 모형에서는 개인적인 것이다. 우리 각자는 "다른 스위스 사람"처럼 거기서 살아야 한다. 따라서 그는 처음으로 우리의 장소가 만다라의 중심에 있는 게 **아니라**, 옆에, 우리 자신의 개인적인 작은 모형 안에 있다는 것을 알았다. 그래서 그는 자신의 개인적인 신화를, 거의 2년 전에 동아프리카의 아티 평원에서 인식한 적이 있는 현대인의 신화와 구분하기 시작했다. 우리 모두는 창조를 완성하고, 우리가 **할 수 있는 대로** 의식화하는 과제를 가지고 있다. 이렇게 함으로써 그 과제는 "객관적인 실재"가 된다. 그러나 그 꿈에서 그의 동료들, 즉 여섯 명 정도의 스위스 사람들 중 그 누구도 그 섬을 볼 수 없었거나, 그것의 존재를 분명히 의식하지 못했다는 사실이, 자신의 개인적인 신화가 자신의 개인적인 모형과 관련된 모든 것과 그 둘 사이의 관계는 물론, 모든 것의 중심을 의식화하는 것과도 관련이 있었다는 것을 그에게 가르쳐주었다. 전자는 일종의 전체 인류의 운명의 이미지를 구성하고 있고, 후자는 각 개인의 운명의 이미지를 구성하고 있다. 그 구성 요소는 모든 중심 이미지 안에 있다. 그러나 이러한 구성요소의 선택과 조합은 각자의 모형에서는 서로 다르고 독특하기까지 하다.

그 꿈은 또한 굉장히 팽팽한 긴장감이 도는 유럽의 분위기를 받아들여야 한다는 새로운 희망을 그에게 주었다. 막 아프리카에서 돌아왔을 때 그는, 그러니까 그것은 그가 그 꿈을 꾸기 전이었는데, 우울하고 희망이 없다는 기운이 느껴져 힘이 들었다. 그는 심지어 이렇게 말했다. 어둡고 비 오는 리버풀 꿈은

그 당시의 나의 상황을 드러내고 있었다. 아직도 내게는 비에 젖어서 번질번질하는 회황색의 비옷이 눈에 선하다. 모든 것이 극도로 불쾌했고 깜깜하고 불투명했다. 꼭 그 당시의 내 기분과 같았다. 그러나 나는 초속적인 아름다움의 환상을 보았고 비로소 나는 살 수 있었던 것이다. 리버풀은 "생명의 못"이다. "간liver"은 옛날 관점에 따르면 생명이 자리하고 있는 곳, 즉 "살 수 있게 만들어 주는" 곳이다.³

그러나 그 꿈을 꾸고 나서 융은 줄곧 일상생활에서, 환자들에게서 혹은 세계 정세에서 절망상태가 보이는 것 같았지만, 결코 절망의 유혹에 빠지지 않았다. 그는 모든 개인의 삶의 중심에 빛이 있었고, 오해와 무의식성과 갈등으로 인해 모든 개인의 삶과 세계의 중심에 있는 햇빛이 비치는 섬 — 대극이 조화롭게 결합되어 있는 곳(외부의 햇빛이 비치는 곳마다 빛과 그늘의 대극이 있는 것처럼) — 이 없어진 것처럼 보인다는 것을 알게 되었다. 얼마나 많은 사람들이 이것을 인식할 수 있을 만큼 눈을 크게 뜰 수 있겠는가? 전 세계의 미래는 이런 질문에 어떤 답을 할 수 있느냐에 거의 달려 있는 것 같다.

이런 깨달음 — 이것은 하찮은 것이 아니기 때문에 — 은 마침내 10여 년 전에 "무의식과의 대면"에서 알게 되었던 모든 것을 그에게 더 명확하게 보여주었다. 그것은 또한 그의 분석의 과제를 훨씬 더 분명하게 해 주었다. 그 때 그는 그에게 찾아온 모든 사람이 어떤 형태로든, 아니면 다른 형태로든 더 의식적이 되

려고 왔으나 — 이것은 오늘을 살아가는 인류의 일반적인 신화이기 때문에 — 환자 각자가 의식화될 필요가 있었던 의식수준과 상태가 각기 다르다는 것을 알았다. 대다수 — 꿈에 나온 융의 스위스 동료들처럼 — 는 중심에 있는 섬의 존재를 그때까지 전혀 모르고 있었다. 그들의 과제 — 그리고 종종 그것이 그들에게 요구하는 것 — 는 다른 사람들이 오래전에 이미 알고 있던 것처럼 보이는 상황을 의식하는 것이다. 융은 언젠가 이것을, 어떤 사람들이 산이 존재한다는 것을 아직 모른다는 말로 설명한 바 있다. 즉, 그들은 우리에게 분명한 사실로 보이는 이것을 알기 위해 평생을 보내야할지도 모른다.

융이 그린 두 개의 만다라 중 첫 번째 것은 꿈 그 자체에서 드러난 것과 같은 배열을 보여주었다. 잠시 이런 예상을 해 볼 수 있다. 즉, 1946년 윈스턴 처칠이 스위스를 방문하는 동안, 융은 취리히 시가 처칠을 위해 마련한 만찬에 초대되어 주빈 옆에 앉게 되었다. 그는 테이블이 20년 전에 리버풀 꿈에 나온 고원에 있었던 것과 똑같은 방사형으로 정확하게 배열되어 있다는 사실에 크게 고무되었다. 처칠과 그가 앉아있던 테이블은 "다른 스위스 사람"이 그의 꿈에서 정착하고 있던 곳과 같은 위치에 놓여 있었던 것이다!

그 꿈을 꾸고 1년이 지난 1928년에 융은, 중심에 황금의 성이 있는 다른 만다라를 그리고 싶은 마음이 들었다. 그것을 그렸을 때 그는 중국풍이 느껴진다는 인상을 받았다. 그래서 왜 그런지 자신에게 물어보았다. 그것을 거의 완성했을 때, 리하르트 빌헬름이 갑자기 오래된 도교 연금술 경전인 『태을금화종지太乙金華宗旨, The Secret of Golden Flower』의 원고를 보내, 그것에 대한 심리학적 해석을 해 달라고 요청했다. 융은 즉시 그 원고를 엄청난 관심을 가지고 읽었다. 왜냐하면 그것은 그에게 그 자신의 생각을 "예기치 않게 확인"해 주었기 때문이다. 그는 그것을 "나의 고독을 깨뜨린 첫 사건"이라고까지 묘사했다. 그것이 그에게 매우 감동을 주었으므로 그는 나중에 이 만다라4 아래에다 이렇게 기록해 놓았다. "1928년, 내가 잘 방어된 황금의 성이 있는 이 그림을 그렸을 때 프랑크푸르트의 리하르트 빌헬름이 내게 황색의 성, 불멸의 몸immortal body의 싹에 관한 천 년이 된 오래된 중국의 경서를 보내오다."⁵ 그런 동시성synchronicity은 늘 융에게 깊은 인상을 주었다. 여러 해가 더 지난 후에야 그가 그 현상에 그런 이름을 붙였지만 말이다.

1938년에 독일어로 출간된 『태을금화종지』 재판 서문에서 융은 이것이 그에게 어떤 의미인지를 더 명확하게 묘사했다. 그는 이렇게 말했다.

이 책의 공동 저자인, 고인이 된 내 친구 리하르트 빌헬름이 그 당시 내 작업에 중요했던 『태을금화종지』라는 경서를 나에게 보내왔다. 그것은 1928년의 일이었다. 나는 1913년 이래 집단적 무의식의 과정을 연구해오고 있었는데, 여러 가지 면에서 미심쩍게 여겨지는 결과를 얻게 되었다. 그런 결과는 "이론" 심리학으로 알려진 모든 것과 관련이 없을 뿐 아니라 순수하게 개인적인, 의학적 심리학의 경계를 넘는 것이기도 했다. 그래서 나는 지금까지 알려진 범주와 방법이 더 이상 적용될 수 없는 광범위한 현상과 만나게 되었다. 15년간의 노력에 근거해서 내가 얻은 결과는 아직 결론이 나지 않았다. 왜냐하면 어떤 비교 가능성도 제시되지 못했기 때문이다. 나는 내가 발견한 것을 뒷받침해 줄 수 있는 인간 경험의 어떤 영역에 대해서도 모르고 있었으며, 내가 발견한 것에 대한 확신이 들지도 않았다. 나는 유일한 유비 — 사실 이것은 때에 어울리지 않는 것이지만 — 가 개중에는 이교異敎 연구가들의 보고서에 드러나 있음을 알게 되었다. 이런 관련성은 어떤 식으로도 나의 과제에 도움이 되지 않았다. 즉, 반대로 그것은 나의 과제를 어렵게 만들었다. 왜냐하면 영지주의적인 체계는, 다만 작은 부분으로는 직접적인 정신적 경험으로, 대부분은 사변적이고 체계화하여 교정한 것으로 이루어져 있기 때문이다. 우리는 다만 극소수의 완전한 문헌을 가지고 있고, 알려진 것 대부분이 기독교인 반대자들의 보고에서 연유한 것이기 때문에 우리가 평가하기에 매우 어려운, 이런 이상하고 혼란된 문헌의 내용은 물론, 역사에 대한 부적당한 지식을 가지고 있다는 것이 전혀 과장이 아니다. 더욱이 적어도 1700년에서 1800년의 기간이 우리와 차이가 있다는 사실을 고려해 보면, 그 시대 사람들로부터 지지를 받는 것은 나에게 특별히 위험한 것으로 여겨졌다. 다시금 그런 관련성은 대부분 부수적인 성격을 띠고 있었고, 바로 가장 중요한 점에서 틈이 있었던 것이다. 그러므로 나는 영지주의적인 자료를 사용하는 것이 불가능하다는 것을 알게 되었다.

빌헬름이 보내온 문헌은 내가 이런 어려움에서 벗어나게 해 주었다. 그것에는 내가 오랫동안 영지주의자들 사이에서 헛되이 찾고 있던 바로 그러한 것들이 들어 있었다. 따라서 그 문헌은 나에게 내 연구의 중요한 결과물을 적어도 임시적인 형태로 출간할 수 있는 반가운 기회를 제공해 주었다.**6**

앞에서 살펴 본대로, 이미 1919년에 융은 "만다라가 자기Self의 표현이라는 것"을 발견하면서, 그가 궁극적인 실재에 도달했으나, 그것이 집단적인 것이라는 어떤 경험적인 증거를 가지고 있지 못하며, 주관적인 타당성을 아직 지니고 있지 못하다는 것을 알았다. 그러므로 그는 고대 중국의 경전에서 이러한 증거를 우연히 발견한 다음에야, 10년 전에 발견한 것을 출간하게 되었다. 대부분의 사람들은 심리학이 발명된 것이 아니라 **경험 과학**임을 인식하는 것이 어렵다는 것을 알고 있다.

나중에 융은 동일한 서문에서, 그 당시 아직 『태을금화종지』가 중국 요가의 도교 경전일 뿐만 아니라 연금술에 관한 책이기도 하다는 것을 인식하지 못했다고 말했다. 그는 몇 년이 더 지나서야 연금술이 가장 중요하다는 것을 발견했다. 즉 그는, 이 문헌은 "나를 처음으로 올바른 길로 들어서게 했다. 왜냐하면 우리가 오랫동안 찾아 왔던, 오늘날 현대인에게서 관찰할 수 있는 영지주의와 집단적 무의식의 과정을 잇는 연결 고리를, 중세 연금술에서 발견하게 되기 때문이다."라고 말했다.

그가 처음으로 아프리카에서 인식했던, 견디기 어려운 유럽의 긴장감을 아직 직면하고 있었을 때, 이런 동시성이 일어났다는 것은 정말 무의미한 우연이 아니었다. 대극은 동양에서 훨씬 더 분명하게 인식될 수 있다. 동양의 신들은 늘 긍정적이기도 하고 **동시에** 부정적이기도 하며, 만다라는 이러한 긴장을 다루려는 동양인의 노력의 탁월한 표현이다. 그러나 동양인은 항상 대극의 긴장에서 벗어나 니르바나, 곧 비존재로 들어가려고 애쓴다. 그러나 이러한 해결책은 제1호 인격의 가치, 다른 말로 하면, 삼차원 현실에서의 인간적인 삶의 가치를 부정한다. 동양적인 해결책을 채택한다면 우리는 엄청난 실수를 해야 한다. 그런데 융은 그런 실수를 결코 하지 않았다. 비현실성은 항상 그가 "가장 혐오하는 것"이었다. 하지만 한창 "무의식과 대면"하며 자신의 환상에 매혹되어 있었을 때에도, 그는 자신이 경험하고 있던 모든 것이 궁극적으로 이 세상에서의 현실적인 삶을 지향하고 있다는 것을 늘 잘 알고 있었다. 그는 항상 "삶의 의무와 그 의미를 완수하려고"[7] 마음먹었다.

서양이 동양으로부터 많이 배울 수 있는 것은 대극이 동일하다는 것을 충분히 받아들이는 것이다. 기독교는 어떤 다른 종교보다도 대극을 분열시켰으며, 그 결과 대극이 충분히 드러나게 되었다. 하지만 기독교는 또한 대극을 화해시키려는 노력을 덜 했다. 즉, 기독교는 늘 부정적인 것을 극복하려고 애썼으며, 긍정적인 것이 부정적인 것을 정복하는 것을 도우려고 노력했다. 전자는 기독교에서 악마, 곧 사탄이 어떻게 해서라도 구세주 그리스도에 의해 정복되어야하는 존재로 표현되었다. 유감스럽게도 하나의 대극이 언제나 다른 쪽을 영원히 극복할 수 있다고 믿는 것은 착각이다. 그런 억압은 조만간 견디기 어려운 긴장을 조성하게 된다. 그것을 인식하지 못하면, 그런 긴장은 결국 반전현상을 일으킬 것이다. 그 때 억압된 대극은 반드시 우위를 점하게 될 것이다. 오늘날 우리는 모든 면에서 이전에는 찾아볼 수 없었던 어둡고 악한 대극이 번창하고 있는 것을 목격하고 있다. 그러나 이것은 1920년대에는 거의 드러나지 않았으며, 견디기 어려운 긴장을 초래했던 어두운 대극의 억압이 여전히 이루어지고 있었다.

이러한 긴장은 융을 은밀히 아프리카로 여행하도록 이끌었던 것이다. 융은 유럽에 팽팽한 긴장감이 도는 분위기에 대한 올바른 태도를 발견하기 시작하자 이것을 분명하게 보았다. 그는 서양이 **다시금** 하나의 대극을 억압함으로써 위험을 드러내고 있으며, 모든 것이 대극 사이에 평형을 재정립하느냐에 달려있음을 점점 더 분명하게 보았다. 그 누구라도 『심리학적 유형』에서 상징에 대한 정의를 읽으면 알 수 있듯이, 그는 수년 동안 이것을 지적으로 인식했다. 그러나 이제 그는 구체적인 현실 속에서 이것을 인식해야 했고, 그것을 일상적인 문제로 만나야 했다. 그는 이미 자신의 심리학에서 이런 일을 대단히 많이 해냈다. 그러나 그는 그것을 **인식 못하면, 집단적인** 세계 **안에 있는** 동일한 대극이 영향을 끼칠 수 있음을 이제 알아야 했다. 『태을금화종지』가 바로 그 때 그의 손에 들어온 것은 정말 우연이 아니었다. 그는 천 년 전에 중국인들이 이미 **아는 것**knowing과 **모르는 것**not knowing, 의식하는 것과 의식하지 못하는 것 사이의 엄청난 차이를 인식하고 있었음을 알아야 했다. "사람이 어두움 속에 빠져 있는 것을 스스로 아는 것과 스스로 그러함을 알지 못하는 것과는 그 차이가 너무 커서 서로 천리만리 떨어져 있다."[8]고 그 경전은 말하고 있다.

이것은 그의 제1호 인격 안에서 모든 외적인 경험으로부터 공간과 시간이 모두 서로 많이 떨어져 있음을 객관적으로 확인해 주었다. 사실 그는 소년시절, 바젤에 있는 교회당 광장에서 한 방 얻어맞고 쓰러진 후에 "노이로제"가 생긴 후부터 자신의 심리를 알게 되었던 것이다. 그는 바닥에 쓰러져 있으면서 "이제 넌 학교에 가지 않아도 돼!"라는 생각이 떠올랐던 것을 잊어버리기만 하면, 실제로 아팠다. 그러나 이런 고통스런 사실을 직면하자마자 그는 회복되었고 재발되지 않았다. 그의 가장 성공적인 치료는 대부분 이런 경험에 기초해 있었다. 이것은 예컨대 앞에서 살펴본 바와 같이, 부르크횔츨리에 입원해 있던 여성의 사례를 통해 알 수 있다. 그녀는 그녀가 자기 아이를 죽이고 싶었다는 것을 잠깐이나마 인식했을 때, 회복되었고 재발되지 않았다. 아티 평원에서 융이 인류의 살아 있는 신화를 인식한 것은 바로 이것이다. 즉, 인류의 살아 있는 신화를 **의식화함**

으로써 세계에 객관적인 존재를 부여할 수 있고, 이것을 통해 창조주의 일을 계속할 수 있는 것은 다만 인간의 의식이라는 것이다. 그것은 또한 이런 치료와 밀접하게 연관되어 있다.9 이제 『태을금화종지』는 융에게, 중국의 지혜는 이미 천년 전에 이런 사실을 알고 있었다는 것을 가르쳐 주었다. 그래서 정말 그가 자신의 고독이 마침내 깨뜨려졌으며 자신의 고독한 경험이 다른 사람들에 의해 확인되었다고 느낀 것은 당연하다.10

소위 그림자, 말하자면 우리가 그것을 모르고 있기 때문에 두려워하는 우리 인격의 일부를 대면하는 것을 원하지 않으면, 의식意識을 매우 중요하게 인식하지 못하게 된다. 예컨대 우리가 학교에 안 갈 **생각이었다**는 것을 잊어버림으로써 그런 꾀를 부릴 수도 있고, 아니면 자유롭게 되기 위해 **실제로** 결혼의 모든 흔적을 지워버리고 싶어 했다는 것을 마침내 알게 될 수도 있다. 우리 자신에 대해 그러한 사실을 아는 것은 물론 고통스러운 일이지만, 그것은 우리가 우리의 중심 만다라의 모형 안에서 살고, 어쨌든 우리가 존재하는 **이유**, 즉 우리의 개인적인 삶의 **목적**을 발견하는 것을 배울 수 있는, 가치 있고 의미 있는 삶을 살게 하는 탁월한 방식이다. 융이 항상 그 자신에 대해 가장 고통스런 사실을 기꺼이 대면하려고 했기 때문에 그것은 확실한 사실이었다. 그는 자신의 개인적인 신화뿐만 아니라 현대인의 신화까지도 마음껏 알고자 했던 사람이었다.

융은 『태을금화종지』를 읽고 소화하고 나서, 즉시 그것에 대한 심리학적 해석을 쓰기 시작했던 게 틀림없다. 왜냐하면 그것이 1929년에 출간되었기 때문이다. 이것은 ― 그가 전에 만났던 그 어떤 것 이상으로 ― 그로 하여금 동양과 "대화Auseinandersetzung" 하도록 만들었다. 22쪽의 도해에서 볼 수 있는 대로, 인류에 대한 가장 깊은 인식은 가장 깊은 차원, 즉 "원시 조상"의 층, 혹은 심지어 두 개의 낮은 층, 즉 "공통적으로 존재하는 동물 조상"이나 생명 그 자체인 "중심적인 불"에서 비롯된다. 그러나 네 번째의 "대집단" 층은 이미 인간의 아주 오래된 경험이 동양과 서양에서 각기 다르게 나타난다는 인식에 이르게 한다. 예컨대 우리는, 매우 폭넓게 시행해본 바와 같이, 우리 자신의 유산遺産의 구조를 무시하지 않고는 이러한 인식에 도달할 수 없다.

그러나 『태을금화종지』와 같은 심오한 문헌에는 동양과 서양에 정확히 동일한, 가장 낮은 층에서 비롯된 것이 많이 들어있다. 그러므로 융은 그 자신의 "무의식과의 대면"과 비슷한 것과, 몇몇 환자들이 가져온 자료들과 비슷한 것이 있음을 확인해 주는 게 있다는 것을 알고 놀랐다. 이 해석에는 동양으로부터 배울 수 있는 놀랄만한 설명과 모방에 대한 지대한 위험은 물론, 그가 항상 말한 적극적 명상법에 대한 분명한 묘사[11] 중 하나가 들어 있다. 융은 외적인 삶의 요구에서 벗어나, 1928년 말과 1929년 초까지, 가용한 모든 시간을 이 해석을 쓰는 데 사용했다.

나는 1929년 1월에 처음으로 취리히에 왔다. 그 때 나는 융과 만날 약속을 잡기 위해 호텔 방에서 기다리고 있었다. 나는 그가 만다라에 관심이 있고, 그의 심리학에 대해 이미 출간한 책이 있다는 것은 알았지만, 그가 어떤 사람인지는 전혀 모르고 있었다. 그 때 나는 내적인 눈으로, 정방형을 이루며 숲속에 있는 네 명의 사제들을 보았다. 그 당시 나는 화가였으므로, 내가 본 것을 즉시 스케치해서 거기에 날짜를 적어 놓았다. 그러나 나는 첫 번 인터뷰에서 그것에 대해 융에게 전혀 말하지 않았다.

1928년 가을에 융은 1925년 이래 처음으로 취리히에서 영어 세미나를 재개했다. 이 세미나는 학기 중에 심리학 클럽에서 매주 한 번 개최되었고, 1939년 2월까지 정규적으로 계속되었다. 나는 여섯 번의 강의가 이루어진 다음에 도착했기에, 다행히 거의 모든 강의를 빠짐없이 들을 수 있었다. 1930년 여름 말엽까지 이 세미나의 주제는 한 남자의 꿈을 연속적으로 다루는 것이었다. 1930년 가을부터 1934년 겨울학기 말까지 융은 어떤 여자의 일련의 긴 환상(적극적 명상)을 다루었다. 1934년 여름학기부터 1939년 2월에 이 세미나가 끝날 때까지, 이 강좌는 니체의 『차라투스트라』에 관해 다루었다.

1929년 1월 14일 나의 첫 인터뷰 때 내가 융에게 받은 인상이 아직도 생생하다. 그는 54세였으며, 머리가 세어서 거의 백발이 된 것을 제외하고는 아직 젊고 매우 활기찬 남자처럼 보였다. 그의 표정이 끊임없이 바뀌었기 때문에 그를 몇 마디로 묘사하기는 어렵다. 그는 매우 진지하기도 했고, 무언가 즐거운 것 같기도 했고, 말하자면 해가 반짝 나오는 것 같았다. 대체로 융의 얼굴에 드러나는 표정은 그 광경이 날씨에 따라 항상 변하는 것과 아주 비슷했다. 그는 6피트(182.88 센티 - 역주) 정도의 키가 큰 사람이었으나 살은 별로 없었다. 그의 눈은 어두운 갈색이었고, 늘 금테 두른 안경을 끼고 있었다. 그는 사람들을 안경테 너머로 보는 습관이 있었고, 눈이 그리 크진 않고 작은 편이었지만, 매우 의미심장한 표정을 지었다. 그는 내가 여태까지 알고 있던 그 어떤 사람보다 더 미세한 눈짓으로 많은 것을 전달해 주었다. 그는 대개 분석을 할 때 안경 너머로 직접 바라보면서 말하고자 하는 바를 거의 전달해 주었다.

뒤로 조금 벗어진 그의 이마는 넓었지만, 그리 볼 품 없는 것은 아니었고, 코와 턱은 매우 윤곽이 뚜렷했다. 턱은 면도를 했으나 콧수염이 조금 있었으며 그의 입은 눈처럼 다양한 표현을 하는 것으로 보였다. 대기실에 있는 나를 데리러 왔을 때 그는 손에 담배 파이프를 들고 있었으며, 큰 회색 슈나우저(독일산 애완견 - 역주)를 데리고 왔다.ⓑ 그 개는 자기 주인을 보러 온 사람들이 누구인지 분명히 알아보곤 했다.

나는 전에 융을 본 적도 없고 그의 사진을 본 적도 전혀 없었지만, 내가 여태까지 체험했던 가장 강한 기시감을 느꼈다. 동시에 나는 그가 내가 여태까지 만났던 사람 가운데 가장 훌륭한 전인全人이라는 확신이 들었다. 나는 늘 동물들과 어린이들에게 있는, 이런 자연스러운 특성을 그려왔다. 그러나 지금까지 어른이 이런 모습을 가지고 있는 것을 나는, 다만 문명으로 오염되지 않은 원시인들에

ⓑ 조기Joggi라는 이름을 가진 이 개는 여러 해 동안 융의 충실한 친구였으며, 특이하게도 제2차 세계대전이 지속되던 어느 날 밤 자신의 집(자신의 만다라)에서 자다가 죽었는데, 그 때가 19살이었다.

게서 그리고 가끔은 평생 땅만 파먹고 살았던 옛 유럽의 농부들에게서 종종 보았다. 나는 교육을 많이 받은 사람들에게서 이런 것을 발견할 수 있으리라는 희망을 오래 전에 포기한 적이 있었다. 왜냐하면 나는 융을 보기 직전까지 늘 이처럼 고도로 전문화된 시대에, 그들에게 설명하기 어려운, 온전하고 자연스러운 인간의 모습이 결여되어 있음을 알고 있었기 때문이다. 반면에 융은 수세기 동안 땅에 뿌리박고 살아온 스위스 농부였을지도 모른다는 느낌이 들었다. 동시에 그는 내가 여태까지 만났던 사람들 중에서 단연 최고의 정신을 지닌 사람임이 분명했다. 나는 이런 강한 인상에 상당히 충격을 받고, 그 개를 쓰다듬으려고 몸을 아래로 굽혔다. 그 때 융은 나에게 별 느낌 없이 "파리[그 당시 나는 거기서 살고 있었다]에서 날 보러 왔나요? 아니면, 개를 보러 왔나요?"라고 물었다.

그 당시에는 대극이 서로 분열되어 있는 것을 체험하는데 익숙해 있던 때였으므로 대극이 동시에 존재하는 사람을 만나는 것은 놀라운 일이었다. 나는 동시에 융이 어쩌면 내가 알아 왔던 그 어떤 사람보다도, 몰인정할 정도로 더 단호한 사람 — 필요하면 그는 정말 처음 만났을 때에도 **그랬다** — 일지 모른다는 느낌을 받았다. 그러나 그는 분명히 가장 따뜻한 가슴을 가진 사람이기도 했고, 보기 드물게 사람을 사랑하는 사람이기도 했다. 그를 만나본 사람이라면 이런 두 특성을 경험했을 것이다. 그 특성이 드러날 때에는, 신기하게도 그것이 대극을 충분히 수용함으로써 상대적이 되고, **동시에** 다른 쪽으로 인해 한쪽을 받아들일 수 있게 된다. 무엇보다도 그는 친절함과 살아 있는 유머 감각을 가지고 있었기에 온전히 수용적이 될 수 있었다. 그러나 그는 몰인정할 정도로 단호한 사람이 되는 쪽을 택하기도 했다.

나는 취리히에 오기 전에 그의 책을 모두 읽었다. 그러므로 나는 그의 사상을 이해하고 그것에 대해 매우 감사하는 마음을 가지고 있다고 생각했다. 그러나 첫 번 인터뷰에서 나는 그의 심리학이 살아 있는 인간 안에서 체득된 것이고, 그 자신이 그의 모든 책보다 훨씬 더 설득력이 있음을 충분히 확신했다. 그가 세상을 떠난 지 여러 해가 지난 지금도, 이 글을 쓰면서 나는, 종종 내 학생들이 다른 방식으로 배울 수 있는 것보다 영국방송협회의 텔레비전 인터뷰, "대면Face to Face"에서 그를 만나보면, 그러한 확신을 더 가질 수 있다고 본다. 나는 지금까지 취리히 융 연구소의 학생들에게 이 필름을 매년 보여줄 수 있다는 것을 기쁘게 여긴다.

환자를 계속 봐야 하고, 『태을금화종지』에 대한 해석을 써야하는 요구로 인해 시간이 꽉 차 있었지만, 융은 1929년 1월 23일에 영어 세미나를 재개했다. 이 세미나는 생생한 경험이었다. 지금 세계 도처에서 그의 심리학을 옹호하며 이어 나가기 위해 최선을 다하고 있는 ― 각자 그들 방식으로 ― 융의 옛 제자들 대부분이 이 세미나에 참석했다. 융은 결코 이 세미나에 참석하는 사람들이 많아지는 것을 허용하지 않았다. 내가, 출간된 융의 책을 모두 읽었기 때문에 처음부터 그 세미나에 참석할 수 있도록 허락을 받은 것(이런 특혜를 받은 것은 내가 처음 취리히에 와서 분석을 받았던 토니 볼프 덕분이었다)은 나에게 큰 행운이었다. 그런데 그는 전적으로 그의 책 때문에 내가 그를 보러 왔다는 얘기를 듣고 놀라워했다. 그 당시 그것은 매우 드문 일이거나, 아니면 결코 있음직한 일이 아니었기 때문이다.

1929년 세미나에 약 30명이 참석했는데, 주로 미국 사람들과 스위스 사람들이었고, 더러 영국 사람들과 다른 나라 사람들도 있었다. 융의 모든 노력에도 불구하고, 나중에는 수가 점점 늘어서, 1939년 말에는 약 50명이 넘었다. 그러므로 그는 그의 강의나 책에서 보다도 훨씬 더 자유롭게 말할 수 있었고, 자신의 새로운 생각을 시험해 볼 수 있었다. 『태을금화종지』에 대한 주석에서 말한 대로, 그는 10년 동안 만다라에 관해 자신이 발견한 것을 남에게 말하지 않고 혼자 알고 있었으며, 이 옛 중국의 문헌을 받은 다음에 비로소 강의에서 그것에 대해 언급했다. 이상하게도 내가 1929년 1월에 그가 분석하는 것을 들은 두 번째 꿈은, 숲 속에 있는 도로 공사용 증기 롤러에 대한 것이었다. 그 증기 롤러는, 꿈 꾼 사람이 기대한 대로, 한 곳에서 다른 쪽으로 길을 내고 있던 게 아니라, 위에서 볼 때 두 가지 규칙적인 변화가 있는 복잡한 형태의 길을 내고 있었는데, 나중에 보니 정방형이었다. 그 안에 있는 중심에는 모든 것의 중심에 이르는 나선형의 오솔 길이 있었다. 꿈 꾼 사람은 융의 요청에 따라 그것을 그려서 우리에게 보여주었는데, 그것은 당시 만들어진 세미나 노트에 복사되었고, 나중에는 수업에 쓰기 위해 멀티그라프로 인쇄되었다. 융은 그가 작업하고 있던 중국 문헌에 들어 있는 유사한 만다라에 대해서 만이 아니라, 그가 연구를 통해 발견한 세계 도처에 퍼져 있는 다른 많은 문헌들에 나와 있는 만다라에 대해서도 우리에게 많이 이야기해 주었다.

　이 상징이 인간 본성에 기본적인 것이 틀림없다는 사실은, 처음 융을 보기 **직전에** 내가 스케치 했던 것을 보았을 때 경험적으로 나에게 입증되었다. 그것은 만다라를 형성하고 있던 네 명의 사제들에 대한 것이었다. 융의 환자의 만다라와 내가 그린 만다라는 둘 다 무의식의 흔한 상징인, 숲속에 있었다. 이 세미나는 그 당시 융이 주로 관심을 두고 있던 동양의 자료를 주로 다루었다. 왜냐하면 융이 『태을금화종지』를 받기 **전에** 이 일련의 꿈을 꾼 것이지만, 그 세미나는 동시성적으로 옛 중국의 상징이기도 했던 많은 상징을 다루었다. 그러므로 내가 취리히에서 보낸 첫 주간을, 내 그림이 이미 내 흥미를 일깨워 준 전체성에 대한 열정에 꼭 들어맞는, 만다라의 이런 기본적인 상징과 더불어 시작할 수 있었던 것이 나에게는 정말 행운이었다.

　1929년 1월에 취리히에 오게 된 것도 나에게는 대단한 행운이었다. 왜냐하면 그 때는 아직 융이 여러 해 동안 긴 여행을 하지 않고 있던 초기였기 때문이다. 내 기억으로는, 그가 1927년과 1936년 사이에는 미국에 간 적이 없었다. 그 때 그는 여러 지역에 있는 제자들을 방문하는 대신, 말하자면 그들이 그에게 찾아올 수 있도록 비교적 한 곳에 머물러 있던 때였다. 이웃 나라에서 강의하는 것을 제외하면, 융은 그 당시 몇 년 동안 환자를 보는 일과 자신의 주위에 있는 제자들과 환자들 그룹을 만나는 일에 몰두하느라 스위스에 머물렀다. 영어 세미나가 성공적이었고 해외에서 온 많은 의사들과 다른 사람들에게 인기가 있었을 뿐 아니라, 심리학 클럽도 전에 없이 번창했다.

제10장 유럽으로 돌아오다 | 293

　1916년에 창립된 심리학 클럽이 그 동안 어려움을 겪었다는 것을 나는 단지 소문을 듣고 알았을 뿐이다. 한 때 융이 그곳을 떠난 적도 있었다고 했다. 엠마 융과 토니 볼프와 매우 충실한 많은 제자들이 계속 거기 머물러 있으면서 책임을 지긴 했지만 말이다. 하지만 융은 그들의 간청을 듣고, 얼마 지나지 않아 돌아왔다. 이런 안 좋은 일이 있기 오래 전에, 그는 함께 팀을 꾸려갈 정도로 강의와 학문적인 토론이 충분히 이루어지지 않았다는 것을 이미 알고 있었다. 그래서 그는 사교적인 행사를 갖도록 격려했을 뿐만 아니라, 사교적인 접촉을 갖고, 강의와 그 뒤에 이어지는 토론 시간 사이에 항상 휴식을 하며 다과를 나눌 것을 상당히 강조하기도 했다. 이때 아니 암만 양Fräulein Anni Ammann이 상주하며 심리학 클럽의 살림을 맡게 된 것은 참으로 다행이었다. (그녀는 40년 넘게 거기 머물렀으며, 대단히 특이하게 마음이 따뜻했고 거의 누구에게나 사랑받는 사람이었다. 그녀가 1970년 은퇴하자 회원들은 모두들 아쉬워했다.) 그녀는 클럽 회원들뿐만 아니라 융의 요청으로 영어 세미나에 참석한 사람들도 먹을 수 있도록 맛있는 샌드위치와 차를 준비해 주었다. 아침마다 — 늘 일이 있는 한 주의 중간인 수요일 아침 — 두 시간 동안 강의가 있었는데, 그것은 강의하는 사람과 강의를 듣는 사람들 모두에게 너무 긴 시간이었다. 그는 사교를 위해 차를 나누며 쉬는 시간을 시작한 후에 분위기가 한층 좋아졌다는 것을 알게 되었다. 세미나 식 강의는 전혀 격식에 얽매이지 않은 것이었다. 융은 토론 자료에 대한 것을 제외하고는 원고 없이 자유롭게 말을 했다. 그는 질문을 했으며, 우리에게도 자유롭게 질문을 하라고 했다.

　심리학 클럽에서는 강의와 토론 시간 사이에 사교를 위해 휴식 시간을 가졌을 뿐 아니라 성탄절과 특정한 저녁에 회원들을 위해 늘 저녁식사도 마련되어 있었으며, 식사를 하며 "클럽의 문제"를 솔직하게 논의하기도 했다. 더욱이 융은 그러한 경우에 특별한 알렐루야 게임Alleluia Game이라는 놀이를 생각해 냈다. 그 게임을 할 때는 모든 회원들이 한 회원을 방 중앙에 두고 빙 둘러앉았다. 매듭이 있는 천(대개 냅킨)을 한 사람에게서 다른 사람에게로 던졌다. 될 수 있는 한 중앙에 있는 공간을 가로질러 그것을 반드시 멀리 던져야지, 가까이 있는 사람에게 패스하면 안 되는 게 규칙이었다. 중앙에 있는 회원은 그것이 옮겨지는 도중에 잡아야만 했다. 그렇게 하는 것에 성공하는 사람은 앉을 수 있었고, 그 천을 던진 회원이 앉았던 자리를 차지했다. 그 게임은 종종 정신을 못 차릴 정도로 빨리 진행되었고 딱딱하게 격식을 차리는 것을 떨쳐버리는 데는 효과만점이었다. 그것은 놀랍게도 거의 마술적인 방식으로 집단을 서로 화합시키고 연관시키는 효과가 있었다.

안타깝게도 나는 이 게임이 시작되었을 때 아직 취리히에 없었으며 그것이 어떻게 시작되었는지도 전혀 모른다. 내가 처음 취리히에 왔을 때 회원이 되어 그것을 여러 번 해 봤지만 말이다. 그것은 물론 교회의 오래된 의식적儀式的인 "댄스파티"와 관련이 있다. 그 댄스파티에서 사제는 "연속적인 성가 운율에 맞춰" 춤을 추었으며, 차례로 혹은 함께 춤을 추는 사람에게 공이 전해지거나 던져졌다. 그러한 의식은 16세기까지 오세르 성당과 아마도 다른 많은 교회와 성당에서 춤을 추며 치러졌다. 그 다음에 그것의 세속적인 성격에 반대하는 격한 반응이 일어났으며, 몇몇 사제들이 그것을 매우 유감스럽게 생각하면서부터 금지되었다.[12] 오래 전에 교회에서 했던 테니스와 같은 "주드 폼jeu de paume"(필로타pilota[14세기 발렌시아에서 했던 핸드볼 경기 - 역주] 혹은 펠로타pelota[손잡이 달린 광주리같이 생긴 라켓으로 공을 벽에 대고 치는 스페인 경기 - 역주])게임이라는 것도 있었다.

나는 그가 이 게임을 클럽에 소개했을 때, 중세기에 있었던 이와 비슷한 것들에 대해 얼마나 알고 있었는지 모른다. 그러나 "알렐루야 게임"이라는 이름을 붙인 것을 보면, 그는 그러한 것들에 대해 무언가 알고 있었던 게 틀림없다. 왜냐하면 "알렐루야의 매장Burial of the Alleluia"(역주: 중세기에 미사에서 알렐루야가 더 이상 재의 수요일에서 부활절까지 불리지 않는다는 것을 알리기 위해 사람들이 행했던 의식. 보통은 관속에 "알렐루야"라는 말이 적힌 두루마리를 넣고 실제로 교회 부지에 무덤을 파서 그 안에 그것을 던졌다. 부활절에 다른 의식을 통해 그것을 회수할 때까지 그 속에 두었다)과 "알렐루야의 채찍질Whipping of Alleluia"은 또한 "우리가 중세 교회에서 흔적을 찾을 수 있는"**13** 의식적인 의례儀禮였기 때문이다. 미드G. R. S. Mead에 의하면, 알렐루야는 "여성적인 힘으로 인격화되었을 뿐 아니라, 죽음의 고통, 매장 그리고 부활과도 관련이 있었다." 미드는 파리 근교 교구에 속한 성당에서는 이 의식이 채찍질의 형식을 취했다고 밝히면서, (18세기 초의) 르베프 수도원장Abbé Lebeuf을 인용했다. 소년 성가대원 중 하나가 (금색 글씨로 쓰인 "알렐루야"라는 이름이 적힌) 채찍으로 "교회와 옥외의 보도步道를 두들겼다." 르베프는 그것을 아주 흥미로워하며, 이상한 극cette bizarre comédie이라고 불렀으나, 그녀(여성적인 힘으로 의인화되었던 알렐루야를 말함 - 역주)의 부활을 축하하기 위해 부활절에 "알렐루야의 채찍질을 다시 하는 일Whipping-back of Alleluia"도 있었는지는 (그가 있을 것 같다고 추정한대로) 알아내지 못한 것 같다.

나는 융이 그 놀이를 얼마만큼 중세의 관습에서 차용했는지 모른다. 우리는 그러한 모든 의례가 교회에서 사라져버린 것을 그가 유감스럽게 생각했다는 것을 알고 있다. 왜냐하면 그가 『심리학과 연금술』에서 지적한대로, 초기 종교들에서 그러한 역할을 했던 놀이와 "신성한 흥분을 자아내게 했던 것"의 모든 흔적들, 특히 디오니소스 축제는 성역聖域에서 완전히 사라져서 세속화되었기 때문이다. 그는 심지어 다음과 같은 말로 이 흥미로운 단락을 끝맺고 있다. "하지만 우리의 해결책은 지옥문을 활짝 여는 결과를 가져왔다."**14** 동그란 매듭으로 된 냅킨이 자기Self를 상징하고, 그 게임이 회원들을 **자기 안에**in the Self, 혹은 제2호 인격을 통해 하나로 묶고, 그런 용어를 사용함으로써, 서로 간의 유대감이 단순한 개인적이고 일시적인 관심으로 끝나지 않도록 하는 것이, 그 심리학적인 이유였던 게 틀림없다. 어쩌면 교회에서 시행되었던 주드 폼과 "댄스파티"의 기저基底에는 동일한 이유가 있었을지도 모른다. 춤은 사실 그리스도에게서 시작되었다고 볼 수도 있다.**15** 그러나 원래의 전통이 합리주의에 희생됨으로써 공ball(동그란 것, 곧 온전한 물체complete object)의 상징은 잊혀졌다.

앞에서 언급한 『심리학과 연금술』의 182 단락에서 융은, 카니발의 모든 흔적이 성역聖域에서 사라진 것을 유감으로 여기고 있다. 그는 물론 카니발(교회에만 있었던 것은 아니지만)의 오랜 역사적 전통이 있는 바젤에서 자랐다. 그런 카니발은 훨씬 더 기운과 활기를 북돋아줄 뿐만 아니라, 이런 카니발 전통이 없는 도시나 국가에서 흔히 그러하듯이, 용인되는 범위에서 벗어나지 않게 해 주기도 한다. 만약 바젤의 카니발과 취리히(훨씬 덜 전통적이고, 훨씬 더 상업적이고 더 새로운 도시인)의 카니발을 비교해 보면, 왜 융이 삶의 그런 모든 측면이 교회에서 사라진 것을 유감으로 여겼는지 금방 알 수 있다. 왜냐하면 그 카니발이 아주 오래된 뿌리와 전통 그리고 모든 종교적인 형식에서 단절되었기 때문이다. 심리학적으로 말하면, 후자에서 볼 때 축제는 자기Self(혹은 제2호 인격)의 영역에서 벗어나서, 외부세계(혹은 제1호 인격)에 만연해 있는 이기적인 목적에 완전히 함몰되고 말았다는 뜻이다. 그러므로 융의 주도 아래 심리학 클럽은 1930년 2월에 취리히에 있는 존넨버그 호텔에서 처음으로 카니발 무도회를 개최했다.

이날 저녁(카니발 축제가 없는 나라에서 자란, 나 같은 사람들에게는 좀 힘들었지만)은 어쩌면 클럽의 역사를 통틀어 볼 때, 가장 기억할 만한 저녁이었을지도 모른다. 융은 훨씬 나중에 있었던 저녁 모임(이 댄스파티를 포함하여 과거에 찍은 사진을 보면)에서, 그것이 아주 재미있었다고 말했다. 그는 그날 저녁 모임이 끝난 후에 그 어느 때 경험한 것보다도, 클럽과 그의 심리학에 더 큰 희망이 있음을 느끼며 집으로 갔다고 회상했고, 그날 저녁 처음부터 매 순간을 즐겼다고 덧붙였다. 그 때 그는 다음 날 아침 6시쯤 집에 돌아갈 때까지 문 옆에 있던 착한 천사ⓒ의 환영을 받았다.

비록 그가 그날 저녁 내내 옷을 바꾸어 입고 가면을 바꾸어 씀으로써 사람들의 이목을 끌지 않으려고 부단히 애썼지만, 그럼에도 불구하고 그는 파티의 중심이요 영감을 주는 존재였다. 이런 역할을 그가 원하지 않았는데도 말이다. 내 생각에, 이것은 대극이 그 안에서 그 만큼 많이 통합되어 있었기 때문이다. 그는 그 당시에 상당히 전체성에 도달해 있었으므로, 적어도 잃어버린 전체성을 되찾

ⓒ 클럽의 살림을 맡고 있던 암만 양이 천사의 복장과 가면을 쓰고 이렇게 했다.

기 원하는, 매우 일방적인 사람들이 그에게 필연적으로 관심을 갖게 되었던 것 같다.¹⁶ 물론 그것은 투사였지만, 생산적인 투사였다. 왜냐하면 그들 자신에게 실종된 특성이 종종 성숙한 삶을 살고 있는 그에게서 처음으로 발견될 수 있었기 때문이다. (만약 그것이 영영 투사로 남게 되면, 그것은 당연히 퇴행적이 되고 말 것이다. 하지만 성공적인 결과가 이루어지면 그것이 점차 투사임이 밝혀지고, 투사하던 사람은 결국 자신의 제2호 인격을 처음으로 인식하게 된다.) 어쨌든 카니발 무도회가 처음 있었던 1930년 그 날 저녁에 모든 사람들 ― 환자들, 제자들, 그리고 단연 대다수의 사람들, 곧 완전한 외부인들 ― 은 그를 자신들의 중심으로 여기게 되었다. 그들이 모두 융에게 관심을 집중하고 그의 주위에 모여든 것은 아니었다. 즉, 무도회 자체가 생동감이 있었고, 짝들도 당연히 서로에게 푹 빠져 있었다. 상당히 많은 포도주를 마셨으므로 이따금 고상한 모습에서 벗어나는 경우도 있었다. 그러나 무의식은 그때마다 융에게 경고하는 듯 했으니, 그는 즉시 서서 사람들이 신선한 유머를 되찾도록 만드는 적설한 농담을 적시에 구사했다. 그것은 아프리카에서 원주민 댄스를 하던 밤 파티ⓐ에서 그가 그의 일행을 구했던 것과 같은 것이었다. 융은 확실히 그런 본능을 가지고 있었다.

심리학 클럽은 1920년대 말에 최고 전성기에 접어들고 있었다. 왜냐하면 1928년에 토니 볼프가 회장직을 넘겨받아, 거의 20년 동안 회장으로 일했기 때문이다. 그 전에는 회장직이 자주 바뀌곤 했다. 이것이 클럽에 도움이 되기도 했다. 왜냐하면 그것이 회원들을 클럽의 발전을 위해 더 활동적이 되고, 더 책임적이 되도록 만들었기 때문이다. 토니 볼프처럼 매우 능력 있는 사람이 오래도록 회장직을 감당하게 됨으로써 회원들이 이내 편안함을 느끼는 이득을 얻을 수 있었다. 그녀는 마음을 써서 클럽의 발전을 위해 계속 열심히 일했고, 관심을 불러일으킬만한 외부 강사들을 초청하려고 계속 힘썼으며, 나중에 좋은 강의로 결실

ⓐ 앞의 270쪽을 보라.

을 맺을 수 있는 연구를 하도록 클럽 회원들을 격려했다. 처음에 클럽 운영위원회의 다른 위원들은 모두 남자들이었다. 그러나 1934년에 그들 중 한 사람(회장을 포함하여 위원회에는 다섯 명의 위원들이 있었고, 모든 위원들은 매년 자동적으로 다시 선출되었다)이, 회원들 가운데 상당수가 여성들이었으므로 위원회가 남자 네 명, 여자 한 명의 비율로 구성되어 있는 것은 적절하지 않다는 의견을 제시했다. 자신이 사임함으로써 그는 이런 제안을 받아들였다.ⓒ 그 때부터 위원회에서 성별이 다소 고르게 배분되었다. 융은 클럽에서 있었던 강의(강의는 토요일 저녁마다 있었다)가 높은 수준일 경우에만 강의에 참석했으며, 이어 계속된 토론에 적극적으로 참여했다. 그는 토니가 회장으로 있을 동안 거기서 강의를 하기도 했으며, 클럽은 점차 그가 새로운 분야의 연구를 한 것을 처음으로 강의하는 장소가 되었다. 그 당시에 청중은 사실 반응 테스트의 대상이 되는 집단이었으며, 어쨌든 강사는, 내가 그때까지 겪어본 것 중에서 가장 공감적인 지지를 받았다고 느꼈다.

나는 어렸을 때 독일인 여자 가정교사에게 독일어를 5년 동안 배웠지만, 그 동안 쓰지 않았기 때문에 영어 세미나를 듣는 것과 같은 속도로 편안하게 들을 수 없었다. 그래서 심리학 클럽 강의에 들어갈 수 없었다. 내가 독일어로 말하는 것은 그다지 잘 하진 못하지만, 독일어를 충분히 이해할 수 있다는 것을 융이나 토니 볼프에게 납득시키기 위해서는 시일이 걸렸다. 그래서 안타깝게도 나는 1929년 2월에 있었던 리하르트 벨헬름의 마지막 강의를 듣지 못했다. 내가 독일어를 아주 잘 이해할 수 있다고 그가 마침내 확신하게 된 것은 1931년에 퀴스나흐트에서 있었던 융의 독일어 세미나 때였다. 그때 나는 언어의 어려움이 유일한 구실이라는 것을 곧 알게 되었다. 특히 그 당시에 나는 토니가 나에 대해 호

ⓒ 그가 바로 프리츠 알레만인데, 그는 1968년 죽기 전까지 클럽의 가장 귀중한 회원이었다. 그는 오래 동안 이집트에서 살았던 훌륭한 사업가였다. 클럽의 재정은 그의 조언에 크게 힘입은 바 있다. 그는 클럽을 떠난 후에도 계속 조언을 해 주었다. 내가 위원회에 있었던 7년 동안 우리는 "알레만 씨에게 물어 봅시다."라는 말을 계속 했으며, 그는 항상 우리를 도우러 왔다.

의를 가지고 있었다고 확신했지만, 사실 그녀가 나를 클럽에 받아들이는 것을 꺼린 이면에는 다른 이유가 있었다. 마침내 나는 1933년 봄에 클럽 회원이 되는 데 성공했다.

토니가 얼마나 유능한 문턱의 수호자였는지를 보여주기 위해 내가 이것을 언급하는 것이다. 물론 그녀는 융이 얼마나 클럽을 소규모로 꾸려가고 싶어 하는지, 그리고 모든 사람이 규칙으로 정한 초대받은 손님이 될 기회를 얻기 전에도 엄청난 반대 의견을 견뎌내야 하는데, 하물며 회원이 되는 것이 얼마나 어려운지 잘 알고 있었다. 린다 피에르츠가 위원회에 있었을 때, 피에르츠의 아들들은 토니에게 "클럽의 호랑이"라는 별명을 붙여 주었으며, 이것은 사실 매우 적절한 묘사라고 볼 수 있다. 그것이 당연히 늘 그녀의 세평에 따라붙는 것은 아니었지만, 이것은 사실 회장인 그녀에게 덧붙여진 가장 가치 있는 칭호 가운데 하나였다. 왜냐하면 그것은 클럽을 소규모로 꾸려갈 수 있게 해주었을 뿐 아니라 인정받은 후보자들의 수준을 높여주기도 했기 때문이다. 나는 그것이 토니로 하여금 클럽의 호랑이로서의 자신의 역할을 큰 확신, 끈기, 그리고 용기로 감당해 낼 수 있게 한 것이라고 증명할 수 있다.

내가 처음 취리히에 왔을 때, 놀랍게도 융은 차도 없었고, 비서도 없었으며, 처음에는 자전거나 기차를 타고 세미나에 참석하러 왔다. 그러나 1929년 부활절 휴가 무렵에 전자前著의 상황이 바뀌기 시작했다. 융은 마침내 차를 사라는 권유를 받았다. 그는 할아버지가 되어서야 운전을 배웠다. 그러나 그는 자전거를 타고 다녔기에 길을 이미 잘 알고 있었으며, 차를 운전하게 되면 자신의 자유와 반경이 상당히 확장될 것이라는 것을 금방 이해하게 되었다. 예컨대 그는 볼링겐에 훨씬 더 빨리 도착할 수 있고 퀴스나흐트에서 취리히까지 가는데 시간을 절약할 수 있었다. 그래서 얼마 지나지 않아 차 **두 대**를 샀다. 그 자신이 타려고 2인승 크라이슬러 한 대를 샀고, 가족용으로 큰 다지Dodge 리무진 한대를 샀다.

오래잖아 엠마 융과 토니 볼프도 융의 전례를 따라서 운전을 배워야겠다고 느꼈다. 그러나 그것이 그들에게는 훨씬 더 어려웠다. 그들은 그보다 나이가 적었지만⑤ 길을 잘 몰랐다. 하지만 엠마가 직접 운전을 하기 원하지 않을 경우, 그녀를 태워다 줄 사람은 많이 있었다. 예컨대 그들의 충실한 정원사인 뮐러⑧는 운전을 가르쳐 주기도 하고 차를 손 봐 주기도 했다.

토니는 이들 중에서 가장 큰 어려움을 겪었다. 왜냐하면 그녀는 차를 운전하는 재주가 전혀 없었기 때문이다. 매일 아침 식사를 하기 전에 운전 교습을 받았는데도 면허 시험에 합격하여 면허증을 받는데 거의 1년이나 걸렸다. 그러나 그녀는 끈질기게 노력해서 결국 운전 면허증을 받게 되었다. 그녀는 늘 운전을 잘 못했다. 하지만 그녀는 무의식과 접촉을 잘 했기 때문에 심각한 사고⑥를 피할 수 있었으며, 1953년 세상을 떠날 때까지 운전을 상당히 즐겼다. 그녀는 1929년 말에 매우 큰 크라이슬러 자동차를 샀다. 그것은 초보자에겐 전혀 어울리지 않는 차라고 볼 수 있다. 그녀가 다음에 산 크라이슬러 자동차는 좀 더 작은 것이었다. 하지만 그녀가 1938년경에 B.M.W.를 샀을 때 그녀는 **마침내** 자신이 적당한 차를 샀다고 우리에게 차분하게 그러나 상당히 성급하게 알려주었다. (마치 그녀의 모든 친구들이 처음부터 그녀가 좀 더 작은 차를 갖지 않기를 간절히 바랐던 것처럼!)

1929년 12월과 1930년 8월에 내가 볼링겐에 이틀간 머물게 된 것은 행운이었다. 토니가 1929년 7월에서 8월 한 달도 채 못 되는 동안 나의 가족과 함께 영국에 머무른 적이 있었지만, 내가 분석을 받은 지 얼마 안 되어 거기서 머물게 된 것은 아주 예상 밖이었다. 우리 아버지는 아직 취체스터 교구의 주임 사제 — 은퇴할 직전이었지만 — 로 있었고 성당 경내에 머물고 계셨다. 서섹스에 있는

---

⑤ 1882년생인 엠마 융은 남편보다 7살이 적었고, 1888년생인 토니는 13살이 적었다.
⑧ 뮐러 — 융을 아주 좋아하고 모든 가족을 사랑했던 — 는 오래된, 융 집안의 전형적인 하인이었으며, 융이 1961년에 세상을 떠나기 전까지 융과 함께 했다. 나는 그가 아직도 퀴스나흐트에서 자신의 작은 차를 운전하고 다니는 는 것을 본 적이 있다.
⑥ 융이나 융의 부인은 가끔 펜더(자동차의 흙받기 - 역주)를 긁히는 것 외에는 한 번도 사고를 내지 않았다. 그런데 토니는 자동차를 자주 긁히곤 했다.

우리의 작은 시골집은 새 집이었기에 거기 머문 것이 토니에게는 흥미 있는 경험이었다. 토니는 자신의 어머니 볼프 부인처럼 그때까지 낯선 사람을 집에 그렇게 빨리 받아들이는 것이 익숙하지 않았지만, 융에게 나를 볼링겐에 초대하도록 부탁함으로써 자신이 받았던 환대를 되갚으려 했던 것이다.

솔직히 나는 처음 탑에 도착했을 때 무서운 마음이 들었다. 날씨가 매우 추웠으며, 융은 추운 날씨에 종종 입었던 긴 동양식 장의長衣를 입고, 처음 지은 듯 그렇게 생긴 부엌에서 요리를 하고 있었다. 나는 언젠가 증류기 사이에서 작업을 하고 있는 옛 연금술사의 그림을 본 적이 있는데, 그가 바로 그런 모습을 하고 있었다. 그는 평소보다 더 온전한whole 모습으로 보였다. 그러나 그 때까지 내가 세미나에서 그리고 두 번의 분석 시간에 보았던 것과는 다른 모습이었다. 그 날 밤 램프와 작은 불빛이 빛나는 원형圓形을 자아내는 난로 불빛으로 인해, 그것이 거대하고 깜깜한 둥근 둘레처럼 느껴져서, 내가 마치 중세기로 되돌아간 것 같았다.① 그곳에 함께 머물고 있던 토니는 나에게 자를 대접했으며, 난로 가에 있는 의자를 가져가서 융이 요리하는 것을 보라고 했다. 그녀는 융이 원하는 것들을 가져다주느라 바빴다. 융은 요리를 하고 불을 지켜보는 일에 전적으로 몰두했다. (그는 요리를 매우 잘했으며 그 당시에 요리하기 위해 복잡한 그릇들을 사용했다. 내 기억으로는, 소스 하나를 만드는 데 최소한 16가지 재료를 넣었다!) 나는 그가 그러한 일을 하면서 얼마나 많은 생각을 했는지 나중에야 알았지만, 아무 말도 안하는 것이 낫겠다고 본능적으로 느꼈다. 나는 아직 그 때에는 그가 그것을 다정한 침묵으로 느끼는지 (나는 나중에야 그가 그것을 그 무엇보다도 즐긴다는 것을 알았다) 잘 몰랐다. 그래서 두세 시간 후에 그가 일에 몰두하다가 좀 느슨해지자, 나는 "답답해 죽는 줄 알았어요."라고 나직하게 말할 기회를 얻게 되었다. 내 말을 듣자 그가 희미하게나마 즐거운 미소를 보였다. 그래서 어색한 분위기가 사라졌고, 내 마음이 편안해지기 시작했다. 조금 뒤에 그는

---

① 다음 날 아침 보니까, 사실 탑의 부엌이 전혀 큰 것은 아니었다.

나에게 식전에 마시는 포도주(탑에서 그는 항상 그것을 "해질 무렵 마시는 술"이라고 불렀다)를 주었다. 그리고 나서 나는 작은 일을 한두 가지 거들었으며 우리는 마침내 둥근 식탁에 둘러앉았다. 훌륭한 음식과 포도주가 순식간에 나의 두려움을 사라지게 만들었다. 우리가 식사하는 동안 내가 고맙다는 말을 웅얼거리듯 몇 마디 한 것을 제외하고는 아무 말도 하지 않은 것이 다행이었다. 맛있는 식사를 할 동안 말하는 것을 융이 **몹시 싫어했다**는 것을 나중에 알았기 때문이다. (그는 정말 맛있는 식사를 할 때 수다를 떠는 것은 실례라고 했던, 자신의 어머니 말씀을 인용하곤 했다.) 내 기억으로는, 처음 식사를 하는 동안 그가 유일하게 한 말은 바로 이런 것이었다. "당신은 이미 음식을 즐기는 법을 알고 있군요. 내가 그게 **유일한** 것임을 [유일한 것임을 강조했다!] 당신에게 가르쳐줄 필요가 없겠네요!"

저녁 식사를 한 후에는 침묵이 끝났으며, 거기 머무는 나머지 시간은 계속 편안하게 지낼 수 있었다. 분석 시간을 제외하고는, 오랫동안 융과 함께 볼링겐에 있는 것이 다른 그 어느 곳보다 더 편하게 느껴졌다. 내 기억으로는, 설거지를 한 다음에 카드놀이를 했는데 융은 쉽게 이겼으며, 내가 등외로 처져 있는 동안 그는 토니와 한 게임에서 1등과 큰 차가 없는 2등을 했다! (융이 상당히 자주 카드놀이를 했지만 — 브리지(카드놀이의 일종 - 역주)를 한 적은 없더라도 — 나는 그 때나 그 후에도, 아무리 적어도 그가 판돈을 걸고 카드놀이를 하는 것을 본 적도 없고 들은 적도 없다.) 그는 내가 카드놀이를 너무 못한다고 놀리는 것을 매우 재미있어 했지만, 나는 조금도 신경 쓰지 않았.

다음 날 아침 우리는 그의 집 뒤 언덕 위에 있는 큰 숲속을 약 세 시간 동안 걸었다. 골짜기가 예기치 않은 방향으로 나 있어서 그 숲은 꽤 헷갈렸다. 처음 숲을 걷던 날 아침에 그는 나에게 호수 방향에 초점을 맞추고 걸으라고 했지만, 내가 항상 방향을 잘못 잡는 바람에 아주 재미있어 했다. 훨씬 뒤에야 나는 전혀 방향 감각이 없었던 토니가, 내가 길을 찾는 능력이 매우 탁월한 것(그녀에 비해서)을 보아, 내가 어쨌든 감각형임에 틀림없다고 그에게 말했다는 것을 알았다.

그런데 그는 내가 감각형이 아닌 게 분명하다는 사실을 그녀에게 입증하고 싶어 했다. 토니가 유형에 대해 전혀 의식하지 못했지만, 융은 언젠가 이렇게 유형을 잘못 파악하는 것이 어떤 때는 분석에서 이례적으로 효과적이라고 나에게 말한 적이 있다. 그녀가 피분석자의 열등기능을 우월기능이라고 확신함으로써, 그녀는 그것을 놀라울 정도로 발달시켰기 때문이다.

약 8개월이 지나서, 여름에 내가 탑을 방문했을 때는 전혀 다른 느낌이 들었다. 나는 처음부터 매우 편안함을 느꼈다. 그 때 우리는 걷는 대신에 호수에서 수영을 했다. 그 황홀한 여름날 저녁은 두 가지 면에서 매우 매력적이었다. 즉, 문 가까이에서 넘실대는 호수를 바라보노라면 볼링겐이 지니고 있는 특유한 치유력을 느낄 수 있고, 둥근 부엌에서 요리에 몰두하고 있는 융을 바라보며 다정한 침묵 속에 앉아 그가 지닌 전체성을 마주 대하고 있노라면 치유를 경험할 수도 있었다. 나는 나중에 자주 그곳에 갔다. 그러나 대조를 이루는 처음 두 번의 방문은 특히 내 뇌리에 생생하게 남아 있다. 그것이 이제 40년도 넘은 일이지만 말이다.

그 건물은 둥근 탑의 초기 단계에 있었으며, 처음에는 거의 정사각형의 부속 건물이었다. 거기에는 아직 옥외에서 식사할 수 있는 붙박이 부분이 없었다. 뜨거운 낮이나 저녁에는 매우 호젓한 분위기를 자아내는 나무들이 있는 호수 가장 자리에 식탁을 갖다 놓았다. 그러나 비가 오는 날에는 부엌으로 음식을 가지고 갔다. 벽이 매우 두꺼웠으므로 꽤 오래 요리를 한 뒤에도 부엌은 불쾌할 정도로 뜨겁지는 않았다. 융은 이미 두 번째 부가건물을 계획해 놓고 있었으며, 1931년 여름에 그것을 지었다. 이 부가건물은 1927년에 지은 부속건물이 있는 최초의 둥근 탑에 연결되었으며, 옥외 벽난로가 있는 새로운 긴 방에 덧붙여졌다. 훗날 융은 여름철에도 그곳에서 요리를 많이 했다.

1931년에 건물을 덧붙여 지음으로써 그의 서재 바깥쪽에 평평한 지붕이 생겼으며, 탑 모양의 부속건물 ― 1927년에 처음 지은 부속 건물로 생긴 ― 이 늘어났고, 융이 『회상』에서 그렇게도 좋다고 말한 적이 있는 은거하는 방[17]이 만들어졌다. 융은 이미 부엌 위에 있는 침실 벽에다 적어도 두 개의 그림을 그렸으며, 이제 그는 자신의 은거하는 방의 여덟 개의 벽에 모두 그림을 그리는 일에 착수했는데, 그 일은 여러 해가 걸려 끝나게 될 엄청난 작업이었다. 그가 말한 대로, 이러한 그림은 "현재로부터 격리된 시간, 현재에서 영원으로 들어간 시간에 나를 사로잡은 것들을 묘사했다. 이 두 번째 탑은 나에게 영적인 집중의 터전이 되었다." 융은 종종 자신의 은거하는 방에서 낮 시간 대부분을, 그림을 그리거나 명상을 하며 보내곤 했다. 그는 그곳에 사람들이 들어오는 것을 허락하지 않았다. **매우** 드물게, 그가 어떤 기술적인 문제에 대해 확신이 들지 않을 때, 내가 전에 화가로 훈련받은 적이 있기에 내 의견을 들어보고자 한 적이 있다. 그러나 그곳은 그 자신만의 장소였기에 그의 질문에 답을 하고는 될 수 있는 한 빨리 그곳에서 떠나야 했다.

1931년 2월에 존넨버그에서 카니발 무도회가 다시 열렸다. 그 날 저녁 역시 그 자체로 만족스러운 분위기였다. 앵글로 색슨 계통의 학생들은 재미있는 게임을 준비했다. 즉, 그것은 지난 2천년 내에서, 융이 발견했던 유산을 찾는 것이었다. 그러나 그것은 심리학 클럽이 존넨버그에서 개최한 마지막 큰 무도회였다. 왜냐하면 반복되면 영향력이 상실되고 마는 법이기 때문이다. 융은 **그 어떤 것도** 거의 혹은 전혀 다시 되풀이 하는 것을 권장하지 않았다. 반호프 식당에서 있었던 저녁 카니발 때마다 가면무도회가 열렸다. 그러나 그러한 무도회는 클럽의 위원회가 준비한 것이었으며, 융은 그들의 요청으로 그 무도회에 참석했다. 그는 다시는 처음에 열렸던 것처럼 전적으로 그 모임에 참석하지 않았다.

나는 융의 조수들 중 세 사람과 함께 2년 동안의 수습기간을 마친 후에, 1931년 1월 융에게 분석을 받기 시작했다. 다시 융에게 분석을 받게 되자 나는 기뻤다. 왜냐하면 분석을 받으며 일단 융의 전체성을 경험을 한 뒤에 **다른 사람**에게 분석을 받게 되어 나는 매우 실망스러웠었기 때문이다.① 그는 그 어떤 것도 그냥 지나치지 않았다. 그래서 그에게 분석을 받는 사람은 자신의 가장 열등하고 무의식적인 부분에 끊임없이 도전을 받았다. 나는 다른 사람에게 다시 분석을 받은 적이 없다. 나는 융에게 여러 해에 걸쳐 계속 분석을 받았다. 처음에 그는 대개 1주에 두 번 나를 보았으며, 그 다음에는 한 번만, 그리고 그 다음에는 내가 필요하다고 **판단**할 때 가끔 보았다. 그래서 나는 자연히 전이轉移에서 객관적인 관계로 넘어갈 수 있었다.

1944년에 병을 앓은 후에 융은 결코 자신의 서재에서 분석을 하지 않았다. 서재에서 떨어져 있는 작은 별실이 하나 있었는데, 상담실로 쓰기에 안성맞춤이었다. 피분석자는 편안한 안락의자에 앉았고, 융은 책상에 앉았지만 의자를 뒤로 잘 젖힐 수 있었다. 그래서 그는 피분석자를 직접 마주 볼 수 있었다. 피터 베인스가 이런 말을 했던 기억이 난다. 그가 분석을 하면서 어려운 일이 생겨 융에게 조언을 구하자, 융은 그가 분석할 때 어디에 앉아 있느냐고 묻고는, 이렇게 외쳤다고 했다. "책상에서 몸을 좀 빼 봐요." 피터는 이렇게 덧붙였다. "난 그런 생각을 해 본 적이 없어요. 그런데 그 어려움이 사라졌어요."

여름에 날씨가 좋을 때 융은 "정원에 있는 방" 18⑱에서 분석하는 것을 좋아했다. 그 방은 그의 정원 구석에 있는 작은 정사각형 모양으로, 바로 호수위에 위치해 있었다. 융의 가족들은 그들의 정원에 접해 있는 에를렌바흐Erlanbach

---

⑰ 그러나 나는 다른 세 명이 모두 나름대로 훌륭한 분석가라고 확신한다. 토니 볼프와 피터 베인스는, 내가 그들에게 분석을 받기 전에 많은 경험을 가지고 있는 사람들이었으며, 나는 전자前者가 특히 무의식으로부터 올라온 기이한 환상과 착상을 매우 침착한 태도로 받아들이는데 재능을 가지고 있다는 것에 감사함을 느낀다. 엠마 융은 내가 1930년 여름에 그녀에게 분석을 받게 되었을 때 막 분석을 시작했었다. 그녀는 단지 그녀가 내 삶에 새로운 차원을 더해 주었다는 꿈을 내가 꾸었기에 나를 피분석자로 받아주었으며, 융은 그녀가 무의식으로부터의 그러한 도전을 거절할 수 없을 것이라고 그녀에게 말했다. 나는 여름 한 학기 동안 그녀에게 분석을 받았다, 그러나 그녀는 자신의 우월한 감각기능이 나 자신의 매우 열등한 감각기능을 부분적으로 자극했기 때문에 그 당시에 평소보다 더 많은 시간을 나에게 할애해 주었다. 더욱이 분석은 이후에 내가 그녀와 중요한 관계를 형성하도록 해 주었다."

⑱ 마리-루이제 폰 프란츠는 융이 이 방에서 분석을 할 때 어떤 일들이 일어났는지 설명을 잘 해 주었다. 이 방에는 곤충들이 날아다니고, 평소보다 더 호수가 찰싹거리는 소리가 더 크게 들리는 등의 자연현상이 그대로 드러나 있었으며, 이러한 일들은 분석에서 언급된 것과 동시성적으로 속하는 것이기도 했다고 한다.

쪽이 공공 수영구역으로 개발되었을 때, 주로 이 방을 쓸 수 없게 된 것을 몹시 안타까워했다. 그들은 그 땅을 사려고 최선의 노력을 했다. 하지만 그들은 예상했던 것보다 그것으로 인해 훨씬 덜 방해 받는다는 것을 알게 되었다. 게다가 수영을 하는 계절이 주로 융이 볼링겐에 머무는 긴 휴가 기간이었다. 그는 오후에 정원이 있는 방에서 일하는 것을 포기했다. 하지만 그가 호수 바로 위에 있는 정원의 다른 쪽에서 일할 때는 방해를 받지 않았다.

실내에서 일할 때, 특히 꿈을 분석할 때 융은 왔다 갔다 하는 것을 좋아했다. 그는 분석을 오랫동안 하다보면 충분히 운동을 못하게 된다고 나에게 말했다. 그가 서성거리는 것이 나에겐 전혀 방해가 안 되었다. 그러나 그는 그것이 피분석자에게 방해가 되는지 안 되는지를 분명히 잘 알고 있었다. 나중에 나는 그에게 수년 동안 분석을 받은 어떤 사람들이, 그가 왔다 갔다 하는 것을 본적이 전혀 없다는 것을 알고 놀랐다. 대체로 융과의 분석은 각 개인에 따라 격식에 얽매이지 않았으며, 다르게 진행되었다. 1944년 이후, 분석을 많이 하지 않고 있었을 때 그는 대개 사람들을 서재에서 보았다. 그때 그들 각자는 편안한 안락의자에 앉아 분석을 받았는데, 아름다운 정원과 호수가 보였고, 두 사람 사이에는 편안한 간격이 있었다. 만년에 융은 약간 귀가 먹은 상태였다.

1930년과 1931년 겨울 학기가 시작되는 10월 초에 융은 존네 호텔Hotel Sonne(퀴스나흐트에 있는, 융의 집에서 가까운 고급 호텔 - 역주)에서 독일어 세미나를 개최했다. 첫 번 세미나는 적극적 명상, 즉 어떤 미국 여성의 환상에 관한 것이었는데, 그녀가 가장 중요한 이미지들을 그림으로 그렸다. 1931년에 있었던 두 번째 세미나에서는 그림과 함께 비슷한 여러 사례들이 다루어졌으며, 각 사례 마다 다른 강의가 이루어졌다. 굉장히 많은 독일 사람들이 독일 전역에서 왔으며, 다른 국적을 가진 사람들도 있었다. 또한 독일어를 이해하는 융의 취리히 제자들도 참석했다. 안타깝게도 나는 1930년 10월에 영국에 있었기에 그 해 세미나에 참석하지 못했다. 그래서 한 주간 동안 매일 융에게 강의를 듣고, 저녁을 먹은 후, 마지막으로 댄스가 있었던, 융의 집중 세미나를 내가 처음 경험하게 된

것은 1931년 10월이었다.①

　1931년 초 여름에 융은 베를린에서 성공적인 강의를 했는데, 매우 많은 사람들이 참석했다. 그러나 그는 몹시 피곤한 상태로 귀국했다. 그는 성공에도 불구하고, 혹은 그것 때문에 **매우** 괴로워했으며, 큰 강의실에서 하는 강의를 줄이기로 결심했다고 말했다. 앞에서 언급한 대로, 그는 항상 많은 청중에게 강의하는 것을 매우 어려워했다. 짧은 집중 세미나가 흥미를 끌게 되자 그것을 꺼려했지만, 그는 더욱 더 많은 사람들이 그 세미나에 참석하는 것을 받아들여야만 했다. 그러나 그 때부터 그는 정말 필요할 때에 한해서만 큰 강의실에서 강의를 했다. 융은 성공에 전혀 연연하지 않았다. 즉, 그에게 중요한 것은 소수의 사람들이 정말 이해하느냐 하는 것이었다. 나중에 그는 강의하러 해외에 가는 제자들에게 이렇게 말하곤 했다. "당신이 성공했느냐 실패했느냐가 정말 중요한 게 아니라는 걸 기억하시오. 중요한 것은 누군가 그것을 이해했느냐 못했느냐 하는 것이오." 우리가 돌아왔을 때, 그는 몇 번이나 이렇게 말했다. "성공 때문에 **힘들었다**면서요."

　1926년 3월 아프리카에서 돌아온 이래, 우리는 피터 베인스를 만나지 못했다. 그는 제자리를 찾는 데 힘든 시간을 보냈다. 하지만 그는 캐리 드 앙굴로와의 친교가 두터워짐으로써 도움을 많이 받았다. 그들은 1927년에 결혼을 하고, 캘리포니아의 카멜Carmel에서 그리고 영국에서 몇 년 간 신혼생활을 했다. 내가 아는 한, 1929년 9월이 되어서야 그는 융의 조수로 다시 일하게 되었다. 그와 캐리가 취리히로 돌아왔을 때, 그들은 영원히 거기 정착하려고 했다. 융은 조수를 다시 가질 수 있게 된 것을 매우 기뻐했으며, 모든 사람은 베인스 부부가 취리히

---

① 두 번의 세미나가 거기에 참석했던 사람들이 사용할 수 있도록 멀티그라프 형식으로 보존될 수 있었던 것은 올가 폰 쾨니히-파크젠펠트Olga von König-Fachsenfeld 덕분이다. 이러한 메모들은 최근에 재판이 나왔는데, 아직은 개인적으로만 유포되었다. 나중에 그러한 기록물이 더 많은 사람들이 볼 수 있도록 만들어지기를 바라는 바이다.

그룹에 보탬이 된다는 것을 알았다.

융은 1920년에 낸 『심리학적 유형』과, 1944년에 낸 『심리학과 연금술』사이에 두꺼운 책을 낼 시간이 없었지만, 많은 강의를 하기도 했고 짧은 논문들을 쓰기도 했다. 아마도 가장 중요한 것은 별 개의 두 논문이었는데, 그 두 개를 여러 번 개정하여 재판을 내었다. 피터와 캐리 베인스가 그 논문을 번역해서, 1928년에 『분석심리학에 관한 두 논문Two Essays on Analytical Psychology』[11]이 나왔다. 처음에 베인스가 번역한 이 논문들은 "정상적인 마음과 병리적인 마음의 무의식"과 "자아와 무의식과의 관계"라고 칭해졌다. 첫 번째 논문은 이미 출간되어 있던 독일어 판에서 번역되었다. 그러나 두 번째 논문이 처음 영어 판으로 나온 것은 1928년의 일이었다. (융은 가끔 영어로 번역하여 처음 냈던 것을 고치거나, 아니면 종종 덧붙여 쓰기도 했다.) 후자의 논문은 융이 여태까지 썼던, 자신의 심리학에 대해 가장 명쾌한 해설 가운데 하나다.

융의 강의와 논문이 추가된 독일어 모음집은 1931년에 Seelenprobleme der Gegenwart (대략 번역하면, 「오늘날의 정신적 문제Psychological Problems of the Present Day」)라는 제목으로 나왔으며, 1934년에는 비슷한 책이 「정신의 실재 Wirklichkeit der Seele, Reality of the Psyche」라는 제목으로 출간되었다. 1928년경에 베인스 부부는 여러 강의와 논문들을 「분석심리학에 대한 공헌Contributions to Analytical Psychology」이라는 제목으로 이미 번역해서 출간했다. 그러므로 이들 중 하나 이상이 독일어 원본이 나오기 전에 영어 번역판으로 나왔음에 틀림없다. (나중에 융은 종종 영어로 글을 썼다. 하지만 우리 생각에 그 당시에는 영어로 쓰지 않았다.)

베인스 부부의 번역본들은 영어를 쓰는 대중에게 뜻밖의 선물이었다. 1930년대 초에 취리히 사회에서 두 기능은 거의 동등하게 가치 있는 것이었다. 대단

---

[11] 이것은 지금 『전집』 제7권으로 나와 있다. 이 논문 중 두 번째 논문은 원래 1916년에 제1차 세계대전 중에 파리에서 강의한 것이다. 그러나 그것은 나중에 많이 확장되고 바뀌어졌다.

히 사교적인 외향형인 피터는 항상 매우 활기 넘치는 사람이었다. 반면에 조용하고 내향적인 캐리는 단체에서 소외감을 느끼는 내향적인 사람들을 언제나 변함없이 지지해주었다. 융은 이들 결혼한 부부가 가지고 있는 이 모든 것을 높이 평가했으며, 그들 모두를 좋아했다. 그럼에도 불구하고 그는 그들이 계속 결혼생활을 유지할 수 있을지에 대해서는 처음부터 불안감을 가지고 있었다. 이런 불안감을 자아내는 한 가지 원인은 그들이 모두 수영을 굉장히 잘하는 사람들이며 먼 바다 위에서 약혼식을 했다는 데 있었다. 그는 이것이 너무나 무의식 속에 멀리 떨어져 있어서 그들이 무슨 일을 하고 있는지 의식하지 못하는 것을 상징할 수 있을 것 같아 걱정을 했다. 다른 원인은, 캐리가 매력적이고 매우 지적인 여성이긴 했지만, 피터의 아니마 유형anima type이 전혀 아니었음을 융이 걱정했다는 데 있었다. 즉, 그는 나중에 그런 여성을 만날 수도 있으며, 현재 결혼생활을 충실하게 유지하는 게 어려울 수도 있다.

이 후자의 불안감이 충분한 이유가 있음이 드러났다. 1931년쯤에 피터는 실제로 자신보다 20살 어린 여성을 만났다. 사실 그녀는 융이 이미 피터의 아니마 유형이라고 묘사했던 이미지의 여성이었다. 피터는 캐리를 매우 좋아했을 뿐만 아니라 취리히에서 융의 조수로 있는 것이 자신의 진정한 소명이라고 느끼기도 했다. 융은, 그가 만약 캐리를 떠난다면, 영원히 취리히를 떠나야만 한다고 단호하게 말했다. 캐리와 그녀의 자매인 엔리 시노가 취리히에 정착했으므로 그것은 불가능한 상황이었을 것이다. 다시 한 번, 아프리카에서 그랬던 것처럼 — 매우 다르기는 하지만 — 피터는 생각이 엎치락뒤치락 하면서 매우 어려운 시간을 지냈다. 그는 이혼하기로 결심했으며 결국 영국 처녀와 결혼했다.

나는 이 결혼에 대해 반대하는 말을 하고 싶지 않다. 왜냐하면 나는 피터가 새로 결혼해서 행복했다고 믿기 때문이다. 그 두 사람은 짝이 되어 영국에 정착했다. 물론 그것은 영국 그룹에게 큰 득이 되었다. 하지만 가장 훌륭한 남자 조수를 잃어버린 것이 융에게는 심각한 고통이었으며, 물론 전체 취리히 그룹에게도 큰 손실이었다. 그것이 융에게는 외국인 의사로서 그의 중요한 조수였다가 떠난 두 번째 나쁜 경험이었다. 피터가 떠나기 몇 년 전에 독일인 의사 크라네벨트W. M. Kraneveldt가 그의 조수로 일한 적이 있다. 그는 취리히에 와서 분석을 하기 위해 체류 허가를 받으려고 외국인을 관장하는 경찰국에 지원서를 제출한 적이 있다. 융은 허가를 받기 전까지는 **그 누구도** 분석을 해서는 안 된다고 강한 어조로 그에게 충고한 적이 있다. 유감스럽게도 그는 융의 충고를 듣지 않았다. 결국 그는 허가를 얻지 못하고 스위스를 떠나야 했다. 이 두 가지 경험을 한 후에 융은 다만 스위스인 조수ⓐ를 쓰든지, 아니면 이미 정착할 수 있는 영주권을 받은 외국인을 조수로 쓰게 되었다.

앞에서 언급한 대로, 내가 1929년 1월에 취리히에 왔을 때, 융은 차도 없었고 비서도 없었다. 그의 아내와, 나중에 발터 니후스의 부인이 된, 셋째 딸 마리안 Marianne은 융이 분석과 강의가 엄청나게 많이 늘어서 더 이상 자신의 편지나 계정을 다룰 수 없게 되었을 때, 공백을 메워 주기 위해 일을 해주었다.ⓑ 그러나 그것은 그들 중 어느 한쪽의 성격에도 맞는 일이 아니었다. 특히 환자들에게 보낸 청구서가 부정확한 편이었기 때문이다. 나는 1, 2년 동안 정확한 청구서를 받았다고 생각하지 않는다. 나는 나에게 유리한, 잘못된 청구서를 받곤 했던 것이다! 융은 몇 년 동안의 경험을 통해 비서가 있어야겠다고 생각했다. 그러나 제대로 된 비서를 찾는 것은 어려운 — 거의 불가능한 — 일이었다. 1932년 봄에 뜻밖에 그 문제에 대한 답을 얻게 되었다.

융에게 큰 슬픔을 가져다 준 일이 일어났다. 그의 옛 친구인 바젤의 한스 슈미트 박사Dr. Hans Schmid가 사고로 갑자기 죽었던 것이다. 그 당시 융은 그의 죽음이 이상한 방식으로 나타났다고 우리에게 이야기해 주었다. 그의 친구가 죽기 바로 전에 그가 자신의 생명나무로 생각했던 나무가 죽었다는 것이다. 그래

ⓐ 마이어 박사Dr. C. A, Meier가 부르크횔츨리에서 융의 조수로 일하려고 왔던 것은 이 때였다. 훗날 그는 1948년에 설립된 취리히 융 연구소의 소장이 되었다.
ⓑ 융의 누이동생 게르트루드Gertrud 역시 많은 도움이 되었다, 내가 알기로는 그녀는 주로 원고를 타이핑해 주는 일을 했다. 그녀는 1935년에 죽었다.

서 이것은 그만큼 슈미트 박사의 마음에 고통을 주었기에 일련의 사고가 일어났으며, 마지막으로 일어난 사고는 치명적이었다. 그는 미망인, 아들 하나, 두 딸을 남겨두게 되었는데, 큰딸인 마리 - 진Marie-Jeanne은 훈련된 비서였으며 언어에 매우 능통했다. 그녀는 영국에서 막 1, 2년을 보냈고, 영어를 유창하게 했으며, 외국인 억양을 거의 쓰지 않았다. 그녀의 어머니는 프랑스어를 하는 스위스 출신으로 항상 자녀들과 프랑스어를 썼다. 그들이 바젤에서 자랐기 때문에 독일어를 쓰는 스위스 사람인 아버지로 인해 그들의 독일어와 스위스 독일어도 흠잡을 데가 없었다.

이제 융에게 맞는 비서를 찾는 데 있어서 가장 큰 어려움은, 심리학을 아는 비서가 필요하다는 것이었다. 그러나 이런 자격을 갖춘 가능한 후보자들은 모두가 그에게 이러저러한 형태로 전이ⓟ하고 있었다. 그는 이것이 결국 그들의 일이 그에게 가치가 있는 것보다 오히려 더 어려운 문제를 야기하게 될 것이라고 느꼈다. 그러나 마리-진은 아주 다른 측면에서 그를 잘 알고 있었다. 즉, 그녀가 어렸을 때부터 가끔씩 찾아왔던 아버지의 옛 친구인 그는, 전혀 흥미를 유발시키지 않았던 친밀한 인물이었다. 더욱이 그녀의 아버지가 원래부터 취리히 그룹 가운데 한 사람이었으므로, 그녀는 심리학에 대해 충분히 알고 있었으며 그 일이 무엇인지 전혀 모르지 않았다.

마리 - 진 슈미트는 20년 동안 융의 비서로 있었으며, 결국 아무도 그녀를 대신할 수 없다는 것이 분명해졌다. 그렇다고 그녀가 전혀 실수를 하지 않았다는 의미는 아니다. 즉, 그녀는 아주 많은 일을 할 만큼 능력 있는 사람이었지만, 그렇다고 자신을 "완벽한 비서"라고는 전혀 생각하지 않았다. 그녀는 융의 가정에 맞춘 듯이 꼭 맞았으며, 정말 여러 해 동안 그에게 엄청난 도움이 되었다. 그녀는 융의 어린 딸들 나이였으며 평생 융의 자녀들과 같이 어울렸다. 그녀는 이웃

ⓟ 나는 이것이 어쩔 수 없이 비서일과 같은 실제적이고 객관적인 일이 방해를 받게 되는, 자기Self의 요소를 투사하는 것과 관련이 있음이 이미 확실하다고 생각한다.

에 자신의 아파트를 가지고 있었지만, 항상 점심때에는 제슈트라세Seestrasse에 있는 융의 집에 있으면서, 융은 물론 융의 부인을 도울 수 있었고, 가족과도 아무 문제가 없었다. 그가 최선을 다해 사무적인 일을 처리하면서 여러 해를 보낸 후에, 훈련된 비서인 그녀는 융을 위해 그의 편지와 원고를 책임지고 관리하게 되었고, 새로운 방식을 도입하여 잘 정리했으며, 그가 요구하는 일은 항상 그 어떤 것이라도 잘 도왔다. 이것이 융에게는 전혀 예상치 못한 기쁨을 주었다. 그녀가 자신의 사생활을 잘 해 나가는 것 또한 그를 기쁘게 했다. 그것은 그보다는 그녀에게 보다 더 상당히 신나는 일이었다.

융에게 왔을 때 마리-진은 겨우 20살쯤 됐었다. 그녀는 당시 쾌활하고 오동통한 여학생 같았으나 대단히 똑똑하고 유능했다. 그녀와 그녀의 자매 모두 "매우 통통하게 살이 쪘으며," 그녀는 뚱뚱한 작은 돼지 새끼들 같은 딸들을 가진 그녀의 아버지를 부러워했던 어떤 농부 이야기를, 유감스러운 듯이 하곤 했다. 그녀는 요리를 잘했고, 결코 맛있는 식사를 넘치게 준비하는 법이 없었다. 그것은 그리 필요한 일이 아니었다. 그 당시 융의 가족에게는 두 명의 가정부가 있었다. 왜냐하면 스위스에서는 제2차 세계대전 이후까지, 훌륭한 가사 도우미를 두는 것은 거의 혹은 전혀 어려움이 없었기 때문이다. 거의 모든 사람이 마리-진을 좋아했으며 그녀는 사실 융에게 뜻밖의 선물이었다. 그녀가 결혼해서 그를 떠난 지 오래 지난 후에 그는 그녀에 대한 꿈을 꾸었다. 꿈을 꾸고 나서 그는 이렇게 말했다. "난 항상 마리-진과 마음속으로 연관되어 있을 거예요. 그녀는 내 삶속에 살아 있어요."

튀빙겐에서 교수로 있던 인도학자 하우어J. W. Hauer가 그 당시 취리히에 와서 쿤달리니 요가Kundalini Yoga⑩에 대한 세미나를 한 것은 1932년 가을이었다. 이것은 개성화 과정과 매우 유사한 것이었으며, 흥분되는 감흥을 주었다. 그러나 숙달된 인도철학이 유럽의 청중들 앞에서 발표되었을 때 늘 그렇듯이, 우리

---

⑩ 이 세미나는 영어와 독일어로 개최되었다.

모두는 몹시 넋을 잃어버리게 되었으며 혼란스러워졌다. 우리는 무의식이 우리를 이 과정 속으로 아주 천천히 끌어들이고, 모든 꿈이 그 과정을 조금 더 드러내는 것을 느끼곤 했다. 그러나 동양은 오랜 세월 동안 그런 명상 기법을 계속 실행해 왔다. 그러므로 동양은 우리가 소화할 수 있는 것보다 훨씬 더 많은 상징들을 모아서 가지고 있었던 것이다. 더욱이 동양은 우리의 현재적이고, 삼차원적인 삶 대신에 니르바나를 목표로 하여, 우리에 비해 일상적인 현실을 훨씬 뛰어 넘어 있다. 융은 매우 혼란에 빠진 사람들을 만나게 되었다. 그들은 매우 고마워하긴 했지만, 쿤달리니 요가에 대한 하우어의 훌륭한 설명을 이해할 수 없었다. 그러므로 그 세미나가 끝났을 때 융은 하우어의 영어 세미나의 첫 세 번의 강의에 대한 심리학적 주석을 해주었다. 그래서 우리 모두는 ― 더 풍부해지는 경험을 했고 ― 무슨 뜻인지 이해할 수 있었다.⑥

1932년에 취리히 시는 융에게 문학상을 수여했다. 이것은 많은 유명한 명예 박사학위를 받은 것보다 그를 더 기쁘게 했다. 그가 외국에서 점점 더 많은 명예박사 학위를 받게 되었지만 말이다. 그가 그 상을 기뻐한 것은 자신의 나라에서 처음으로 인정을 받았기 때문이다. 그는 그 즈음에 소위 야채를 파는 다리 옆에 있는 오래된 건물인 시청(시청 건물 위에 그리고 주위에는 꽃과 야채를 파는 노점露店이 있었다)에서 강의를 했다. 많은 청중이 모였으며, 그것은 가장 인상 깊은 강의였다.

ⓕ 이 하우어의 세미나는 모든 영어 세미나처럼 융의 보충 강의와 함께 기록되었으며, 그 세미나에 참석했던 사람들이 사용할 수 있도록 멀티그라프로 인쇄되었다. 1930년 가을에 메리 푸트 Mary Foote(유명한 미국 초상화가)는 모든 영어 세미나를 편집하는 일을 했다. 처음에는 여러 번의 수업에서 필기한 것들이 정리되었다. 그러나 이내 메리 푸트는 융을 설득하여 속기를 할 수 있었다. 그녀는 훌륭한 속기사인 코펠 부인을 발견했다. 코펠 부인은 스위스 사람과 결혼한 영국 여자였는데, 융이 영어로 한 모든 세미나를 충실하고 착실하게 계속 기록했다. 기록한 말이 어쩔 수 없이 구어와 다르기 때문에, 메리 푸트는 1939년에 영어 세미나가 끝날 때까지 편집하는 일에 자신의 모든 시간을 바쳤다. 그 때에는 초기의 모든 책들이 다 팔렸으며, 나이가 많았는데도, 그녀는 잘못된 것들을 고치는데 자신의 시간과 노력을 다 바쳤으며, 대체로 새로운 판을 내기 위한 그녀의 작업에 진전이 있었다. 그녀는 1968년에 90세가 넘은 나이에 세상을 떠났다.

1933년 겨울학기 말, 2월 중순쯤에 융은 몹시 지쳐있었기에 변화와 안정이 절대 필요하다고 느꼈다. 건강상태와 기력이 좋았지만, 그는 적어도 겨울에 한 번은 독감에 쉽게 걸렸다. 독감은 항상 그를 기진맥진하게 만드는 질환이었다. 더욱이 내가 앞에서 언급한 대로, 그는 그 당시에 평소와 달리 집에 머물렀다. 그래서 한스 피에르츠가 지중해로 유람선 여행을 떠나자고 제안하자 그는 즉시 그것을 받아들였다. 1920년에 헤르만 지크가 북아프리카로 여행을 떠나자고 했을 때 받아들였던 것처럼 말이다. 피에르츠 교수는 이 여행에 갑자기 흥미를 느끼게 되었다. 그는 아내와 그 자신을 위해 침대가 있는 배를 마련했다. 훗날 그는 그녀가 바다 위에 그렇게 오래 동안 있는 것을 전혀 좋아하지 않는다는 것을 알았다. 여분의 침대가 있는 것을 알았기에, 그는 그것을 융이 쓰도록 했다. 비록 그가 그 당시에 그를 잘 알지 못했지만 말이다. 융은 상당히 놀랐다. 그러나 그 때 그는 자신에게 꼭 필요한 그것을 제공하도록, 무의식이 한스 피에르츠를 고무시켰다고 생각했다. 그것 때문에 학기가 약 2주가량 단축되었다. 그는 그것이 피곤한 상태에 있던 그에게 필요한 일이라고 느꼈다.

내가 알기에 이것은 바로 융이 하고 싶어 했던 유일한 항해였다. 왜냐하면 아테네 같은, 그때까지 그에게 알려져 있지 않은 흥미로운 장소에서 잠시 재미를 맛보는 것은 실제로 그의 "취향"에 맞지 않았기 때문이다. 그러나 그는 바다를 좋아했다. 그것은 절대 안정을 주었다. 여행준비를 하지 않아도 되었기에, 그 당시 그것은 정말 적시에 이루어진 딱 맞는 일이었다. 그는 충분한 휴식을 취하고 건강한 모습으로, 매우 즐거워하며 돌아왔다.

이 여행은 상당히 놀랄만한 결과로 끝이 났다. 몇 달 전에 융은 볼링겐에 있는 땅을 더 많이 사지 않을 수 없었다. 새 땅은 긴 호수 앞부분에 있었지만, 그가 소유하고 있는 땅보다 훨씬 더 좁은 땅이었으며, 철로와 도로에 모두 더 근접해 있었다. 그것은 융의 진입로 옆에 있었으며, 그것이 건축부지[S]로 팔리는 것이

[S] 전에는 호수 옆에 건물을 짓는 허가를 받는 것은 어렵거나 불가능한 일이었다.

그에게는 못마땅한 일이었다. 그러나 그가 불만을 토로한 것처럼, 농부는 실제로 그가 지불할 수 있는 금액보다 더 많이 받고 싶어 했다. 그래서 그는 모든 장소 중 가장 좋은 이 땅을 한스 피에르츠에게 팔기로 결정했다. 후자後者는 별장을 지을 부지를 찾고 있었고, 호숫가에 있는 매우 아름다운 부지야말로 정말 그에게 행운이라고 여겨졌기 때문에, 기꺼이 그리고 기쁜 마음으로 융에게 좋은 가격을 치러주려고 했다. 반면에 융은 그가 잘 알던, 매우 가까이에서 그에게 기쁨을 주던 사람들을 받아들이는 것이 다소 걱정이 되었다. 영적 집중의 장소인 볼링겐은 정말 한적한 피정의 장소로 남아있어야 하기 때문이었다. 이런 문제는 깃발을 준비해 둠으로써 해결되었다. 융은 그 때부터 전혀 방해받지 않고 싶으면 항상 깃발을 세워두었다. 깃발이 세워있지 않을 때에도 그는 너무나 자주 그리고 하루 중 어떤 특정한 시간만은 방해받아서는 안 된다는 것을 확실히 해 두었다. 그러나 깃발이 올라가 있으면 어떤 일이 있어도 전혀 출입이 허용되지 않았다.

제11장
먹구름이 유럽을 뒤덮다
1933-1937

    1926년에 융은 이미 유럽에 긴장된 분위기가 드리워져 있음을 뼈저리게 인식했다. 1923년에 내가 폴지스 세미나에서 들은 바로는, 그가 서양인들에게 객관적 태도가 결핍되어 있음을 불안해했던 것은 분명한 사실이다. 제1차 세계대전이 끝난 다음에도 줄곧 교회는 대다수 유럽인들의 이런 요구를 채워줄 수 없었음을 여실히 드러냈다. 1918년 초에 독일인 환자들의 몇몇 꿈을 통해 그는 실제로 독일의 상황에 관심을 갖게 되었다. 그러나 그는 어디서 갑자기 문제가 발생할 것인지 분명히 알 수 없었다. 내가 스위스에 머물기 시작하던 초기부터 그는 특히 독일에 대해 불안을 느낀다는 말을 자주했다. 왜냐하면 기독교가 독일인들을 칼로 강압해왔기에 그들의 기독교적인 성격이 너무 얄팍하여 겉치장에 불과하며, 그들의 이교적인 뿌리가 다른 곳보다 지면에 더 깊이 박혀 있었기 때문이다.

    30년대 초에 이러한 불안감은 그의 독일인 환자들의 꿈을 통해 크게 증대되었다. 그 꿈 중 어떤 것은 정말 흉몽이었다. 히틀러와 그의 당이 정권을 잡기 전 몇 년 동안, 융은 이교가 어떤 형태로 다시 살아날 것인지, 의구심을 가지고 독일을 계속 지켜보았다.

독일 정부가 수립된 숙명적인 변화가 일어나고 어느 정도 시간이 지나서야 융은 C. G. 융 협회Gegellscaft(베를린 심리학 클럽)의 초청을 받아들였다. 그것은 1933년 7월에 베를린 근처에 있는 달렘의 하르낙하우스에서 세미나를 해달라는 것이었다. 평소와는 달리 그는 약 여섯 명의 제자들과 함께 베를린으로 가는 것을 반대하지 않았다. 왜냐하면 C. G. 융 협회가 취리히 심리학 클럽 멤버들에게 참석해 달라는 초청을 했기 때문이다. 나는 어쩌다가 혼자 퀴스나흐트에서 베를린까지 운전해 가게 되었다. 그러므로 나는 독일 전역에 무의식속에 잠자고 있던 보탄이 다시 깨어나는 현상이 일어나고 있음을 목도했다. 출발하기 전에 나는 융에게 내가 운전하는 것이 당시 독일의 시국에 비추어 볼 때 위험하다고 생각하는지 물어 보았다. 조심스럽게 숙고한 후에 그는 이렇게 대답했다. "그래요, 그건 위험해요! 어떤 일이 일어날지 모르니까 신경을 써야 해요. 하지만 그건 흥미 있는 경험이 될 거예요."

그것은 딱 맞는 말이었다. 길에는 차가 거의 다니지 않았다. 그러나 길은 그야말로 도보 여행자들로 가득차서 동승同乘을 청하지 않고는 50 야드(45.72 미터 - 역주)도 갈 수 없었다. 나는 휘발유를 넣으러 주유소에 갈 때마다 동승을 하지 않는다고 강력한 항의를 받았다. 주유소 종업원들이 동승하도록 한 대부분의 도보 여행자들은 전혀 문제를 일으키지 않았다. 그러나 노상강도도 많았고, 심지어 차를 훔치는 일도 있었기에 그들은 내 연료 탱크를 채워주지 않는 사람은 **그 누구도** 태워주지 말라고 했다. 도보 여행자들이 많은 곳을 따라 운전하면서 인정머리 없다는 느낌이 들어, 나는 주유소에서 차를 태워달라는 요청을 단 두 번 받고, 도보 여행자들을 찬찬히 뜯어 본 뒤에야 태워주었다. 두 번 다 전혀 문제가 없었으며, 그것은 전면적인 탈출에 흥미 있는 해결의 빛을 던져주었다. "나에게는 그 어느 곳도 나쁜 곳이 아니고, 어쩌면 내가 뉘른베르크에서 일자리를 얻을 수 있을지도 모른다는 생각이 들었다." 아니면 라이프치히든, 베를린이든, 그들이 가려는 곳 어디서든 말이다.

융은 엠마와 토니와 다른 몇 사람과 함께 기차로 갔으며, 우리는 모두 달렘의 하르낙하우스에서 만났다. 클럽의 모임은 인도학자인 하인리히 침머Heinrich Zimmer의 강의와 함께 첫날 저녁에 시작되었다. 그 다음에는 융의 세미나가 여섯 번의 강의로 한 주 내내 진행되었다. 내가 알기로는, 이것은 침머와 융이 두 번째로 만난 것이다. 침머는 운명적으로 융과는 물론이고 우리 모두와도 좋은 친구가 되도록 정해져 있었다. 우리는 그를 에라노스(아스코나)ⓐ에서 거의 매년 만났을 뿐만 아니라, 그는 취리히 심리학 클럽에서 자주 강의를 하기도 했다. 그는 매력적인 사람이었고, 모든 것에, 특히 그 자신의 주제에 적극적인 관심을 갖고 있었다. 그가 너무나 순진한 사람이어서, 융은 처음부터 그에 대해 염려했지만, 그것은 너무 지나친 생각이었다.

베를린에서의 첫 번째 강의는 정말 일품이었다. 침머는 청중을 매료시키는 능력이 있었다. 그런데 그 당시 침머는 거의 알려져 있지 않았으며, 독일과 세계 도처에서 온 대다수의 청중들은 주로 융의 강의를 들으러 왔고, 그가 첫 일요일 저녁에 강의를 하지 않아 실망했다. 그러나 침머는 그가 다룬 주제에 대해 탁월한 지식과 이해력을 가지고 있었을 뿐만 아니라, 매우 창의적인 마음도 가지고 있었고, 아주 생동감 있게 전달하는 능력도 있었다. 요컨대 그는 내가 들은 것 중에서 가장 훌륭한 강의를 한 사람들 중 한 사람이었다. 이상한 일이지만, 산스크리트어와 고대인도 경전에 대한 독보적인 지식을 가지고 있었음에도 불구하고, 그는 인도에 한 번도 가 본적이 없었다. 1939년 가을에 그가 피터 베인스와 그곳에 가려고 계획을 함으로써 그 간극이 채워지는 가 싶었지만, 전쟁이 발발함으로써 영원히 못가고 말았다.

융의 강의가 본래 몰입하게 만드는 힘이 있었지만, 나는 한 주가 지나가면서 점점 더 불편함을 느꼈다. 나는 세미나에서 사람들과 거의 혹은 전혀 접촉할 수 없었으며, 잘 알고 지내던 취리히에서 온 사람들과 이야기하는 것조차 어려웠다. 어느 날 아침 — 그것은 수요일쯤이었다 — 융은 계단에서 나를 보더니, 불

ⓐ 327쪽 이하를 보라.

러 세우고 이렇게 말했다. "조심해요, 당신은 위험스럽게도 넋 나간 사람처럼 되고 있어요." 나는 그가 옳다는 것을 알고 있었지만, 그가 "이 사람들은 모두 공황상태에 빠져 있어요. 그들은 무서워서 꼼짝을 못하고 있고, 어떤 결말이 이루어질지 모르고 있어요. 난 그들을 구해줄 수 없는 것과, 그들이 불가피한 재난으로 치닫고 있는 것이 걱정돼요. 그러나 적어도 우리가 할 수 있는 데까지 그들을 도우려고 애쓴다면 그것은 가치 있는 일이라고 생각해요."라는 말을 덧붙이기 전까지는 그 이유를 알 수 없었다. 그것은 내가 그런 상태에서 벗어나게 해 주기에 충분했다. 왜냐하면 나는 그들이 공황상태에 빠져 있는 것을 보지 못했기에, 무의식을 통해 내가 감염되었다는 것을 즉시 깨달았기 때문이다. 다음 날, 또 다시 내가 혼자 있는 것을 보자 융은, 영국인 친구와 나와 더불어 모든 것에 대해 장시간 이야기를 했다.

계단 위에서 그의 몇 마디 말을 듣고 나는, 그가 독일의 새 정부와 독일에 대해 비관적으로 전망하고 있다는 것을 알았다. 그러나 지금 ― 그가 우리에게 말해준 것처럼 ― 그에게는 아직도 그렇게 할 만한 더 많은 이유가 있었다. 그는 어떤 독일 의사ⓑ의 권유를 받았다. 그것은 바로 새 정부의 높은 관리 중 한 사람ⓒ이 사건의 흐름에 대해 불확실하게 느끼고 있으며, 융과 상의하기를 몹시 바라고 있다는 것이었다. 그래서 마지못해 융은 그를 만나러 가는 것에 동의했다. 그러나 방에 들어가는 순간, 그는 잘못 왔다는 것을 알았다. 그 관리는 융이 그를ⓓ 만나기를 원했다는 말을 하기도 했다! 융은 어리석은, 시간을 낭비하는 속임수에 화가 나서, 가능한 한 빨리 그곳을 떠났다. 그러나 그러한 그들의 수중에 독일의

ⓑ 나는 그가 전전 독일 수상의 동생이었던 오토 쿠르티우스 박사Dr. Otto Curtius였다고 생각한다. 그러나 내 기억이 잘못된 것일지도 모른다.

ⓒ 내 기억으로는, 그는 괴벨스Goebbels였다.

ⓓ 나는 쿠르티우스 박사(혹은 그것이 누구였던 간에)에 대해 말해야겠다. 그는 융이 흠모하는 유일한 사람이었다. 그는 정말 그가 그들에게 말해 줄 수만 있다면, **어느 누구에게나** 이유를 알려 줄 수 있다고 확신하고 있었다. 융은 전쟁 중에 그가 독재자들에게 그들의 잘못을 설명함으로써 전쟁을 멈추도록 그에게 간청하는 사람들의 편지를 많이 받았다고 나에게 말했다.

미래가 관련되어 있다는 것 때문에 불안이 가중되었다. 그는 결코 다른 주도적인 나치에 대해 어떤 것도 언급하지 않았다. 그러나 처음부터 그는 자신이 보아 왔던 떠버리 동료들에 대해 절망감을 느꼈다.

그는 다시금 독일 사람들을 지배하고 있던 공황상태에 대해 그리고 아무 것도 재난을 막을 수 없다는 그의 불안에 대해 상세하게 말했다. 적어도 그것을 멈출 수 있는 유일한 것은, 그들 모두가 빙의된 상태에 있음을 개개인들이 충분히 **의식**하는 것이라고 그는 말했다. 그러므로 그는, 미심쩍어도 우리가 그들을 믿고, 우리가 할 수 있는 한 많은 사람들이 보다 더 의식적이 되도록 도와야 한다고 했다. 그는 주로 개개인(그에게는 그 당시 독일 환자들이 많았다)을 통해 이런 일을 했다. 그러나 그는 보다 광범위한 대중에게 실상을 일깨우기 위한, 흔치 않은 노력의 일환으로 「노이에 슈바이처 룬트샤우*Neue Schweizer Rundschau*」지誌에 "보탄"[1]에 관한 논문을 기고했다. 융은 겉치장에 불과한 독일의 얄팍한 기독교가 제 기능을 하지 못하게 될 것 같아서 몇 년 동안 두려워해왔다. 그는 이미 1923년 폴지스 세미나에서 객관적 태도가 결핍되어 있는 것을 개탄했다. 그러한 태도는 무의식에만 있으며, 무의식에서 나와서 고태적이고 받아들일 수 없는 형태로 되살아날 것 같았다.

독일인들이 이리저리 방황하면서 안절부절못하고 부산하게 움직이고 있다는 것을 신문에서 읽자마자 그는 방랑자 보탄을 연상했으며, 만약 독일인들 개개인이 제 때에 위험을 충분히 **의식**하지 못한다면 이것이 바로 독일의, 받아들일 수 없는 상황을 만들어 낸 "고태적인 상징"이었음을 깨달았다. 제2차 세계대전이 끝나고 오랜 세월이 지난 뒤에, 핵전쟁이 일어날 것으로 생각하느냐는 질문을 받았을 때 융은, 그것은 "얼마나 많은 사람들이 그들 자신 안에 있는 대극의 긴장을 견뎌낼 수 있는지"[ⓒ]에 달려 있다고 생각한다고 대답했다. 그는 또한 그것을 다른 말로 (그가 그날 베를린에서 그랬던 것처럼) 다음과 같이 표현했던

ⓒ 194쪽 이하를 보라.

적이 있었다. 즉, 그것은 얼마나 많은 사람들이 제때에 상황을 **의식**할 수 있느냐에 달려있다는 것이다. 그는 개개인이 외적인 집단적인 긴장을 충분히 인식하는 게 얼마나 필요한지를 이미 아프리카에서 뼈저리게 깨달았다. 또한 그는 전부터 — 적어도 그가 "무의식과 대면" 한 이후부터 혹은 훨씬 그 이전에 — 우리가 우리 자신 안에 있는 긴장을 견뎌내는 것을 반드시 먼저 배워**야만 한다**는 것을 알고 있었다. 그러나 나는 운명 그 자체가 얼마나 개인에게 달려 있으며, 왜 융이 그가 접촉했던 독일인들 **개개인**을 일깨우기 위해 최선을 다하려고 했는지, 그날 베를린에서 처음으로 깨달았다.

내 회상록을 보고 위와 같은 말을 쓴 후에 나는, 융이 나치 정권 초기에 독일인들을 상대하며 겪었던 어려움들을 묘사한 것이 생각났다. 가장 적절한 부분을 빠짐없이 인용해보겠다.

히틀러가 정권을 잡았을 때, 내가 보기에 대중적인 정신병이 독일 안에 들끓고 있음이 매우 분명해졌다. 그러나 나는 나 자신에게 이것이 바로 도덕률과 규율 감각을 지닌 문명화된 유럽국가 독일이라는 것을 말하지 않을 수 없었다. 그러므로 이렇게 틀림없는 대중 운동의 궁극적인 결과가 나에게는 여전히 불분명해 보였다. 마치 지도자라는 인물이 처음에는 다만 양가적이라는 느낌이 들었던 것처럼 말이다. 1933년 7월에 내가 베를린에서 일련의 강의를 했을 때 나치당과 괴벨스라는 인물의 행태에 대해 극도로 부정적인 인상을 받았던 것은 사실이다. 그러나 나는 처음부터 이러한 징후가 결정적이었다고 주장하고 싶지는 않았다. 왜냐하면 나는 예컨대 이러한 것들이 어떤 위대한 혁명에 흔히 있을 수 있는 불가피한 문제라는 것을 나에게 입증해 보이려고 했던, 의문의 여지가 없는 이상주의를 가지고 있는 다른 사람들을 알고 있었기 때문이다. 정말 그 당시에 외국인이 분명한 판단을 하는 것은 결코 쉽지 않았다. 나와 동시대에 살았던 많은 사람들처럼 나는 미심쩍은 생각이 들었다.

무의식적인 내용에 압도될 위험에 처해 있는 환자들을 다루는데 익숙한 정신과 의사로서 나는, 치료적인 관점에서 볼 때, 의식으로 뚫고 들어오는 내용을 차단하고 통합하기 위해서는, 가능한 한 그들의 의식적인 입장과 이해력을 강화하는 것이 최고로 중요함을 알고 있었다. 이러한 내용은 그 자체가 반드시 파괴적인 것이 아니라 양가적이다. 또한 그것은 전적으로 그것이 어떤 저주 혹은 축복으로 판명될 것인지는 의식을 차단하는 구조에 달려 있다.

국가사회주의는 정신적인 대중 현상의 하나, 곧 집단적 무의식이 분출되어 나타난 것 가운데 하나였다. 나는 그것에 대해 거의 20년 동안이나 언급해왔다. 정신적인 대중 운동의 원동력은 본래 원형적이다. 모든 원형은 가장 낮은 것과 가장 높은 것, 악과 선을 포함하고 있기에, 정반대의 대극적인 결과를 산출할 수 있다. 따라서 그것이 긍정적인 것으로 혹은 부정적인 것으로 입증될 것인지를 처음부터 파악하는 것은 불가능하다. 그러한 것들에 대한 나의 의학적 태도는 나에게 기다리라고 충고해 주었다. 왜냐하면 그것은 성급한 판단을 허용하지 않고, 항상 처음부터 무엇이 더 나은지 모르며, 기꺼이 일들을 "공정하게 판단"하려고 하는 태도이기 때문이다. 사면초가에 빠진 의식에 결코 치명타를 가하기를 원하지 않고, 그것은 통찰력을 통해 그것의 저항력을 강화하려고 한다. 그러므로 모든 원형에 숨어있는 악은 개개인을 꼼짝 못하게 붙잡지도 않을 것이고 그를 파괴시키지도 않을 것이다. 치료사의 목적은 원형의 긍정적이고, 가치 있고, 살아 있는 특성 — 조만간 어쨌든 의식에 통합될 — 이 현실 속에 드러나게 하는 것이며, 동시에 가능한 한 그것의 피해를 주는 치명적인 경향을 차단하는 것이다. 아직 구원할 수 있는 모든 것을 구원하기를 바라며, 아주 예상 밖의 힘든 상황에서도 얼마만큼 낙관할 수 있도록 이끌어 내는 것은, 의사가 직업상 갖추어야 할 요소다. 설령 이것이 그 자신을 위험에 노출되도록 하는 것을 의미한다 하더라도, 그는 현실적인 혹은 누가 봐도 알 수 있는 절망적인 상황에 지나치게 깊은 타격을 받도록 그 자신을 도저히 방치할 수 없다. 더욱이 국가사회주의 시대가 될 때까지 독일은 지상에서 가장 분화되고 문명화된 나라들 중 하나였음을 잊어선 안 된다. 게다가 우리 스위스와 독일의 정신적인 배경은 피, 언어 그리고 우정으로 결속되어 있다. 나는 이러한 문화적인 유대가 깨어지는 것을 막기 위해 미미하나마 내 능력껏 있는 힘을 다하길 원했다. 왜냐하면 문화는 대중정신의 무서운 위험에 맞설 수 있는 유일한 무기이기 때문이다.

만약 원형이 의식적으로 현실에 들어오게 되면, 그것이 괜찮은 형태로 실현될 수 있을지는 그 어떤 것도 보장할 수 없다. 그 반대로 파괴적인 퇴행의 위험이 더 많아지게 된다. 정신은 파괴적으로 일어날 수 있는 일을 막으려는 목적으로 의식意識을 지니고 있는 것처럼 보인다.[2]

나처럼 1933년 7월에 베를린에서 융과 같이 있었던 사람과, 향후 28년 동안 그를 자주 만나고, 또 그가 말하는 것을 들은 사람은 그 누구라도, 융이 나치였다는 비방은 매우 터무니없고 전적으로 근거가 없는 것이므로, 그것을 심각하게 반박하는 것은 바람직하지 않은 일이라는 것을 알 수 있다. 대부분 그것을 믿고 **싶어 하는** 사람들만이 그렇다고 생각한다. 그들로 인해 에너지를 낭비하는 것은 언제나 쓸모없는 일이다. 나는 1914년에 이것을 알게 된 이래, 그 교훈을 결코 잊은 적이 없다. 독일인들이 벨기에와 프랑스 북쪽을 휩쓸어 버리고, 프랑스의 원정군도 영국의 원정군도 전혀 그들을 멈추게 할 수 없을 것 같았을 때, 무슨 까닭인지 러시아 원병援兵이 스코틀랜드에 상륙하게 될 것이라는 소문이 영국에 파다하게 퍼졌으며, 그것이 **사실임에 틀림없다**고 심각하게 말하는 사람도 있었다. 왜냐하면 그들은 그들이 발을 굴러 장화의 눈을 터는 것을 보아왔기 때문이다. 8월의 스코틀랜드 기후처럼 그런 일이 있을 수 없다는 것은 분명한 사실이다. 사람들이 그런 이야기를 한 것은 막강한 러시아 군대가 독일의 진군을 막기 위해 개입하려 했다고 믿고 싶어 했기 때문이다.

융이 나치의 계획에 대해 공감했다는 소문은 정말 터무니없는 것이다. 만약 전자가 기상학적인 사실에 대해 믿기지 않을 정도로 무지함을 보여준다면, 후자는 전적으로 **개개인**을 중요시한 융 심리학의 기본원리에 대해 무지하다는 것을 똑같이 보여준다. 예컨대 융은 "주의들isms"(그리고 처음부터 그는 항상 소위 나치즘과 볼셰비즘은 같은 것을 가리키는 두 가지 명칭이라고 말했다)에 대해 다음과 같이 말했다.

> 우리 시대의 정치적이고 사회적인 주의들은 상상할 수 있는 이상理想을 설파한다. 그러나 이런 탈을 쓰고 그들은 개인의 발전 가능성을 제한하거나 완전히 억제함으로써 우리 문화의 수준을 저하시키는 목적을 추구한다. 그들은 테러리즘이 지배로 인해 생기는 혼란을 야기함으로써 이런 일을 부분적으로 자행한다. 이런 혼란은 겨우 끼니를 이을 정도밖에 안 되며, 소위 "암흑" 시대 중 최악의 공포 시대를 능가하는 원시적인 상태를 말한다고 볼 수 있다. 이런 수모와 노예상태의 경험이 가장 위대한 정신적인 자유를 다시 한 번 호소하게 될 것인지의 여부는 지켜봐야 한다.[3]

다른 곳에서 그는 이렇게 말하고 있다.

> 실지로 세계 역사상 가장 위대한 사건은 극히 하찮은 것이다. 결국 가장 중요한 것은 개개인의 삶이다. 이것만이 역사를 만들며, 여기서 일어나는 위대한 변화만이 가장 중요한 위치를 차지하게 되고, 모든 미래, 세계의 모든 역사는 궁극적으로 개개인 안에 숨겨진 이러한 자원으로부터 총체적으로 엄청난 것이 생겨나게 된다. 가장 개인적이고 가장 주관적인 삶을 통해 우리는 우리 시대의 소극적인 증인들과 고통 받는 사람들이 될 뿐만 아니라 창조자들이 되기도 한다. 우리는 우리 자신의 시대를 만들어간다.[4]

이러한 두 개의 짧은 인용문은 융의 심리학이 **어떤** 정치운동과도 얼마나 철저하게 양립할 수 없는지, 그리고 융이 한시도 나치정권과 관련된 그 어떤 것에 동조하기가 얼마나 불가능한지 충분히 보여줄 수 있을 것이다.

1933년의 베를린으로 돌아가 보자. 그 때 융의 세미나는, 강의를 듣는 사람들을 위해 대단히 훌륭한 속기와 멀티그라프를 사용하여 거의 축어록 형식으로 기록되었다. 나는 융이 그 당시 공황상태에 있던 독일인들을 어떻게 다루었는지 다시 생각해보기 위해 굉장한 관심을 가지고 다시 읽어보았다. 그가 독일을 사로잡고 있던 보탄 신화에 대해 개개인이 눈을 뜰 수 있도록 최선의 노력은 했지만, 베를린에서 많은 독일 청중들에게 연설하면서 그는 정치적인 상황에 대해 **전혀** 말하거나 언급하지 않았다. 그러나 그는 그들이 정신과 내적인 삶의 현실에 눈을 뜨게 하기 위해 최선을 다했다. 그는 무의식에 사로잡힐 수 있고, 신비적 참여*participation mystique* 상태에 갇힐 수 있는 위험에 대해 많은 이야기를 했다. 그러나 그는 항상 일상적인 말로 이야기했으며, 그의 강의를 듣는 개개인들이 그것을 그들 자신의 현 상황에 적용할 수 있는 여지를 남겨두었다. 그는 물론 청중들을 차분하게 만들었다. 나는 결코 전반적인 분위기가 매우 빠르게 변하는 것을 감지한 적도 없고, 마지막 강의가 끝나자 그 만큼 열광적이고 끊임없이 박수갈채를 보내는 것을 전혀 본 적이 없다.

베를린에서 융은 독일 젊은이들의 지나친 자신감에 대한 질문을 거듭 받았다. 이런 질문을 통해 그는 스위스 젊은이들에 대해 더 많이 알게 되었고, 어떻게 젊은이들이 발전해갈 수 있는지 알 필요를 느꼈다. 1933년쯤에 그의 자녀들은 순식간에 결혼을 하고 집을 떠나갔으며, 그에게는 아직 손자들도 별로 없었다. 그러므로 베를린에서 집으로 돌아온 뒤에 볼링겐에 머물고 있을 때, 그는 아르헨티나에서 자란 토니 볼프의 조카인 파블로 나에프Pablo Naeff에게 볼링겐에서 하루를 보내도록 급우 몇을 데려올 수 있는지 물어보았다. 그는 그 때 취리히 프레이 김나지움 마지막 학기에 재학하고 있었고, 대학에 막 들어가려 하고 있었다. 융은 그들에게 점심과 저녁을 차려주며 큰 관심을 갖고 그들의 반응을 살

피면서 그의 심리학에 대해 많은 이야기를 해 주었다. 파블로 나에프는 여섯 명의 소년들과 한 명의 소녀(이렇게 해서 마리-루이제 폰 프란츠는 18살 때 처음으로 융과 그의 심리학에 대해 소개를 받게 되었던 것이다)에게 그날 성탑城塔에 있는 그를 방문하러 갔던 파티가 어떠했는지 물어 보았다.

융이 처음으로 아스코나의 에라노스 학회에서 강의를 한 것은 같은 해(1933년) 8월이었다. 매년 열렸던 이 모임은 올가 프뢰베 - 카페틴Olga Fröbe-Kapetyn 에 의해 계획되었으며 몇 해 동안 지속되었다. 우리가 처음 그곳에 갔을 때 벽 그림을 보고, 초기 모임이 성격상 상당히 신지학적神智學的이었으리라는 인상을 받았다. 융은 신지학에 관련된 그 어떤 것에도 동조하지 않았기에 — 왜냐하면 그는 항상 그것이 경험적인 근거가 없이 막연히 추측한다고 느꼈기 때문이다 — 나는 프뢰베 여사가 아스코나에서 강의하도록 처음에 융을 어떻게 설득했는지 모른다. 아무튼 그가 거기 참석하자 모임의 성격이 완전히 바뀌었다. 나중에 프뢰베 여사는 1933년에 시작된 학회에 대해 이야기하곤 했다. 그녀는 아스코나와 포르토 론코 사이에 있는 아주 작은 마을인, 모스키아에 있는 저택의 아름다운 정원에 큰 강당(약 200명 정도 들어갈 수 있는)을 지었다. 그곳은 여름에 모임을 갖기에는 완벽한 환경을 제공해 주었다. 그 아래에는 정말 마음에 드는 해수욕장이 있는 마조레 호湖가 바로 인접해 있었는데, 프뢰베 여사는 친절하게도 학회에 참석한 사람들이 그것을 사용할 수 있게 해 주었다.

이 첫 번 학회의 일반적인 주제는 "동양과 서양의 요가와 명상"이었다. 프뢰베 여사는 융뿐만 아니라 하인리히 침머, 프랑크푸르트 대학의 중국 연구소 소장이었던 에르빈 루셀레Erwin Rousselle(그는 1930년에 리하르트 빌헬름 다음에 소장이 되었다), 로마의 에르네스토 부오나이우티Ernesto Buonaiuti,[①] 유명한 뮌헨의 정신과 의사인 헤이어G. R. Heyer,[②] 그리고 몇몇 다른 사람들에게도 강의를 부탁했다.

융은 그 해 "개성화 과정의 경험적 기초Empirical Basis of the Individuation

Process"에 관해 즉석 강의를 했다. 그 강의가 1933년 「에라노스 연보」에 실려 보존될 수 있었던 것은 토니 볼프 덕분이다. 그녀는 성문판成文版을 만들기 위해 돈을 기부했다. 나중에 융은 "완전히 개정하고 확장한 판본"을 만들어서 「무의식의 형상Gestaltungen des Unwewussten」(1950년, 취리히)이라는 제목으로 그것을 출간했다. 이 판본은 "개성화 과정에 대한 연구A Study in the Process of Individuation" 5로 번역되어 『전집』에 실리게 되었다.

1933년부터 1939년까지 융은 학회가 진행되는 동안 아스코나 언덕위에 있는 몬테 베리타 호텔에 머물렀다. 그곳은 호수와 산이 보이는 경치가 좋은 곳이었다. 그것은 동양과 서양 미술작품 모두를 많이 소장하고 있던 폰 하이트Baron von Heydt 남작의 소유였다. 그 당시 그 작품들은 주로 그의 개인 저택과 호텔의 모든 방에 걸려 있었다.ⓗ 이상한 사람ⓘ인 남작은 그 호텔의 경영과는 아무 관계가 없었지만 자신의 저택에 살았으며, 가끔 모습을 드러낼 뿐이었다. 그것은 큰 호텔이었고 여러 면에서 특이했다. 그 호텔에는 편안한 좌석을 갖춘 화랑, 그리고 큰 발코니와 바닥이 있는 거실들이 아주 많았으며, 마조레 호의 전망이 정말 장관이었다. 프뢰베 여사는 융에게는 물론이고 다른 많은 강사들에게도 숙소를 제공했다.ⓙ 엠마 융, 토니 볼프, 그리고 우리 그룹의 많은 사람들 또한 거기 머물렀다. 사실상 일찍 신청한 사람은 누구나 들어갈 방이 충분히 있었다. 1933년

ⓕ 초기 기독교 주제에 관한 학자로 유명한 부오나이우티 교수는 1926년에 이단적인 관점을 가졌다고 파문되었고, 1931년에 무솔리니에게 충성 맹세를 거부함으로써 교수직에서 쫓겨났다. 그는 여러 해 동안 아스코나에서 강의했으며 이탈리아어를 이해했던 사람들은 그가 강의해 준 것을 매우 고마워했다. 또한 모든 사람이 그를 좋아했다.
ⓖ 헤이어G. R. Heyer 박사에 대해서는 439쪽을 보라.
ⓗ 지금은 대부분의 작품이 취리히에 있는 리트버그Rietberg 박물관에 있다.
ⓘ 1933년에 그는 이미 아내인 베라 폰 하이트Vera von Heydt 남작부인과 별거 중이었다. 그녀는 매우 젊었을 때 그와 결혼했다. (그는 매우 부유한 은행가였다.) 나중에 그녀는 융 심리학에 관심을 가지게 되었고, 처음에는 에든버러에 있는 데이비슨 클리닉에서 일했으며, 그 후엔 런던에서 분석가로 일을 했다.
ⓙ 내가 알기로는 폰 데어 하이트 남작은 에라노스 학회에 대해 매우 너그러웠다. 그러므로 강사들에게 호텔 경비를 조금 받든지 아니면 아예 받지 않았다.

부터 1939년(전쟁 중 호텔이 문을 닫은 그 해 말) 까지 나는 다행하게도 항상 방을 차지할 수 있었으며, 매년 목가적인 환경에서 머물 수 있는 열흘을 손꼽아 기다리곤 했다.

  그 모임에선 흥미 있는 토의를 많이 했다. 융은 강의가 끝나고 나서 테라스에서 그리고 식사 후에 호텔에서 토의를 할 때 모두 중심인물이었다. 당시 진행된 강의에 대해서는 물론이고 다양한 주제의 토의가 이루어졌으며, 강의 한 사람이 종종 그 토의에 참석했다. 그 당시 토의는 강의에 호의적인 많은 청중이 함께 한 자리에서, 주로 융과 강의 한 사람 사이에 이루어졌다. 프뢰베 여사는 그것을 자신의 손님들과 함께 하는 "원탁 토의"라고 부르곤 했으며, 그것은 식사 후에 그녀의 정원에서 이루어졌다. 융은 베리타 호텔이 문을 닫은 후에도, 즉 전쟁 중에 그리고 전쟁이 끝난 후 여러 해 동안 이런 토의에 정규적으로 참석했다. 융의 가족들은 결코 다른 호텔에 가지 않았다. 그들은 오로지 프뢰베 여사가 제공한 멋진 아파트에 묵었다. 그 아파트는 그녀가 강당 위에 지은 것이었다. 그들은 그녀의 저택이나, 날씨가 좋을 때마다 그녀의 식탁으로 쓰인, 정원에 있는 큰 둥근 테이블에서 자주 식사를 했다. 융의 가족들이 아직 베리타 호텔에 머물고 있는 동안, 우리는 차를 몇 대 가지고 있었기에, 종종 테신의 매력적인 작은 마을들을 둘러보았다. 대개 거기에는 아주 훌륭한 음식을 먹을 수 있는 호텔이 하나쯤은 있었다. 그 당시에 몬테 베리타 호텔의 요리가 융에게는 종종 보잘 것 없는 것이었다. 그 자신이 요리를 잘 하는 사람이었기에 그는 정성 없이 변변치 않게 요리된 겉보기에 그럴듯한 음식(최고의 재료로 만들어진)을 보는 것을 싫어했다.

  1913년에 처음 강의를 시작한 이래, 융이 취리히 연방 공과대학에서 다시 강의를 하게 된 것도 1933년이었다. 그 때부터 강의는 중단되지 않고 1941년까지 계속되었다. 강의는 항상 금요일 늦은 오후에 있었으며, 모든 학생들의 환영을 받았다. 수요일 아침에는 영어 세미나가 열렸는데, 융은 매주 우리에게 두 번 강의를 해주었다. 그는 이런 강의를 1933년 10월 20일에 시작했는데, 청중이 아주 많이 모였다. 왜냐하면 그 당시 세계적으로 유명해진 동료 시민(융을 말함 - 역주)을 보려는 일반 대중의 호기심이 촉발되었기 때문이다. 대강당에서 강의를 해야 했기 때문에 융은 그것을 매우 싫어했다. 그 강당은 435명을 수용할 수 있었는데, 늘 거의 꽉 찼다. 앞에서 언급한 대로, 융은 가끔 한 번에 끝나는 강의를 제외하고는, 많은 사람들이 모이는 것을 싫어했으며, 엄청나게 많은 청중들로 인해 매주 마다 극도로 피곤하게 된다는 것을 알았다.

나는 그가 일부러 자신의 청중을 줄이려고 했는지는 모르겠다(나중에 그의 모든 강의를 더 작은 홀에서 하게 되었으므로 그렇게 하는 것이 효과가 있었는지 모르지만, 여전히 가장 큰 강의 하나는 대강당에서 할 수 밖에 없었다). 그러나 그가 한 처음 강의는 상당히 어려웠다. (나중에 그는 강의가 **너무** 어려워서 청중들 대부분이 거의 혹은 전혀 이해하지 못했다고 말했다.) 첫 번 네 번의 강의는 심리학의 역사를 간단하게 살펴보는 것이었다. 그 강의에서 그는 데카르트(1596-1650)로 시작해서 윌리엄 제임스(1842-1910)까지 많은 철학자들의 저서들을 통해 심리학의 선구자들을 추적해 보았다. 이렇게 한 후에 그는 정신의 경험적 배경을 실례를 들어가며 설명했으며, 그러고 나서 심리학적인 배경을 보여주는 많은 도해를 가지고 유스티누스 케르너Justinus Kerner(1786-1862. 독일의 낭만파 시인으로 후기 낭만파인 슈바벤 시파詩派에 속하며, 심령, 몽유병 등을 연구하는 의사로도 활동했다 - 역주)의 유명한 『프레포르스트의 천리안을 가진 사람Clairvoyante of Prevorst』에 대해 묘사했는데, 그것에 대해 일곱 번의 강의를 더했다. 나머지 다섯 번의 강의는 유명한 영매靈媒가 되었던 헬레네 스미스Hélène Smith에 대한 플루르누와Flournoy⑯의 사례에 대해 다루었으며, 의식意識에 관련된 도해를 가지고 케르너의 저작의 연구 대상인 예언녀Seherin와 헬레네 스미스에 적용해 본 후에, 그는 프로이트, 록펠러 같은 소위 정상인에 대해, 그리고 스위스 성자 니클라우스 폰 플뤼에Niklaus von der Flüe, 괴테, 그리고 마지막에는 니체까지 광범위하게

---

⑯ 제네바의 플루르누와. 144쪽을 보라.

다루었다. 이러한 강의는 독일어로 이루어졌다. 우나 토마스, 엘리자베스 웰쉬 (대부분의『동시대 사건에 관한 논문*Essays on Contemporary Events*』을 처음 번역한)와 나는 독일어를 모르는 융의 학생들을 위해 우리가 메모한 것들을 모아 영어로 번역했다. 이것은 나중에 여러 앵글로 색슨 그룹 사이에서 개인적으로 유포되다가 멀티그라프로 인쇄된 판으로 만들어졌다.①

1934년에 융은 또한 어린이의 꿈에 관한 세미나를 시작했다. 이때는 훨씬 청중이 적었으며, 주로 연방 공과대학 및 타 대학 학생들이 주를 이루었다. 이러한 세미나는 모두 리브카 쉐르프-클루거Rivkah Schärf-Kluger에 의해 독일어 속기로 기록되었고, 독일어로 인쇄 — 게다가 사적인 판본으로 — 되었다. 그 강의는 정말 새로운 장을 열어주었다. 왜냐하면 융이 해석한 어린이들의 많은 꿈에는 향후 어린이의 삶의 전 과정이 포함되어 있었기 때문이다. 융의 옛 제자들과 친구들이 이것이 입증될 수 있는 꿈들을 주로 제공해 주었다. 그들 중 많은 이들은 그들의 어릴 적 꿈들을 생생하게 기억했다.

1933년경에 융은 이미 자신이 국제심리치료 총 의학협회International General Medical Society for Psychotherapy(그리고 그 출판물인「젠트랄블라트*Zentralblatt*」)와 관련하여 딜레마에 빠져 있다는 것을 알고 있었다. 그는 그 협회의 명예회장이었다. 이 국제협회의 회원들은 여러 나라에서 왔다. 하지만 독일인들이 항상 그것을 독점했고, 주된 책임자 자리를 차지하고 있었다. 나치 정부가 모든 독일협회를 강제로 "획일화*Gleichschaltung*"(통일)했으므로 난감한 상황이 생기게 되자, 회장인 에른스트 크레치머는 "전면적인 대변동 때문에" 사임했

---

① 이 강의를 출간하자는 의견이 좀 있었다. 융 자신이 자유롭게 되풀이하길 원했기에, 그 강의는 완벽한 게 아니었다. 그러나 그 강의를 들은 것이 가장 흥미로운 학기였으며, 그것은 책 6권 분량이다. 그것은 공개 강의였기에, 출간되었지만, 우리는 나중에 책을 내기 위해 단지 독일어 속기록(리브카 쉐르프-클루거가 기록한)만 갖고 있었다. 그러므로 초기의 것들은 단지 강의의 개요에 불과한 것들이다.

다. 나는 융이 1914년 4월에 프로이트의 국제협회 회장직을 사임한 이래 거의 20년 내에 어떤 협회의 회장이 되는 것에 동의했다고 전혀 생각하지 않는다. 그 때 우리가 본 바와 같이, 그들이 주고받은 엽서와 편지가 결코 융의 마음에 맞는 것은 아니었다. 그럼에도 불구하고 모든 정신의학계는 독일에서 위협을 받았으며, 융은 그 협회가 생존할 수 있는 유일한 희망이 총 단체에 있다는 것을 알고 있었다. 그것은 독일인 회장에 의해 이루어질 수 없다는 것이 분명했다. 그래서 몇몇 "그 협회의 지도적인 회원들"은 융에게 회장직을 받아들이기를 — 그는 그 것을 "강렬하게"라는 표현을 썼다 — 권했다. 그는 신문에 이런 글을 기고했다.

따라서 이런 상황에서 어떤 괜찮은 사람에게 일어날 법한 도덕적 갈등이 나에게 일어났다. 신중한 중립적인 태도를 가지고 내가 안심하며 변경邊境으로 물러나고 순진하게 발을 빼야만 하는가? 아니면, 내가 — 내가 잘 자각했던 대로 — 어쩔 수 없이 아무도 피할 수 없는 불가피한 위험한 일에 생명을 걸고 불가피한 오해를 무릅쓰고, 현존하는 독일의 정치권력에 협조해야만 하는가? 내가 동료들에게 충실하고, 나와 관계 있는 몇몇 독일 의사들과의 우정을 지키기 위해 과학에 대한 관심을 희생해야만 하는가? 공통의 언어에 의해 생긴 인문학과의 살아 있는 모든 관계를 이기적인 안락함과 상이한 나의 정치적인 정서를 위해 희생해야만 하는가? 나는 독일 중산층의 고충을 굉장히 많이 목격한 적이 있고, 종종 오늘날 독일 의사들이 끝이 없는 고통스런 삶을 살고 있다는 것을 알았고, 일반적인 정신적 비열함이 낡아빠진 정치적 속임수에 은폐되어 나의 솔직한 인간적인 의무를 회피하게 만들 수 있다는 것을 너무나 잘 알고 있었다. 결과적으로 내 이름과 독립적인 위치에 부담을 느끼는 내 친구들에게 내가 대답할 수 있는 다른 길이 전혀 남아 있지 않았다.

그 때 상황을 보면, 높은 지위에 있는 사람이 한 번 펜대를 놀림으로써 비밀리에 모든 심리치료를 쓸어버리기에 충분했을 것이다. 그것은 고통 받는 사람들, 의사들, 그리고 — 마지막으로 중요한 — 과학과 문명을 위하여 무슨 수를 써서라도 방지되어야만 했다.**6**

그 당시 — 사실 내가 융을 보아왔던 32년 동안 대부분 — 나는 기억할 수 있는 한, 나의 분석시간, 세미나, 그리고 특히 관심 있는 대화를 나중에 모두 기록해두곤 했다. 1934년 5월 10일부터 13일까지 바트 나우하임**Bad Nauheim**에서 개최된 협회의 다음 총회에서 그가 돌아왔을 때 나에게 말해 준 것을 다음과 같이 기록해 놓았다. (내 메모에는 날짜가 1934년 5월 14일로 적혀있다. 이것을 볼 때 그 총회가 그의 마음속에 틀림없이 생생하게 남아있었을 것이다.) 융이 그 협회를 전적으로 개편할 필요가 있다고 강경하게 주장한 것은 바로 그 총회였다.

내가 보기에 융은 몹시 지쳐보였다. 그러나 그는 대체로 그 모임의 결과에 만족한 것 같다. 사실상 그는 단연 가장 어려운 일은 자신의 제안을 준비하는 것이었다고 말했다. 그런데 그 당시 놀랍게도 여러 가지 생섬이 쉽게 받아들여졌다. 협회가 한층 더 국제적인 기준을 갖추기 위해서는 독립적인 국가별 그룹이 조직되어야 했으며, 어떤 국가별 그룹도 투표수의 40퍼센트 이상 동원될 수 없다는 규칙이 마련됨으로써 협회가 독일의 지배에서 벗어나게 되었다. 반면에 모든 국가별 그룹은 전적으로 그 자신의 규칙을 자유롭게 만들 수 있었다. 그러나 — 또한 이것이 가장 중요한 점이었다 — 모든 개인회원은 자유롭게 그 자신이 속한 국가별 그룹의 회원이 될 수 있고, **혹** 그가 원한다면 독자적으로 "개인회원" 자격으로 국제협회에 가입할 수 있었다. 이것은 융이 가장 염려한 규칙이었다. 그는 다만 스위스나 네덜란드 같은 중립국에 대해 언급함으로써, 그리고 그들 자신이 속한 국가의 규칙에 반대함으로써, 전체 국제협회의 보다 폭넓은 관점에 협력하는 것을 금지당하는 의사들이 있다면, 그것이 얼마나 불쾌한 일인지 묘사함으로써 그것을 통과시켰다.

이제 물론 모든 지적인 의사들은 융이 독일계 유대인 의사들을 위해 이것을 성사시키려고 했다는 것을 알게 되었다. 그들은 그들이 속한 그룹의 일원이 되든지, 아니면 단지 개인회원 자격으로 국제협회에 가입할 수도 있었다. 그는 또한 그들이 원해서 그렇게 했든, 아니면 부득이 그렇게 했든 간에, 그들이 어떤 국가사회주의 규칙을 만들고 싶은 대로 두려고, 불가피하게 독일인 그룹을 떠나게 되었지만, 물론 그들 자신의 그룹을 위해서만 그렇게 했다. 그 쟁점이 사실 독일의 상황이 전혀 언급되지 않았는데도, 독일 그룹의 반대에 부딪치지 않고 통과된 후에 융은, 독일인들이 왜 그것을 반대하지 않았는지에 대해 다른 국가에서 온 사람들 사이에서 많은 추측이 있었다고 말했다. 다른 사람들은 그들이 동의한 것을 몰랐다고 생각한 반면, 더 낙관적인 사람들은 체면이 손상되지 않고 그들이 눈감아 줄 수 있었던 것을 기쁘게 생각했다.

    이 총회 이전에도 그리고 이후에도 국제심리치료 총 의학협회가 발간한 학술지인 「젠트랄블라트」는 최악의 문제들을 다루었다. 자동적으로 그 잡지의 편집장이기도 했던 회장은 언제나 독일인이었으며, 편집주임과 부원도 모두 독일인들이었다. 게다가 그것은 독일에서 발간되었다. 나치 정부의 압제 때문에 다음에 어떤 명령이 떨어질지 아무도 몰랐다. 협회 그 자체는 국가별 그룹들과 개인회원들의 체제로 인해 살아남게 되었다. 그러나 융은 또한 나치가 「젠트랄블라트」에 간섭하는 것을 미연에 방지할 수 있기를 희망했다. 그래서 그는 **"독일에서 독점적으로 배포되기 위하여"** 독일 그룹의 회장(악명 높은 괴링Göring의 조카였던 정신과 의사 M. H. 괴링 교수)이 만든 정치적인 성명서를 다룬 **특별호**를 발간하라고 편집주임에게 지시했으며, 그것을 전체 「젠트랄블라트」에는 **무슨 일이 있어도** 싣지 말라고 했다. 그러나 놀랍게도 그리고 실망스럽게도 편집주임은 그의 말에 복종하지 않았으며(그가 아마 독일 당국을 더 두려워했던 것 같다) 성명서를 전체 「젠트랄블라트」에 실었다. 융은 이렇게 말했다. "그것은 당연히 나의 편집장 직무가 심각하게 의문이 제기될 정도의 필화사건이었다."[7] 내가 알기에, 그는 이점에서 마음에 들지 않는 일을 전부 집어 치우고 싶은 생각을 많이 했다. 그러나 그는 자기 친구들에게 남아 있기로 결정했다. 왜냐하면 "아무 대가도 치르지 않고 도움이 되거나 우정이 유지되는 길이 어디 있는가?"

라는 말을 그가 했기 때문이다.

융이 2년 후에 그것을 압축해서 묘사한 대로, 유감스럽게도 정신의학계(국제협회 내부와 외부 모두)에는 "처음부터 한편으로 정치적인 의혹이, 다른 한편으로 분파적인 불협화음이 생기면서 객관적인 토의를 불가능하게"**8** 만드는 여러 요소들이 있었다. 그 때 그는 이것에 대해 두 가지를 언급했다. "프로이트 학파의 분파정신은 오스트리아 그룹에게 엄청난 방해가 되었으며,⑪ 스위스에서는 그에 상응하는 요소인 정치적인 활동이 신문에서 시작되었다." 후자의 활동은 1934년 2월 27일에 「노이어 취리히 차이퉁 Neuer Züricher Zeitung」에 편지를 보냈던 발리 G. Bally라는 스위스의 정신과 의사가 그러한 요소를 제공함으로써 시작되었다. 그 신문은 이렇게 시작되고 있다.

> 독일의 정치적 상황은 모든 협회가 획일화[통일]라는 단어가 언급하고 있는 개편을 착수하지 않을 수 없었다. 요섬은 순수한 독일 국민이 아닌 모든 회원들과 모든 유대인들을 축출하는 것에 있다. 국제심리치료 총 의학협회 또한 이런 식으로 통일되었다.

물론 이것은 **다만** 독일 그룹에만 적용되었지, 국제협회에 적용되지는 **않았다**. 그러므로 발리 박사는 신속하게 협회에서 학술지 「젠트랄블라트」로 바꾸었다. 협회지는 편집주임의 형편없는 실수로 정말 의심스러운 문서가 되어 버렸던 것이다. 그 당시 발리 박사가 실제 상황을 몰랐기에 편지를 쓸 수는 있었을 것이다. 그러나 만약 이것이 사실이었다면 왜 그가 그것을 나중에 인정했을까? 하여간 그는 문자 그대로 이렇게 썼다. "C. G. 융 박사(퀴스나흐트, 취리히)는 획일화된[통일된] 학술지의 편집자임을 인정한다. 그러므로 M. H. 괴링 박사에 의하면, 글을 쓰거나 말하기 전에 협회의 모든 회원들이 히틀러의 핵심적인 책, 『나

---

⑪ 이것은 독일이 오스트리아를 합병하기 몇 해 전이었음이 분명하다.

의 투쟁*Mein Kampf*』을 조심스럽게 그리고 과학적으로 연구하고, 그것을 그들의 토대로 받아들이기를 요구하는 협회의 공식적인 기관의 편집자인 셈이다."⁹ 아니면, "그것을 그들의 성경으로 받아들였다"고 볼 수 있다.

융은 2주일 뒤에 같은 신문에 답변을 기고했다.¹⁰ 그는 이렇게 시작했다. "나는 추측한 것을 가지고 발리 박사와 토론하고 싶지 않다. 다만 나는 사실을 알리기를 원한다." 계속해서 그는, 특히 자신의 회장직(편집장의 직무를 겸하고 있는)이 발리 박사가 인용하고 있는 호號에 명시되어 있는 대로 "**독일 협회가 아니라 국제 협회**"가 자신에게 맡긴 것임을 강조하면서 매우 객관적으로 설명했다. 발리 박사의 이러한 실수(혹은 허위 진술)는 특히 오래 지속되었다. 나는 약 10년 전에 미국 학술지에 융에 대한 우호적인 글 — 다소 사정에 어둡기는 하지만 — 이 쓰여 있는 것을 보았다. 그것은 융이 독일 정신의학협회 회장직을 받아들이고 유대인들에 대한 공격이 시작된 후에도 그 직을 유지하고 있었기 때문에 그가 나치 운동이 시작되었을 때부터 거기에 휩쓸려 동조했다는 것을 부정할 수 없다는 주장과 다른 글이었다.¹¹ 필자는 계속해서, 어니스트 존스에 의하면, "프로이트 학파의 그룹이, 그들 스승Master(프로이트를 말함 - 역주)의 동의를 받아, 나치독일에 대한 분석을 계속하기 위해 유대인 회원들이 협회를 떠나는 것을 허용"한 것을 보면, "프로이트 학파도 거의 같은 비난을 받을 만하다"고 말했다. 이 글을 쓴 사람은 그러한 중상모략을 믿고 **싶어 했던** 사람들 중 하나가 아니었으며, 그렇게 한 것이 바로 독일 협회였다는 것을 그가 믿었다는 것은 아주 분명하다. 그 사람과 같은 이들은 많이 있었다. 그러므로 나는 이런 혐오스러운 문제를 정당하게 만들기보다는 그것에 대해 더 자세하게 언급하고자 한다.

융의 "발리 박사에 대한 답변Rejoinder to Dr. Bally"¹² 에 대해 조금 더 인용해 본다.

국제협회의 독일분회는 **통일되어야만** 했고, 더욱이 「젠트랄블라트」는 독일에서 발행되었으므로, 자연히 우리가 몇 번이고 재편의 가능성을 의심할만한 곤란한 일들이 많이 생겼다. 그 중 하나는 독일 분회에 요구된 충성맹세 및 "정치적인 정서의 순수함"과 관련된 것이다. 스위스에 있는 우리는 그러한 것을 거의 이해할 수가 없었다. 그러나 교회가 전체주의적인 생각을 가지고 있던 3-4세기로 돌아가 보면, 우리는 즉시 그 상황을 알 수 있다. 그 때 철조망이 만들어진 것도 아니고, 강제수용소가 있었던 것도 아니다. 그 대신 교회는 화형이라는 수단을 사용했다.

발리 박사가 융을 비난했고, 특히 오래 지속된 중상모략이 생기게 된 두 번째 요점은 반유대주의였다. 여기서 그는 융이 동일한 호號의 「젠트랄블라트」에 "논설"을 썼다는 사실에 입각하여 비난을 했다.13 융은 이런 말을 하고 있다.

…그러므로 객관적인 모든 기고에 공정하게 감사를 표하는 것과, 인간 정신의 기본적 사실에 대해 지금까지 다루었던 그 어떤 것보다 더 공평히 다룰 수 있는 전체적인 관점을 갖도록 고무시키는 것이 바로 「젠트랄블라트」의 주된 업무라고 볼 수 있다. 독일인의 심리와 유대인의 심리가 실제로 차이가 있다는 사실과, 모든 지성인에게 차이가 있다고 오래 전부터 알려져 온 사실을 더 이상 얼버무리고 넘어갈 수는 없다. 이것은 과학에 도움이 될 수 있다. 어떤 다른 학문보다도 심리학에는, 실제적이고 이론적인 조사결과들을 조작할 수 없는 "개인적 오차"가 존재한다. 동시에 나는 이것이 유대인의 심리를 경시하는 것을 의미하는 것이 아님을 분명히 밝히고 싶다. 동양의 특별한 심리학에 대해 말하는 것이 중국인을 경시하는 것이 아닌 것처럼 말이다.

발리 박사는 이 구절을 부분적으로 인용하되, 어떤 차이도 부정했을 뿐만 아니라 특정한 순간에 맞춰 문제를 제기하면서, 융을 기회주의라고 비난하기도 했다. 그는 융이 나치의 책과 꼭 들어맞는다고 주장했다. 융의 "발리 박사에 대한 답변"을 소개하면서 「노이에 취리허 차이퉁Neue Züricher Zeitung」의 편집인은, 융이 바로 이 특정한 순간에 민족 심리학racial psychology을 인정하기 시작했다는 주장을 펴기까지 했다.[14]

우선 마지막으로 제기된 비난이 터무니없는 것임을 알리기 위해 나는, 내가 취리히에 처음 살기 시작했을 때부터 융이 항상 민족 심리학과 국가 심리학의 차이를 인식할 필요가 있음을 매우 강조했다는 것을 밝혀야겠다. 예컨대 토니 볼프가 1929년에 영국에서 했던 어떤 일에 대해 그가 언젠가 말한 것이 기억난다. 그는 그것이 매우 흥미로웠다는 것을 알고 이런 말을 덧붙였다. "하지만 영국에서 그런 걸 할 수 있을까요? 그녀는 영국인의 심리와 스위스인의 심리가 차이가 있다는 걸 모르잖아요?" 그는 종종 그의 세미나와 저서에서 이러한 차이들을 인식하는 것이 매우 중요하다고 언급했다. 예를 들어 융은 1918년에 이렇게 말했다.

> 기독교는 독일 야만인을 상류층과 하류층으로 분열시켰으며, 어두운 면을 억압함으로써 그가 밝은 면에 길들여지고, 문명에 적응할 수 있게 만들었다. 그러나 하층의 어두운 반쪽은 아직도 구원 및 교화의 두 번째 마법을 기다리고 있다. 그때까지 그것은 선사시대의 흔적, 곧 집단적 무의식과 여전히 연관된 채 남아있게 될 것이다. 따라서 특이하고 끊임없는 활성화가 이루어질 수밖에 없는 것이다. 기독교적 세계관이 그 권위를 상실하면, "금발의 야수"가 더욱 더 위협적으로 지하 감옥 주위를 배회하는 소리가 들리게 될 것이며, 어떤 순간에 무서운 결과를 보고 버럭 소리를 지를 것이다. 이런 일이 개인에게 일어날 때, 그것은 정신적인 혁명이 일어나게 만들 것이다. 그러나 그것은 사회적인 형태를 취할 수도 있다.
>
> 내 생각에는, 이런 문제가 유대인들에게는 존재하지 않는다. 유대인은 이미 고대세계의 문화를 가지고 있었으며, 고대세계의 문화의 정상에

서 그는 자신이 살고 있는 국가들의 문화를 이어받았다. 역설적으로 들릴지 모르지만, 그는 두 문화를 가지고 있다. 그는 우리 보다 고도로 교화되었다. 그러나 그는 자신이 땅에 뿌리를 내리고, 새로운 힘을 아래로부터 얻는 인간의 특성을 몰라 몹시 당황하고 있다. 지하계적chthonic 특성은 독일 사람들의 위험한 집중력에서 발견된다. 당연히 아리안 계통의 유럽인은 매우 오랫동안 이것에 대한 어떤 징후도 의식하지 못했다. 하지만 그가 어쩌면 이번 전쟁ⓐ에서 그것을 의식하기 시작했을 수도 있고, 의식하지 못했을 수도 있다. 유대인은 이러한 특성을 거의 가지고 있지 않다. 그가 발아래 디디고 있는 땅이 어디에 있단 말인가? 땅의 신비는 장난도 아니고 역설도 아니다. 우리는 다만 미국에서 모든 유럽 종족들의 두개골과 골반을 측정한 결과, 어떻게 이민 2세대에서 인디언 화되기 시작했는지를 알 필요가 있다. 이것이 미국 땅의 신비다.**15**

1928년에 그는 「자아와 무의식의 관계」에서 이렇게 말했다. "집단적 태도는 당연히 다른 사람에게 있어서도 동일한 집단적 정신을 전제로 한다. 그러나 집단적 태도는 개별적인 차이뿐 아니라 인종의 차이처럼 심지어 집단정신 안에도 있는 보다 일반적인 차이조차 가차 없이 무시하는 것이 된다."**16** 이 문장에 대한 각주에서 그는 이런 말을 덧붙이고 있다.

그러므로 만약 유대 심리학의 결과들을 보편타당한 것으로 간주한다면 그것은 용납할 수 없는 잘못이다! 중국이나 인도의 심리학이 우리에게 친근하다고 받아들일 것을 생각하는 사람은 아무도 없지 않은가? 이와 같은 비판 때문에 나에게 덮어씌운 반유대주의라는 유치한 비난은 마치 사람들이 나를 반중국적 편견을 가졌다고 비난하는 것과 마찬가지로

ⓐ 제1차 세계대전.

무식한 일이다. 물론 심적 발달의 비교적 초기나 낮은 단계에서는 아리아인, 유대인, 함족(노아의 둘째 아들 함의 자손, 아프리카 북고부에 사는 원주민족 - 역주), 그리고 몽고인의 사유 방식의 차이를 찾을 수 없고 모든 인종은 공통된 집단정신을 가지고 있다. 그러나 인종 분화의 시작과 함께 집단정신 안에서도 본질적인 차이가 발생한다. 이와 같은 이유로 우리는 다른 인종의 정신을 민감하게 손상하는 일 없이 통째로 우리의 사유 방식에 옮겨 놓을 수는 없다. 그러나 직관력이 약한 그런저런 많은 사람들은 인도 철학이나 그와 같은 것들을 더 아는 체하는데 별로 지장을 받지 않는다.[17]

이 인용문은, 그 전 부터는 아니더라도 1918년부터, 융이 분명히 유대민족과 아리안 족 사이에만 큰 차이가 있는 게 아니라 **모든** 인종과 **모든** 국가 사이에도 큰 차이가 있다는 것을 인식하는 게 중요하다고 강조해 왔음을 충분히 보여준다. 우리는 처음부터 22쪽에 나오는 도해를 자주 참조하면서, 융 심리학의 이런 근본적인 특징을 잊지 않으려고 노력했다. 우리는 이제 그가 1934년 3월에 "발리 박사에 대한 답변"에서 말한 것을 조금 더 살펴보아야겠다.

나는 현재 매우 큰 오해를 불러일으키기에 안성맞춤인 유대인 문제를 상정한 것이 경솔했다는 것을 인정한다. 나는 의도적으로 이렇게 했다. 존경하는 나의 비평가는 심리치료의 첫 번째 규칙이 가장 곤란하고 위험하고, 가장 오해받기 쉬운 모든 것에 대해 아주 상세하게 이야기하는 것임을 잊어버린 것 같다. 유대인 문제는 늘 있어온 콤플렉스regular complex요 곪은 상처다. 그러므로 책임이 있는 그 어떤 의사도 이 문제에 대한 의학적인 비결을 적용할 수 없다....[18] 만약 내가 두 심리학 사이에 있는 단 하나의 차이도 지적할 수 없는 입장에 있다면 — 발리 박사는 내가 그렇다고 추측했지만 — 영국인과 미국인, 혹은 프랑스인과 독일인의 특성이 서로 차이가 있을 수 없다고 주장하는 것과 정확하게 같은 결과에 이르게 될 것이다. 내가 이런 차이를 지어낸 것이 아니다. 즉, 여러분은 여러 책과 신문에서 그러한 것들에 대해 읽을 수 있다. 농담처럼 그러한 것들은 모든 사람들의 입에 오르내리고 있는 것이며, 프랑스인들과 독일인들 간에는 하나 혹은 두 개의 심리학적인 차이가 있다는 것을 못 보는 사람은 누구나 멀고 외진 곳 출신이고, 유럽의 정신병원에 대해 아무 것도 모르는 사람임에 틀림없다. 우리가 정말 "신의 선택을 받은 사람들"로서 수천 년 동안 계속 떠돌던 종족이 어떤 아주 특별한 심리학적인 특성 때문에 그런 생각에 설득 당하지put up to◎ 않았다고 믿을 수 있는가? 만약 어떤 차이도 없다면, 대체 우리가 유대인을 어떻게 알아볼 수 있단 말인가?**19** ... 수준을 측정하는 모든 것은 탄압받는 사람들과 잘못 판단된 사람들의 증오와 원한을 불러일으키게 된다. 즉, 그것은 인간을 폭넓게 이해하지 못하게 만든다. 모든 인류의 분파들은 하나의 혈통에 결속되어 있다. 맞는 말이다. 하지만 갈라진 분파가 없는 혈통이 있을 수 있는가? 유대인들과 기독교인들 사이에 심리학적인 차이가 있다고 누가 감히 말하면, 왜 그를 터무니없이 까다로운 사람으로 보는 것일까? 모든 어린아이는 차이가 있다는 것을 안다.**20** ... 나는 가치판단을 하려고 하지도 않을 것이고, 분명하게 드러낼 의도도 없다. 나는 여러 해 동안 모든 사람이 알고 있고, 그 누구도 실제로 분명히 밝힐 수 없는, 가늠하기 힘든 차이점이 지닌 문제에 관심을 가져왔다. 그것은 심리학에서 가장 어려운 문제이다. 그런 이유 때문에 어쩌면 아무도 죽을 것 같은 고통을 겪게 될 금기 영역으로 들어가지 않으려 할 것이다. 그러한 차이를 특별한 심리적인 성벽性癖으로 여긴다면, 그것은 많은 사람들에게 모욕이 될

◎ "설득당하다put up to"는 말은 매우 유감스러운 번역이다. 독일어로는 이런 것이다. "*zu einem Gedänken ermächtigt wäre*." "*Ermächtigt*"는 **권한을 부여받은**authorized이라는 뜻이다. 내가 보기에는 이것이 훨씬 나은 의미인 것 같다.

것이며, 어떤 당이나 국가를 다룰 때 우리는 좀 더 신중해야만 할 것이다. 그것이 바로 이러한 가늠하기 힘든 것을 탐색하는 것이 엄청나게 어려운 이유다. 왜냐하면, 그런 일을 하는 것이 어려운 것은 물론이고, 그것을 탐색하는 사람도 논쟁이 일어나기 쉬운 매우 민감하고 곤란한 일을 해야 하기 때문이다. 내담자를 보는 심리학자가 이러한 심리적으로 가늠하기 힘든 문제를 이제 더 많이 이해할 수 있는 시간이 되었다. 왜냐하면 그러한 문제에서 세상에서 잘못되고 있는 일들의 족히 절반이 발생하기 때문이다. 이러한 가늠하기 힘든 차이점의 성격을 분명히 밝힐 수 있는 사람은 누구나 인간 영혼의 신비를 진정으로 깊이 응시하게 될 것이다. 나는 이미 알려져 있는 것에만 관심이 있는 — 그것도 매우 유익한 활동임에 틀림이 없지만 — 학자가 아니라, 오히려 아직까지 아무 것도 알려져 있지 않은 영역을 샅샅이 살피는 것을 더 좋아한다.

결국 나는 유대인들과 기독교인들 사이의 유일한 차이를 발견할 수 없는 멍청이 노릇을 하는 것이 즐거웠다. 발리에게는 안 됐지만, 차이가 존재하는 것은 확실한 사실이다. 마치 화학자가 H2O를 발견하기 전에 물이 존재했듯이 말이다. 그러나 그것은 아직 완전히 이해될 수 없다. 왜냐하면 지금까지 제시된 모든 견해가 불만족스럽기 때문이다.[21]

융은 발리 박사에 대한 답변을 이렇게 끝맺고 있다.

나의 어떤 지원도 없이 그리고 반대에도 불구하고, 나의 과학적인 계획이 정치적인 선언문과 우연히 부합되고 일치된 것을 나는 솔직히 인정한다. 이것은 매우 유감스럽고 당황스러운 일이다. 그러나 이런 종류의 사건은, 비록 그 자체가 유감스러운 것이지만, 종종 공들여서 방지하지 않으면 결과적으로 불만스러운 문제가 생기게 된다.[22]

비록 "논쟁이 일어나기 쉬운 매우 민감하고 곤란한 일을 하는 것"이 필요하다고 말하긴 했지만, 융은 항상 그 이유가 설득력이 있을 것을 희망하며 지나치게 낙관했다. 그는 그 당시에도 여전히 독일이 "도덕심과 훈련이 잘 되어 있는 문명화된 유럽국가"라고 확신했다. 만약 그러한 모든 오해가 생기게 된 종족적인 차이를 그들이 알게 되고 이해할 수만 있다면, 그는 독일인들이 유대인들에 대하여 이성을 찾게 될지도 모른다고 희망했다. 그러나 그것은 너무 지나치게 낙관적인 생각이었다. 왜냐하면 그가 이미 나치들이 그들의 그림자를 유대인들에게 투사하고 있다는 것을 인식했기 때문이다. 그러므로 그들은 진정 유대인을 제대로 볼 수 있는 위치에 있지 않았던 것이다. 어떻게 이것을 반유대주의로 볼 수 있는지 나는 모르겠다. 나는 융이 국제심리치료 총 의학협회를 개편하고 돌아왔을 때 얼마나 지친 상태에 있었으며, 또한 그것을 얼마나 기뻐했는지 기억할 수 있다. 그 때 그가 유대인 의사들이 완전히 받아들여지고 자유로울 수 있는, 적어도 하나의 협회를 가지게 되고, 어떻게든 많은 유대인들이 항상 우리의 취리히 그룹에서 매우 소중하게 여겨지는 회원들이 되는 낙관적인 희망을 가지고 있었기에 나는, 전적으로 그런 것은 아니더라도, 그것은 주로 소문을 믿기를 **바라는** 사람들의 문제일 수도 있다는 결론을 내리지 않을 수 없었다. 나중에 융은 다른 나라에 정착하기 위해 독일에서 온 유대인 이민자들을 돕는 일로 계속 고생을 하기도 했다. 많은 중요한 유대인들 — 예를 들어 런던의 게르하르트 아들러 박사Dr. Gerhard Adler — 은 소문이 사실이라는 것을 공공연하게 부인했으며, 듣자하니 전부 헛된 것이라고 했다. 그래서 더 말해봤자 소용이 없어 보였다.

발리 박사의 편지는 그 당시 별로 동요를 일으키지 못했다. 융이 "발리 박사에 대한 답변"에서 그 문제의 진상을 설명한 뒤에는 동요가 완전히 가라앉았다. 그러나 지하에서는 독한 연기가 계속 피어오르고 있었던 게 분명하다. 다만 향후 11년 동안 매우 드물게 표면에 불꽃이 일어나곤 했다. 전쟁이 끝난 후에 융이 나치였다고 비난하려고 했던 사람들은, 감정이 매우 고조되어 최악의 상태가 되었을 때, 융의 명예를 훼손하고 싶은 강한 유혹을 받은 것이라고 볼 수 있다. 그들은 고작 발리 박사의 실수를 되살려 냈고, 융의 답변과 문제의 진상을 무시했다. 이런 공격이 익명으로 이루어지지 않을 경우, 그것은 유감스럽게도 대개 독일인들이 "시기猜忌, Futterneid"ⓟ라고 부르는 것으로 고통을 받은 것처럼 보이는 다른 심리학자들, 예를 들어 프로이트 학파 사람들이 한 것으로 볼 수 있다.

융은 대개 모든 공격의 영향을 전혀 받지 않았다. 그의 제1호 인격은 실제로 가끔 그러한 거짓 소문이 자신의 주위에 계속 끈덕지게 유포되는 것을 보고 당연히 그리고 인간적으로 매우 분개했다. 그러나 그의 제2호 인격은 전혀 동요되지 않았다.

1934년 5월에 융은 니체의 『차라투스트라』에 관한 영어 세미나를 시작했다. 1934년 봄, 이전 학기 말 클래스class에서는 1930년 가을 이래 세미나 주제였던 환상visions에 대한 연속 강의를 할 것인지, 아니면 『차라투스트라』로 주제를 바꾸어야 할지에 대한 의견이 개진되었다. 후자로 결정되었다. 물론 그것에 주된 관심이 있었던 융은 이 두껍고 어려운 책을 다룰 것인지 생각해 보려고 휴가를 가졌다. 그러나 여름 학기 초에 그는 클래스에서 결정한 것을 받아들이겠다고 발표했지만, 책임은 우리가 져야한다고 강력하게 말했다. 『차라투스트라』는 분명히 환상보다 쉽지 않았다. 왜냐하면 그것은 "무척 혼란스럽게 만들고" 어려웠기 때문이다. 융은 어떤 문제를 두고 고심을 했고, 그 책을 심리학적인 관점에서 설명하는 것은 매우 어려울 것이라고 말했다.

다행히도 우리가 정상적인 생활을 영위하고 있었지만, 융은 폭풍우를 몰고 올 먹구름이 유럽에 드리워지고 있음을 잊어서는 안 된다는 것을 우리에게 종종

ⓟ 이 적절한 독일어 표현은 탐탁하지 않지만, 영어로 "envy" 또는 "jealousy"로 번역될 수밖에 없다.

상기시켰다. 그는 니체의 초인Superman 개념을 군주적 인간Herrenmenschen(지도자Master - 혹은 초인들)이라는 독일인의 관념의 직접적인 전신이라고 생각했다는 말을 하기도 했다. 그러므로 바로 독일 국경에 있는 우리에게 매우 가까운 곳에서 일어나고 있던 이상한 사건을 더 잘 이해하고 간파할 수 있다는 희망에 영향을 받아, 클래스에서 그런 결정을 할 수 있었다는 것이다. 그러나 베를린에서 그랬던 것처럼, 융은 여간해서는 외적인 상황에 대해 직접 언급하지 않았다. 그럼에도 불구하고, 그 당시 영어 세미나에 많은 독일인들이 참석했으므로, 그는 원형原型에 대한 연구가 전년도에 베를린에 매우 불길하게 나타나고 있다고 느낀 파국을 막을 수 있다는 유일한 희망이라고 생각했던 의식意識을 산출하는 데 도움이 될 것이라는 희망을 가졌던 것 같다. 하여튼 융은 1939년 2월에 영어 세미나가 끝날 때까지 "심리학적 관점에서 그 저작을 설명하는 일"(융의 차라투스트라 세미나는 1939년 2월 15일자로 끝이 났다 - 역주)을 충실하게 계속해 나갔다.

우리는 1934년 여름 학기에 줄타기 곡예사의 운명에 대한 에피소드를 다루게 되었다. 그가 죽어가고 있을 때 차라투스트라는 그에게 이렇게 말했다. "그대의 영혼은 그대의 몸보다도 빨리 죽을 것이다." 융은 이것을 "예언"이라고 말했다. 왜냐하면 — 잘 알려진 대로 — 니체의 영혼은 그의 몸보다 먼저 죽었기 때문이다. 융은 그 때 이런 말을 했다. "니체의 영혼은 전신마비가 시작되었던 1889년에 죽었다. 그러나 그는 그 후 11년을 더 살았다. 그의 몸은 살았으나 그의 영혼은 죽었다. 따라서 줄타기 곡예사의 운명은 니체 자신을 상징한다." 이 긴 세미나를 하는 동안 줄곧 융은 니체가 자신을 초인과 동일시했기 때문에 정신이상이 되었다는 것을 충분히 밝혀주었다. 독일인은 줄곧 이 몇 해 동안 자신이 인류를 지배할 운명을 타고난 초인이라고 생각하는 자신의 지도자에게 설득당하고 만 것이다. 니체의 줄타기 곡예사는 니체뿐만 아니라 나치독일 전체의 운명까지도 상징하는 게 너무나 분명하다. 그 날 베를린에서 우리에게 말하면서 융은 이미 그런 운명을 예감했던 것이다.

그 해 에라노스에서 행해진 강의의 일반적인 주제는 "동서양의 상징학과 영적 지도법 *Ostwestliche Symbolic und Seelenfürung*" 이었는데, 융은 "집단적 무의식의 원형"에 대해 강의했다. 그가 강의한 그대로 「에라노스 연보」에 강의 내용을 싣는 것을 허락했지만, 융은 나중에 자신의 논문에 대한 작업을 계속했고, 그것을 확장해서, 자신이 바라는 대로 새로운 형태로 다시 내기 위해 전재轉載를 불허했다. 그러므로 그가 에라노스에서 강의한 중요한 많은 논문, 심지어 많은 책도 처음에는 아주 간단한 형태로 나왔다. 때때로 초판이 취리히 심리학 클럽에서 배포되었다. "집단적 무의식의 원형"에 대한 이 강의는 처음에 에라노스에서 행해졌으며, 그 다음에 같은 해(1934년) 11월에 심리학 클럽에서는 같은 주제로 두 번의 강의로 늘려졌다. 이 강의의 마지막 형태는 1954년에 「의식의 뿌리에 관하여*Von den Wurzen des Bewussteins*」로 나왔다. 그것은 영어 전집의 제9권 제1부의 표제가 되었다.²³

1934년 학회는 전년도 보다 상당히 더 길게 진행되었으며, 처음부터 강의했던 이들은 모두 7명이었는데, 새로운 강사들이 여러 명 더 왔다. 나는 1934년에 에라노스에 강의하러 왔던 새 강사 가운데 두 명만 언급하겠는데, 그들은 하우어(취리히 세미나에서 쿤달리니 요가에 관한 강의를 했다고 이미 언급한 바 있는)⑨와 유명한 마르틴 부버Martin Buber다. 그들은 각기 자신의 연구 영역의 관점에서 그 해의 일반적인 주제에 관해 강의했다.

1934년은 취리히 그룹에 속한 몇몇 운전자들이 자신들의 차로 고트하르트까지 운전했던 첫 해라고 나는 생각한다. 그들은 운전하는 도중에 다양한 약속 장소에서 만나기로 서로 연락을 취하기도 했다. 제2차 세계대전까지 우리는 휘발유를 구할 수 없었다. 이것은 일종의 연례행사가 되었다. 융은 대개 오후에 출발해서 다만 호스펜탈 까지 운전을 하고 거기서 하루 밤을 묵은 후 다음 날 아침 다시 운전하는 것을 좋아했다. 그러나 가끔 우리는 계속 운전을 했다. 1933년에

---

⑨ 312쪽을 보라.

토니 볼프는 비좁은 테신 길에서 그녀의 큰 크라이슬러 자동차를 운전하기가 매우 어렵다는 것을 알게 되었다. 그래서 1934년에 그녀는 차 한 대로 가면서 (대개 그녀의 차로 갔지만, 가끔은 내 차로 가기도 했다) 교대로 운전하자고 했다. 내가 토니나 융의 가족보다 더 많이 운전했으며, 나는 어둠속에서 혹은 어려운 길에서도 운전을 잘 했다. 따라서 나는 융을 위해 운전을 시작해서 (특히 융이 운전하는 것을 그만둔 후에는) 점점 운전을 더 많이 하게 되었다. 나는 그가 세상을 떠나기 한 달 전까지 계속 운전을 했는데, 덕분에 매우 흥미 있는 대화를 많이 나눌 수 있었다. 그리하여 나는 그가 일하는 소중한 시간을 낭비하지 않고도 그를 볼 수 있었다.

융은 여러 해 동안 (1926년경에) 그가 꾼 꿈의 의미를 골똘히 생각하고 있었다. 그 꿈에서 그는 농부의 말이 끄는 마차를 타고 롬바르드 평원을 가로질러 달려간 후에 자신이 정원에 갇혔다는 것을 알았다. 둔탁한 소리와 함께 양측 문이 닫히자 농부가 소리쳤다. "이제 우리는 17세기에 갇혔습니다."[24] 그러나 융은 그 후 여러 해 동안 이 꿈을 만족스럽게 해석할 수 없었다. 그 꿈이 무엇을 말하는지 깨달은 것은 그가 독자적으로 연금술에 대한 관심을 갖기 시작한 지 훨씬 뒤의 일이다. 1928년에 『태을금화종지』에 매혹되었지만, 그는 그것이 연금술 문헌이라는 것을 깨닫지 못했다. 그러나 그것이 그의 심금을 자극했음에 틀림없다. 왜냐하면 그가 그 때 뮌헨의 한 서점상에게 연금술에 관한 책이 그의 수중에 들어오면 언제든지 알려달라고 부탁했기 때문이다. 이렇게 해서 그는 그가 나중에 매우 자주 인용했던 "현자의 장미원 *Rosarium Philosophorum*"이 들어 있는 『연금술 *Artis Auriferae*』의 1553년 판을 샀다.[25] 그러나 그는 그림을 들여다보기만 했고, 2년 동안 읽으려고 하지 않았으며, 처음에는 그것을 "허튼 소리"라고 여겨 방치해 두었다.

그가 처음으로 연금술 연구를 진지하게 시작한 것은 1934년 봄이라고 할 수 있다. 마리-루이제 폰 프란츠는 1933년 성탄절쯤에 두드러지게 연금술적인 꿈을 꾸었으며, 다음 해 봄이 왔을 때 용기를 내서, 융에게 그것을 이해하기 위해 만날 수 있는지 물었다. 그는 그녀에게 연금술을 연구하기로 확고한 결심을 했으며, 그녀가 그렇게도 원했던 분석을 받을 수 있다고 말했다. 분석 비용을 지불할 형편이 안 되면 그가 이해하기 어려운 그리스와 라틴 문헌을 대신 봐 주면 된다고 했다. 그는 라틴어, 특히 그리스어를 사용하지 않아 이해하기 어렵기도 하고, 그리스와 라틴어 문헌을 빠짐없이 들여다보려면 시간이 너무 많이 걸린다는 말도 했다. 그는 그가 알 필요가 있는 책들을 알려주었고, 그 책들을 정확하게 살펴보고 "상징적으로 흥미로운" 요점을 뽑아보라고 일러주었다. 그 당시에 그녀는 상징에 대해 전혀 몰랐기 때문에 몹시 걱정이 되었다. 그러나 요점을 정확하게 뽑아낼 정도로 그녀에게 천재성이 있다는 것이 밝혀졌다. 따라서 그는 실로 엄청난 시간과 부담을 덜 수 있었다. 그녀는 막 대학에 들어가서 고전학을 공부하고 있었다. 하지만 그녀는 이미 김나지움에서부터 라틴어와 그리스어를 탁월하게 잘했었다. 그는 그녀가 지난여름 볼링겐에 왔을 때, 이미 그녀가 연금술과 뭔가 관련이 있다는, 기이할 정도로 비이성적인 느낌이 들었다고 그녀에게 말했다.

마리-루이제가 요청을 받았던 책들에 대한 결과물을 가져오자, 그는 자신의 17세기 꿈이 무엇을 말하는지(가장 흥미로운 중세의 저작들 대부분이 17세기에 쓰인 것이 확실하기 때문에), 그리고 또한 그의 연금술 연구가 피할 수 없는 운명적인 것임을 곧 깨달았다. 처음에 그것은 정말 이상하고 불가사이 한 미로처럼 보였다. 그러나 점차 그에게 빛이 보이기 시작했고, "분석심리학이 매우 기이한 방식으로 연금술과 일치된다."**26**는 것을 알게 되었다. 말하자면 교회가 점점 더 일방성에 머물러 있게 됨에 따라, 인간의 전체성에 대한 관심을 가지고 있는 연금술에, 그는 결국 자신의 "무의식과의 대면"과 영지주의자들 사이에 잃어버린 연결고리가 있음을 발견했다.

나는 융과 연금술이 폰 프란츠 박사와 어떤 관계가 있는지 상세하게 설명하지 않겠다. 왜냐하면 그녀는 1934년부터 그의 마지막 연금술에 관한 책인 『융합의 비의』를 쓸 때까지 연금술을 공동으로 연구했기 때문이다. 그녀는 그 책 중에서 세 번째 권을 쓴 바 있다.²⁷ 융은 그의 서문에서 이런 말을 하고 있다. "나와 같이 작업했던 폰 프란츠 박사가 제3부를 담당한 한 반면, 나는 제1부와 제2부를 담당했다. 저자가 각기 다른 작업에 참여했기 때문에 우리는 공동으로 출간했다."²⁸ 융은 원래 세 권을 모두 두 사람의 이름으로 출간하려는 계획을 했다. 그가 상당히 실망했지만 — 연금술사와 그의 신비한 누이 soro mystica가 함께 작업하는 옛 연금술 전통이 계속되었으면 했기 때문에 — 시샘하는 소란이 일어났기 때문에 그는 자신의 공동 작업자에게 그 계획을 포기해 달라고 청했다. 그의 건강이 그 어리석은 소란을 견디기 어렵다고 느꼈기 때문이다. 그가 고령이 된 후에는 그를 정말 좋아했던 사람은 누구나 그의 건강을 그 어떤 것보다 더 중시했다. 당연히 마리-루이제 역시 상당히 실망했지만, 즉시 동의했다.

이것은 정말 기대되는 일이었다. 왜냐하면 앞서 말한 일이 융의 80회 생일 바로 전에 일어났기 때문이다. 그의 생일을 축하하기 위해 첫 번째 권이 출간되었던 것이다. 그러나 내가 여기서 그것에 대해 언급하는 것은 왜 이런 주제를 마리-루이제에게 거의 전적으로 맡겨두려고 하는지, 그리고 그녀가 그것을 다루는 일에 얼마나 충분한 자격이 있는지 보여주려는 것이다.²⁹ 그가 연금술에 관한 연구를 하고 있을 동안에 융이 그것에 대해 나에게 꽤 많이 얘기해 준 것은 사실이다. 그러나 다른 것과 관련해서 얘기해 주었다. 왜냐하면 나는 라틴어와 그리스어를 전혀 몰랐기 때문이다. 이런 이유로 얘기해 봤자 아무 소용이 없었을 것이다. 그 당시 그는 연금술과 분석심리학이 "기이할 정도로 일치"된다고 나에게 말했다. (나는 융이 제자들과 현재 연구하고 있는 것에 대해 자주 이야기를 나누되, 아마 각자에게 다른 측면에서 이야기해 주었을지 모른다는 것을 여기서 언급해야겠다.) 그가 "개성화 과정"이라고 불렀던 것 — 처음에는 그가 "무의식과 대면"할 동안 그 자신과 환자들 안에 있는 인간 정신의 자연스런 과정으로 인정했던 — 이 **바로** 가장 중요한 근본적인 원형적 패턴이었다는 사실이 그에게 점점 더 분명해졌다. 그러므로 그것은 항상 "무한한 것"과의 관계를 맺기 위한 모든 정직하고 일관된 시도를 통해 드러났다. 『회상』에서 그는, 무한한 것이야말로 **유일하게** "정말 중요한 것"이며, 우리가 "쓸데없는 일에 관심을 두는 일을" 그만 둘 때부터, 이것은 모든 인간의 삶에 대한 "시금석"이 된다고 말했다.**30**

물론 그가 연금술에 이런 근본적인 사실이 있음을 인정하기 전까지는 여러 해가 걸렸다. 처음에 그는 연금술 문헌의 곤혹스런 언어 때문에 결정적으로 길을 잃고 말았다고 느꼈다. 연금술 문헌을 "허튼 소리"라고 일축한 것이 얼마나 잘못된 일이었는지 곧 깨달았지만 말이다. 자신도 모르게 그러한 문헌이 자신에게 "끈질기게 호기심을 불러일으켰으며," 그는 그것을 더 철저하게 파고 들어가야 한다는 것을 알게 되었다. 그 때 연금술사들 — 그가 옛날부터 알고 있던 사람들처럼 — 이 상징으로 말하고 있다는 것이 그에게 분명해졌고, 그 순간 그의 꿈에서처럼 문이 닫혔으며, 그는 틈만 있으면 연금술 연구에 매달렸다. 특히 그 때에 그가 그것을 위해 얼마나 시간을 낼 수 있었는지는 알 수 없다. 1936년 가을이 되어서야 그는 과감하게 환자를 보는 시간을 줄이고 겨울 내내 영어 세미나를 중단했다. 그러나 나는 그가 만약 연금술에 대한 관심에 굉장히 끌리지 않았더라면 분석과 강의를 계속할 수 있었을 것이라고 생각하지 않는다. 그는 그 일로 과로했지만, 그것은 또한 그에게 새로운 생명과 에너지를 불어넣어 주었다.

처음에는 이러한 괴상한 옛 문헌들을 다루는 것이 정말 오리무중五里霧中이었지만, 그는 자주 나오는 구절들을 상호 연관시켜가며 엄청나게 많은 색인 카드를 만들었다. 대개 그런 종류의 일은 적어도 꼬박 1년이 걸리는 일이었다. 그는 날마다 여덟 시간 내지 아홉 시간 분석을 한 다음에, 남는 시간에 틈틈이 그 일을 했다. 물론 그는 휴일에 그런 일을 하기도 했다. 그러나 필요한 책을 모두 볼링겐으로 가져가는 것은 점점 더 어려워졌다.

그 때 나는 융의 연필화(353쪽에 나와 있는) 작업을 위해 매 휴일마다 적어도 한 번은 정규적으로 볼링겐으로 갔다. 나는 그런 그림을 그리겠다는 생각을 전혀 하지 못했다. 그러나 1932년 초 존넨버그에서 융은, 저녁식사를 하면서 뜻밖에도 식탁에 기대어 있었다. **바로 그 때** 그는 자신의 초상화를 그릴 의향이 있는지 나에게 물었다. (그 당시 융은 내가 화가 일을 계속하려 하는지 궁금히 여겼을 것으로 안다. 비록 그가 나중에 그의 마음을 바꿨지만 말이다.) 따라서 나는 도전정신을 발휘하여 그의 초상화를 그릴 수 있는지 그와 함께 논의할만한 기회를 처음으로 얻게 되었다. 왜냐하면 나는 그에게 가용한 시간보다 더 많은 시간을 뺏을까봐 걱정했기 때문이다. 반면에 나는 그가 모델이 되어 꼬박 앉아 있게 하지 않으려고, 그가 책을 읽고 글을 쓰는 동안 작업을 하려고 했다. 볼링겐에서만 그를 그리는 작업을 했으며, 내가 그리는 동안 그는 항상 자신의 일에 여념이 없었다. 그는 자연스럽게 내향적인 분위기에 사로잡혀 있었다. 따라서 나는 아는 사람들이 거의 없었던 그의 옆모습을 그렸다. 초상화(1935년 7월, 그의 60회 생일을 위한)가 완성되었을 때, 그가 그것을 좋아했지만 ― "다른 초상화에서 볼 수 없었던 것을 그것이 보여주었기 때문에" ― 그는 그것이 결코 대중에게 인기가 없을 것이라고 말했으며, 나는 부정적인 비판을 많이 받을 각오를 해야 했다. 그는 사람들이 거기서 그의 모습을 **그들 나름대로** 보는 데 익숙해 있다고 설명했으며, 나는 전적으로 내향적인 분위기에서 그를 그렸던 것이다. 그는, 그들이 그것을 보게 되면 그에게 버림받은 느낌이 들 것이고, 따라서 그들이 그것을 당연히 싫어할 것이라고 말했다. 나는 가끔 그 일을 진행해 나가는 것이 어렵다는 것을 알았으며, 그 때 융은 자신의 초상화를 그리는 일을 넘겨받아 잠깐 동안 그것을 그렸다!

1935년에 융은 60세가 되었다. 계속 축하 전보와 선물과 편지가 쇄도했지만, 여전히 그는 가족과 함께 볼링겐에서 그 날을 축하할 수 있었다. 그의 70회 생일부터는 계속해서 ― 5년마다 ― 이렇게 할 수 없었다. 그래서 그는 퀴스나흐트에 머무르며 성대한 축하연에 참석하지 않으면 안 되었다. 스위스 사람들은 그러한 기념일에 매우 민감하며 앵글로 색슨계 사람들보다 그런 기념일을 훨씬 더 잘 지킨다.

토니 볼프는 ― 린다 피에르츠와 에밀 메트너의 도움을 받아 ― 이 60회 생일에 매우 큰 책으로 된 기념논문집을 증정했다. 융은 이런 세속적인 일에 거의 혹은 전혀 흥미가 없었으므로, 그와 같은 일이 준비된 줄 몰랐으며, 가죽으로 아름답게 장정된 책 한부가 자신의 생일 전날 저녁에 베개 위에 놓여 있는 것을 보고 정말 놀랐다. 책을 폈을 때, 내가 보기에 토니 볼프의 긴 기고 논문이 그 중에서 최고였다.⑪ 그녀가 창조적인 작업을 하기 위해 그런 노력을 했다는 것이 융에게는 큰 기쁨이었다. 그는 늘 그녀가 그런 작업을 하기를 간절히 바랐지만, 그녀는 안타깝게도 그것을 지나치게 무시하려고 했다. 그녀는 분석하는 일 때문에 창조적인 작업을 할 수 없다고 하며 그를 설득시키려고 했지만, 나는 그것이 잘못이었다고 생각한다. 만약 그녀가 자신의 창조적인 잠재능력을 좀 더 발전시켰다면 그녀는 더 오래 우리 곁에 머물러 있을 수 있었을지 모른다.⑫ 하여간 융은 만년에 어떤 제자라도 이런저런 형태의 창조적인 작업을 위해 자신의 대부분의 에너지를 쏟지 않는다면 그의 주위에 머물러 있지 못하게 했다.

그 해 에라노스 학회의 주제는 1934년과 거의 같은 것이었다. 즉, "동서양의 영적 지도법"이라는 주제였다. 융의 논문은 "꿈에 나타난 개성화 과정의 상징 Dream Symbols of Process of Individuation"에 관한 것이었다. 나중에 그것의 첫 판은 "개인의 꿈 상징과 연금술의 관계Individual Dream Symbolism in Relation to Alchemy"라는 제목으로 출간되었고, 『심리학과 연금술』의 제2부를 구성하게 되었다. 그때에는 지나치게 강의가 많았던 1934년처럼 강의가 많지 않았다. 그해엔 로버트 아이슬러Robert Eisler(『어부 오르페우스Orpheus, the Fisher』의 저자) 혼자 강의를 맡았는데, 그는 가장 재미 있는 사람이었으며, 정말 융을 즐겁게 해준 여러 가지 이야기를 우리에게 들려주었다.

60회 생일을 맞은 이 해는, 융이 볼링겐에서 큰 즐거움을 누렸던 해이기도 했다. 4년 뒤에 마지막 부속건물을 탑에 붙여지었으며, 그것에 대해 그는 『회상』에서 이렇게 말하고 있다.

---

⑪ 알버트 외리Albert Oeri의 "융의 젊은 날에 대한 회상A Few Recollections of Jung's Youth"이 단연 가장 재미있었다.

⑫ 토니 볼프는 1953년 3월에 65세로 사망했다.

C. G. 융
바바라 한나의 연필화

울타리를 친 땅을 갖고 싶다는 욕망이 일어났다. 나는 하늘과 자연을 향하여 탁 트인 좀 더 넓은 공간을 필요로 했다. 그리하여… 나는 안뜰과 열린 회랑을 호숫가에 덧붙였다. 이것은 전체의 네 번째 부분으로 그 집의 삼위성三位性 단일 가옥군과 나누어져 있었다. 그리하여 사위四位, **quarternity**가 생겨났다. 네 개의 상이한 건물의 부분, 그리고 그것도 12년 동안에.**31**

어쩌면 그것으로 그 집의 호젓함이 크게 개선되었을지 모른다. 그것이 지어지기 전에, 그 자체로 완전한 것이었지만, 그 집은 호숫가에 있는 공터에서 그냥 들여다보였다. 그 앞으로 지나다니는 배들이 별로 없긴 했지만, 호수 쪽으로 개방되어 있지 않은 옥외에서는 어디든 앉아 있을 수가 없었다. 이것이 덧붙여지어지고 나서 거기에는 잠겨 있던 문 두 개가 있는 벽으로 둘러싸인 뜰만이 아니라, 융이 나중에 여름 밤마다 대부분 요리를 했던 옥외난로가 있는 높이 올린 로지아 loggia①(한 쪽 또는 그 이상의 면이 트여 있는 방이나 복도. 특히 주택에서 거실 등의 한쪽 면이 정원으로 연결되도록 트여 있는 형태 - 역주)도 생기게 되었다. 로지아가 탁 트여 있어서 호수와 산의 멋진 경치가 보였다. 지나가는 배에서는 낮은 벽과 그 발코니의 높은 곳이 가려 있어 보이지 않았지만, 혹 바람이 불거나, 그가 특히 내향적일 필요가 있다고 느끼면, 큰 돛천으로 된 커튼으로 텐트를 쳐서 로지아를 보호했다.

융은 처음부터 이 뜰과 로지아에서 마음껏 즐거운 시간을 보냈고, 옥외에서 일하고 싶을 때 후자를 가끔 사용하기도 했다. 그러나 그는 그것 없이 지낸 12년을 절대 후회하지 않았다. 그는 심지어 마리 - 루이제 폰 프란츠에게, 그가 큰 관심을 갖고 있던 탑을 그녀가 짓고 있을 때, 앞으로 수년간 그 집에 살려면 무슨 일이 있어도 옥외 로지아를 만들라는 말도 했다. "시간이 걸릴 거요."라고 하면

---

① 나중에 융은 1951년에 이 로지아 위에 지붕을 만들었다.

서 그는 이렇게 말했다. "정말 원하는 게 무엇이고, 또 어떻게 꼭 맞는 것을 지을 건지 알려면 시간이 걸릴 거요." 그는 지체하는 것이 잘한 일이었음을 분명히 알게 되었다. 왜냐하면 그것이 정말 옳았기 때문이다. 안 뜰은 또한, 부득이 안 뜰 문을 두드릴 수밖에 없었던 방문객들의 방해를 받지 않고, 훨씬 더 조용하게 사생활을 보호받을 수 있게 해 주었다. 거기에는 거의 보이지 않는 작은 창문 하나가 있었다. 그래서 문이 열리기 전에 누가 왔는지 알 수 있었다. 거기에 혼자 있지 않을 때가 아니면, 융은 결코 이 바깥문으로 가지 않았다.

성탑에서 반마일도 안 되는 길 위에 있는 집에 살았던 쿤의 가족Kun family에 대해 언급하지 않고는 볼링겐에 대해 말할 수 없다. 나무를 베고 자르는 것과 같은 힘든 일을 하는 융을 자주 도왔던 그 집 장남 한스는 볼링겐에 살면서 상당한 역할을 했다. 그는 정말 융에게 헌신적이었기에, 이제라도 그가 볼링겐에서 여러 날 많은 수고를 했다고 말하지 않을 수 없다. 1932년경에 융은 그에게 운전기사 일을 맡겼고, 취리히에 정착한 미국인 제자 중 하나인 앨리스 크롤리 여사에게 모든 잡다한 일을 하게 했는데, 융이 나이가 들어가면서 크롤리 여사는 점점 더 한스가 그를 아낌없이 돕도록 했다. 그는 순박하고 성실한 사람이었으며 종종 융의 꿈에서 긍정적인 역할을 했다.

융은 항상 농부들과 사이가 좋았으며, 나이가 들어감에 따라 자신이 혼자 성탑에 있길 원할 때, 힘든 일을 돕게 하려고 가끔 한스를 자신과 함께 머물도록 했다. 한스는 융을 절대 방해하지 않았으며, 토니 볼프도 그와 잘 어울렸다. 엠마 융은, 그의 우상(융을 말함 - 역주)을 도울 때를 제외하고는 그가 게으르다고 가끔 불만스러워했다. 훨씬 뒤에 루스 베일리도 그의 그런 면을 불만스러워했다. 그러나 대체로 그는 어떤 상황에도 꼭 필요한 사람이었고, 볼링겐 생활에 정말 도움이 되는 사람이었다.

1935년 가을에 융은 타비스톡 클리닉Tavistock Clinic에서 다섯 번의 강의를 하러 런던으로 갔다. 거기엔 약 200명의 청중이 모였으며 그들 대부분은 의사들이었다. 즉흥 강의였지만, 그것은 『분석심리학의 이론과 실제*Analytical*

Psychology: Its Theory and Practice』라는 제목의 단행본으로 출간되었다.**32** 베넷 박사Dr. E. A. Bennet는 그의 훌륭한 권두언을 다음과 같이 시작하고 있다.

작고한 융 교수는 1935년에 런던 타비스톡 클리닉⑪에서 약 200명의 의사들에게 다섯 번의 강의를 했다. 당시 융 교수는 60세였다. 강의에 이어 이루어진 토론을 메리 바커Mary Barker와 마가렛 게임Margaret Game이 타자로 쳐서 기록했으며, 이제 그것이 단행본으로 출간되었다.

융의 저서는 대중에게 잘 알려져 있지만 그가 말하는 것을 들은 사람은 거의 없었다. 그의 강의는 정신병원에서 온 많은 사람들과 간간이 섞여 있는 일반의一般醫들은 물론 모든 "학파"의 정신과 의사들과 심리치료사들을 대표하는 그룹을 매료시켰다. 그의 습관은 1시간 동안 강의를 하고 이어서 2시간 동안 토론을 하는 것이었다. 처음부터 그는 특이한 자료, 격식을 갖추지 않은 태도, 놀라울 정도로 유창한 영어로, 편하면서도 활기를 띠는 분위기를 만들었다. 정해진 토론 시간이 훨씬 지났다. 융은 매혹적으로 말할 뿐 아니라 단어를 조심스럽게 골라 썼고, 공론적인 전문용어를 쓰지 않으면서 그가 의미하고자 하는 것을 이해할 수 있도록 정확하게 말하는 재주가 있었다.

토니 볼프와 나는 둘 다 이 강의에 참석했고, 나중에 타자기로 치는 작업을 했으며, 당시에 그것은 멀티그라프로 인쇄되었다. 생동감 있는 강의와 토의 내용의 막연한 개념 그리고 그런 강의와 토의가 청중, 특히 다소 반대되는 학파에 속한 의사들에게 끼친 영향은 단순한 말로 표현될 수 없다. 한 주간이 지나가면

---

⑪ 이것은 타비스톡 스퀘어 클리닉Tavistock Square Clinic으로 1920년에 설립되었으며, 그 이름이 1931년에 의학심리학 연구소Institute of Medical Psychology로 바뀌었으며, 몇 년 뒤에는 타비스톡 클리닉이 되었다.

서 경험론적인 사실에 매료되었기에, 그들은 모든 공론적인 이론에서 벗어난 것 같았다. 공론적인 이론은 나중에 되살아나는 고약한 면을 가지고 있다. 그러나 당분간 그런 공론적인 이론은, 융이 말한 새로운 사실, 무엇보다도 그 자신의 전체성, 설득력 있는 통합성, 그리고 특유한 유머를 경험하게 되면서 적절하지 않은 것이 되었다. 웃음은 그룹을 화합시키는데 그 어떤 것보다도 도움이 된다.

나는 그 때 막 새 차를 샀으며, 영국을 떠나기 전에 처음으로 그 차로 5백 마일을 운전하는 봉사를 했다. 그러므로 영국에 있을 동안 융은 그 차를 자유롭게 이용할 수 있었다. 따라서 처음으로 나는 그가 영국에서 그 어디서든 얼마나 편하게 지냈으며 또 얼마나 잘 적응했는지 목격했다. 언젠가 그는 나에게 처음 거기에 갔을 때 강렬한 기시감을 느꼈다고 말한 적이 있다. 그는, 우리에게는 환생에 관해 확실한 견해를 가질 수 있을 만큼 충분한 증거가 부족하다는 것을 느꼈다. 하지만 그는 그 때 "내가 전생에 살았더라면, 난 틀림없이 한 때 영국인이었을 겁니다."라고 했다.

이듬 해, 1936년 역시 대단히 바쁜 한 해였다. 연금술을 매우 열심히 연구하고 있을 동안에 그는, 거의 쉬지 않고 계속해서 심리학 클럽에서 영어 세미나를 했고, 취리히 연방 공과대학에서 어린이의 꿈에 관한 강의와 세미나를 했으며, 하루에 최소 4-9시간 분석⑨을 했다. 몇 해 동안 그는 에라노스 학회에도 전혀 참석하지 못했다. 나는 그가 항상 얼마나 마음 편하게 지냈는지 ― 한가할 만큼 ― 기억하고 있기에, 어떻게 그렇게 했는지 놀라지 않을 수 없었다. 나는 그가 세상을 떠난 뒤에도 계속해서 개성화 과정을 밟아나갔던 제자들을 모두 기억하는데, 그들은 나이가 들면서 시간의 가치를 충분히 인식하게 되었으며, 이제는 그들이 자주 어리석을 정도로 쓸데없이 그를 힘들게 했던 그 어떤 것보다도, 시간의 중요성을 경시한 것을 훨씬 더 후회하게 될 것이라고 생각한다. 내가 확신하기에

---

⑨ 그는 계속 하루에 8시간 분석을 했다. 물론 세미나와 강의를 하는 날에는 이것을 줄여야 했고, 꼭 필요한 일을 할 수 없을 때에는 분석을 더 많이 했지만 말이다.

시간은 그 어떤 것보다도, 특히 그 당시에는 그에게 가장 가치 있는 것이었기 때문이다. 언젠가 토니 볼프가 어떤 중요한 프로젝트를 위한 기금을 마련하기 위해 심리학 클럽에서 경매를 주선했던 기억이 난다. 모든 클럽 회원들이 경매에 가치 있는 물건들을 가져왔는데, 융은 한 시간을 할애해 달라는 권유를 받았다. 그 때 그는 그런 권유에 응했으며, 100프랑이 넘을 때까지 포기하지 않았다! 융이 돈에 대해 긍정적인 자세를 가지고 있었지만, 그는 결코 돈을 낭비하지 않았다. 그래서 그가 가격을 제시하는 것을 보고, 클럽 회원들은 그가 자신의 시간에 얼마나 높은 가치를 부여하는지 납득하게 되었다.

1936년 여름에 그는 강의 준비로 더 많은 부담을 느꼈다. 왜냐하면 그 해 가을 미국으로 강의를 하러 가야 했으며, 8월에는 에라노스에서 처음으로 더 많은 청중에게 연금술에 관해 이야기를 해야 했기 때문이다. 사실 그는 1935년 늦은 가을에 취리히 심리학 클럽에서 완성되지 않은 초기 논문을, 세 번의 강의를 통해 발표했다. 그러나 그 자신도 마리-루이제 폰 프란츠도 그들이 수집한 모든 문헌들을 충분히 연구하지 못했기 때문에 그 주제에 관해 이야기하는 것이 그에게는 아직 어려운 일이었다. 그래서 그는 아직도 그가 종종 연금술 문헌의 불가해한 미로에서 길을 잃은 기분이 든다고 하며 불만스러워했다.

그 해 에라노스 학회의 총 주제는 "동양과 서양의 구원 관념의 형성 Formations of the Idea of Redemption in East and West"이었다. 융은 에라노스의 색인에 나와 있는 대로, "연금술에서 본 구원의 관념The Idea of Redemption in Alchemy"에 관한 강의를 네 번했다. 그러나 내 기억이 틀리지 않다면, 그는 그 학회에서 이틀 동안 아침마다 두 시간 동안 강의를 했는데, 청중들의 마음을 사로잡았다. 왜냐하면 연금술이 중세기에 금을 만들려고 했던 어리석은 시도에 불과한 것이 아니었음을 대부분의 사람들이 처음으로 깨달았기 때문이다. 이 강의의 마지막 최종 원고는 융의 책, 『심리학과 연금술』[33]의 제3부에 들어가 있다. 그것은 1944년에 처음 출간되었다. 에라노스 학회는 전체적으로 매우 흥미로웠다. 나는 특히 "마니교에서 본 구원의 개념Concept of Redemption in

Manicheism"**34**에 관한 프랑스 교수 퓌에슈H. C. Puech의 강의에 모두들 얼마나 흥미를 느꼈는지 생생하게 기억한다. 내 기억으로는, 퓌에슈 교수는 에라노스에서 이 때 딱 한번 강의했다.

1936년 여름휴가 기간에 융은 죽은 물고기를 입에 물고 있는, 죽은 뱀을 발견했다. 이것은 신기하게도 그 당시 그의 생각과 아주 유사한 모습이었다. 그는 이 동시성적同時性的 사건에 매우 강한 인상을 받아, 볼링겐의 안뜰 벽에 그 사건을 새겨 넣었다.

그 뱀은 물고기로 그 의미가 드러난 기독교적인 정신을 삼키려고 하는, 우리 시대에 매우 강하게 드러나고 있는 이교적인 정신을 의미한다고 융은 생각했다. 연금술사들이 찾고 있던 새로운 화해의 상징은 이 두 대극에서 생겨나게 될 것이다.

8월말쯤에 융은 다시 미국으로 갔는데, 이 때 그의 아내가 동행했다. 엠마 융은 자녀들이 어렸을 때는 여행을 하고 싶다는 생각을 별로 (혹은 전혀) 하지 않았다. 왜냐하면 그녀는 유난히 헌신적인 어머니였고, 늘 자녀들의 행복을 매우 염려했기 때문이다. 그러나 아이들이 커가면서, 융은 계속해서 그녀 자신의 삶을 발전시켜나가도록 그녀를 격려해 주었다. 왜냐하면 그는 작은 아이들에게 전적인 관심을 기울이는 것이 얼마나 가치 있는 일인지를, 그렇지만 자녀들이 그들 자신의 삶을 자기네 힘으로 살아갈 만큼 크게 될 때 이런 지나친 헌신이 얼마나 파괴적이 되는지를 그 누구보다도 더 잘 알고 있었기 때문이다. 그러므로 남편의 격려를 많이 받은 엠마 융은 자녀들이 모두 학교에 가게 되자 라틴어와 그리스어를 배우게 되었다. 따라서 그녀는, 그가 했던 학문적인 작업의 측면에서 볼 때 매우 소중한 사람이었다. 이제 그는 그녀의 시야를 더 넓히도록 그녀를 격려했고, 함께 미국으로 가자고 했다. 내 기억으로 그녀는 상당히 그것에 대해 두 갈래 마음이 있었지만, 결국 가기로 결심했다.

융은, 어디든 해외로 갈 때마다 배를 이용했는데, 미국으로 갈 때도 늘 배를 타고 갔다. 물론 그 당시엔 요즘처럼 늘 비행기 여행을 한 것은 아니며, 융이 한 번 — 내 생각엔 1935년이었던 것 같다 — 영국에서 비행기를 타고 온 적이 있다. 그런데 그는 결코 비행기를 타고 다니는 것을 좋아하지 않았다. 왜냐하면 그는 너무 빨리 도착한다고 느꼈으며, 그렇게 되면 우리 마음의 편린들을 남겨두고 올 수밖에 없기 때문이다! 그는 훨씬 뒤에 50대가 된 제자들에게, 비행기를 타는 게 훨씬 더 싸고 편하다고 해도, 무슨 일이 있어도 미국에 비행기로 가지 말라는 충고를 하기까지 했다. 왜냐하면 그들은 뒤에 그들 자신의 편린들을 남겨 두었다는 것을 알게 될 것이고, 그렇게 되면 강의와 세미나에 참석하는 동안 충분히 집중할 수 없을 것이기 때문이라고 했다. 그래서 융 부부는 큰 배인, 북독일 로이드 North German Lloyd 증기선을 타고 매우 즐거운 여행을 했다.

미국에 도착하자 그들은 우선 매사추세츠 주 케임브리지에 있는 하버드 대학으로 갔다. 하버드는 300주년을 기념하는 예술과 과학에 관한 학회를 개최하고 있었으며, 융에게 강의를 요청했다. 그래서 융은 "인간행동의 심리적 결정인자Factors Determining Human Behavior" 35라는 제목의 강의를 했다. 이 강의는 특별한 환영을 받았던 것 같다. 융은 강의가 끝난 후, 여자 진행자가 "너무 좋았어요."라고 하며 흐느끼는 것을 보고 깜짝 놀랐다. 그는 "무엇이 그녀를 감동시켰던 걸까?" 스스로 질문해 보았다. 하지만 집에 도착했을 때 그는, "그녀가 강의를 한 마디도 이해하지 못한 게 분명하다"고 생각했다. 그런 일은 종종 일어났으며, 오랫동안 그는 언제나 그런 일로 인해 놀랐다. 그는 자신의 전체성을 가지고 글을 쓰고 말을 했다. 그래서 당연히 네 가지 기능(사고, 감정, 감각, 직관)이 모두 동원되었다. 그러나 우리가 생각하기에, 그는 그때 충분히 이것을 인식하지 못했던 것 같다. 예컨대 감정형feeling types이 그가 **이해받기** 바랐던 바로 그것에 깊이 **감동**했을 때, 그는 늘 깜짝 놀랐다.

융 부부는 둘 다 하버드에서 즐거운 시간을 보냈으며 처음에 계획했던 것보다 더 오래 머물고 싶어 했다. 그 사이에 백 명이 넘는 사람들이 세미나를 위해 메인 주에 있는 베일리 섬Bailey Island에 모여들었다. 에스더 하딩은 죽기 얼마 전에 — 그녀가 죽은 것이 아직도 매우 유감스럽다 — 하버드에 있는 융에게 수 차례 전화를 걸어 상황을 설명할 책임을 자신이 맡았었노라고 나에게 말했다. 융은 이따금 시간과 어느 정도 관련이 있는, 마음에 드는 상황에 몰두하였다. 그래서 그는 평소처럼 낙관하며, 소수의 사람들만 강의를 들으러 올 것이고, 그들이 메인에서 휴가를 보내려는 게 확실하니까, 그 자신처럼 급할 게 없을 것이라고 믿었다. 그러나 그는 오직 세미나를 위해 와서 곧바로 예약한 사람들이 아주 많다는 소식을 듣고 매우 놀라, 자신의 계획을 즉시 변경했다.

이 세미나는 뉴욕에 있는 세 명의 주도적인 의사들, 곧 엘리노어 버틴, 에스더 하딩, 그리고 크리스틴 만에 의해 마련되었다. 그들은 베일리 섬에 집 하나를 공동으로 소유하고 있었으며, 거기서 적어도 매년 여름 한 달 동안 분석을 했고, 정말 멋진 그곳에서 언제나 긴 휴가를 보냈다. 그 섬은 바다뿐만 아니라 다른 섬과도 접해 있는 본토로부터 떨어져 있었으며, 놀랍게도 양쪽 수면 위에 다리가 놓여 있었다. 융은 메인의 해변에 깊은 인상을 받았으며, 그곳은 인간이 과거나 현재 살았던 적이 있다는 인상을 거의 혹은 전혀 주지 않는 처녀지라는 느낌을 받았다. 그 당시 그 섬에는 오늘날보다 집이 훨씬 적었으며, 나는 그곳이 이상하고 특별한 인상을 주었다고 융이 말하는 것을 들은 기억이 난다. 그는 나에게 이렇게 말했다. "언제든 기회가 되면 그리로 가 봐요." 나는 30년 후에, 그러니까 그가 세상을 떠나고 7년이 지나서야 그의 충고를 따를 수 있었다.

융 부부는 세 명의 의사들과 함께 바다 바로 위에 있는 큰 집에 머물렀으며, 그는 세미나는 물론 분석도 몇 시간 해주었다. 할 수 있는 한, 그는 기꺼이 그리고 매우 즐겁게 요트를 타고 해변을 살펴보았다. 반면에 엠마 융은, 그녀가 색다른 세계를 대단히 즐기기는 했지만, 미국인의 생활을 보고, 또 외향적이 될 것을 요구받자 점점 더 답답함을 느꼈다. 사실 E. A. 베넷 박사, 그의 아내 그리고 내가 차 두 대를 가지고 가서 그들을 워털루 역에서 만났을 때, 그녀가 여전히 힘들어하고 있다는 느낌이 들었다. 왜냐하면 융이 미국에서 집으로 돌아오는 길에 런던에 들러 몇 번 강의도 했기 때문이다.

베넷 박사 부부는 리젠츠 공원에서 약간 벗어나 있는 작은 호텔에 정말 마음에 드는 방들이 있다는 것을 알았다. 그곳은 조용했고, 베넷 부부의 집에서 아주 가까이 있었다. 거기서 융은 사람들을 분석했으며, 베넷 박사의 유능한 비서에게 도움을 받았다. 그들이 차에서 내려서 이 작은 호텔 — 보통 크기의 시골집보다 그리 크지 않은 — 을 보았을 때 융은 아내에게 이렇게 말했다. "세상에 이보다 더 좋은 곳이 어디 있겠소?" 그들은 뉴욕에서 가장 큰 호텔 중 한 곳(나는 월도프 아스토리아Waldorf Astoria 호텔이었을 것으로 생각한다)에 머물렀으므로, 정말 굉장히 대조적인 느낌이 들었을 것임에 틀림없다. 그러나 그들은 곧 차량 소음이 전혀 없는 그들의 조용한 호텔을 좋아하게 되었고, 베넷 부부가 그들을 편안하게 해 주었기에, 엠마 융은 미국에서 즐겁기는 했지만, 연속적으로 정신없이 몇 주를 보낸 뒤에 휴식을 얻게 되어서 감개무량해 했다.

그들이 퀴스나흐트로 돌아오자 융은 마침내 일에서 벗어나 여유로운 시간을 갖기로 했다. 왜냐하면 여름에 그는 자신이 좋아하는 연금술을 위해 시간을 낼 수 없었기 때문이다. 그는 다음 해 겨울 동안 취리히 연방 공과대학에서 영어 세미나도 하지 않았고 강의도 하지 않았다. 그는 또한 분석 시간을 최대한도로 줄였으며, 마침내 불가해한 연금술 문헌의 밀림을 헤치고 들어가 길을 찾아 볼 시간을 갖게 되었다. 그것은 특히 어려운 일이었지만 — 심지어 그것은 "무의식과의 대면"과 비교되기도 한다 — 그는 그 해 겨울을 철저히 즐겼으며, 그것이 매우 보람 있는 일이라는 것을 알게 되었다.

그러나 부활절 휴가가 끝났을 때 그는 모든 일을 다시 계속했다. 그래서 특히 그 해 여름 일정이 다시 빡빡해졌다. 일이 달라진 것이 도움이 되긴 했지만, 그는 새로운 흥미를 갖고 그 일과 씨름을 해야만 했다. 그렇게 해서 여름휴가도 갖지 못하고 말았다. 왜냐하면 그가 예일 대학에서 세 번에 걸쳐 테리 강좌Terry Lectures를 하기로 약속했고, 늘 있던 에라노스 학회가 시작되기 전에 직접 영어 강의를 해야 했기에 그것을 준비하는 데 모든 시간을 써버렸기 때문이다. 영어를 할 줄 아는 출판인은 융이 직접 영어로 쓴 논문을, 번역한 것보다 훨씬 더 좋아한다고 융에게 말했다. 왜냐하면 그런 논문은 훨씬 더 생동감이 있기 때문이다. 하지만 그것은 당연히 독일어로 쓰는 것보다 시간이 더 많이 걸렸다. 그리스어로 쓰인 초시모스의 환상visions of Zosimos을 다루었기에 그의 에라노스 강의는 시간이 상당히 많이 걸렸다.

1937년 말경에 융은 인도에 가기로 되어 있었고, 같은 해에 미국을 방문해야 했다. 그러므로 그는 그 전 해(1936년에 융은 하버드 대학에서 강의를 했다 - 역주) 보다 훨씬 더 서둘러야만 했다. 예일대학에서 테리 강좌**36**가 끝난 후 그는 뉴욕에서 세미나를 했다. 그것은 그 전 해 베일리 섬에서 한 강의를 연속해서 한 것이었다. 이것은 결국 그의 마지막 미국 방문이 되고 말았다. 그 때 그는 기껏 60세가 넘은 나이였으므로 그 당시에는 아무도 그렇게 되리라고 생각하지 못했다.

그러나 무의식은 늘 그런 것을 미리 아는 것 같다. 세미나가 끝나고 그 날 저녁 환송 만찬에서 그가 한 연설은 매우 인상적이었다. 마치 많은 청중들에게 그가 마지막으로 말하고 있다는 것을 알기라도 했던 것처럼 말이다. 에스더 하딩을 포함해 여러 사람이 나에게 이 연설에 대해 얘기해 주었다. 그들은 그들에게 잊을 수 없는 인상을 남긴 그 연설의 주된 논점에 이상하게도 한 마음으로 감동을 받았다.

그 날 이미 두 번이나 말을 했기 때문에 융은 다시 말을 하지 않으려고 했다. 그러나 그 때 그는 무언가 그에게 떠오르는 것이 있는지 보자고 말했다. 그러므로 그날 그가 한 연설은 대부분 무의식에서 직접 그에게 떠오른 것을 말한 것이 분명하다. "심리학과 종교"에 관한 테리 강좌를 막 했던 터라, 그 주제가 당연히 그의 마음에 가장 중요하게 자리 잡고 있었기에 계속 그 주제로 연설을 하게 된 것이다.

내가 다른 기회에 그가 말하는 것을 종종 들은 바와 같이, 그는 그 날 밤 우리가 얼마나 힘든 시대를 살고 있는지 이야기했다. 왜냐하면 집단적 무의식의 원형상이 더 이상 만족스러울 정도로 주된 종교로 흘러들어가지 않기 때문이었다. 원형상은 계류장에서 떨어져 나왔으며, 현대인은 지난 2천년 동안 기독교 안에 억눌려왔던 에너지로 인해 안절부절 못하며 고통당하고 있다. 이런 에너지 일부는 과학으로 흘러들어간 것이 사실이다. 그러나 그것은 너무 편협하고 합리적이어서 유동적인 모든 원형상과 같은 것을 만족시키지 못하고 있다. 이것이 바로 오늘날 많은 주의들isms이 생겨난 이유이며, 오늘날 자유로운 개개인이 그 자신의 삶에서 그런 주의를 받아들여야만 하는 과제에 직면하게 된 것이다.

융은 얼마 동안 한 인간으로서의 그리스도에 대해 말했으며, 자신이 직면한 어려운 문제가 무엇인지 보여주었다. 사생아였던 그는 당연히 권력이라는 마귀와 평생 싸움을 하였다. 이것은 광야 시험에서 분명히 드러나 있다. 그러나 그는 사탄의 모든 제의를 물리칠 만큼 매우 비범한 신실함을 가지고 있었다. 하지만 그는 그런 제의에서 완전히 벗어날 수는 없었다. 즉, 그의 나라는 이 세상에 속한 것이 아니었지만, 그것은 여전히 어떤 나라였다. 그가 예루살렘으로 승리의 입성을 한 기이한 사건은 같은 뿌리에 유래한 것 같다. 그러나 그러한 모든 확신에도 불구하고 그는 버림을 받아, 십자가 위에서 "나의 하나님, 나의 하나님 어찌하여 나를 버리셨습니까?"라는 비참한 말을 부르짖었다. 그 순간 그리스도는 그렇게도 확신에 차 살았던 삶이 완전히 실패로 끝났으며, 신실하게 살았던 삶이 주로 환상에 근거한 것이었음을 느꼈다. 십자가 위에서 그의 사명은 산산조각이 나고 말았지만, 그럼에도 불구하고 그는 헌신적인 삶을 살았으며, 결국 부활의 몸을 얻어 승리하게 되었다.

그 때 융은 그의 청중들에게 이런 말 — 많은 사람들이 이 마지막 말에 감동을 받았다 — 을 했다. 즉, 우리는 결과적으로 그리스도의 본을 따를 수 있으며, 그것이 실수에 기초해있다 하더라도, 가능한 한 우리의 삶을 최선을 다해 살아야 한다. 우리는 가서 실수를 해야 한다. 왜냐하면 실수가 없이는 온전한 삶을 살 수 없기 때문이다. 다시 말해, 온전한 진리를 발견한 사람은 아무도 없지만, 우리가 그리스도처럼 신실하고 헌신적인 삶을 살기만 하면, 그가 바라건대, 우리 모두 그리스도처럼 부활의 몸을 얻게 될 것이라고 했다.

제12장
인도 간주곡
1937-1938

1937-38년의 인도 여행은 이전에 융이 했던 그 어떤 여행에 비해 그 배경이 사뭇 달랐다. 북아프리카 및 아메리칸 인디언들을 찾아간 처음 두 번의 여행은 유럽을 **밖에서** 보려는 노력으로 이루어졌다. 동아프리카와 이집트 여행은 원시인의 심리학을 연구하고, 흔히 그렇게 하듯이 지중해를 건너가는 대신, 아프리카에서 나일 강으로 내려가 이집트로 접근하려는 표면상의 목적이 있었다. 나는 융의 무의식이 보여 준 계시가 그에게 깊은 인상을 주었다고 확신한다. 즉, 무의식 자체가 그 여행을 하도록 장려하고, 다시 말해 "아프리카 야생지에서 심리학자 융에게 어떤 일이 일어날 것인가?"¹ 하는, 꽤 당혹스런 질문을 제기하게 만들려는 상당히 다른 이유가 있었다고 볼 수 있다. 그 때 그는 더 많은 무의식적인 이유가 있었다는 것을 발견했다. 유럽에서 증대되고 있는 긴장 상태에서 벗어나야겠다는 생각 또한 그의 결정에 상당한 역할을 했다. 그래서 그는 1934년쯤 중국으로 오라는 솔깃한 제안을 거절했던 것이다.

그는 리하르트 빌헬름을 만나기 전부터 중국의 지혜에 매우 깊은 인상을 받아왔다. 그 때 그는 어느 여름날 처음으로 『주역』으로 점을 쳐 보았다.² 중국어를 배우고 싶은 갈망을 그가 포기한 것은 연금술 연구를 하면서 모든 언어 중에서 가장 어려운 중국어를 배울 시간이 없다는 것을 알았기 때문이다. 그는 또한 중국문화에 대해 나름대로 결론을 내려 보려고 중국에 가 보기를 간절히 원했다. 그래서 나는 적어도 6개월이 걸리는 긴 중국 여행에 관한 제안ⓑ을 받아들이는 것보다 더 좋아했던 무언가가 그에게 있었다고 생각하지 않는다. 중국에 가지 않기로 결정했다고 하면서 그는 애석해하며 이런 말을 덧붙였다. "현재 내가 있어야 할 곳은 바로 **여기**라는 걸 깨달았어요!" 유감스럽게도 나는 그의 생전에 이런 결정과 나일 강에서 그가 깨달은 것이, 서로 어떤 연관성이 있었는지 몰랐으며, 그런 연관성이 정말 있었는지 그에게 물어볼 수도 없었다. 다만 나는 그가 그렇게도 가고 싶어 했던 여행을 못하게 만든, 유럽에서 가중되고 있는 긴장감으로부터 두 번이나 피해서는 안 된다는 느낌이 있었다고 확신한다.

1937년쯤에 그는 어떻게든 시간을 내어 "인도 철학과 종교사에 관해" 많이 읽었으며, "동양의 지혜가 지닌 가치를 깊이 확신했다."**2** 그러므로 "캘커타 대학 25주년 기념식과 관련된 축제에 참석해 달라"는 인도 주재 영국 총독부의 초청은 어쨌든 동양에 대해 무언가를 알 수 있는 좋은 기회였다 그것이 1938년 1월에 개최되었다. 손님들은 1937년 12월에 봄베이에 도착했고, 캘커타로 가는 도중에 인도를 아주 많이 볼 수 있었다. 융은 고정된 일정에 얽매이는 것을 원치 않았다. 그래서 파울러 매코믹에게, 그들과 같이 가서, 캘커타에서 축제가 끝난 후 그와 파울러 둘이 특히 남인도와 실론으로 그들만의 탐사여행을 하자고 제안했다. 그러나 전체 여행은 3개월이 채 안 걸렸다. 그가 중국을 방문했더라면 당연히 더 많이 걸렸을 텐데, 그보다는 훨씬 더 짧은 기간 집을 떠나 있게 되었다.

그러나 이 여행을 하기 1년 전에 이미 약속했던 예일 대학 테리강좌와 뉴욕 세미나에 가는 것이 쉽지 않았다. 그는 미국에서 머무는 시간을 최소한으로 줄였다. 그렇긴 하지만, 미국에서 돌아와 인도로 출발하기 전까지 시간은 단 몇 주

ⓐ 251쪽을 보라.
ⓑ 내 기억으로는 그 당시 프랑크푸르트에 있는 중국연구소 소장이었던 에르빈 루셀레Erwin Rousselle가 그런 제안을 처음으로 했다.

밖에 없었다. 그 해 겨울 취리히 연방 공과대학에서의 영어 세미나와 강의는 어쩔 수 없이 모두 생략했지만, 그는 환자들과 제자들을 너무 오래 떠나 있었기에 될 수 있는 한 그들 모두를 자주 만났다. 유감스럽게도, 그에게는 그 여행을 위해 개인적으로 준비(예컨대 예방접종 같은)할 충분한 시간이 없었다. 따라서 토니 볼프는 항상, 그가 예방접종을 하지 않았으므로 캘커타에서 병이 걸렸었다고 믿었다.

나는 그가 아프리카로 가기 전에 했던 것처럼 이 여행을 위해 『주역』점을 보았는지 모른다. 하지만 그가 떠나기 전에 마지막으로 만났을 때, 나는 그가 돌아오지 못할 수 있는 가능성을 예상하고 있다는 인상을 확실히 받았다. 그가 말했던 한두 가지로 볼 때, 내가 보기에는 적어도 제자들이 만일의 사태에 대비하도록 조치를 해 놓았던 것 같다. 그는 정말 위험한 병에 걸렸었는데, 그것은 그가 죽기 전에 **겪어내야** 했던 많은 병 가운데 첫 번째 병이었다. 그 당시 융은 62세였으며, 여전히 최선을 다해 삶을 살고 있었지만, 이미 상당히 초연한 삶을 살고 있었다.

어느 날 그는 이 여행에 대해 그가 가지고 있는 태도가 얼마나 다른지를 나에게 말해주었다. 예컨대 아프리카로 떠나기 전에 그는 이 여행에 대한 여러 가지 전망을 하고 있었으며, 그것이 연기되었다면 아마 무척 실망했을 것이다. "난 인도와 인도문화를 혼자 힘으로 경험하기를 매우 고대하고 있답니다."라고 하면서 그는 이렇게 말했다. "그렇지만 그것이 갑자기 취소돼도 정말 실망하지 않을 겁니다. 다음 금요일 마르세유Marseilles로 여행을 떠나는 대신, 난 그 날 아주 쉽게 마음의 안정을 찾아 다른 일을 할 수 있을 겁니다." 그가 『회상』에서 밝혔던 것처럼, 그 때 그는 그의 표현대로 "증류기 속의 난쟁이homunculus 같이" 아직 그자신 속에 머물러 있어야한다는 것을 충분히 인식했다. "인도는 나에게 마치 꿈처럼 영향을 미쳤다. 나는 내 자신을 찾는 일, 즉 나의 고유한 진리를 탐색하는 일을 했고, 또한 해오고 있기 때문이다."[3] 우리는 융이 아프리카에서 돌아 온 이후 12년 내에 얼마나 내적으로 큰 발전을 이루었는지 분명히 알 수 있다.

그가 그 여행에 매달리지 않은 것은, 당시 연금술을 연구하는 일에 철저히 몰두하고 있었던 것에 부분적으로 기인한다고도 볼 수 있다. 그는 인도 여행을 연금술 연구의 한 간주곡이라고 부르기까지 했으며,『화학의 극장Theatrum Chemicum』의 첫 권을 가져가서 돌아오기 전에 처음부터 끝까지 다 읽었다. 그 책에는 도른Gerard Dorn의 가장 중요한 저술이 들어 있었는데, 융은 그 때 그것을 처음으로 읽었다.『융합의 비의』에 익숙한 독자들은 도른이 그 어떤 연금술사들보다도 연금술의 주관적인 측면을 더 깊이 보고, 더 많이 알았기 때문에, 융이 마지막 장인 "융합The Conjunction"에서 도른을 상당히 길게 인용한 것을 기억할 것이다.

인도를 여행하는 동안 이 책을 읽고 얻은 효과에 대해 융은 이렇게 묘사했다.

> 유럽 사상의 원초적 정신은 이런 식으로 낯선 외국의 문화정신의 인상과 항상 지속적으로 접촉되어 있다. 이 두 가지는 모두 한결같이 무의식의 근원적 체험에서 표출된 것이므로 같은 또는 비슷한, 그렇지 않으면 적어도 그것과 비견할 수 있는 통찰을 만들어낼 수 있었던 것이다.4

22쪽의 도해로 돌아가 보면, 그가 제라르드 도른을 읽은 것과 인도에서 많이 본 것은 모두 무의식의 깊은 층으로부터, "원시 조상"의 층이나 심지어는 더 낮은 층으로부터 온 것이 분명하다. 융이『태을금화종지』에 관해 주석한 저작을 생각해 보면, 동일한 현상이 작용하고 있음을 이미 알 수 있다.ⓒ 그러나 그는 "인도에서 나는 처음으로 이질적인, 고도로 분화된 문화를 경험하게 되었다."5 고 말했다. 이 "이질적인" 요소는 더 높은 층에서 생긴 것이며, 이것은 대집단 층(예를 들어 유럽 - 역주)으로 시작하여, 계속 국가, 씨족 등을 통해 지속되었다. 이

ⓒ 앞의 282쪽과 283쪽을 보라.

런 더 높은 층에서 생긴, 융이 몰입되어 있던 문화를 보면, 각 통찰이 반드시 그 자신의 정신적 경험과 전적으로 같거나 비슷하거나 비교할만한 것은 아니다. 또한 융에게 완전히 이해하기 어려운 것으로 입증된 것은, 인도 문화가 지닌 바로 이런 측면 — 집단 전체가 분주하게 관광객을 끌어들이는 중에 있는 — 이었다. 집에 돌아왔을 때 그는 우리에게 이렇게 말했다. "난 인도를 완전히 이해할 수 없었어요. 그것이 바로 내가 캘커타에서 병이 난 이유랍니다." 이질은 소화와 관련된 병이며, 상태가 너무나 심해서 그는 캘커타에서 축제가 진행되는 동안, 병원에서 10일 동안 꼼짝달싹도 못했다. 융은 항상 자신이 감당해야 할 의무를 이행할 수 없는 것을 몹시 싫어했다. 그러므로 그는 한편으로 인도에 초청받은 모든 축제에 참석할 수 없는 것을 몹시 당황스러워했다. 그러나 다른 한편으로 그것은 **불가항력**이었지, 결코 그의 잘못이 아니었다. 그러므로 이 경우에는 실추보다 득(得)이 더 많았다. 우리가 『회상』을 통해 알 수 있듯이, 병원에서의 강요된 이 휴식을 통해, "새로운 인상들의 거친 바다에서 축복된 섬이 생겼으며, 내가 수많은 것들과 그것들의 어리둥절하게 만드는 혼란을 심사숙고해 볼 수 있는 토대를 찾은 것이다."**6** 사실상 그처럼 내향화할 수 있는 기회는, 분주하고 외향적인 인도 여행에서 그가 받은 뜻밖의 선물이었다.

    이 여행은 어쩔 수 없이 캘커타에서 개최된 인도 과학학회 대표들을 위해 마련된 프로그램에 따라 계획된 것이었다. 봄베이에 비행기로 내린 후 캘커타에 도착하기 전까지의 여행일정을 감안해 볼 때, 스케줄이 꽉 차 있었던 게 틀림없다. 그들은 마음을 사로잡을 만한 흥미로운 곳들을 구경했을 뿐만 아니라, 프로그램에는 "여러 번의 멋있는 저녁식사와 축하연"도 포함되어 있었다. 이런 것을 보면서 융은 교육을 잘 받은 인도인들의 사회생활과 개인 심리에 대해 많이 알게 되었다.

    그가 취리히로 돌아왔을 때 그 주변에 있는 여성들은, 여성이 되는 것에 대한 그들의 견해를 부득이 재고하지 않을 수 없었다. 그는 인도에서 인도 여성의 숙련된 행동을 보고, 또 인도 여성이 정말 에로스 원리Eros principle를 가지고 살아가는 것을 보고 큰 감동을 받았다. 그렇게 함으로써 인도 여성은 주변의 남성들에게, 그들이 만나는 모든 여성을 통해 감정적인 측면의 지원을 받아, 그들의 원리로 살아갈 수 있는 기회를 부여해 주었다. 아침식사 때부터 계속 찬물을 뒤집어 쓴 것같이 되어버리는 일이 유럽에선 흔히 있지만, 인도 여성은 그렇게 하지 않았다. 유럽으로 돌아 온 직후에 그는 "꿈꾸는 세계 인도"라는 논문에서 이렇게 썼다.

> 나는 거기서 [저녁식사와 축하연에서] 인도의 여성 지식인들과 대화할 기회를 가졌다. 이것은 새로운 경험이었다. 그들의 의상은 여성적 특징을 나타낸다. 옷 입는 방식은 여성 들이 고안해낸 방법 중 가장 잘 어울리고 우아하고 동시에 가장 재기가 있다. 여성들을 일종의 서투른 젊은이로 변형하려는 서구인의 성병(성에 대한 병적 의식 - 역주)이 "과학적 계몽"이라는 병적인 발상의 결과로서 인도로 유입되는 일이 없기를 간절히 바란다. 인도 여성들이 자신의 전통의상을 포기한다면, 그것은 전 세계를 위해서 큰 손실이다. 인도는 (내가 잘 모르는 중국도 아마) 실제로 사람들이, 살아있는 모델에서 여자들이 어떻게 옷을 입을 수 있고 입어야 하는지를 볼 수 있는 유일한 문명국이다.... 그것은 애석한 사실이지만, 유럽 여성과 특히 그들의 잘못된 옷 입는 방식은, 인도 여성과 그들의 의상이 가지는 위엄과 우아함과 비교한다면, 전혀 화려하지 않다. 인도에서는 뚱뚱한 여자들조차도 전망이 밝다. 우리 유럽에서는 그런 여자들은 기껏해야 죽도록 굶을 수밖에 없다.[7]

그는 인도 남자가 "편안함과 시원함"을 중시하며 옷을 입는다고 썼는데, 힌두교도 남자의 의상에 대한 제대로 된 생각은 아니었다. 그러나 그는 또한 인도인들이 서구인들보다 대가족 안에서 어떻게 행동하는지 더 많이 알고 있다고 느꼈다. 그는 나중에 같은 논문에서 이렇게 말했다.

누구나 그 가족에 적응해야 한다. 그리고 20명이나 30명의 가족 구성원이 할머니를 가장으로 모시고 좁은 집에서 함께 살려면, 어떻게 말하고 처신해야 하는지를 알아야 한다. 이러한 모계 질서는 그들을 겸손하고 주의 깊고 정중하게 말하도록 가르친다. 속삭이는 목소리와 아름다운 태도가 바로 여기서 나옴을 알 수 있다. 우리 유럽의 경우, 가족이 좁은 곳에 모여 살면 정반대의 결과가 나타난다. 그들은 신경질적이 되고, 화를 잘 내게 되고, 남을 배려하지 못하고 더구나 폭력적이 된다. 인도인들은 가정을 진지하게 받아들인다. 그들에게 가정은 불가결한, 절대로 필요한, 자명한 생활 형태이다. 이러한 법칙을 깨고, '유랑'을 성스러움에로 향한 첫걸음으로 이해하기 위해서는 종교가 필요했던 것이다. 특히 인도 여자들과 함께 산다는 것은 아주 만족스럽고 편안할 것처럼 보인다. 모든 사람들이 그런 생활방식으로 산다면 인도적 삶은 거의 이상에 가깝다. 그러나 태도의 온화함과 목소리의 부드러움은 역시 숨기기와 외교술의 요소일 수도 있다. 인도인들도 그야말로 인간이기 때문에 일반화할 수 없다고 나는 생각한다.[8]

여태까지 내가 알고 있던 그 어떤 사람처럼, 융은 가급적 일반화하지 않았다. 그러나 애석하게도 나는 당시에 서구 여성이 자신의 원리인 에로스에 따라 사는 것이 매우 어렵다는 사실을 뼈저리게 깨달았다. 그가 "유럽의 여성Women in Europe"[9]이라는 논문에서 매우 명확하게 서술한 바와 같이, 이것은 환경이 그녀로 하여금 주로 자신의 남성적인 측면을 살도록 만들기 때문이다. 그는 이렇게 덧붙였다. "남성성이란 원하는 것을 알고, 목적에 도달하기 위해서 필요한 것을 행하는 것이다. 이것을 한 번 배우면, — 강제적인 심혼의 상실 없이는 — 다시 잊어버리는 것이 불가능하다는 것은 자명하다."[10]

융은 유럽 여성에게 과거의 모델로 돌아가도록 노력하라는 충고를 결코 하지 않았다. 아직도 전통 의복을 입을 때, 유럽 여성은 매우 의미심장하게 옷을 입는다. 결코 인도 여성만큼 아주 성공적으로 입는 것은 아니지만 말이다. 그녀는 최근에 보다 큰 의식意識을 향해 문을 열었기에 "엄청난 정신적 손상을 받지 않고" 결코 그 문을 다시 닫을 수 없다. 그녀의 본질적인 여성성이 얼마나 상실되었는지를 깨닫는 것은, 고통스럽고 뼈아픈 교훈이지만 매우 도움이 된다. 또한 취리히에 사는 우리들은 융이 인도에서 돌아온 후 이것을 우리에게 지적해주었을 때 많은 것을 얻을 수 있었다. 융은 여전히 매우 활기차고 진취적이었지만, 이 모든 인상들로 인해 매우 피곤해졌고, 캘커타에 도착했을 때 상당히 지쳐 있었다.

융은 종종 인도에서 경험한 것에 대해 말했다. 그러나 나는 그들이 비행기로 봄베이에 도착한 후, 거기서 캘커타까지 정확하게 어떤 여행 일정을 가졌는지 전혀 들어 본적이 없다. 미리 계획된 여정이 거기서 끝나고 만 것이다. 지도를 훑어보면, 그들이 인도를 가로질러 여행한 것을 알 수 있다. 즉, 그들은 융에게 박사학위를 수여한 캘커타 대학은 물론, 델리Delhi, 산치의 언덕(인도 중부, 마디야 프라데슈 주의 동東 마르와[마라바] 지방에 있는 불교 유적 - 역주), 아그라(인도 중북부의 도시이며 타지마할Taj Mahal의 소재지 - 역주), 알라하바드(인도 북부, 우타르프라데시 주 동남부, 갠지스 강에 면한 도시 - 역주), 베나레스(인도 동부에 있는 힌두교의 성지이며 바라나시의 구칭 - 역주), 다르질링(인도 서 벵골 주의 피서지 - 역주)을 방문한 것이 분명하다.

나는 그가 타지마할(무굴제국의 황제였던 샤자한이 왕비 뭄타즈 마할을 추모하여 건축한 것-역주)에서 받은 깊은 인상 — 깨달음이라고까지 말할 수 있는 — 에 대해 언급한 바 있다.ⓓ 그는 산치 언덕에서 사리탑을 보고 똑같은 감동을 받은 것이 확실하다. 『회상』에는 그것이 생생하게 묘사되어 있다. 그러나 다른 것, 즉 "꿈꾸는 세계 인도"를 보면, 그것이 잘 알려져 있지는 않지만, 적어도 생생하게 잘 묘사되어 있다.

ⓓ 217쪽을 보라.

아그라와 델리에서 멀지 않은 곳에 산치의 언덕과 그 유명한 사리탑이 있다. 우리는 어떤 시원한 아침에 거기에 있었다. 빛과 너무나도 맑은 공기 속에서 모든 대상들이 하나하나 그 모습을 드러냈다. 우리는 인도의 평지가 멀리 보이는 암벽 언덕의 정상에서 둥근 형태의 거대한 성벽을 바라보았는데, 그것의 반은 땅속에 묻혀 있었다. 대반열반경大般涅槃經(석가가 입멸할 때 설한 내용을 담은 경 - 역주)에 의하면, 석가 자신이 자신의 육신을 어떻게 매장해야 할 것인지를 표현한 것이라고 한다. 그는 두 개의 발우(밥그릇)를 잡고 그 하나를 다른 하나 위에 덮었다. 눈에 보이는 탑은 바로 그 위의 발우이다. 아래의 발우는 땅에 묻혀 있는 것이라 상상할 수 있다. 그 둥근 형태는 예로부터 완전성의 상징으로서 여래如來에 대한 적절하고도 의미심장한 기념 상像으로 보인다. 그것은 석가의 가르침의 단순함, 엄격함, 명백함과 완전히 일치한다.

　이 장소에는 고독한 가운데 말할 수 없이 거룩한 것이 자리 잡고 있다. 그 장소는 마치 인도 역사의 순간을 증언하는 것 같았다. 왜냐하면 그 종족의 가장 위대한 정신이 그 역사의 가장 숭고한 진리를 표현했기 때문이다. 이 장소의 건축물, 마음의 모든 동요를 초월한 고요하고 평화로운 분위기, 그리고 인간적인 감정의 망각은 진정으로 그리고 본질적으로 인도적이다. 이 장소는 타지마할이 이슬람교의 비밀을 표현하고 있는 것과 마찬가지로 인도의 "비밀"이다. 바로 이슬람교 문화의 향기가 아직 공기에 떠도는 것처럼, 석가는 비록 표면상에서는 잊혀 졌지만 현대 힌두교의 내밀한 숨결이다. 그 내밀한 숨결을 적어도 비슈누 신Vishnu(역주: 세계를 보호하고 유지하며 도덕적인 질서를 회복시키는 신으로 숭배되고 있는 비슈누는 다양한 동물과 선지자로 권화權化하는데, 그중 가장 유명한 것은 크리슈나이며, 고대의 신神, 성선聖仙, 영웅으로부터 석가까지도 포함되었다)의 화신에서 느낄 수 있다.11

이 구절은 또한 타지마할에서 받은 인상과 산치의 언덕에서 받은 인상이 어떤 차이가 있는지와 관련하여 상당한 깨달음을 제공해 준다. 전자에서는 그에게 "이슬람의 비밀"이 드러났고, 후자에서는 인도인의 비밀이 드러났다. 처음으로 잘 준비된 땅과 마주치게 되었던 것이다. 그가 1920년 북아프리카 여행에서 처음으로 이슬람 세계와 대면한지 18년이 되었다. 그래서 그는 그 이후로 그것에 대해 줄곧 생각해왔다. 그러므로 다른 세계 종교들처럼 로고스Logos가 아닌, 에로스Eros에 기초한 이슬람의 중심 비밀이 즉시 의식화될 수 있었다. 그는 오랜 세월동안 의식적으로 그를 곤혹스럽게 했던 많은 질문에 답을 얻었다. 1925년에 그는 동아프리카를 여행하면서 그리고 나일 강을 따라 내려가면서, 이슬람 세계와 대면하게 되었을 때, 매우 자주 이러한 질문들을 다시 하게 되었다. 그러나 그 때 그는 처음으로 인도와 직접 접촉하게 되었다. 그러므로 원시 조상 위에 있는 층이 그에게는 여전히 이상했으며, 이질적이기까지 했다. 정말 모든 층 가운데 가장 깊은 층으로부터 한 가지 사실이 다시 살아났다.

[그는] 부처의 삶을 개인적인 생을 꿰뚫고 스스로를 주장한 "자기Self"의 현실로서 이해했다. [융은 그리스도와 관해서 똑같은 것을 이미 많이 인식하고 있었다.] 부처에게 자기Self는 모든 신을 넘어선 존재다. 그리고 그것은 인간실존과 세계의 정수를 표현하고 있다. 하나의 세계unus mundus로서 그것은 존재 자체의 측면뿐 아니라 그것 없이는 세계가 존재할 수 없는 그 존재의 인식을 함께 포괄하고 있다. 부처는 아마도 인간 의식의 우주생성론적인 위엄을 인식했고 이해했음에 틀림없다. 그러므로 그는 만약 누군가가 의식의 빛을 소멸시키게 된다면 세계는 허무에 침몰하고 만다는 사실을 분명히 알고 있었다.[12]

이러한 근본적인 깨달음이 무의식의 가장 깊은 층에서 생긴 것임을 융은 이미 아프리카의 아티 평원에서 혼자 아주 독립적으로 경험했다. 그것은 산치 언덕에서 있었을 때 보다 12년 앞서 일어난 일이었다.

　비록 이러한 근본적인 깨달음이 그 때 거기서 생겼지만, 아시아와 인도의 무의식 층은 그에게 전적으로 새로운 것이었다. 우리는 캘커타에 있는 병원에서 그가 얻은 "새로운 인상들의 거친 바다"에 빠지게 한 것은 바로 산치 언덕에서의 경험이었음을 의심할 수 없다. 사실상 그는 산치에서 경험한 것과 관련해서 이렇게 말하고 있다. "그것은 나를 예기치 못한 강렬한 힘으로 사로잡았다. 그것은 어떤 사물이나 사람, 또는 어떤 사상의 의미가 아직 나에게 무의식적일 때, 내가 그것과 직접 대면하면 나에게 곧잘 일어나는 정동情動이었다."13 여러 해가 지나서야 부처와 불교가, 우리가 앞에서 언급한 "이슬람의 중심 비밀"과 틀림없이 연관되어 있음을 의식할 수 있었다.

　"인도가 우리에게 가르쳐 줄 수 있는 것"14에서 융은 이상한 사실에 대해 이렇게 말한다.

　　부처는, 예수가 장차 그리스도교 세계의 재난으로 인해 사라질 것이라고 상상할 수 있는 것보다도 더 많이, 인도의 생활과 종교에서 사라져 버렸다.... 인도가 그의 정신적 스승인 부처에게 감사하는 마음을 가지고 있지 않은 것은 아니다. 고전철학에 대한 관심이 다시 살아나는 주목할 만한 현상을 확인할 수 있다. 캘커타와 비나레스 같은 대학들에는 유명한 철학부가 있다. 주류는 역시 고전 힌두교 철학과 그 철학의 광범위한 산스크리트 문헌이다. 『팔리어 경전』은 힌두교 철학에서 다소 다루어지고 있을 뿐이다. **부처는 어떤 고유한 철학도 주장하지 않는다. 그는 사람들에게 해보라고 도전한다!** 그것은 원래 철학이 원하는 바가 아니다. 철학은 다른 학문처럼 도덕적이고 인간적인 얽매임에 방해받지 않는, 넓은 지적인 놀이터를 필요로 한다. 그 밖에, 작고 결함덩어리인 인간은 그의 힘과 능력을 훨씬 넘어서는 관계 속에서 불운한 방식으로 휘감기지 않고 뭔가를 할 수 있어야 한다. 이것은 비록 실로 **긴 도정**이지만, 결국 바른 길이다. 천재가 지닌 타고난 조급함이 소인배를 방해하거나 화나게 할 수도 있다. 그러나 몇 세대가 지난 후에 그는 순전히 숫자의 힘으로 자신의 권리를 다시 주장할 것이다. **그런데 이것 또한 옳은 것 같다.**[15]

융은 같은 논문에서 앞서 이런 말을 하고 있다.

그 변환과정의 먼 목표는 부처가 생각했던 것과 비슷하다. 그러나 거기에 도달하기 위해서는 한 세대로도, 열세대로도 불가능하다. 명백히 훨씬 더 긴 시간, 즉 어떤 경우에도 수천 년은 족히 걸릴 것이다. 왜냐하면 추구하는 변화는 인간 의식의 엄청난 변화 없이는 일어날 수 없기 때문이다. 그 변화는 신자들의 경우에서처럼 믿음이 전부라는 전제하에서 오직 "믿음"을 통해서만 일어날 수 있다. 그것이 바로 부처와 예수의 후계자들이 분명히 행한 것이다. 믿음은 실로 위대한 것이다. 그 믿음은 의식적인 현실의 대체이다. 그리스도교도들은 그 의식적 현실을 내세의 삶에 옮겨놓는다. 이 "사후세계"라는 것은 실제로 종교적 직관에 의해 선취될 인류가 추구하는 미래다.[16]

이 구절 ─ 특히 "그런데 이것 또한 옳은 것 같다"는 말 ─ 은 융이 놀랄 만큼 모든 사람을 있는 그대로 용인하고 수용하고 있음을 매우 분명하게 보여준다. 그는 그 사람이 가지고 살았던 의식의 차원이 어느 정도였든지 간에, 모든 인간의 삶을 진지하게 받아들였다. 그는 인간의 가장 큰 요구는 보다 더 의식적이 되는 것임을 확신하고, 이런 목적을 달성하려고 최선을 다했으며, 다른 사람들이 그렇게 살도록 성심껏 도왔다. 때로 그 자신의 "천재가 지닌 타고난 조급함"이 방해하기도 했고, 심지어 그의 주변에 있는 소인배들을 화나게 하기도 했다. 그러나 근본적으로 그는 그들의 어쩔 수 없는 왜소함을 결코 탓하지 않았다. 비록 그가 보편적인 무의식성을 개탄하기는 했지만, 그는 결코 그것으로부터 벗어날 수 없었던 사람들을 비난하지 않았다. 왜냐하면 그가 이것 역시 "옳은 것 같다"는 것을 알았기 때문이다.

그러나 인도에서의 그의 주된 관심은, 그가 『회상』에서 설명한 것처럼, "악의 심리학적 본질"에 있었다. 시급한 악의 문제 — 어린 시절부터 융의 관심을 끌어왔던 — 는 이제 나치의 발흥으로 말미암아 유럽 사람들에게 가장 심각한 문제로 부각되지 않을 수 없게 되었다. 여러 해 뒤에, 그는 "만년의 사상"이라는 장에서 이렇게 말했다. "악은 가장 결정적인 현실이 되었다. 그것은 이름을 바꾸는 것으로는 이 세상에서 제거할 수 없는 존재가 되었다. 우리는 그것을 다루는 법을 배워야 한다. 왜냐하면 그것은 함께 살고자 하기 때문이다. 그것이 커다란 피해 없이 가능할지는 현재로는 예측할 수 없다."[17] 융이 평생 이 문제로 고투했지만, 위에 말한 것으로 보아, 우리는 그가 그것을 죽을 때까지도 전혀 해결할 수 없는 것으로 여겼음을 알 수 있다. 인도인들의 악에 대한 생각이 우리의 생각과 다르다는 것을 통해 많은 것을 배웠지만, 그는 이내 그들도 그 문제를 해결하지 못했다는 것을 인도에서 발견했다.

인도로 가기 전에도 그는 인도인들이 이 악의 문제와 그들의 영적인 삶을 통합했던 방식에 강한 인상을 받은 바 있다. 이런 업적을 인식함으로써, 그는 전반적인 주제를 새롭게 이해할 수 있었으며, 이제 동양이 체면을 잃지 않고 소위 악을 얼마만큼 잘 통합할 수 있었는지를 깨달았다. 서구에서 우리는 전혀 그렇게 할 수 없었는데 말이다. 그러나 그는 곧 동양의 관점이 지닌 단점을 볼 수 있었다. 즉, 동양의 관점은 선과 악 사이에 뚜렷한 윤곽을 가지고 있지 않으며, 결코 악을 사실상 현실적인 것으로 보지 않는 것이다. 따라서 그는 우리가 이런 상태에 있게 되었다고 하며 이렇게 말했다. "우리는 역설적으로 이렇게 말할 수 있을 것이다. 인도의 정신성spirituality에는 악도 선도 결여되고 있다고, 혹은 이들은 그토록 선악 대극에 부담을 갖고 있어서 니르반드바nirvandva, 대극과 만 가지 일로부터의 해방이 필요했다고 말할 수 있을 것이다."[18]

도덕의 문제는 서구인에게 가장 중요한 것이다. 하지만 인도인의 관점에서 보면 전혀 그런 것이 아니다. 인도인은 선과 악을 "동일한 것의 정도의 차이에 불과한 것"으로 보았다. 기독교인은 선을 지향하면서 악에 빠진다. 이에 반해 인도인은 세계를 다만 환상illusion이라고 말하고, 거기서 해방되려고 한다. 인도인은 이런 목적을 이루려고 명상과 요가를 한다. 반면에 융은 바로 "무의식과의 대면"을 통해 명상의 가장 중요한 단계는 무엇보다도 우리의 **현실적인 삶**에서 내면으로부터 우리에게 다가오는 것을 인식하는 것임을 깨달았다.[19] 융에게 늘 현실적인 삶이 모든 것 중에서 가장 중요했다. 왜냐하면 그가 그것을 영원한 자기 Self가 "삼차원의 실존으로 들어가기 위한"[20] 유일한 기회로 인식했기 때문이다.

융이 인도에서 집으로 돌아왔을 때 그는, 그것은 어떤 면에서 자신의 인생에서 가장 당혹스런 경험이었다고 나에게 말한 적이 있다. 그러나 그 여행을 마친 후에 그는 마침내, 계발해야 할 가장 중요한 특성은 바로 프랑스 사람들이 지혜라고 부르는 것임을 깨달음으로써, 어떤 관점을 발견했다. 그때 그는 그리스적인 지혜의 본질을 나중에 인용 — 내 기억으로는 처음으로 — 했다. 그것은「심리학과 종교」에 다음과 같은 문장으로 인용되어 있다. "도를 넘지 말라. 중용 속에 모든 선이 담겨 있다."[21] 이것이 내가 보기에 그가「전이의 심리학The Psychology of Transference」[22]을 시작하면서 사용한 모토와, 또한 그가 가끔 인용한 것과 서로 깊은 관련이 있다. 이것은 바로 "호전적인 평화, 달콤한 상처, 사랑스런 악" (존 가워John Gower: 『연인의 고백Confessio amantis』)이라는 것이다.

인도인이 우리보다 대극의 윤곽을 훨씬 덜 분명하게 보지만, 그가 대극의 합일을 더 강조하고 있음은 확실하다. 왜냐하면 인도인이, 서구에 전혀 알려지지 않은 방식으로 성욕을 종교에 끌어들였기 때문이다. 인도인은 성욕을 다만 남녀 사이의 개인적인 문제가 아니라, 서구에서 매우 형편없이 분열된 채 남아있는, 모든 대극의 화해를 나타내는 의미 있는 상징으로 충분히 인식한다. 융은 "인도가 우리에게 가르쳐 줄 수 있는 것"에서 이렇게 말했다.

만약 유럽의 당신들이 인도가 가르쳐줄 수 있는 가장 큰 교훈을 배우고자 한다면, 당신들은 도덕적 우월성의 가면을 유지하고, 코나락 Konarak 사원의 검은 탑으로 가서, 여전히 음란의 놀랄만한 축적으로 덮인 거대한 폐허의 어둠 속에 앉아, 머레이Murray의 음험한 『인도 안내서』를 읽을 것이다. 그 책은 사람들이 이러한 한탄스런 상태를 보고 얼마나 충격을 받았는지를 말해주고 있다. 이것을 읽어보고, 그러고는 주의 깊고 매우 솔직하게 당신들의 모든 반응과 감정 및 생각을 분석하라. 그것은 장시간을 요하는 작업일 것이다. 그러나 결국 그 작업을 잘 해낸다면, 당신들은 자기 자신에 대해, 그리고 아직 그 누구로부터 들어보지 못한 백인 일반에 대해 뭔가를 경험할 것이다. 인도 여행은 해 낼 수만 있다면, 대체로 매우 교훈적이고, 심리학적 관점에서 볼 때 매우 권장할 만하다. 비록 꽤 머리 아픈 문제들을 야기할 수 있기는 하지만 말이다.[23]

융은 "코나락의 검은 탑"의 음란한 조각들에 대해 자주 언급했으니, 그와 함께 있었던 힌두교 성직자가 그에게 해 준 말을 듣고 놀랐다고 했다.[24] 이러한 외설스런 것들이 "영화靈化를 이루기 위한 수단"으로 거기 있다고 했다. 융은 입을 떡 벌린 채 경탄하며 보고 있는 농촌 청년들을 가리키면서, 이 젊은이들은 영화의 개념을 머리에 가지고 있는 게 아니고 그들의 머리는 성적인 환상으로 가득 차 있을 것이라고 반론을 제기했다. 그러자 힌두교 성직자는 바로 이런 대답을 했다. 즉, 그들은 자신들의 법Dharma(영어판에는 카르마karma로 되어 있지만, 여기선 문맥 상 법dharma이 맞는 것 같다 - 역주)을 충족시키는 것을 회상했음에 틀림없을 것이며, 그렇지 않으면 이런 "무지한 사람들"이 그것을 잊어버리고 말 것이라고 대답했다. (1923년에 융은, 남미에서 교회 종이 울리는 것은 이제 번식할 시간이 되었음을 알려주는 것이라고 폴지스 세미나에서 말한 적이 있다.) 사원을 떠나, 남근상lingam이 있는 도로로 걸어 내려가면서, 그 힌두교 성직자가 그에게 너무나 솔직하게 말하는 것을 듣고 더 놀랐다. 융이 잘 알고 있을 것으로 보고, 그는 그에게 큰 비밀을 이런 식으로 말해 주었다. "이 돌들은 남자의 음부입니다."

융은 이런 경험에 대해, "모든 아이가 그 사실을 잘 알고 있을 것으로 생각했으므로 나는 그의 말에 좀 놀랐다. 그런데 인도에서는 그것이 큰 비밀이다."라고 말하곤 했다. 나는 성욕을 동양과 서양에서 어떻게 다르게 보는지 설명하기 위해 이야기를 꺼낼 때를 빼고는, 그가 그것에 대해 말하는 것을 결코 들은 적이 없으며, 그는 우리에게 그것에 대해 생각해 보라고 했다. 그러나 내가 보기에 주된 차이점은, 서구에서는 우리가 성욕을 순전히 거의 생물학적으로 종족을 번식시키기 위한 수단 및 남녀사이의 인격적인 관계를 증진시키기 위한 것으로 보는 반면, 동양에서는 성욕이 신들gods에 속하는 것, 다만 신들을 위한 문제로 간주되고 있다(또는 과거에 간주되었다)는 것이다. 그러므로 사람 역시 그 신비에 참여하기 위한 육체적인 권리를 가지고 있다는 것은 큰 비밀이 아닐 수 없다. 인도인은 우리만큼 성욕을 가지고 살고 있지만, 아마 우리보다 더 무의식적으로 그리고 순수하게 본능적인 삶을 살고 있는 게 분명하다. 융은 항상 사람들이 더 원시적이 될수록 그들에게 성욕이 덜 중요하게 된다는 말을 했다. 그 때 그것은 그들에게 문제가 안 된다. 왜냐하면 그것이 우리처럼 억압되어 있지 않기 때문이다. 융은, 음식을 얻을 방법이 확실하지 않았기 때문에 원시인에게는 음식이 훨씬 더 큰 문제였다고 말하곤 했다. 내가 인도인을 "원시적"이라고 말할 때, 나는 물론 자신의 훌륭한 옛 문화를 잘 알고 있는, 교육받은 인도인을 말하는 것이 아니라, 거리에 바글거리는 사람과, 힌두교 성직자가 언급한, 코나락 사원의 외설스런 조각을 보고 있던 농부들을 두고 하는 말이다.

융을 놀라게 했던 것은, 성욕이 신들의 속성이라는 사실에 있었던 게 아니라, 인도인이 성욕을 간주했던 특이한 방식에 있었다. 왜냐하면 그는 20년 전에 "그것의 영적인 측면과 그것의 신성한 의미"를 보았기 때문이다. 그것은 정말 우리가 살펴본 대로, 그가 프로이트와 결별하게 된 주된 이유였다. 그것을 인도에서 만나기 훨씬 전에, 아니면 동양종교 및 철학에 대한 독서를 통해서, 융은 전체성을 가지고 성욕이 지닌 **두 가지** 측면을 보게 되었다고 말할 수 있다. 반대로 프로이트는 성욕을 다만 서구에서 간주하던 대로만 보았다. 즉, 그가 성욕이 지니고 있는, 다른 종교적이고 영적인 측면에 무의식적으로 영향을 깊이 받았지만, 그는 순전히 생물학적이고 개인적인 문제로 보았다. 그러니까 성욕은 그의 현실적인, 그러나 공인되지 않은 종교였던 것이다.

이 모든 당혹스런 새로운 인상들은 융이 소화하기에는 너무 많고 다양했으며, 캘커타의 병원에 있는 동안, 그는 마침내 그러한 것들을 탐색할 수 있는 기회를 얻었다. 그는 "상당히 좋은 건강 상태로" 호텔로 돌아왔다고 말했다. 그러나 파울러 매코믹은 그가 여전히 매우 아파 보였다고 회상했으며, 두 사람이 함께 남인도에서 실론까지 이르는 여행을 하는 동안 파울러는 그의 상태를 염려하지 않을 수 없었다. 그러나 융은 건강 때문에 자신의 지대한 관심이 방해받지 않을 것이라고 하면서, 인도에서 머물렀던 마지막 날을, 혹은 실론에서 시간을 보내는 것을 즐기기까지 했다.

아직 캘커타 호텔에 있는 동안, 동아프리카에 있을 때 꾸었던 꿈처럼, 무의식은 그에게 그의 현재 환경을 무시하는 꿈을 보냈으며, 그 꿈은 고압적으로 "인도에 대한 모든 강렬한 인상들을 모두 쓸어버리고, 나를 너무도 오랫동안 소홀히 했던 서양의 문제로 옮겨 놓았으며, 한 때 "현자의 돌philosopher's stone"은 물론 성배聖杯를 탐색하면서 표현되었던 문제로" 이끌어 갔다고 했다. 그는 『회상』에 이 꿈을 전부 기록해 놓았다.25 그것은 성배를 찾는 것에 관한 꿈이었다. 바로 그 날 저녁 특별히 축성祝聖되기 위해 그 성배는 성城에 반드시 있어야 된다고 했다. 융은, 그가 속해 있는 집단의 과제는 성배를 그 성으로 가져오는 것임을 깨달았다. 그들 중 여섯 명이 기진맥진한 채 성배가 숨겨져 있는, 사람이 살지 않는 집으로 걸어갔다. 그들은 이 장소가 바다의 만灣 해변으로 섬을 두 부분으로 나누어 놓은 것을 발견했으며, 융의 지친 동료들은 거기서 야영을 하고 잠이 들었다. 융은 그가 깨어나면, **혼자** 해협을 헤엄쳐 성배를 가져와야 한다고 결론을 내렸다.

융은 이 꿈이, 그를 인도의 세계로부터 빠져나오게 했고, 인도가 자신의 과제가 아니라는 것을 상기시켜 주었으며, 그를 자신의 목표에 더 가까이 다가가

도록 하는 중요한 역할을 했다고 말했다. 그는 그 꿈이 그에게 "넌 인도에서 무엇을 하고 있는가? 차라리 너와 너의 동료들을 치유해 주는 그릇healing vessel, 세계를 구원하는 것servator mundi, 너희들이 긴급하게 필요로 하는 구원의 그릇을 찾아라. 그대들은 수백 년 동안 세워온 모든 것을 파괴시키려 하고 있지 않느냐"26라고 한다고 말했다.

우리는 무의식이 주로 아프리카 그 자체에 관심을 두기보다, 다만 "아프리카의 야생지에서 심리학자 융에게 일어나려 하는 것"에 관심을 가지고 있다는 것을 융이 아프리카에서 깨달았다는 것을 상기한 바 있다. 그러나 이 두 경험 사이에는 엄청난 차이와 진전이 있다. 이 때에는 자책할 것이 없었다. 즉, 융은 그가 유럽에서 충분히 인식하지 못한 것에서 벗어나 있지 않았다. 이제는 다만 그의 마음의 탐조등을 유럽의 문제에 비추어서, 성배라는 치유해 주는 그릇이 가장 잘 사용될 수 있는 방법을 찾아야 할 때였다. 우리는 융이 집에 돌아온 지 몇 주 되지 않아 유럽에서 일어난 일을 보면, 그 문제가 얼마나 급박했는지 그리고 왜 성배가 바로 그 날 저녁에 성배의 성에 있어야 했는지 알 수 있을 것이다. 이것이 바로 융의 꿈이 상징적으로 말하고 있었던 것이다.

융의 여행의 마지막 무대였던 실론(스리랑카의 옛 이름 - 역주)은 더 이상 인도가 아니었던 것 같다. 그곳은 벌써 어딘가 남해의 낙원과 같은 것들을 지니고 있었다. 실론에서 두 가지 일이 일어났는데, 그것은 그에게 특별히 강한 인상을 주었으며, 훗날 그는 그것에 대해 자주 이야기했다. 두 농부가 몰던 마차가 좁은 골목길에서 서로 마주치자 꼼짝달싹 못하게 되었다. 유럽에서 그런 사고가 일어나게 되면 반드시 화를 내며 서로를 비난하리라 상상하며 융은 기다렸다. 그러나 놀랍게도 "그들은 서로 허리를 굽히고 '지나가는 장애disturbance, 혼soul은 없다!' 고 말했다. 말하자면 장애는 진정한 현실에서 일어나지 않으며, 마야Maya(환영幻影을 의미하는 말로 인도철학의 술어의 하나이며, 불교에서는 사람을 현혹하는 힘, 환상을 의미하고, 사물에 실체가 없는 것에 비유 된다 - 역주)의 영역에서만 외적으로 일어난다는 것이다. 장애는 진정한 현실에서 일어나지 않으며 흔적을 남기지도 않는다는 뜻이다. 그러한 소박한 사람들이 그렇게 말한다는 것은 믿을 수 없는 일이라고 사람들은 생각할지 모른다. 사람들은 그저 이 사실에 놀랄 것이다."**27** 융은 그 다음에 다른 예를 계속 들고 있다.

융이 실론에 가기 여러 해 전에 나는 비슷한 사건으로 큰 감동을 받은 적이 있다. 1930년 내가 볼링겐을 두 번째 방문하러 가는 길에 융은 후진하다가 차의 펜더로 문설주를 들이받은 적이 있다. 나는 그가 매우 짜증을 내고 화를 낼 것이라 (대부분의 사람들이 그런 일로 그렇게 하듯이) 예상했다. 하지만 그는 전혀 그렇게 하지 않았다. 그는 아무렇지도 않은 것 같았다. 결국 그것은 다만 "지나가는 장애였고, 혼이 없었으며" 현실 세계에서는 전혀 흔적을 남기지 않았다!

이런 융의 성격을 간과하기가 쉬웠지만, 사실상 그는 결코 그런 피상적인 "지나가는 장애" 때문에 화를 내지 않았다. 많은 사람들이 이것을 간과한 것은, **분명히** 융도 간혹 사소한 실수에 매우 기분이 언짢아지고 불쾌해 질 수 있다고 생각했기 때문이다. 그러나 감정이 상하는 대신, 그 사건을 조심스럽게 그리고 객관적으로 되돌아보면, 항상 언뜻 겉으로 드러난 것보다 훨씬 더 많은 것을 볼 수 있다. 내 경우에, 나는 대개 내 안에 있는 무의식적인 그 무엇 — 융 심리학 용어로 아니무스 혹은 그림자 — 이 나도 모르게 일을 하다가 멍키렌치(목에 나사를 장치하여 아가리를 자유로이 조절할 수 있는 스패너 - 역주)를 집어 던지게 한다는 것을 알았다. 환언하면, 이러한 일들은 처음에 내가 다만 피상적인 측면만을 보았기에 나를 굉장히 멍하게 만들었다. 만약 "진정한 현실의 영역"과 접촉하여 그 일이 일어났더라면, 융도 별 도리 없이 감정에 휩쓸리고 말았을 것이다.

훗날 그가 나치였다는, 끈질기게 괴롭히던 소문에 대해 융이 보인 반응을 통해 우리는 같은 것을 볼 수 있었다. 그것은 "진정한 현실의 영역"에서 그를 결코 감정에 휩쓸리게 하지 못했다. 가끔 근거 없는 소문이 "끈질기게 나돌았고, 그의 제1호 인격의 눈으로 볼 때, 그것이 더 이상 "지나가는 장애"에 불과한 것이 아닌 것 같았지만, 그는 기본적으로 냉정함을 유지했다.

실론에 있는 콜롬보Colombo라는 분주한 국제 항구도시에 별 관심이 없었던 융은, 곧 그곳을 떠나 내륙으로 갔다. 고대 왕도王都인 캔디Kandy에는 작은 사원 (부처의 성스러운 이빨 유골이 들어 있는)이 있었다. 그곳은 그에게 특히 매력적이었다. 그는 저녁에 그 사원에서 있었던, 그에게 깊은 인상을 준 의식儀式에 대해 자주 이야기했다. 의식은 "한 시간의 북 연주"로 시작되었다. 그는 그것에 대해 『회상』에 자세히 기록해 놓았다.28 백인의 머리의 언어language of the head로 말하지 않으면서, 이 음악은 아메리칸 인디언의 마음의 언어language of the heart로 말하는 것보다도 더 깊은 층에 호소하고 있었다. 그것은 "복부와 명치 solar plexus에 호소하는 태고의 언어"로 말하고 있었다. 다시 말해, 그것은 바로 인간 영혼의 가장 깊은 층, 즉 원시 조상의 층과 저 아래의 층에서 울려나오는 것이었다. 이런 음악을 들은 융은 엄청난 양의 재스민 꽃을 제단 앞에 쏟아 놓으며, 낮은 목소리로 기도문, 즉 만트라mantram를 중얼거리는 남녀 젊은이들을 보러 갔다. 당연히 융은 그들이 부처에게 기도하는 것이라 생각했다. 그러나 그와 함께 했던 승려는 이렇게 설명했다. "아닙니다. 그것은 이제 부처가 아닙니다. 그는 열반에 있으니 그에게는 기도할 수 없지요. 그들은 이렇게 노래하고 있는 것입니다. 즉, '이 꽃의 아름다움처럼 생명이란 속절없는 것입니다. 나의 신[데바deva=수호천사라는 의미]이시여, 나와 더불어 이 헌화의 은공을 나누어 주소서.'" 융은 이것이 평생 그가 몰두해 왔던 것에 빛을 던져줄 것으로 느꼈다. 그것은 바로 "영원한 인간, 즉 자기Self와, 시공간 속의 세속적인 인간과의 관계에 관한 힘든 문제"29였던 것이다. 그것은 분명히 인도가 그에게 남긴 가장 중요한 인상 중 하나였다.

그 무렵 그는 집으로 돌아오는 항해 길에 올랐다. 너무나 많은 신상神像들에 압도되었으므로, 그는 봄베이에서 배를 타고 오면서 중세 연금술에 전적으로 몰두했다. 『회상』에서 그는 이 여행에 대한 장을 이런 말로 마감하고 있다. "그러나 인도는 말하자면 흔적도 없이 나를 스쳐 지나간 것은 아니다. 정반대로 그것은 영원에서 다른 영원으로 옮겨가는 흔적들을 내게 남겨 놓았다."30

제13장

먹구름이 짙어지다
1938-1939

융이 1938년 2월에 인도에서 돌아왔을 때, 그의 건강 상태는 여전히 좋지 않았다. 그는 열대병 때문에 스위스 전문의에게 진찰을 받았으며, 즉시 일을 시작하려는 생각을 포기하지 않을 수 없었다. 그는 2, 3주 동안 휴식을 취해야만 했다. 이것은 그가 캘커타의 병원에 있었던 때처럼 도움이 되었다. 그래서 그는 거기서 받았던 인상들을 계속 정리할 수 있었으며, 그것은 직계 가족이 아닌 외부 사람들을 즉시 만나는 것보다 훨씬 더 나았다. 흥미로운 여행에서 돌아왔을 때마다, 모든 사람들이 그가 이야기할 준비가 되었다고 느끼기 훨씬 전에, 그는 그것에 대해 **즉시** 듣고 싶어 했던 것을 늘 불만스러워했다.

그러나 나치가 오스트리아로 진군함으로써, 융은 그의 평화가 산산 조각이 난지 얼마 되지 않아 돌아왔다. 그것은 제2차 세계대전을 피할 수 있으리라는 그의 마지막 희망을 짓밟아버렸고, 그에게 끔찍한 충격을 주었다. 왜 무의식이 유럽인들을 위협하는 "임박한 위험"과, 유럽 전체가 빠져들게 될 위험한 상태에 그가 관심을 갖도록 했는지 이제 그 이유가 아주 분명해 졌다.

스위스에 사는 몇몇 아주 부유한 유대인들은 프란츠 리클린 2세 — 당시 30세가 되었고 의사 생활을 막 시작한 — 에게 막대한 비용을 가지고 **즉시** 오스트리아로 가 달라고 부탁했다. 그가 할 일은 지도급에 있는 유대인들을 설득하여, 나치가 그들을 박해하기 시작하기 전에 그 나라를 떠나도록 하는 것이었다. 그 일에 선택된 것은 그가 매우 게르만족처럼 생겼기 때문이라고 프란츠는 말했다. 즉, 그 누구도 그가 유대인들과 어떤 연관이 있으리라고 의심하지 않았다. 그는 또한 능히 나치의 눈을 속일 수 있고 유대인들을 설득할 기회를 잡을 수 있는 매우 슬기로운 젊은이였다. 대체로 그는 그의 임무를 수행하는 데 **상당히** 성공적이었다. 그러나 그는 아마도 가장 성공하기를 원했던 한 지역에서는 완전히 실패하고 말았던 것 같다.

그가 취리히를 떠나기 전에 그의 아버지 프란츠 리클린 1세는 무엇보다도 오스트리아를 떠나, 그가 제공할 수 있는 매우 특별한 시설을 이용하도록 프로이트를 설득해 보라고 그에게 강력하게 주문했다. 전부터 그의 아버지는 프로이트를 매우 잘 알고 있었다. 융처럼, 그와 알폰스 매더Alfons Maeder는 둘 다 동시에 프로이트 학파 그룹을 떠났다. 그러나 리클린 박사만큼 옛 친구의 안전을 바라는, 매우 인간적인 소망을 가진 사람은 아무도 없었다.

프란츠 리클린 2세는 비엔나에 도착하자마자 프로이트를 만나서 상황을 설명했다. 그는 프로이트가 이런 말을 했을 때 크게 실망했다. "나는 적에게 신세를 지는 걸 단연코 거절하겠소." 프란츠는 프로이트가 그의 부모를 방문했을 때 아주 어린 나이였다. 그러나 그는 프로이트를 잘 기억했다. 그는 그의 아버지나 융이 그에게 어떤 적대감도 느끼지 않는다고 하며, 최선을 다해 프로이트를 설득했다. 그 반대로 그들은 정말 그가 안전한지 알고 싶어 할뿐이라고 말했다. 그는 프로이트가 스위스에 머물 필요도 없으며, 이번만은 어디든 그가 가고 싶은 곳으로 갈 수 있다고 했다. 그러나 아무 소용이 없었다. 프로이트는 적들의 호의를 받아들이지 않겠다는 말만 되풀이했다. 프로이트의 가족은 프란츠를 매우 친절히 대했다. 즉, 그는 싸움에 끌어들이기에는 너무 젊은 나이였다. 그들은 비엔나를 떠나기 전에 같이 저녁식사를 하자고 청하기까지 했다. 그러나 아무리 설득해도 프로이트의 확고부동한 결심을 바꿀 수는 없었다.

이것은 젊은 프란츠에게 큰 실망을 안겨 주었다. 왜냐하면 그가 프로이트를 데려 올 수 있을 것으로 기대하고 있는 그의 아버지가 얼마나 많이 실망할지 잘 알고 있었기 때문이다. 그는 그가 항상 좋아했던 융 역시 매우 유감스럽게 여길 것을 알고 있었다. 그러나 융은 리클린 가족들보다 프로이트에 대해 더 잘 알고 있었다. 그는 애석한 마음이 들었으나 놀라진 않았다. 프로이트가 오스트리아를 떠나도록 도움을 줄 수 없었던 것이 가끔 후회가 된다고 했을 때, 융은 늘 이런 대답을 했다. "그는 어떤 환경에 처해도 내 도움을 받으려고 하지 않을 거요." 프로이트가 훨씬 뒤에 영국 런던으로 가서 융 학파에 속한 베넷 박사Dr. E. A. Bennet의 훌륭한 집을 얻어 신세를 지게 된 것은 상당히 역설적이다.

융은 부활절 휴가 동안, 그가 좋아하는 볼링겐 성탑으로 가기 전에 적어도 한 번은 모든 환자들과 문하생들을 만나보았다. 나는 부활절 기간에 피에르츠 가족과 함께 옆방에 머물고 있었다. 그래서 나는 융이 치료받는 다음 단계가 무엇인지 알고 있었다. 즉, 그를 진찰한 의사는 그에게 매일 많이 걸으라고 처방했다. 비록 볼링겐 숲을 좋아했지만, 그는 오랜 시간 계속 걸으라는 처방을 따르려면 여러 가지 방식을 동원하여 움직일 필요가 있다고 느꼈다. 왜냐하면 내 기억에 그 때는 그가 매일 산으로 차를 몰고 가서, 새롭고도 신나는 산책을 떠올리며 아주 열심히 걸었던 유일한 때였기 때문이다.

융이 병이 들어 입맛을 잃은 것을 알았던 친구가 하나 있었다. 그것은 바로 슈나우저(독일에서 개량한 개의 품종 - 역주) 품종의 요기Joggi였다. 요기는 볼링겐에서 생전 처음 쫓겨나게 되었다. 요기는 그 당시 늙어가고 있었으며, 볼링겐에 있을 때 그 놈은 항상 밤에는 적어도 한 번 그리고 평소에는 더 자주 그들을 귀찮게 했다. 왜냐하면 밖으로 나가겠다고 보채다가, 그들이 다시 잠들려고 하면 꼭 안으로 들어오겠다고 짖어댔기 때문이다. 물론 융은 그의 첫 번째 과제는 건강을 완전히 회복하는 것이라고 생각했다. 그래서 마음을 단단히 먹고 요기를 퀴스나흐트에 남겨 두었다. 거기엔 그놈이 마음대로 왔다 갔다 할 수 있는 큰 정원이 있었고, 모든 필요가 충족될 수 있었다. 그러나 그에게는 주인이 없었다. 물론 그것은 그에게 중요한 것이었다. 이것은 그가 초감각적 지각E.S.P.에 대해 아주 영리하게 만들었다. 그것을 생각하면 나는 아직도 놀라게 된다. 어느 날 오후 내가 퀴스나흐트로 내려가려고 할 때 융이 자기 집에 들러서 비서인 마리-진 슈미트에게 시킨 몇 가지 일을 거들어 줄 것을 부탁했다. 우리가 어떤 물건들을 모으고 있었는데, 나는 틀림없이 차창을 열어 놓은 것 같아서 차를 좀 움직여 놓으려고 했는데, 그 때 요기가 조수석에 앉아 있는 것을 발견했다. 그놈은 자동차 타는 것을 좋아하는 개가 아니었고, 전에 내 차를 타 본적도 없었다. 그러나 그놈이 거기 있었으며, 차에 있으려고 했다. 그를 강제로 차에서 내리게 만들려고 하면 무척 힘이 들 것 같아서 우리는 정원사 뮐러 씨를 불러야 했다. 그가 어떻게 차가 볼링겐으로 돌아갈 것을 알았으며, 그 차를 타고 있으면 사랑하는 주인을 다시 만날 수 있으리라고 생각했을까? 융은 볼링겐에서 그의 차를 사용했다. 그가 인도 여행을 떠나기 전에 내 차를 탄 적이 없기 때문에 내 차에서 그의 냄새가 날 리 만무했다.

휴식을 취하고 오래 걸었고, 또 그가 받은 치료가 효과가 있었기에, 부활절 휴가가 끝나자 융은 다시금 모든 책임을 계속 감당할 수 있었다. 즉, 환자를 보는 일뿐 아니라 취리히 연방 공과대학에서 강의와 세미나를 하기도 했고, 심리학 클럽에서 영어 강의를 다시 시작하기도 했다. 다음 6년 동안 융은 1944년에 병이 들 때 까지 정상적인 업무를 철저하게 수행했다. 그러나 나는 그가 인도에서 병이 든 후에 결코 건강이 **완전히** 회복된 것은 아니라고 생각한다. 그가 평소처럼 일을 했지만, 우리는 이따금 그것이 전에 좀처럼 그런적이 없는, 상당한 노력이 필요한 일이라고 느꼈다.

1938년 에라노스 학회 — "태모Great Mother"라는 주제로 열렸던 — 가 열리기 직전에 융은, 같은 해 영국에서 개최되었던 제10차 국제 심리치료 의학회 International Medical Congress for Psychotherapy에 참석하려고 옥스퍼드로 갔다.[1] (그것은 그 전 해에 코펜하겐에서 열린 바 있다.[2] 그는 옥스퍼드에 머무는 동안, 거기서 명예박사 학위를 받았다. 그는 훌륭한 여러 대학에서 그런 학위를 받았지만, 내 기억에 융이 들뜬 모습을 보인 것은 그가 옥스퍼드에서 박사 학위를 받았을 때뿐이었다. 그것은 그가 인정을 받았기 때문이 아니라, 전통적인 모든 의식, 대학 소유의 많은 보물인 건물들, 그리고 그 당시 아직도 옥스퍼드에 드리워져 있던 중세적인 분위기가 그에게 기쁨을 주고 그를 매혹시켰기 때문이다. 그는 아스코나로 돌아오는 길에 그 분위기에 아직 젖어 있었다. 나는 그가 영국에 대해 다시 한 번 호감을 갖게 된 것이 기뻤다. 왜냐하면 그때는 유일하게 그가 인도에서 돌아 온 후에 실제로 영국인을 혹독하게 비판하던 때였기 때문이다. 그 때 그는 영국인이 얼마나 인도에서 부자연스럽게 그리고 심하게 행동했는지, 그리고 영국인이 그런 환경에 얼마나 순응하지 못했는지에 대해 몇 번이고 이야기했다. 그가 비판한 것은 정부가 아니라 순응하는 것도 부족하고 자연스럽게 행동하지 못하는 영국인 개개인이었다. 특히 인도에서 영국인의 목소리는 그의 신경을 거슬리게 했다. 그는 "꿈꾸는 세계 인도"라는 논문에서 이것에 대해 말하고 있다.

> 우리들은 매우 사랑스럽고 행실이 바른 많은 영국인들이 초 남성적인 '건장한 남자'의 목소리를 내려고 무척 애쓰는 것을 확인할 수 있다. 왜 그러는지는 하나님만이 아실 것이다. 그것은 마치 그들이 목구멍에 울려 퍼지는 소리로 세상에 강한 인상을 심어주려고 하는 것처럼 들린다. 아니면, 그들이 정직하고 신실하다는 것을 확신시키려고 정치적인 모임에서 연설을 하는 것과 같았다.... 인도와 같은 큰 대륙을 지배한다는 것이 얼마나 초인적인 부담이겠는가![3]

옥스퍼드에서 돌아온 후에 융은 즉시 에라노스 학회에 참석해서, "모성 원형의 심리학적 측면Psychological Aspects of the Mother Archetype"이라는 강의를 했다. 그가 강의 주제에 관심이 있었고, 나중에 자신의 강의를 개정하고 확장하여, 1954년에 「의식의 뿌리에 관하여Von den Wurzeln des Bewusstseins」라는 제목으로 출간했지만,⁴ 연금술을 다시 연구하는 일에 다시 착수하고 싶었을 때 글을 쓰기 위해 시간을 할애하는 것은 상당한 희생이었다. 하지만 에라노스는 그가 볼링겐에서 1938년 여름휴가 기간을 보내는데 마지막 방해물이었다.

그 해 가을 융은 취리히 연방 공과대학에서 코스를 개설하여 인도 경전 Indian texts에 대한 강의를 시작했다. 그는 여름학기에 꿈에 대한 강의를 시작했으며, 늦은 가을에 적극적 명상에 대해 그리고 우리 서양인의 노력의 결실과 아주 비슷한 인도 요가에 대해 강의하기 시작했다. 수강자들은 그 강의를 좋아했다. 인도가 아직도 그의 마음에 생생하게 살아 있었기 때문이다. 그래서 우리는 그의 여행에 대해 그리고 인도에서 그에게 가장 감동을 주었던 것에 대해 많은 것을 들을 수 있었다. 또한 그는 그 해 겨울에 인도에 관한 논문 두 편을 썼다. 그것에 대해서는 앞에서 내가 이미 몇 번 언급한 바 있다. 두 논문 모두 1939년 초에 「아시아Asia」라는 잡지에 실렸다.⁵ 그는 이 두 논문을 영어로 썼으며, 그 때 출간하기 위해 나는 그가 쓴 모든 것을 교정할 수 있는 특권을 누리게 되었다. 그 다음 몇 년 동안 그는 훌륭한 논문과 서문을 많이 썼고, 영어로 강의를 하기도 했다. 그는 늘 놀라울 정도로 표현력이 풍부한 영어를 썼으며, 현학적으로 정확한 영어보다는, 훨씬 더 생동감 있는 영어를 썼다. 나는 항상 꼭 필요한 것 이상을 고치는 게 어렵다는 것을 알았기에, 아마 고친 것이 별로 없었던 것 같다. 그러나 유감스럽게도 『전집』에는 매우 철저하게 교정했어야 할 부분이 있다는 것을 인정해야겠다.

그러나 그 사이에 유럽은 오스트리아가 합방된 것을 견뎌낼 수 있을지 모른다는 평화에 대한 희망에 또 다른 타격을 입었다. 즉, 나치가 체코슬로바키아로 진군해 들어갔던 것이다. 어떤 스위스 여자가 1938년 3월에 꿈을 꾸었다. 그녀의 꿈에서 반신半神의 모습을 한 여자가 오스트리아를 집어 삼킨 것에 대해 히틀러를 질책했고, 그녀는 그가 만약 체코슬로바키아를 손에 넣고, 마지막에 폴란드를 건드리면, 훨씬 더 큰 벌을 받게 될 것이라고 그에게 경고했다. 그러므로 융은 다음에 체코슬로바키아가 당할 것을 미리 알았다. 그러나 그런 꿈이 미래

사건을 실제로 예시해 주거나, 아니면 다만 주관적인 의미를 지닌 것이라고 말하는 것은, 늘 그런 것은 아니지만, 대체로 불가능하다. 융은 뮌헨 회담에서 체임벌린Chamberlain(영국의 보수당 정치가, 수상 - 역주)이 '우리 시대의 평화'라고 선언한 것이 사기극이었음을 한 순간도 잊지 않고 있었다(역주: 우유부단한 영국과 프랑스는 악마와 밀약을 하여 약소국의 의사와 주권을 완전히 무시하고 '우리시대의 평화'라는 말의 사기극으로 1938년 수데텐을 독일 땅으로 병합시키는데 동의했다. 당시에 입으로는 유럽을 전쟁의 참화에서 구하기 위한 불가피한 선택이었다고 주장했지만, 이것이 얼마나 희대의 사기극이었는지 밝혀지는데 그리 오랜 시간이 걸리지 않았다). 융은 다음과 같은 이유로, 히틀러가 **동쪽으로** 전진하는 것을 막지 않은 체임벌린과 그의 동료들을 비난하지 않았다. 즉, 그 당시 그는 전쟁이 불가피하다는 것을 확실히 알고 있었다. 그러나 처음에 독일과 러시아 간에 전쟁이 터지고, 그 결과 서방 국가들과 불가피하게 마지막으로 충돌하기 전에 독일이 약화될 것을 희망했다. 그는 각 국가가 군비를 확장하고 있었기 때문에 확실히 전쟁이 불가피하다고 보았다. 그는 매우 안타까워하며 이렇게 말했다. "그들이 무기를 사용하지 않고 비축하기 위해 무기를 사들이는 데 그 모든 돈을 쓰진 않을 것이다." 우리는 오늘날 정치적 상황이 그처럼 될까봐 두려워하지 않을 수 없다. 그 동안에 융이 우리에게 다음과 같은 희미한 희망의 빛을 던져 주었지만 말이다. 즉, 많은 사람들이 **그들 자신 안에 있는** 대극의 충돌을 견딜 수 있을 만큼 되면, 현대인은 그 무엇보다 아직 최악의 재앙만은 피할 수 있을지 모른다. 그러나 우리가 그러한 것을 논하고 있을 당시에(1939년에) 나는 그가 어떤 것을 매우 확실하게 말하는 것을 들은 적이 없다.

평상시처럼 융은 1938년 여름과 가을에 영어 세미나를 했다. 그러나 1939년이 밝아왔을 때 그는 뭔가 활동을 줄여야 한다고 느끼기 시작했다. 그는 주중에 세 번 강의를 하고, 한 주 내내 환자를 보아야 했기에 자신을 위한 시간, 곧 글을 쓰거나 그가 좋아하는 연금술에 관한 책을 읽을 시간이 없었다. 1939년 2월에 그는 영어 강의를 그만하기로 결심했다. 니체의 『차라투스트라』를 해석하는데 거의 5년을 보냈으므로 그는 그것으로 족하다고 느꼈다. 그래서 그는 2월 15일에 강의에 참여했던 사람들에게, 크리스마스가 지나고 다섯 번의 강의를 하고 나서, 더 편안해졌다고 느끼기 전까지 영어 세미나를 계속하지 않겠다고 선언했다. 나는 그 당시 그가 그 학기 나머지 기간과 1939년 여름에 긴 휴가를 갖기 위해 그런 결정을 한 것이라고 생각하지 않는다. 그러나 가을에, 전쟁 때문에 스위스에 극소수의 앵글로 색슨계 사람들이 머물고 있다는 것을 알았을 때, 그는 모든 강의 중에서 영어 세미나 하나만 중단하는 게 좋겠다고 생각했다. 그래서 1939년 2월 15일에 정기적인 영어 세미나가 끝났던 것이다.

나는 영어 세미나가 중단된 것이, 그 당시 융이 취리히 연방 공과대학에서 했던 강의에 사용하고 있던 자료에 특히 관심이 있었다는 사실과 어떤 관련이 있었는지 모른다. 그는 겨울 내내 인도 경전에 관한 강의를 하고 있었고, 1938년 1월말 이후에 특히 흥미 있는 탄트라 경전Tantric text, 곧 슈리-차크라-삼바라-탄트라*Shri-Chakra-Sambhara Tantra*6를 해석하고 있었다. 그는 영어 세미나를 포기한 지 얼마 안 되어 이 경전에 관한 강의를 끝내게 되었으며, 연속해서 그것의 상징과 연금술의 상징을 비교하기 시작했다. 『화학의 극장』에 들어있는 도른의 주 저작들을 읽은 것이, 그가 인도에서 받은 모든 인상들 및 인도에서 발견한, 그것과 비슷하거나 대조되는 상像들과 더불어 그에게 많은 도움이 되었던 게 틀림없다. 일련의 상징들이 비슷하다는 게 굉장히 매력적이었으며, 그는 마침내 그러한 것들에 대해 매우 깊은 관심을 갖게 되었다. 여름 학기가 시작되자, 그는 앞에 언급한 두 문헌이 지닌 "심리학적 유사성들"에 대해 훨씬 더 많은 이야기를 우리에게 해 주었다. 그렇게 함으로써 우리는 그 두 문헌이 어떻게 "무의식의 근원적인 정신적 경험에서 표출되었는지"7 분명히 알 수 있었다.

영국 왕립 의학회는 4월 4일에 강의를 해달라고 융을 초청했다. 그는 그 해 3월 말 그의 아내를 동반하고 런던으로 갔다. 그 해 봄 날씨가 추웠기에 나는 — 그 전에 융이 런던에 갈 때 그랬던 것처럼 — 프랑스를 가로질러 차를 운전하진 않았지만, 당시 캐나다에 있던 내 여동생의 차를 빌렸었다.

왕립 의학회에서 한 강의[8]는 열렬한 환영을 받았다. 다음날 아침 내가 차로 데리러 갔을 때, 그는 강의에 대해 이야기 해 주었다. 사실 나는 강의가 굉장한 환영을 받았다고 들었기에 그에게 혹시 그의 아니마가 그의 앞이마 위에서 다시 춤추지 않았는지 묻지 않고는 견딜 수 없었다. (이것은 1931년인가 1932년에 독일에서 강의를 하고, 그가 이룩한 대성공에 **매우** 불만스러운 마음으로 집에 돌아왔을 때 한 말이다. 당시 그는 나에게 이렇게 말했다. "나는 나의 아니마가 내 앞이마 위에서 춤을 추고 있었고, 청중들이 그녀에게 매혹되었다고 분명히 느꼈답니다.") 그는 내 말에 상당히 언짢아하며 차에서 내렸다. 목적지에 도착했는데도, 그는 차를 태워줘 고맙다는 말을 한 마디도 안했다. 그러나 점심을 먹으러 그를 데리러 갔을 때, 그는 이렇게 말했다. "물론 어젯밤과 같은 기분이오." 이것은 융이 지닌 가장 매력적인 성격이다. 우리는 사실 다음과 같은 그의 말을 통해 그가 어떤 사람인지 잘 알 수 있다.

부분적으로 성공은 했지만 만족스럽지 못한 분석과, 전혀 성과 없이 답보 상태인 분석까지 포함해서 어떤 분석이든 간에 분석의 시금석은 언제나 이와 같은 인간 대 인간 관계이다. 이러한 심리적인 상황에서 환자는 의사와 동등한 처지에서 대면하며, 동시에 치료 과정에서 불가피하게 들어야 하는 의사의 무자비한 비판과 대면한다.[9]

그것이 정당화될 때마다, 당장 그렇게 하진 않았지만, 한 동안 그것을 곰곰이 생각해 본 후에 융은 항상 이것을 "쓸데없는 비판"이라고 받아들였다. 예컨대 앞서 말한 전형적인 예가 바로 그런 것이다. 즉, 어쨌든 그가 의학계로부터 거부를 당하다가 처음으로 영국의 전통적인 의학의 중심지에서 굉장한 환영을 받은 것을 처음에는 너무 기뻐한 나머지, 그보다 훨씬 전에 독일에서 받은 대접과는 비교할 수 없는 것으로 생각했다. 그러나 얼마 안 있어 그는 그것을 별반 다를 게 없다고 보았다. 그것이 바로 그가 지닌 겸손한 특성이라 할 수 있다.

영국에 갔을 때 평소처럼 융은 심리학 클럽과 목회심리학 협회Guild of Pastoral Psychology에서 강의와 토론을 했다. 그러나 그는 런던에 오래 머물지 않았다. 왜냐하면 엠마 융이 성배聖杯와 관련이 있는 글래스톤베리Glastonbury(영국 서남부의 도시이며, 아리마테의 요셉이 영국 최초의 그리스도 교회를 설립한 곳 - 역주)와 웨스트 컨트리(영국 잉글랜드의 남서부 지역 - 역주)에 있는 다른 곳들을 방문하여 시간을 보내기를 간절히 바랐기 때문이다. 그녀는 오래 동안 성배의 역사에 관해 큰 관심을 가져왔고, 전쟁이 일어나기 여러해 전부터 1955년 그녀가 죽을 때까지 성배에 관한 연구를 집중적으로 해왔다. 불행인지 아니면 다행인지는 모르지만, 그녀는 그 주제에 관해 자신이 모은 방대한 자료를 책으로 내지도 못했고, 골치 아픈 메를린Merlin(아서왕의 전설에 등장하는 마법사 - 역주)의 문제를 매듭짓지도 못했다. 그래서 융의 아내가 죽은 뒤에 융의 부탁을 받은 마리 - 루이제 폰 프란츠가 흩어져 있는 방대한 자료들을 가지고 작업을 하여 그 과제를 마무리했다.10 그는 그가 살아 있을 동안 그것이 독일어로 출간된 것을 매우 기뻐했다.11

나는 1939년 4월 초에 융 부부를 차에 태우고 운전을 해서 웨스트 바이플리트West Byfleet로 내려갔다. 그 때 피터와 앤 베인스Peter and Anne Baynes가 동행했다. 운전 중에 일어났던 사건에 대해 이야기하면 독자들이 재미있어 할 것 같다. 내 여동생의 차(내가 여행할 때 쓰곤 했던)는 너비가 내 차보다 훨씬 넓었으며, 나는 차의 너비를 잘못 판단하여 내 차의 펜더로 행상의 수레를 건드리고 말았다. 그것은 전적으로 내 실수였으나, 양쪽이 아무 피해도 입지 않았다. 그러나 다툼이 일어나지 않게 하기 위해 융은 창문을 열고 부드러운 태도로 이렇게 나무랐다. "왜 이 숙녀분이 운전하는 데다 당신 수레를 들이미는 것이오?" 그런데 그 말을 듣고 그 행상은 쩔쩔매며 사과를 했으며 전혀 기분 나빠하지 않았다. 그것은 융이 실론에서 목격한 것을 유럽식으로 표현한 것이었다. "지나가는 장애, 혼은 없다!"ⓐ

ⓐ 이 책 382쪽을 보라.

융 부부가 웨스트 컨트리에서 돌아왔을 때, 전쟁이 터질 것 같은 매우 불길한 조짐들이 보였다. 융이 볼링겐으로 가고 싶어 했기에 그들은 다음날 스위스로 돌아갔다. 나는 그들이 떠나기 전날, 그들과 식사를 했다. 라디오 저녁 뉴스를 들은 후에 융은 매우 비관적이 되어 있었다. 우리는, 내가 영국에 잠시라도 머무르지 말고 며칠 내에 스위스로 돌아가야 할지 어쩔지조차 모를 지경이었다. 그러나 다음 날 아침 내가 역으로 차를 몰고 갔을 때, 그는 전날 저녁 너무나 비관적인 상태에 있었던 게 분명하다고 말했다. 그러면서 융은 내가 좀 더 머물면서 서섹스Sussux와 웨스트 컨트리를 일주하려는 원래의 계획대로 하는 게 좋겠다고 했다. 안타깝게도 나는 그가 처음에 가지고 있던 심리상태에 영향을 받아, 그의 제안을 받아들이지 않았다. 나는 1947년이 되어서야 영국을 방문하게 되었다. 내가 다시 영국을 방문했을 때는 이미 많은 친척들과 친구들이 죽은 뒤였다. 때로 그가 한 말을 듣고 즉시 결정하는 것보다는, 대개 융의 숙고 끝에 나온 의견을 따르는 게 더 안전했다. 어떤 세미나에서 그는 이렇게 말한 적이 있다. "어느 긴 하루를 보내는 동안, 나는 실하게 보이는 덜 익은 체리를 많이 땄어요. 그런데 사람들이 그걸 따서 모아두는 걸 보고 매우 안타까워했어요!"

나는 그가 그런 말을 했던 4월에 그가 한 말의 의미를 분명히 알게 되었다. 그는 창조적인 작업을 시작하기 전에 볼링겐에 익숙해질 필요가 있었던 것이다. 볼링겐으로 돌아갔을 때, 그는 에반스 벤츠W. Y. Evans-Wentz의 『위대한 해방The Great Liberation』이라는 책의 서문을 써야했다. 런던에 있을 때, 그는 휴가를 그만두고 짧은 시간에 그것을 완성하는 것이 어려울 것 같다고 나에게 말한 적이 있다. 그는 "그럼에도 불구하고,"라고 말한 후에, "난 여기서 곧장 그것을 끝낼 수 없거나, 아니면 그럴 만한 분위기에 빠질 수 없을 겁니다. 그래서 나는 며칠이고 호수를 바라보아야만 했어요!"라고 덧붙였다. 그가 나에게 수정하라고 보낸 원고를 보니, 처음 두 세 페이지는 왕립 의학회 강의에서 썼던 방식으로 쓰인 것이었고, 나중에야 그가 책에 적합한 문체로 썼다는 걸 알 수 있었다. 내가 그것을 지적하자, 그는 문제가 되는 페이지를 고쳐 썼고, 며칠 뒤에 이런 말과 함께 그것을 나에게 다시 보내왔다. "난 즉시 당신이 무슨 말을 하는지 알았어요. 그래서 호수를 오래 바라보지 않게 되었어요!"

그 해 여름에 유럽의 긴장상태는 거의 견디기 어려울 정도가 되었으며, 대개 8월에 개최된, 대단히 인상적인 에라노스 학회에서 절정에 달해 있었다. 심지어 날씨조차 영향을 주었던 것 같다. 그 해 7, 8월에는 굉장한 폭풍우가 몰아치고 비가 엄청나게 많이 쏟아졌다. 융은 차를 가지고 고트하르트를 넘어가는 것을 매우 부담스러워했다. 그래서 그는 그 학회에 오는 사람들이 차를 빨리 운전해서 일찍 도착해야 한다고 했다. 그의 말이 옳다는 게 즉시 입증되었다. 왜냐하면 엄청난 산사태가 나서 이삼일 동안 길이 막혀 북쪽으로 거의 통과할 수 없었기 때문이다. 아스코나까지 따로 차를 운전해 온 여러 친구들은 차를 기차에 싣고 와야만 했다. 그 때는 그런 일이 오늘날 보다 훨씬 더 시간이 소요되었고, 더 복잡한 일이었다.

에라노스 학회의 주제는 "동서고금의 종교에서 본 재생의 상징The Symbolism of Rebirth in the Religious of all Times and Places"이었다. 융은 그 해 강의 원고를 쓰지 않았다. 그럼에도 불구하고, 그는 두 번의 즉흥적인 연설을 해달라는 부탁을 받았다. "즉석에서" 그는 "재생의 여러 측면The Various Aspects of Rebirth"이라는 연설을 했다.[12] 강의가 속기로 기록되었고, 그것을 문어체로 써서 「에라노스 연보」[13]에 기고해 달라는 부탁을 받았다. 그는 속기를 이용해서 이렇게 말했다.

> 인쇄본은 구어체로 쓴 것과는 다르기 때문에 어떤 부분은 생략되어야 했다. 그러나 가능한 한 나는 내 최초의 의도를 그대로 따랐다.... 또한 재생의 신비의 한 예로서, 나는 코란 18장을 다시 분석하는 노력을 했다.[14]

융은 이 강의를 더 많이 개정하고 확장하여 「무의식의 형상Gestaltungen der Unbewussten」[15]이라는 제목으로 출간했다. 이 판본은 『전집』에 나와 있다. 우리는 제2차 세계대전이 시작된 그 해 8월의 몇 주간 동안, 강의실에 맴돌던 불길한 자연 현상 — 서로가 분리된 — 을 아직도 기억한다. 마조레 호가 범람해서 호수와 강의실 사이에 있는 시설들이 물에 잠겼다. 강의실 테라스에 몇 피트나 물이 찼고, 그 아래 정원의 많은 부분이 잠수되었다. 38년 동안 나는 호수가 그 비슷한 상태가 된 것을 본 적이 없었다.

처음으로 에라노스 학회에 독일인들과 서방국가에서 온 사람들 사이에 상당한 긴장이 생겼다. 나는 거기 참석한 독일인들이 나치 동조자들이라고 생각하지 않는다. 그러나 그들은 그럼에도 불구하고 이상하게 그런 상태에 사로잡혀 있었다. 우리는 1933년 베를린이 이런 위협적인 상태에 사로잡혀 있었다는 것을 이미 경험했다.ⓑ 이번은 달랐다. 독일인들은 지난 6년간 나치의 선전에 노출되어 있었다. 객관적이 되려고 최선의 노력을 했지만, 그들은 어떤 특별한 의식저하 상태 *abaissement du niveau mental*에 놓이게 되었다. 앞에서 언급한 바와 같이, 융은 늘 특성상 독일인들은 특히 의식과 무의식 사이에 낮은 문지방 *threshold*을 가지고 있다고 말했으며, 이것이 1939년 8월에 아스코나에서 분명한 사실로 드러났다.

강의가 끝난 어느 날 아침, 나는 융 부부를 태우고 에라노스에서 몬테 베리타 까지 운전하는 중이었다. 그 때 어떤 독일 여자가 언덕 위에 까지 태워 줄 수 있는 지 물었다. 그녀는 우리가 모두 잘 알고 좋아하는 사람이었고, 엠마 융과 각별한 친구였다. 신문을 사려고 한다고 하면서 융은 아스코나 주 도로에 있는 판칼디에 차를 세워달라고 했다. 그가 차에서 막 내리려고 하는데, 그 독일 여자가 매우 유감스러운 태도로 이렇게 말했다. "난 영국과 프랑스가 전쟁을 일으키기로 **작정한 게** 두려워요." 나는 차에서 내려, 그녀가 앉은 쪽 차창을 열고, 그렇게 느낀다면 호텔로 가는 다른 길을 찾아보라고 소리를 질렀다. 그러자 융이 즐거운 듯이 계속 웃어댔다. 반면에 엠마 융은 아연실색한 표정을 지었다. 그녀는

ⓑ 이 책 318쪽 이하를 보라.

그러한 충돌을 전혀 감지하지 못했던 것이다. 아직도 나는 너무나 놀란 그녀의 얼굴을 기억할 수 있다. 즐거워서 웃어대던 융이 그 독일 친구에게 이런 말을 했다. "맞아요. 당신이 말한 것은 전적으로 투사投射에요. 전쟁을 원하는 쪽은 분명히 독일이에요." 그 가련한 독일 여자는 당황하여 어쩔 줄 몰라 했다. 선전을 자꾸 듣다보니, 연합국들, 특히 영국이 전쟁을 하기로 작정했다고 그녀가 믿게 되었던 것이다. 그녀는 심리학을 공부하고 투사에 대해 잘 알고 있었지만, 그것을 받아들이기 어려웠다. 그러나 그녀는 중얼거리며 일종의 사과의 말을 했으며 — 주로 엠마 융이 충격을 받은 것에 대해 — 나는 측은함을 느끼고 그녀를 언덕에 있는 호텔까지 데려다 주었다. 그러나 그녀는 혼란 상태에 빠져 있었으며, 에라노스 학회의 나머지 기간에 계속 우리 셋과 그 문제에 대해 논의했다.

이제 나는 이 여자가 그 때 나치 정권을 극히 싫어했다는 것을 강조해야겠다. 나중에 그녀의 외아들이 전사했을 때 그녀는 나치 전쟁광들에게 책임이 있다는 것을 충분히 깨달았다. 그러나 그 당시(1939년) 그녀는 선전에 너무나 사로잡힌 나머지 객관적인 입장을 가질 수 없었으며, 그녀가 얼마나 당황스러웠는지 깨달았을 뿐이다. 훨씬 뒤에 신문을 읽고, 전투함 비스마르크호가 침몰한 후에 당황하던 독일 수병들의 모습을 사진으로 보았을 때, 나는 이 사건이 생각났다. 그들은 자신들이 탄 배는 침몰되지 않는다는 소리를 너무나 자주 들었기에 그것이 가라앉는 것을 보며 정말 자신들의 눈을 믿을 수 없었다.

매우 높은 지위에 있는 스위스 적십자 임원이 융에게 그 해 아스코나에 만연해 있던 상태를 더 분명하게 해 준 사건을 이야기해 주었다. 그는 나치가 단치히 Danzich(폴란드어로는 그단스크Gdansk라고 하며, 나치가 점령한 후 붙인 이름 - 역주)를 점령한 후에 적십자와 연관된 문제에 대해 히틀러와 인터뷰를 했다. 그는 히틀러가 대단히 침착하고 평화롭게 보여서, 그가 의견의 차이가 있었다고 알고 있던 문제를 꺼낼 좋은 기회라고 생각했다. 그러나 그는 그 말을 꺼내기가 무섭게 통제할 수 없을 정도로 버럭 화를 내더니 창문 커튼을 찢어 버리기 시작했다. 사실 그는 완전히 미쳐 날뛰고 있었다. 적십자사 사람은 히틀러가 그를 직접 공격하기 전에 슬그머니 그 방에서 나왔고, 그가 놀라서 어쩔 줄 몰라 하는 가운데, "총통"은 마치 어떤 늙은 로마 황제라도 되는 양, 그 방에 무희들을 몇 명 들여보냈다.

융은 전쟁이 발발하고 나서 몇 주 후에 이 놀라운 사건이 일어났다고 나에게 말했고, 히틀러만이 아니라 독일 전체가 빙의되어 있었다고 하며 이런 말을 덧붙였다. "당신이 독일 사람들과 전쟁을 하고 있는 게 아니라고 말하는 건 소용없는 일이에요. 당신은 그들과 전쟁 중에 있는 거예요. 즉, 그들은 모두 히틀러처럼 무언가에 사로잡혀 있어요. 즉, 그들과는 전혀 말을 붙여볼 수 없을 거요." 사실 독일인들이, 그들의 나라에서 어떤 일이 일어나고 있는지 의식하게 하려는 엄청난 노력을 했던 융은, 상황이 전혀 희망적이지 않았기 때문에 그 시점에서 거의 포기하고 말았다. 즉, 상황은 불가피한 재앙으로 치닫고 있었을 뿐이었다.

전쟁 전에 마지막 에라노스 학회가 개최되는 동안, 안타깝게도 이러한 재앙이 다가오고 있는 게 확실해 보였다. 그러나 어떤 사건이 그의 주의를 끌게 만든 것을 제외하면, 융은 다가오는 전쟁에 대해 거의 언급하지 않았다. 그는 가능한 한 오랫동안 일상적인 삶을 영위할 수 있을 것이라고 분명히 믿었다. 그러므로 평상시처럼 몬테 베리타 호텔에서 계속 별 탈 없이 지낼 수 있었다. 멀리 떨어진 테신 마을로 짧은 여행을 떠나기도 하고, 식사 후에 긴 대화를 나누기도 했다. 거기에는 우리가 다시 볼 수 없었던 사람들이 여럿 있었다. 그들 중엔 피터 베인스와 하인리히 침머 같은 친구들이 있었다. 그러한 사건들이 그들 앞에 그림자를 드리우고 있었던 것을 우리가 몰랐지만 말이다. 침머는 이미 상당히 힘든 상태에 있었다. 그는 오스트리아의 시인이며 유대인인, 휴고 폰 호프만슈탈Hugo von Hoffmannsthal의 딸과 결혼했다. 비록 침머는 순전한 아리아인Aryan(비 유대계 백인 - 역주)이었지만, 곤란한 문제를 미연에 방지하려고 하이델베르크 대학 교수직을 사임한 것을 매우 애석하게 여겼으며, 옥스퍼드로 이주했다. 그러나 그는 속속들이 독일인이었다. 비록 그가 매우 환대를 받고, 이미 그의 아내의 가까운 친척들과 영국에 머물고 있었지만, 그 자신은 정작 옥스퍼드에 익숙해지지 않았다. 그 다음 해 그는 미국으로 이주하여, 처음에는 볼티모어에 있는 존스 홉킨스 대학에서 일했고, 나중에 컬럼비아 대학으로 갔다. 1939년에 아스코나에 와 있던 침머는 마침내 그 해 가을에 인도를 방문할 수 있으리라는 기대에 부풀어 상당히 고무되어 있었다. 그러나 나는 정말 전쟁으로 인해 그가 인도에 가는 것이 그렇게 오래 미루어지리라고 믿었다고는 생각지 않는다.

융은 에라노스 학회의 전체 분위기를, "최후의 심판과 같은 기운이 감도는 느낌"이 든다고 표현했다. 나중에 그는 1939년이 반드시 아스코나에서 최후의 심판을 그가 느낀 유일한 때가 아니었다고 하며 이런 말을 하곤 했다. "어쩐지 우리가 중요한 모든 것을 말해야겠다는 느낌이 든 때는 늘 있었다. 왜냐하면 그 때야말로 우리가 그렇게 할 수 있는 마지막 때일 것이기 때문이다." 그러나 1939년 8월에 그 학회에 종지부가 찍히고, 그 다음부터 그 모임을 가질 수 없을 것 같아, 나는 거기에 참석했다. 1954년경까지 그 모임은 열리지 못했다.

우리는 아스코나에서 욜란드 야코비 박사Dr. Jolade Jacobi를 늘 보았고, 그녀가 이때 쯤 취리히로 이주했으므로, 여기서 그녀가 일찍부터 융과 친하게 지낸 것을 간단하게 언급하는 것이 좋을 것 같다. 나는 1931년에 그녀에 대해 처음 들었는데, 그때 융이 빈Vienna의 문화협회Kulturbund에서 강의를 했다.ⓒ 사실 야코비 박사는 프뢰베 여사가 에라노스 학회를 만든 것처럼 문화협회를 만든 사람이다. 융은 그녀의 비상한 능력과 활기에 감동을 받고 빈에서 돌아왔다. 그는 1932년에 거기서 다시 강의를 했으며,**16** 그녀도 취리히를 방문했다. 매해 에라노스 학회로 인해 친분관계가 지속되었다. 그 때마다 그녀는 몬테 베리타 호텔에 머물곤 했으며, 특히 저녁 파티에서 가장 역동적인 인물이었다. 왜냐하면 그녀는 사교적인 재능을 갖고 있었기 때문이다. 독일인들이 오스트리아로 진군해 들어가자 야코비 박사는 그녀의 고향인 부다페스트로 이사했다. 왜냐하면 그녀

ⓒ 독일어로 된 융의 서간집 첫 권에 보면, 융이 그 전에 야코비 박사에게 보낸 편지가 있다. 그녀는 융 심리학에 관한 대중적인 책을 많이 쓴 저자로 유명하다.

는 헝가리 태생이었기 때문이다. 그녀가 비엔나에 살고 있을 때 그녀의 남편은 부다페스트에 살고 있었기에, 그녀는 거기서 남편과 합류했다.

그러나 독일인들이 체코슬로바키아로 들어가자 그녀는 그들이 헝가리까지 차지하는 데 그리 오래 걸리지 않을 것이라고 생각했다. 그래서 그녀는 스위스로 이주하기로 결심했다. 융은 나치의 박해를 받고 있던 유대인들을 늘 도왔던 것처럼, 그녀를 돕기 위해 온갖 노력을 다했다. 그럼에도 불구하고, 그는 취리히가 그런 역동적인 외향형의 사람에게 적당한 곳인지 매우 의아해 했다. 비록 그가 항상 그녀의 활기와 능력을 인정했지만, 그들은 서로를 매우 난처하게 여겼다. 그녀의 목표는 열정적으로 그리고 끊임없이 노력해서 융을 널리 유명하게 만드는 것이었다. 하지만 융은 자신이 이미 지나치게 유명해져 있다고 느꼈다.

내향적인 사람이라면 그 누구라도 그녀의 목표에 전적으로 동의할 수 없었지만, 그녀가 처음 취리히에 왔을 때 어려움을 감당하는 방식을 보면 존경하지 않을 수 없었다. 빈에서 부자가 되고 유명한 안주인이 된 뒤였는데도, 그녀는 취리히에서 바닥부터 다시 시작했다. 그 때 그녀는 돈을 거의 가지고 있지 않았으며, 기질적으로 결코 내향적인 스위스 사람들에게 순응하지도 않았다. 그러나 놀라울 정도로 짧은 기간에 그녀는 많은 것을 이루었다. 비록 그녀의 외향적인 재능이, 훗날만큼 충분히 펼쳐질 수 있는 때가 아니었지만, 그녀는 전쟁 중에 잘 견뎌냈다.

1939년에 에라노스 학회가 끝났을 때, 우리 모두는 각기 제 갈 길로 갔다. 융 부부는 모임이 끝나는 날, 대개 그들만이 따로 그들의 차로 길을 떠났다. 왜냐하면 집으로 돌아가기 전 짧은 여행을 하기 원했기 때문이다. 그러나 나는 그 해에 그들이 어디로 여행을 떠났는지 모르겠다. 설령 내가 그걸 모른다고 해도, 그들이 여행을 떠난 것은 사실이다. 많은 사람들이 제네바를 거쳐서 집으로 갔다. 프라도Prado 미술관에서 대부분의 벨라스케스Velazquez의 그림들을 스페인 내전 동안 안전하게 지키려고 스위스로 보냈었기 때문이다. 그 때 전쟁이 끝난 상태였지만, 스페인 사람들은 스위스 사람들이 제네바에서 그림들을 회수하기 전에 그림 전시를 허락했던 것이다.

  우리 모두 다시 집으로 돌아왔고, 독일과 러시아가 위험한 동맹을 맺음으로써 유럽을 공포의 도가니로 몰아넣었다는 뉴스를 들었을 때, 융은 볼링겐에 있었다. 융은 얼마 안 있어 가장 이해하기 어려운 꿈을 꾸었는데, 그 꿈으로 인해 더 마음이 어수선했다. 그는 히틀러가 "악마의 그리스도the devil's Christ," 즉 반-그리스도Anti-Christ라는 꿈을 꾸었지만, 그럼에도 불구하고 그는 엄밀한 의미에서 **신의 도구**instrument of God였던 것이다. 그는 자신이 이런 생각을 받아들일 수 있기까지는 오랜 시간이 걸렸고, 많은 노력을 했다고 나에게 말했다. 비록 융이 어린 시절부터 신의 어두운 면이라는 생각에 몰두해 있었지만, 그가 마침내 「욥에의 응답」에서 그 문제와 직면하기까지는 여러 해가 걸렸으며, 그는 이 꿈을 꾸었을 때 히틀러와 같은 위험한 미치광이가 신의 도구가 될 수 있다는 생각을 아직 의식하지 못하고 있었다.

  전쟁이 실제로 발발했을 때, 융은 퀴스나흐트에 하루나 이틀 동안 머물렀다. 마리-진 슈미트는 융의 비서로 20년 일하는 동안, 단 한 번의 긴 휴가(약 세 달 동안)를 보내고 있었다. 그러므로 리브카 쉐르프Riwkah Schärf(나중에 예헤츠켈 클루거Yehezkel Kluger의 부인이 된)가 가끔 융이 꼭 필요한 편지를 쓰는 일을 거들고 있었다. 그녀는, 자신이 그 날 오후 도착했을 때, 그가 정원에 있었다고 나에게 말했다. 고통스러워하면서 그는 이렇게 말했다. "내 평생 두 번째 세계대전이 일어나다니, 어떻게 그걸 견뎌낼 수 있겠소?" 훗날 그는, 50년대에 들어 상황이 매우 암담해보이자, 이따금 이렇게 말하곤 했다. "난 제3차 세계대전이 일어나면 살아남을 수 있다고 생각하지 않아요." 현실이 무시될 수 없다는 것을 알고는 있었지만, 그런 전쟁을 예상하는 것이 그에게는 정말 고통스럽고 견디기 어려운 일이었다.

제14장

제2차 세계대전

1939-1945

    융은 1939년 가을에는 에라노스 학회에 참석하기도 하고 10월 중순에는 볼링겐으로 일하러 가기도 하며 시간을 보냈다. 정말 필요할 때마다 그는 하루 혹은 며칠 동안 퀴스나흐트로 내려갔다. 그러나 단연 볼링겐은 언제나 그가 유럽에서 고조되고 있는 긴장상태(1926년에 그가 처음으로 알게 된)와 같은 일들 및 다른 세계대전의 발발과 같은 파국을 받아들이기 위한 가장 좋은 장소였다. 내가 생각하기에, 성탑城塔은 특히 자기Self의 장소였기 때문에 거기서 그는 시간과 공간에서 일어나는 일들에 대해 전적으로 다른 관점을 가질 수 있었다.[1]

    몇 해 전, 제3차 세계대전이 거의 불가피해 보였을 때 어떤 여자가 꾼 꿈은 이것을 더 명확하게 해 줄 수도 있다. 꿈에서 그녀는 사실 전쟁에 대해 거의 공황상태에 가까운 공포를 느꼈는데, 그녀는 어떤 여신 같은 모습을 한 존재가 그녀에게 다가와, "설령 전쟁이 발발한다고 해도, 그것은 나에게 악몽보다 더 나쁘진 않을 것이다"라고 말하는 것을 듣고 크게 안심했다. 동양은, 세계는 단순한 환상이라고 선언하고, 열반涅槃 속에서 갈등을 야기하고 있는 대극으로부터 해방을 추구하는 이러한 관점과 동일시하려고 한다. 그러나 융은, 서양에서 우리는 영원한 관점을 **의식**화하려는 모든 노력을 다해야 하며, 그 다음에 그것을 우리의 **현실적인 삶**, 즉 지금 여기에서 삼차원적인 현실과 화해하기 위해 최선을 다해야 한다고 생각했다. 그러므로 우리가 살면서 어쩔 수 없이 또 다른 전쟁을 견디어내지 않을 수 없다면, 그것은 우리가 예상해야만 하는 고통스런 사실이지 환상이 물론 아니다.

융은 두 가지 입장에 대한 이런 생각을, 특히 『태을금화종지』에 대한 주석에서 분명히 했다. 그는, 어떤 사람들은 다른 사람들을 파괴할지 모르는 문제를 쉽게 이겨내는 경우가 있는 것 같다고 말했다.[2] 말하자면 그들은 어쩌면 그들이 최악의 문제를 전적으로 다른 빛에서 볼 수도 있는 새로운 의식의 차원을 획득하게 된다. 그는 이렇게 설명했다.

보다 낮은 단계에서는, 가장 거친 갈등과 파국적인 감정의 폭발을 일으키게 되었던 것을, 보다 높은 인격의 수준에서 보게 되면 이제는 산꼭대기에서 내려다보는 골짜기의 폭풍우처럼 보인다. 이렇게 됨으로써 폭풍우의 현실성이 없어지는 것은 아니지만, 그 사람은 그 한가운데 있는 것이 아니라 이제는 그 위에 우뚝 서 있는 것을 뜻하는 것이 된다. 그러나 마음의 관점에서 보면 우리는 골짜기이기도 하며 산이기도 하기 때문에 우리 자신이 인간적인 것의 피안에 있는 것처럼 느낀다는 것은 헛된 환상처럼 보일 수도 있다. 우리가 때로는 정동情動을 느끼며 그로 인해 마음이 흔들리고 고통을 당하는 것이 분명하지만, 한편 우리는 동시에 보다 높은 차원의 의식이 있음을 알고 있는 것이다. 그러한 높은 의식 상태는 우리가 정동과 동일시되는 것을 막아주어서, "내가 고통 받고 있는 것을 나는 **알고 있다**"라고 말할 수 있는 것이다. 이 경전에서는 정신이 어둠 속에 깊이 빠져 있는 상태indolence, 昏沈에 대해 이렇게 말하고 있다. "어둠 속에 빠져 있는 것을 의식하는 것과 그것을 의식하지 못하는 것과는 그 차이가 너무 커서 서로 천리만리 떨어져 있다." 이것은 최고도의 정동에 대해서도 잘 들어맞는 말이다.[3]

이때쯤 융은 어디에 있든지, 항상 이러한 두 입장(산과 골짜기, 즉 자기Self와 자아)에 도달할 수 있었다. 하지만 볼링겐은, 말하자면 바로 산 가까이에 있는 장소였다. 거기서 그는 산의 관점을 갖기가 가장 용이했다. 융은 인간을 매우 특이하게 그리고 깊이 사랑했으며, 항상 모든 인생사를 진지하게 다루었다. 그래서 그에겐 세계대전과 같은 총체적인 파국을 받아들이기가 매우 힘들었다. 그러나 그가 볼링겐에 머물며 긴 여름휴가를 보내고 있을 때 전쟁이 발발한 것은 그에게 다행한 일이었다. 그가 10월에 퀴스나흐트로 돌아왔을 때 전쟁이 여전히 골짜기에 있는 그에게 고통을 주었지만, 그가 그것을 객관적으로 위에서, 즉 산에서 침착하게 볼 수 있었다는 것은 분명한 사실이다. 시국에 어울리는 일이 더 확연하게 드러나긴 했지만, 이러한 두 관점은 동시에 존재했다. 우리는 또한 그것을 아주 다르게 표현할 수도 있다고 말할 수 있다. 즉, 그는 볼링겐에서 다음과 같이 말할 수 있을 만큼, 그것과 관련된 고통을 충분히 의식했고, 또 그것을 충분히 받아들였다. "나는 나 자신을 포함해서 세계가 이해할 수 없는 엄청난 고통을 겪고 있다는 걸 **알고 있다**."

특히 산에서 얻은 관점은 1939년 11월 3일에 다시 시작한 취리히 연방 공과대학강의에서 드러났다. 그는 6월에 동양 경전 강의를 끝내고, 나머지 네 번의 강의를 적극적 명상의 일반적인 주제에 관한 서양의 한 예인, "로욜라의 이냐시오 성인의 영신수련The Exercitia Spiritualia of St. Ignatius of Loyola"에 할애했다. 그는 이 강의를 재개하며 6년 전에 베를린에서 했던 방식과 똑같은 과정으로 진행해 나갔다. 즉, 거의 외적인 상황에 대해서는 언급을 하지 않고, 많은 청중들이 정신의 **실재**reality of the psyche, 곧 내적인 삶이 내적인 삶이 지닌 색다른 관점에 대해 눈을 뜨게 하려고 애를 썼다. 그러나 그는 자료가 지닌 가장 중요한 점을 놓치지 않았으며, 그것이 많은 청중들에게 정곡을 찔러 주었다. 나는 사람들이 다음과 같이 생각하고 있었다는 것을 생생하게 기억하고 있다. 즉, "마침내 우리는 전쟁의 의미를 알게 되었다."는 것을 말이다.

융은 17세기 초에 살았던 늙은 스페인 예수회원이었던 이스끼에르두스

Izquierdus가 쓴 "영신수련" 서문에 대해 말하고 있었다. 대죄와 소죄의 차이를 정의하면서 이스끼에르두스는 "정말 유일한 대죄는 하나님 대신에 피조물을 목표로 하는 데서 생긴다."라고 말했으며, "대죄를 짓는 자에겐 하나님도 안 계시고, 천국도 없고, 구원도 없다."고 했다. 융은 이 말을 서양인 모두가 대죄를 짓고 있다고 주석했다.

『태을금화종지』에 대한 주석에서 융이 사용한 언어로 번역하면, 실제로 "모든 서양인"은 유일한 목표를 골짜기에서 발견한다고 볼 수 있다. 왜냐하면 골짜기에서는 산이 존재한다는 것을 더 이상 알 수 없기 때문이다. 그러나 이스끼에르두스가 하나님이라고 부르는 목표는 산에서만 발견될 수 있다. 그러므로 — 그의 관점에서 보면 — 서양인들은 실제로 모두 대죄를 짓고 있는 것이다. 실제로 융이 현대인의 신화에 대해 깨달았던 것을 상기해 보자. 그는 15년 전에 동아프리카의 아티 평원에서 이러한 사실, 즉 인간의 의식意識은 그것이 "가장 깊은 비존재의 밤"에 미지의 끝을 향해 가지 않는다면 "창조의 완성에 필요불가결한 것"4임을 깨달았다.

독일이 폴란드를 점령한 후에 불쾌하고 불확실한 기운이 감돌았으며, 소위 기묘한 전쟁*drôle de guerre*이 서양에서 시작되었다. 스위스군은 독일군대가 북쪽 국경에 집결하고 있었으므로 매우 불안해했다. 그 당시에 소위 난공불락의 마지노선을 공격하는 대신, 독일이 중립 국가인 스위스를 침범하고, 그 길로 프랑스를 공격할 것처럼 생각되었다. 그렇다고 결코 공황상태에 빠지진 않았다. 왜냐하면 스위스는 잘 무장된 나라이며, 최후의 일인까지 나라를 방어할 태세가 되어 있음을 알았기 때문이다.

마지노선이 무너져 독일군대가 벨기에, 네덜란드, 프랑스로 밀려들어 가고 있었을 때에도 스위스에 대한 압박이 풀어지지 않았다. 그 반대로 여전히 더 많은 독일군대가 스위스 국경에 집결하고 있었고, 프랑스가 그렇게 빨리 무너지지 않았다는 게 드러난 후에, 독일은 비교적 평평한 스위스의 북서쪽을 통해 프랑스를 공격하려고 했다. 좀 더 원시적인 "스위스 내륙"에 있는 군인들은 스위스의 성자, 플뤼에의 니클라우스가 독일인들이 스위스 국경을 못 건너게 할 것이라고 단언하기까지 했다. 이 연대의 장교들은, 많은 군인들이 니클라우스 성자가 독일인들이 스위스 땅을 침범하지 못하게 막고 있는 모습을 보았다고 확신했다고 나중에 우리에게 말해 주었다.

그렇다 하더라도, 스위스의 주 방어선이 취리히 후방에 위치한 산속에 있었다는 것은 달갑지 않은 사실이었다. 이때 쯤 나는 엠마 융과 어느 날 저녁을 같이 보냈는데, 그녀는 나에게 많은 손자들이 얼마나 걱정되는지 모른다고 말했다. 엠마는 융이 환자 보는 일을 그만두지 않을까봐 걱정했다. 모든 가족은 베르너 고지에 있는 자아넨Saanen 가까이에 있는 작은 호텔에 머무르고 있었다. 그래서 그녀는 상황이 절망적임을 그들이 알게 된다면, 그가 안전한 곳에 있는 손자들을 보러 오는 것에 동의하리라는 희망을 갖고 있었다. 가족 중에 모든 젊은 이들 — 그녀의 아들과 사위 — 은 군에 복무 중이었다. 그녀는 모든 자녀들을 차에 태울 수 있을 만큼 충분한 여유가 있는지 염려했다.[ⓐ] 그래서 우리는 내 차에도 태울 준비를 했다. 휘발유의 허용량이 매달 줄어들고 있었지만, 나는 비상시를 대비하여 휘발유를 충분히 저장해 두었다.

그럼에도 불구하고, 나는 마리 - 진 슈미트가 어느 날 아침 나에게 전화를 해서, 내가 그들 손자 둘을 될 수 있는 대로 빨리 베르너 고지에 있는 자아넨으로 태워다 준다면, 융 부부가 고마워할 것이라는 말을 했을 때 (물론 융이 베른에서 긴급하다는 경고를 받은 것을 그 때 내가 몰랐기 때문에) 상당히 놀랐다. 나는 남겨 놓았던 빈 좌석 하나를, 얼마 전 영국에서 도착한 엘리자베스 웰쉬에게 할애해 주었다. 그녀는 나와 함께 퀴스나흐트에 있는 존네 호텔에 살고 있었다. 우리는 될 수 있는 한 빨리 융의 집으로 갔다. 그들의 차는 이미 출발 한 뒤였지만, 내가 태워 갈 아이들이 아직 거기 있었다.

ⓐ 융 부부에겐 19명의 손자들이 있었다. 그러나 그들 모두가 1940년경까지 다 태어난 것은 아니다.

물론 나는 우리의 목적지를 알고 있었지만, 나는 융이 브뤼니크 고개로 갈지, 아니면 베른을 거쳐 갈지 알 수 없었다. 나는 그런 상황에서 큰 도시를 될 수 있으면 피하고 싶었기에 앞의 행로를 택했다. 나는 취리히에서 약 10마일쯤 떨어진 쉴탈Sihltal에서 융 부부가 탄 차 — 융이 운전하는 차 — 를 추월할 것을 생각하니 정말 매우 기뻤다. (그들 역시 놀랄 것이고, 돈을 찾기 위해 취리히에 있는 은행에 들려야 했을 것이다.) 비록 도로 통제를 많이 하고 있었지만, 우리는 그들을 만나지 못했고, 점심 때 알프나흐슈타트Alpnachstad에 있는 루체른 맞은편, 필라투스 산으로 올라가는 케이블카 바로 옆에서 만났다.

여기서 우리는 융 부부가 손자들과 며느리를 그렇게 급히 산으로 데려가려는 이유를 알게 되었다. 그는 베른의 고지대에서 그 전날밤 늦게 전화를 받았고, 취리히를 즉시 떠나라는 요청을 받았다. 스위스 정부 당국은 융의 이름이 나치의 블랙리스트에 들어 있기에 융이 독일인들에게 잡히는 것을 바라지 않았다. 이러한 정보 — 엠마가 이전에 가지고 있던 불안을 가중시킨 — 는 융으로 하여금 선택의 여지없이 떠나게 만들었다. 즉, 그는 가족을 태우고 자아넨으로 차를 몰고 가야만 했다. 그런 순간에 환자를 못 보게 된 것을 그가 얼마나 힘들어 했는지 알 수 있다. 더욱이 그날 아침 그는 스위스가 바로 그 날 공격을 받을 게 거의 확실시된다는 내용의 전화를 고급 지휘관으로부터 받았다. 우리는 툰 호숫가에 있는 슈피츠에서 만날 약속을 했다. 거기서 융 부부는 자신의 아이들을 직접 데려오고 있던 딸을 만나기로 되어 있었다. 아마 내가 내 차에 태워 툰Thun 호수가로 데리고 간 아이들은 다른 손자들이었던 것 같다.

그러나 우리가 융의 딸을 만났을 때, 그녀는 모든 아이들을 자아넨으로 데려가기로 결정한 것은, 그것이 더 안전할 것 같았기 때문이라고 말했다. 그래서 우리는 온 가족이 빌린, 멋진 조그만 호텔로 그들을 데려갔다. 그 호텔은 자아넨 너머로 보이는 전망이 아름다운 곳에 있었다. 우리는 거기서 3, 4마일 떨어진 그슈타트Gstaad 근방의 호텔로 갔다. 프랑스가 너무나 빨리 쉽게 무너지자, 독일인들은 결국 공격하는 것을 자제하고 있었다. 왜냐하면 그들은 스위스 군이 적어도 50만 명은 될 것으로 추산하고 있었기 때문이다. 전쟁 기간에 독일인들이 스위스를 공격하려고 군대를 집결시킨 것은 이때만이 아니었다. 그러나 그들은 항상 막판에 공격하기 좋을 때가 언제인지를 생각했다. 그들은 스위스를 "가시 돋친 작은 고슴도치"라고 불렀다.

며칠이 지나자 융은 환자를 보러 퀴스나흐트로 기차를 타고, 그 때부터 7월 초까지 다녔다. 그는 퀴스나흐트에서 환자를 보기도 하고 자아넨에서 가족들과 같이 있으면서 시간을 보내기도 했다. 보통 주중에는 퀴스나흐트에 있었고, 자아넨에서 긴 주말을 보냈다. 더욱이 그 때 융의 제자 두세 명이 그슈타트 가까이에 있는 호텔에서 우리와 합류했고, 융은 거의 매 주말마다 그들에게 한 시간 분석을 해 주려고 걸어서 오곤 했다. 분석이 끝나면 같이 점심을 먹고 이른 오후에 걸어서 돌아갔다. 내가 융을 퀴스나흐트까지 두 번 정도 태워다 줄 만큼 충분한 휘발유를 가지고 있었던 것은 다행이었다. (편리하게도, 손님이 별로 없는 관광안내소에 위치한 꽤 많은 주유소들이 다른 주에서 온 차가 휘발유를 넣을 수 있는 쿠폰을 가지고 있는지 묻는 것을 "잊어버렸던 것"이다!) 완전무장을 한 군인들이 지키는 시골 길을 운전하는 것은 낯설기도 하고 기억에 남을 만한 일이기도 했다. 군인들 차량을 제외하면 길이 텅 비어 있었다. 반면에 프랑스가 함락되자 스위스 국경에 대한 압박이 줄어들었고, 전쟁이 끝날 때까지 융은 퀴스나흐트와 볼링겐에서 지냈다.

그 해 여름에는 정규적인 에라노스 학회가 열리지 않았다. 그러나 프뢰베 여사의 간청으로 융은 간소하게 개최된 이 학회에 참석하려고 아스코나로 내려갔다. 두 번의 강의가 있었는데, 하나는 융이 했고, 다른 하나는 안드레아스 슈파이저 교수Prof. Andreas Speiser[6]가 했는데, 청중이 많지 않았다. 이 학회가 소규모로 유지되기를 원했던 융은, 제자들이 거기 참석하는 것을 말렸다. 그러므로 나는 1940년에 열린 에라노스 학회에 참석하지 않았다. 그 때가 지난 20년 동안

---

[6] 그 당시 그는 취리히 대학 수학 교수였으나, 1944년에 바젤대학으로 옮겼다.

내가 불참한 유일한 모임이었다. 융과 슈파이저 교수는 매우 다른 분야의 관점에서 삼위일체에 대해 이야기했다. 융은 지난해처럼 즉흥 강의를 했다. 그러나 그것은 속기로 기록되었으며, 마침내 그는 이 강의를 개정하고 확장해서 "삼위일체 도그마에 대한 심리학적 접근"이라는 제목으로 출간했다. 이것이 1948년에 독일어로 「정신의 상징 Symbolik des Geistes」이라는 제목으로 출간되었고, 이 책에서 영어 판이 나왔다.[5]

융은 대개 여름휴가의 나머지 기간을 볼링겐에서 보냈으며, 필요할 때는 퀴스나흐트에서 며칠을 지내기도 했다. 이 당시 스위스에서는 일상적인 삶이 다소 정상화되었고, 융은 가을에 두 가지 일, 즉 분석과 취리히 연방 공과대학 강의를 다시 시작했다. 물론 그 당시 스위스에는 외국인들이 거의 없었고, 다만 스위스에 정착한 우리 몇몇과, 어떻게든 국경을 넘나들며 가끔씩 단기간 동안 머무는 방문객들 밖에 없었다. 스위스 전역에 걸쳐 강한 반反 독일 정서가 팽배해 있었다. 다시 말해 그것을 증오라고 부르는 것은 지나친 말이 아닐 것 같다. 그 당시 스위스 사람들은 실제로 제1차 세계대전 때처럼 분열되지 않고, 모두 마음이 하나 되어 있었다. 우리는 여기 살고 있는 극히 소수의 무리였으며, 융이 작은 그룹을 매우 좋아했으므로 많은 이득을 얻을 수 있었다.

1940년 가을이 되자 자가용은 더 이상 휘발유를 공급받을 수 없었다. 1941년 봄부터는 차를 소유한 사람들이 휘발유를 비축해 두었다고 해도 더 이상 자가용을 타고 다닐 수 없게 되었다. 물론 환자를 방문하러 다녀야 하는 의사들에게는 연료를 배급해 주었다. 그러나 융처럼 집에서 환자를 보는 의사들은 휘발유를 공급받을 수 없었다. 나는 융을 방문하는 것을 허락받은, 파리에서 온 프랑스 여자를 기억하고 있다. 그녀는, 융이 자기 차에 넣을 연료가 없다는 게 믿을 수 없다고 했다. 그녀는 "하지만 물론 당신과 같은 분에겐 휘발유가 있겠지요."라고 융에게 말했다. 그는 스위스 사람에게도 예외가 없으며, 다른 사람과 마찬가지로 휘발유를 가지고 있지 않다고 그녀에게 확인해 주었다. 나는 그가 취리히 연방 공과대학에서 강의하러 다니기 위해 휘발유를 구할 수 있는지 문의한 적이 있는지 알 수 없다. 하지만 나는 그가 결코 휘발유를 요청하지 않았다고 확신한다. 그는 다만 역까지 1마일을 힘들게 걸어가서 쥐리히 행 기차를 탔으며, 그 다음에 대학으로 가는 전차를 탔다. 틀림없이 매우 피곤했겠지만, 나는 그가 불평하는 소리를 들은 적이 없다.

융은 또한 참을성 있게 전시戰時에 생긴 모든 규칙을 잘 지켰다. 예컨대 땅이 있는 사람은 어느 정도만큼 농작물을 심어야 한다는 국가의 요구를 따르기 위해 볼링겐에 있는 땅을 파서 토마토를 심었다. 나는, 어느 날 우리 모두 토마토 밭에서 일을 하고 있을 때, 그가 죽은 쥐 하나를 발견하고는, 케언 테리어 종(스코틀랜드 원산 - 역주)인 내 암캐의 관심을 끌 수 있겠다고 생각하여, 그것을 그 개에게 던졌던 것을 기억한다. 그러나 무슨 이유인지 그 개는 모욕을 당했다고 생각하고 나에게 와서 심하게 짖어댔다. 융은 기분이 상한 그 개를 보고 매우 즐거워했다. 3주 후에 내 개가 퀴스나흐트 역 플랫폼에서 그를 다시 보았을 때, 못 본척했다. 대체로 내 개는 그를 볼 때 마다 매우 좋아했었는데 말이다. 그래서 그는 이렇게 말했다. "이 개가 왜 이러지요? 나를 못 본 척하니 말이요." 나는 아직도 쥐 때문에 그렇다고 했다. "이런, 그 때 밭에서 장난 친 걸 내가 잊어버렸었군요." 라고 그가 말했다.

스위스의 위대한 의사요 연금술사인 파라켈수스는 1541년에 죽었다. 전쟁 중인데도 불구하고, 그의 서거 4백주년을 기념하는 행사가 스위스에서 성대하게 열렸다. 그 때 융은 9월 7일에 바젤에서 그리고 10월 5일에 아인지델른 Einsiedeln에서 열린 큰 기념행사에서 모두 두 번 강의해 달라는 부탁을 받았다. 첫 번째 강의는 "의사로서의 파라켈수스Paracelsus, the Physician"6라는 제목이 붙여졌다. 두 번째 강의 — 훨씬 더 깊이 있게 다루어진 — 는 "정신적 현상으로서의 파라켈수스Paracelsus as a Spiritual Phenomenon"7라는 제목으로 행해졌다. 두 강의는 함께 1942년에 독일어로 「파라켈시카Paracelsica」라는 제목으로 출간되었다. 그러나 처음 강의를 거의 그대로 낸 반면에, 융은 두 번째 강의를 다듬고 확대하여 출간하기 위해 1941년 가을에 많은 고생을 했다. 왜냐하면 그가 「파라켈시카」의 서문에서 설명한 대로, 그의 많은 의학적, 과학적, 그리고 신학적인 저작들 뒤에 숨어 있는 파라켈수스라는 불가사의한 인물의 사상을 강의에서 밝혀낸다는 것이 불가능했기 때문이다. 사실상 융은 파라켈수스의 수수께끼를 푸는 것은 매우 어렵다고 말했다. 그러므로 독자들은 그의 논문을 파라켈수스의 비밀스런 철학의 어떤 것을 알려는 단순한 시도로 생각해야하며, 이 어려운 주제에 대해 결정적인 주장을 폈다고 생각해선 안 된다. 그것은 그렇다 치고, 10월의 어느 날 저녁 아인지델른에 모인 많은 청중들이 그의 강의에 매혹되었던 것은 분명한 사실이다. 그가 강의를 한 강당은 스위스 전역에서 어린 말 사육지로 유명한 장소에 가까운, 성당과 수도원 건물들 뒤에 있었다.

아인지델른의 호텔에서 보낸 며칠이 우리에게는, 특히 전쟁 중의 암울한 시간에 오아시스처럼 가장 반가운 안식으로 여겨졌었다. 그때는 실제로 독일이 유럽의 지배자가 된 때였다. 비록 많이 다르긴 했지만, 그것은 아스코나에서 보낸 옛 시절을 생각나게 해 주었다. 그때 우리는 몬테 베리타 호텔에 머무르고 있었다. 아인지델른은 파라켈수스와 깊이 연관되어 있는 곳이다. 왜냐하면 그가 태어난 작은 집이 거기서 2, 3마일 떨어진 곳에 아직 남아있었기 때문이다. 그곳에는 여전히 그의 어떤 분위기가 남아있었다. 더욱이 그것은 순례의 장소다. 아인지델른의 검은 성모상은 많이 고쳐지고 복원됐다고 한다. 큰 소년들을 위한 학교와 말 사육 시설을 가진 수도원은 나름대로 특별한 운치가 있다. 훗날 융은 어느 겨울, 며칠 동안 아인지델른에서 휴가를 보낸 적이 있다. 수도원장과 다른 수도승들과 지낸 기간도 좋았고, 또 그곳의 분위기도 매우 편안했기에 그는 휴가를 마치고 굉장히 기쁜 마음으로 돌아왔다.

비록 아인지델른에서 있었던 파라켈수스 기념행사가 대단히 의미 있는 시간으로 생생하게 기억되지만, 1941년과 1942년에 있었던 두 번의 에라노스 학회 역시 전쟁 전 보다는 많이 변했지만, 가치 있는 모임이었다. 스위스에 살지 않는 사람은 한 사람도 오지 않았다. 그러나 융은 1941년에 최고의 에라노스 강의 중 하나인 "미사에서의 변환의 상징Transformation Symbolism in the Mass"[8]이라는 강의를 했고, 1942년에 "메르쿠리우스 정령The Spirit Mercurius"[9]이라는 또 다른 연금술에 관한 강의를 했다. 나중에 스위스에 피난을 온 헝가리 출신의 칼 케레니Karl Kerényi 교수는 운명적으로 에라노스의 진정한 지주가 되었다. 그는 1941년에 처음으로 강의를 시작해서 최근까지 매년 강의를 했다.ⓒ 스위스의 필적학자인 막스 풀버Max Pulver도 1941년에 정규적인 강사가 되었으며, 다른 스위스 교수들이 그 모임에 더 이상 올 수 없는 외국 교수들을 대신해서 강의를 했다.

물론 차 없이 사는 것은 아주 색다른 경험이었으며, 우리는 일상생활을 하면서 융 부부를 늘 볼 수가 없었다. 왜냐하면 그들은 그 때부터 강의실 위에 있는 아파트에 머물렀기 때문이다. 그러나 에라노스에서 아주 가까운 모스키아에는 콜리네타라는 아주 좋은 호텔이 있었다. 거기서 토니 볼프와 베리타 호텔에 머물던 많은 사람들은 1941년과 1942년을 행복하게 지냈다. 그런데 안타깝게도 그 호텔이 문을 닫고 말았다. 거기에 있던 호텔이 없어진 뒤에 모두 아스코나 혹은 그곳과 아주 가까운 곳에 머물 곳을 얻어야 했다. 무더운 8월에 에라노스까지 간다는 게 보통 문제가 아니었기 때문이다.

융이 평화를 재건하려는 계획을 실행하도록 도와달라는 부탁을 지도급에 있는 어떤 스위스 사람과 독일 정신과 의사에게서 받은 것은 1942년이었다. 처음에 융은 이 계획에 상당히 열정적으로 참여했다. 물론 그것은 당시에 철저히 비밀이었으며, 융은 다만 내가 그들의 메시지를 영국에 전달하기에 적합한 사람이라고 생각했기 때문에 나는 그것에 대해 알고 있었다. "정말 아무도 당신을 의심하지 않을 겁니다."라고 그가 말했다. 더욱이 그들이 영국에서 접촉하길 바랐던 인물은 템플 대주교(융이 잘 알고, 존경하고 좋아한)였기에, 내가 ― 오래 전부터 잘 알고 있었기에 ― 그와 인터뷰하는 것은 별 어려움이 없었다.

독일 의사는 나치와는 상관이 없는 사람이었다. 그러나 직업상 그는 나치 본

ⓒ 케레니 교수는 1973년에 세상을 떠났다.

부에 직접 출입이 가능했다. 그는 히틀러가 정말 전쟁에서 승리할 수 있을지 의심스러워하고 있으며, 연합국들과 평화조약을 맺는 것을 기꺼이 받아들일 것으로 생각한다고 전했다. 융은 많은 생명을 살리고 엄청난 고통에서 벗어날 수 있다는 가능성에 상당히 매료되었으며, 그 계획이 자신에게 매우 중요하다고 나에게 말했다. 그는 나에게 떠날 준비가 돼 있느냐고 물었다. 그러나 아직 영국 영사관에 내 서류를 제출할 것인지는 묻지 않았다. 물론 그것은 쉬운 일이었으며, 내가 우리나라로 돌아가는 것은 매우 자연스러운 일로 보였다. 반면에 전쟁이 끝난 후에 내가 스위스로 돌아올 수 있을 것 같지 않았다. 그러므로 그 제안을 받아들인 것으로 인해 마음이 침울해졌다. 왜냐하면 나는 이미 스위스가 내 사랑하는 친구들이 있는 내 고향이 되었다고 느꼈기 때문이다. 하지만 나는 그것이 여하한 일이 있어도 거절할 수 없는 일임을 즉시 깨달았다.

    융은 6월에 그 계획에 대해 나에게 말했다. 7월말쯤 그는 나에게 볼링겐으로 와 달라고 했다. 그것을 보면 그가 나와 그 문제를 의논하고 싶어 한 게 분명하다. 내가 도착했을 때 그는 차고 옆에서 기다리고 있었다. 왜냐하면 그는 그의 아내나 토니 볼프에게 그것에 대해 한 마디도 하지 않았기 때문이다. 그 당시에 그만큼 함구하고 있었기에, 지금도 그것에 대해 쓰기가 무척 어렵다. 그는 최근에 진전된 국면에 대해 나에게 말해 주었다. 그는 그 일이 성사되기를 매우 바라고 있었다. 하지만 그 일이 성사될 것이라고 확신하지는 못했다. 그래서 그는 나에게 내 서류를 요청하는 것을 계속 미루라고 말했다. 나는 처음으로 그 전날 밤 그 계획에 대한 꿈을 꾸었다. 그가 내 꿈 얘기를 들었을 때 그는 즉시 꿈에 대해 물었다.

    내 꿈에서 그 계획을 진행하고 있던 것은 그의 아들이었는데, 아직 매우 젊은 사람이었다. 그런데 목소리가 나에게 아무 것도 얻을 수 없다는 말을 전해 주었다. 그러나 목소리는, 그에게 불리한 영향을 미치진 않을 것이라고 했다. 왜냐하면 그것은 인류를 사랑하는 매우 순수한 사랑에서 우러나온 것이기 때문이라고 했다. 융은 아주 거침없이 이런 말을 했다. "젠장! 내가 너무 순진한 건가?"

그 다음에 그는 늘 그것이 몽상이었을까봐 걱정했다고 했다. 그러나 우리는 여전히 어떤 결정을 내리기 전에 무슨 일이 있어나는지 지켜보기로 했다.

　몇 주 후, 에라노스 학회 기간 중인 어느 날 저녁 음악회에서 그가 내 옆으로 와서는, 음악이 흐르는 가운데 나직하게 이렇게 말했다. "당신의 꿈이 아브라함의 희생 제물이었어요. 우리는 모든 생각을 포기하지 않으면 안 되었답니다!" 그는 이런 말을 덧붙였다. "나치당은 정말 간악하군요. 그들과는 어떤 평화도 가능하지 않아요. 기어코 모든 게 다 파괴되고 말거예요." 다음 날, 퀴스나흐트로 돌아오는 동안 그는 어떤 일이 일어났는지 말해 주었다. 그것을 히틀러에게 얘기하자, 그가 미친 듯이 심하게 화를 냈고, 그 독일 정신과 의사는 스위스로 피신해서 겨우 목숨을 건졌다는 것이다. 그는 전쟁이 끝날 때까지 스위스에 머물러 있어야 했다. 융은 무의식이 그 계획을 비판하기 시작했기 때문에 그것에 대한 열정과 처음에 가졌던 신뢰를 잃어버렸지만, 그런 사정으로 자신의 개입 없이도 그것이 그렇게 귀결된 게 기쁘다고 나에게 말했다. 이런 것이 바로 융이 무의식에 대해 가졌던 전형적인 태도였다. 다시 말해 그는 항상 무의식의 뛰어난 지혜에 직면하게 될 때 자신의 자아를 희생시켰다. 이 경우에 그것은 큰 희생이었다. 왜냐하면 그는 말로 다할 수 없는 고통에서 벗어날 수 있고, 많은 생명을 살릴 수 있으리라는 희망을 가지고 있었기 때문이다. 그러나 그는 결코 그런 희망을 맹목적으로 혹은 성급하게 따르지 않았다. 그는 장단점을 모두 고려한 후에야 그런 희망을 가졌던 것이다. 이 문제가 그렇게 귀결된 후에 나는 결코 그가 그것을 다시 언급하는 것을 들어본 적이 없다.

　전쟁을 통해 토니 볼프의 열렬한 애국심이 드러났다. 나는 항상 스위스가 그녀에게 매우 중요한 나라라는 것을 알고 있었다. 그러나 그녀는 전쟁이 발발했을 때 50이 넘은 나이였으며, 나는 그녀가 자발적으로 그리고 아낌없이 자신의 시간과 차를 부인지원대Frauenhilfsdienst에 바치는 것을 보고 놀랐다. 그녀는 이미 관절염 때문에 고생을 하며 매우 힘들게 살고 있었다. 그러나 그녀는 몸을 사리지 않았다. 그녀는 동력설비가 되어 있는 기숙사에 살고 있었다. 그런데 그곳은 종종 너무나 춥고 불편했다.

　일본에서 토니 아버지의 젊은 동료였던 적이 있고, 토니의 친구요 내 친구이기도 한 에드워드 보슈하르트는 나에게 이렇게 말한 적이 있다. 즉, 그는 그녀가 속한 부대의 지휘관을 알고 있었는데, 그 지휘관은 토니야말로 그녀의 부대가 보유하고 있던 가장 값진 자산이었다고 말한 적이 있다고 했다. 즉, 그것은 그녀가 운전을 잘 했기 때문이 아니라 — 사실 평소에 그녀는 좀처럼 운전을 하지 않았다 — 그녀보다 훨씬 젊은 동료들에게 굉장한 영향을 주었기 때문이다. 그녀는 마지막 일이 끝날 때까지 아무도 긴장을 풀지 못하게 하고, 또 긴장을 풀지 않고 일하도록 동료들을 격려하는 능력을 가지고 있었다. 그녀는 나이가 많았고, 관절염이 점점 심해졌음에도 불구하고, 결코 몸을 사리지 않았다. 그녀는 그런 모범을 보임으로써 그런 처지에서도 기적을 행할 수 있었던 것이다.

　의사가 봉사하는 일을 그만두라고 한 다음에도, 그녀는 너무 오래 그 일을 계속했다. 그 결과 그녀는 생의 마지막 몇 해 동안 계속 고통에 시달리게 되었다. 그녀는 또한 점차 삶의 가장 큰 즐거움, 즉 융과 함께 볼링겐에 머무는 즐거움을 누릴 수 없었다. 그녀에게는 융의 성탑이 호수와 너무 인접해 있었다. 그녀는 일을 더 이상 할 수 없게 되어, 결국 사람들이 바라던 봉사도 거절할 수밖에 없었다. 그녀에게 늘 통증이 있었는지 모르지만, 나는 그녀가 아프다고 불평하는 소리를 들은 적이 없다. 누가 묻지 않으면 그녀는 결코 그것에 대해 언급하지 않았으며, 가능한 한 모든 일에 최선을 다했다.

　비록 융과 엠마가 평상시처럼 그 모임에 참석했지만, 1933년에 강의를 시작한 이래 융이 에라노스에서 강의를 하지 않은 것은 1943년이 처음이었다. 융의 창조적인 리비도는 이미 그의 가장 훌륭한 책인, 『융합의 비의』에 흘러들어가고 있었으며, 그 해 융은 에라노스 학회를 위한 강의 원고를 쓰기 위해 관심을 다른 데로 돌릴 수 없다고 생각했다. 그 해 강의 주제는 "영지주의와 초기 기독교의 빛에서 본 오래된 태양 숭배와 빛의 상징Old Sun Cults and the Symbolism of Light in Gnosis and Early Christianity"이었다. 이것은 물론 그 모임에는 큰 손실이었고, 프뢰베 여사에겐 유감스러운 일이었다. 비록 융이 참석한다고 해서 어느 정도 위안을 받긴 했지만 말이다. 그는 강의가 끝난 후에 테라스에서 있었던 토의를 인도하는 역할을 하거나, 아니면 프뢰베 여사의 둥근 탁자에 앉아 있었다.

그 해 강의는, 어떻게든 거기 참석하러 왔던 프랑스 교수 루이 마시뇽Loius Massignon으로 인해 풍요로워졌다. 그는 전쟁 전에 1937년부터 1939년까지 에라노스에서 강의를 한 적이 있었고, 우리 모두는 그의 이슬람교와 이슬람 국가들에 관한 강의에 감사를 표했다. 그가 전쟁 중에 그 모임에 어떻게 참석했었는지는 기억이 안 난다. 하지만 나는 우리가 그를 보고 기뻐했다는 것을 알고 있다. 1943년에 다른 강의를 한 사람은, 인스부르크에서 온 휴고 라너Hugo Rahner 교수였다. 그는 나치를 피해 스위스에 피난을 온 예수회 수도 공동체에 속한 사람이었다. 그의 수도회가 스위스에 있을 동안 그는 계속해서 강의를 했다. 그는 교부들의 저작에 관한 전문가였으며, 멋진 성격을 가진 것은 물론이고 유명한 저자요 대단히 훌륭한 강사였다.

융은 전쟁 전보다 전쟁 중에 오히려 그의 연금술 연구와 저술을 위해 훨씬 더 많은 시간을 가졌다. 그는 여전히 많은 환자들을 보고 있었다. 그러나 많은 외국인 환자들과 제자들이 각기 자기네 나라에서 전쟁으로 인해 갈라져 있었기에, 그는 더 이상 오래 일할 필요가 없었다. 그는 1941년에 취리히 연방 공과대학에서 강의하는 것과 어린이 꿈 세미나를 하는 것을 포기했으며, "무의식과의 대면"을 시작한 이래 자신을 위한 시간을 가질 수 있었다. 그래서 1919년부터 줄곧 시달리던 압박감으로부터 벗어나게 되었다. 그는 여전히 격주로 토요일 저녁마다 심리학 클럽에 강의하러 갔다. 거기서 그는 에라노스에서 한 강의를 되풀이했다. 왜냐하면 심리학 클럽에 모인 사람들 중에는 아스코나에서 강의를 들은 사람이 얼마 안 되었기 때문이다. 그는 더러 작은 토의 그룹을 만들기도 했다. 왜냐하면 아무도 진지하게 반응을 보이며 질문을 하지 않았기 때문이다. 그러나 그는 마침내 연금술에 관한 책을 쓰기 위해 시간을 낼 수 있었다. 그것은 그가 그렇게 오래 동안 바라던 일이었다.

처음 결실로 나온 책은 『심리학과 연금술』10이다. 서문을 쓴 날짜를 보고 판단해 보건대, 그 책은 1943년 1월에 나왔다고 할 수 있다. 그러나 스위스 초판은 1944년이 되어서야 출간되었다. 비록 제2부와 제3부가 1935년과 1936년에 했던 에라노스 강의에 기초한 것이지만, 그것이 많이 개정되고 확대되고 고쳐 쓰여졌으므로, 독자들이 보기에 거의 새로운 것처럼 보였으며, 특히 명쾌하고 긴 서론이 들어있고, 책의 끝부분은 완전히 새로 쓴 것이었다.

『심리학과 연금술』은 융이 그의 필생의 역작인 『융합의 비의』를 시작하기 전에 완성되지 않은 것 같다. 그 책의 첫 장은 모두 1944년, 융이 병들기 전에 쓴 것이다. 전쟁의 고통이 융에게는 늘 참기 힘든 것이었지만, 그럼에도 불구하고 제2차 세계대전은 그에게 매우 창조적인 시간이었다.

1943년에 융은 두 명의 가까운 친구를 잃어 버렸다. 하인리히 침머와 피터 베인스가 바로 그들이다. 1940년에 침머 교수는 옥스퍼드를 떠나 — 런던에 있는 분석심리학 클럽과 좋은 관계를 맺었고 피터 베인스와 친구가 되기도 했지만, 그는 거기서 뿌리를 내릴 수 없다고 느꼈다 — 그의 가족과 함께 뉴욕으로 이주했다. 우리는, 그가 그 당시 컬럼비아 대학에서 가르치고 있었고, 미국에서 새로운 직장생활에 성공적으로 정착한 것처럼 보였지만, 1943년 3월 18일에 갑자기 폐렴으로 사망했다는 것을 알게 되었다. 실제로 영어가 유창하지 못했으므로, 그는 언어 때문에 애를 먹었다. 그 친구(피터 베인스 - 역주) — 미국 태생이지만 두 언어를 완전하게 할 줄 아는 — 는, 그가 항상 공중 앞에서도 독일어로 말하기를 고집했다고 말했다. 그것은 당연히 신중한 행동이 아니었다. 융은 우리에게 침머가 지나치게 어린아이 같은 성격을 가지고 있는 게 늘 걱정스러웠다고 말했다. 융이 보기에 그에겐 어려운 현실을 이해할 만한 능력이 부족했던 것이다. 그가 사랑하는 하이델베르크를 떠나야만 했던 것은 비극이었다. 그가 거기 남아 있을 수 있었다면 아마 52세라는 이른 나이에 죽지 않았을지도 모른다.

두세 번 융의 조수로 있었으며 23년 동안 취리히 심리학 클럽의 회원이었던 피터 베인스는 친한 친구였기 때문에, 그 역시 1943년 9월 6일에 영국에서 사망했다는 소식을 들은 것이 융에게는 큰 충격이었다. 그는 침머 보다 8-9살 더 나이가 많았으며, 갑자기 뇌종양으로 죽었다. 그 누구도, 융조차도 그에게 그런 병이 있을 것이라고 의심해 본적이 전혀 없었다. 그가 죽은 것은 영국의 융 심리학계에 엄청난 손실이었고, 그를 잘 알고 있던 모든 사람들에게 너무나 큰 슬픔이었다. 왜냐하면 그는 가장 사랑받는 사람이었고, 한결같은 사랑을 받아왔기 때문이다. 융은 이 두 사람의 죽음으로 인해 큰 충격을 받았다.

어쩌면 융이 전체성에 도달하게 된 가장 중요한 사건 ― 그의 '무의식과의 대면'을 제외하고는 ― 은 그가 1944년에 병을 앓게 된 것이라고 볼 수 있다. 나는 융이 완전한 전체성에 이르렀다고 주장하고 싶지는 않다. 내가 그런 주장을 한다면, 그것은 그의 전체 세계관에 역행하는 일이 될 것이다. 그는 항상 자기 Self와 전체성은 우리의 이해력을 **뛰어넘어 있으며**, 우리가 알고 있는 모든 것을 아직 완전히 이해하지 못하고, 이해하는 도중에 있는, 임시적인 단계로 간주해야 한다고 말했다. 그러므로 나는 다만 융이 그가 도달할 수 있었던 상당한 정도의 전체성에 도달했다고 말할 수는 있다.

1944년 초에 ― 정확히 말하면 2월 11일에 ― 융은 늘 하던 대로 산책을 하러 밖으로 나갔다. 1938년 인도에서 돌아온 후에 그는 가능한 한 꾸준히 걸어 다녔다. 전쟁으로 인해 더 많은 여가를 얻게 되자, 그는 매일 마다 많이 걸었다. 그런데 그가 집에서 1, 2마일 떨어진 길을 걷다가 눈 위에서 미끄러지고 말았다. 이것은 아주 드문 일이었다. 왜냐하면 나이가 많이 든 융은 각별히 눈길을 조심해서 걸었기 때문이다. 바닥에 쓰러지진 않았지만 발을 많이 다쳤다는 느낌이 들었다. 그는 절뚝거리며 근처에 있는 집으로 걸어 들어가 ― 다행히 그 집은 아주 가까이 있었다 ― 전화로 택시를 불러 자기 집으로 갔다. 그의 의사인, 그야말로 모범적인 오래된 주치의였던 야콥 슈탈 1세는 멀리 떨어져 있었다. 그러나 아주 젊은 의사였던 그의 아들이 즉시 와서 융의 종아리뼈가 골절되었다고 정확하게 진단을 내렸다. 그는 융을 즉시 취리히 외곽에 있는 히르슬란덴이라는 큰 개인

병원으로 데려가야 한다고 하며 그를 매우 유능한 젊은 외과의사에게 의뢰했다. 많은 외과 의사들처럼, 특히 막 진료를 시작했던 터라, 이 사람은 아마 나이가 거의 70세가 다 된 활동적인 노인을 돌보기보다는, 부러진 다리를 위한 적합한 조치가 어떤 것인지를 더 많이 생각했던 것 같다. 그래서 그는 사지를 꼼짝 못하게 고정시켜 놓아야 한다고 했다. 처음에 융은 연금술 책을 아주 행복하게 읽었지만, 머지않아 활발하게 움직이던 몸을 꼼짝 못하게 되었으며, 병원에 입원한 지 열흘 후에 심장에 매우 나쁜 혈전이 생겼고, 폐 두 곳에도 혈전이 생겼다. 그것은 전혀 예상치 못한 일이었다. 엠마 융은 시내에 있었기에 그녀에게 연락을 취하기가 어려웠다. 그녀는 그와 함께 병원에 머물렀다. 즉, 융이 집에 돌아갈 수 있을 때까지, 그녀는 융과 아주 가까운 곳에 있는 다른 병동의 방을 하나 얻을 수 있었다. 융은 죽음의 문턱에 다가가고 있었으며, 몇 주를 그런 상태로 있었다. 그의 생명을 살린 것은 심장 전문의였는데 — 융은 그를 『회상』에서 H 박사ⓓ Dr. Hⓓ라고 불렀다11 — 아마도 그는 그 시대에 스위스 전역에서 가장 유명한 심장 전문의였던 것 같다.

『회상』에서 설명했듯이,12 융은 환상에서 그가 "그의 태곳적 모습, 코스의 왕"ⓔ으로 나타났기 때문에 의사를 매우 걱정했다. H 박사가 병에 걸린 후에, 특히 그가 죽은 후에, 융은 이 죽음이 자신의 거의 기적적인 회복과 연관이 있을지 모른다는 생각이 들어 괴로워했다. 그는 제우스가 환자들을 죽음에서 살린 아스클레피오스를 벼락을 날려 죽였다고 한 것을 언급했다. 나중에 아스클레피오스 신전에서 의사들은 환자들의 생명을 살릴 수 있었지만, 죽은 자를 살리는 일은 금지되어 있었다. 그들이 이러한 법을 어기면 그들의 목숨으로 그것을 보상해야만 했다. 그러나 H 박사의 친구 — 취리히에 있는 다른 유명한 전문의 — 가, 융이 병들기 여러 달 전에 그에 대해 걱정했었다는 말을 들었을 때, 융은 다소 위

ⓓ Dr. Theodor Haemmerli-Schindler
ⓔ 이 책 84쪽을 보라.

안을 받았다. 그는 H 박사에게 그의 의사 친구가 말한 대로, 그의 안색이 정말 좋지 않으니 철저하게 건강검진을 꼭 받아보라고 했다. 그러나 대부분의 의사들처럼 H 박사는 분명히 그의 환자들에게 주었을 법한 충고를 따르지 않았다. 융이 병이 들기 전에도, 그의 건강 상태가 좋지 않았다는 것은 분명한 사실이다.

이 환상은 융이 거의 죽게 되었을 때 나타났다. 『회상』에서 얘기한 대로,[13] 그는 자신이 지구를 떠나고 있다고 느꼈다. 그는 공중에서 수천 마일 아래 떨어져 있는 지구를 보았으며, "그 모든 세속적 환영들이 주마등처럼" 자신으로부터 떨어져나가거나 박탈당하고, 그의 존재였던 것만이 남아 있다는 느낌이 들었다. 다른 말로, 그는 세상에 사는 동안 도달했던 전체성의 범위만큼만 남아있었다. 처음에는 친밀한 모든 것이 박탈되면서 소멸되는 느낌이 들었고, 그 다음에는 그것도 그리 중요하지 않은 것이 되고 말았다. 왜냐하면 그는 자신에게 있었던 모든 것을 가지고 있었으며 "그것이 전부였기" 때문이다.

융은 바야흐로 "황갈색의 화강암"으로 지은 "거대한 검은 건물" 안에 있는 텅 빈 사원으로 들어가려 하고 있었다. 그가 그리로 들어가고 싶어 한 것은 거기서 그의 모든 질문에 답을 얻을 수 있을 것으로 알았기 때문이다. 다시 말해 그는 거기서 실제로 그가 속해 있던 모든 사람들을 만나게 될 것이고, 거기에 급하고 중요한 질문에 대한 답을 아는 사람들이 있을 것으로 알았기 때문이다. 그가 들어가기 바로 전에, H 박사가 지구로부터 태곳적 모습으로 떠올라 있었고, 그가 융에게 메시지를 가져오기 위해 지구를 대표해서 왔다고 말했다. 그 메시지란, 그가 지구를 떠나려고 하는 것에 대해 항의가 일어났고, 지구를 떠나는 게 옳지 않은 일이기에 되돌아와야 한다는 것이었다. 융은 매우 실망했고, 그 시점에서 환상이 끝났다. 나는 이것이 그의 전 생애를 통해 그가 살아갈 의욕을 모두 잃어버렸던 유일한 때였다는 것을 알고 있다. 몇 주 동안 그는 환상 속에서 경험했던 현실로 돌아가기를 바랄 뿐이었고, 이승의 중요성에 대한 오래된 신념을 되찾고, 지상에서 그에게 속한 모든 것을 아직 살아내지 않았다는 것을 깨닫는 데는 오랜 시간이 걸렸다. 그는 결국 이런 확신을 다시 얻었고, 17년을 더 살면서 가장 중요한 책들을 썼으며, 훨씬 더 진전된 전체성에 도달하게 되었다.

융이 삶과 죽음 사이를 오갔던 시기에 이상한 동시성적인 사건들이 많이 일어났다. 그중에서 나는 다만 두 가지만 언급하려고 한다. 그의 제자 중 한 사람이, 그녀가 평생 살면서 가장 심한 독감에 걸려 거의 죽게 되었던 적이 있다. 그때 그녀는 융이 그녀에게 다가오는 환상을 보았다. 그는 다급하게 이렇게 말했다. "나는 지구로 돌아가기로 결심했답니다. 그러니 될 수 있는 한 빨리 당신 자신의 몸으로 돌아가시오." 그해에 유행한 치명적인 독감에 걸렸었던 다른 제자도 그녀의 침대 옆에 있던 손목시계와 탁상시계가 같은 순간에 정확히 멈춘 것을 알고 갑자기 놀랐다. 그녀는, 이것이 그 순간에 융이 죽었다는 것을 의미할 수도 있겠다 싶어 두려웠으며, 그에 대한 소식을 들을 수 있을 때까지 극심한 고통을 겪었다.⑰

"지구를 떠나려고 하는 것에 대해 항의"와 관련하여, 융의 친구들과 제자들은 큰 고통을 겪었다. 왜냐하면 그의 상태에 관해 어떤 신문 발표도 없었고, 어떤 믿을 만한 뉴스도 들을 수 없었기 때문이다. 그래서 무모하고 걱정스러운 루머가 떠돌게 되었다. 이런 것이 바로 전형적인 스위스 사람들의 관습이다. 다시 말해 병은 **오로지** 가족들의 관심사로 간주되었다.⑱ 그러므로 스위스에서는 다른 나라에서 하는 것처럼, 아무리 유명한 사람들에 대한 것조차도 전혀 신문에 발표하지

---

⑰ 다만 융의 이 두 제자만 이러한 동시성적인 경험을 했던 것은 분명히 아니었다. 왜냐하면 그 둘 중 하나는 융의 다리가 골절되기 3주 전에 꿈을 꾸었다. 꿈에서 그녀는 그리스 서쪽 해안에 있는 항구에서 배를 타고 막 출항을 하려는 참이었다. 그 배는 만원이었다. 그러나 그녀가 아는 유일한 승객은 (비록 그들이 친한 친구들은 아니었지만) 다른 제자였다. 그녀는 그녀에게 이런 말을 했다. "나는, 융이 배로 오고 있지만 내가 그를 더 이상 어디서도 보지 못한다고 생각했어요." 그녀의 동료 제자가 이렇게 대답했다. "예, 그는 다리 위에 있어요." 그 순간 배가 출항을 시작했다. 얼마 있다가 알 수 없는 이유로 배가 가다가 다시 돌아서서, 출발했던 항구로 되돌아갔다. 요양 중에 있던 융이 이 꿈 이야기를 듣더니, 지상으로 돌아오지 않았더라면 분명히 그 두 제자, 아니면 하여튼 그 꿈을 꾼 제자가 죽었을 것이라고 말했다. 왜냐하면 그 꿈에서 배는 그들을 스틱스 강Styx(그리스 신화에서 지상과 저승의 경계를 이루는 강-역주)을 출발한 카론Charon(그리스 신화에서 죽은 자를 저승으로 건네준다는 뱃사공-역주)의 배였음에 틀림없기 때문이다. 그 배는 그 때 알 수 없는 이유로 돌아오지 않았다.

않는다. 한 고비를 넘겼을 때, 융의 제자 중 다른 사람과 이 과거의 상황에 대해 내가 얘기할 기회가 있었는데, 그녀는 스위스 사람이 아니어서 그것을 이해할 수 없었다. 그녀는 그 상황을 알려 주지 않은 엠마 융에 대해 다소 불쾌하게 생각했다. 심리학적으로 볼 때, 나는 그것이 맞는 말이라고 넌지시 일러 주었다. 왜냐하면 융 주위에 있는 모든 사람이 그가 지구로 되돌아오도록 하기 위해 엄청난 고통을 당해야 했기 때문이다. 그 순간 내 방에 있던 낡은 서랍장에서 큰 폭음이 들렸다. (즉시 우리 둘 다 프로이트의 책장에서 큰 소리가 났던 때가 생각났다.14) 내 친구가 이렇게 말했다. "그럼 그게 사실인 게 틀림없군요." 즉시 두 번째 폭음이 들렸으며, 그리고는 더 이상 소리가 나지 않았다.ⓑ 융의 부인은 자신이 침묵을 지켜서 많은 사람들이 큰 고통을 겪은 것을 알고 미안해했으며, 융이 그가 장차 병이 들면 정기적으로 발행되는 아주 믿을만한 신문에 발표할 것을 주문했지만, 나는 항상 스위스 사람들의 관습이 전화위복이 되었는지 궁금하게 여겼다.

융은 이미 『융합의 비의』의 처음 몇 장을 썼다. 그가 병들었을 때 본 가장 중요한 환상들, 즉 신성혼*hieros gamos*의 환상들에 대해 생각해 보기 전에, 나는 그가 병을 앓고 난 후에 마리 - 루이제 폰 프란츠에게 했던 말을 전하기 위해 잠시 멈추어야겠다. 폰 프란츠는, 융이 병들기 전에 그리고 병든 후에 그와 함께 공동으로 『융합의 비의』를 썼다. 전에 그는 그 책을 쓰는 일에 대해 이렇게 말했다.

ⓐ 전쟁이 시작되기 몇 해 전에, 융은 이런 뿌리 깊은 관습으로 인해 고통을 받았다. 그는 토니 볼프의 어머니가 아팠으나, 당면한 위험은 없다는 것을 알고 있었다. 그러므로 토니는 어느 날 볼링겐으로 가려고 했다. 그런데 그녀는 전보로 올 수 없다는 소식을 보냈다. 그는 실제로 신문을 보고, 그녀의 어머니가 돌아가신 것을 알게 되었다. 나중에 그가 불평을 하자, 토니는 이렇게 대답했다. "나는 당연히 어머니가 돌아가셨다는 소식을 발표하기 전에 볼링겐 우체국에 그 소식을 알릴 수가 없었어요." 융은 그녀가 이러한 "사실"을 그와 같이 확신했기 때문에 그가 그런 관습을 이해하지 못한 것을 사과할 수밖에 없었다고 나에게 말했다. 이 점에서 나는 융이 다른 스위스 사람들보다 더 국제화된 사람임을 알게 되었다. 즉, 그는 속속들이 스위스 사람이었지만, 스위스인의 편견 때문에 고통당하진 않았다.

ⓑ 나는 그 서랍장을 평생 잘 알고 있었고, 아직도 가지고 있다. 하지만 내가 그런 소리를 들은 것은 그 때뿐이었다.

"내가 쓴 것은 모두 맞는 것이에요. 단어 하나도 고칠 필요가 없지만, 난 지금에 와서야 비로소 그것의 진가를 충분히 알게 되었답니다." 그는 언젠가 병을 앓을 필요가 있었다고 나에게 말한 적이 있다. 병을 앓지 않았다면, 그는 결코 융합의 비의의 진가를 제대로 **알지** 못했을 것이라는 말을 하기도 했다. 사실 그가 "여태까지 경험했던" 것 중에서 "가장 굉장한 것"이라고 묘사한 이런 환상들이 그에게 나타나기 전에, 그 주제에 대한 길고도 고된 작업을 했기 때문에 그런 말을 했을 것이다.[15]

융은 어린 시절부터 갈등상태에 있는 대극으로 인해 고통을 당했다. 우리는 다만 신과 그의 아름다운 바젤 교회당에 대한 신성모독적인 생각을 하지 않을 수 없었던 그의 고통을 기억할 필요가 있다.[16] 사실상 그것은 아주 오래 전, 4살이 되기 전, 라우펜에서 살 때 시작되었다.[17] 그 때 굉장히 긍정적인 인물인 주 예수의 어둡고 파괴적인 측면을 인식하게 되자, 융은 그를 불신하기 시작했다. 우리는 대극이 전 세계적인 규모로 서로 크게 충돌했던 두 차례의 세계대전으로 인해 융이 얼마나 큰 고통을 당했는지 목격하기도 했다. 어쩌면 대극은 서로 분리되어 싸우기도 하고, 그것의 결합의 진가를 인정하기도 하면서, 그만큼 고통을 당할 필요가 있을지도 모른다. 융은 융합의 비의 혹은 신성혼의 독특한 환상이 지닌 진가를 인정했던 사람이다. 위험한 병을 앓으면서 융은, 약 3주 동안 매일 밤 이러한 환상을 경험했다. 이 기간 동안 그는 계속해서 말할 수 없는 고통 속에 있었다. 그는 나중에 3주가 지난 후 맥박수가 180이 되었을 때, 약 24시간 동안 딱 한 번 더 없이 행복한 상태가 된 적이 있다고 나에게 말했다.

그는 이러한 환상에 대해 『회상』에서 설명한 바 있다. 이러한 환상은 모두 신성혼, 신비스런 결혼, 융합과 관련이 있었다. 우선 그는 석류 정원에 있었으며, 거기서 티훼렛Tifereth과 말쿳Malchuth의 결혼이 거행되고 있다고 느꼈다.①

---

① 카발라(중세 유대교의 신비주의를 말함-역주) 교리에서 말쿳과 티훼렛은 신격Godhead 안에 있는 여성적 원리와 남성적 원리를 의미한다.

혹은 그의 제자들과 친구들이 그의 죽음을 저승에서의 결혼으로 축하했던 것은 바로 랍비 시몬 벤 요카이Simon ben Jochai였다.① 그 뒤에 축제처럼 꾸며진 예루살렘에서의 어린 양의 결혼식이 뒤따랐다. 또한 마지막 이미지로 나타난 것은, 『일리아드』(현존하는 고대 그리스문학의 가장 오래된 서사시 - 역주)에 묘사된 대로, 넓은 계곡 끝자락에 있는 고전적인 원형극장에서 이루어진 주신主神 제우스와 헤라Hera의 신비한 결혼식이었다. 그는 이 모든 환상이 계속되는 동안[18] 완전히 변화된 상태에 있다는 걸 느꼈다고 말했다. 그는 이런 말을 하고 있다.

나는 마치 내가 황홀경에 있는 것 같았다. 나는 내가 마치 우주의 자궁 속에서 안전한 것처럼, 우주 공간을 떠다니는 것처럼 느꼈다 — 하나의 엄청난 허공, 그러나 가능한 모든 행복감으로 가득 찬 — "그것은 영원한 행복감이었다." 이것은 어떤 것으로도 묘사될 수 없다. 즉, 그것은 너무나 놀랍다![19]

병원에서 퇴원했을 때, 그는 말하자면 아직도 이 "영원한 행복감"을 그리워하는 듯한 느낌이 들었고, 마치 죽음이 "우리가 열렬히 바라는 삶의 완성"[20]인 것처럼, 죽음 이후에야 비로소 대극 사이의 긴장과 충돌로부터 자유로워지는 경험을 하게 되리라고 말했다. 그러나 여러 해가 지난 후에, "이 세상에 대한 믿음이 돌아온"[21] 다음에, 그는 "사후의 삶에 관한 의견을 형성하는 데 최선을"[22] 다했으며, 이 의견을 "죽음 뒤의 생에 관하여"[23]라는 장에 묘사했다. 그는 자신의 황홀경을 저승에서 **흔히 있을 수 있는** 상태라고 생각하는 것이 지나친 "희망 사항"이라고 분명하게 느꼈다. 그는 그의 결론을 이렇게 요약하고 있다.

---

① 죽음을 결혼으로 보는 이런 관념은, 그의 어머니가 돌아가신 후에 융이 이상한 경험을 한 것을 상기시켜준다. 그 때 그는 깊은 슬픔 가운데 테신에서 취리히로 돌아오던 길이었다. 그런데 계속해서 "마치 결혼식을 올리는 것 같은 무도 음악, 들뜬 웃음"이 있어 슬픈 마음이 드는 것을 방해했다. (*MDR*, p. 314)

내 마음속에서 내 의지와 무관하게 생각하고 있는 것에 내가 따른다면, 내게는 대극의 원칙이 완전히 결여된 내세가 있기에는 이 세계가 지나치게 일원론적이라고 느껴진다. 그곳에도 자연이 있으며 이것은 그 자체의 양식에 따라 신의 본성이기도 하다. 우리가 죽은 뒤에 들어가는 세계는, 신神처럼 그리고 우리가 잘 아는 자연처럼 위대하며 또한 끔찍한 것일 것이다. 나는 그 세계에서 고통이 완전히 종식된다고 상상할 수 없다. 물론 내가 1944년의 환상에서 경험했듯이 육체의 짐을 벗어 버리고 의미를 지각하는 것이 나에게 깊은 행복감을 주었다. 그러나 거기에는 어두움도 있고 인간적인 체온의 기묘한 정지가 있었다. 내가 도달했던 까만 바위를 상상해 보라! 그것은 음산하고 가장 딱딱한 화강암이었다. 이것은 무엇을 뜻하는 것인가?24

그는 훗날 그 "인간적인 체온의 기묘한 정지"에 대해 언급했고, 뒤돌아 보건대, 사원으로 막 들어가려고 했던 찰나에 그것이 죽음이라는 걸 알았고, 그 때 그가 세상에 있는 그 누구도 생각하지 않았고 그들을 떠나는 것을 후회스럽게 느끼지 않았다는 게 매우 이상하게 보였다고 했다. 사실 그는 훗날, "유럽세계와 거기에서의 나의 모든 생은 아주 실망스러웠다. 다시 말해, 나는 거기에는 일종의 어떤 막간이 있었지만, 중요한 것이 아무 것도 없었다는 것을 기억했다."고 나에게 말했다. 세상에 살면서 그의 마음에 떠올랐던 유일한 생각은, 그가 어딘가에서 담배를 피우고 싶을 때, 아무도 파이프 담배피우는 것을 방해하지 않기를 바랐다는 것이다. 그의 아내에게는, 그가 죽음을 간절히 바라는 것을 참는 것과, 그의 평상시의 인간적인 체온이 일시적으로 끊어지는 것이 당연히 매우 어렵고 힘든 일이었다. 그러므로 그녀가 죽은 지 얼마 후에 꾸었던 환상과 같은 꿈dream-vision으로 판단해 보건대, 죽은 뒤에 그녀가 분명히 똑같은 것을 경험했다는 것을 기억하는 것은 흥미로운 일이다.25 그는 그녀가 여태까지 입었던 것 중에서 가장 아름다운 드레스를 입고 있는, 생의 전성기에 있는 그녀를 보았다고 했다. "그녀의 얼굴 표정은 즐겁지도 슬프지도 않았고, 오히려 객관적으로 알고 인식하며, 마치 정동의 안개 저편에 있는 것처럼, 조금도 정서적인 반응이 없는 얼굴이었다." 융은 이 꿈과 그 자신의 여러 환상의 결과에 대해 이런 논평을 하고 있다.

내가 이 꿈과 여러 환상에서 경험한 객관성은 완성된 개성화에 속한다. 그것은 가치 평가라든가, 우리가 감정적 유대라고 규정하는 것으로부터의 해방을 의미한다. 사람들은 감정적인 유대를 대체로 매우 중요시한다. 그러나 이것은 아직 투사를 포함하고 있고, 자기 자신이 되고 객관성에 도달하기 위해서는 이 투사를 되돌려 받아야 한다. 감정관계는 열망의 관계로서, 강박성과 예속의 부담을 안고 있다. 사람들은 다른 사람으로부터 무엇을 기대하고, 이 때문에 기대 받는 사람이나 기대하는 사람 자신이 부자유스러워진다. 객관적 인식은 감정적인 관계 지움 뒤에 숨어있는 것이다. 그것은 핵심적 신비인 듯하다. 객관적 인식을 통해서만 진정한 융합이 가능해 진다.²⁶

이 "객관적 인식"에 대한 생각을 자각하기는 매우 어렵다. 왜냐하면 그것은 결국 나 자신을 포함하여 대부분의 사람들이 경험할 수 없는 것이기 때문이다. 그러나 그것이 융을 엄청나게 변화시키고 발전시킨 것이 분명하다. 그러나 내가 그것을 아는 대로, 그것은 사물을 산에서 보는 것, 그리고 골짜기와 **동일시하지 않는 것**을 의미한다.ⓚ 그가 병들기 전에는 종종 산 위에 있었다는 느낌이 우리에게 들었다. 즉, 그가 무의식의 절대지絶對知에 접근할 수 있었기에 죽지 않았을지 모른다고 말할 수도 있다. 그러나 그는 종종 전적으로 골짜기에 머물러 있었던 적도 있다. 병을 앓은 후에 그는 훨씬 더 많이 전적으로 산 위에 있었던 것 같

ⓚ 이 책 405쪽을 보라.

다. 그러나 말하자면 그는 항상 골짜기로 내려가서 말하고 행동할 줄 알았다.

나는 물론 그가 골짜기에 있는 사람이 흔히 걸리는 병에 걸리지 않는다고 주장하는 것은 아니다. 왜냐하면 그가 말한 대로, 그것은 "인간이기에 갖게 되는 약점을 초월해 있다고 생각되는 헛된 환상"으로 여겨질 수 있기 때문이다. 그는 여전히 심한 병으로 고통을 겪어야 했고, 특히 어리석음으로 인해 여전히 괴로움을 당해야 했다. 아마 몇 해 전 심리학 클럽에서 토의를 하고 있을 동안 일어난 사건을 보면, 괴로움을 대하는 그의 태도가 어떤 것인지 잘 알 수 있을 것이다. 융은 화를 내면 전쟁에서 이미 진 것이고 말했다. 엠마 융은, 어떤 경우에는 화를 내는 것만이 적당한 반응이라고 하며 그의 의견에 반대했다. 그는 그녀에게 동의했지만, 이런 말을 덧붙였다. "당신이 물론 화를 내지 않고 반응할 수만 있다면 그럴 수 있을 것이오. 그런데 화에 휘말리거나 화에 사로잡히면 **언제나** 지는 거요." 융은, 우리가 화 혹은 질투 같은 어떤 인간적인 감정을 뛰어넘을 수 없음을 늘 알아야 한다고 몇 번이고 나에게 말했다.

"환상들"이라는 장에서 그는 자신의 경험을 가장 잘 묘사했다. 그것을 보면 "산과 골짜기" 사이의 입장의 차이를 매우 자세히 알 수 있다. 그는 이렇게 말한다.

"영원"이라는 표현을 사람들은 꺼려한다. 그러나 나는 그 체험을 오직 비시간적 상태의 대 환희라고 밖에는 묘사할 수 없다. 그 상태 속에서 현재와 과거와 미래가 하나가 되는 것이다. 시간 속에서 일어난 모든 것은 그곳에서 하나의 객체적 전체성으로 통합된다. 아무 것도 시간 속에서 더 이상 분해될 수 없었고 시간의 개념에 따라 측정될 수도 없었다. 그 체험은 하나의 감정 상태라고 정의될 수 있겠지만 그러나 그것은 결코 상상될 수 있는 상태가 아니다. 어떻게 내가 어제도, 오늘도, 내일도 동시에 존재한다고 상상할 수 있겠는가? 어떤 것은 아직 시작되지 않은 것이고 다른 것은 가장 분명한 현재이며 그리고 또 다른 어떤 것은 이미 끝난 것인데, 어떻게 모든 것은 하나라고 상상할 수 있겠는가? 감정이 파악할 수 있는 유일한 것은 하나의 총합, 하나의 오색이 영롱한 전체일 것이다. 그 속에서는 시작에 대한 기대도, 방금 일어난 것에 대한 놀라움도, 그리고 일어난 결과에 대한 만족이나 실망도 모두 포함되어 있다. 사람은 형언할 수 없는 전체와 뒤섞여있으면서도 또한 그것을 완전한 객관성을 가지고 주시한다.²⁷

이것은 아마 산 위에서 경험될 수 있는 진수眞髓를 설명해 주는 것 같다. 인간이 육체를 가지고 사는 동안, 영원히 시간 밖에 존재하는 것은 확실히 불가능하다. 왜냐하면 이 세상에 사는 우리 인간에게 시간은 본래 제한적인 것이기 때문이다. 융이 어떻게 병을 앓고 난 후에 17년을 더 살고 죽었는지를 되돌아보면서 나는, 그가 "무의식과의 대면"을 시작한 이래, 지난 사반세기 넘게 그가 산 가까이 살았지만, 그것의 진수는 1944년 병을 앓는 동안 그에게 처음으로 드러났고, 이것이 전에 그가 도달했던 것보다도 훨씬 더 큰 객관성을 주었다는 것을 알게 되었다. 1953년에 토니 볼프가 죽고, 1955년에 그의 아내가 죽음으로써 타격을 받은 후에도 그가 온전한 삶을 살아갈 수 있었던 것은, 아마도 그가 바로 이 영원한 전체성과 밀접한 관계를 맺고 살았기 때문일 것이다.

그가 전에 요양생활을 하고 있을 동안, 내가 그를 보러 병원에 간적이 있는데, 그 때 그는 『회상』에서 언급하지 않은 환상이나 경험이 또 있다고, 엠마 융과 나에게 매우 생생하게 말한 적이 있다. 나는 그것을 나중에 이야기하는 것을 듣지 못했다. 그러나 그는 그 때, 바로 그 최악의 병에서 회복되고 있었을 때, 그의 몸이 절단되어 작은 조각들로 잘라지는 것을 느꼈다고 우리에게 말했다. 오랜 시간이 지나자 그것은 천천히 모아져서 매우 조심스럽게 다시 모아졌다. 흥미롭게도, 이것은 샤먼들 혹은 주의呪醫들이 경험한, 세계 도처에 퍼져있는 원시적인 의례와 매우 비슷하다. 세계 도처에 그런 예들은 수 없이 많이 있다. 미르치아 엘리아데Mircea Eliade는 샤머니즘에 관해 쓴 흥미로운 책²⁸에서 그러한 것들을 묘사했다. 예컨대 시베리아와 호주에서 샤머니즘을 위한 후보자는 "반신적인 존재 혹은 조상신으로부터 수술을 받게 되어 있다. 이 과정에서 의례 집행자는 후보자의 몸을 해체해서 그의 내장과 뼈를 회복시켜준다."[29] 호주나 시베리아에서처럼, 남아메리카에서도 "자발적인 소명과 입회에 대한 탐색 모두 신병神病이나 다소 상징적인 신비한 죽음의 의례를 수반한다. 때때로 몸이 절단되고 장기를 새롭게 하는 일이 행해지기도 한다."[30] 자주 수정이나 다른 상징적인 돌을 새로워진 몸에 넣는다. 나는 융이 그 자신을 대부분 혹은 전부 다시 모으지 않으면 안 되었다고 말했던 날을 기억한다. 여기서 엘리아데가 다음과 같이 말한 것은 흥미롭다. "원시적인 주술사, 주의呪醫, 혹은 샤먼은 그저 단순한 병자가 아니다. 그는 무엇보다도 치료된 병자, 즉 **자신을 치료하는데 성공한** 병자다."[31] 몸이 전보다 더 나은 상태로 모아졌다는 관념이 늘 존재한다.

나는 융이 이와 비슷한 것을 기억했는지 알 수 없다. 나는 그 당시 그가 너무나 아파서 그렇게 하지 못했으며, 그와 같은 것에 대해서도 언급하지 않았다고 생각한다. 그는 주로 육체적인 측면에 대해 말했으며, 몸이 약해 진 상태에 있었기에 전체 몸을 다시 모으기 위해 과도한 수고를 했다는 말도 했다.

우리는, 주의呪醫가 되는 것과 비슷한 것에 대해 언급했고, 그가 했던 "무의식과의 대면"에 대해 말하면서, 그것이 융을 얼마만큼 많이 변화시켰는지를 얘기했다. 대개 단 한 번의 입회의식이 있지만, 그러나 때때로 응급상황에서, 예컨대 어떤 엄청난 재해가 종족을 위협할 때, 주의呪醫는 두 번의 입회의식을 겪어내기도 해야 한다. 이것과 관련하여 우리는 융의 첫 번째 입회의식은 — 이 단어를 사용한다면 — 제1차 세계대전 기간에, 그리고 두 번째 것은 제2차 세계대전 기간에 있었다는 것을 기억해야 한다. 우리는 이런 일이 있었는지 정말 모른다. 동시성적으로 — "무의식과의 대면"을 끝낸 것과 평화가 세상에 도래하는 것이 정확히 일치했다 — 제2차 세계대전이 끝나는 날, 융은 아직 히르슬란덴에 있었지만, 요양을 잘 해서 병이 호전된 상태였다.

그의 몸이 한 번 더 모아졌을 때, 융은 여전히 무의식의 심연 속에 있었던 것이 틀림없다. 왜냐하면 그가 마리-루이제 폰 프란츠에게 처음으로 자신의 몸을 큰 물고기의 몸으로 재 경험했다고 말했기 때문이다. 이것은 너무나도 실감나는 경험이었으므로, 당분간 숟가락으로 국을 받아먹을 때마다, 그는 그것이 아가미로 다시 흘러나오지 않을까 걱정했다.

    융은 7월 초, 그러니까 발병한 지 다섯 달 후에 마침내 집에 돌아갈 만큼 회복되었다는 판정을 받았다. 그는 몇 시간 동안 1층에 — 그의 방은 2층에 있었다 — 머물렀으며, 선반과 탁자위에 있는 모든 물건들을 집으려고 넓은 방 주위를 돌아다녔다고, 나중에 나에게 말했다. 그것은 마치 모든 것이 병들기 전에 있었던 그대로 있는지 확인해야 하는 것처럼, 그가 그렇게 한 것이라고 말했다. 왜냐하면 아주 멀리, 오래 동안 떨어져 있었으므로, 집에 있는 모든 것이 바뀌지 않은 채 그대로 남아 있을 수 없다고 여겨졌기 때문이다.

    1945년 봄이 되어서야 비로소 그는 다시, 전에 살았던 삶의 양식이 많이 바뀐 것을 괘념치 않게 되었다. 그 동안에 그는 자신에게 매우 낯설게 여겨졌던 삶을 살다.① 오히려 그 기간에 그는 전보다 자신을 위해 더 많은 시간을 가졌다. 그는 굉장한 열정을 가지고 『융합의 비의』를 썼다. 그러나 기껏 하루에 두 시간 조금 넘게 작업하는 것도 힘들었다. 마리-루이제 폰 프란츠는 그 몇 달 동안 그를 자주 만났다. 왜냐하면 그녀는 융이 병들기 전에 그리고 병든 후에, 그와 공동 작업을 했기 때문이다. 그녀는 그가 병원에 입원해 있을 동안 아무 방해도 받지 않고 연구 작업을 계속했다. 그러므로 그녀는 그에게 보여주기 위해 자신의 작업에 가장 큰 관심을 기울였다. 그 당시 그는 필생의 역작에 계속 매달리려고 했다. 그러나 이런 계획이 방해를 받았으며, 그는 『융합의 비의』를 완성하기 전에 다른 책을 여러 권 출간했다. 그러나 우리는 그 당시에 그가 직접 『융합의 비의』를 쓰고 있었던 것으로 생각한다. 매일 짧은 시간 동안만 일할 수 있었으므로, 그는 휴식시간을 많이 가졌다. 그 당시 그는 매일 오후 딱 한 사람만 만나보는 습관을 들였다. 그것도 분석이 아니라 담소를 나누기 위해서 말이다. 우리는

---

① 내가 메모해 놓은 것을 보면, 그가 마치 20세기를 사는 사람이 아닌 것처럼 묘사되어 있다.

그 때 환상에 대한 이야기를 들었다. 그것은 나중에 『회상』에 더 간단하게 언급되었다. 그는 1944년 7월부터 1945년 봄까지 퀴스나흐트에 머물렀다. 왜냐하면 그가 볼링겐으로 가기를 간절히 바랐지만, 그곳은 요양하기 적당한 장소가 아니었기 때문이다. 거기서 그는 현대적인 편의시설을 갖추지 않고, 의도적으로 원시적인 생활을 했다. 사고(심근경색을 일으킨 것을 말함 - 역주)가 난 후 14개월이 지난, 4월이 되어서야 의사는 그가 볼링겐에 가도 좋다고 했다.

순진하게도 우리 모두는 볼링겐으로 돌아가는 것을 그가 크게 기쁘게 여겼을 것으로 생각했다. 그러나 나는 그가 퀴스나흐트로 막 돌아온 뒤에, 같이 걸으면서 내 환상이 여지없이 깨졌던 것을 생생하게 기억한다. 내가 그것이 얼마나 즐거웠는지 묻자, 그는 "그건 지옥이었어요."라고 대답했다. 그때 그는, 퀴스나흐트에서는 몸을 별로 움직이지 않아도 되어 편안하게 생활했지만, 볼링겐에서는 할 일이 너무 많았다고 설명했다. 그는 그 해 부활절 기간 거기서 그리 오래 머무르지 않았다. 왜냐하면 그가 다시 거기서 행복해질 수 있으려면 그곳에 대한 그의 태도를 통째로 바꾸어야겠다는 것을 깨달았기 때문이다. 그는 늘 거기서 몸소 모든 일을 했다. 즉, 나무를 쪼개고 물을 긷고 요트를 관리하는 일 등등을 했다. 물론 그런 심각한 심장마비를 일으키고 난 뒤, 여러 해 동안 그는 이런 것들을 혼자 해 낼 수 없었다. 그는 원시적인 생활을 언짢아하지 않았으며, 현대적인 설비를 갖춘 방 하나를 만들라는 친구들의 요구를 끝까지 단호히 물리쳤다. 해야 할 일들이 많았지만 속수무책이었으며 또 할 수도 없었다. 그는 모든 것을 똑바로 직면했으며, 여름휴가 기간 다시 한 번 볼링겐 생활에 더할 나위 없이 행복해 했다. 그러나 이렇게 되기까지 재적응하는 것이 힘들었다. 많은 일들을 희생해야했던 것처럼, 결국 어느 정도까지는 그가 그런 일들을 해야만 했다.

1945년 봄, 볼링겐에서 돌아온 지 얼마 안 되어, 이전의 생활 형태는 매우 많이 바뀌어졌지만 융은 그런 삶을 즐기게 되었다. 그는 더 이상 취리히 연방 공과대학에서 강의나 세미나를 하지 않았으며, 1943년에 바젤대학이 그에게 정교수직을 주었지만, 거기서 더 이상 일할 수 없는 것을 유감스럽게 여겼다. 사실 그는 애착을 가지고 있던 일을 할 수 없다고 확신했기에, 병을 앓은 뒤에 즉시 교수직을 포기하려고 했다. 그러나 대학은 교수직을 그냥 가지고 있으라고 했다.⑪ 그 자신이 모든 의학 훈련을 받았던, 자신의 할아버지의 대학(융의 할아버지 칼 구스타브 융[1794-1864]은 외과의사이며 교수로서만이 아니라 대학행정가로서 낙후되었던 바젤대학 의학부와 의료원을 개혁하여 크게 발전시킨 인물이다 - 역주)에서 학과장직을 맡고 있었다는 것이 그에게는 중요한 일이었던 게 분명하다. 그러나 병을 앓은 후에는 거의 강의를 하지 않았다. 물론 강의하러 바젤까지 가는 것이 그에겐 너무 피곤했으며 어쩌면 불가능한 일이었을 것이다.

그러는 사이에 전쟁이 서서히 끝나가고 있었다. 공격 개시일이 지나자 연합국들은 결코 뒤돌아보지 않고 공격을 했고, 1945년 5월 7일 유럽에서의 전쟁은 끝이 났다. 이것은 그렇게도 전쟁을 싫어했던 융에게 큰 위안이 되었다. 그러나 그것은 1918년에 제1차 세계대전이 끝났을 때만큼 두드러진 사건은 아니었다. 왜냐하면 엄청나게 많은 유럽인들이 참가한 태평양 전쟁은 나중에 여름 늦게까지 질질 끌었기 때문이다.

정치적 공백 기간이었던 1945년 7월 26일에 융은 70회 생일을 맞이했다. 외국인들이 아직 취리히에 오지 못했기 때문에 그는 다소 사적인 규모로 생일잔치를 치렀다. 그는 75세, 80세, 85세 생일이 될 때까지 큰 규모로 생일잔치를 열 수 없었다. 축하연을 크게 하는 것을 싫어한 만큼 융은 소규모 잔치를 즐겼다. 그의 직계 가족들만 해도 아주 많았으며 — 그때는 자녀들이 다 결혼을 해서 아이들이 많이 태어나 무럭무럭 자라고 있었다 — 가족 저녁 파티에 아주 많은 가족들이 모였다. 특히 1944년 병을 앓고 난 후에 융은 가족들이 이렇게 많이 모이는 것을 좋아했다. 그러므로 그의 70회 생일을 축하하는 주된 잔치는 가족들이 저녁을 같이 먹는 것이었다. 그러나 그는 그 날 정원에서 티 파티를 열고 가까운

---

⑪ 그가 더 이상 교수로 활동하지 않았지만, 1961년에 융이 죽었을 때 여전히 그의 이름이 바젤대학 교수명단에 올라 있었다.

제자들과 친구들을 초대하기도 했다. 그 파티 분위기는 정말 좋았다. 우리 모두 깊은 감사를 표했다. 왜냐하면 그 전 해에 너무나 놀랐지만, 그가 아직 우리와 함께하면서 그 날을 축하할 수 있었기 때문이다.

이맘때 그의 건강이 아주 좋아졌다. 사실 방문객들은 그가 병들기 전만큼 건강이 좋아진 것처럼 생각했던 것 같다. 그러나 그의 심장이 늘 말썽꺼리였으므로, 그는 자주 심전도 검사를 받아야 했다. 그럼에도 불구하고 그는 1945년 6월 9일에 소규모의 청중이 모인 가운데 심리학 클럽에서 강의를 했다.

심리학 클럽에서는 어떤 융의 생일축하 잔치도 하지 못했다. 주된 이유는 토니 볼프가 아직 위원회에 있었고, 떠들썩하게 생일잔치를 하는 것을 융이 싫어하는 것을 그녀가 알았고, 클럽이 그에게 선물을 주는 것은 좋아하겠지만, 그 이상을 할 수 없다고 생각하여 그렇게 하는 것을 자제했기 때문이다. 그런데 전쟁이 끝난 후에 토니는 클럽 회장을 바꿀 때가 되었다고 느꼈기에 회장직에서 물러나고, C. A. 마이어가 회장이 되도록 했다. 그러나 클럽의 총무를 찾는 일이 매우 어려웠으므로, 그녀는 즉시, 매우 힘들기만 하지 생색이 안 나는 직책을 맡게 되었다. 그녀는 자신이 회장으로 있을 때보다 더 힘든 일도 마다 하지 않았다. 이것이 바로 토니의 성격이다. 그녀는 항상 클럽을 위해 최선이라고 생각되는 일을 했으며, 결코 그녀 자신의 위신과 권력에 신경을 쓰지 않았다.

엠마 융은, 융의 생일이 되기 전에 욜란드 야코비 박사가 그의 70세 생일 선물로 연구소를 설립하여 그를 깜짝 놀라게 하려고 애쓴 적이 있다고 나에게 말했다. 엠마는 융이 그것을 전혀 반기지 않을 것으로 믿었으며, 나도 동감이었기에 야코비 박사를 만류했다. 그 당시 융은 연구소에 대한 그 어떤 생각도 반기지 않았다. 사실상 그는 연구소를 설립하는 것이 자신의 심리학에 어울리지 않는다고 느꼈다. 그의 생일이 지나고 나서 그것에 대해 들었을 때, 그는 그런 생각을 말린 아내에게 고마워했다.

1945년 8월에 원자폭탄이 히로시마에 투하되었으며, 마침내 태평양 전쟁이 끝이 났다. 거의 모든 사람과 마찬가지로 융은 원자폭탄 투하로 인해 당하는 고통을 보며 아연실색했다. 그러나 나는 아마도 로렌스 반 데어 포스트Laurens van der Post 대령이 쓴 책, 『초승달이 뜬 밤The Night of the New Moon』32을 읽었더라면 그것을 환영했을 것이라고 생각한다. 그 책은 그것이 **얼마나** 필요했었는지를 나에게 보여주었다. 여하튼 우리는 1945년에 대극 간의 전 세계적인 충돌이 끝났음을 목격했으며, 한결 홀가분하게 융은 그의 『융합의 비의』에서 대극의 결합에 주된 관심을 쏟을 수 있었다.

전쟁이 끝나고 몇 해 후에, 로렌스 반 데어 포스트와 접촉하게 된 것을 융은 매우 좋아했다. 융에게는 아프리카에서의 산 경험, 곧 아프리카의 아름다움과 원시세계의 문제를 가지고 의견을 나눌 수 있는 사람들이 드물었는데, 로렌스가 바로 그런 사람들 가운데 하나였다. 『회상』에서 융이 비록 종종 언급했지만, 그는 언젠가 나에게 이런 말을 한 적이 있다. 그 동안 그에게 "중요하다고 여겨졌던 것들" 모두를 함께 나눌 수 있는 사람이 아무도 없었지만, 아직은 이러한 것들을 가지고 얘기할 수 있는 누군가가 있구나 싶었다고 했다. 로렌스는 아프리카에서의 경험을 보다 깊은 차원에서 얘기했다. 그가 이런 역할을 완벽하게 했기에 융은 만족했다.

침머가 그랬던 것처럼, 그는 융의 친구가 되었을 뿐만 아니라 우리 중 많은 사람들과도 친구가 되었다. 그가 1972년 6월 6일에 연설을 했는데, 그것이 그가 여태까지 했던 연설 중에 가장 수준 높은 것은 아니었다고 해도, 그가 했던 수준 높은 연설 중 하나였다는데 모든 사람이 동의했다. 매년마다 융 연구소에서는 융이 세상을 떠난 날을 추모하는 모임을 개최하곤 했다.

제15장
풍성한 수확기
1945-1952

융은 1944년에 심한 병을 앓은 후에 작업할 수 있는 시간이 극도로 제한되었으며, 유럽에서 전쟁이 끝남과 동시에 그의 요양 생활도 거의 끝이 났다. 그 때 융의 생에서 가장 창조적인 기간이 시작되었고, 그는 그 기간에 그의 책 중에서 가장 중요한 책을 쓰게 되었다. 그는 그때 이래로 1945년 초에 분석을 다시 시작하고, 아주 드물게 강의를 하기도 하고, 필요하다 싶을 때 짧은 논문을 쓰기도 했지만, 자신의 삶에서 처음으로 다른 일 보다 저술에 우선을 두게 되었다. 그는 이 창조적인 시기에 대해 이렇게 말했다.

병을 앓은 후에 내 작업의 풍성한 생산기가 시작되었다. 나의 주된 저작들 중 많은 것들이 비로소 그 후에 저술되었다. 만물의 종말에 관한 통찰과 관조가 나에게 새로운 해석을 하도록 용기를 주었다. 나는 더 이상 내 자신의 의견을 이해시키려고 하지 않고 생각의 흐름에 나를 맡겼다. 이리하여 한 문제에서 다른 문제로, 여러 문제들이 나에게 그 모습을 드러내서 형상화되었다.[1]

이러한 문제들이 그에게 "드러나고" 계속 "형상화" 되어, 그는 자신이 의도했던 대로, 몇 해 동안 『융합의 비의』를 계속 집필하여 완성할 수 없었다. 그가 쓴 책 중에서 이 긴 마지막 책은, 괴테가 그것을 평생의 주된 과제라고 불렀던 『파우스트』와 견줄만하다. 괴테는 항상 그 책을 쓰는 일로 돌아가곤 했었다.

저술에 우선하기 위해 융은 분석 작업을 엄청나게 줄였다. 매우 드물게 예외는 있었으나, 그는 더 이상 새로운 내담자를 받지 않았다. 하지만 멀리서 그에게 찾아온 사람들은 여러 번 단독으로 만났고, 아직 정규적으로 분석을 받고 있던 제자들은 더욱 더 그들의 힘으로 설 수 있도록 도왔으며, 실제로 그들의 힘으로 길을 찾지 못할 경우에만 그들을 보았다. 이리하여 그는 분석에 썼던 시간을 과감하게 줄이는 데 성공했다. 나는 그가 병을 앓고 난 후 하루에 네 시간ⓐ 이상 분석한 적이 한 번도 없다고 생각한다. 그는 분석을 하루 두 시간으로 줄였다. 점심 전에 한 시간 분석을 하고, 조금 산책을 한 다음 책을 쓰고, 그 날 쓸 것을 마친 후에 저녁 먹기 전에 한 시간 분석을 했다.

그가 전쟁 후에 쓴 짧은 논문 중 하나는, "파국 이후After the Catastrophe"라는 제목이 붙여져서, 1945년에 스위스의 한 잡지[2]에 실렸다. 이것은 1936년에 융이 당대의 사건에 대해 쓴 "보탄"을 쓴 이래 처음이었다. 격변의 시기에 실제로 어떤 일이 일어났는지 깨우쳐 달라는 사람들의 끊임없는 요구에 대한 응답으로 그가 그 글을 쓴 것이다. 대체로 그는 그런 주제들을 피했다. 이것이 그가 "세계 역사상 엄청난 사건들이 실지로는 정말 하찮은 일로 일어난다. 결국 가장 중요한 것은 개인의 삶이다."라고 생각했기 때문이다. 하지만 제2차 세계대전과 같은 "엄청난 사건들"로 인해 수많은 개인들이 겪은 고통이 그에게는 결코 하찮은 것이 아니었다. "파국 이후"라는 글에서 융은, 다만 독일인들이 자기네가 무슨 일을 저질렀는지를 인식하고 인정한다면, 그때 비로소 그들의 가장 중요한

ⓐ 이 기간에 내가 써 놓은 메모를 보면, 어느 날 그가 이상하게 피곤해 했는데, 그 전날 다섯 사람을 보았기 때문이라고 했다.

영혼들이 평화를 발견할 수 있을 것이라고 말했다. 그는 그들이 그렇게 하도록 도우려는 노력의 일환으로 그 글을 썼던 것이다. 그것은 몇몇 개인들에게 큰 도움이 되었지만, 유감스럽게도 융이 했던 말대로 한 사람은 거의 없었다. 융은 수고한 보람도 없이 대부분의 사람들에게 거부를 당하고 항의를 받았을 따름이다. 전쟁이 독일에 가져다 준 끔찍한 고통조차도 독일인들이 자기 - 인식이 지닌 가장 중요한 가치에 눈을 뜨게 만드는 데는 부족했다. 그러나 공정하게 보면 독일인들만 이런 것을 모르는 것은 아니다. 유감스럽게도 이것은 거의 전 세계적으로 보편적인 것이다. **모든** 나라가 이런 것에 무지하다고 할 수 있다.⑥

그 때 몇 년간 나는 융이 자주 산책하는 것을 보았으며, 그의 산책에 대해 우리가 나눈 대화 기록을 다시 읽어보고는, 어쩌면 그가 병이 들기 전보다 훨씬 더, 모든 것에서 언제나 대극을 찾을 필요성을 종종 강조했다는 것을 알게 되었다. 언젠가 그는, 중요한 것은 다만 개인이라는 자신의 신념에 이것을 적용했다. 우리가 살펴보고 있는 그 기간과 관련하여, 그는 서양에 사는 우리가 우리 시대에 존재하는 집단주의의 가공할만한 경향으로 인해 오로지 개인만을 너무나 배타적으로 강조하며 그것을 정당화했음을 지적했다. 나치주의자들은 **자유로운 개인에 의해서만 얻을 수 있는** 의식意識을 완전히 없애려고 했고, 이제 공산주의자들이 이런 일을 하고 있으며, 우리는 이런 처참한 사실을 보상하기 위해 할 수 있는 일을 모두 해야 한다. 융은 우리가 개인 대 집단이라는 대극을 충분히 살아내지 못했다고 말했다. 그가 말하길, 오히려 우리는 "집단주의의 가장자리에서만"

---

⑥ 심리학 클럽 위원회는 전쟁 기간에 나치 당원이었던 회원이나 임시회원을 제명해야 한다고 결정했다. 내가 기억하는 한, 단 두 명이 거기 해당되었다. 회원이었던 뮌헨의 헤이어 박사Dr. G. R. Heyer와 참여할 권리를 가진 내빈이었던 쿠르티우스 박사Dr. O. Curtius(내가 믿기에, 괴벨스와의 인터뷰를 주선했던—이 책 320쪽 이하를 보라)가 바로 그 두 사람이었다. 그것은 달갑지 않은 일이었다. 왜냐하면 그것은 이미 넘어져 있는 사람을 발로 차는 것과 같았기 때문이다. 그러나 융은 그들이 융 심리학을 전혀 이해하지 못했음을 보여주었다고 했다. 브레멘의 게르트람 박사Dr. Gertram는 말년에 이르러 헤이어는 자신이 융에게 충실한 사람으로 남아 있지 못했던 것을 크게 후회했다고 나에게 말했다.

살고 있으며, "될 수 있는 한 사건들의 주된 흐름을 피하고 있다. 실로 나는 여기서 우리가 일방적인 삶을 살고 있다는 것을 분명히 의식하고 있다."고 했다.

불가능한 것은 아니지만, 사건의 중요한 흐름 속에서 바르게 살고, 자신의 의식을 계속 유지하는 것은 어려운 일이다. 너무나 쉽게 개인은 사건의 흐름에 압도되어서 군중과 함께 신비적 참여 속으로 휘말리게 된다. 융은, 전쟁이 끝난 후 초기의 많은 제자들이 전쟁으로 피폐해 진 그들의 나라로 서서히 돌아갔을 때, 그들이 얼마나 무의식적이었는지를 알고, 큰 충격을 받았다. 융은 자신이 수 세기 동안 중립국가로 있을 수 있었던 스위스 국민인 게 다행이었다. 그가 그랬던 것처럼, 정말 어떤 일이 일어났는지를 알기 위해서는 어느 정도 거리를 두고 보는 게 필요하다.

비록 개인이 사건의 주된 흐름을 피하려는 노력을 하긴 하지만, 융은 매우 양심적으로, 집단에 대한 의무를 결코 저버리지 않았을 뿐만 아니라, 제자 중 그 누구든 삶의 이런 측면을 회피하려고 하면, 매우 못마땅하게 여기기까지 했다. 우리의 다른 사람들과의 관계, 그리고 집단과의 관계가 우리 자신들에게 공을 들이는 것만큼 중요하다는 것을 지적하면서, "에베레스트 산 위에 있는 한, 당신은 개성화될 수 없다"는 말을 자주 했다. 사실 우리는 다른 사람에게 속해 있다. 왜냐하면 우리가 우리의 환경 안에서 기능할 수 없다면, 우리 자신 안에 무언가 잘못된 것이 있는 게 분명하기 때문이다.

1945년 6월 9일, 융은 병이 나은 후에 심리학 클럽에서 처음으로 강의를 했으며, 그 해 8월에는 에라노스 학회에서 더 많은 청중들에게 강의하러 아스코나로 갔다. 따라서 그는 1944년에 병으로 인해, 딱 한 번 그 학회에 참석하지 못했던 것이다. 마리-루이제 폰 프란츠와 나는 1944년 학회에 갔었는데, 융의 강의가 없었던 것은 제쳐놓더라도, 그의 역동적인 성격이 거기서 그 그룹의 중심 역할을 하지 못하게 되자 전체 분위기가 크게 바뀌었다는 느낌을 강하게 받았다. 우리만이 아니라 거기 참석한 모든 사람들이 그것을 의식했다. 어니스트 하우저 Ernest O. Hauser는 「새터데이 이브닝 포스트 Saturday Evening Post」(1958년 5월

호)에서 융에 관한 글을 이렇게 시작했다. "융 박사를 만나면 그에게서 나오는 엄청난 힘에 끌리지 않을 수 없다."

1945년에 전쟁이 끝났지만, 우리 모두는 기차로 아스코나로 내려갔다. 왜냐하면 다음 해까지 휘발유를 구할 수 없었기 때문이다. 언제나 그랬듯이, 융 부부는 강의실 위에 있는 프뢰베 여사의 아파트에 머물렀으며 거기서 식사를 했다.

1945년 학회의 전체 주제는 "정신The Spirit"이었다. 그 해 융이 한 강의는 「에라노스 연보 논문집」에 들어 있는 것을 다시 손질해서, "민담에 나타난 정신 현상에 관하여The Phenomenology of the Spirit in Fairy Tales."3 (『융 기본저작집 2: 원형과 무의식』, 274-334 참조 - 역주)라는 제목으로 나왔다. 융은 이것을 "정신의 심리학에 관하여Zur Psychologie des Geistes (Concerning the Psychology of the Spirit)"라고 불렀지만, 이 논문은 그 내용을 아주 잘 묘사해 주고 있다. 그 해에는 융의 70회 생일을 축하하기 위해 에라노스 연보의 별책이 발행되기도 했다. 대부분은 에라노스 학회에서 정규적으로 강의했던 사람들이 기고한 논문들이었다. 그것은 독일어 시리즈 중 열두 번째 책으로 나온 것이었다.

"그의 사상의 흐름" — 병을 앓은 후에 그는 온전히 그 흐름에 맡겼다 — 이 계속해서 대극의 합일이라는 흥미로운 주제에 몰두하지 않았음을 인식하기 시작하자 융은, 여태까지 자신의 저작에서 거의 언급된 적이 없었던 주제인, 전이轉移에 관해 말해야 한다는 끊임없는 요구가 충족되어야 한다는 것을 알았다. 그래서 그는 그 자체로 완전하다 할 수 있는 『융합의 비의』 원본을 분할해서, 별도로 「전이의 심리학」4)이라는 책을 출간했다. 나는 그가 그것을 전혀 고치지 않았든지, 아니면 아주 조금만 고쳤다고 생각하지 않는다. 그는 그것을 1945년에 출판에 넘겼고, 그것이 1946년에 나왔다.

이런 작업을 하면서 융은 일련의 그림들을 『현자의 장미원Rosarium Philosophorum』으로부터 가져와서, 비개인적인 — 신성한 것으로 볼 수 있는 — 요소들이 인식되고 자유롭게 됨에 따라, 어떻게 철저한 분석을 통해 개성화 과정이 실제로 일어나며, 어떻게 분석가와 피분석자의 관계가 점차 올바른 형태를 갖추게 되는지 독자에게 보여주는 어려운 과제를 수행함으로써, 독자를 안내해 주는 아리아드네의 실the thread of Ariadne로 사용했다. 그렇게 되면 더 이상 소위 전이라는 투사로 인해 모호한 상황이 만들어지지 않게 된다. 연금술사와 그의 신비한 자매는, 그들이 대극의 비인격적인 혹은 신성한 짝의 세속적인 대변자들이었음을 알았듯이, 분석에서의 짝도, 가장 중요한 과제가 바로 **그들 안에 있는** 비인격적인 상들figures의 관계를 촉진하는 것임을 알아야 한다. 그런 상들은 아니무스와 아니마로 나타난다. 동시에 이런 사위四位, quaternity — 분석가와 피분석자, 아니마와 아니무스 — 는 전체성totality을 드러낸다. 이것은 종종 피분석자가 그 자신의 전체성, 즉 자기Self를 만나게 되는 첫 번째 기회다.

    그 당시 우리가 산책하면서 나눈 이야기를, 내가 기록해 놓은 것을 다시 읽어 보고 나는, 융이 계속 나에게 이 주제에 대해 말했다는 것을 알았다. 예컨대 그는 피분석자가, 자신이 분석 받는 남성 혹은 여성 분석가에게서 자기Self를 투사하는 것이 가장 어려운 문제라고 했다. 그 때 분석가는 피분석자의 전체 인격, 즉 자기의 핵심을 가지고 있거나, 가지고 있는 것 같기 때문에 그것을 실제로 피할 수 없다고 융은 지적했다. 그래서 자연히 분석가에 대한 온갖 종류의 이해할 수 없는 요구, 즉 자기 그 자체와 관련해서 적어도 이해할 수 없는 요구를 하게 된다. 그러므로 비인격적인(신성한) 요소들과 인격적인(인간적인) 요소를 구분하는 것을 아는 것이 얼마나 중요한지 분명해진다.

    일반 독자가 「전이의 심리학」을 이해하기는 아마 어려울 것이다. 사실 그것은 지성만 가지고선 이해될 수 없다. 왜냐하면 거기서 묘사된 사위四位는 매우 비합리적이기도 하고, 우리가 이해할 수 없는 것이기도 하기 때문이다. 그러나 그 책은 전이에 대해 매우 깊이 있게 묘사해 주고 있으며, 융합의 비의를 실제적으로 적용하여 해설한 것으로 볼 수 있다. 융합의 비의에 의해 우리가 사는 시대에 큰 갈등과 고통을 일으키고 있는, 서로 갈등하고 있는 대극들은 서로 연관되어 있고, 또 서로 도움이 될 수 있다고 볼 수 있다. 융은 그 문제의 이런 측면에 대해 이렇게 말했다.

> 이 점에서 볼 때 전이의 굴레가 아무리 견디기 힘들고 이해하기 어려운 것이라 하더라도 개인에게 아주 중요할 뿐 아니라 사회에 대해서도 그러하며, 그와 함께 인류의 도덕적 · 정신적 진보를 위해서도 대단히 중요하다. 그러니까 심리치료자가 어려운 전이 문제로 괴로워하게 된다면 적어도 이런 생각들을 마음에 새겨서 위로로 삼을 수 있다. 그는 물론 아마도 남의 눈에는 보잘 것 없어 보이는 이 특정한 환자만을 위해 애쓰고 있는 것이 아니다. 그는 자기 자신을 위해서, 자기 자신의 영혼을 위해 애쓰고 있는 것이다. 동시에 그는 위급한 상황에 처해 있는 인류의 영혼에 아마도 지극히 작은 한 알의 낟알을 얹어 놓는 것이다. 그가 이바지하는 것이 그렇게도 작고 보이지 않는 것일지라도 그것은 하나의 위대한 작업opus magnum이다. 왜냐하면 그 작업은 다만 신성력numen의 개입으로 인해 인류의 문제들의 무게가 그곳으로 옮겨진 영역에서 수행되고 있기 때문이다. 심리치료의 궁극적인 문제는 사적인 일이 아니다. 즉, 그것은 엄청난 책임이 부여되어 있는 일이다.[5]

이 책의 출간은, 융이 쓴 책 중에서 가장 두꺼운 책이고 필생의 역작이라 할 수 있는, 『융합의 비의』를 위한 준비 작업을 하는 중요한 단계였다. 9년 뒤에 『융합의 비의』가 나왔다. 그는 「전이의 심리학」을 시작하면서, 전이에 관해 그리고 개성화 과정의 전체 발달에 관해 자신이 말하려고 했던 것은, 다만 그 과정을 거치지 않으면 안 되었던, 극소수의 사람들의 경우에만 해당되었다고 말했다. 그에게 분석 받으러 왔던 사람들 대부분은 그런 것을 전혀 경험하지 않았다. 왜냐하면 — 그가 늘 분석가 수련을 막 시작한 제자들에게 강조한 것처럼 — 대부분의 사람들은 어떤 장애에서 벗어나려고 분석을 받으러 왔기 때문이다. 그때 그들은 그들 나름의 방식으로 계속 살아갈 수 있고 또 살아야만 한다.

심한 심장경색을 일으킨 후에는 아무데나 자유롭게 갈 수 없었지만, 융의 건강은 나날이 좋아졌다. 하지만 고도가 높은 곳에는 갈 수 없었으며, 그가 좋아하는 산에 올라갈 수 있기 까지는 2, 3년이 걸렸다. 그는 다시 천천히 운전을 해서 고개를 넘어가서, 1947년 여름에는 리기 산에 머물 수 있을 정도가 되었다. 여기서 그가 고개를 넘어 운전을 했다고 내가 말한 것은, 그가 고개를 넘어갈 때 누군가 운전을 해 주었다는 말이다. 왜냐하면 그는 제2차 세계대전 이후에 차를 운전하지 않았기 때문이다. 이것은 그에게 큰 박탈감을 안겨 주었다. 차를 운전하는 자유를 누리고 싶었지만, 그는 그것이 자신의 나이 — 우리가 휘발유를 다시 구할 수 있었던 해에 그는 이미 70세가 넘은 상태였다 — 에도 어울리지 않고, 심장에도 무리라고 느꼈다.

1946년 에라노스 학회의 주제는 "정신과 자연Spirit and Nature"이었으며, 그 때 융은 여태까지 했던 훌륭한 강의 중 하나를 했다. 그 강의 제목은 "심리학의 정신The Spirit of Psychology"이었다.6 그 때에는 강의가 끝나고 강의실 밖에 있는 테라스에서 토론을 하는 것이 에라노스 학회의 특징이었다. 융은 그 다음에 단지 두 번(1948년과 1951년에) 강의를 했지만, 그 후 몇 년간 그 모임에 참석했고, 거의 모든 강의가 끝난 후에는 넓은 테라스에 앉아, 어떤 질문이라도 다 받아 주곤 했다. 처음에 이런 기회를 이용한 것은 주로 그의 제자들이었으나, 점차 더 많은 청중이 합류했다.

1946년 가을에 윈스턴 처칠이 스위스를 방문했다. 스위스 사람들은 그가 유럽을 구한 사람이라고 생각하여 그를 열렬히 환영했다. 그가 차를 타고 움직일 때마다 그를 환호하며 맞았고, 공식적인 리셉션을 여러 번 가졌다. 그는 취리히 대학에서 강연을 하기도 했다. 그가 아울라Aula(큰 강당)에서 강연을 했다는 사실이 벽 위에 있는 명판에 기록되었다. 처칠과 융 두 사람 사이에는 특이한 유대가 있었다. 즉, 융은 전쟁 중에 처칠이 스위스 국경에 가까이 왔을 때마다 처칠에 대한 꿈을 꾸곤 했다. 물론 나중에 처칠이 스위스를 방문하게 되리라는 소식이 신문에 발표되기 전까지 융은 처칠을 만난 적이 없었다. 그 두 사람은 그 시

대에 살았던 가장 **온전한**whole 인간이었다. 그들의 운명과 심리상태는 전혀 달랐지만 말이다.ⓒ

처칠이 스위스에 머무는 동안 융은 그를 사교 상 두 번 만났다. 즉, 한 번은 베른근교의 정원에서 있었던 점심파티에서, 또 한 번은 취리히 근교에서 있었던 대규모 저녁 연회에서 만났다. 첫 번 만남에서 융은 메리 처칠Mary Churchill과 동석했다. 그 때 융은 그녀와 만나는 것을 매우 좋아하고 즐거워했다. 그는 그녀가 매우 드문, 거의 왕족 같은 품성을 지니고 있고, 그녀의 아버지처럼 고귀함을 지니고 있었다고 말했다. 그러므로 그는 그 다음에 있었던 연회에서 처칠의 딸 대신에 처칠 옆에 앉게 되었다는 것을 알고 좀 실망했다. 처칠은 식사를 하면서 말을 안 했기 때문에 융에게는 그 식사 시간이 좀 불편했다. 융도 똑같이 말을 안 하니까, 처칠이 즐거울 수가 없었다. 융은 그를 초대한 사람들이 실망하고 있다는 것을 알았다. 왜냐하면 그를 초대한 사람들이 바라던 대로, 융이 주빈을 즐겁게 해주지 않고 있음을 그들이 분명히 느꼈기 때문이다. (식사 시간에 융 옆에 앉아 본 사람은 언제나 그와 함께 식사하는 게 매우 즐거운 일이라는 걸 알 수 있을 텐데 말이다!) 그러나 저녁 식사가 끝나고 나서 그는 처칠과 매우 흥미 있는 대화를 했다. 처칠은 놀라울 정도로 개방된 자세로 전쟁 중에 자신이 경험한 것을 즐겁게 이야기했다. 나는 이미 융이 1929년 리버풀 꿈과 정확하게 똑같이 테이블이 정돈되어 있었음을 언급한 바 있다.ⓓ

대체로 1946년 가을에는 융의 건강이 좋은 것처럼 보였다. 그 해에 그는 마리-루이제 폰 프란츠와 아파트에서 함께 살 것을 나에게 권했다. 그는 항상 결혼하지 않은 제자들에게, 혼자 살지 **말고**, 동성同性인 사람과 단독 주택이나 아파트에 함께 살 것을 권했다. 사람들은 대개 그의 이런 제안을 받아들이지 않았다. 그래서 우리가 호수 옆에 있는 아파트를 구해 그곳으로 이사를 하자, 그는 매우 기뻐

ⓒ 처칠은 융 안에 있는 외향성을 드러내는 것이기에, 융은 이런 꿈들을 주관적으로 보았다고 나에게 말했다.

ⓓ 이 책 282쪽을 보라.

했다. 바로 그 날 — 1946년 11월 2일 — 오후에 그는 친한 제자들과 토론을 했다. 우리는 아침에 이사를 해서 피곤했지만, 융을 차에 태우고 그 토론 그룹에 참석하러 갔다. 나는 아직도 차를 타고 가는 동안 그리고 그 토론 그룹에서 융이 어떤 모습을 보여주었는지 특히 잘 기억하고 있다. 그러므로 이틀 후에 전혀 예상치 못한 소식을 들은 것은 큰 충격이었다. 즉, 그것은 그가 그 전날 밤에 다시 심장마비를 일으켜 다시 심하게 앓아눕게 되었다는 소식이었다. 그 때 그는 병원에 가지 않으려고 했기에, 두 명의 간호사가 그의 집에서 그를 밤낮으로 돌보았다.

특히 융 자신에게 그 병은 1944년에 앓았던 병보다도 훨씬 더 예상치 못했던 것이었다. 그 때 그는 "내 자세에 무언가 잘못된 것"[7]이 있었다는 느낌을 받았으며, 다리가 골절되었을 때, 그렇게 된 데에는 어느 정도 자신에게 책임이 있다는 생각을 처음으로 했다. 그러나 이번에는 마른하늘에 날벼락이었다. 우리가 각기 상대편이 항상 문제라고 생각하며 불평을 하면, 그는 마리-루이제와 나에게, 우리를 도울 준비가 항상 돼 있다는 말을 아주 자신만만하게 했다. 그런데 실은 처음 몇 달 동안 우리가 서로 싸울 수밖에 없었다. 아마 그것은 전화위복이 되었던 것 같다.

융은 약 세달 동안 병든 상태로 있었다. 그는 12월 16일 쯤에 아직도 심연 위에 떠 있는 것 같다는 메시지를 나에게 보내면서 낙관만 할 수는 없다고 했다. 정말 문제되는 것은 교감신경交感神經이라고 했다. 병을 앓고 난 뒤에 그는 자신이 정말 심장마비를 일으켰었는지 의심스럽다고 나에게 말했다. 하여튼 그것은 주로 심계항진(빈맥)으로 인해 생긴 자율신경계통의 장애였다. 그는 세계 도처에 있는 주술사들처럼 그 자신을 치료하지 않으면 안 된다는 것을 알았다. 의사들은 또 다른 심장경색이 일어난 것이라고 주장했다. 이리하여 그는 자신에게 정말 문제가 되었던 것이 무엇이며 어떻게 그것을 직면해야만 하는가를 찾으려고 애썼다. 다시 한 번 그는 자신이 신성혼神聖婚이라는 신비스런 문제에 직면해야 했기에 병이 든 것이라고 말했다. 바로 1957년 10월 15일(이 병을 앓고 난지 11년 후인) 편지[8]에서 그는 이렇게 적고 있다.

연금술사들이 결코 금이나 돌Stone을 만들지 못했다는 것을 인정하지 않을 수 없었던 것처럼, 나는 융합의 신비라는 수수께끼를 풀었다고 고백할 수 없다. 반대로 나는 그 문제, 즉 너무 엄청나서 끝이 안 보이는 것들의 배후에 숨어 있는 것들을 어렴풋이 인식하고 있다.

그는 이러한 "너무 엄청나서 끝이 안 보이는 것들"에 대해 쓰려고 했고, 나중에 왜 병을 앓게 되었는지 그 수수께끼를 풀기위한 노력을 했다.

사실 이러한 병은 융이 항상 "이해하지 못하는 참기 어려운 유일한 고통"이라 불렀던 것에서 생긴 직접적인 결과였다. 그는 오래 전에 ─ 바젤대학과 부르크횔츨리에서 ─ 고통에 직면하는 것을 배웠다. 그러나 신성혼은 그가 여태까지 살면서 직면했던 그 어떤 것 보다 훨씬 더 이해하기 어려운 것이었다. 그러므로 적어도 두 번씩이나 병을 앓고 거의 죽음직전까지 가야했으며, 그 후에야 신성혼이 무엇인지 이해하고 계속 책을 쓸 수 있었다. 그는 그 책이 완성되고 나서 2년 뒤에, 너무나 엄청나서 끝이 안 보이는 것들 배후에 어떤 것이 숨어 있는지 알게 되었다.

그러나 이때 다행히도 융은 살고 싶은 의욕을 잃어버리지 않았다. 그가 그 과제가 무엇인지 알지 못했지만, 살 수 있는 날이 좀 더 주어진다면, 그는 할 수 있는 한 최선을 다해 그것에 직면하기로 결심했다. 그 어떤 "인간적인 체온의 기묘한 정지"ⓒ도 없었다. 반대로, 그는 즉시 병이 들었다는 것을 알고는 비서인 마리-진 슈미트를 불렀다. 그는 그녀에게 그가 어떤 상태인지를 사실 그대로 정확하게 소식을 전하되, 자신이 생각하기에 가장 걱정할 친구들에게 될 수 있는 대로 빨리 편지를 쓰거나 메시지를 보내라고 엄명했다.

1946년에 걸린 그의 병이, 아마 1944년에 더 오래 앓았던 병만큼이나 상당히 위험했을 테지만 ─ 우리가 살펴본 대로, 그는 죽을 것 같진 않았지만, 어쩌면

ⓒ 426쪽을 보라.

죽을 가능성도 있다고 생각했다 — 요양생활을 훨씬 짧게 했다. 1947년 초여름 경, 두 번째 심한 병이 들기 전까지 그는 적극적으로 생활했다. 비록 그의 간절한 소원이 저술을 다시 시작하는 것이었지만, 그에게 엄청난 시간과 정력을 지불하게 한 것은 전혀 예기치 않게 외부에서 닥쳐왔던 것이다.

이맘때, 여러 명의 훌륭한 영국인들과 미국인들이 공부하러 취리히에 왔다. 그 다음에는 점점 더 많은 이들이 왔다. 그러나 그들은 전쟁 전보다 훨씬 덜 유리한 입장에 있다는 것을 발견했다. 즉 영어 세미나도 없었고, 융을 보기도 어려웠다. 심리학클럽 회원, 특히 토니 볼프와 C. A. 마이어는 그들에게 좀 더 자양분이 되는 것을 제공하는 것이 절대 필요하다고 느꼈다. 그들은 특히 영어 강의와 사교 생활이 필요하다고 보았다. 그러나 그들은 이런 부서가, 대단히 총명하긴 하지만, 클럽 회원들의 신뢰를 받지 못하던 어떤 사람에 의해 운영되기를 원했다. 뜻밖에도 총회에 이런 안이 제출되자 너무 성급하게 결정되고 말았다. 따라서 회원들은 상황을 재고하는 후속 모임을 갖자고 했다.

우리는, 융이 그런 부서를 두자는 안이 상황에 맞지 않는다고 생각했고, 회원들이 그런 안에 반대한 것을 듣고 매우 기뻐했다는 것을 알게 되었다. 그는 두 번째 모임이 있는 날 저녁까지 그의 아내나 토니 볼프에게도 더 이상 아무 말도 하지 않았다. 그러므로 꽤 큰 규모의 연구소를 설립하자는, 전혀 예상치 못한 그의 제안에 모두가 깜짝 놀랐다. 2년 전 그의 70회 생일까지만 해도 그런 생각에 그가 절대 반대했다는 것을 알기에 나는 집에 돌아오는 길에 (보통은 내가 운전해서 융 부부를 클럽 모임에 태우고 다녔다) 도대체 왜 그가 마음을 바꾸었는지 물어 보았다. 그는 그런 말이 나오기 시작할 때부터 그것을 막을 수가 없다는 것을 알았기 때문이라고 대답했다. 왜냐하면 너무나 많은 사람들이 그렇게 하기로 이미 결정했기 때문이다. 그는 "그들은 어떻게든 내가 죽은 뒤에 장례를 치르기 전에 그것을 시작할 겁니다."라고 말했다. 그는 "그래서 난 아직 내가 연구소 설립에 영향력이 있을 동안에 그렇게 하는 게 나을 것이라고 생각해요. 어쩌면 그게 최악의 실수를 막는 길일지도 모르죠."라는 말도 했다. 이것이 바로 융의 전형적인 모습이다. 그는 일단 "아니오."라고 말하고 — 그의 70회 생일이 끝나고 나서 — 그 다음에 사람들이 계속 주장하면, 늘 거의 받아들였다. 그는 제자들에게 이런 충고를 하곤 했다. "**일단** 생각하는 것을 말하시오. 그리고 아무도 듣지 않으면, 당신의 입장에서 물러서시오."⑤

융이 C. G. 융 연구소를 시작하게 된 이유는, 아마 만다이즘 경전Madaean texts(이라크 남부에 현존하는 그노시스파Gnostic sect 기독교인들의 경전 - 역주)에서 발견할 수 있을 것이다. 거기엔 세례 요한과 그리스도의 대화가 들어 있다. 세례 요한은 사람들이 비의mysteries를 이해하지 못할 것이기에 그것을 파괴해야 한다고 주장했다. 그래서 그는 그것을 비밀에 붙이고 싶어 했다. 반면에 그리스도는 그것이 앞으로 그것을 이해하게 될 모든 사람에게 주어져야 하고, 그것으로 인해 도움을 받게 될 것이라고 생각했다. 융은 이것이 내향적인 관점과 외향적인 관점을 나타낸다고 지적하곤 했다. 마치 만다이즘 경전을 두고 이루어진 대화가 결론이 나지 않은 것처럼 둘 다 모두 옳고 타당한 관점이기 때문에 내향형과 외향형 사이의 논쟁도 결론이 날 수 없다고 했다. 내가 보기에 이것이 바로 융이 마음을 바꾼 이유였던 것 같다. 내향형인 그는 세례 요한과 같은 태도를 더 좋아했다. 즉, 자신의 운명이 이끄는 대로 그 길을 **따라가려는** 개개인들만이 개성화 과정으로 나아가게 된다는 것이다. 그러나 그는 세상에 가치를 두기 바라는 외향적인 관점도 유효하다는 것을 충분히 인정했다.

우리는 그가 개성화 과정을 보다 더 많은 사람들에게 개방하는 것을 단호하게 거절하기로 한 후에 자신의 꿈을 보고, 말년에 『인간과 상징』9을 출간하기로 했을 때처럼(융은 공공장소에 서서 그의 말에 열중하여 그가 말하는 것을 이해하는 많은 사람들에게 강연하는 꿈을 꾸고 이 책을 출간하기로 했다 - 역주), 그 당시 그가 그것과 똑같은 갈등을 겪은 것을 알 수 있다. 그 책의 편집 주간을 맡았던 존 프리만은 이런 결

ⓕ 옛 중국의 격언.

정을 하게 된 경위를 그의 서문에서 매우 생생하게 묘사했다.

    융은 1947년 가을에 연구소 설립을 위한 일과 다른 여러 활동을 너무 열심히 한 결과, 몹시 지치게 되었다. 그래서 그는 이때 처음으로 리기 산에 가서 여러 날 동안 휴가를 가졌다. 3년 전에 심장병이 발병 되었을 때는 높은 산에 올라가는 것이 금지되었는데, 이것을 보면 심장병이 얼마나 잘 회복되었는지 알 수 있다. 왜냐하면 리기 산에 있는 호텔(리기-슈타펠Rigi-Staffel에 있는 베르크하우스Berghaus)이 거의 해발 5천 피트에 있었기 때문이다. 볼링겐에 머무는 것이 토니의 관절염을 악화시켰기 때문에, 그는 리기 산에서 그녀와 몇몇 친구들[8]과 합류했다. 토니는 거기 머무는 것을 좋아했다. 그들은 매일 먼 거리를 걸었으며, 그는 슈아이데크Scheidegg에 있는 호텔까지 3시간을 다시 걸어서 돌아올 수 있었던 것을 자랑스럽게 말하곤 했다. 그 호텔에서 그들은 점심을 먹고 햇볕을 쬐며 쉬다가 돌아왔다.

    융은 아주 건강해져서 퀴스나흐트로 돌아왔다. 그러나 많은 일이 그를 기다리고 있었다. 그것은 연구소 설립과는 전혀 관계가 없는 것이었다. 즉, 도움을 청하는 많은 요구가 있었는데, 그 일이란 자문을 해달라는 요구 혹은 편지를 보내달라는 것이었다. 그가 말한 대로, 할 수 있는 만큼, 그는 그런 요구에 응답할 수 있었으며, 또 그렇게 하기를 원했다. 그것은 그가 단순하고 조용한 삶을 살기만 하면, 이제 그의 심장이 완벽한 정도로 다시 건강해졌음을 보여주었다. 그러나 그는 퀴스나흐트로 돌아오자마자 자신이 감당할 수 있는 것에 비해 사람들의 요구가 너무 많다고 느꼈다.

    나는 1947년 가을에 내가 써 놓은 비망록을 다시 읽어본 후, 그가 해놓은 작업 양을 보고 놀랐다. 왜냐하면 그는 이미 72세가 넘었고, 두 번의 위험한 병을 앓은 후였으며, 두 번째 병을 앓은 것이 2년도 채 안 되었기 때문이다. 그는 계속 시간을 내서 책을 쓰면서도, 하루에 약 4명의 환자를 보았고, 계속 편지를 썼고,

---

[8] 나는 에스더 하딩과 엘러노어 버틴이 한 주 간 거기에 있었던 것을 기억한다.

C. G. 융 연구소 설립에 관한 많은 모임에 참석했으며, C. A. 마이어와 토니 볼프의 도움으로 연구소 규정을 만드는데 동의했다. 이것은 융이 토니에게 허락한, 유일한 행정적인 활동이었다. 그는 그녀가 평의원회Curatorium에 계속 머물러 있지 않도록 했다. 그녀를 좋아하는 많은 사람들과 그녀 자신도 그것을 알고는 크게 놀랐다. 그런 연구소가 "그녀의 취향"이 아니었다는 것을 그녀가 나에게 인정했지만 말이다. 융은 지나치게 내향적인 사람들이 위원회에 속하는 것을 원하지 않았다는 말을 나에게 했다. 그들은 세상일을 어떻게 처리하는지 모르고, 그것에 시간과 정력을 너무 많이 소비할 수밖에 없기 때문에 매우 창조적인 사람들에게는 그것이 유감스러운 일이고, 결국 그들의 생각이 잘못된 방향으로 기울고 말 것이기 때문이라고 했다. 그는 여전히 생의 끝자락에 있던 토니가 저술을 하기를 원했다. 사실 그녀는 연구소에서 훌륭한 강의를 여러 차례 했다. 그녀는 책을 잘 쓸 수 있었지만, 책을 쓸 시간이 전혀 없었다고 전에 말한 적이 있다.

융은 누가 평의원회에 참여해야 할지에 대해 많은 시간을 들여 생각했다. 마침내 그는 그 일에 적합한 사람들을 정해서 클럽에 내 놓고, 투표를 해서 결정하도록 했다. 그는 자신이 연구소 소장을 맡는 것을 꺼려했다. 그는 기구를 출범시키는 일만 했으며, 2년 동안만 그 일을 했다. 나중에도 그는 운영진에 끼어 간섭하지 않았다. 그는 두 명의 의사, C. A. 마이어와 쿠르트 빈스방거Kurt Binswanger 그리고 두 명의 여성, 곧 욜란드 야코비와 릴리안 프라이Liliane Frey를 택해서 모두 4명을 위원으로 삼았다. 클럽에서 그의 제안은 상당한 반대에 부딪힌 것은 아니지만 통과되지는 않았다. 왜냐하면 지나치게 외향적인 야코비 박사가 클럽에서 특히 인기가 없었기 때문이다. 처음 투표에서 그녀에게 반대표가 나왔다. 그러나 융은 그녀가 평의원회에 반드시 **들어가야만** 한다고 믿었기 때문에 두 번째 투표에서 통과시켜달라고 했다. 그는 그녀의 지나친 외향성이 내향적인 클럽에서 왜 그렇게도 인기가 없는지 이해했으며, 그녀가 인기가 없는 것은 그녀의 유감스러운 재능 때문이라고 설명했다. 그러나 그는 그녀가 우리들 중 그 어느 누구 보다도 세상일을 잘 다룰 수 있는 재능을 훨씬 더 많이 가지고 있으며, 그것이 가장 가치 있는 자산이라고 믿는다고 했다. 대체로 회원들이 융의 풍부한 지식과 지혜에 머리를 숙였다. 그러나 그가 연설을 한 후에도 두 사람만이 입장을 바꾸었을 뿐이다. 처음 투표와 차이가 났으나, 야코비 박사가 선출되지는 않았다. 정말 그녀를 배제한 것은 잘못된 일이었다. 왜냐하면 연구소 설립에 대한 생각을 처음 내놓은 사람도 그녀였고, 그가 그것을 지지했건 지지하지 않았건, 연구소가 결국 설립되어야한다고 융을 확신하게 만든 것도 그녀였기 때문이다.

하지만 융은 규정을 만드는 데 시간과 정력을 많이 쏟았다. 그 당시 클럽의 반대가 좀 있었고, 최근에는 몇몇 후원자들이 심하게 맹비난을 했지만, 규정에 의하면 전적으로 평의원회가 연구소에 대한 권한을 가지는 것으로 되어 있었다. 그러나 융은 이 점에 관해 확고한 입장을 견지했다. 왜냐하면 그는 **그 일을 했던 사람들이 권한을 가져야 한다**는 것을 알았고, 그 밖의 것이 권한을 남용하게 되고, 그의 심리학이 여타 조직체처럼 세속적인 형태를 갖추게 되도록 내버려 둘 경우, 큰 위험에 처하게 될 것을 염려했기 때문이다. 그 규정은 매우 훌륭하게 잘 작성된 문서임을 알 수 있다. 다시 말해 그것은 거의 30년 동안 탈 없이 운영되었다. 그러니까 그것은 이미 융이 바랐던 것보다도 훨씬 더 오랜 기간 동안 계속 잘 운영되었다고 볼 수 있다. 물론 이따금 권한이 행사되기도 했으나 — 더욱 나쁜 것은 권력 동기 power motives를 다른 사람들에게 많이 투사하는 것이다 — 오로지 업적만이 권력에 대한 위대한 해독제라고 볼 수 있다. C. G. 융 연구소가 1948년 창립된 이래 평의원회 위원들이 많이 바뀌었지만, 그들 모두가 예외 없이 정말 열심히 일했다. 더욱이 가끔 예외가 있긴 했지만 아주 오래 동안 평의원회에 남아 있는 경우는 별로 없었다.

1950년 1월에 융은 소장으로 있는 것이 너무 피곤하다고 느끼기 시작했다. 그는 또한 평의원회에 더 이상 참석할 수 없다는 느낌이 들었다. 그래서 그는 그의 아내가 그를 대신하도록 했다. 그녀는 3개월 동안 융을 대신하게 되었다. 그러나 소장으로 있은 지 2년이 지난, 1950년 4월 28일에 융은 적극적으로 참여하던 일에서 모두 물러났다. C. A. 마이어가 소장이 되었으며, 엠마 융이 평의원회 위원으로 선출되고 부소장을 맡게 되었고, 융은 명예 소장이 되었다. 엠마가 이 자리를 받아들이는 것을 합당하게 여겼기 때문에 — 그녀가 그런 외향적인 성격의 일을 맡는 것을 싫어했지만 — 융은 그녀에게 그렇게 하도록 따뜻한 격려를 보내주었다. 그러나 몇 달 후에 그는 어찌 보면 그가 실수했다는 확신이 들었다고 나에게 말했다. 즉, 그가 시작을 했지만, 그는 이제 연구소를 운영하는 일에서 완전히 물러나야겠다고 느꼈다. 그러나 그의 아내가 평의원회에 있었기에 그는 여전히 집에서 그것에 대해 많이 들을 수밖에 없었다. 더욱이 그는 엠마가 성배Grail에 관해 오래 동안 연구해 온 것을 매우 기뻐했으며, 그녀가 그것에 대한 책을 쓰는 데 저녁 시간을 쓰기를 바랐다. 반면에 그녀는 실제로 연구소 세미나를 위한 자료를 준비하느라 시간을 쪼개 써야 했다. 대부분은 아닐지라도, 많은 부분을 그녀는 평의원회 일에 정력을 쏟아야 했다.

나는 엠마가 평의원회를 위해 마지막 남은 몇 년을 보내는 것이 좋은 일인지 종종 의아해 했다. 한편으로, 전에 거의 그런 삶을 산 적이 없는 그녀의 어떤 면이 발전되었다고 볼 수는 있으나, 다른 한 편으로는 성배에 대한 연구에서 그녀가 더 이상 새로운 경지를 개척할 수 없게 되었다고 할 수 있다. 그녀는 남편에게 전처럼 많은 에너지를 쏟았지만 — 나는 오히려 그가 연구소에 대한 이야기를 너무 많이 들었다고 말하는 것을 제외하고는, 결코 한마디도 불평하는 소리를 들은 적이 없다 — 나는 그녀가 친구들을 위해 전보다 훨씬 시간을 적게 쓸 수밖에 없었던 것을 유감으로 생각한다. 내가 고언을 하려고 했다면 그녀는 그것을 굉장히 유감으로 받아들였을 것이다. 그러나 안타깝게도 그녀는 가족을 위한 시간도 훨씬 덜 가질 수밖에 없다는 것을 알게 되었다.

그 당시 평의원회는 매우 역동적이었으며, 정서적인 의견의 차이가 종종 생겼다. 엠마는 항상 화목 하는 입장에 서 있었으며, 서로 다른 관점을 화해시키는 데 많은 에너지를 쏟았다. 그녀는 분명히 평의원회와 연구소에 그 누구도 대신할 수 없는 귀한 존재였다. 그녀가 죽은 뒤에 프란츠 리클린 1세는 그들의 모임에 그녀가 없는 것이 너무나 아쉽다는 말을 계속했다.

연구소가 움직여 나가게 되자 융은 그것을 운영하는 일에서 완전히 손을 뗄 수 있다고 느꼈다. 그는 가끔 충고의 말을 하기도 했으나, 그것이 받아들여지지 않으면 즉시 "철회했다." 그는 언젠가 일이 되어가는 게 마음에 안 들 때에도 왜 간섭을 거의 안 하느냐는 질문을 받은 적이 있다. 그는 그 일을 자신이 하고 있던 게 아니라서 그렇게 한 것이고, 늙은이가 계속 간섭을 하면 권력 광이 된다고 대답했다. 그러므로 그는 무슨 일이 있어도 그렇게 하지 않으려고 했다.

내 기억으로는, 그가 죽기 전까지 11년 동안 간섭하는 것을 딱 두 번 보았다. 한 번은 학생들이 신화와 민담에 대한 과목이 너무 많고 사례를 다루는 것이 너무 적다고 불평했을 때, 그는 강사들과 학생들을 모두 소집해서, 신화와 민담을 이해하는 것이 왜 그렇게 중요하다고 그가 생각하는지를 설명했다. 이것들 모두가 집단적 무의식에서 나온 것이고 **그들이 나중에 분석하게 될 모든 사람**이 공유하고 있는, 보다 깊은 층의 구조를 반영하고 있기 때문이라고 했다. 이 기초를 알기 위해 그것은 지극히 중요하다고 했다. 그와는 반대로 사례들은 각기 모두 다르며, 대개 한 사례에서 배운 것을 다른 사례에 적용하면 문제가 생길 뿐이라고 했다. 학생들은 이것을 이해하기 어렵다는 것을 알게 되었다. 그것은 아직도 융 연구소에서 뿐만 아니라 많은 다른 융 센터에서도 많이 오해하는 중요한 문제이다. 마리-루이제 폰 프란츠의 신화와 민담에 대한 강의가 **단연** 연구소의 그 어떤 강좌 중에서도 인기가 있어서 많은 청중이 몰린 것을 보면, 이것이 아마 적어도 조금은 이해가 될지 모르겠다.

나는, 융이 간섭한 다른 중요한 문제는 시험을 폐지하거나 아니면 크게 줄이자는 안이 제출되었을 때였다고 기억한다. 그 때 그는 **모든** 시험이 꼭 그대로 유지되어야 한다고 강하게 주장했다. 그는 이런 말을 했다. "이게 바로 우리가 학생들을 위해 할 수 있는 일이에요. 우리는 그들이 연구소를 떠날 때 그들의 진가를 알 수 있을 겁니다." 다행히도 모든 사람이, 이것이 중요하다는 것을 알게 되었다. 그래서 융이 처음에 요구했던 시험을 여전히 그대로 치르게 되었다.

그가 평의원회를 운영하는 모든 문제에서 손을 떼는 게 훨씬 낫다는 것을 알았지만, 그는 건강이 허락하고, 창조적인 작업을 할 수 있는 한, 강사들과 학생들을 도와주었다. 그는 강사들이 좋아하는 어떤 문제를 그에게 가져오면, 적어도 매 학기에 한 번 그들과 토론을 했다. 또한 그는 이따금 학생들을 그룹으로 보기도 했다. 그러나 그는 처음 2년이 지난 후에는 책을 쓰느라 연구소 일에 전혀 관계할 수가 없었다. 왜냐하면 1944년 병을 앓고 난 후부터 세상을 떠나기 전까지 17년 동안 전적으로 책을 쓰는 데 우선했기 때문이다.

연구소를 설립하고 시작하는 동안 융은 『융합의 비의』를 쓰는 데 계속 시간을 쓸 수 없었다. 1947년과 1948년에는 에라노스 강의와 다른 여러 논문들을 가지고 독일어 책 세 권을 새로이 준비했는데, 그들 중 많은 것들이 처음에 썼던 것에서 상당 부분 개정되고 확장되었다. 다시 쓰는 것만이 아니라 교정하는 데에도 시간이 많이 걸렸다. 여러 제자들이 점검을 하기도 했지만, 융은 항상 직접 교정을 보았다. 왜냐하면 가장 훌륭한 인쇄업자에게 마魔가 끼어들어, 미미하게나마 미스프린트를 하게 만들어 (몇 번이고 다시 읽어보면 치명적인 결함을 발견하기 쉽다) 전체 의미를 변화시키거나 완전히 반대로 뒤바꾸어 놓는 경우가 얼마나 많은지 모른다고 그가 말하곤 했기 때문이다.

1948년에 융은 에라노스 학회에서 "자기에 관하여Concerning the Self"라는 강의를 하기도 했다. 이것은 그 강의의 마지막 부분을 생략한 것을 제외하고는, 거의 바꾸지 않고 『아이온』 제4장에 실렸다.

그가 자신의 필생의 역작을 계속 쓰기 전에 "형태를 갖추어야 한다고 주장한" 제일 중요한 문제는, 『아이온』에 들어 있는 기독교 시대에 관한 "토론 Auseinandersetzung"이었다.[10] 그는 2천년 이상 된 대극의 역사를 충분히 생각해 보기 전에는 대극 합일의 문제를 적절하게 다룰 수가 없었다. 이것은 연구를 많이 해야 하는 무척 힘든 일이었다. 그의 제자들이 이런 일을 어느 정도하긴 했지만, 대부분은 융 혼자 그 일을 했다. 특히 마리-루이제 폰 프란츠는 이 책의 공동 연구자로서, 페르페투아Perpetua에 관한 논문을 썼다.[11] 융이 그의 서문에서 언급한 대로, 이 논문은 고대로부터 기독교 시대까지의 심리학적인 변천과정을 분석하고 있다. 반면에 그 책에서 융이 쓴 부분은 기독교 시대를 다루고 있으며, 자기Self의 기독교적, 영지주의적 그리고 연금술적인 상징들을 통해 그것을 조명하려고 시도한다. 그는 기독교 전통, 즉 가장 특이하게 계시록은 반전反轉, enatiodromia의 개연성을 고려하도록 한다고 지적하기까지 했다. 그렇게 함으로써 그는 그리스도-반 그리스도의 딜레마를 언급하고 있다. 이것은 융합의 비의의 탁월한 상징인 어린 양의 결혼 보다 우선하는 것이다. 따라서 우리는 그가 필생의 역작을 쓰기 전에, 지난 2천년의 문제가 "형태를 갖추기를 주장한" 이유를 알게 된다.

그렇게 해서 그 책의 처음 네 장이 쓰여 졌고, 아니면 적어도 마지막에 완전히 다시 쓰였다고 볼 수 있다. 그 책의 나머지 부분을 완성한 후에 융은, 융 심리학에 별로 익숙하지 않은 독자가 그를 이해할 수 없으리라는 것을 알았다. 그러므로 그는 그 책을 이해하는 데 가장 필요한 개념들을 매우 분명하게 설명하려고 했다. 그것은 자아, 그림자, 아니마와 아니무스, 그리고 자기Self와 같은 것들이다. 그것은 그러한 주제에 관해 그가 여태까지 썼던 것 중에서 가장 분명하고 명쾌한 글이다. 그가 자신의 동료에게 말한 것처럼, 그것은 사고와 지성이 아닌, 체험과 감정을 가지고 세심한 주의를 기울여 그 주제를 드러내려고 쓴 글들이다.⑮

융은 이미 『심리학과 연금술』의 "라피스와 그리스도의 유사성The Lapis-Christus Parallel"12이라는 장에서 『아이온』의 중심 주제에 관해 간단히 언급한 바 있다. 거기서 그는 주로 연금술이 기독교를 어떻게 보상하고 보완했는지를

---

⑮ 이것은 완전히 다시 쓴 것임에 틀림없다. 왜냐하면 융은 빅터 와이트Victor White에게 보낸 편지에서, 그가 "아니마, 아니무스, 그림자, 마지막으로 특히 자기에 대한 어떤 자세한 특징"을 쓸 수밖에 없었다고 말한 것이 이상하기 때문이다. 이것은 그로 하여금 신적인 존재(신-인God-man)인 그리스도가 그의 "비밀스런 목표"였다는 확신을 갖게 만들어 주었다. 이것을 알려면 『아이온』에 대한 처음 구상을 참고해야 한다. ─C. G. Jung, Letters, 1947년 12월 19일, pp. 480 ff.

보여주려고 했다. 즉, 『아이온』에서 그는 전체 기독교 시대가 지속될 동안에 있었던 대극의 역사에 관심을 두었다. 그리스도는 아직도 서양에서는 위대한 자기Self의 상징이며, 온전히 이 주제를 다루면서 융은 긴 장章을 할애하고 있다. 그러나 그리스도가 그 당시에 필요했던 자기Self의 그러한 측면들을 정확하게 표현해주었지만, 그는 신약성서가 그 반전反轉을 무시할 수 없었던, 너무 밝은 면만 가지고 있었다. 융은 그리스도가 악마와 공유하는 상징들13이 얼마나 많은지를 지적했다. 그러한 것들은 사자, 뱀, 새, 까마귀, 독수리, 그리고 물고기다. 그는 또한 샛별은 그리스도와 악마를 모두 상징한다고 말했다. 잘 알려진 대로, 점성학적으로 볼 때 기독교 시대는 "물고기자리"와 정확하게 일치한다. 그리스도와 악마의 공통적인 상징으로서의 물고기는, 융이 여러 장에서 아주 상세하게 설명한 이미지이다.

　물고기가 그리스도의 상징이라는 사실과, 우리 시대의 점성학적인 명칭은 기독교의 상징성과 시대의 관계를 지적해 주는 것 같다. 그 후에 융은 『아이온』의 마지막 장을 "자기의 구조와 역학The Structure and Dynamics of the Self"을 다루는 데 할애했으며, 자기의 사위성quaternities in the Self의 상像들이 순환하거나, 아니면 나선형의 운동을 보여주는 것 같다고 했다. 그것은 영원히 그대로 남아있지만, 동시에 그것은 보다 높은 의식意識을 창조한다. 우리는 이런 운동을, 불변하는 중심을 순환하며, 동시에 언제나 보다 높은 차원으로 올라가는, 사위성의 나선형 사슬로 묘사할 수 있다.

　『아이온』을 마치자마자 융은 동일한 주제를 더욱 발전시키기 시작하여, 「욥에의 응답」을 썼다. 『아이온』에 대한 언급을 마치기 전에 나는, 반응을 듣고 나서 융이, 『아이온』이야말로 그때까지 출간되었던 책 중에서 가장 이해받지 못한 것으로 생각한다고 나에게 말한 것을 언급해야 할 것 같다. 그것은 영어 판이 나오기 전에 했던 말이다. 취리히에 사는 이들 가운데 독일어를 읽을 수 없던 사람들은 그것을 초조하게 기다렸다. 그래서 나는 연구소에서 그것에 대한 강의를 했다. 융은 그 소식을 듣고 좋아했으며, 영어 번역판이 나온 뒤에도 계속 그 강의를 하라고 나를 격려해 주었다. 왜냐하면 사람들은 실제로 그가 했던 것보다 더 자세한 설명을 필요로 한다는 말을 그가 했기 때문이다. 그 강의를 대하는 사람들은 감정이 항상 매우 격해졌다. 왜냐하면 융이 선의 결여*privatio boni*에 관해 말했기 때문이다.14 특히 그것은 신학자들을 매우 화나게 만들었던 것 같다. 나는 내가 했던 그 어떤 강의에서도 그렇게 활발하게 토론하고 열정적으로 참여하는 것을 경험해 본 적이 없었다.

「욥에의 응답」은 융의 다른 모든 책과 전혀 달랐다. 그는 그 책을 평상시처럼 "차분하게 객관적인 태도"로 쓴 것이 아니라 "감정적 주관성"을 가지고 매우 자유롭게 단번에 썼다.15 우리가 앞에서 살펴본 대로, 그는 어린 시절부터 신의 어두운 측면으로 인해 깊은 인상을 받아왔다. 라우펜에서 경험한 예수의 모순된 측면으로 인해, 그리고 11살 때 신의 똥 덩어리가 바젤 교회당에 떨어지는 환상을 본 것으로 인해, 그는 더욱 더 곤혹스러웠다. 우리가 살펴본 대로, 평생 동안 그는 악이 신의 일부로 간주되지 않을 수 없으며, 그것이 신과 무관한 게 아니라는 증거가 많아지자, 그것이 뇌리에서 떠나지 않았다. 왜냐하면 그것에 대해 인간이 전적으로 책임이 있기 때문이다. 전쟁이 끝난 후에 강제수용소에서 일어났던 참상에 대해 우리가 들었을 때, 예컨대 융의 주위에 있는 거의 모든 사람들 역시 결국 똑같은 문제에 깊이 공감했다. 그래서 그는 그것에 대해 공개적으로 글을 쓸 때가 되었다고 느꼈다. 왜냐하면 그가 그 책 서문을, "내가 표현하려고 하는 것은 무엇보다도 내 자신의 개인적인 견해다. 하지만 나는 나 역시 비슷한 경험을 했던 많은 사람들의 이름으로 말하고 있다는 것을 안다"16는 말로 끝맺고 있기 때문이다.

「욥에의 응답」이 『아이온』을 쓴 직후에 나왔다는 것은 놀랄 일이 아니다. 융은 "차분하게 객관적인 태도"로 전체 기독교 시대 동안의 대극의 역사, 특히 선의 결여설의 역사에 대해 계속 생각하고 있었다. 많은 사람들이 계속해서 열렬히 믿고 있던, 악이 단지 선의 결핍이라는 해석이 그에게는 매우 못마땅했다. 그런데 그는 『아이온』에서 그 문제를 다루지 못했다. 거기에 대한 반응은 마땅히 값을 치러야하는 불가피한 것이었다. 왜냐하면 그는, "기독교 교육을 받고 기독교적인 배경을 가진 현대인이 욥기에 드러나 있는 신의 어두운 측면을 받아들이게 되는 방식, 그리고 그것이 그에게 어떤 영향을 줄지"**17** 알아야만했기 때문이다.

「욥에의 응답」은 이런 질문에 대답하려는 열정적인 시도다. 즉, 의식화되기 위해서는 신이 인간을 필요로 한다는 것을 결국 깨닫게 된다고 말할 수 있다. 이것은 사실 신이 인간이 되었다는 기독교적인 믿음의 근본적인 의미다. 융은 거의 10년 후에 그의 자서전에 들어있는 "죽음 뒤의 생에 관하여"라는 장에서 영원한 자기①에 대해 이렇게 말한 바 있다.

> 삼차원의 존재에 들어가기 위해 그것은 인간의 모습을 띤다. 마치 누군가가 바다 속으로 들어가기 위해 잠수복을 입는 것처럼 말이다.... 세속적인 모습으로 그것은 삼차원의 세계를 경험할 수 있을 것이고, 보다 큰 자각에 의해 좀 더 자기Self를 실현할 수 있게 된다.**18**

여기서 우리는 거의 30년 전, 아티 평원에서 융이 현대인의 신화를 인식한 것을 생각하게 된다.

「욥에의 응답」은 수없이 많은 시간 동안, 신이 그 자신의 무의식성으로 인해 얼마나 고통 받았는지를 우리에게 보여준다고 할 수 있다. 왜냐하면 신은 이것을 인식하지 못했으며, 그것으로 인해 인간을 더욱 더 고통 받게 만들었기 때문이다. 다만 신이 무슨 일을 하고 있는지 몰라서, 욥에 대한 그의 어둠의 아들, 곧 사탄의 비난에 귀를 기울이고, 욥을 사탄의 손에 완전히 넘겨주면서, 죽이지만 말라는 조건을 붙이고, 어떤 식으로든 고통을 주도록 허락한 것이 설명이 되고 변명이 될 수 있을까?

---

① "신God"과 "자기Self"라는 말의 의미는 실제로 같은 것이다.

『욥기』에 대해 깊이 숙고한 후에 융은, 신이 인간이 되기를 결정한 것에 대해 다루었다. 이것을 보면, 성육신incarnation이 어두운 측면으로 인해 오염되지 않도록 하기 위해 매우 조심했다는 것을 알 수 있다. 이것이 그 시대에 필요한 일이었다는 것을 충분히 동의하면서도 그는, 그 뒤에 반전反轉이 일어날 것이라고 분명하게 말했다. 그는 이것을, 서신을 쓴 요한이 계시록을 쓴 요한이기도 하다는 것이, 심리학적으로 얼마나 가능한지 분명히 보여주었다. 유례없이 요한은 계시록에서 가장 무자비한 파괴를 예언했다. 서신은 기독교적인 덕, 특히 사랑으로 가득 차 있으며, 하나님을 무조건적으로 사랑하고 신뢰할 수 있는 사랑의 아버지라고 강조한다. 그러나 사랑을 너무 일방적으로 강조하면, 심리학적으로 볼 때 분명히 그 대극인 증오가 배정될 것이라고 했다. 또한 사랑의 하나님에 의한 구원에 지나치게 의지하면, 그 대극인 대규모의 파괴가 배정될 수밖에 없을 것이라고 했다.

융은 『욥기』만큼 상세하게 세상의 종말에 대해 설명했다. 예를 들어 그는 이렇게 말했다.

> 묵시록을 쓴 요한이 처음으로 (아마도 무의식적으로) 기독교가 직접 이끌어낸 갈등을 경험한 이래로 인류는 **신이 인간이 되고자 했고, 되려고 한다**는 부담을 안게 되었다. 그렇기 때문에 요한은 아마도 환상에서, 대극의 융합coniunctio opporsitorum으로 특징지어진 어머니 소피아의 두 번째 아들의 탄생, 다시 말해 신의 탄생을 체험했는데, 신의 탄생은 지혜의 아들filius sapientiae을, 즉 개성화 과정의 정수를 앞질러 취하고 있는 것이다. 그것은 오랫동안 충분히 살았으므로 먼 미래를 바라볼 수 있었던 초기 기독교도 안에서 일어나는 기독교의 작용이다.[19]

융은 요한이 우리의 현 시대를 얼마나 정확하게 예언했는지를 지적했다. 예컨대 원자탄이 사용된다면 계시록에 나타난 공포를 능가하게 될 것이다. 그러한 위험에 대한 유일한 대답이 있다면, 그것은 신이 인간이 되는 것을 돕기 위해 우리가 최선을 다하는 것, 또한 그렇게 함으로써 보다 더 의식적이 되는 것에서 찾을 수 있을 것이다. 그는 최근에 발표된 "성모 승천 교의dogma of the Assumptio Mariae"에서 한 줄기 빛을 보았다. 그는 이렇게 말했다.

이 교의는 모든 관점에서 볼 때 시기적절한 것이다. 첫 번째로 그것은 요한의 환영을 형상적인 방법으로 이행하고 있으며, 두 번째로는 어린 양의 세계 종말의 결혼을 넌지시 비추고 있으며, 세 번째로는 소피아에 대한 구약성서의 회상을 되풀이해 주고 있다. 이 세 관계는 신의 성육신을 예언하는 것이다. 두 번째와 세 번째 것은 그리스도의 성육신을, 그러나 첫 번째 것은 피조물인 인간 속에서의 성육신을 예언하는 것이다.[20]

융은 마지막 때에 있을 위험을 이렇게 지적했다.

엄청난 파괴의 힘이 손에 주어졌을 때, 그 힘을 쓰고 싶은 의지에 저항하고, 그 의지를 사랑과 지혜의 정신으로 억제할 수 있는가 하는 문제는 이제 인간에게 달려 있다. 그러나 자신의 힘만으로는 그렇게 할 능력이 거의 없을 것이다. 그러기 위해서는 인간은 하늘에 있는 "변호인," 바로 신에 마음이 사로잡힌, 지금까지의 조각난 인간을 "치유"하고 전체로 만들게 한 사내아이ⓕ를 필요로 한다.[21]

마지막 장은 "피조물인 인간"과 그 인간을 통해 일하는 원형archetype의 차이를 지적하는 데 할애되었다. 엄청나게 더 강력한 힘을 지닌 후자(원형을 말함 -

---

ⓕ 계시록 12:5. ["마침내 그 여자는 아들을 낳았습니다. 그 아기는 장차 쇠 지팡이로 만국을 다스리실 분이었습니다. 별안간 그 아기는 하나님께로, 곧 그분의 보좌로 이끌려 올라갔고"(『표준새번역』)-역주]. 물론 이것은 위에서 언급된 "아들의 두 번째 탄생"이다.

역주)의 행동은,

> 그것을 관찰하는 의식의 영향이 없이는 전혀 규명될 수 없다. 그래서 이 과정이 의식에서 시작하는지 혹은 원형에서 시작하는지 여부의 질문에 결코 대답할 수 없는 것이다. 그렇지 않다면 사람들이 경험에는 맞지 않게 원형에서 자율성을 빼앗든지, 아니면 의식을 단순한 기계로 만들어 버릴 것이다. 그러나 만약 사람들이 원형에 특정한 정도의 독립성을 인정하고, 그 정도에 해당하는 창조적 자유를 의식에 인정해 준다면, 사람들은 심리적 경험에 가장 잘 일치된 상태에 있게 된다.[22]

그 때 비교적 자율적인 두 요인 사이에서 상호작용이 일어난다. 어떤 때는 하나가, 다른 때는 다른 것이 행동하는 주체로 나타난다. 그러나 아무리 원형이 우리 안에 있다고 하더라도, 우리는 우리의 인간적인 한계를 결코 바꿀 수 없다. 직접 신의 부름을 받고 깨달은 바울이라 할지라도 "육체 속의 가시"를 제거하지 못했으며, 그를 괴롭힌 사탄을 떼어놓을 수 없었다. 그러므로 융은 그 책을 이런 말로 끝맺고 있다.

> 말하자면 깨우친 인간 자신조차도 그가 그냥 그런 상태로 머물러 있다. 그는 자신 안에 내재하는 자, 그의 형상은 인식할 수 있는 한계를 갖지 않는, 지구의 바닥처럼 깊고 하늘처럼 넓게 그를 둘러싸고 있는 자 앞에서는, 한계를 지닌 자아 이상일 수 없다.[23]

아마 융의 그 어떤 책도 「욥에의 응답」이상으로 관심을 끈 것은 없을 것이다. 그 책은 페이퍼백으로 출간되자, 미국에서 베스트셀러가 되었다. 서문 끝부분에서 그 자신의 개인적인 견해를 주로 표현했다 하더라도 융은, "비슷한 경험을 했던 다른 많은 사람들의 이름으로" 말하기도 했는데, 그것이 그가 예상했던 것보다 훨씬 더 큰 영향을 미치게 되었다는 사실을 알았다. 사실상, 어쨌든 그는 그 책을 출간하기 전에 상당히 오랫동안 망설였다. 그러므로 「욥에의 응답」과 "동시성Synchronicity"은 모두 같은 해(1952)에 출간되었는데, 전자는 후자를 쓰기 얼마 전에 완성되었다.

에라노스 학회에서 융은, 거기서 마지막으로 강의를 했던, 1951년에 동시성에 대한 짧은 강의24를 했다. 그것은 에라노스 연보에 실려 있다.25 얼마 안 있어 그는 그것을 최종적인 형식으로 개정하고 확장했다. 나중에 그것은 물리학자 볼프강 파울리Wolfgang Pauli가 쓴 논문과 함께 『자연의 해석과 정신Interpretation of Nature and the Psyche』26이란 제목으로 출간되었다. 「욥에의 응답」과는 완전히 다른 방식이지만, 그것은 그 당시 과학적인 분야에서 새로운 경지를 개척했으며 엄청난 흥분을 자아냈다. 대부분의 사람들의 마음이 인과론에 깊이 빠져 있었기 때문에 그들이 상황을 동시성적으로 보는 것이 매우 어려웠다. 그것이 얼마나 어려운지 설명하기 위해 나는, 막 출간된 융의 논문에 대해 토론하기 위해 융의 집에서 있었던, 융 연구소 강사들과 분석가들의 모임을 기억하지 않을 수 없다. 거기서 활발한 토론이 이루어졌다. 그러나 토론이 막바지에 이르자 융은 이렇게 말했다. "여러분은 모두 인과론의 입장에서 동시성에 관해 토론을 했군요. 그런데 동시성적으로 생각한 사람은 아무도 없군요!"

동시성적으로 생각하는 것이 너무나 어렵다는 것을 알기 때문에 나는 이 논문을 요약하고 싶지 않다. 마리-루이제 폰 프란츠는 『수와 시간Number and Time』27에서 동시성에 대한 훌륭한 설명을 해 놓았으며, 매우 친절하게도 압축해서 이런 말을 하고 있다.

융은 20세기 초에 『주역』으로 실험을 했기 때문에, 나중에 "동시성적 사건들"이라고 불렸던 현상에 친숙해 있었다. 그는 결핍된 것과 오직 통계적으로 타당한 인과원리는, 과학에서 보완적이고, 설명하기 위한 원리를 필요로 한다고 오랫동안 생각했다. 그러나 그는 그것에 대한 근본적인 어떤 것을 출간하기 전까지 여러 해를 기다렸다. 왜냐하면 그들의 합리적인 관점 때문에 특히 힘들어 보였던 과학자들에게 자신의 생각을 전달하기를 원했기 때문이다. 그러므로 케플러Kepler에 대한 볼프강 파울리의 논문과 자신의 동시성에 대한 논문을 합쳐서 출간할 수 있는 기회가 왔을 때 그는 매우 기뻤다. 그러므로 그는 이제 과학자들이 보다 더 진지하게 이런 새로운 생각을 취하게 될 것을 희망했다.

융은 동시성적 사건을, 우리 마음에 갑자기 침입해 들어오는 내적 이미지 혹은 예감과, 거의 동시에 같은 의미를 전달해주는 외적 사건 사이의 일치라고 정의했다. 그는 자신의 환자들 중 한 사람의 한 예를 언급하고 있다. 그 환자는 분석을 받고 있던 어떤 중요한 순간에, 심오한 의식意識의 재생을 상징하는 황금 풍뎅이 꿈을 그에게 얘기하고 있었다. 그 순간 흔한 풍뎅잇과의 장밋빛 곤충 한 마리가 창문을 톡톡 두드리고 있었다. 융은 그것을 잡아서 방안으로 날려 보냈다. 이 곤충은 우리가 사는 지방에서 발견되는 풍뎅이와 매우 비슷한 것이었고, 그 특정한 순간에 평소 습관과는 반대로 어두워진 방 안으로 들어오려고 하는 것 같았다.28⑯

듀크 대학의 라인의 실험Rhine's experiment(역주: 라인은 미국의 심리학자로서, 심령현상의 과학적 연구를 지향했으며, 그의 실험은 벽 너머에서 일련의 숫자와 기하학적 모양이 그려진 카드를 차례로 뒤집을 때 그것을 알아맞히도록 하는 실험이다. 검사자와 피검자의 거리를 넓혀 가면서 실험할 때 적중률이 보통 확률을 훨씬 뛰어넘어 백퍼센트가 되는 수가 있다. 이것을 융은 단순히 우연이 아니라고 보았다)에 의해 고무된 융은, 처음에 그러한 사건들이 통계에 의해 일어날 수 있는 방법을 찾아보려고 했다. 그는 부인할 수 없는 내적·심리적인 상징들이, 부인할 수 없는 외적 사건들과 자주 동일하게 일치하는 증거

---

⑯ 융은 나중에 이런 말을 했다. "동시성적 사건은 **두 가지 다른 정신적 상태가 동시에 일어나는 것**에 달려 있다. 그들 중 하나는 보통, 있을 수 있는 상태 (즉, 인과론적으로 설명 가능한 것)이며, 다른 하나는, 첫 번째 것으로부터 인과론적으로 도출될 수 없는 대단히 중요한 체험이다."

를 찾아보았다. 그는 전자에 해당하는 (심리학적 사실의 상像들인) 점성술에 배열된 결혼과, 후자에 해당하는 실제 결혼을 살펴보았다.**29** 처음에 이러한 통계적인 실험으로 엄청나게 긍정적인 결과가 일어났다. 그러나 나중에 많은 실험이 되풀이 되자, 처음의 긍정적인 결과 그 자체가 동시성적인 사건임이 밝혀졌으며, 통계에 의해 입증될 수 있는 것은 그 어떤 것도 없었다.

그러므로 융은 그의 기본적인 입장으로 되돌아갔다. 즉, 동시성적인 사건들은 오로지 실험자가 실험에 강한 정서를 가지고 참여할 때에 일어난다는 것이다. 정서는 대개 실험자의 무의식에 배열된, 활성화된 원형에 기인한다.**30** 융은 계속해서 동시성적인 사건들은 정확한 원인이 없는 양식인, "비인과적 질서정연함"**31**이라고 불렀던, 훨씬 더 넓은 자연스런 원리의 어떤 특정한 예인 것 같다는 사실을 보여주었다. 가령 우리는 그것을 물리학의 불연속성(예컨대 에너지 양자의 질서정연함 혹은 라듐의 붕괴 등등) 혹은 자연수의 속성의 예에서 발견할 수 있다.**32** 그러한 비인과적 질서정연함의 양식들은 정기적으로 일어나고 또 항상 존재했다. 반면에 동시성적인 사건은 **때에 맞춰 일어나는 창조적인 행위다.**

융은 이렇게 말했다.

지적인 어려움을 창출하고, 원인이 없는 사건들이 존재하거나 그러한 일들이 항상 일어날 수 있다는 것을 상상할 수 없게 만드는, 인과론이 지닌 엄청난 힘에 대한 뿌리 깊은 신념이 있을 뿐이다. 그러나 만약 그러한 사건이 일어난다면, 그때 우리는 그것을 **창조적인 행위**로 간주해야 한다. 즉, 그것은 영원 전부터 존재하되, 스스로 산발적으로 되풀이되는 패턴의 계속적인 창조로 볼 수 있으며, 어떤 알려진 선행 사건에서 추론될 수 없는 것이다. 우리는 물론 모든 사건을, 그 원인이 알려지지 않은 "비인과적"인 것이라고 생각하지 않도록 조심해야 한다. 이것은, 내가 이미 강조한 대로, 다만 어떤 원인을 생각할 수 없을 때에만 인정될 수 있다... 이것은 공간과 시간이 그 의미를 잃어버릴 때 혹은 상대적이 될 때에만 해당된다. 왜냐하면 그러한 상황 아래서 공간과 시간이 그 연속성을 전제로 하는 인과론이 더 이상 존재한다고 말할 수 없으며, 그것을 대체로 상상할 수 없기 때문이다.

이러한 이유로, 내가 공간, 시간, 인과론과 함께, 우리가 동시성적인 현상을 자연스런 사건의 특별한 부류로 이해할 수 있게 만들뿐만 아니라, 우연히 일어나는 일이 부분적으로는 영원 전부터 존재하는 우주적인 요인으로, 부분적으로는 때에 맞추어 일어나는 무수히 많은 개개인의 창조적 행위의 총화로 볼 수 있게 만들기도 하는, 범주를 소개하는 것이 필요한 것 같다.³³

1955년 가을에 마리-루이제는 크라싱스키Krasinski라는 백작이 코르빈에서 보낸 편지 한 통을 받았다. 그는 티베트에서 민간 의학을 공부한 베네딕트회 수사였다. 그는 그녀에게 동시성에 대해 설명해 줄 것을 부탁했다. 그녀는 답장을 보내기 전에 융에게 그것을 보여주었다. 친절하게도 그녀는 융의 답장 중에서 관련 부분ⓕ을 내가 인용하도록 해 주었다.

1955년 10월 27일. 퀴스나흐트 - 취리히.

마리-루이제 귀하,

... 크라싱스키에게 쓴 당신의 답장은 훌륭합니다. 그러나 나는 인과론이 다만 통계적인 개연성이라고 보는 한限에 있어서라는 입장을 덧붙

ⓕ 편지 원본은 독일어로 쓰여 졌다.

여야 한다고 봅니다. 거기에는 **예외가 있어야** 합니다. 예외가 많으면 많을수록 그러한 예외는 인과적인 설명에 지배될 수 없습니다. 배타적으로 인과적인 관점은, 절대적인 타당성을 주장합니다. 그것을 통해 비결정론이 제거되고, 모든 자연적인 사건이 기계적이 되며, 자연 그 자체가 기계가 되는 것입니다. 당신은 계속적인 창조 creatio continua를 강조함으로써 이 모든 것을 시사 했습니다.... 다른 신학자들처럼 크라싱스키는, 만물 중에서 가장 중요한 원인原因인 신 자신은 원인이 없으며, 그의 영원한 편재로 인해 계속적인 창조를 해 나가고 있다는, 그의 아리스토텔레스 철학 때문에 놓치고 있습니다. 이런 이유로 모든 비인과적인 사건은 신성한 것처럼 보입니다. 다시 말해 천진난만한 마음이 비인과적인 사건을 신성한 것으로 간주하고 있다는 것입니다. 신학적인 인과론이 신을 자유롭게 활동할 수 있게 하지 못하게 한다는 것이 놀라운 일입니다. 신은 오로지 선한 존재임에 틀림없을 뿐만 아니라, 그 외에도 그는 그 자신의 창조의 법칙을 따르기도 해야 합니다. 따라서 신은 그의 자유를 제한시키는 교회의 액막이 경향에 종속되어 있습니다.

나는 동시성을 단순히 원인이 없는 것으로 부정적으로 생각하지 않습니다. 하지만 위에서 살펴 본 (상징적) 결론들로부터 결론지어 볼 수 있는 것처럼, 나는 그것을 궁극적인 비 인과성에서 비롯되는 창조적인 행위로 긍정적으로 보기도 합니다. 이것은 우리가 생각하는 것보다 우리에게 더 가까이 있습니다. 왜냐하면 초능력 실험에서 드러난, 일반적으로 인정된 초능력적인 공간과 시간의 상대성이 경험적인 상황을 보이게 하기 때문입니다. 그로 인해 원인과 결과의 (일시적인) 연속성이 공간의 상대적인 부재 때문에 완전히 불가능하게 되는 것입니다.

다정한 인사를 보내며
C. G. 융

융은 동시성에 관한 논문을 쓰는 동안, 처음에 세운 탑의 서쪽 벽에 웃고 있는 트릭스터trickster의 얼굴을 새기기도 했다.³⁴ 그것은 마치 돌 속에 잠복해 있다가 그 존재를 드러내기를 요청하는 상像과 같았다. 그는 이따금 돌을 만지기 전에, 그 역시 거기서 어떤 것을 보았다면, 누군가 모습을 드러내기를 바랐다.

1950년에 웃고 있는 트릭스터를 새기기 몇 달 전에 융은, 성탑이 자신에게 의미하는 것이 무엇인지 표현하려고 돌로 만든 기념비를 완성했다. 그는 그것을 『회상』에 기록했다.³⁵ 어느 정도 시간이 지나서, 담장에 쓰려고 주문했던 삼각형의 돌 대신, 실수로 큰 정사각형의 돌이 운반되어 왔다. 석공이 화를 내며 돌려보내려 했다. 그러나 융은 즉시 그것이 담장에는 쓸모가 없었지만, 그럼에도 불구하고 그것이 **그의** 돌이라는 것을 알아차렸다. 그래서 아직은 모르지만 그는, 어떤 목적으로 그것을 쓰기를 원했다. 내가 기억하는 한, 그는 한동안 그것을 그냥 가지고 있었다. 아마도 그가 그것을 어떤 목적으로 쓸지 알기 전까지 몇 해 동안 그냥 가지고 있었을 것이다. 그때 그는 이렇게 썼다.

첫 번째 나에게 떠올랐던 것은 연금술사 아르날두스 빌라노바 Arnaldus Villanova(1313년에 죽은)가 쓴 라틴어 시 구절이었다. 나는 그것을 돌에다 새겼다. 그것을 번역하면 이렇다.

여기 그 돌이 있네. 하잘 것 없는 것.
그건 아주 값싼 것이네!
바보들에게 경멸당할수록
그것은 지혜로운 사람에게 더욱 사랑받는다.

이 시 구절은 배척되고 경멸당한 연금술사의 돌lapis에 대해 말하고 있다.

곧 거기서 다른 것이 거기서 생겨났다. 돌 앞면의 자연 그대로의 구조

속에서 나는 작은 원, 일종의 눈이 나를 보고 있는 모습을 보았다. 나는 그것을 돌에 새겼다. 그리고 중앙에 아주 작은 남자를 만들었다. 이것은 눈 속의 동공에 해당하는 "작은 인형," 일종의 카비르Kabir 또는 아스클레피오스 신의 텔레스포로스에 일치되는 모습이었다. 고대 그리스의 많은 조상彫像에서 볼 수 있는 것처럼 텔레스포로스는 두건을 쓰고 외투를 입었으며 손에 등을 들고 있는 모습을 하고 있다. 그는 길을 안내하는 자이기도 하다. 일을 하면서 몇 줄의 말이 머리에 떠올라 나는 그 말을 그에게 봉헌했다. 그리스어로 된 이 비문의 번역은 다음과 같다.

"시간은 어린이 ― 어린이처럼 놀고 ― 서양장기를 두는 ― 어린이의 왕국. 여기 텔레스포로스가 이 우주의 어두운 지역을 거치면서, 소요하며 별처럼 깊은 곳에서 빛나는 것. 그는 태양의 문에 이르는, 꿈의 나라에 이르는 길을 가리키고 있다."

내가 돌을 다루며 일하는 동안, 이런 어구가 내 뇌리에 계속 떠올랐다. 세 번째 면, 호수로 향한 면에 나는 말하자면 돌로 하여금 스스로 라틴어로 말하게 하였다. 이 말들은 모두 연금술에서 인용한 것이다. 다음이 그 번역문이다.

"나는 고아, 혼자 있소. 그런데도 어디서나 발견되오. 나는 하나, 그러나 내 자신에 대립된 존재요. 나는 젊은이인 동시에 늙은이. 나는 아버지도 어머니도 모르오. 물고기처럼 깊은 곳에서 꺼내 와야 하므로 ― 아니면 마치 하얀 돌처럼 하늘에서 떨어지므로 ― 숲과 산에서 나는 헤매고 있소. 그러나 나는 인간의 가장 깊은 내면에 숨어 있소. 나는 누구를 위해서도 죽지만 시간의 순환과 변화가 나를 손대지 못하오."

결론적으로 아르날두스 드 빌라노바Arnaldus de Villanova의 말 아래 나는 라틴어로 "C. G. 융의 75회 생일을 기념하여 1950년 감사의 봉헌으로 이것을 만들고 여기에 세우다"라고 새겼다.

돌이 완성되었을 때 나는 그것을 되풀이해 보면서 스스로 감탄했다. 그리고 이런 것을 만드는 것을 무엇이라 불러야 하는지를 반문했다.

그 돌은 탑 밖에 서 있어서 마치 그 탑에 관해 설명하고 있는 것 같았다. 그것은 아직 남에게 불가해한 존재로 있는 거주자의 발언이었다. 내가 그 돌의 뒷면에 무엇을 새기고 싶었는지 알겠는가? "메를린의 외침!*Le Cri de Merlin!*"이었다. 왜냐하면 그 돌이 말한 것을 보고 나는 그가 탑에서 사라진 뒤 숲속에서 외친 메를린의 선언을 연상했으니까. 사람들은 아직 그의 외침을 듣는다고 한다. 그러나 사람들은 그 뜻을 이해하지 못하든가 해석하지 못한다고 전설을 말하고 있다.[36]

융은 9살 때 남자 인형을 조각했는데, 그것을 만든 것이 그에게 안정감을 주었으며, 그 자신과의 "부조화로 인한 괴로움"이 그것으로 인해 소실되었다.[37] 결국 그것이 그가 75세가 되었을 때 그의 가장 중요한 돌 속에서 아스클레피오스의 텔레스포로스로 되살아났다.

「욥에의 응답」과 동시성에 관한 논문이 분명히 "새로운 형식"을 갖추게 된 것은 그가 1944년에 병을 앓고 난 후였다. 다만 병을 앓고 난 후에 그는 충분히 "생각의 흐름"에 몰두할 수 있었으며, "잇따라" 보이지 않던 내용이 그에게 밝히 드러나고 형태를 갖추게 되었다.[38] "동시성"과 관련하여, 그것은 시간을 넘어서 있는 경험이었음에 틀림없다. 그 때 그는 그 자신이 "그저께, 오늘 그리고 모레 동시적으로 존재한다."고 느꼈다. 그것은 그를 자유롭게 동시성적으로 생각하고, 전체 논문을 전적으로 그러한 관점에서 구상할 수 있도록 해 주었다.

이 두 저서에 대한 긍정적인 반응이 많았지만, 때로는 상당히 괴로운 반응이 있었음에 틀림없다. 신학자들 일부는 「욥에의 응답」에 대해, 과학자들은 "동시성"에 관한 논문에 대해 상당히 화를 냈다. 융은 늘 지적인 비판 — 그것이 비지성적인 찬양보다 그를 훨씬 더 기쁘게 했다 — 을 받아들일 준비가 되어 있었다. 그러나 그는 그가 뜻하고자 했던 것에 대해, 전적인 오해에 근거하여 어리석은 비판을 가하는 것을 몹시 싫어했다. 이 두 저서 모두 일종의 후자와 같은, 보기 드문 엄청난 비판에 직면하게 되었다. 융은 종종 우리의 문명이 악보다 어리석음으로 인해 멸망하게 되는 일이 훨씬 더 많을 것이라고 말하곤 했다.

그럼에도 불구하고, 그의 일생은 — 여러 번의 병치레와 고령에도 불구하고 — 대체로 생산적이었을 뿐만 아니라 행복한 기간이기도 했다고 생각한다. 융은 자신이 서서히 늙어가는 것을 아는 게 쉽지만은 않았다. 그는 이렇게 말하곤 했다. "난 내가 얼마나 늙어 가는지 모를 정도로 노인이었던 적은 없다!" 그러나 그는 평소처럼 용기와 인내로 그 문제에 직면했으며, 1951년 말에 그 답을 확실히 찾았다.

제16장

융합의 비의

1952-1955

　융은 『심리학과 연금술』을 완성한 이후 계속해서 『아이온』, 「욥에의 응답」, 그리고 동시성에 관한 긴 논문을 썼으며, 그 다음에 그의 목표인 필생의 역작에 전적으로 몰두했다. 융이 그 책의 에센스가 들어있는 부분인 융합coniunctio 그 자체에 대한 여섯 번째, 마지막 장을 쓴 것은, 그가 먼저 작업하던 책들을 완성한 후에야 이루어졌다. 전에 언급했던 것처럼, 그는 1944년에 병이 들기 전에 이전 다섯 장의 대부분을 썼다. 그는 몇몇 곳에서 생각을 첨가하기도 하고 심화시키기도 했다. 그러나 마지막 여섯 번째 장을 쓰면서 비로소 대극의 합일에 대한 "새로운 형식"이 "구체화 되었다."

　그러나 그는 1952년에 작업을 제대로 할 수 없었다. 20년 넘게 그의 비서였던 마리 - 진 슈미트가 결혼을 하기 위해 가을에 그를 떠났다. 그가 사망할 때까지 보낸 9년 동안 융에게는 비서가 세 명 있었지만, 그들 중 어느 누구도 마리-진 만큼, 융이 제대로 안정된 상태에서 일하며 살도록 도울 수는 없었다. 이것은 그 이후에 일했던 비서들의 잘못이 아니었다. 즉, 그들에게는 단지 마리-진이 가지고 있던 장점이 없었을 뿐이다.⑧ 다른 어려움 — 특히 처음에 — 은 마리 - 진이 항상 온종일 머무르며 결과적으로 풀타임으로 일하게 되었지만, 그녀가 떠났을 때는 융이 분석을 별로 하지 않고 있었기 때문에, 그가 반나절 이상 일할 비서를 둘 필요가 없다고 결정한 데 있었다. 물론 전보다 할 일이 별로 없었던 것은 확실했다. 그러나 새로운 비서들이 자유롭게 반나절만 일하면서 마리-진의 수준을 따라가는 것은 불가능하진 않았지만, 매우 어려웠던 게 틀림없다. 온 가족의 오랜 친구인 마리-진은 매일 점심시간에 잘 어울렸지만, 잘 알지 못하는 사람이 똑같이 하긴 쉽지 않았을 것이다. 그러므로 융도 그렇게 하는 것을 바라지 않았다. 비서의 일을 반나절로 제한한 데에는 다른 이유가 있었던 것이다.

『융합의 비의』를 완성하기 전에, 더욱 힘든 운명의 바람이 융에게 불어 닥치려 하고 있었다. 1953년 봄에 그는 예기치 못했던, 가장 가슴 아픈 슬픔을 겪게 되었다. 즉, 그녀의 아버지가 40년 전에 그랬던 것처럼,ⓑ 토니 볼프가 3월 21일에 갑자기 세상을 떠났던 것이다. 훗날 융은 나에게 이렇게 말했다. "토니는 나보다 13살 적었어요. 그래서 난 그녀가 나보다 먼저 죽을 것이라고 진지하게 생각해 본 적이 없어요." 그는 1946년 봄, 그러니까 토니가 죽기 7년 전에 꾸었던 그녀의 꿈 가운데 하나와 그녀에 관한 자신의 꿈 두 개로 인해 몹시 불안해했던 게 사실이지만, 그런 꿈은 다행스럽게도 실제 죽음과 관련된 재생rebirth을 암시할 수 있었고, 그가 최선을 다해 그녀에게 그 꿈을 해석해 주었으므로 그의 불안한 마음이 진정되었다. 그러므로 그에게는 그녀의 갑작스런 죽음이 예기치 못했던 가장 큰 충격이요 타격이었다. 융은 몇 주 동안 심하게 아팠지만, 몸져눕기 전에 상태가 호전되었다. 이상하게도, 토니가 죽기 바로 **전에** 그는 나에게 그가 담배를 끊게 만들었던 꿈 얘기를 했다. 융은 평생 담배를 많이 피웠다. 비록 파이프 담배를 피웠고, 프로이트 만큼 많이 피우지는 않았지만 말이다. 그러나 그렇게 갑자기 담배를 완전히 끊는 것은 틀림없이 매우 어려웠을 것이다. 반면에 토니는 지나치게 담배를 많이 — 하루에 약 30내지 40개비 — 피웠으며, 그녀는

ⓐ 311쪽을 보라.
ⓑ 153쪽과 176쪽을 보라.

나에게 그녀가 보았던 의사들 중 절반이 담배가 그녀의 상태를 악화시키고 있으니 끊으라고 지시했으나, 반면 다른 이들은 아무 관계가 없다고 했다고 말했다. 그녀는 후자를 믿고 싶어 했다. 융은, 적어도 몇 년 만이라도 담배를 줄여보라고 그녀에게 권했지만, 그녀는 들으려고 하지 않았으며, 죽는 날까지 계속 담배를 피웠다. 이것은 의지가 약해서 그런 게 아니었다. 그녀는 이렇게 말하곤 했다. "우리는 악습을 가지지 않을 수 없답니다. 내겐 담배를 피우기로 한 게 바로 그겁니다." 그녀는 담배 피우는 것(우리에게는 지나치게 보였지만 그녀에게는 그런 게 아니었던)이 다른 사람들에게는 어떨지 몰라도, 자신에게 맞는 일이라고 확신했던 것 같다. 아무튼 나는, 죽은 다음에 토니만큼 그렇게 평화스럽고 만족스럽고 이상할 정도로 살아있는 것처럼 보이는 사람을 본 적이 없다. 나는 그녀의 오래된 가정부였던 레나에게, 그녀가 잠든 것이 아니고 정말 죽은 것인지 의사가 **확인**했는지 물어보았다.

1953년 봄에 토니는, 듣자하니 심한 관절염을 제외하고는 건강 상태가 좋았다. 부활절 휴가 기간이었지만, 그녀는 영국에서 온 분석가 두 사람을 매일 분석했다. 훗날 그들 중 한 사람이 나에게 말하길, 자신은 토니가 죽기 전날, 토니가 매우 걱정됐었다고 했다. 비록 토니가 아무 문제가 없다고 했지만 말이다. 그러나 토니는 차를 마신 후에 의사를 보러 갔다. 그는 분명히 염려할만한 것을 발견하지 못했다. 20년 이상 그녀와 충실하게 잘 지냈던 레나는, 그녀가 지난 밤 저녁을 거의 못 먹었으며 곧바로 자러 갔다고 나에게 말했다. 레나는 전에 그녀가 그렇게 하는 것을 **결코** 한 번도 본적이 없었다는 것이다. 그녀는 밤에 전혀 신경을 쓰지 말라고 했다. 그런데 레나가 아침에 그녀를 깨우러 갔을 때 그녀는 죽어 있었다.

토니의 죽음에 충격을 받아 융의 건강이 악화되었다. 즉, 그의 심계 항진증이 재발했으며, 몇 주 동안 현저하게 맥박이 높아져 장례식에 참석할 수가 없었다. 그는 겉으로 보기에 극히 평온해보였다. 그래서 그의 아내와 비서는 며칠 후에 충격을 받은 것이 회복되었다고 생각했다고 나에게 말했다. 하지만 내가 기록해 놓은 1953년 4월의 메모를 보면, 그의 맥박이 여전히 80에서 120정도였다고 되어있다. 더욱이 이러한 고통은 한 동안 계속되었다. 부활절 전날 밤 그가 꿈에서 토니를 본 것이 도움이 된 것은 사실이다. 토니가 죽은 후, 그가 꿈에서 본 그녀는 평소보다 훨씬 더 키가 크고, 젊고, 매우 아름다워 보였다. 그녀는 극락조極樂鳥가 지닌 온갖 빛깔의 드레스를 입고 있었다. 꿈에서는 아주 멋진 물총새의 파란색이 가장 강조되었다. 그는 꿈에서 아무런 행동도 하지 않았던, 그녀의 이미지를 보았으며, 부활이 일어났던 밤에 그런 꿈을 꾸었다는 것에 특히 감동을 받았다.

비록 융이 육체적으로 받은 충격을 극복하기까지는 오랜 시간이 걸렸지만, 그는 훨씬 더 빨리, 토니의 죽음에 대한 심리적인 태도를 발견하고, 그것이 그에게 안겨준 고통을 받아들일 수 있었다.

그때 금연에 대한 중압감이 특히 어려웠던 게 틀림없었지만, 융은 담배를 피우고 싶은 갈망이 극복되어야 한다고 확신했다. 그래서 그는 약 두 달 동안 담배를 피우지 않았다. 그때 의사는 그가 평생 담배를 피웠기 때문에 담배를 완전히 끊는 것보다 **적당히** 피우는 것이 훨씬 나을 것이라고 말했다. 잘 알다시피, 그것은 훨씬 더 어려운 일이었다. 그러나 그때부터 약 8년 후에 죽을 때까지, 융은 엄격하게 절제하여 파이프 담배를 다시 피웠으며 때때로 시가를 피우기도 했다.

『융합의 비의』의 어떤 핵심적인 관념을 몇 페이지로 언급하는 것은 불가능한 일이다. 앞의 몇 장은 융합의 요소들, 그리고 대극들이 그 속에 나타나는 끝없는 역설, 상징 그리고 인격화와 관련이 있다. 공동 연구자의 도움이 있었지만, 융이 이 작업에 필요한 연구를 위해 도대체 얼마나 많은 시간을 썼는지 놀라울 따름이다. 왜냐하면 이 작업은 원문에 확고하게 기초를 두고 이루어졌으며, 책 전체에서 어림짐작을 해서 쓴 것은 단 한 단어도 없기 때문이다.

융은 마지막 끝맺는 장을, 융합이 바로 연금술 과정의 "중심 개념"임을 인식한 첫 번째 사람이었던 허버트 질버러Herbert Silberer 덕분에 시작할 수 있었다.

제16장 융합의 비의 | 477

연금술은, 그것이 대극들을 결합하려고 하기 전에 대극들을 분리시켰으며, 융은 종종 그 당시 생성되었던 세계의 어두운 상태 속에서 어쨌든 그것을 지키기 위해 빛과 영적인 대극만을 전적으로 강조하려고 했던 기독교의 역사적인 필연성을 지적했다. 그는 이 책에서, "두 개로의 분열은 **잠재적인 상태로부터 '하나'의 세계가 현실화되기 위해** 필요한 것이었다."[1]고 말했다. 물질을 포함하는 어두운 대극이 점점 더 교회에 의해 거부되었으므로 항상 표면 아래 흐르고 있던, 그리고 외적인 가르침의 보상이었던 연금술은 필연적으로 어두운 대극이 망각된 상태에서 벗어나도록 하는데, 그리고 그것이 밝은 대극과 결합되도록 하는데 온통 주의를 집중하게 되었다.

연금술사들이 그들의 증류기 속에 있는 물질에 대한 작업에 끊임없이 몰두한 것은, 물론 대부분이 그 때는 전혀 인식하지 못했던 무의식의 투사였다. 지적으로 뛰어난 게르하르트 도른 같은 몇몇 연금술사들은 그러한 사실을 어렴풋이 감지했었지만 말이다. 그들이 증류기를 들여다보며 열정적으로 노력한 것은, 오늘날 현대인의 꿈에 의해 자연스럽게 산출된, 똑같은 상징을 많이 상기시켜 주었다. 둘이 너무나 비슷했기에 융은, 16세기에 살았던 도른에 의해 묘사된 것과 같은 세 단계를 따랐으며, 오늘날 개성화 과정에 정확히 똑같은 단계가 있다는 것을 보여줄 수 있었다. 왜냐하면 도른이 발견한 것은, 바로 그가 증류기 속에서 한 그의 작업에 투사했던 것이기 때문이다.

첫 번째 단계는 정신의 결합unio mentalis이라 칭해졌으며, 이것은 연금술사의 **마음**mind에 의해 어느 정도 이루어질 수 있었다. 연금술사의 지성이 우리의 지성만큼 일방적인 것은 아니었지만, 연금술사는 어느 정도 지적이라고 볼 수 있는, 전체 상황을 심사숙고한다. 중세 사람은 신 안에서, 인간 안에서, 물질 속에서 발견되는 동일한 진리veritas를 쉽게 **생각**할 수 있었다. 그의 과제는 이따금 물질matter 속에 갇혀 있던 미묘체subtle substance, 혹은 영혼soul이라고 언급된, 이러한 진리를 해방하는 것이었다. 연금술이 시작된 초기의 몇몇 연금술사들은, 증류기속에서 그들의 물질substance을 얻기 전에, 먼저 그들 자신 안에서 그것이 해방되어야 한다는 것을 깨달았다. 이러한 정신의 결합의 첫 단계는 실제로 영spirit을 물질로부터 분리하는 것이며, 그것은 주로 마음에 의해, 혹은 우리가 상황을 의식화하는 것이라고 부르는 것에 의해 이루지게 된다.

융은 우리가 분석에서 그것과 동일한 단계를 정확하게 살펴볼 것을 지적했다. 우리는 그것을 "그림자의 의식화"라고 부르며, 아니면 그것을 우리가 붙잡혀 있던 요동치는 감정을 의식화하는 것이라고 묘사할 수도 있다. 그때 우리는 그러한 감정을 **인식**함으로써 우리 자신을 그러한 감정으로부터 분리하는 것을 배우게 된다. 『태을금화종지』에는 수세기 전에 이런 말이 기록되어 있다. "사람이 어두움 속에 빠져 있는 것을 스스로 알아차리지 못하는 것과, 스스로 그리함을 알아차리고 있는 것과는 그 차이가 너무 커서 서로 천리만리 떨어져 있다."◎ 그러므로 연금술과 분석심리학 둘 다에서 첫 번째 단계는 주로 마음에 의해 이루어질 수 있다.

그러나 연금술사들은 이런 영혼의 분리가 지적인 노력으로는 충분하게 이루어지지 않는다는 것을 절실히 깨달았다. 도른이 이것을 좀 더 분명하게 표현하긴 했지만, 그가 그것을 발견하지 못했으며, 연금술 전통을 통해 잘 알려졌다는 것을 융은 강조했다.2 그렇게 얻게 된 객관적인 입장 혹은 이른바 해방된 정신은, 그때 몸 및 물질과 재결합되었음에 틀림없다. 이러한 단계는 연금술에서 많은 상징에 의해 표현되었으며, 그 중 가장 잘 알려진 것이 아마 "화학적 결혼 chemical marriage"일 것이다. 그러나 연금술사들은 그것을 남자와 여자의 결혼으로 표현하는 것을 만족스러워하지 않았다. 그것은 너무나 광범위하고 신비스러운 것이었다. 그들은 자신의 무덤 속에서 여자를 안고 있는 용, 싸우고 있는 두 마리의 동물, 혹은 물속에서 용해되고 있는 왕과 같은 다른 많은 상징들을 사용했다. 그들은 또한 이러한 단계를 영원에 이르는 창을 여는 것으로 묘사하기

◎ 286쪽을 보라. 여동빈 지음, 이윤희·고성훈 공역, 『태을금화종지』(서울: 여강출판사, 2005), 237쪽 참조.

도 했다. 그들은 계속해서 증류함으로써 가장 미묘한 농도를 지닌 실제적인 하늘빛의 유체流體를 만들려고 애썼다. 그들은 그것을 그들의 카일룸caelum(그들의 하늘)이라고 불렀다.

분석심리학에서 이러한 단계는, 그것을 우리의 일상적인 삶에 적용함으로써 **실제로** 얻게 된 지식으로 이루어져 있다. 예컨대 우리의 그림자를 인식하는 것만으로는 아무 소용이 없다. 만약 결론을 도출하려고 하지 않고, 그 결론에 근거하여 **행동**하려고 하지 않는다면 말이다. 이러한 단계의 목표는 기독교에 의해 그 틈이 너무나 많이 벌어지고, 연금술이 그 틈을 메우려고 계속 애썼던, **우리 안에 있는 가장 높은 것과 가장 낮은 것을 결합시키는 것**으로 불릴 수도 있다. 융은 이렇게 말했다.

> 그러므로 이 두 번째 융합의 단계는 자신의 역설적인 전체성에 대한 어떤 지식을 얻은 사람이 현실을 인식하는 것에 의해 이루어진다. 그러나 여기서 가장 큰 어려움은 아무도 인간의 역설적인 전체성이 어떻게 현실화될 수 있는지 모른다는 것이다. 이것이 개성화의 핵심이다.[3]

융은 계속해서, 이런 딜레마 속에서 "어떻게 이러한 문제와 씨름한 중세 '철학자들'이 방해받지 않고 상징적인 생각을 얼마나 많이 했는가를 아는 것"은 특히 가치가 있다고 말했다. 융은 어떤 연금술사도 이 두 번째 단계를 넘어섰다고 주장하지는 못했다고 지적했다. 하지만 융은 연금술사가 그의 노력으로 얼마나 성공했는가는, 그의 노력 이면에 있는 신성한 원형numinous archetype에 사로잡혀 있었다는 사실보다 실제로 훨씬 덜 중요하므로, 평생 동안 방해받지 않고 계속 노력했다는 것을 강조했다. 도른은 세 번째 단계에 도달하려고 했던 예외적인 존재였다. 그 세 번째 단계를 그는 하나의 세계unus mundus와의 결합이라고 불렀다. 그러나 도른은 이것을 외적인 세계가 아닌, 모든 것이 그것으로부터 창조된 잠재적인 **하나의** 세계로 간주했으며, 그의 최상의 목표는 인간이 이 하나의 세계, 곧 모든 것이 아직 하나였던 창조 첫 날의 잠재적인 세계와 재결합하는 것이었다. 이것은 다만 두 번째 단계에서 영혼이 몸, 혹은 정신이 물질과 재결합된 후에, 그리고 인간 혹은 증류기 속의 내용물이 강하게 되고 충격을 충분히 잘 견디게 될 때 가능하다. 이러한 잠재적인 세계는 마치 자기Self가 개인의 기초인 것처럼 모든 것의 기초이며, 그것의 과거, 현재, 미래를 포함하고 있다.

융은 이렇게 말했다. "도른이 융합의 세 번째 단계에서 표현하고 있는 생각은 보편적이다. 즉, 그것은 개인과 초개인적 아트만suprapersonal atman과의 관계 혹은 일체성이며, 개인적인 도individual tao와 보편적인 도universal tao와의 관계 혹은 일체성이다."**4** 서양인은 이것을 신비적인 관념으로 생각한다. 왜냐하면 그는 보이는 외적인 세계 외에는 어떤 다른 세계에 대한 경험이 없기 때문이며, 그러기에 자아가 잠재적인 세계, 곧 하나의 세계와 접촉할 때 자기Self가 삼차원적인 현실에 들어가는 것을 볼 수 없기 때문이다.

융은 나이로비 가까이에 있는 아티 평원에서 바로 그런 경험 — 우리가 앞에서 살펴보고 종종 회상해본 바와 같이 — 을 했다. 그 때 그는 거기서 다음과 같은 것을 보았다.

> ... 그것은 언제나 그렇게 비존재의 상태에서 있어 온 세계였다.... 이 때 나는 이것이 바로 진정한 세계라는 것을 알아차린 최초의 사람이었다. 그러나 나는 이 순간 그가 정말로 최초로 그 세계를 창조했다는 사실을 몰랐던 사람이었다.
> 따라서 의식의 우주적 의미가 나에게는 너무나 분명해졌다. "자연이 불완전하게 둔 것을 예술이 완전하게 만든다."라고 연금술사들은 말한다. 인간인 내가 눈에 띄지 않게 창조행위를 하고 있는 이 세계에 비로소 객관적 존재로서의 완성을 부여했다. 사람들은 이 행위를 창조주에게만 귀착시켜 왔다. 그리고 그렇게 생각함으로써 우리가 인생과 존재를 하나의 남김없이 계산된 기계, 무의미하며, 인간 정신과 함께 미리 알고 결정

된 법칙에 복종하는 기계라고 보게 된다는 것을 미처 생각하지 못하고 있다.[5]

그때 융은 늙은 푸에블로 인디언 친구를 생각했다. 그의 아버지 태양이 매일 하늘에 올라가도록 도와야한다고 믿었던, 의미로 충만한 그의 확신을 융은 부러워했다. 그 순간 융은 간절히 기다리던 우리 자신의 신화가 바로 이런 것임을 깨달았다. "인간의 의식은 처음으로 객관적 존재를 지니게 되었고 의미를 만들었으며, 인간은 위대한 존재과정에서 필요불가결의 자리를 발견했다."[6]

이것은 자아가 "창조 첫날의 세계와 관계"를 맺음으로써 자기Self가 현실화되는 바로 그 순간이었다. 왜냐하면 "그것에게 객관적 존재를 부여함으로써 세계를 완성하는 도장"을 찍은 것은 당연히 자기이지 자아가 아니었기 때문이다. 혹은, 융이 이전에 했던 이러한 경험을 우리가 쓰는 말로 표현해 보면, 그것은 그의 제2호 인격이었던 것이다. 그 경험이 비록 제1호 인격에 의해 등록되어야 했지만 말이다. 제2호 인격이 불러일으켜지자, 처음에 창조된 세계, 곧 태초의 잠재적인 세계에 대해 융이 어렴풋하게 가지고 있던 느낌이 강렬하게 현실적인 것이 되었다. 융이 혼자 거기 서 있었을 때 하나의 세계는 그 존재 자체를 그에게 보여주었다.

융은 세 번째 단계, 곧 "하나의 세계"에 대한 장을 시작하면서, 도른은 "중요한 예외"였다고 말했다. 왜냐하면 그가 돌 혹은 하늘빛 유체의 생산을 다만 "융합의 두 번째 단계의 완성"을 보여주는 것이라고 인식했기 때문이다. 그는 이것이 심리적인 경험과 일치하는 것임을 지적하며 계속 이렇게 말한다.

우리에게 있어서 실제 보이는 형태의 자기에 대한 생각의 표현은 단순한 입회 의식rite d'entree, 말하자면 예비적인 행동이며 그것이 실현되기를 단순히 기대하는 것이다. 내적인 안정감에 대한 존재는, 그 산물이 환경을 교란시키거나 환경에 대해 적대적인 영향을 주는 것을 충분히 견더낼 만큼 안정적이 될 것이라는 것을 결코 입증해주지 않는다. 연금술사는 불리한 환경 혹은 기술적인 실수 혹은 — 그에게 그렇게 보이는 — 그의 작업의 완성을 방해하는 고약한 사고事故를 거듭 경험하지 않으면 안 된다. 그렇게 되면 그는 처음부터 다시 시작하지 않으면 안 되는 것이다. 정신적인 시험과 비슷한, 내적인 안정감에 영향을 받는 사람은 누구나 비슷한 경험을 하게 될 것이다. 현실의 영향을 받게 되면, 그가 세워 놓은 모든 것이 몇 번이고 와해되고 말 것이며, 그는 거듭 시험을 받음으로써 실의에 빠지게 되어서는 안 된다. 그의 태도에 결함이 있고 그의 시각에 맹점이 있으면 그렇게 될 수 있는 것이다. 신비적인 힘을 지니고 있는 현자의 돌lapis Philosophorum이 결코 생산될 수 없는 것처럼, 정신적인 전체성도, 의식意識이 너무 좁고 일방적이어서 정신이 지닌 모든 정보를 이해하지 못하면, 결코 경험적으로 성취될 수 없다. 항상 우리는 처음부터 다시 시작해야만 할 것이다. 먼 옛날부터 연금술사는 그가 "단순한 것res simplex" 에 관심을 두고 있다는 것을 알았으며, 현대인 역시 그 작업이 엄청난 단순함이 없이 성공하지 못한다는 것을 경험을 통해 발견하게 될 것이다. 그러나 단순한 것들은 항상 가장 어려운 것이다.

"일자와 단순한 것The One and Simple" 은 도른이 하나의 세계라고 부른 것이다. 이 "하나의 세계" 가 바로 "단순한 것res simplex" 이었다.7

융 자신에게 그렇게도 두드러졌던 것이 바로 이 단순성이었다. 그는 항상 가장 복잡한 상황을 단순하게 만들 수 있었으며, 꿈 해석에도 이런 남모르는 재능을 가지고 있었다. 우리는 콜럼버스와 달걀(역주: 신대륙을 발견하고 큰 환영을 받던 콜럼버스를 비난하던 사람에게 달걀을 세워보라고 했으나 못 세우자, 콜럼버스가 달걀 한 모서리를 깨어 세웠는데, 그 사람이 "그렇게 하면 누가 달걀을 못 세우겠느냐"고 하자, 콜럼버스가 "누구나 남이 먼저 한 것을 보면 따라 하기는 쉽지만 남보다 앞서 처음에 하기가 어려운 것이다. 이게 차이다"라고 했다는 얘기에서 온 일화다)을 끊임없이 상기하게 된다! 그러나 안타깝게도,

제16장 융합의 비의 | 483

콜럼버스가 말한 것처럼, "단순한 것이 항상 가장 어려운 것이다." 그런데 나는 융에게 절대적으로 중요했던, 단순성에 도달한 사람을 결코 본 적이 없다.

그는, 심리학에서 우리가 "흐릿한 추상적 개념"에 쉽게 빠지는 반면, 연금술사들이 투사에도 불구하고, 그들의 증류기 속에 있는 물질과 계속 씨름했다는 데서, 우리보다 유리한 위치에 있었다고 지적했다. 반대로 연금술사는 자신의 작업을 "물질 그 자체처럼, 마술적인 특성을 전달하는 마술적으로 효과적인 행동"[8]이라고 느꼈다. 현대인의 꿈을 보면, 집단적 무의식 그 자체가 정신과 물질의 더 나은 균형을 유지하려는 경향을 가지고 있다는 것이 종종 분명하게 나타난다. 그런 균형은, 중세기 동안 기독교가 점점 더 영적인 것이 되었을 때, 그들의 증류기 속에서 열정적으로 작업하던 연금술사들의 암류暗流에 의해 이루어졌다. 연금술적인 흐름이 끝났을 때, 원형 그 자체가 많은 꿈을 꾸고 영감을 받고 단순한 사람들에 대한 환상을 보았던 교황 비오 12세에게 감동을 준 것 같다. 물질의 상징 — 성모 마리아의 몸 — 을 신성神性의 차원으로까지 드높여서 기독교의 표면에 새로운 꽃이 피어나게 했던 것이다(역주: 이것은 교황 비오 12세가 1950년에 선포한 성모 마리아 승천Assumptio Mariae 교의를 말한다. 즉, 신성한 동정녀 마리아가 천상적인 몸과 영혼을 취하고 하늘로 승천했고, 하늘과 땅의 여왕으로, 성부, 성자, 성령 하나님과 동등한 존재로 자리 잡게 되었다는 것이다). 융은 새로운 교의가 얼마나 중요한지 지적하는 것을 결코 꺼려하지 않았으며, 그것을 특히 『융합의 비의』에서 깊이 다루었다. 예컨대 그는 천년 이상 동안 연금술사들이 성모 마리아 승천 교의를 위한 토대를 준비했다고 말했다. 그것은 바로 다음과 같은 것이다.

... 실제로 혼인잔치, 곧 신성혼의 기독교적인 형식은 본래 근친상간적인 성격을 지니고 있으며 연금술에서 큰 역할을 했다. 전통적인 근친상간은 항상 대극의 최대의 결합이 서로 연관되어 있으나 성격이 다른 것들의 조합을 표현하는 것으로 볼 수 있다.... 연금술은 그 교의의 배경에 밝은 빛을 비추어준다. 왜냐하면 새로운 신조가 연금술사들이 그들의

융합의 비밀로 인정한 것을 정확하게 상징적인 형식으로 표현했기 때문이다. 새 교의는 정말 놀랍게도 오래된 통치자들old Masters(성부, 성자, 성령을 말함 - 역주)이 밀봉되었던 하늘의 비밀을 편지로 쓴 것임을 합법적으로 인정한 것이다.[9]

훗날 융은 이렇게 말했다.

　원형은, 그 개념이 발전되면서 끊임없이 새로운 해석을 만들어내는, 살아 있는 개념이다.... 그것은 당연히 신약성서의 정경正經에 언급된 원형들뿐만 아니라 그것들과 매우 비슷한 것들도 있다. 그러한 원형들 중에는 우리가 전에 이교적인 것들에 불과한 것이라고 알고 있던 것도 있다. 이러한 예가 바로 최근에 발표된 동정녀와 관련된 교의이다. 즉, 그것은 의심할 여지없이 죽어가는 젊은 아들과 관련이 있는 어머니 여신에 대해 계속해서 언급하고 있다. 그녀는 구약성서의 소피아Sophia에서 매우 분명하게 예시되었기 때문에 순전히 이교적이진 않다.[10]

　그렇게도 많은 가톨릭 신학자들 — 개신교 신학자들은 거기 대해 아무런 언급도 하지 않았다 — 이 새로운 교의가 대단히 중요하다는 것을 볼 수 없었다는 것은 이상한 일이다. 융의 친구인 빅터 와이트 신부Father Victor White(『신과 무의식God and the Unconscious』의 저자)는 로마에서 보다 취리히에서, 그 교의에 대해 더 많이 들었다는 말을 하곤 했다. 융은 와이트 신부와 볼링겐에 몇 번 같이 머문 적이 있다. 빅터 와이트는 훌륭한 유머 감각을 가지고 있었으며, 편협한 사람이 전혀 아니었다. 그는 토마스 아퀴나스Thomas Aquinas에 관한 권위자였으며, 나는 그가 기뻐서 활짝 웃으며 마리-루이제 폰 프란츠에게 이렇게 말했던 것을 결코 잊을 수 없다. "당신이 토마스 아퀴나스가 분명히 『떠오르는 새벽빛Aurora Consurgens』을 썼다는 반박할 수 없는 증거를 제시한 것은 얼마나 놀라운

일인지 몰라요."ⓓ

    융은, 연금술이 새로운 교의와 관련이 있다고 묘사함으로써 연금술을 생생하게 현재로 끌어들였던 것처럼, 연금술사들이 그들의 증류기에 정성을 기울였던 것과 동일한 열정과 노력을 가지고 애씀으로써, 현대 독자에게 어떤 기법을 제공했다. 우리는 앞에서 융 자신의 "무의식과의 대면"에 대해 생각해 볼 때, 적극적 명상이 어떻게 시작되었는지를 살펴본 적이 있다. 그것은 그와 똑같은 대면을 체험하도록 운명 지어진 제자들에게, 그가 해보라고 항상 권했던 것이며, 그는 자신의 책에서 종종 그것에 대해 언급했다. 그러나 우리가 살펴보고 있는 이 책에서 그는, 그것에 대해 가장 최근에 그리고 아마 가장 깊이 있게 묘사했다고 볼 수 있다. 여기서 그것에 대해 다 인용할 만한 공간이 넉넉하지 않기에, 다만 적극적 명상에 대해 그가 말한 것만 인용해 보겠다.11

    카일룸의 생산은 실험실에서 이루어진 상징적인 의식이다. 그것의 목적은 "진리," 곧 신상神像과 동일한 천상의 향유 혹은 삶의 원리를 어떤 물질의 형태로 만드는 것이었다. 심리학적으로 볼 때 그것은 화학 물질과 화학적인 방법, 혹은 오늘날 우리가 적극적 명상이라고 부르는 것에 의해 이루어지는 개성화 과정의 표현이었다. 이것은 본성 그 자체에 의해 자연스럽게 터득되는 방법이기도 하고, 아니면 분석가를 통해 환자가 배울 수 있는 방법이기도 하다. 대개 그것은 분석에서 대극이 매우 강렬하게 배열되어, 인격의 결합 혹은 통합이 불가피하게 필요하게 될 때 일어난다.12

    ⓓ 『융합의 비의』의 세 번째 권은 토마스 아퀴나스가 쓴 것으로 여겨지는 텍스트에 할애되었다. 마리-루이제 폰 프란츠는 토마스가 이 책의 실제 저자임을 확실한 사실로 판단했으며, 융은 이 점에 있어서 그녀에게 전적으로 동의했다. 『새벽빛Aurora』의 원본 원고가 사라진지는 오랜 세월이 흘렀으며, 두 저자가 모두 인정하긴 하지만, 로마는 물론 **반박할 수 없는** 증거가 없다고 주장할 수 있다.

나중에 그는 이것이 어떻게 일어날 수 있는지 더 명확하게 설명했다. 예컨대 그는 이렇게 말했다.

무의식을 가장 편리한 형태의 하나로 취하라. 자연스러운 환상, 꿈, 비합리적인 기분, 정동, 혹은 그와 같은 것에 대해 말해보고, 그것을 다루어보라. 그것에 대해 특별한 주의를 기울여 보고, 그것에 집중하고, 그것의 변화를 객관적으로 관찰하라. 당신 자신이 이러한 과제에 기울이는 수고를 아끼지 말고, 그 다음에 생기는 자연스러운 환상의 변화를 조심스럽게 그리고 명확하게 따라가라. 무엇보다도, 그것과 관계가 없는 밖에 있는 것에 관심을 두지 말고, 그것에 익숙해지라. 왜냐하면 환상의 상 fantasy-image은 "그것이 필요로 하는 모든 것"ⓒ을 가지고 있기 때문이다. 이렇게 할 때 우리는 변덕스러운 의식의 방해를 받지 않고 무의식에게 우리를 확실히 맡길 수 있다. 요컨대, 우리가 보기에 연금술 작업은 적극적 명상의 심리학적 과정과 같은 것 같다.**13**

융은 대극이 어떻게 결합될 수 있는지를 이렇게 설명하기도 했다.

본성상 대극의 해결은 항상 힘든 과정이다. 즉, 본성은 진정한 의미에서 눈에 띄게 폭포의 위아래가 연결되어 있듯이, 상징적으로 행동하되, 두 가지 측면을 모두 표현한다. 그 때 폭포 그 자체는 다른 것과 비교할 수가 없는 제3의 것이다. 누구나 다 아는 해결되지 않은 갈등 속에서, 폭포처럼, 대극의 긴장과 특성을 보여주는 꿈과 환상이 나타나며, 이렇게 하여 종합이 이루어질 준비가 마련되는 것이다.**14**

ⓒ 독일인들은 이렇게 말한다. "... **자신 안에** 필요로 하는 모든 것이 있다." 진한 글씨는 추가된 것임.

물이 위아래를 하나로 만들 듯이, 융은 환상이 발전되고 의식과 무의식이 결합될 수 있는 방법을 계속해서 설명한다. 그러나 그는 환자가 그런 과정의 현실을 타개하기 위해 그리고 그런 과정이 아무리 그에게 어려워도 그것을 극복하기 위한 노력을 하지 않는다면, 다시 말해 "그러한 일에 참여하는 것을 배우지 않고, 그 대신 극장에 가만히 앉아 있기만 한다면, 실제로 그의 또 다른 자아alter ego와 관계를 맺지 못한다면," 아무런 결실을 얻지 못하고 말 것임을 강조했다. "다만 이런 고통스런 방법으로, 우리 자신의 인격의 복잡한 성격에 대한 통찰을 얻을 수 있다."**15**

이런 극히 적은 인용으로, 준비가 안 된 독자에게 적극적 명상의 가치와 그것의 사용법을 알려줄 수 있다고 생각하는 것은 결코 충분치 않다. 융 심리학에 대한 전적인 오해는 여기서 시작된다. 즉, 그런 오해란 많은 사람들이 "우리 자신의 인격의 복잡한 성격"을 이해할 수 없을 것 같다는 것, 아니면 연금술사들이 그들의 증류기에 집중하여 온갖 노력을 기울인 것처럼, 그들은 무의식을 넉넉히 다룰 수 있을 만큼 현실적이고 강한 **"또 다른 자아"**를 충분히 지닐 수 있다는 것이다. 무의식과 무의식의 내용, 곧 **또 다른**alter 자아는 그들에게 환상적이고, 심지어 신비적이기 조차 한 것이다. 반면에 심지어 작은 **경험**조차도, 무의식의 내용은 연금술사들의 화학 물질처럼 현실적이고 변하지 않는다는 것을 그들에게 확신시켜 준다. 그 둘은 모두 인간의 이해를 뛰어넘는, 그럼에도 불구하고 삶에 그 의미와 가치를 부여하는 어떤 것에 대한 상징이다.

융이 자신의 필생의 역작을 마치면서 했던 끝맺는 말**16**은 매우 생생하게 두 쪽으로 된 전체 그림을 보여준다. 여기서 나는 그것을 거의 다 인용하지 않을 수 없다.

풍부한 상징을 지니고 있는 연금술은 우리에게 종교 의식, 곧 신성한 일opus divinum과 비교될 수 있는 인간의 마음을 이해하려는 노력에 대한 통찰을 가능하게 해 준다. 그들 사이의 차이는 연금술 작업이 그것의 형식과 내용에 관해 엄밀하게 정의된 집단적인 활동이 아니라, 오히려 그들의 근본적인 원리가 비슷함에도 불구하고, 연금술사들이 **합일**을 이루려는 초월적인 목적을 위해 전심전력을 기울였던 개인적인 일이었다는 데 있다. 그것은 특성상 단순히 물리적인 요소들이 지닌 타고난 적대감뿐만 아니라 동시에 도덕적인 갈등으로도 이해되었던, 분명히 양립할 수 없는 대극들을 화해하는 작업이었다. 이러한 노력의 목적이 내적인 것은 물론 외적인 것, 즉 물리적인 것과 정신적인 것 둘 다로 보였으므로, 그 작업은 말하자면 인간의 모든 본성으로 확대되었으며, 그 작업의 목표는 경험적인 측면과 동시에 초월적인 측면을 가지고 있는 상징으로 이루어졌다.

그 후 연금술은 끝없는 미로를 더듬어 갔으며, 19세기 무의식의 심리학은 연금술 시대가 끝남으로써 잃어버렸던 것을 추적했다고 융은 지적했다. 연금술이 항상 거리에 버려진 값싼 물질의 어둠 속에서 찾고 있었던 것처럼, 심리학 역시 임상적인 관찰을 통해 알 수 있는, 인간 영혼의 거부된 어둠 속에서 찾고 있다. 그는 계속해서 이렇게 말했다.

... 다만 그러한 모든 모순, 연금술사들의 마음을 매혹시키고 그들에게 빛을 던져준 것 못지않게 그들을 혼란스럽게 했던 기괴한 환상과 천박한 상징이 있다. 연금술사들을 7백 년 동안 마음 졸이게 했던 것과 똑같은 문제가 심리학자에게 생겼다. 무엇이 이런 적대적인 세력들과 관련이 있었단 말인가? 그가 그러한 세력들을 없애버리고 제거할 수 있을까? 아니면 그가 그러한 세력들의 존재를 인정해야 하고, 그러한 것들과 조화를 이루고, 수많은 모순으로부터 자연스럽게 이루어지지는 않을 합일을 이루는 것이 우리의 과제일까? 비록 그것이 인간의 노력으로 이루어질지는 모르겠지만 말이다. 즉, 신의 뜻이라면 *deo concedente* 몰라도 말

이다… 오늘날 우리는 연금술이 얼마나 효율적으로 무의식의 심리학의 토대를 마련해 주었는지를 알 수 있다. 처음에는 이 분야에서 현대적인 해석을 위한 엄청난 가치를 지닌 풍부한 설명 자료인 상징의 보물을 남겨줌으로써, 그리고 두 번째로는 우리가 환자들의 꿈에서 재발견할 수 있는 종합을 위한 상징적인 과정을 보여줌으로써 말이다. 우리는 오늘날 대극을 결합하는 전체 연금술 과정이, 내가 앞에서 말한 바와 같이, 비록 중요한 차이가 있다 하더라도, 어떤 특정한 개인이 한 번도 연금술의 상징이 지닌 풍부함과 범위에 도달한 적이 없는, 특정한 개인의 개성화 과정을 드러낼 수도 있다는 것을 알 수 있다. 이것은 수세기에 걸쳐서 형성되어 왔다는 이점이 있다. 반면에 짧은 생을 사는 개인은 기껏해야 제한된 경험과 제한된 묘사력을 동원할 수 있을 따름이다. 그러므로 사례-자료를 가지고 개성화 과정의 성격을 묘사하려고 애쓰는 것은 어렵고도 보람 없는 일이다… 내 경험으로 볼 때, 전형적인 것으로 간주될 수 있는, 모든 측면을 상세하게 보여주기에 충분할 정도로 포괄적인 사례는 없다. 사례 - 자료의 도움으로 개성화 과정을 묘사하려고 노력하는 사람은 누구나 시작도 없고 끝도 없이, 이것저것을 모자이크하여 한데 뒤섞어 놓은 내용에 만족하는데 그쳐야 할 것이다. 만약 그가 이해받기를 원한다면 그는 같은 분야에서 독자가 그와 똑같은 경험을 하기를 기대해야 할 것이다. 그러므로 연금술은 나에게, 내 경험이 충분한 여지를 발견할 수 있는 자료를 제공해 주는, 엄청나고 귀중한 가치가 있는 역할을 했다. 그러기에 나는 적어도 중요한 측면에서 연금술을 묘사할 수 있었다.

운명적인 1955년이 시작되기 전에 융은, 정성을 다해 필생의 역작을 완성했다. 그는 항상 페이지 조판 교정쇄 단계로 넘기기 전까지 계속 원고를 고치고 다듬었다. 사실상 그는 취리히의 라셔 출판사에서 그의 책을 출간하기로 협약을 맺었으며, 그 출판사가 책을 마지막으로 교정하도록 허락하는 조건으로 여러 가지 혜택을 주었다. 그는 이런 특혜를 별로 이용하지 않았다. 그는 다만 인쇄가 잘못된 책을 읽고, 고칠 수 없으면서 더 나은 표현을 할 수 있었을지 모르는 구절을 발견하는 것을 싫어했다.

1926년 봄에 아프리카에서 돌아 온 이후 줄곧, 우리는 루스 베일리를 볼 수 없었다. 비록 그녀가 자주 융의 가족들과 함께 지냈다고 해도, 지금까지는 그녀에 대해 언급할 만한 어떤 특별한 기회가 없었다. 사실상 나는, 그녀가 제2차 세계대전 기간을 제외하고는 매년 융의 가족들과 지냈다고 생각한다. 그러나 1955년부터 그녀는 융의 삶에서 상당히 중요한 사람이 되었다. 1926년 이른 여름에 엠마는 루스에게 퀴스나흐트에서 자신의 가족과 함께 살자고 했다. 그래서 그녀는 모든 가족의 든든한 친구가 되었다. 융의 모든 자녀들이 체셔의 로톤 미어에 있는 베일리의 집에 머물렀던 적이 있다. 거기 머무는 동안 그들은 영어를 배우려고 여러 가지 (대단히 성공적인) 시도를 했으며, 융과 그의 아내 또한 각기 거기로 그녀를 찾아가기도 했다. 심지어 셋째 딸 마리안은 영어 학교에서 얻은 휴가 기간에, 여러 날을 거기서 지내기도 했다.

루스는, 융과 그의 아내에게 (전쟁 기간에 그녀의 어머니가 돌아가신 후에) 어느 쪽이 되건 생존자들과 함께 살며 그들을 돌볼 것을 약속했으며, 1955년 이전에도 그녀는 매년 반드시 더 많이 찾아와서 더 오래 머물렀다. 1952년에 70회 생일이 지난 이후 줄곧 엠마 융은 건강상태가 별로 좋지 않았으며, 척추 병으로 병원에 얼마 동안 입원해 있었다. 병원에 있는 동안 엠마는, 루스가 와서 가족들을 위해 집안일을 해 주었기에 안심할 수 있었다. 엠마는 볼링겐에 가는 것이 점점 더 어려워졌다. 그러나 루스가 거기서 그들과 같이 있으면서 대부분의 일을 다 처리해 주게 되자, 그녀는 그곳에 머무는 것을 여전히 마음껏 즐길 수 있었다. 볼링겐은 큰 즐거움을 주기도 하고 건강에 도움이 되는 곳이기도 했지만, 융은 그곳 생활이 그의 아내에게 너무 힘들게 여겨지자 걱정이 되었다. 만약 사람들이 그곳 생활을 즐기지 못한다면, 그는 **그를 위해** 그들이 거기 머무는 것을 견딜 수 없었다. 그는 엠마가 그를 위해 볼링겐에 가려고 했다고 느끼기 시작했다.

그녀는 자기 남편보다 나이가 9살이나 적었음에도 불구하고 더 늙어가는 것 같았고, 이따금 건강이 매우 좋지 않아 보였지만, 정말 병이 들어서 한동안 병원에 가야했던 1955년 봄 까지는 실제로 염려될 만한 이유는 없었다. 루스가 즉시 영국에서 돌아왔기에 그녀는 크게 안도했으며, 남편에 대한 걱정을 덜 수 있었다. 사실상 융은 그 때 건강이 매우 좋았으며, 한스 쿤Hans Kuhn⑴이 그를 도우러 볼링겐으로 함께 갔기에 전혀 걱정이 안 되었다. 1944년에 그가 병이 든 이래 한스 쿤이 줄곧 그를 도와주고 있었다. 엠마는 자신이 갑작스러운 쇼크를 일으켰을 때 그에 대해 지나치게 걱정을 했다. 융은 즉시 퀴스나흐트로 돌아가서 아내가 입원해 있는 동안 계속 거기에 머물렀다. 수술은 매우 잘 되었다. 우리 모두는 수술이 시간에 맞춰 잘 이루어졌으면 하고 바랐으며, 엠마 융을 몇 년 동안 지켜보아야만 했다. 그녀는 얼마 후에 곧 퇴원했고, 루스는 여름휴가 동안 그들 모두가 좋아하는 볼링겐에서 같이 생활하기 위해 다시 온다는 약속을 하고 영국으로 돌아갔다. 엠마는, 그녀의 마지막 2년 동안 루스가 얼마나 큰 도움을 주었는지 말로 표현할 수 없을 정도였다고 했다.

1955년 7월에 융은 80세 생일 축하잔치를 했다. 그의 75세 생일잔치⑵를 한 후에는 조용히 지내기를 원했기에 조촐한 잔치도 거의 하지 않았다. 그의 80세 생일을 위해 클럽(심리학 클럽을 말함 - 역주)은 오후에 성대한 축하잔치를 했으며, 융 연구소는 아침과 저녁에 두 번, 도들러 그랜드 호텔Dodler Grand Hotel⑶에서 한 것까지 하면 세 번 축하잔치를 했다. 아침에는 연구소 강의에 왔던 모든 사람을 위해 매우 큰 규모로 축하잔치가 치러졌다. 우리는 그것이 형편없는 잔치가 될 것으로 예상했다. 그러나 그 반대였다. 왜냐하면 그것은 내가 여태까지 경험

⑴ 355쪽을 보라.
⑵ 스위스에서는 70세부터 계속 5년 마다 항상 매우 특별한 기념일을 치른다.
⑶ 이 호텔과 바우어 아우 락Bauer au Lac은 취리히에서 가장 크고 좋은 호텔이다. 도들러 그랜드는 취리히 위에 있는 숲 속에 위치해 있으며, 호수와 산들이 있어서 전망이 굉장히 좋다.

했던 가장 의미 있고, 치유를 가져다주는 분위기 있는 잔치들 가운데 하나였기 때문이다. 융은 평소와는 달리 오랫동안 머물러 있었으며, 마지못해 파티 장소를 떠나는 것처럼 보였다.

같은 날 저녁에 작은 만찬회가 열렸다. 거기에는 세계 도처에서 온 많은 융 학파 그룹들에 속한 "상위층 사람들"과, 취리히 연구소 평의원회에 속한 사람들 그리고 강사들이 참석했다. 분위기가 아침과는 사뭇 달랐다. 융은 『융합의 비의』①첫 권의 신간 서적 견본을 받는 것을 매우 기뻐했다. 그러나 그는 대체로 전혀 즐거워 보이지 않았으며, 될 수 있는 대로 일찍 자리를 떴다.

이런 대조적인 분위기를 깊이 느꼈기에 나는 융에게 며칠 후에 그것에 대해 물어 보았다. 그가 좋아하던 장작 패는 일을 하는 동안, 나는 우리가 볼링겐의 호숫가에 앉아 있었던 것을 생생히 기억한다. 그는 즉시 동의를 표하며 나와 똑같은 느낌이 들었다고 매우 강한 어조로 말했다. 그는 이런 말을 덧붙였다. "난 그날 아침 거기에 틀림없이 선한 영들이 많이 있었다고 믿어요. 또 난 그들 대부분은 우리가 알지 못하던 사람들에게 속한 존재들이라고 생각해요. 잘 알다시피 그들은 나의 심리학에 종사할 사람들, 즉 내 책을 읽고, 그들의 삶이 조용히 변화되도록 그들 자신을 내맡길 수 있는 사람들이죠. 높은 위치에 있는 사람들에 의해서는 그런 일이 이루어지지 않을 거예요. 왜냐하면 그들 대부분은 융 심리학을 포기하고, 그 대신에 명망 있는 심리학으로 가버릴 사람들이기 때문이지요."

나에게는 그 차이가 매우 분명해졌다. 다시 말해 아침에는 그 누구도 어떤 것을 얻으려고 애쓰지 않았다. 그 때는 너무 많은 사람들이 모여서 융과 특별히 접촉하기가 불가능했으며, 그들 대부분은 매우 건강하고 행복해 보이는 융을 보는 것에 만족해했다. 그들 대다수는 아마 전에 그를 본 적이 없었을 것이다. 거

---

① 이 책의 독일어판은 두 권으로 출간되었다. 이것은 한 권으로 된 영어판 보다 훨씬 더 가볍고 들고 다니기가 쉽다.

기에는 식탁과 가벼운 식사가 준비되어 있었다. 그러나 특별한 좌석이 마련되어 있지 않았다. 즉, 모두 아무데나 좋아하는 사람들과 앉았다. 그러나 저녁에는 좌석이 엄격하게 순서대로 마련되어 있었으며, 손님들 대부분은 그들에게 충분히 좋은 장소가 마련되어 있는지, 융과 얼마나 많이 이야기할 수 있는지, 융이 그들을 잘 대하는지, 그렇지 않은지 등등의 의문으로 번잡해 있었다. 그래서 당연히 매우 유쾌하지 못한 분위기가 조성되었던 것이다. 이런 경험으로 나는 많은 것을 배웠다. 즉, 그때가 융이 비교적 작은 그룹과 함께 하는 것보다 매우 큰 그룹과 함께 하는 것을 더 좋아했다는 것을, 내가 알았던 유일한 순간이었다.

1955년 여름은 융의 식구들에게 특히 행복한 여름이었다. 엠마는 남편의 80세 생일잔치를 충분히 즐겼으며, 그녀의 남편에게 엄청난 감사가 표해졌다고 느꼈다. 그녀는 또한 볼링겐에서 남은 여름 대부분을 보내기에 충분할 정도로 건강상태가 좋았다. 그것은 루스 베일리가 정성으로 가족들을 돌보아주고 또 방문해 준 덕분이었다. 융 역시 매우 행복했다. 왜냐하면 그가 볼링겐 생활의 어려운 문제에 대한 해결책 — 하여간 현재로서는 — 이 발견되었다고 느꼈기 때문이다. 그는 그의 아내가 거기에 있는 것을 즐거워하는 게 분명하다고 느꼈기에 매우 기뻐했다.

매우 오랫동안 심리학 클럽 회원이며 융의 제자요 친구였던 린다 피에르츠가 1955년 봄에 죽었다. 그녀는 자신의 남편보다 겨우 1, 2년 더 살았다. 전에 언급한 대로,① 그녀는 볼링겐에 있는 자신의 집을 사용할 수 있는 손님으로서의 권리를 마리-루이제 폰 프란츠와 나에게 준 적이 있었다. 그래서 우리는 그 때부터 융의 가족들과 가까운 이웃이 되는 특전을 누리게 되었다. 그들은 그 해 여름 그들의 차⑥를 딸과 사위에게 빌려주었다. 그래서 융은 그들이 나에게 신세를 질 수 있는 지를 물었다. 당연히 나는 기뻐했다. 따라서 나는 휴가를 보내는 동안

---

① 235쪽을 보라.
⑥ 융의 가족들은 전쟁이 끝난 후 차를 한 대만 가지고 있었다.

그들을 자주 만날 수 있었다. 그들은 볼링겐에서 차를 많이 사용한 것은 아니고 — 그들은 집에서도 역시 행복했다 — 그들 중 어느 한 사람이 자주 의사를 보러 가야만 했고, 아니면 다른 중요한 볼 일을 보러 가야만 했다. 그래서 필요할 때 그들은 차를 이용할 수 있었다. 엠마는 볼링겐에서 대개 매우 내향적이 되었다. 그러나 그해 여름 그녀는 친절하고 다정했다. 그녀는 우리가 갈 때마다, 마리-루이제와 나 두 사람 중 어느 한 사람을 보든, 아니면 둘을 모두 보든, 항상 즐거워하는 것 같았다.

가을에 퀴스나흐트로 돌아왔을 때에도, 분명히 그녀의 좋은 건강상태가 유지되었다. 그러나 11월 초에 그녀는 다시 심각한 병에 걸렸다. 그래서 모든 사람들이 놀라고 충격을 받았다. 그녀는 잠깐 동안 입원했다. 그러나 묘책이 아무 것도 없었기에 그녀는 곧 집으로 다시 돌아왔으며, 1955년 11월 30일에 평화롭게 죽음을 맞았다. 이것은 전혀 예상치 못한 일이었다. 이후에 융은, 봄에 의사가 그에게 나중에 더 큰 어려움을 겪을 수도 있다고 주의를 준 적이 있다고 나에게 말했다. 그러나 그는 이런 말을 덧붙였다. "난 몇 년 더 살 거라고 생각했어요."

엠마의 죽음은 융이 여태까지 겪었던 일 중에서 가장 힘든 관계의 상실이었다. 매일 보던, 마음이 통하는 동반자를 잃는 것보다 더 힘든 일은 없다. 52년 동안 맺어온, 매우 의미 있고 서로 깊이 연관되어 있던 결혼 생활이 끝났다는 것은, 80세가 넘은 노인에게는 거의 회복되기 어려운 일이었음에 틀림없다. 정말 처음에는 엠마의 죽음이 융에게 거의 치명적인 타격을 가한 것처럼 보였다.

80평생을 살아오면서 나는, 그처럼 자연스럽게 깊이 서로를 존중하며 결혼 생활을 한 부부를 본 적이 없다. 엠마 융은 가장 훌륭한 여성이었으며 그녀의 남편을 많은 면에서 보상하고 보완해 준 감각형의 사람이었다. 나는 그녀를 매우 존경하기도 했고 친구로서 사랑하기도 했다.

융은 장례식을 치르기 위해 그의 대가족을 퀴스나흐트 교회로 데리고 갔다. 장례식에 참석하는 것이 커다란 고통이었지만, 흔들리지 않고 침착한 태도를 보임으로써 그는 거기 모인 많은 사람들의 마음에 깊은 인상을 심어주었다. 나는 아직도 잘 모르는 사람들로부터 이런 소리를 종종 듣는다. "융은 그 날 아침 평소와 같은 모습을 보여줬어요." 융은 나중에 그의 집에서 있었던 오찬에도 참석했으며, 가까운 친구들이 보기에 분명히 혼자 있고 싶어 했을 테지만, 그는 평온해 보였고, 친절했으며, 잘 모르던 모든 사람들과도 사랑으로 깊이 연결되어 있는 모습을 보여주었다.

죽음이 가까워 왔다는 것을 인식하게 되자 엠마는, 루스 베일리가 융의 건강을 돌보아 주고 매일 편안하게 생활할 수 있도록 도와줄 것을 알고, 크게 안도했다. 딸들 중 누군가가 혹은 딸들 모두가 그를 기꺼이 돌보아 주었을 것이다. 하지만 그는 나에게 이렇게 말했다. "그 아이들 모두 자기 가족에게 충실해야 하고, 나도 방해받는 걸 못 견디지요." 엠마가 죽었을 때, 루스가 감당해야 할 지극히 중요한 의무가 없었다는 것이 그에게는 퍽 다행이었다. 그녀의 어머니가 돌아가신 후 그녀와 함께 살던 오빠도 몇 년 전에 죽었으며, 그녀의 막내 여동생과 제부가 남아프리카에서 이사를 했는데, 루스는 1, 2년 전에 남아프리카를 방문하고 돌아왔던 것이다. 그녀는 사실 집 — 로톤 하우스Lawton House — 을 가지고 있었는데, 그 집을 대단히 좋아했다. 그 집은 그녀의 가족이 살던 옛집이 있는 로톤 미어와 가까운 곳에 있었다. 그러나 루스는 그녀가 귀하게 여기는 사람에게 (필요하면 간호사 역할도 하는) 천부적인 가정 도우미였다. 그래서 그녀는 바로 그 때 융과 함께 지내려고 스위스로 왔다. 융이 죽을 때까지 같이 지낸 5년 반이 그녀에게는 뜻밖의 선물이기도 했다. 융은 늙어서 당연히 의지할 수밖에 없는 나이였지만, 그 누구의 삶도 방해하지 않을 수 있다는 느낌이 들어 얼마나 다행인지 모른다고 종종 나에게 말했다.

루스는 엠마가 죽었다는 것을 알고, 가능한 한 빨리 돌아왔지만, 장례식이 끝나고 1, 2일 뒤에나 올 수 있었다. 토요일 드라이브를 하면서 융은, 심리학과 관련해서 내가 루스를 어떤 태도로 대하기를 바라는 지에 대해 이야기했다. 그녀는, 그가 만년에 많은 것을 함께 겪어본 친구들 가운데 분석을 받지도 않았고, 그의 심리학을 깊이 공부하지도 않았으며, 그것의 장점과 결점이 무엇인지도 모르는 유일한 사람이었다. 그 날 아침 그는 이렇게 말했다. "난 당신이 루스에 대해 많은 걸 알고 있다고 믿어요. 그녀가 당신에게 심리학에 대해 물어보면 최선을 다해 대답해주길 바래요. 하지만 **결코** 당신이 먼저 심리학에 관한 주제를 꺼내지도 말고, 어떤 식으로도 그것에 대해 **아무 것도** 끈질기게 가르치려고 하지 말았으면 해요."

그 날 드라이브는 내 기억에 특히 생생하게 남아 있다. 왜냐하면 나는 융이 나에게 강요한다는 인상을 결코 받지 않았기 때문이다. 그는 아내를 잃고 난 후, 마음에 큰 타격을 받은 게 틀림없었다. 그러나 그는 계속 살아가야 한다는 사실을 차분하게 직시했다. 그의 필생의 역작인 『융합의 비의』를 완성했지만, 그에게는 정한 시간이 되기 전에 아직 해야 할 일이 분명히 더 남아있었다. 그는 아내가 죽고 나서 몇 주 뒤에 편지 한 통을 썼는데, 그 편지에서, 그것이 과거에 머무르지 **않고**, 살아남아야 하는 **이유**에 집중하도록, 그리고 아직 성취해야할 목적을 발견하는데 몰두하도록 해 주었다고 했다.

제17장

만년의 삶
1955-1959

융은 『회상』에서 돌 판에 조각하는 일을 계속하지 않았다면 아내가 죽은 뒤 처음 한 달 동안 살아가기가 매우 힘들었을 것이라고 말했다.1ⓐ 그는 퀴스나흐트의 정원이 보이는 방에서 겨울 내내 돌 작업을 했으며, 봄이 되자 작업하던 것들을 볼링겐으로 가져가 완성했다. 거기에 이 돌판 중 세 개가 있었으며, 그는 그 돌에 아버지 쪽 조상들의 이름을 새겨 넣었다. 이렇게 한 것은 그의 할아버지가 괴테의 사생아였다ⓑ고 **세간에 떠돌던 사실**을 그가 믿었다는 생각을 전적으로 부인하는 것이다. 왜냐하면 그런 경우에는 융의 가계가 그의 할아버지와 함께 끊어지고 괴테의 가계도로 바뀌고 말았을 것이기 때문이다. 솔직히 그는 이렇게 말했다.

ⓐ 그는 1957년에 이렇게 말했다. "내가 올해와 작년에 쓴, 「발견되지 않은 자기The Undiscovered Self」, 「비행접시: 현대의 신화Flying Saucers: A Modern Myth」, 「심리학적 입장에서 본 양심A Psychological View of Conscience」은 내 아내가 죽은 뒤에 돌 조각을 한 작업의 결과 나온 것들이다. 나는 그녀의 삶이 다해 죽었다는 사실을 인식하게 되자 심한 고통을 느꼈으며 넋을 잃을 지경이었다. 나는 다시 나를 안정시킬 필요를 매우 강하게 느끼고 있었으며, 돌과의 접촉은 내가 그렇게 되는데 큰 도움이 되었다."

ⓑ 29쪽을 보라.

내가 돌 판을 가지고 일할 때 나는 나와 조상과의 숙명적 연대를 깨닫게 되었다. 나는 내가 부모나 조부모와 더 먼 조상에 의해 완성되지 않고 대답되지 않은 채 남겨진 일들이나 문제들의 영향 아래 있음을 매우 강하게 느낀다. 부모로부터 자녀들에게 건네준 가족 안에 있는 비개인적인 카르마karma가 종종 존재하는 것 같다. 나는 늘 나의 조상들에게 숙명적으로 던져진, 아직 해답을 얻지 못한 물음에 내가 대답해야 하며, 지나간 시대가 완성하지 못한 채 남긴 것을 내가 완성하거나 혹은 계속해야 할 것 같았다.**2**

퀴스나흐트의 정원에 있는 방에는 큰 창문이 많이 있으며, 그것은 거의 옥외에 있는 느낌을 준다. 그러나 그것은 집의 일부이며, 큰 방과 연결되어 있는 문 하나와 짧은 계단이 있고, 집의 나머지 부분처럼 난방을 할 수 있게 되어있다. 실제로 방이 따뜻하길 바란 적은 없었지만, 융은 화씨 60도(섭씨로는 15.6도 - 역주) 이하의 온도에서도 매우 행복해 했다. 더 젊었을 때 그의 방은 종종 너무 추워서, 방문객들은 추위를 피하기 위해 모피 코트가 필요할 정도였다. 요즘 스위스 사람들은 대개 집을 매우 따뜻하게 한다. 그러므로 이 점에서 — 다른 많은 일에서도 마찬가지였지만 — 융은 예외였다. 그러나 — 첫 장에서 강조된 것처럼 — 융은 속속들이 스위스 사람이었다.

이 맘 때, 융이 토요일 아침 드라이브를 나가지 않을 때마다, 나는 한 시간 동안 융과 함께 있거나, 아니면 그가 돌 작업을 하는 동안 정원에 딸린 그의 방에 있곤 했다. 내가 여태까지 그와 나누었던 가장 멋진 대화는, 그가 돌에다 조각을 하거나 나무를 자르는 일을 할 때 했던 것이다. 그는 그가 하고 있던 일에 온 정성을 쏟을 필요가 있을 때마다 침묵을 지켜 줄 것을 요구했다. 대체로 그런 작업은 그의 마음을 자유롭게 해 주는 것 같았다. 그래서 특히 그는 생각을 깊이 했으며, 항상 그 당시 골몰해 있던 생각에 대해 이야기하는 것을 기뻐하는 것처럼 보였다. 우리는 정말 늘 그에게 **내적인** 것들에 대해 이야기하고 질문을 할 수 있었다. 지난 몇 년 동안 마리-루이제와 나(그리고 아마 다른 그의 제자들)는 **외적인** 어려움에 대해 그에게 얘기하는 것이 전혀 좋지 않다는 것을 알게 되었다. 그는 너무나 세심해서 우리 중 한 사람이 궁지에 처해 있으면, 그것에 온통 주의를 기울였다. 그러나 그것은 우리가 정말 원하는 게 아니라는 걸 우리는 점점 더 깨달았다. 왜냐하면 그의 관심이 일상적인 **외적인** 삶에 머물러 있게 될 것이기 때문이었다. 거기에는 예외가 있었다. 그러나 그러한 예외는 모두 내적인 중요성의 외적인 표현이었다. 그 자신의 집은 물론이고 친구들의 집을 짓는 일에 대한 관심역시 줄어들었다기보다는 오히려 더 커졌다.ⓒ

루스는 엠마가 죽은 뒤 일 주일도 안 되어 영국에서 돌아와, 유능한 솜씨로 살림을 맡아했으며, 융의 외적인 안녕well-being을 위해 모든 일을 도맡아 했다. 매우 고마워하며 그는 나에게 이렇게 말했다. "난 그 어떤 일에 대해 골치를 썩일 필요가 없답니다. 루스가 능숙하게 일을 처리해요." 그러나 단순히 효율적으로 일을 처리한 것만은 아니었다. 루스는 매일 친밀하게 대하고, 좋은 그리고 평화로운 분위기를 확산시키는 데 거의 천재적인 능력을 가지고 있었다. 처음 몇 달 동안 그녀는 노인에게 가장 필요한 것 중 하나인, 신체적인 안전 조치를 철저하게 해 놓고, 그가 혼자 있게 해주었다. 스위스에 처음 왔을 때 루스는 융이 80세가 넘었다는 것을 유념해야 했다. 더욱이 ― 그리고 이것은 아마 융과 관계를 맺는 데 있어서 가장 중요한 것이었을 텐데 ― 루스는 융이 싫어하는 일을 그녀가 했을 때 항상 기꺼이 귀를 기울이려고 했고, 게다가 귀를 기울임으로써 배움을 얻고자 했으며, 거기에 맞춰 달라질 수 있도록 최선의 노력을 했다.

그럼에도 불구하고, 엠마가 죽은 뒤 처음 몇 달은 당연히 융에게 매우 암울한 시기였다. 그는 토니와 엠마를 모두 잃고 혼자 살아남을 수밖에 없었던 것이, 어떤 면에서 볼 때 다행스런 운명이었다는 사실을 기꺼이 직면했다. 그가 5년 반을 더 살다 죽은 것과, 그들을 잃은 뒤에도 자신의 삶과 개성화 과정을 **창조적**

ⓒ 504쪽을 보라.

으로 지속할 수 있었던 것이 바로 그러한 것을 입증해 주었다고 볼 수 있기 때문이다. 나는 과연 그들 중 누가 이렇게 할 수 있었을지 의심스럽게 생각한다. 나는 융이 인도에 있을 동안 엠마가 그를 얼마나 보고 싶어 했으며, 얼마나 그녀가 그에게 의지하고 있었는지를 잘 알고 있었다. 더욱이 토니는 내가 그녀와 친구로 지내기 시작한 때부터 무슨 일이 있어도 융보다 오래 살기를 바란다고 공언한 바 있지만, 그들은 둘 다 매우 용감한 여성들이었기에 그가 없는 삶을 받아들이고 각자 힘껏 살았을 것임에 틀림없다. 물론 그의 자녀들 역시 그를 많이 도왔으며, 따뜻한 마음으로 그의 곁에 머물러 있었다. 특히 마리안 니후스Marianne Niehus는 루스가 영국에 갈 때마다 그를 헌신적으로 돌보았다.

융은 2월에 루스 베일리와 함께 테신으로 내려갔다. 그 때는 늦추위가 심한, 힘든 겨울이었다. 나무에 수액이 이미 올라 있었으므로 많은 나무가 얼어 죽고 말았다. 융은 그의 현관 옆에 있던 회양목 두 그루, 많은 대나무, 그리고 볼링겐 마당에서 보기 좋게 자라던 클레머티스(흰색 · 분홍색 · 자주색의 큰 꽃이 피는 덩굴 식물 - 역주)를 잃고 말았다. 온도가 영하 이하로 내려갔기 때문이다. 볼링겐 별장 현관 위에 있는 포도나무에서 특이한 붉은 수액이 흘러나와 융 집안의 문장紋章 위에 멈춰 있었다. 그는 이것이 이상한 동시성이라고 느꼈다. 엠마가 죽은 지 얼마 안 되어 포도나무가 마치 피눈물을 흘린 것과 같았기 때문이다.

융은 남쪽을 찾아가는 게 기뻤다. 그들이 가기 전날 저녁에 융, 루스, 콘라드 로렌츠 박사 부부, 프란츠 리클린, 마리-루이제 그리고 나는 취리히 식당에서 매우 재미있는 시간을 보냈다. 융과 로렌츠는 그들이 각기 본래 다른 쪽의 직업에 종사하길 원했다는 것을 알게 되었다. 그래서 그들은 대단히 흥미 있는 경험을 서로 주고받았다. 로렌츠가 그의 일에 대해 설명을 하고 난 뒤, 융은 이런 말을 했다. "아, 알겠어요. 렐리기오 아니말리스religio animalis(동물에게도 조심스러운 숙고의 태도가 있다는 뜻 - 역주)이군요." 그 말은 로렌츠에게 깊은 인상을 심어준 것처럼 보였다. 나중에 그것에 대해 토론을 하면서 우리는, 동물의 행동을 연구하면서 로렌츠가 무의식적으로 인간의 새로운 성향을 찾고 있었다는 의미로 융이 그

제17장 만년의 삶 | 501

런 말을 했다고 이해했다.ⓓ

날씨 — 북극 같은 추위로 움츠러들게 하던 — 가 이내 따뜻해지자 융과 루스는 테신에서 돌아온 지 얼마 안 되어 볼링겐으로 갈 수 있었다. 융은 다시 한 번 자신의 조상의 돌 판 작업에 몰두했다. 그러나 이 일을 끝내고 세우기 전에 그는 자기 아내를 기념하는 돌을 조각해서 별장에 있는 지붕이 덮인 로지아 앞에 세웠다. 이 돌은 융이 이제까지 조각했던 가장 아름다운 것 가운데 하나다.

융은 1935년 이래 별장에다 어떤 것을 덧붙이거나 별장을 바꾸지도 않았다. 그러나 그는 그 해 봄 볼링겐에 있을 때 무언가가 더 필요하다고 느끼기 시작했다. 그는 이렇게 말했다.

> 1955년에 아내가 죽은 뒤에 나는 진정한 나 자신이 되어야 한다는 내 적인 의무를 느꼈다. 볼링겐 집의 언어로 말한다면, 나는 갑자기 양측 건물 사이에 기는 듯 낮게 드리운 작은 가운데 부분이 내 자신을, 나의 자아를 표시하고 있음을 깨달았다. 나는 더 이상 "모성적"이고 "영적인" 성탑들 뒤에 있는 나 자신을 숨길 수 없었다. 그래서 같은 해, 나는 이 부분에 2층을 추가하여 높게 만들었다. 그것은 나 자신 혹은 나의 자아 - 인격을 나타내는 것이었다. 그전 같으면 나는 이렇게 할 수 없었을 것이다. 나는 그것을 건방진 자기 과장이라 보았을 것이다. 그러나 이제 그것은 노년에 획득한 의식의 확장이라는 뜻을 표시하고 있었다. 그렇게 해서 그 건물이 완성되었다.³

융은 봄 휴가 기간에 아들과 함께 작업 계획을 세우고 여름휴가 때 일찍이

ⓓ 이것은 물론 로렌츠가『공격 행위에 관하여On Aggression』를 출간하기 오래 전의 일이었다. [오스트리아의 동물학자요 동물심리학자인 로렌츠는, 도시에서 떨어진 자연 속에서 동물과 함께 생활하며 유형별 동물의 고유한 행동을 상세히 관찰하고 기술했으며, 비교행동학의 확립에 지도적 역할을 했고, 1973년 노벨 생리 · 의학상을 수상했다 - 역주]

건물 작업을 시작했다. 이 1956년 건축은 **우선은 내적인** 의무를 위해 그리고 두 번째로는 다만 "그 때 그 때 구체적인 필요"에 따라 이루어졌다. 처음 덧붙여 지을 때, 말하자면 후자는 자극제였으며, 나중에야 융은 그것이 "의미 있는 형태, 즉 정신적 전체성의 상징이 되었는가를"[4] 알 수 있었다. 이제 융은 "노년에 성취된 자아의식의 확장"을 의미하는 정신적 전체성, 그 자신 혹은 그의 자아 인격이 결핍되어 있는 것이 있음을 깨달았다. 아내가 죽은 뒤에 그가 지상에서 수행해야 할 과제가 있었는데, 그는 죽기 전에 그 과제를 정확하게 마쳐야만 했다고 볼 수 있다. 이차적으로 구체적인 이득도 있었다. 즉, 나중에 그는 대개 새 방에서 집필을 했는데, 그 방은 아래에 있는 작은 서재보다 훨씬 더 넓었고 바람이 잘 통했다. 1927년에 그것이 지어진 이후로, 집에 있을 때 그는 늘 거기서 작업을 했다.

그가 작업을 하고 있을 때 경관景觀이 더 이상 정신을 산란하게 하지 않았다는 사실로 보아, 그의 집중력이 얼마나 대단히 발달해 있었는지 알 수 있다. 그는 늘 비범한 집중력을 가지고 있었다. 그러나 이전부터 그는 자연과 호수가 지닌 강력한 매력에 끌리지 않게 해주는, 집중력을 높여주는 작은 창문들을 필요로 했다. 그런 창문들이 지금은 그가 작업을 하는 데 쾌적한 배경이 되어주었다. 1956년 여름, 건축공사 소음이 거의 모든 사람을 혼란스럽게 했지만, 그는 방해받지 않고 작업을 할 수 있었다. 새 건물은 또 다른 구체적인 이점이 있었다. 즉, 거기엔 방문하는 자녀들과 손자들에게 매우 유용한 두 개의 작은 침실이 생겼다.

볼링겐에 머무는 일이 이제는 매우 편해졌다. 왜냐하면 루스가 융만큼이나 거기서 사는 것을 좋아했기 때문이다. 그는 그곳이 마음에 들었으므로 그리로 가는 것에 대해 더 이상 어떤 거리낌도 느끼지 않았다. 그는 이전에 그랬던 것처럼 거기서 휴가를 모두 보냈으며, 종종 한 주간 동안 혹은 학기 중에도 그리로 갔다. 우리는 그 점에서 루스 베일리의 용기 있는 태도에 대해 매우 고마워하지 않을 수 없었다. 왜냐하면 그가 아프면 도와야하니까, 그것이 그녀에게 매우 어려웠을 텐데도, 종종 그녀는 혼자 거기서 그와 함께 머물렀기 때문이다. 그녀는 이따금 눈 내린 겨울에도 거기서 그와 함께 있었다. 그는 항상 볼링겐에서 죽고 싶다는 말을 했기 때문에, 그녀는 이 점에서 그가 자신의 본능을 따르고, 또 그가 하고 싶은 대로 할 수 있도록 해야겠다고 다짐했다. 그곳이 볼링겐이든 퀴스나하트든 말이다.

루스가 비상한 용기를 보여준 또 다른 일은 그가 보트를 타도록 내버려 두었다는 것이다. 그래서 그는 종종 혼자 호수에서 보트를 탔다. 그가 그렇게 할 수 있었던 것은 그에게 큰 즐거움이었다. 왜냐하면 그것은 그가 1944년에 병을 앓은 후에 그만 둘 수밖에 없었던 많은 일 가운데 하나였기 때문이다. 비록 그가 노년에도 이러한 여러 활동을 재개할 수 있었지만 말이다. 물론 그는 매우 사리를 잘 아는 사람이었으며, 다시 얻은 자유를 남용하지 않았다. 루스는 이 모든 일을 매우 용감하게 감당했으므로, 그녀를 잘 알고 있었는데도, 나는 그녀가 이따금 마음속으로 얼마나 두려워했는지 오랫동안 알지 못했다. 언젠가 우리가 피에르츠의 집 가까운 곳으로 돌아왔을 때 그녀는, 응급 시에 전화할 수 있는 사람이 누군가 가까이에 있다는 게 얼마나 다행인지 모른다고, 어느 날 문득 나에게 말한 적이 있다.

한스 쿤 역시 거기서 상당한 도움이 되었다. 루스가 자기 일에 그가 별 도움이 되지 않았다고 불평하긴 했지만, 그는 항상 응급 시에 그의 부모님 집에 있으면서 전화 심부름을 하곤 했다. 여전히 그는 상근직을 가지고 있지 못했다. 그를 고용한 크롤리 부인은 융을 돕도록 한스를 보내 줄 정도로 매우 너그러운 사람이었다. 그러나 그는 누군가에게 폐를 끼치는 것을 늘 싫어했다. 그는 그녀가 점점 더 한스를 의지하게 되자 특히 그랬다. 그는 나중에 그녀가 죽을 때까지 정성을 다해 그녀를 돌보았다. 그녀는 1972년 1월 6일에 죽었는데, 그 때 거의 90세가 다 된 나이였다.

융의 조상들 그리고 그의 아들의 아들들까지 남자 혈통의 자손들 이름이 새겨진 세 개의 돌 판이 그 동안 완성되어, 1957년 봄쯤에 지붕이 덮인 로지아에 세워졌다. 처음 돌 판은 다음과 같은 델포이 신탁으로 시작한다. "부르건 부르지 않건, 신은 늘 이곳에 계신다." 융은 이것을 자신의 퀴스나흐트 집 현관에, 그리고 1923년에 지은 첫 번째 탑 문 가까이에도 새겼다.

이 세 돌 판은 여러 달 동안 얼마나 많은 시간을 들여, 단어 하나하나를 돌에 새기는 작업을 했는지 보여준다. 그러나 돌 판 세 개를 제자리에 세웠을 때 융은 일이 아직 완성되지 않았음을 느꼈다. 그는 천장에 관심을 두게 되었다. 그래서 그는 자신과 아내와 사위의 문장紋章을 모두 페인트칠을 하여 장식하기로 결심했다. 그는 이것을 스스로 디자인했으며 루스 베일리, 마리-루이제 폰 프란츠, 그리고 한스 쿤의 도움을 받아 실행에 옮겼다.

그런 일을 도울 수 있다는 것이 마리 - 루이제에게는 항상 매우 즐거운 일이었다. 그러나 그녀는 늘 그녀 자신의 땅을 갖고 싶어 했다. 그리고 그 땅에다 그녀가 꿈꾸던 집을 짓고 싶어 했다. 린다 피에르츠가 그녀의 집 손님으로 머물 수 있는 권리를 우리에게 허락해준 것과, 융의 성탑에 매우 가까운 곳에 있을 수 있는 특전을 베풀어준 것에 대해서는 매우 감사한 일이지만, 마리-루이제는 자신의 별장을 갖고 싶어 하는 갈망을 버릴 수 없었다. 그녀는 제2차 세계대전이 끝난 뒤에 적당한 부지를 찾아보긴 했지만, 그것은 어려운 것으로 밝혀졌다. 그런데 1957년 가을에 융의 아들 프란츠가 그녀에게 볼링겐에 파는 땅이 좀 있다고 알려 주었다. 그는 그 땅이 융의 성탑에서 약 1마일 정도 떨어진 언덕 위에 있는데, 그녀에게 적당할 것으로 생각했다. 그 소식을 들은 날 저녁에 우리는 그곳에 올라가 보고, 다음 날 아침 융의 의견이 어떤지 물어보러 갔다. 그는 즉시 그곳에 가 보고 싶다고 했다. 그래서 그와 루스 베일리, 마리-루이제와 나는 즉시 그곳으로 차를 몰고 갔다. 그는 그곳을 여기저기 돌아다니고, 멈추서서 가만히 있어 보고, 아름다운 전망을 바라본 다음에 마리-루이제에게 이렇게 말했다. "가서 즉시 이 땅을 사요." 차로 우리가 언덕 아래를 내려가는데 그는 이런 말을 덧붙였다. "하지만 거기에 평범한 집을 지어선 안 돼요. 그건 탑이어야 해요." 그가 그런 제안을 하지 않았더라면, 그를 모방하는 것으로 추정되었기에, 그녀는 결코 이런 형태의 집을 지을 생각을 감히 못했을 것이다. 그렇다 하더라도, 융이 처음 지은 탑과 나중에 지은 것들이 둥근 것이었던 반면, 그녀는 정사각형 모양의 탑을 지었다. 그 탑을 바라보면서 낯선 사람들은, 그것이 풍경과 잘 어울리는 것을 보니, 그렇게 오래 된 것은 아닌지 우리에게 종종 물어보았다.

마리 - 루이제는 건축가였던 프란츠 융의 전문적인 자문을 받아 즉시 자신의 탑을 열심히 설계했다. 그러나 처음에는, 집 짓는 일을 마치려면 그녀가 가지고 있던 돈을 다 써야할 것 같아서, 그녀는 건축을 하기 전에 몇 년을 기다려야겠다고 생각했다. 융은 그녀가 집 짓는 일을 미루었다는 것을 듣지 못했을 텐데, 그녀가 기다리면 계속 후회하게 될 것이라고 말했다. 그래서 그녀는 1958년 여름에 건축을 시작했다. 그것은 그 해 가을에 끝이 났다. 융은 이 건물에 지대한 관심을 가지고 있었다. 그래서 그는 자주 아들과 마리-루이제와 세세하게 상의하기도 했으며, 어떻게 진척되는지 보기 위해 차를 타고 그곳에 자주 올라가 보았다. 그는 마리-루이제가 그곳에 없을 때에도 그렇게 했다. 이걸 보면, 그가 그녀를 격려하는 것에만 관심이 있었던 게 아니라, 건물 그 자체에도 관심이 있었음을 알 수 있다.

처음에 마리 - 루이제는 그녀의 탑을 은둔처로 지었다. 피에르츠의 집에 머무는 데에는 문제가 하나 있었지만, 나 역시 그곳에 머무는 것을 포기할 수 없을 것 같았다. 융은 (도둑이 침입할 수 있기 때문에) 내가 총을 발사할 수 없다면 혼자 거기 머물지 말라고 했다. 나는 총을 다룰 수 없었으므로 마리 - 루이제가 가끔 찾아오긴 했지만, 나와 같이 있을 사람이 누군가 늘 있어야만 했다. 그러나 그녀가 혼자 있고 싶어 하는 마음이 서서히 줄어들고, 또 내가 루스를 도우러 융의 성탑에 쉽게 내려갈 수 있다는 것을 알고, 특히 융이 만년에 볼링겐에 머무는 일이 드물어지자 우리는 점점 더 그곳에 더 머물게 되었다.

융이 스위스 전역에 그리고 이따금 오스트리아 혹은 이태리로 오랫동안 차를 타고 다닌 것은 이 때였다. 언젠가 그는 나이가 많이 들어 산속을 오래 걸어 다닐 수 없게 된 것이 그에게 가장 힘든 일 가운데 하나라고 나에게 말한 적이 있다. 그는 파울러 맥코믹의 크고 편안한 미국 산 차로 고원 지대를 다니는 것을 포함하여, 그의 건강이 오랜 여행을 견디낼 수 있으리라는 것을 알게 되었지만, 산을 넘어 다니는 것이 그에게 갑자기 힘겹게 느껴졌다는 말을 덧붙였다. 그의 건강과 나이 때문에 이런 여행이 힘들게 느껴져서 부득이 제한을 두어야 할 일이 생겼다. 그것은 바로 밖에서 밤을 보낼 수 없었던 것, 아니면 점심이나 저녁을 먹기 위해 고지대에서 머물 수 없었던 것 등이다. 융은 그가 좋아하는 볼링겐에서 멀리 떠나고 싶었던 적이 거의 없었다. 하지만 만년에 그는 종종 이런 드라이브를 하려고 한 주 혹은 한 주 이상 그곳을 떠났다. 그는 항상 드라이브를 한 후에 매우 상쾌해져서 돌아왔으며, 그가 가 본 곳들을 아주 좋아했다.

이런 드라이브를 같이 한 그의 동료들은 루스 베일리와, 물론 파울러 매코믹이었으며, 정말 루스는 아주 잘 어울렸다. 1952년에 처음 만났지만, 그들은 급속히 좋은 친구가 되었다. 동아프리카를 여행할 때 루스가 파울러를 대신하게 되었고, 그의 장비를 이용할 수 있었던 1925년 이래 그들은 서로 알고 지냈다.ⓔ 하지만 그들은 결코 그 후 스위스에서 동시에 같이 있어 본 적이 없었다. 비록 파울러는 소년 시절 종종 스위스에 있었고, 훗날 융과 함께 아메리칸 인디언들을 만나러 가고, 인도여행을 하기도 했지만, 1950년대 까지는 스위스에서 매년 일정 기간을 보내는 일이 없었다. 하지만 그 후에 그는 매년 여름 계속 스위스에 와서 머물곤 했다.ⓕ 그러나 융의 만년에 그는 이따금 겨울철에 오곤 했다. 그래서 그는 거의 매년 겨울, 테신에 머물면서 오랫동안 융의 자동차 여행에 도움을 줄 수 있었다.

루스는 결코 분석을 받은 적이 없었다. 그래서 융은 언젠가 나에게, 이것이 그에게 매우 편안함을 주었다고 했다. 언젠가 그는, "내가 전에 내 주위에 있는 모든 사람들에게 늘 그랬던 것처럼, 난 그녀를 더 의식적이 되게 하려고 마음 쏠

ⓔ 253쪽을 보라.
ⓕ 1973년 1월에 죽기 전에 그는, 1971년에 마지막으로 거기 머물렀다.

필요가 없어요."라고 말한 한 적이 있다. 파울러는 얼마간 분석을 받았으며, 융의 책을 모두 읽으려고 노력했다. 융은 수 년 동안 그를 분석하지 않았기에, 그를 더 의식적이 되도록 할 의무가 없다고 느꼈다. 이것이 그에게 편안한 분위기를 만들어 주었다. 융은 이런 자동차 여행을 하면서 자신에게 필요했던 우정과 돌봄을 경험했지만, 40여 년 전 아티 평원에서 홀로 있었던 것처럼,⑧ "신의 세계 God's world"5 속에 완전히 자유롭게 홀로 있었다. 소년이었을 때 그는 특히 산에서 "신의 세계"를 인식했다. 그것은 그 배후에서 하나의 세계unus mundus의 현존이 느껴지는 세계였다.

물론 루스가 전혀 분석을 받거나, 융 심리학을 깊이 탐구해 본적이 없다는 사실은 단점이 있었다. 융은 가끔 그녀가 그의 심리학에 관해 놀라울 정도로 순진하다고 말하곤 했다. 그래서 그녀는 때로 사람을 판단하는 데 있어서 특히 순진한 면이 있었다. 이것이 그를 가끔 즐겁게 해주곤 했다. 그러나 나는 그가 노령으로 인한 많은 신체적인 문제점들을 참고 견뎌야만 했다는 사실에도 불구하고, 그의 만년을 굉장히 행복하게 해 줄 수 있었던 사람은 그녀 외에 아무도 없었다고 믿는다. 대부분 이것은 그의 안녕이 그녀의 주 관심사였고, 그가 원했기 때문에 그녀가 항상 사람들과 상황을 기꺼이 받아들였다는 사실에서 비롯된 것이었다. 내가 보기에, 그의 취향 때문에 그녀가 가끔 깜짝 놀랄 때도 있었지만 말이다. 더욱이 융이 아프리카 여행에 관해 얘기한 바와 같이, "그녀가 제1차 세계대전 동안 얻은 간호사 경험"은 그들 중 한 친구(조지 벡위드)가 "열대 말라리아로 위험한 발작을 일으켰을 때"6 큰 도움이 되었다. 그것은 융의 만년에도 더할 나위 없이 큰 도움이 되었다. 그녀는 그를 유별나게 챙겨주거나, 아니면 그의 자유를 제한하지 않으면서도 — 이것은 그에게 매우 중요했다 — 그가 필요로 하는 간호사 노릇을 했다.

---

⑧ 그 때 그는 신체적으로 동료들로부터 떨어져 있었다. 그러나 나이가 들면서, 이런 일이 그에겐 항상 실현 불가능해졌으며, 심리적으로 적절하게 떨어져 있는 법을 배우게 되었다.

융은 1954년 10월에 『융합의 비의』 서문을 썼을 때, 그것이 자신의 마지막 책[7]이라는 말을 하며 그것을 시작했다. 그것은 정말 그가 마지막으로 쓴 **두꺼운** 책이었다. 그러나 평생 그를 몰아갔던 창조적인 다이몬[8]은 노인이 되면 풍부하게 누릴 수 있을 것 같았던 평화와 휴식을 그에게 주지 않았다. 반대로, 그가 죽기 직전까지 그것은 한 번 더 창조적인 노력을 하도록 계속 자극했다. 사실상 80회 생일이 끝나고 나서 거의 6년 내에 그는 가장 흥미로운 책을 썼다. 그것이 거의 알려지지 않았지만 말이다.

이런 창조적인 노력으로 나온 첫 번째 저작은 「현재와 미래Gegenwart und Zukunft, (Present and Future)」라는 것인데, 처음에 「스위스 월보Schweizer Monatshefte」의 부록으로 나왔다. 그것은 같은 해, 라셔 출판사에서 나중에 페이퍼백으로 출간되었다. 그것은 미래에 관한 많은 질문에 융이 답한 것을 출간한 것이며, 특히 칼리톤 스미스Carleton Smith는 아틀란틱 먼슬리 출판사Atlantic Monthly Press가 그것에 관심을 갖도록 했던 사람이다.[9]

이 저작은 내가 기억하기에, 융이 쓴 그 어떤 책이나 논문보다도 번역 상 더 문제가 많았다.⑩ 그것은 어떤 저작보다도 더 분명하게 서술되었지만, 내가 많이 고친 것들은 융이 모두 재가했고, 그러한 것들이 대부분 그대로 반영되었다고 나는 믿는다. 하지만 나는 그것을 기록으로 남겨야겠다. 즉, 융은 이렇게 고치는 것을 진심으로 **좋아한 적**이 별로 없었다(적어도 나는 우리가 고친 것들을 놓고 토의할 때 늘 그런 인상을 받았다). 그러나 그는 번역자인 리처드 헐Richard Hull이 이해하지 못했다면 대중들도 이해하지 못할 것이라고 하면서도, 가끔은 자신이 생각하는 바를 주장하면서 고집스럽게 "자신의 입장을 고수"했다. 융은 늘 엄청나게 긴 편지를 썼으며, 거의 — 아주 가끔은 — 그가 다룰 수 있는 것을 뛰어 넘기도 했다. 가끔 이런 일이 그의 번역자나 편집자가 보낸 편지 때문에 훨씬

---

⑩ 리처드 헐이 『전집』을 번역하던 초기에 나는 그와 친하게 지냈으므로, 그는 나에게 무엇이든 물어볼 수 있었다.

더 많아졌다. 그러나 대개 긴 회합은 1년에 한 번으로 제한했다. 리처드 헐은, 「현재와 미래」를 너무 지나치게 고치려다가 거의 지칠 줄 모르던 융의 인내심이 바닥이 났다고 말했다. 그는 고언苦言을 하러 내가 테신(그 때 헐 가족은 거기 살고 있었다)으로 내려갔으면 했다.① 헐은 융의 고언을 기꺼이 받아들였다.① 그래서 이제 그 책은 독일어 판을 더 정확하게 따르게 되었다. 나는 언제 그리고 왜, 독일어로는 「현재와 미래」라는 제목이었는데, 영어로 번역되면서 「발견되지 않은 자기」⑯로 바뀌어졌는지 모르겠다. 두 제목 다 그 내용을 잘 묘사하고 있기는 하지만 말이다.

융이 마지막 5년 내에 쓴 책이 세계의 미래를 염려하는 마음으로 가득 차 있다는 것이 나에게는 매우 감동적이었다. 대부분의 사람들은 그들이 죽은 다음에 어떤 일이 일어날지에 별 관심을 보이지 않는 경향이 있다. 살날이 얼마 남지 않았다는 것을 알았지만, 융은 그가 죽은 다음에 닥칠 인류의 운명에 별 관심이 없었던 것이 아니라, 오히려 인간에 대한 지극한 사랑을 가지고 있었다. 그가 만년에 쓴 것을 모두 보면, 우리는 그가 세계를 염려하는 마음을 가지고 있었던 것을 알 수 있다. 「발견되지 않은 자기」는 바로 이런 주제를 다루고 있고, 실제로 "미래에 어떤 일이 일어날 것인가?" 하는 질문으로 시작하고 있다.

---

① 내가 기억하기에, 리처드 헐은 이 논문이 처음에 잡지에 실렸던 것이므로 분명히 많이 고쳐야 했을 것이라고 했고, 이것을 미연에 방지하는 게 더 낫다고 생각했기에 상당히 과감하게 고쳤다고 설명했다. 내가 알기에 헐은 가장 능력 있는 번역자이다. 그 누가 융의 **전집 전체**를 그렇게 빨리 혹은 다양한 방식으로 번역할 수 있을지 나는 의심스럽다. 분명히 사고형이 아니고서는 아무도 그렇게 할 수 없다. 그러나 이런 사람은 결국 비합리적인 면과 감정적인 면이 너무 부족하다는 필연적인 약점을 가지고 있으므로, "이중바닥double floor"이 유실되고 말았다. 융이 "이중바닥"이라고 부른 이것은, 그의 저작에서 비합리적인 면과 감정적인 면이 공유되도록 하기 위하여, 그의 합리적이고 의식적인 기여와 더불어, 그가 늘 무의식이 그 자신을 표현하도록 허용했기 때문에 생긴 것이다.

① 그는 나에게 「발견되지 않은 자기」를 한 부 보냈는데, 거기에 이런 말을 쓸 만큼 너그러운 사람이었다. "바바라에게 가장 깊은 감사를 보내며, 리처드." (「현재와 미래」는 1958년에 보스턴과 런던에서 「발견되지 않은 자기」라는 제목으로 출간되었다 - 역주)

⑯ 「현재와 미래」는 영어판의 부제로 사용되었다.

깊이 그리고 가장 적극적으로 우리가 당면한 가장 시급한 문제들을 다루고 있는 융의 이 짧은 책10은 별로 알려져 있지 않다. 예컨대 그는 "보편적인 파괴에 대한 묵시적인 상像들로 가득 차 있는 시대"에서 삶의 의미를 물었으며, "철의 장막으로 상징되는"(융이 이 책을 쓸 때는 소련이 동구를 지배하던 철의 장막의 시대였다 - 역주) 인류 분열의 의미에 대한 질문을 했다. 더 나아가 그는 이렇게 물었다. "수소 폭탄이 터지거나, 절대주의체제 국가의 정신적이고 도덕적인 어둠이 유럽 도처에 퍼지게 된다면 우리의 문명과 인간은 앞으로 어떻게 될 것인가?"11

가장 위험한 것은 이런 정신적이고 도덕적인 어둠, 다르게 말하자면 인간의 무의식성이다. 이런 어둠을 "철의 장막"을 드리우고 있는 다른 편에 투사하는 것은 전혀 소용없는 일이다. 왜냐하면 다만 의식할 수 있는 것은 개인뿐이기 때문이다. 종교가 억압되고, "국가"가 신앙을 허구로 보는 나라들에서는 개인이 자유를 훨씬 더 비참하게 잃어버리게 된 것이 사실이다. 하지만 융이 지적한 대로, 개별적인 인간이 중요한 문제라는 생각은, "모든 면에서 가장 강렬한 의심과 저항을 충분히 불러일으킬 수 있으며, 심지어 대다수의 사람들과 비교하여 개인이 무가치하다는 신념을 주장할 수 있고, 보편적이고 만장일치적인 동의에 이를 수 있다."12 이런 면에서 볼 때 비 공산권 세계는 철의 장막 반대편에 있는 사람들만큼이나 나쁘다. 우리의 교회 역시 회중과 비교하여 개인이 가치가 없다고 주장하면서 조직을 하고, "대중 활동이라는 묘약妙藥"13을 믿는다. 교회는 "개인이 대중 속에서 도덕적으로 그리고 정신적으로 열등하게 된다."고 믿지 않으며, 개성화 과정이 본래 기독교의 중심 주제임을 완전히 잊어버린 게 분명하다. 융은 이렇게 물었다. "예수와 바울은 그들의 내적인 경험을 믿으며, 세상을 거슬러서 개별적인 방식으로 그들의 삶을 살았던 사람들의 원형prototype이 아닌가?"14①

개인에 대한 이러한 불신은 개인이 자아, 그리고 이른바 자아가 지닌 의식적

---

① 작게 출간된 책에서 헐Hull은 독일어 문장, 즉 *der Welt die Stirne geboten haben*을 "세상에 거슬러서"라고 하지 않고 "여론을 무시하고"라고 번역했다.

인 허구와 같다는, 널리 퍼져있는 잘못된 생각에서 생긴 것이다. 그러나 융은 자신 안에 있는 영원한 존재를 인식하고, 예수와 바울처럼 이런 존재를 **내적**으로 경험하기 위해 자신의 이기적인 욕망을 희생할 줄 아는 개인에 대해 말하고 있었다. 융은 이런 말까지 했다. "**조직화된 대중에 대한 저항은 대중 그 자체만큼 그의 개인성도 든든하게 세우는 인간에 의해서만 효과적이 될 수 있다.**"[15] 이것은 가장 중요한 문제다. 즉, 우리 자신을 세우는 것은 다만 자기 - 인식에 의해, 우리 자신을 위해 엄청난 노력을 하고, 기꺼이 우리 자신에 대해 온전히 책임을 짐으로써 이루어질 수 있다. 안타깝게 대부분의 사람들은 이런 면에서 유아적이 되는 것, 그리고 다른 사람들에 대한 책임을 외면하는 것을 좋아한다. 그러나 그들은 "이미 국가의 노예가 되고 있는 중이며, 부지불식간에 국가를 위해 충성하는 사람들이 되고 말았다."[16]

이 작은 책은 아마 30여 년 전에 아티 평원에서 융에게 그 자신을 드러냈던 현대인의 신화를 융이 가장 생생하게 설명한 것으로 볼 수 있다. 그것은 정말 독자들이 "객관적인 존재와 의미"를 창조할 만큼 충분히 의식적이 되느냐, 아니면 무의식적으로 국가의 노예가 되느냐, 그리고 그것을 다루는 방법을 아는 사람들이 되느냐,[17] 아니면 "비존재의 깊은 밤"이라는 미지의 나락으로 떨어지고 마느냐 하는 선택을 할 수 있는 여지를 남겨둔다.[18]

「발견되지 않은 자기」를 완성하고 얼마 되지 않아, 융은 「하늘에 보이는 것들에 대한 현대인의 신화」[19][⑪]를 쓰는데 관심을 집중했다. 이 글을 쓰기 전에 융은 여러 해 동안 비행접시에 관심을 갖고 있었다. 사실상 그것은 매우 일찍부터 그의 관심을 끌었던 현상에 대한 보고라고 할 수 있다. 처음에 그는 비행접시를 특성상 단순히 환영幻影으로 간주했다. 그럼에도 불구하고 그는 그것을 실제적인 것으로 보고, 그것에 대해 관심이 있었다. 그는 사적인 대화를 하면서 매우

---

⑪ "비행접시"라는 단어는 영어 판 제목에 추가되었다.

자주 비행접시에 대해 언급했다. 그러나 단 한 번, 즉 1954년에, 그가 말한 것이 인쇄되어 나온 적이 있다. 그 때 그는 「세계주보世界週報, Weltwoche」에 그 주제에 대한 인터뷰를 했는데, 나중에 그것이 출간되었다.[20] 세상 언론은 융이 1958년에 인터뷰 한 것을 알게 되자, 그가 비행접시의 객관적인 실체를 믿는 사람이라는 소문을 냈다. 실제로 비행접시의 물리적인 존재에 대해 회의적인 입장을 인터뷰에서 발표한 이래, 융은 미국 신문사에 그것에 대해 정정하는 말을 써 보냈다. 그러나 그 때는 그가 표현한 대로, "말이 통하지 않았다."

이런 반응에 그는 매우 큰 관심을 보였다. 즉, 유명한 사람이 비행접시의 물리적인 실체에 대해 진술했다고 볼 때, 아니면 그 반대로 그가 다만 분명히 보았지만, 아무도 그것이 무엇인지 모른다고 말했을 때에도, 그것은 분명히 환영할 만한 "뉴스"였다. 대중은 분명히 비행접시가 **실제** 존재한다고 믿고 싶어 했다. 그는 정말 물리적으로 그러한 것들이 존재하는 지에는 별 관심이 없었고, 세계 도처에 있는 많은 사람들이 하늘에 떠 있는 둥근 물체들을 **보고** 있었다는, 부인할 수 없는 **사실**에 더 큰 관심을 두었다. 둥근 것은 탁월한 자기Self, 곧 전체성의 상징이다. 이런 사실은 회의적이고 합리적인 현대세계에서 볼 때 그 자체가 엄청난 관심을 자아낸다. 더욱이 대부분의 사람들은 이러한 둥근 물체들로부터 구원에서 파멸까지 아우르는 운명적인 그 무엇을 기대하는 것 같았다.

그들이 가지고 있던, 있을 법한 물리적 존재에 관한 융의 회의론은 점점 더 믿을 만한 증거들이 나타남에 따라 별 관심을 끌지 못했다. 그러나 도입부에서 그는 이렇게 말했다. "심리학자로서 나는, 미확인 비행 물체들Ufos에 대한 질문에 도움이 될 정도로 자격을 갖춘 사람이 아니다. 나는 다만 그러한 것들이 분명히 심리적인 측면을 가지고 있다는 것에 관심을 둘 뿐이다." 그런데 이런 측면은 상당히 흥미 있는 것이다. 국가사회주의 체제의 독일에서 일어난 사건에서처럼, 융은 어떤 원형이 무의식속에서 일어나고 있음을 보았으며, "어떤 사건들이 유럽에 운명적인 결과를 드리우고 있다"는 경고로 "보탄Wotan"에 관한 논문을 쓰지 않을 수 없다고 느꼈다. 또한 그는 이제 다시금 그것이 "시대의 몰락"을 특징짓고 있다는 점에서, 어떤 원형이 다시금 태동되고 있다는 것을 독자들에게 경고하지 않을 수 없다고 느꼈다. 역사는 봄의 별자리Spring sign가 하나의 별자리를 떠나 다른 별자리로 들어감에 따라 각 플라톤의 달Platonic month의 끝(대개 2천 년)에 도달하게 되면, 매우 운명적인 사건들이 일어나리라 기대하게 된다는 것을 우리에게 가르쳐 주었다. 융은 이미 물고기자리 시대가 끝나고, 봄의 별자리가 물병자리로 들어가면 엄청난 변화와 격변이 일어날 것이 예상된다고, 1929년에 어떤 세미나에서 상당히 자세하게 언급한 바 있다. "보탄"에 대한 경고에 주목하는 사람들이 별로 없었으므로, 그는 사람들이 다시 주의를 기울여 들을 것이라는 희망을 거의 갖지 않았다. 그럼에도 불구하고, 그는 독자들이 "논의되고 있는 일로 인해 허를 찔리고, 이해할 수 없는 성격으로 인해 당혹스러워" 져서는 안 된다고 생각했다. 그래서 그는 자신의 "진실성, 신뢰성, 그리고 과학적인 판단력"을 위태롭게 만들 수 있는 위험을 무릅쓰고 경고하는 글을 썼다. 그는 이런 경고가 "매우 인기가 없을 뿐만 아니라, 세상을 개선하려는 사람들과 '표징과 징조'를 해석하는 다른 사람들의 마음을 어둡게 하는 혼탁한 환상을 가지고 있는 사람들에게 위험시될 수도" 있으리라는 것을 충분히 인식했다. 그러나 대학생인 융이 "괄시받던 심령술의 영역"ⓐ이 인기가 없다고 스스로 낙담하지 않고, 초핑기아 학생회에서 성실하게 심령술에 관한 논의를 함으로써 회의적인 외리의 칭찬을 받았던 것처럼, 이제 60년이 지나 80세가 넘은 유명한 노인이 된 그가, 그 때처럼 성실하게 비행접시에 대한 주제를 탐구하며 낙담했을 리가 없다.

융은 처음에는 소문들을, 그 다음엔 꿈과 현대인의 그림에 나타나는 것들을, 그리고 비행접시의 이전 역사 등의 모든 증거를 조심스럽게 탐구했다. 마침내 끝맺는 말에서 그는 자신의 원고를 완성한 **후에** 입수한, 매우 다른 두 책을 다루었다. 첫 번째 책21은 전문적인 지식이 결여된 책이었다. 그 책의 저자 오르페오

ⓐ 97쪽 이하를 보라.

안겔루씨Orfeo Angelucci는 타원형의 물체에서 나온 "두 개의 녹색 불 공two balls of green fire"과의 첫 번째 만남에 대해 기술했다. 그는 여러 번의 인터뷰에서 그것들이 얼마나 훨씬 더 지적이고 의식적인지, 얼마나 그것들의 친구들인 지구인들에게 자애롭게 대하는지, 그리고 얼마나 구원받고 싶어 하는지를 설명했다. 그는 "거대하고 흐릿한 비누거품" 같은 것에 의해 다른 행성으로 실려 가기도 했으며, 약 1천마일 떨어진 곳에서 지구를 보았다.22◎

『검은 구름The Black Cloud』이라는 제목의 두 번째 책은, 프레드 호일Fred Hoyle이라는 유명한 천체물리학의 권위자가 쓴 일종의 공상 과학소설이었는데, 이것이 융의 호기심을 자극했다. 융은 이미 "깊은 인상을 준" 두 권의 책, 곧 『우주의 본질The Nature of the Universe』과 『천문학의 최첨단Frontiers of Astronomy』23을 알고 있었다. 검은 구름(둥근 모양이기도 한)은 지구 전체를 소멸시키려고 위협한다. 그 때 천재적인 물리학자요 수학자가 그 구름과 소통하게 된다. 비록 후자가 구름이 그에게 말한 것을 기록으로 남길 수 있었지만, 아무도 그 실험을 견뎌내지 못한다. 구름은 결국 우리 행성에 사는 생명체 중 거의 절반을 파괴한 후에 우리의 태양계를 포기하고 떠나기로 결정한다. 그러나 그것의 지능이 인간들에 비해 굉장히 높다는 것이 입증되었다.

안겔루씨는 우주 공간에서 온 이러한 존재들이 우리에게 구원을 가져다 줄 것으로, 호일은 파괴를 가져다 줄 것으로 보았다. 그러나 **두 경우 모두** 그들이 초인적인 지능을 가지고 있다는 데 그 원인이 있다. 심지어 회의적인 호일조차도 "신이나 천사와 같은 특성"을 지닌 그들에게 "위험스럽게 가까이 다가갔으며," "여기서 위대한 천문학자가 순진해 빠진 안겔루씨와 손을 잡았다"는 말을 융이 한 바 있다.24

내가 보기에 극히 소수의 사람들이 융의 이 논문을 읽었으므로, 그의 "경고"

◎ 1944년에 병이 들었을 때 본 융의 환상과 비교하라. 그 환상에서 융 역시 약 1천마일 떨어진 곳에서 지구를 보았다.

를 놓치고 말았던 것 같다. 그러나 자기 원형archetype of the Self의 상징인 이런 둥근 것에 대한 세계 도처에 퍼져있는 인식은, 우리가 살고 있는 파국적인 시대에 어떤 의미를 부여한다. 그것은 적어도 참을 수 없는 유일한 고통, 즉 "이해하지 못하는 고통"이라고 융이 말한 것으로부터 우리를 구해 줄 것이다. 더욱이 역사가 우리에게 가르쳐주는, 비슷한 현상이 모든 점성학적 시대 말에 나타난다는 사실은, 우리를 안심시켜주고 과거와 연결해 준다.

    1957-58년 겨울에 C. G. 융 연구소는 더 폭넓은 대중들을 위해 일련의 강의를 마련했다. 이 일련의 강의의 일반적인 주제는 "양심"이었다. 유명한 여러 교수들이 그 주제의 관점에서 강의를 했다. 융은 "심리학적 관점에서 본 양심"[25]이라는 주제의 논문을 써 달라는 요구를 받았다. 그것을 쓰는 것이 엄청나게 어려운 일이었지만, 그는 그것을 쓰기로 했다. 그러나 그는 누군가 그것을 읽어야 한다는 조건을 내 걸었다. 그가 종종 외부의 요구에 응하는 친절한 습관을 가지고 있음을 알고 있는 어떤 평의회 위원들은 그렇게 하기로 약속하고 취리히 연방 공과대학에 있는 가장 큰 강당을 빌렸으며, 신문 광고를 내면서 융이 거기 나타나지 않을 것이라는 말은 하지 않았다. 그러나 융은 이미 그 때 82세였으며, 그의 체력으로는 그런 수고를 감당하는 것이 매우 어렵다는 것을 알았기에 소신대로 했다. 그러나 지속적인 압력을 받게 되자, 그는 사람들과의 접촉에서 벗어나 혼자 있기 위해 평소보다 훨씬 늦은 1월까지 볼링겐에 머물러 있었다. 그 때 그는, "그들은 내가 그 강의 원고를 쓰면서 그들을 위해 이미 어떤 노력을 했는지 모른답니다."라고 나에게 말했다.

    마리 - 루이제 폰 프란츠와 나는 그 강의에 참석했는데, 대강당은 통제하기 힘들 정도로 꽉 차 있었다. 융이 거기 없다는 것 때문에 처음에는 사람들이 많이 실망했다. 그러나 프란츠 리클린ⓟ 이 임기응변으로 그 상황에 잘 대처했으며, 사람들이 뭐라고 해도 걱정하지 않고 (융에게 무리한 요구를 하는 것을 아랑곳

    ⓟ 프란츠 리클린은 1957년에 C. G. 융 연구소 소장이 되었다.

하지 않으면서, 혼자 사람들의 책망을 받으려고 하지도 않으며) 논문을 잘 읽었으므로 수많은 청중은 완전한 침묵 속에서 잘 듣고, 마치 융이 거기 있는 것처럼 박수갈채를 보냈다. 그것은 정말 「발견되지 않은 자기」와 「비행접시」같은, 거의 알려져 있지 않은 융의 짧은 논문 중에서 가장 큰 관심을 끈 것 중 하나다.

"양심"이라는 단어가 정말 무엇을 의미하는지를 훌륭하게 묘사하면서 융은, 양심과 도덕률을 매우 분명하게 구분했다. 만약 우리가 "양심"을 옳고 그르다는 전통적인 기준에 따라 모든 결정을 내리기 위한 것으로 본다면, 우리는 하나의 대극만을 생각하게 되고, 그 옛날 신의 목소리 vox Dei에 복종하는 것을 뜻하는 진정한 정신을 회피하게 된다. 11살 때부터 융은, 우리가 단순히 도덕률에 복종하는 것보다 신 God(우리가 여기서 이 최고의 내적인 목소리를 신이라 부르건, 자기 Self라 부르건 별 문제가 안 된다)이 종종 더 많은 것을 우리에게 요구한다는 것을 알았다. 독자들은 소년 융이 "신성모독적인 생각"⑪을 피하기 위해 무척 애썼다는 것을 기억할 것이다. 그러나 그가 "용서받을 수 없는, 성령을 거스르는 죄"로 간주한 것이 바로 이런 생각이었다.²⁶ 뒤이어 그는 은총의 기적을 처음으로 경험했다. 그것은 그의 평생에 결정적인 경험이 되었으며, 나중에 그는 늘 신성한 힘의 의지를 반드시 따라야 한다는 것을 알게 되었다.

그의 양심에 대한 강의는, 그가 어린 시절 경험을 한 후 70년이 넘어 책으로 나왔다. 이제 그 경험이 뿌리가 내려, 매우 아름다운 꽃을 완벽하게 활짝 피웠다. 그것은 그 날 밤 취리히 연방 공과대학에서 사람들이 쥐 죽은 듯이 고요하게 강의를 들었다는 데서 확실히 입증되었다. 그러나 융이 묘사한 것과 같은 양심에 대한 글은 인기 있는 읽을거리가 아니다. 왜냐하면 그것을 실천하려면 최대한도로 진실해야 하고 기꺼이 고통을 받아야 하기 때문이다. 그래서 그 강의록은 결코 많이 읽히지 않았다.

융은 오랫동안 계속해서 두 가지 중요한 연구 계획을 생각하고 있었다. 그것

---

⑪ 64쪽 이하를 보라.

은 엄청난 작업을 필요로 하는 것이었다. 매우 애석하게도 그가 포기했던 첫 번째 연구 계획은, 그가 동시성에 대한 긴 논문을 완성한 다음에 줄곧 마음속에 있던 것이었다. 그는 수數에 관한 연구가 계속 이루어져서, 그 개념이 명확해 질 것이라는 것을 분명히 알았다. 하지만 1956년부터 그는 자서전에 관심을 가져달라는 외부의 압박을 많이 받았다. 이것은 그가 좋아하는 생각이 전혀 아니었다.27 만약 그가 자신의 의향을 따랐다면 그는 틀림없이 수에 관한 책을 쓰기로 결정했을 것이다. 그러나 그는 후자에 대한 연구를 하려면 그가 활용할 수 있는 것보다 더 많은 시간과 에너지가 소모되며, 젊은 사람의 도움을 받아야 한다고 느꼈다. 마리-루이제 폰 프란츠가 그 일을 할 수 있다는 것을 알았기에(그녀의 강의를 들은 후에 나는, 그녀야말로 그의 사상을 온전히 이해한 제자들 가운데 하나라고 그가 말하는 것을 들었다). 그는 그 주제에 관해 적어놓은 노트를 그녀에게 넘겨주었으며, 그녀는 그의 요청으로 연구를 하여 마침내 책을 쓰게 되었다.28

아니엘라 야훼는 그 당시 그의 비서였으며, 융은 자서전을 위해 필요한 자료를 그녀로 하여금 받아쓰게 하는 것이 가장 실제적이라고 여겼다. 그녀는 이미 작가로서 탁월한 능력이 있다는 것이 드러났다.29 그러므로 그는 전적으로 그녀에게 글 쓰는 일을 일임하려고 했다. 왜냐하면 그는 자서전을 매우 불신하고 있었기 때문이다. 그는 다음과 같이 말했다.

> 자서전을 쓰는 것은 매우 어렵다. 왜냐하면 우리 자신을 판단할 근거가 되는 기준도, 객관적인 근거도 우리가 갖고 있지 못하기 때문이다. 여기에는 사실 적절하게 비교할 만한 근거가 없다. 나는 내가 여러 가지로 다른 사람들과 다르다는 것을 알고 있다. 그러나 나는 정말로 내가 어떤 사람인지 모른다. 인간은 무엇과도 비교가 안 된다. 그는 원숭이도 아니고 젖소도 아니고 나무도 아니다. 나는 사람이다. 그러나 그것은 무엇인가? 다른 모든 존재와 마찬가지로 나도 무한한 신성神性에서 떨어져 나온

존재다. 그러나 나는 어떤 동물과도, 어떤 식물이나 어떤 돌과도 비교될 수 없다. 다만 신화적 존재만이 인간을 넘어선다. 그런데 어떻게 인간이 자신에 대해 어떤 결정적인 의견을 가질 수 있겠는가?[30]

그러나 융은 나중에 **그 누구도** 그 자신의 "개인적인 신화"를 쓸 수 없다는 것을 알았다. 그래서 그는 『회상』의 처음 세 장을 썼다. 내가 아는 한, 그의 자서전 중에서 이 세 장과 제12장, 곧 "만년의 사상"과 "회고"는 그가 전부 쓴 것들이다. 그러나 그는 자신이 자세히 살펴보고 추가 했고, 매우 조심스럽게 나머지 원고를 모두 고쳤다고 나에게 말했다. 그 결과 그 책이 매우 의미 있는 온전한 모습을 갖추게 된 것이다. 어떤 때 그는 매우 큰 관심을 기울였고, 상당한 열정을 갖고 그것에 대해 논의했으며, 또 다른 때에는 그가 쓸 수 있는 것보다 더 많은 에너지와 시간이 요구된다고 느꼈다.

1959년에 영국방송협회는 융에게 존 프리만과 인터뷰를 해 줄 것을 요구하기 시작했다. 그것은 생존해 있는 유명 인사들을 시리즈로 인터뷰하는 "대면 Face to Face"이라는 프로그램이었다. 그는 자서전을 쓰는 문제보다는 이것에 대해 덜 저항을 느꼈다. 다시 말해 오히려 그는 그런 생각에 관심을 보이기까지 했다. 영국방송협회는 그 일을 성사시키기 위해 끈질긴 노력을 기울였다. 존 프리만이 봄에 융을 만나기 위해 취리히로 왔을 뿐만 아니라, 융과 친분이 있는 것으로 영국방송협회가 알고 있던 모든 사람들을 인터뷰하러, 협회를 대표하여 브란치 여사Mrs. Branch가 성령강림절 휴가기간에 파견되기도 했다. 그녀는 논의하게 될 주제에 대한 많은 제안을 했으며, 일문일답식으로 진행되기를 원했다. 그러나 여하튼 어떤 의문이 생기면, 나중에 브란치 여사에게 알아보고 편지를 써도 좋은지 내가 물어보았다. 그래서 그렇게 하기로 했다. 내가 달갑게 여기지 않는 것처럼, 융은 계획된 어떤 프로그램을 원하지 않았다. 오히려 그는 대화가 자연스럽게 진전되는 것을 더 좋아했다.

존 프리만과 그 밖의 모든 사람들이 사려 깊은 관심을 보여주었음에도 불구하고, 84세가 된 융에게 그것은 피곤하게 만드는 힘든 일이었다. 실제 녹화가 아침 내내 진행되었으며, 그것은 오후 두 시쯤 되어서야 끝났다. 그러나 융은 텔레비전에 대한 별 부담감을 보이지 않고 아주 잘 견뎌냈다. 내가 사전에 너무 피곤하진 않은지 물어 보았을 때, 그는 그 일을 마쳐야한다고 느낀다고 했다. 다시 말해 그가 죽은 후에 그에 대해 구구한 억측들이 많이 나돌지 모르기 때문에 사람들이 스스로 판단할 수 있으려면 그를 볼 기회를 가져야한다고 했다. 정말 전체 필름은 있는 그대로의 융의 면모, 즉 자연스럽고, 소박하고 자발적인 면모를 **정확하게** 보여준다.

텔레비전 인터뷰를 하면서 그가 위와 같이 말하는 것을 내가 듣긴 했지만, 똑같은 이유로 그가 자서전을 쓰는 데 동의했다고 생각한다. 정말 무엇보다도 "대면"이란 인터뷰와 『C. G. 융의 회상, 꿈, 그리고 사상』은, 그를 개인적으로 몰랐던 사람들에게 "그들 스스로 판단할" 수 있는 가장 좋은 기회를 준다.

이 기간 동안 여러 가지 일을 마친 후에 융은 자주 볼링겐으로 갔다. 사실상 거기 머물면서 그는 여전히 많은 글을 썼으며, 어떤 상像들을 돌에 조각을 하고 비문에 새기기도 했다. 1958년 말쯤, 최초로 지은 탑 서쪽 외벽에 암말의 젖을 향해 자신의 손을 뻗고 있는 어떤 여자의 모습을 새겼다. 그 여자 뒤에서 곰 한 마리(그것도 암컷인)가 그녀를 향해 둥근 공처럼 생긴 것을 굴리며 오고 있다. 그 여자 위에 그는 이런 말을 새겨 넣었다. "내가 운반해 온 빛이 내 자궁 속에 비춰기를. 1958년." 말 위에는 이런 말이 새겨져 있다. "천마天馬, 살아 있는 샘, 물병으로 쏟아 부은 물." 곰 위에는 이런 말이 새겨져 있다. "덩어리를 움직이는 곰."**31**

이것은, 말하자면 돌 속에 그 모습을 그에게 드러낸 상像 가운데 하나였다. 점성학적으로 볼 때, 융이 종종 지적한대로, 우리는 물병자리 시대에 들어가고 있다. 그러므로 우리가 살고 있는 어두운 시대에 이제 새로운 빛과 생수가 솟아 날 수 있다.

제18장

뿌리로 돌아가다

1960-1961

    융은 비록 1960년 7월에 85세가 되었지만, 그 해 엄청난 노력을 하지 않을 수 없었다. 나는 그가 자신의 심리학을 대중적으로 설명하는 것에 관련되는 것을 애초부터 거절했다고 말하는 것을 들은 기억이 없다.ⓐ 융이 그런 주제에 대해 말하는 것을 내가 처음 들은 것은 루스 베일리와 융이 마리-루이제 폰 프란츠의 탑에 우리와 함께 저녁식사를 하러 왔던 어느 봄날 저녁인 것 같다. 그 때 그는 『인간과 상징 Man and His Symbols』이라는 제목의 대중적인 책을 내려는 생각에 대해 매우 열의를 보였고, 마리-루이제의 협조를 부탁했다. 그는 논문 중 한 편만을 쓰기를 원했고, 그녀에게 개성화에 대한 매우 중요한 논문을 써 달라고 요청했으며, 그리고는 그녀와 책 전체의 구성에 대해, 그리고 그가 포함시키기를 원하는 각 주제에 따라 누구에게 써 달라고 부탁하는 게 가장 좋을 것인지 의논했다. 나중에서야 그는 그녀에게 자신이 죽거나 아플 경우에 심리학적 관점에서 책 전체를 편집하는 책임을 맡아달라고 부탁했다. 그가 논문을 쓰기 시작한 것

ⓐ *Man and His Symbols*, 9쪽과 비교하라. 거기서 존 프리만은 융이 "무척 완강하게" 그런 발상을 거절했다고 설명하고 있다.

은 몇 달이 지난 뒤였다.

    융은 1960년 이른 여름에 건강상태가 매우 좋았기에 7월 대부분을 포함하여, 7월 27일 85회 생일이 되기 전까지 볼링겐에 많이 있었던 것 같다. 그는 함께 거기서 오후 시간을 보내기 원하는 심리학 클럽 회원들을 초청하려던 오래된 계획을 실행에 옮기기까지 했다. 그 일을 감당하느라고 루스가 상당히 많은 수고를 했으며, 융의 딸들과 며느리가 도와서 정말 파티가 매우 성공적으로 끝날 수 있었다. 그것은 전에 볼링겐에 가 본 적이 없었던 클럽 회원들에게 특히 즐거운 일이었다.

    그럼에도 불구하고, 다음 날 아침 루스를 도우러 내려갔을 때 — 지난 몇 해 동안 종종 내가 그렇게 했던 것처럼 — 나는 융이 매우 깊은 생각에 잠겨 있고, 애석해 하는 것을 보았다. 그러나 나는 그것이 토니 볼프가 더 이상 "클럽의 호랑이"ⓑ 역할을 못하게 된 후부터 클럽이 전보다 얼마나 많이 변했고, 또 낯익은 얼굴들이 얼마나 많이 사라져 버렸는지를 그가 철저히 깨달았기 때문인지, 아니면 그가 아끼던 성탑에서 정말 마지막으로 행복한 시간을 보내고 있다는 예감이 들어서 그런 모습을 보였는지 알 수 없다. 하여간 그는 클럽 파티가 끝나고 곧 퀴스나흐트로 떠났고, 1961년 초봄에 자신의 성탑으로 단 한 번 다시 돌아갈 수 있었다.

    융의 85회 생일은, 80회 생일을 지냈던 것보다 훨씬 더 큰 부담이 되었다. 그가 정말 다섯 살이나 더 나이가 먹었다는 것이, 안타깝게도 이내 분명해졌다. 그럼에도 불구하고, 그는 그것이 그를 매우 피곤하게 만든다는 것을 드러내지 않으려고 무진 애를 썼다. 그는 그가 살아온 도시, 퀴스나흐트의 명예시민 *Ehrenbürger*ⓒ이 되었으며, 그것을 진정으로 매우 고마워했다. 그는 도들러 호텔에서 있었던 똑같은 두 번의 C. G. 융 연구소 파티 외에 또 다른 저녁식사 모임

ⓑ 299쪽 이하를 보라.
ⓒ 그것은 명예시민 훈장을 받는 것과 비슷한 것이다.

에 참석하기 위해 존네 호텔로 가야 했다. 그는 그때 매우 피곤했으므로 저녁 내내 거기 참석할 수 있을지 몰라 매우 불안해했다. 그러나 평상시처럼 임기응변으로 대처하였으므로 그는 그 모임을 주최한 사람들, 곧 지방자치단체장 Gemaindepräsident인 에드워드 구겐뷜Guggenbühl과 시 참사회원들Gemainderat ⓐ을 전혀 실망시키지 않았다.

생일잔치가 끝나자 융은 한 동안 아주 조용히 있기 위해 즉시 어딘가로 떠나야 할 필요를 절실히 느꼈다. 그는 매코믹과 루스 베일리와 함께 스위스 서쪽, 오넨스Onnens에 있는, 그가 매우 좋아하는 작은 호텔로 떠나기로 결정했다. 전에 그곳은 종종 그들의 본거지가 되었던 곳이며, 그 주변 지역은 차를 타고 돌아다니기에 매우 아름답고 흥미를 자아내는 곳이었다. 내가 마지막 준비를 하던 루스를 도우려고 갔을 때, 그녀는 융이 정말 너무나 피곤해 했지만, 그가 바라는 대로 순순히 따라 주어, 어딘가로 떠나는 것을 매우 기뻐하는 것 같은 느낌이 들었다고 나에게 말했다. 나중에 그녀는 점심 때 오넨스까지 약 반 마일쯤 남았을 때, 그가 매우 상태가 안 좋은 것 같아, 그녀와 파울러가 집으로 돌아가자고 설득하려고 했다는 말도 했다. 그러나 바로 그 때 퀴스나흐트에는 할 일이 너무 많았으므로, 그는 오넨스로 갈 것을 계속 주장했다.

그러나 그날 밤 그는 심하게 아팠다. 호텔에서 밤을 보낸 동네 의사는, 그가 죽을 수도 있다고 걱정을 많이 했다. 그런데 다행히도 그 의사가 애를 쓰고 또 루스 베일리가 정성껏 간호함으로써 융은 몸져눕지 않고 좀 나아질 수 있었다. 당연히 가족들에게 그가 위중한 상태라고 알렸다. 그들은 그들의 아버지가 멀리 떨어진 호텔에서 사망한다는 생각이 들어 견딜 수 없었다. 그래서 마리안 니후스와 그녀의 남편이 즉시 오넨스로 가서 그를 헬리콥터로 태워오기로 결정했다. 그 때 꽤 나아졌으므로 그는 그렇게 하는 것을 절대 반대하였지만, 앰뷸런스로 집에 돌아오는 것에는 동의했다.

ⓐ 퀴스나흐트 시장과 시 자치 운영 위원단.

융은 앰뷸런스로 이동하는 것을 매우 잘 견뎌냈으며 집에 다시 돌아오게 된 것을 기뻐했다. 특히 그는 아직 너무 아파서 어떤 의무도 감당하지 않아도 된다는 것을 좋아했다. 그는 집에 돌아온 지 얼마 안 되어 마리-루이제와 나에게 (따로) 똑같은 꿈을 얘기했다. 우리 둘 다 그가 죽을지 모른다는 생각이 들어, 그 꿈을 기록하고 싶었다. 그는 다음과 같은 꿈을 꾸었다.

그가 불타는 빛에 잠겨있는 "또 다른 볼링겐"을 보고 있었는데, 어떤 목소리가 그에게 이제 완성되었고 그곳에 살 준비가 되었다고 말했다. 그 때 그는 저 아래에서 어미 울버린wolverine(족제비 과에 속하는 가장 큰 맹수로서 몸의 길이 85-100㎝ 정도이다 - 역주)이 자기 새끼에게 수면으로 뛰어 들어 헤엄치는 것을 가르치는 것을 보았다.

이것은 분명 죽음과 관련된 꿈death dream이었다. 왜냐하면 그가 전에 "여러 단계로 건축된" 이와 같은 "또 다른 볼링겐"에 관한 꿈을 종종 꾸었으며, 그것이 늘 무의식, 곧 저승에 살게 되는 것이라고 말했기 때문이다. 그 꿈의 마지막은 이와 같은 의미를 가지고 있다. 즉, 꿈을 꾼 사람이 곧 또 다른 환경(보통 저승이라고 부르는)으로 들어가야 하며, 마른 땅 위의 집에 있던 어린 울버린이 물에 적응하는 것을 배워야했던 것처럼, 다른 방식의 삶에 적응하는 것을 배워야 한다는 것이다. 결국 어머니 자연은 변화를 마련해 놓고 그에게 지원을 아끼지 않을 준비가 되어 있었던 것이다.

이 꿈은 마리-루이제와 나를 매우 슬프게 했다. 왜냐하면 융이 곧 우리를 떠나 "다른 볼링겐"으로 갈 것이 분명했기 때문이다. 사실상 그 꿈이 이 세상에 있는 그의 볼링겐과의 강한 유대관계를 느슨하게 해 주었는지도 모른다. 이전에 종종 그랬던 것처럼, 다시 한 번 놀라울 정도로 죽음을 온전히 받아들이게 되자, 그는 더 오래 살 수 있게 되었다. 그는 빨리 회복되었으며 겨울 내내 아주 잘 지냈다. 하지만 나는 그가 자신의 85회 생일 전만큼 좋아졌다고 생각하진 않는다.

하여튼 그 전에 그랬던 것과는 반대로, 그는 볼링겐으로 가려고 하지도 않았으며, 평상시처럼 겨울에 테신으로 가는 것도 삼갔다. 비록 몸은 확실히 약해졌지만, 마지막까지 그의 마음과 정신적인 이해력은 꾸준히 향상되었다. 비록 그가 사소한 일을 잊어버렸지만(실제로 젊었을 때보다 그가 덜 잊어버린 것은 아니다!), 그는 즉시 이렇게 말했다. "거 봐요, 내가 노인이 돼 가고 있다고 당신에게 말했잖소!" **만약** 그가 이것을 믿었다면, 그것은 내가 알기에 그가 품고 있던 유일한 환상일 것이다. 이른 봄까지 퀴스나흐트에 계속 머물러 있었지만, 그는 매우 활동적이었다. 그는 『인간과 상징』을 위한 논문 — 그는 논문을 영어로 썼으며, 나중에 그 책은 맨 먼저 영어로 나왔다 — 을 썼으며, 그에게 보내온 다른 논문들을 읽고 평하는데 정성을 다했다. 특히 그는 마리-루이제의 논문을 좋아했으며, 그것을 하나도 고치지 않았다.

융은 여러 해 동안 그가 썼던 것과는 다른 방식으로 『인간과 상징』을 위한 그의 논문 — "무의식에의 접근" — 을 썼다. 그는 그의 창조적인 다이몬의 인도를 받아, 그것을 쓰는 데 압박을 받지 않았지만, 그의 꿈을 **의식적으로** 따르고 있다. 그는 "그의 서재에 앉아서 세계 도처에서 찾아오곤 했던 저명한 의사들과 정신과 의사들에게 말을 하는 대신에 공공장소에 서서, 그의 말을 듣고 있는 수많은 사람들에게 연설하는데, 그들이 그가 말하는 것을 이해하는"[1] 꿈을 꾸었다.

그의 심리학에 대해 **전혀** 모르는 사람들에게 그것을 설명하는 것이 융에게는 가장 어렵고 마음에 내키지 않는 일이었다. 처음 내가 취리히에 왔을 때 그는, 그들에게 기초를 가르치는 것을 더 이상 참을 수 없기 때문에 그의 심리학에 대해 거의 모르거나 전혀 모르는 사람들에게 우선 그의 제자들을 보내야 한다고 나에게 말했다. 전쟁 중에 퀴스나흐트 주민들(그의 심리학에 대해 전혀 모르고 있던)에게 세 번 강의해 달라는 부탁을 받았을 때, 그는 그것이 여태까지 했던 다른 모든 강의를 준비하는 것보다 더 어려웠다고 나에게 말한 적이 있다. 그렇지만 그의 심리학을 이해**할 수 있는** "수많은 사람들"이 있다는 꿈을 꾸고 무언가를 깨달은 다음, 그는 결코 주저하지 않았으며, 다만 가능한 한 단순하게 그의 심리학의 가장 기본적인 관점을 설명하기 위한 과제에 끊임없이 몰두했다.

그의 80회 생일과, 그의 책을 읽거나 텔레비전에서 그를 보고 그의 말을 들은 소박한 사람들에게 받은 많은 편지들이 도움이 되었음에 틀림없다. 왜냐하면 그의 심리학을 전달해 줄 수 있는 것은 바로 그런 사람들이라는 것을 그가 확신했기 때문이다. 하여튼 그가 마지막 남은 몇 달을 이런 과제를 이행하기 위해 끈질긴 노력을 다 한 것은 의심할 여지가 없다. 아마도 그런 이유 때문에 그가 오넨스에서 돌아온 후에 예상외로 더 오래 살 수 있었던 것으로 보인다. 하여튼 그가 그 때 약 아홉 달 일찍 세상을 떠났더라면 이 마지막 논문은 결코 쓰이지 못했을 것이다.

이 논문을 통해 확실히 알 수 있는 것은 융이 인류의 미래에 대해 지대한 관심을 가지고 있었다는 것이다. 그는 계속해서 우리 자신을 파괴하려고 달려가고 있는 위험에 대해, 그리고 이런 재앙을 피하기 위한 우리의 의식적인 노력이 얼마나 무력한 것인지에 대해 언급하고 있다. 사실상 이 논문은 인간으로 하여금 무의식의 실재를 인식하고, 무엇보다도 그 자신의 영혼을 진지하게 생각해 보게 하려는 그의 마지막 호소라고 볼 수 있다. 왜냐하면 융은 이것이 그의 유일한 소망이었음을 알기 때문이다. 『인간과 상징』은 매우 널리 보급되었고, 여러 나라 말로 번역되었으므로 이 논문은 그가 마지막 5년 동안 쓴 그 어떤 것보다, 더 많은 대중들에게 읽혀졌을 것임에 틀림없다. 사실상 우리는 그 책이, 융이 가장 큰 소망을 두었던 사람들의 손에 닿았을 것이라고 희망할 수 있다. 다시 말해 그런 사람들이란 바로 그의 책을 읽고 삶이 조용히 달라진 사람들이다.

발행인은 그렇게 해 주길 원했지만, 융에게는 더 이상 그 책을 심리학적 관점에서 편집할 시간이 없었다. 이것을 예감했는지 그는 마리-루이제 폰 프란츠가 그 대신 그 일을 할 것을 미리 준비해 두었다. 존 프리만은 이미 그녀의 노력이 성공하리라는 것을 얘기한 적이 있다.[2] 융은 실제로 세상을 떠나기 전에 이 책을 전부 읽었으며, 그의 논문을 끝마쳤다. 그는 또한 매일 한 사람 혹은 두 사람을 꾸준히 분석했으며, 계속 드라이브를 하러 가기도 했고 조금씩 걸어 다니기도 했다. 심지어 그는 매년 있었던 심리학 클럽의 성탄 축하 저녁식사에 갈 정도로 힘이 있었다. 그것은 분명히 그를 피곤하게 해서, 저녁식사 후 곧 떠나긴 했지만 말이다. 이런 연례행사에서 그를 만나는 것이 회원들에게는 큰 의미가 있었다. 나는 그가 아프리카와 인도에 갔을 때, 그리고 1946년 그가 큰 병에 걸렸을 때를 제외하고는 그 모임에 결코 빠진 적이 없다고 생각한다.

3월에 그는 다시 루스와 함께 볼링겐으로 갔다. 다른 의무에서 벗어나 여가를 낼 수 있는 한, 한스 쿤도 종종 그곳으로 가곤 했다. 겉으로 보기에 융은 볼링겐에서 보통 때처럼 생활했다. 그러나 그가 거기 있는 것이 더 이상 그에게 그리 중요하지 않다는 느낌이 들었다. 그가 결코 그렇게 말하진 않았지만, 아마 그가 항상 가지고 있던 애착이 이제는 저승에 있는 "다른 볼링겐"으로 옮겨졌던 것 같다. 그러나 마리-루이제 폰 프란츠의 탑에서 우리가 만족스럽게 점심을 먹었던 날, 야외에서 커피를 마실 수 있었던 것은 참으로 멋진 일이었다.ⓔ 그는 또한 작은 물줄기가 호수로 만나는 "수로水路" 옆에 거의 온종일 앉아 있었다.

그는 대개 그 당시 평소에 그랬던 것처럼, 볼링겐에 오래 머물러 있지 않았다. 내가 기억하는 한, 그는 약 3주 동안 거기 있었다. 퀴스나흐트로 돌아가자마자 잠깐 동안 가벼운 건강진단을 받기 위해 취리히에 있는 적십자 병원으로 가야했다. 병원에 가는 것을 싫어했기 때문에 1944년 — 그 때 그는 히르슬란덴에 5개월 동안 있었다 — 이래 그는 병원에 입원한 적이 없었다. 그가 그 때 2, 3일만 병원에 있었던 것은 다행이었다.

그가 볼링겐에 있는 동안, 우리가 『인간과 상징』을 위해 그가 쓴 논문의 영어를 철저하게 살펴보았음에도 불구하고,ⓕ 그는 몇 주 동안 계속 사소한 것까지도 다 고쳤다. 그러나 그의 육체적 건강이 정말 바닥이 난 게 이내 분명해졌다. 그

ⓔ 그녀의 로지아가 지어진 것은 융이 죽고 난지 몇 해가 지나서였다. 그래서 우리는 아직 집 앞 옥외에 앉아 있어야 했다. 융의 경험과 제안 때문에 로지아 건축이 오랫동안 연기되었다.

ⓕ 융이 프리만에게 그의 논문과 다른 모든 논문들을 많은 사람들에게 알리도록 허락해 주었으므로, 평상시처럼 영어를 고치는 것은 별로 중요하지 않았다.

는 여전히 몇몇 사람들을 만났으며, 드라이브를 하러 가기도 했다. 그러나 우리가 그와 함께 마지막 드라이브(5월 6일, 바로 그가 죽기 딱 한 달 전에 했던)를 하러갔을 때, 그는 전혀 걷지 않았다. 걷는 것은 그때까지 그의 어김없는 습관이었는데 말이다. 그는 말할 기분이 아니었다. 하지만 그가 좋아하는 길ⓖ을 몹시 다시 보고 싶어 하는 것 같아서, 우리는 평상시보다 더 오래 드라이브를 했다. 이 마지막 드라이브를 갔을 때 이상한 일이 하나 일어났다. 즉, **세 번**이나 결혼식 행렬을 만나 지체되었던 일이 바로 그것이다.ⓗ 그 때 나는 "죽음의 결혼식 Todeshoczeit"과, 융이 어머니가 막 돌아가신 후에 테신에서 돌아오는 길에 경험했던 것³이 생각났다. 나는 융이 스스로 그것을 눈치 챘는지 알 수 없다. 나는 그가 그것을 눈치 챘다는 느낌은 받았지만, 그는 아무 말도 하지 않았다.

이런 일이 있은 뒤에 융은, 다음 날 그의 차로 드라이브를 하러 한 번 더 외출을 했다. 그는 큰 발코니에 많이 나갔지만, 더 이상 아래층으로 내려오지 않았다. 그가 세상을 떠나기 약 3주 전에 경미한 뇌졸중 발작을 일으켜, 말이 조금 어눌해지긴 했지만 다리를 절진 않았다.

그가 여전히 그만한 상태여서 가끔 사람들을 보기도 했지만, 유난히 강했던 그의 몸도 결국 바닥을 드러내고 말았다. 그는 자주 사경을 헤매다가 회생되기도 했지만, 우리 모두 그가 다시 회복되리라는 희망을 갖기가 어려웠다. 그는 이런 일로 현혹되지 않았다. 그는 죽기 며칠 전에 이런 말을 했다. "사람들은 내가 죽어가고 있다고 생각하나요?" 분명히 1944년의 사망 소식이 되풀이 되지 않아야한다ⓘ는 것이 그에게는 여전히 중요했다.

그가 세상을 떠나기 꼭 1주 전인 5월 30일 화요일까지, 그는 이층(그의 서재, 침실, 큰 발코니가 같은 층에 있었다)에서 움직이기도 하고 심지어 글을 좀 쓰기

ⓖ 융이 오래 전에 자전거 탔던 것을 기억하고 있던 판넨슈틸Pfannenstiel 주변 길로 우리는 자주 드라이브를 하러 갔다.
ⓗ 스위스 사람들은 종종 결혼을 축하하는 일환으로 차 여러 대로 드라이브를 하러 간다.
ⓘ 422쪽 이하를 보라.

도 했다. 그 때 또 다른 경미한 뇌졸중 발작이 일어나자 그는 영원히 그의 서재를 떠나야만 했다. 그는 꼭 한 주간을 침대에 누워있었으며 끝까지 의식을 잃지는 않았다. 그의 마지막 환상은 주로 그가 죽은 다음 세계의 미래에 관한 것이었다. 그가 세상을 떠나기 8일 전에 그를 마지막으로 본 마리-루이제에게 그는, 대부분의 세계가 파괴된 환상을 보았다고 했다. 그러나 그는 "다행스럽게도 모두 파괴되진 않았다"고 덧붙였다.

 루스 베일리는 그가 세상을 떠나기 전 며칠 동안 꾸었던 마지막 꿈을 기록했다. 그 때 그녀는 친절하게도 그것을 나를 위해 적어 놓았다.[4]

> 1) 그는 텅 빈 고원위에 있는 커다란 둥근 바위덩어리를 보았다. 그런데 그 바위 위에 이런 글이 새겨져 있었다. "이것은 그대가 전체성wholeness과 합일oneness에 이르렀다는 징표니라."
> 2) 많은 그릇들, 도자기로 만든 꽃병들이 정방형으로 생긴 장소 우측에 있었다.
> 3) 땅에서 나온 정방형의 나무들, 모든 섬유근纖維根들이 있는데, 그것들이 그를 둘러싸고 있었다. 뿌리 사이에 환하게 빛나는 금색 실들이 있었다.

 이것은 융이 합일과 전체성에 이르렀음을 확인해주고, 둥근 돌의 상징으로 그것을 그에게 보여준, 매우 아름다운 마지막 꿈이다. 오른쪽에 있던 정방형의 병들은 의미심장한 것이다. 고대 이집트에서는 금으로 장식한 오시리스Osiris(오시리스는 형의 권력을 시샘했던 동생 세트에게 살해당해 이집트 각지에 버려졌으나, 아내이자 동생인 이시스가 몸을 주워 모아 미라로 만들어 부활시켰기 때문에 저승과 재생·부활의 신으로 불린다 - 역주)의 잘려진 시체 조각들이 항아리에 보관되었다. 왜냐하면 이런 조각들로부터 부활이 일어날 것을 기대했기 때문이다. 더욱이 옛날 그리스인들은 밀알을 항아리에 가득 넣어 집에 보관했다. 항아리와 토양은 지하세계를, 밀알은 부활을 기다리는 죽은 자를 나타낸다. 위령의 날(기독교에서 성인들을 기리는 날로 11월

2일 - 역주)이 되면 항아리가 개봉되고 죽은 자들이 산 자들과 연합된다고 생각했다.① "내가 진정으로 진정으로 너희에게 말한다. 밀알 하나가 땅에 떨어져서 죽지 않으면 한 알 그대로 있고, 죽으면 열매를 많이 맺는다."(요한복음 12: 24)는 그리스도의 말씀은 이것과 같은 관련성을 가지고 있다.**5**

뿌리에 대하여 융은 『회상』에서 이렇게 말한 바 있다.

> 나는 항상 인생이 자신의 뿌리를 통해 살아가는 식물과 같다고 생각해 왔다. 식물 고유의 삶은 눈에 보이지 않는다. 그것은 뿌리 속에 감추어져 있다. 땅 위에서 보이는 것은 단지 한 해 여름 동안만 지탱한다. 그리고는 곧 시들어 버린다. 다시 말해 덧없이 사라져버린다. 우리가 우리 삶과 문명의 끝없는 생성과 소멸을 생각하면 전적으로 공허한 인상을 피할 수 없다. 그러나 나는 영원한 변화 속에서도 살아서 지속되는 어떤 것이 있다는 느낌을 한 번도 잃어버린 적이 없다. 우리가 보는 것은 꽃이다. 그것은 사라져버리고 만다. 그러나 뿌리는 남아있다.**6**

언젠가 죽는 모든 생명처럼, "꽃은 죽고, 덧없이 사라져 버리고 마는" 게 분명하지만, 뿌리는 남아있다. 마찬가지로 C. G. 융 역시 이 땅에 살다가 사라지지만, 땅 속에 영원히 뿌리로 남게 될 것이다. 이 꿈은 우리에게 이제 때가 되어 융이 죽어가고 있으며, 그가 늘 그의 "보이지 않는 진정한 생명"으로 알고 있던 바로 그 뿌리에 의해 이제 받아들여지려 하고 있음을 매우 분명하게 알려준다. 아니면, 그가 『회상』에서 사용했던 용어로 표현하자면, 제1호 인격이 죽어가고 있으며, 제2호 인격이 변함없이 계속 남아있는 것으로 볼 수 있다.

---

① 가끔 융이, 누군가 그의 제자 혹은 환자가 되는 이유를, "아, 난 그 혹은 그녀가 좋은 항아리라고 생각했기에 그것에 투자한 겁니다."라고 말한 것을 기억하는 것은 흥미로운 일이다.

제18장 뿌리로 돌아가다

융은 6월 6일 화요일 오후 3시 45분에 세상을 떠났다. 1944년에 그랬던 것과 같은⑯ 몇몇 동시성적인 사건이 일어났다. 내 생생한 기억으로는, 그가 죽기 바로 전에 내가 차를 가지러 갔을 때, 배터리가 완전히 방전되어 버린 것을 알았다. 그 배터리는 그리 오래된 것도 아니고, 전에 어떤 사소한 문제도 일으키지 않았었는데 말이다. 나는 그 때 이 일로 매우 당황스러웠다. 약 30분 후에 루스가 전화를 했을 때, 융의 죽음이 극히 당연하게 느껴졌으며, 차가 마치도 그의 죽음을 알고 있었던 것만 같았다.

그러나 융이 죽었을 때 (가끔 천둥번개가 있을 것이라는 일기예보가 있었지만) 천둥 번개는 없었다. 그런데 한 두 시간 **후에** 천둥번개가 쳤다. 그 때 번개가 호숫가에 있는 그의 정원에 떨어져 큰 포플러 나무를 내리쳤다. 이것은 매우 보기 드문 일이었다. 왜냐하면 물이 번개를 끌어들이기 때문에 제방위에 있는 나무들과 집은 번개를 면하게 되기 때문이다. 나무는 완전히 쪼개졌지만, 단지 나무껍질만 많이 벗겨졌을 뿐이다. 사실 그런 일이 있었던 것은 융의 가족들이 폭풍우가 있은 후에 정원으로 나가, 잔디가 나무껍질 조각으로 덮여 있는 것을 보고 알게 된 것이다.

융은 『회상』에서 죽음에 대해 이렇게 말했다.

... 죽음은 정말 무섭게 잔인한 것임은 말할 것도 없다. 이 사실을 못 본 척 할 수는 없을 것이다. 신체적인 사건으로뿐 아니라 정신적으로는 더욱 그러하다. 한 인간을 빼앗기고, 남는 것은 차디찬 죽음의 정적뿐이다.[7]

융을 잘 알고 있던 모든 사람은 이런 사실로 인해 충격을 받았다. 왜냐하면

---

⑯ 422쪽 이하를 보라.

그의 따뜻하고 다정한 육체적인 현존이 정말 얼음같이 차가운 죽음의 정적靜寂으로 대치되었기 때문이다. 예컨대 그 소식을 듣자 프란츠 리클린이 쓰러져서 어린아이처럼 울었던 것을 나는 기억한다. 나는 그와 오랜 친분이 있었지만, 그가 눈물을 흘리는 것을 본 적이 없다. 그 당시 그는 C. G. 융 연구소의 소장이었다. 그 어떤 소장도 외부적인 문제로 융을 힘들게 하지 않았지만, 그는 융이 항상 그의 배후에 있으면서 그에게 늘 안정감과 힘을 주고 있다고 느꼈다.

융은 딱 적당한 때에 세상을 떠났으며, 그의 죽음은 매우 자연스런 사건이었기에, 이튿날 아침에 우리는 어떻게 앞으로 각자 우리 자신의 삶을 계속 살아가면서 연구소의 장래를 위해 협력할지를 의논하기로 했다. 융이 인도에서 거의 죽을 뻔 했던 일이 있은 이후 줄곧, 나는 그의 제자들이 어디까지 그의 죽음을 견뎌낼 것인지 그리고 그들 각자 제 발로 설 수 있을지 궁금했다. 1938년을 회상해 보면, 답은 절망적이고, 1944년에 그가 중병에 걸렸을 때를 보아도 더 나을 것이 없다. 융이 모든 심각한 병에 걸렸을 동안에 나는 스스로에게 같은 질문을 던져 보았다. 그 때마다 조금 더 희망적인 답을 얻을 수 있었다. 융이 좀 더 일찍 병으로 죽었더라면, 나는 우리가 그의 죽음을 훨씬 더 견디기 어려운 파국으로 느꼈을 것이라고 믿는다. 그때 사정으로 볼 때, 그것이 자연스러운 사건이긴 하지만, 그것은 우리가 그것을 받아들여야하는, 또 받아들일 수밖에 없는, 더 힘들고 고통스러운 일로 여겨졌을 것이다. 나는 무의식이 얼마나 자애롭게 우리를 준비시켜 주었으며 또 얼마나 융 자신이 우리가 우리 발로 서도록 잘 가르쳐 주었는지 생생하게 깨달았다.

C. G. 융 연구소는 융이 바라던 대로 했다. 다만 장례식이 있었던 6월 9일 금요일 하루 동안만 연구소 문을 닫았다. 취리히에 있는 대성당이나 프라우뮌스터 Fraumünster(취리히에 있는 오래 된 교회로, 샤갈의 색 유리창으로 유명하다 - 역주)에서 예배를 드리는 것이 가족들에게는 매우 힘든 일이었다. 나는 그들이 마을 교회에서 장례식을 치르기로 한 것을 듣고 기뻤다. 많은 사람들이 멀리서 왔다. 예컨대 파울러 매코믹은 시카고에서 왔다. 퀴스나흐트 교회는 매우 컸기에, 사람들이

꽉 찼지만 모든 사람이 다 앉을 수 있었다. 이상하게도 장례 예배가 진행되는 동안에 또 다른 천둥번개가 쳤고, 이내 비가 쏟아졌다.

　시간이 지남에 따라 계속 융은 마치 그가 생존해 있을 때처럼 꿈속에, 그리고 적극적 명상을 하는 중에 나타났다. 우리는 뿌리 — 혹은 제2호 인격 — 가 죽음에도 불구하고 완전히 변하지 않은 것처럼 느꼈다. 융이 그의 어머니가 돌아가신 후에 테신에서 돌아오는 길에 생생하게 인식했던 것처럼, 죽음은 정말 역설이다. 초 심리학적인 것 혹은 심령술적인 것과 어떤 관련이 있는 것은 아니었지만, 우리는 다만 융이 개인적으로 그것과 얼마나 많이 연관되어 있었는지는 말할 수 없다. 왜냐하면 현존하는 제2호 인격 안에서 그는, 전적으로 우리의 경험이나 이해를 넘어서 존재하기 때문이다. 어쩌면 도움이 융의 전 생애와 가르침이 매우 강하게 배정되어 있는 원형으로부터 오기 때문에 꿈에 그것이 종종 그의 모습으로 나타나거나, 아니면 그의 목소리로 말하거나 할지도 모른다. 나는 잘 모르겠다. 대단히 평화로운, 그러나 매우 무심한 그의 주검 곁에 서 있을 때, 나는 다만 계속 "고맙습니다."라는 말밖에 할 수 없었다. 나는 이승에서 우리가 충만한 삶을 살도록 얼마나 큰 특혜를 부여받았는지를 일깨워준 그에게 한없이 깊은 감사를 표하고 싶을 따름이다.

주 석

약어: MDR = *Memories, Dreams, Reflections*, recorded and edited by Aniela Jaffé
(New York: Pantheon Books, 1962)
CW = The Collected Works of C. G. Jung

제1장

1 Henri T. Ellenberger, *Die Entdekkung des Unbewussen* (Bern, Stuttgart, Vienna: Verlag Hans Huber, 1973), II, 913.
2 MDR, p. 170 ff. 이 책의 모든 참고도서는 Pantheon Books 판에 들어 있다. 이 책에 매겨진 페이지는 페이퍼백에 있는 것과 같다. 그러나 유감스럽게도 영국에서 발간된 판에는 페이지가 아주 다르다.
3 이 방송은 *Essays on Contemporary Events* (London: Kegan Paul, 1947)의 서문으로 출간되었는데, 이 책의 p. xv *ff*.에 나와 있다.
4 MDR, p. 7.

제2장

1 *MDR*의 독일어판, p. 404. 『C. G. 융의 회상, 꿈 그리고 사상』, 505 참조.
2 *Ibid*., p. 404. 『C. G. 융의 회상, 꿈 그리고 사상』, 505 참조.
3 *MDR*, p. 233. 『C. G. 융의 회상, 꿈 그리고 사상』, 295 참조.
4 *Ibid*.., p. 233. 『C. G. 융의 회상, 꿈 그리고 사상』, 295-96.
5 *Ibid*., p. 60ff. 그리고 p. 87.
6 *Ibid*., p. 7. 『C. G. 융의 회상, 꿈 그리고 사상』, 24.
7 *Ibid*., pp. 6-15.
8 *Ibid*., pp. 11-15.
9 *Ibid*., p. 356 ff. 『C. G. 융의 회상, 꿈 그리고 사상』, 443 참조.
10 *Ibid*., p. 15.
11 *Ibid*., p. 9. *ff*.
12 「욥에의 응답*Answer to Job*」은 독일어로 1952년에 처음 출간되었다. *CW*, Vol. 11, par. 553-758. 한국융연구원 C. G. 융 저작번역위원회 옮김, 『융 기본저작집 4: 인간의 상과 신의 상』(서울: 솔 출판사, 2008), 295-448 참조.

13 *MDR*, p. 9. 『C. G. 융의 회상, 꿈 그리고 사상』, 26.
14 *Ibid.*, p. 7*ff*. 『C. G. 융의 회상, 꿈 그리고 사상』, 24.
15 *Ibid.*, p. 90. 『C. G. 융의 회상, 꿈 그리고 사상』, 120.
16 *Ibid.*, p. 8. 『C. G. 융의 회상, 꿈 그리고 사상』, 25.
17 *Ibid.*, p. 18.
18 *Ibid.*, p. 91*ff*. 『C. G. 융의 회상, 꿈 그리고 사상』, 122 참조.
19 *Ibid.*, p. 315. 『C. G. 융의 회상, 꿈 그리고 사상』, 394 참조.
20 *Ibid.*, , p. 48. 『C. G. 융의 회상, 꿈 그리고 사상』, 71 참조.
21 *Ibid.*, p. 19.
22 *Ibid.*, p. 90. 『C. G. 융의 회상, 꿈 그리고 사상』, 120.
23 *Ibid.*, p. 91. 『C. G. 융의 회상, 꿈 그리고 사상』, 121.
24 *Ibid.*, p. 18.
25 *Ibid.*, p. 90. 『C. G. 융의 회상, 꿈 그리고 사상』, 120-21 참조.
26 *Ibid.*, p. 17*ff*.
27 외리의 추억담은 *Die kulturelle Bedeutung der komplexen Psychologie* (Berlin: Spiringer Verlag, 1935), p. 524 *ff*로 출간되었다.
28 *MDR*, p. 19. 『C. G. 융의 회상, 꿈 그리고 사상』, 37 참조.
29 *Ibid.*, p. 19. 『C. G. 융의 회상, 꿈 그리고 사상』, 38.
30 *Ibid.*, pp. 20-23.
31 *Ibid.*, p. 23.
32 *Ibid.*, p. 356. 『C. G. 융의 회상, 꿈 그리고 사상』, 442 참조.
33 *Ibid.*, p. 20.
34 *Ibid.*, p. p. 322*ff*.
35 *Ibid.*, p. 325. 『C. G. 융의 회상, 꿈 그리고 사상』, 405.
36 *Ibid.*, p. 21. 『C. G. 융의 회상, 꿈 그리고 사상』, 39.
37 *Ibid.*, p. 21.
38 *CW*, Vol. 5.
39 *MDR*, p. 23. 『C. G. 융의 회상, 꿈 그리고 사상』, 41.
40 *Ibid.*, p. 22. 『C. G. 융의 회상, 꿈 그리고 사상』, 40.
41 *Ibid.*, p. 356. 『C. G. 융의 회상, 꿈 그리고 사상』, 442-43 참조.
42 *Ibid.*, p. 9. 『C. G. 융의 회상, 꿈 그리고 사상』, 26.
43 *Ibid.*, p. 26.
44 *Ibid.*, p. 100. 『C. G. 융의 회상, 꿈 그리고 사상』, 133-44.

제3장

1 *MDR*, p. 24.
2 *Ibid.*, p. 29.
3 Ernst Jung, *Extracts from the Diary of My Father,* Albert Oeri, *op. cit.*, p. 525에서 인용함.
4 *MDR*, p. 31.
5 *Ibid.*, p. 30*ff.* 『C. G. 융의 회상, 꿈 그리고 사상』, 49.
6 *Ibid.*, p. 32 *ff.*
7 *Ibid.*, p. 22.
8 *Ibid.*, p. 39. 『C. G. 융의 회상, 꿈 그리고 사상』, 59 참조.
9 *Ibid.*, pp. 36-41.
10 *Ibid.*, p. 40.
11 *Ibid.*, p. 33 *ff.*
12 F. Max Müller 옮김, *The Upanishads* (Oxford University Press), p. 136. 이것은 막스 뮐러F. Max Müller가 편집한 *The Sacred Books of the East*의 Vol. I에 들어있다. 남수영 옮김, 『브리하다라냐카 우파니샤드』 (용인: 도서출판 여래, 2009), 219 참조.
13 *MDR*, p. 34.
14 *Ibid.*, p. 319.
15 *Ibid.*, p. 42.
16 *Ibid.*, p. 91.
17 *Ibid.*, p. 66.
18 *Ibid.*, p. 35.
19 *Ibid.*, p. 87 *ff.*
20 *Ibid.*, p. 64 *ff.*
21 Albert Oeri, *op. cit.*, p. 525.
22 *MDR*, p. 66. 『C. G. 융의 회상, 꿈 그리고 사상』, 92.
23 *Ibid.*, p. 43. 『C. G. 융의 회상, 꿈 그리고 사상』, 64 참조.
24 *Ibid.*, p. 67. 『C. G. 융의 회상, 꿈 그리고 사상』, 93.
25 *Ibid.*, p. 41. 『C. G. 융의 회상, 꿈 그리고 사상』, 62 참조.
26 *Ibid.*, p. 52 *ff.*
27 *Ibid.*, p. 56. 『C. G. 융의 회상, 꿈 그리고 사상』, 80-81 참조.
28 *Ibid.*, p. 56 *ff.*
29 *Ibid.*, p. 60 *ff.*

30 *Ibid.*, p. 61.
31 *Ibid.*, p. 68.
32 *Ibid.*, p. 69 *ff.* 『C. G. 융의 회상, 꿈 그리고 사상』, 95-96 참조.
33 *Ibid.*, p. 55.
34 *Ibid.*, p. 91 *ff.*
35 *Ibid.*, p. 43.
36 *Ibid.*, p. 93.
37 *Ibid.*, p. 84.
38 *Ibid.*, p. 75.
39 *Ibid.*, p. 73. 『C. G. 융의 회상, 꿈 그리고 사상』, 99.
40 *Ibid.*, p. 85.
41 *Ibid.*, pp. 87-90.
42 *Ibid.*, pp. 84-90.
43 *Ibid.*, p. 86.
44 *CW*, Vol. 12, par. 326.
45 *MDR*, p. 291 *ff.*
46 *Ibid.*, p. 86.
47 *Ibid.*, p. 84.
48 *Ibid.*, p. 95.
49 *Ibid.*, p. 42.
50 *Ibid.*, p. 100.
51 *Ibid.*, p. 66.
52 *Ibid.*, p. 67. 『C. G. 융의 회상, 꿈 그리고 사상』, 92 참조.
53 *Ibid.*, p. 83
54 *Ibid.*, pp. 77 *ff.*
55 *Ibid.*, p. 79 *ff.*

제4장

1 *MDR*, p. 95.
2 Albert Oeri, *op. cit.*, p. 526.
3 *MDR*, p. 104 *ff.*
4 *Ibid.*, p. 99.
5 *Ibid.*, p. 180.
6 *On the Psychology and Pathology of So-Called Occult Phenomena* (*CW*, Vol.

1, par. 1-150).
7 *CW*, Vol. 1, par. 134.
8 *Synchronicity : An Acausal Connecting Principle* (*CW*, Vol. 8, par. 816 ff).
9 *MDR*, p. 107.
10 *Ibid.*『C. G. 융의 회상, 꿈 그리고 사상』, 141.
11 *Lerbuch der Psychiatrie*, 제4판, 1890.
12 *MDR*, p. 108 *ff*.
13 영어판으로는 *CW*. Vol. 9, Part 2, par. 20 *ff*에 나온다.
14 *MDR*, p. 111.
15 *Ibid.*, p. 109. 『C. G. 융의 회상, 꿈 그리고 사상』, 143 참조.

제5장

1 *CW*, Vol. 14, par. 129에 대한 각주.
2 *MDR*, p. 112.
3 Albert Oeri, *op. cit.*, p. 528.
4. Jung, *Analytical Psychology: Its Theory and Practice*. 이 강의는 당시 소형 인쇄기로 인쇄되었다가, 1968년에 처음 출간되었다. Pantheon Book, New York; pp. 52-61, 78-86.
5 *Analytical Psychology*, pp. 58-61; *MDR*, pp. 115-17.
6 *MDR*, p. 114.
7 *Ibid.*, p. 9.
8 *Ibid.*, p. 193.
9 이것은 융의 조상들과 가족에 대해 아니엘라 야훼Aniela Jaffé가 기술해 놓은, *MDR*, p. 407의 독일어판 부록에 나온다.
10 *MDR*, pp. 117-19.
11 *The Freud/Jung Letters* (Princeton University Press, 1974)와 비교하라.
12 *MDR*, p. 148. 『C. G. 융의 회상, 꿈 그리고 사상』, 191 참조.
13 예를 들어, *Ibid.*, p. 163을 보라.
14 *Ibid.*, p. 158 *ff*.
15 *CW*, Vol. 5. 처음으로 1912년에 독어로 *Wandlungen und Symbole der Libido*라는 제목으로 출간되었다. 유감스럽게도 영어 번역본은 1916년에 『무의식의 심리학*The Psychology of the Unconscious*』이라는 이름으로 나왔다. 융은 그것을 독일어로 개정해서 1952년에 『변환의 상징*Symbole der Wandlungen*』이란 이름으로 출간했다. 영어 『전집』은 이 판에서 번역한 것이다.

16 *MDR*, p. 158 ff. 『C. G. 융의 회상, 꿈 그리고 사상』, 203 이하.
17 *Man and His Symbols*, p. 56. 이부영 외 옮김, 『인간과 상징』(서울: 집문당, 2013), 57 이하.
18 *MDR*, p. 158. 『C. G. 융의 회상, 꿈 그리고 사상』, 202.
19 *Man and His Symbols*, p. 57. 『인간과 상징』, 59 참조.
20 Ernest Jones, *The Life and Work of Sigmund Freud* (London: The Hogarth Press, 1958, 그리고 New York: Basic Books, 1955), II, 65.
21 *Ibid.*, III, 20 ff.
22 *MDR*, p. 150.
23 *Ibid.*, p. 151.
24 *Ibid.*, p. 151 ff. 『C. G. 융의 회상, 꿈 그리고 사상』, 195 참조.
25 Ernest Jones, *op. cit.*, II, 171.
26 *Ibid.*, III, 81.
27 *Ibid.*, I, 159.
28 *The Freud/Jung Letters*, p. 456와 비교하라.
29 *MDR*, pp. 355-59.
30 Enrnest Jones, *op. cit.*, I, 68, 175 ff, 202.
31 그가 부인에게 보낸 편지는 *MDR*의 부록 II, pp. 365-70에 들어있다. 『C. G. 융의 회상, 꿈 그리고 사상』, 449-57 참조.
32 *MDR*, p. 117.
33 *Ibid.*, p. 114.

제6장

1 *MDR*, p. 158 ff.
2 *Erinnerungen, Träume, Gedanken von C. G. Jung*, pp. 378-79.
3 *MDR*, p. 167. 『C. G. 융의 회상, 꿈 그리고 사상』, 212 참조.
4 *Ibid.*, p. 168. 『C. G. 융의 회상, 꿈 그리고 사상』, 215.
5 Ernest Jones, *The Life and Work of Sigmund Freud* (London: The Hogarth Press, 1958, and New York: Basic Books, 1955), II, 160 ff.
6 *Ibid.*, II, 155.
7 *Ibid.*, II, 161 ff.
8 *MDR*, p. 171.
9 *Ibid.*, p. 171 ff.
10 *Ibid.*, p. 173.

11 Marie-Louise von Franz, *Number and Time* (Evanston, Illinois: Northwestern University Press, 1974), p. 293 *ff*와 비교하라.
12 *MDR*, p. 175.
13 *Ibid.*, p. 175. 『C. G. 융의 회상, 꿈 그리고 사상』, 222.
14 *Ibid.*, p. 175 *ff*.
15 *Ibid.*, p. 179.
16 이 꿈과 이 꿈의 극적인 내용을 연속해서 언급한 내용이 같은 책, p. 180에 나온다.
17 *The Freud/Jung Letters*, p. 301 *ff*와 비교하라.
18 *MDR*, p. 193.
19 *Ibid.*, p. 176.

제7장

1 *MDR*, p. 176.
2 *Paracelsus as a Spiritual Phenomenon* (*CW*, Vol. 13, par. 210).
3 Homer, *The Odyssey*, E. V. Rieu 옮김, (Penguin edition, pp. 72-79).
4 *MDR*, p. 189. 『C. G. 융의 회상, 꿈 그리고 사상』, 239-40 참조.
5 *Ibid.*, p. 137.
6 *Ibid.*, p. 189 ff.
7 *Ibid.*, p. 191.
8 *Ibid.*, p. 149.
9 *Ibid.*, p. 153.
10 *Ibid.*, p. 183.
11 *Ibid.*, p. 185 *ff*.
12 *Ibid.*, p. 186.
13 *Ibid.*, p. 185.
14 *Ibid.*, p. 195.
15 *Ibid.*, p. 296 *ff*.
16 *Ibid.*, p. 195 *ff*.
17 Goethe's *Faust*, Part II (Penguin Books, Ltd., 1959, p. 79).
18 *MDR*, p. 196 *ff*.
19 *Ibid.*, p. 199.
20 C. G. Jung, *Synchronicity: An Acausal Connencting Principle*, *CW*, Vol. 8, par. 816 *ff*.

21 *MDR*, p. 179.
22 *Psychological Types* (London: Kegan Paul, 1923), p. 7; *CW*, Vol. 6.
23 Ernest Jones, *op. cit.*, II, 148 *ff*.
24 *Die Victoriner: Mystische Schriften* (Jakob Hener in Vienna), p. 179 *ff*에서 번역.
25 *MDR*, p. 328 ff. 『C. G. 융의 회상, 꿈 그리고 사상』, 410-11 참조.

제8장

1 *MDR*, p. 223. 『C. G., 융의 회상, 꿈 그리고 사상』, 283 참조.
2 *Ibid.*, p. 238 *ff*.
3 *Ibid.*, p. 371 *ff*.
4 *Ibid.*, p. 239-40. 『C. G., 융의 회상, 꿈 그리고 사상』, 305 참조.
5 *CW,* Vol. 14, par. 226.
6 *Ibid.*, par. 223.
7 이런 말을 쓰는 데 있어서 나는 에스더 하딩의 친절에 빚진 바 있다.
8 *MDR*. p. 242 *ff*. 영어 판에는 "마르세이유로부터"라고 잘못되어 있는데, 독일어판 p. 246에는 "마르세이유로 향하는"이라고 제대로 되어있다.
9 이 논문은 처음 1945년쯤에 쓰여 졌지만, 1954년에야 개정 · 증보되어, *Von den Wurzeln des Bewusstseins*로 나왔다. 영어 번역판은 *CW*, Vol. 13, p. 251 *ff*.
10 *The Philosophical Tree*, *CW*, Vol. 13, par. 424.
11 "Allegoriae Sapientum" in *Theatrum Chemicum* (1622) V, 67, In *The Philosophical Tree*, *CW*, Vol. 13, par. 426.
12 *MDR*. p. 246.
13 *MDR*. p. 223 *ff*.
14 이러한 강의와 논문을 책으로 내려고 뉴욕에 있는 C. G. 융 재단에서 준비 중에 있다.
15 *CW*, Vol. 7, par. 206-20.
16 M. R. James 옮김, *The Apocryphal New Testament*, p. 27.
17 *Ibid.*, p. 26.
18 *MDR*, p. 225.
19 *Ibid.*, p. 235와 비교하라.
20 아니엘라 야훼Aniela Jaffé의 각주, *Ibid.*, p. 235와 비교하라.
21 *Ibid.*, p. 225. 『C. G., 융의 회상, 꿈 그리고 사상』, 286 참조.
22 *Ibid.*, pp. 228-31.

23 *Serma Supositus,* 120, 8; 더 많은 예는 M. L. von Franz, *Aurora Consurgens* (New York: Bollingen Series LXXVII, Pantheon Books, 1966), p. 428 *ff*를 보라. 이 책은 독일어판으로 된 융의 『융합의 비의』의 세 번째 권이다.
24 *MDR,* p. 315 *ff.*

제9장

1 *MDR,* p. 246 *ff.*
2 *Ibid.,* p. 251 *ff.*
3 *Ibid.,* p. 325.
4 *Ibid.,* p. 248.
5 *Ibid.,* p. 251.
6 처음에는 *Wirklichkeit der Seele* (Zürich, 1931)로 출간되었다. 이 강의는, 영어로 *Mind and Earth*라는 제목으로, Vol. 10 of *CW*, par. 49-103에 나와 있다.
7 예를 들어 『심리학과 연금술』의 Part II와 비교하라.
8 *MDR,* p. 253.
9 *Ibid.,* pp. 373-77. 『C. G. 융의 회상, 꿈 그리고 사상』, 470-76 참조.
10 *Ibid.,* p. 260.
11 *Ibid.,* p. 260 *ff.*
12 *Ibid.,* p. 264. 『C. G. 융의 회상, 꿈 그리고 사상』, 333 참조.
13 *Ibid.,* p. 254.
14 *Ibid.* 『C. G. 융의 회상, 꿈 그리고 사상』, 322.
15 *Ibid.,* p. 256.
16 *Ibid.,* p. 324. 『C. G. 융의 회상, 꿈 그리고 사상』, 404 참조.
17 *Ibid.,* p. 267. 『C. G. 융의 회상, 꿈 그리고 사상』, 336 참조.
18 *"Der altaegyptische, der christliche und der moderne Mythos"* (The ancient Egyptian, Christian and Modern Myth), *Eranos Jarbuch,* XXXVII, 1969.
19 *MDR,* pp. 270-72.
20 *Ibid.,* p. 271. 『C. G. 융의 회상, 꿈 그리고 사상』, 341 참조.
21 *Ibid.,* p. 273. 『C. G. 융의 회상, 꿈 그리고 사상』, 343 참조.
22 *Ibid.,* p. 273.

제10장

1 *MDR,* pp. 197-99.

2 Figure 3 in *The Secrete of Golden Flower* (London, 1931), *CW*, Vol. 13, Plate A, 3. *MDR*, p. 198. 『C. G. 융의 회상, 꿈 그리고 사상』, 252 참조.
4 이것은 *The Secrete of the Golden Flower*에는 Figure 10으로, *CW*, Vol. 13에는 Plate A. 10으로 다시 실려 있다.
5 *MDR*, p. 197. 『C. G. 융의 회상, 꿈 그리고 사상』, 250 참조.
6 *The Secrete of the Golden Flower*, p. xiii *ff*. 이것은 *CW*, Vol. 13, par. 1 *ff*에 재번역 되어있다.
7 *MDR*, p. 189.
8 *The Secret of the Golden Flower*, p. 91. *CW*, Vol. 13, par. 17.
9 *MDR*, p. 255 *ff*.
10 *Ibid*. p. 197.
11 *CW*, Vol. 13, par. 20-26.
12 G. R. S. Mead의 "Ceremonial Game-Playing and Dancing in Medieval Churches"에 대한 논문과 비교하라. 이 논문은 1912년 10월에 처음으로 *The Quest: A Quarterly Review*로 간행되었으며 (같은 저자가 쓴 두 개의 다른 논문, 곧 "The Sacred Dance of Jesus"와 "Ceremonial Dances and Symbolic Banquets in Mediaeval Churches"와 함께) 1926년에 *The Quest Reprint Series*, No. 11로 다시 간행되었다.
13 *Ibid*. p. 110 *ff*.
14 *Psychology and Alchemy*, *CW*, Vol. 12, par. 182.
15 G. R. S. Mead, *Echoes from the Gnosis*에 들어 있는, *The Hymn of Jesus*, Vol. IV. 또한 M. R. James, *The Apocryphal New Testament in The Acts of John*, p. 258 *ff*와 비교하라.
16 B. Hannah, *Striving Toward Wholeness* (New York, The C. G, Jung Foundation and G. P. Putnam's Sons, 1971)와 비교하라.
17 *MDR*, p. 224.
18 C. G. Jung, *sein Mythos in unserer Zeit* (Frauenfeld, Huber Verlag, 1972), p. 69 *ff*. 이것이 영어로는 *C. G. Jung: His Myth in Our Time* (New York: C. G, Jung Foundation and G. P. Putnam's Sons, 1975)로 출간되었다.

제11장

1 "보탄"은 1936년 3월에 「노이에 슈바이처 룬트샤우*Neue Schweizer Rundschau*」지에 처음 실렸다. 그것은 1947년에 영어판으로, *Essays on Comtemporary Events*로 나왔다. 그것은 *Civilization in Transition*, *CW*, Vol.

10, par. 371 ff에 들어 있다.
2 *Essays on Comtemporary Events*의 끝맺는 말Epilogue (1947), *CW*, Vol. 10, par. 472-75.
3 *CW*, Vol. 9, Part 1, par. 617.
4 *CW*, Vol. 10, par. 315.
5 *CW*, Vol. 9, Part 1, par. 525 ff.
6 From "A Rejoinder to Dr. Bally," *CW*, Vol. 10, par. 1016 ff.
7 *CW*, Vol. 10, par. 1022.
8 *CW*, Vol. 10, par. 1060.
9 「노이어 차이퉁Neuer Züricher Zeitung」, 1934년 2월 27일자, No. 343.
10 *Ibid*., 1934년 3월 13일자, No. 437와 1934년 3월 14일자, No. 443. 영어 번역은 *CW*, Vol. 10, pp. 535-44에 나와 있다.
11 Lewis Mumford, *The New Yorker*, 1964년 5월, p. 174.
12 그것은 전부 *CW*, Vol. 10, par. 1016-34에 나와 있다.
13 이것 또한 전부 *CW*, Vol. 10, par. 1014 ff에 나와 있다.
14 *CW*, Vol. 10, p. 543 ff., note 5에는 융의 답변을 포함하여 전부가 인용되어 있다.
15 *The Role of the Unconscious, CW*, Vol. 10, par. 17 ff.
16 *CW*, Vol. 7, par. 240. 한국융연구원 C. G. 융 저작 번역위원회 옮김, 『융 기본저작집 3: 인격과 전이』(서울: 솔 출판사, 2004), 49 참조.
17 *Ibid*. 위의 책, p. 49.
18 *CW*, Vol. 10, par. 1024.
19 *Ibid*., par. 1028.
20 *Ibid*., par. 1029.
21 *Ibid*., par. 1031 ff.
22 ., par. 1034.
23 *CW*, Vol. 9, Part I, par. 1-86.
24 *MDR*, p. 202 ff.
25 「전이의 심리학*The Psychology of Transference*」에 나오는 아리아드네의 실인, 일련의 그림들은 "장미원Rosarium"에 들어 있는 것이다. *CW*, Vol. 16.
26 *MDR*, p. 205.
27 스위스 판에 그렇게 되어 있다는 말이다. 영어판 『전집』에는 융 자신의 저작만 들어 있기 때문에, 『융합의 비의』제3부는 따로 *The Aurora Consurgens* (New York: Pantheon Books, 1966)로 볼링겐 시리즈로 출간되었다.

28 이것은 스위스 판에서 그렇게 한 것이다. 그러나 영어판에는 각주에만 이런 말이 실려 있다. *CW*, Vol. 14, p. xvi.
29 Marie-Louise von Franz, *C. G. Jung: His Myth in Our Time* (New York: The C. G, Jung Foundation and G. P. Putnam's Sons, 1975), 특히 제11장과 제12장과 비교하라.
30 *MDR*, p. 325.
31 *Ibid.*, pp. 224-25. 『C. G. 융의 회상, 꿈 그리고 사상』, 285.
32 미국에서 출간된 초판, Pantheon Books, New York, 1968.
33 *CW*, Vol. 12.
34 *The Mythic Vision, Papers from the Eranos Yearbooks* (New York: The Bollingen Foundation, and London: Routledge), Vol. 6, p. 247 *ff*에 실려 있다.
35 그 당시 심포지엄으로 진행되었던 이 강의는 「인간행동의 심리적 결정인자 *Factors Determining Human Behavior*」라는 제목으로 간행되었다. 다른 심포지엄으로 진행되었던 것이, 1942년에 루스 난다 안쉔Ruth Nanda Anshen에 의해 편집되어, 『인간행동*Human Behavior*』이라는 제목으로 재출간되었다. 지금은 CW, Vol. 8, par. 232-62에 실려 있다. 나중에 나온 판은 둘 다 "약간 변경" 되었다.
36 이 강좌는 1938년에 예일대학 출판사에서 「심리학과 종교」라는 제목으로 출간되었다. 그것은 1940년에 독일어로 출간되었는데, 융은 그 때 그 강의를 수정·증보했다. 이것이 바로 *CW*, Vol. 11, par. 1-168에 실려 있는 판본이다.

제12장

1 *MDR*, p. 273.
2 *Ibid.*, p. 274 *ff*.
3 *Ibid.*, p. 275. 『C. G. 융의 회상, 꿈 그리고 사상』, 345.
4 *Ibid.* p. 275. 『C. G. 융의 회상, 꿈 그리고 사상』, 345 참조.
5 *Ibid.* p. 275. 『C. G. 융의 회상, 꿈 그리고 사상』, 345 참조.
6 *Ibid.* p. 280.
7 *CW*, Vol. 10, par. 993 *ff*. 『C. G. 융 기본저작집 9: 인간과 문화』, 188, 189 참조.
8 *Ibid.*, par. 999. 『C. G. 융 기본저작집 9: 인간과 문화』, 191-92.
9 *Ibid.*, par. 236-75. 『C. G. 융 기본저작집 9: 인간과 문화』, 34-58.
10 *Ibid.*, par. 260. 『C. G. 융 기본저작집 9: 인간과 문화』, 50.
11 *CW*, Vol. 10, par. 991-92. 『C. G, 융 기본저작집 9: 인간과 문화』, 186-87.
12 *MDR*, p. 279. 『C. G. 융의 회상, 꿈 그리고 사상』, 352 참조.

13 *Ibid.*, p. 278. 『C. G. 융의 회상, 꿈 그리고 사상』, 349, 351.
14 *CW*, Vol. 10, par. 525 ff. 『C. G. 융 기본저작집 9: 인간과 문화』, 188, 189.
15 *Ibid.*, par. 1006. 『C. G, 융 기본저작집 9: 인간과 문화』, 196 참조.
16 *Ibid.*, par. 1005. 『C. G, 융 기본저작집 9: 인간과 문화』, 195 참조.
17 *MDR*, p. 329. 『C. G. 융의 회상, 꿈 그리고 사상』, 411 참조.
18 *Ibid.*, p. 276. 『C. G. 융의 회상, 꿈 그리고 사상』, 347.
19 *Ibid.*, p. 192.
20 *Ibid.*, p. 323.
21 *CW*, Vol. 12, par. 37 끝부분. 『C. G, 융 기본저작집 5: 꿈에 나타난 개성화 과정의 상징』, 46-47.
22 *CW*, Vol. 16, par. 353 *ff.*
23 *CW*, Vol. 10, par. 1013. 『C. G, 융 기본저작집 9: 인간과 문화』, 199-200.
24 *MDR*, p. 277 *ff.*
25 *Ibid.*, p. 280 *ff.*
26 *Ibid.*, p. 282 *ff.*
27 *Good and Evil in Analytical Psychology,* in *CW*, Vol. 10, par. 877. "분석심리학에서의 선과 악," 『C. G. 융 기본저작집 9: 인간과 문화』, 147 참조.
28 *MDR*, p. 283 *ff.* 『C. G. 융의 회상, 꿈 그리고 사상』, 357 참조.
29 *Ibid.* p. 322 *ff.* 『C. G. 융의 회상, 꿈 그리고 사상』, 402 참조.
30 *Ibid.* p. 284. 『C. G. 융의 회상, 꿈 그리고 사상』, 358.

제13장

1 융의 "회장 취임연설Jung's Presidential Address"이 *CW*, Vol. 10, par. 1069 *ff*에 나와 있다.
2 위의 책, par. 1064 *ff.*
3 *CW*, Vol. 10, par. 998. 『융 기본저작집 9: 인간과 문화』, 190-91 참조.
4 이것은 *CW*, Vol. 9, Part 1, par. 148 *ff*에 실려 있는 판본이다.
5 「꿈꾸는 세계 인도*The Dreamlike World of India*」와 「인도가 우리에게 가르쳐 줄 수 있는 것*What India Can Teach Us*」, *CW*, Vol. 10, par. 981-1013. 두 논문 모두 처음에 Asia, XXXIX, 1939에 실렸던 적이 있다. 『융 기본저작집 9: 인간과 문화』, 180-200 참조.
6 Vol. VII, *Tantric Texts.* 이것은 Arthur Avalon이 편집 (Sir John Woodroffe) 했으며, Luzac and Co., London에 의해 출간되었다. [Shri-Chakra는 신성한 원을 말하며, Sambhara는 자량도資糧道, 곧 깨달음의 준비, 밑천을 말한다 - 역주]

7 *MDR*, p. 275. 언급된 강의들은 멀티그라프로 인쇄되어 보존되어 있다.
8 *On the Psychogenesis of Schizophrenia, CW*, Vol. 3, par. 504 *ff.*
9 *The Therapeutic Value of Abreaction, CW*, Vol. 16, par. 289. "제반응除反應의 치료적 가치,"『융 기본저작집 1: 정신요법의 기본문제』, 118.
10 Emma Jung and Marie-Louise von Franz, *The Grail Legend* (London: Hodder and Stoughton, 1971; New York: C. G, Jung Foundation and G. P. Putnam's Sons, 1972.)
11 Rascher Verlag, Zürich, 1960.
12 *CW*, Vol. 9, Part 1, par. 199 ff.
13 *Eranos Jahrbuch*, 1939, pp. 399-447.
14 *CW*, Vol. 9, Part 1, par. 199-239.
15 Rascher Verlag, Zürich, 1950.
16 내면으로부터의 목소리*Die Stimme des Innern,* The Voice from Within라고 이름 붙여진 이 강의는 개정되어 영어로 출간되었다. *The Development of Personality* in *CW*, Vol. 17, par. 284 *ff.*

제14장

1 *MDR*, p. 225와 비교하라.
2 *The Secret of the Golden Flower* (1962년 판), p. 91; *CW*, Vol. 13, par. 17.
3 *Ibid.*, p. 91; *CW*, Vol. 13, par. 17.『태을금화종지』(서울: 여강출판사, 2005), 236-37 참조.
4 *MDR.* 256.
5 *CW*, Vol., 11, par. 169 *ff.*
6 *CW*, Vol. 15, par. 18 *ff.*『융 기본저작집 9권: 인간과 문화』(서울: 솔 출판사, 2004), 319-44 참조.
7 *CW*, Vol. 13, par. 145 *ff.*
8 *CW*, Vol. 11, par. 296 *ff.*『융 기본저작집 4권: 인간의 상과 신의 상』(서울: 솔 출판사, 2008), 161-294 참조.
9 *CW*, Vol. 13, par. 239 *ff.*
10 *CW*, Vol. 12.
11 *MDR*, p. 292 *ff.*
12 *Ibid.*, p. 293, *ff.*
13 *Ibid.*, p. 289 *ff.*
14 *Ibid.*, p. 155 *ff.*

15 *Ibid.*, p. 295.
16 *Ibid.*, p. 36 *ff.*
17 *Ibid.*, p. 10 *ff.*
18 *Ibid.*, pp. 293-96.
19 *Ibid*, p. 293. 『C. G. Jung의 회상, 꿈 그리고 사상』, 369 참조.
20 『햄릿』, 제3막, 제1장.
21 *MDR*, p. 295.
22 *Ibid*, p. 302.
23 *Ibid*, pp. 299-326.
24 *Ibid*, p. 321. 『C. G. Jung의 회상, 꿈 그리고 사상』, 400-01 참조.
25 *Ibid*, p. 296.
26 *Ibid*, p. 296 *ff.* 『C. G. 융의 회상, 꿈 그리고 사상』, 372-73 참조.
27 *Ibid*, p. 295 *ff.* 『C. G. Jung의 회상, 꿈 그리고 사상』, 372 참조.
28 Mircea Eliade, *Shamanism, Archaic Techniques of Ecstasy*. 1951년에 처음으로 프랑스어로 출간되었으며, 영어로는 윌라드 트래스크Willard R. Trask가 번역하여, Bollingen Series LXXVI (New York: Pantheon Books, 1964)로 나왔다. 이윤기 옮김, 『샤마니즘: 고대적 접신술』(서울: 까치, 1994) 참조.
29 *Ibid*, p. 50.
30 *Ibid*, p. 53.
31 *Ibid*, p. 27.
32 The Hogarth Press, London, 1970. 미국에서는 1972년에 *The Prisoner and the Bomb*이라는 제목으로 W. W. Norton & Co.에서 출간되었다.

제15장

1 *MDR*, p. 297. 『C. G. 융의 회상, 꿈 그리고 사상』, 373 참조.
2 *Neue Schweiz Rundschau*, Zürich, n. S. XIII.
3 Bollingen Series XXX, Vol. 1, pp. 3-48.
4 *CW*, Vol. 16, par. 402 *ff.*
5 *Ibid.*, par. 449. 『융 기본저작집 3: 인격과 전이』, 253 참조.
6 이 강의는 「에라노스 연보 논문집*Papers from the Eranos Yearbooks*」 제1권, p. 371 *ff*에 나온다. 융은 그것을 확장하고 개정하여, *Von den Wurzeln des Bewusstseins* (Rascher Verlag, Zürich, 1954)로 출간했다. 나중에 나온 판에서 영어로 번역되어 나온 것이 전집에 들어 있는데, 그것이 바로 *On the Nature of the Psyche*, Vol. 8, par. 343 *ff*에 실려 있다. 우리말 번역으로는 『융 기본저작집

2: 원형과 무의식』, 13-104를 참조하라.
7 *MDR*, p. 297.
8 John Trinick, *The Fire-Tried Stone* (London: John Watkins, 1967)에 쓴 서문.
9 Aldus Books Limited, London, 1964; Doubleday and Company, New York, 1964.
10 *CW*, Vol. 9, Part 2.
11 안타깝게도 영어 판에는 생략되어 있다. 그것이 나중에 나온 『떠오르는 새벽빛 *Aurora Consurgens*』처럼, 융의 책 가운데 고유한 것인데 말이다.
12 *CW*, Vol. 12, par. 447-515.
13 *CW*, Vol. 9, Part 2, par. 127.
14 *Aion, Ibid.*, par. 74 *ff*. 이 주제는 여러 페이지에 걸쳐 계속 다루어지고 있으며, 나중에 또 나오기도 한다.
15 *CW*, Vol. 11, par. 559.
16 *Ibid.*
17 *Ibid*, par. 561.
18 *MDR*, p. 323 ff;『C. G. 융의 회상, 꿈 그리고 사상』, 404 참조.
19 *CW*, Vol. 11, par. 739.『융 기본저작집 4: 신의 상과 인간의 상』, 425-26 참조.
20 *Ibid.*, par. 744.『융 기본저작집 4: 신의 상과 인간의 상』, 430 참조.
21 *Ibid.*, par. 745.『융 기본저작집 4: 신의 상과 인간의 상』, 431.
22 *Ibid.*, par. 758.『융 기본저작집 4: 신의 상과 인간의 상』, 444-45.
23 *Ibid.*『융 기본저작집 4: 신의 상과 인간의 상』, 445 참조.
24 *Synchronicity: An Acausal Connecting Principle.*
25 Vol. 3, p. 201 *ff*.
26 처음에 영어로는 1955년에 (Routledge, London, and Pantheon Books, New York, Bolllingen Series LI)에서 출간되었다. 이 책 중에서 융이 쓴 논문은 *CW*, Vol. 8, par. 816-997에 수록되어 있다.
27 Northwestern University Press, 1974, p. 6 *ff*.
28 *CW*, Vol. 8, par. 840-55.
29 *Ibid.*, par. 869와 par. 872 *ff*.
30 *Ibid.*, par. 902 *ff*.
31 *Ibid.*, par. 965 *ff*.
32 *Ibid.*, par. 966 *ff*.
33 *Ibid.*, par. 967과 968.
34 Marie-Louise von Franz, *C. G, Jung: His Myth in Our Time* (New York: C. G,

Jung Foundation and G. P. Putnam's Sons, 1975)와 비교하라.
35 *MDR*, p. 226 *ff*. 『C. G. 융의 회상, 꿈 그리고 사상』, 286 참조.
36 *Ibid*., pp. 226-28. 『C. G. 융의 회상, 꿈 그리고 사상』, 288, 290 참조.
37 *Ibid*., p. 21.
38 *Ibid*., p. 297.

제16장

1 *CW*, Vol. 14, par. 659.
2 *CW*, Vol. 14, par. 664.
3 *Ibid*., par. 679와 680.
4 *Ibid*., par. 762.
5 *MDR*, pp. 255-56. 『C. G. 융의 회상, 꿈 그리고 사상』, 323 참조.
6 *MDR*, p. 255 ff; 『C. G. 융의 회상, 꿈 그리고 사상』, 324 참조.
7 *CW*, Vol. 14, par. 759 *ff*.
8 *Ibid*., par. 758.
9 *Ibid*., par. 664.
10 *Ibid*., par. 744.
11 *Ibid*., par. 705 *ff*와 par. 749-58.
12 *Ibid*., par. 705.
13 *Ibid*., par. 749.
14 *Ibid*., par. 705의 마지막 문장.
15 *Ibid*., par. 706.
16 *Ibid*., par. 790-92.

제17장

1 *MDR*, p. 175와 비교하라.
2 *Ibid*., p. 233.
3 *Ibid*., p. 225. 『C. G. 융의 회상, 꿈 그리고 사상』, 285 참조.
4 *Ibid*. 『C. G. 융의 회상, 꿈 그리고 사상』, 286 참조.
5 *Ibid*., p. 78와 비교하라.
6 *Ibid*., p. 261.
7 *CW*, Vol. 14, p. xiii.
8 *MDR*, p. 356 ff와 비교하라. [고대 그리스에서 다이몬은 신에 가까운 존재 또는 신과 인

간과의 중간적 존재를 의미한다 - 역주]
9 *CW*, Vol. 10, par. 488-588.
10 이것은 1958년에 런던의 Routledge and Kegan Paul과 보스턴의 Little Brown에서 작은 책으로 출간되었으며, *CW*, Vol. 10, par. 488 *ff*에도 들어 있다.
11 *CW*, Vol. 10, par. 488.
12 *Ibid.*, par. 524.
13 *Ibid.*, par. 535.
14 *Ibid.*, par. 536.
15 *Ibid.*, par. 540.
16 *Ibid.*, par. 503.
17 *Ibid.*, par. 504.
18 *MDR*, p. 256.
19 이 작은 책이 독일어로는 1957년 말에 나왔으며, 1959년에 영어판이 출간되었다. 결국 이것은 *CW*, Vol.10, par. 589-824에 실렸다.
20 *Weltwoche*, Zürich, 제22권, 제1078호, 1954년 7월 9일자, p. 7.
21 Orfeo M. Angelucci, *The Secret of the Saucers* (Amherst Press, 1955).
22 *MDR*, p. 289 *ff*.
23 이 책 세 권 모두 런던에 있는 Heinemann 출판사와 뉴욕에 있는 Harper & Row 출판사에서 출간되었다.
24 *CW*, Vol. 10, par. 816.
25 *Ibid.*, par. 825-86. 『융 기본저작집 9: 인간과 문화 』(서울: 솔 출판사, 2004), 109-33 참조.
26 *MDR*, p. 36.
27 *MDR*, 아니엘라 야훼Aniela Jaffé의 서문, p. v.와 비교하라.
28 이 책은 1970년에 *Zahl und Zeit*이라는 제목으로 나왔으며(영어로는 *Number and Time*으로 번역되었다), 융의 선택이 옳았음이 보여 주었다. 독일어로는 Ernst Klett Verlag, Stuttgart에서, 영어 번역판은 Northwestern University Press에서 나왔다.
29 예컨대 융이 출간한 *Gestaltungen des Unbewussten* (Rascher Verlag, Zürich, 1950)에 들어 있는 "황금단지Der Goldene Topf"가 있다.
30 *MDR*, p. 3 *ff*. 『C. G. 융의 회상, 꿈 그리고 사상』, 19-20 참조.
31 이 조각품과 돌 벽에 새긴 것을 찍은 훌륭한 사진이 G. Wehr, *C. G,. Jung* (Hamburg: Rowohlt Monographien, 1969, 1970, 1972), p. 53에 실려 있다. [역주: Aniela Jaffé ed. *C. G. Jung: Word and Image*. Bollingen Series XCVII: 2. (Princeton:

Princeton University Press, 1990), p. 194에도 훌륭한 사진과 해설이 나와 있다. 융은 물병자리 시대에는 여성적인 요소feminine element가 특별한 역할을 하게 될 것이라고 했다.] [역주: 그리스 신화에서 페가수스(천마)는 시신詩神 뮤즈가 타는, 날개 달린 말이다. 보기만 하여도 화석이 되어버린다는 무서운 괴물 메두사의 목을 영웅 페르세우스가 베어 죽였을 때 흘러나온 피에서 생겨났다고 한다. 여신女神 아테나가 이 천마를 예술의 여신 무사Musa들에게 주어, 그녀들이 헬리콘 산에서 노래 시합을 벌일 때, 이 말이 대지를 걷어차자 그곳에서 이 솟아나와 히포크레네(말의 샘)가 생겼다고 한다.]

제18장

1 *Man and His Symbols*, p. 10.
2 *Ibid.*, p. 13 *ff.*
3 *MDR,* p. 314.
4 Miguel Serano, *C. G. Jung and Herman Hesse: A Record of Two Friendships* (New York: Schocken Books, 1966), p. 105 *ff* 와 비교하라.
5 내가 이런 말을 쓰게 된 것은 마리 - 루이제 폰 프란츠 덕분이다.
6 *MDR,* p. 4. 『C. G. 융의 회상, 꿈, 그리고 사상』, 20-21 참조.
7 *Ibid.*, p. 314. 『C. G. 융의 회상, 꿈, 그리고 사상』, 393 참조.

참고문헌

Allegoriae Sapientum ... in *Theatrum Chemicum* ... Strasbourg, 1660, Vol. 5.
Angelucci, Orfeo M., *The Secret of the Saucers*, Amherst Press, 1955.
The Apocryphal New Testament, see James.
Artis Auriferae . Basel, 1552, 2 vols.
Aschaffenburg, Gustav, "Experimentelle Studien über Associationen" in Kraepelin, Psychol. Arb., I (1896) 209-99; II (1899), 1-85; IV (1904), 235-374.
St. Augustine, "Sermo Suppositus" CXX (in *Natali Domini* IV), in Migne, *P. L.*, Vol. 39, cols. 1984-87.
_____, "The Serpent Power," *Tantrik Texts*, Vol. II.
Avalon, Arthur (Sir John Woodroffe), "Shri-Chakra-Sambhara," *Tantrik Texts*, Vol. VII, Luzac & Co., London, 1919.
Basler Stadtbuch, 1965, see G. Stainer.
Baynes, Godwin, *The Mythology of the Soul*, Ryder and Co., 1969.
_____, *Germany Possessed*. Jonathan Cape, London, 1941.
Berthelot, M., *Collection des anciens alchemistes Grecs*, Paris, 1887-88.
_____, *La Chimie au moyen âge*, Paris, 1893.
Bertine, Eleanor, *Human Relationships*, Longmans, Green & Co., New York, 1958.
_____, *Jung's Contribution to Our Time*, C. G, Jung Foundation and G. P. Putnam's Sons, New York, 1967.
Biedermann, Alois, *Christliche Dogmatik*, Orell Füssli, Zürich, 1869.
Dorn, Gerard, Principal Writings in *Theatrum Chemicum*, Vol. 1.
Eckhart, Meister, translated by C. de B. Evans, John M. Watkins, London, 1924.
Eliade, Mircea, *Shamanism, Archaic Techniques of Ecstasy*, Pantheon Books, New York, 1964. 샤마니즘: 고대적 접신술, 이윤기 옮김, 서울: 까치, 1992.
Ellenberger, Henry F., *The Discovery of the Unconscious*, Basic Books Inc., New York, 1970.
Encyclopaedia Britannica, 1911.
Flournoy, Théodore, *From India to the Planet Mars*, translated by D. B. Vermilye, New York and London, 1900.
Franz, Marie-Louise von, *Aurora Consurgens*, Bollingen Series XXVII, New

York, Pantheon Books, 1966.

_____, *C. G. Jung: Sein Mythos in unserer Zeit,* Verlag Huber, Frauenfeld and Stuttgart, 1972. English edition, *C. G, Jung: His Myth in Our Time,* C. G, Jung Foundation and G. P. Putnam's Sons, New York, 1975.

_____, *Number and Time,* Northwestern University Press, Evanston, 1974.

Frey-Rohn, Lilliane, *From Freud to Jung, A Comparative Study of the Psychology of the Unconscious,* C. G, Jung Foundation and G. P. Putnam's Sons, New York, 1974.

The Freud/Jung Letters, Routledge and Kegan Paul, London, 1974; Bollingen Series XCV, Princeton University Press, Princeton, 1973.

Goethe, Johann Wolfgang von, *Faust,* translated by Philip Wayne, Penguin Books, Limited, Harmondsworth, 1959. 파우스트, 이인웅 옮김, 서울: 문학동네, 2006.

Gower, John. *Confessio amantis,* II, in the complete works of John Gower; edited by G. C. Macaulay, Oxford, 1899-1902, 4 vols.

Harding, Esther, *The I and the Not I,* Pantheon (Bollingen Foundation), New York, 1965; Princeton University Press, Princeton, 1970.

_____, *Journey into Self,* Longman's, Green & Co., New York, 1956; Vision, London, 1958; David McKay, New York, 1963.

_____, *The Parental Image,* C. G, Jung Foundation and G. P. Putnam's Sons, New York, 1965.

_____, *Psychic Energy,* Pantheon Books (Bollingen Foundation), New York, 1963.

_____, *The Way of All Women,* Longmans, Green & Co., London, New York, 1933; C. G, Jung Foundation and G. P. Putnam's Sons, New York, 1970.

_____, *Woman's Mysteries,* Longmans, Green & Co., London, New York, 1935; C. G. Jung Foundation and G. P. Putnam's Sons, New York, 1972. 사랑의 이해: 달 신화와 여성의 신비, 김정란 옮김, 서울: 문학동네, 1996.

Homer, *The Odyssey,* translated by E. V. Rieu, Penguin edition.

Hoyle, Fred, *The Black Cloud,* Heinemann, London and Harper & Row, New York, 1957.

_____, *Frontiers of Astronomy,* Heinemann, London and Harper & Row, New York, 1955.

_____, *The Nature of the Universe,* Heinemann, London and Harper & Row, New York, 1960.

The I Ching or Book of Changes, the Richard Wilhelm translation rendered into English by Cary F. Baynes, Routledge and Kegan Paul, London, 1951. Also Bollingen Series XIX, Princeton University Press, Princeton, 1960.

St. Ignatius Loyola, *The Spiritual Exercises,* edited and translated by Joseph Rickaby S. J., 2nd Edition, London. 1923. 성 이냐시오의 영신 수련, 윤양석 옮김, 한국천주교중앙협의회, 1995.

Izquierdus, Introduction to the *Spiritual Exercises* of St. Ignatius Loyola.

Jaffé, Aniela, "Bilder und Symbole aus E. T. A. Hoffman's Märchen 'Der Goldne Topf.' " printed in C. G, Jung's *Gestaltungen des Unbewussten,* Rascher Verlag, Zürich, 1950.

James, Montague Phodes, *The Apocryphal New Testament,* Clarendon Press, Oxford, 1924.

Jones, Ernest, *The Life and Work of Sigmund Freud,* The Hogarth Press, London, 1958, and Basic Books, New York (3 vols.), 1953-57.

Jung, C. G., *After the Catastrophe,* Collected Works, Vol. 10, par. 400-43.

_____, *Aion,* Collected Works, Vol. 9, Part 2.

_____, *Analytical Psychology: Its Theory and Practice,* Pantheon Books, New York, 1968.

_____, Answer to Job, Collected Works, Vol. 11, par. 553-758. "욥에의 응답," 융 기본저작집 4: 인간의 상과 신의 상, 한국융연구원 C. G. 융 저작번역위원회 옮김, 서울: 솔 출판사, 2008, 304-448.

_____, *Archetypes of the Collective Unconscious,* Collected Works, Vol. 9, par. 1-86.

_____, *Collected Papers on Analytical Psychology,* edited by Constance Long, Ballière, Tindall and Cox, London, 1917, 2nd edition.

_____, *Contributions on Analytical Psychology,* translated by Godwin Baynes, Kegan Paul Ltd, London, 1928.

_____, *The Dreamlike World of India,* Collected Works, Vol. 10, par. 981-1001. "꿈꾸는 세계 인도," 융 기본저작집 9: 인간과 문화, 한국융연구원 C. G. 융 저작번역위원회 옮김, 서울: 솔 출판사, 2008, 180-93.

_____, *Erinnerungen, Träume, Gedanken,* edited by Aniela Jaffé, Rascher Verlag, Zürich, 1962. C. G. Jung의 회상, 꿈 그리고 사상, 아니엘라 야훼 엮음, 이부영 옮김, 서울: 집문당, 2012.

_____, *Essays on Contemporary Events,* Kegan Paul Ltd., London, 1947.

_____, *Experimental Researches,* Collected Works, Vol. 2.
_____, *The Fight with the Shadow* (originally entitled *Individual and Mass Psychology*), Collected Works, Vol. 10, par. 444-57.
_____, *Gestaltungen des Unbewussten,* Rascher Verlag, Zürich, 1950.
_____, *Good and Evil in Analytical Psychology,* Collected Works, Vol. 10, par. 877-86. "분석심리학에서 본 선과 악," **융 기본저작집 9: 인간과 문화**, 한국융연구원 C. G. 융 저작번역위원회 옮김, 서울: 솔 출판사, 2008, 134-53.
_____, *Individual Dream Symbolism in Relation to Alchemy,* in *Psychology and Alchemy,* Collected Works, Vol. 12, par. 44-331. **융 기본저작집 5: 꿈에 나타난 개성화 과정의 상징**, 한국융연구원 C. G. 융 저작번역위원회 옮김, 서울: 솔 출판사, 2002, 55-282.
_____, "Individual and Mass Psychology," B.B.C., Nov. 3, 1946, printed as Introduction to *Essays on Contemporary Events,* Kegan Paul, London, 1947.
_____, *Letters,* Vol. 1, Routledge and Kegan Paul, London, 1973; Bollingen Series XCV: I, Princeton University Press, Princeton, 1973.
_____, *Memories, Dreams, Reflections,* edited by Aniela Jaffé, Pantheon Books, New York, 1961.
_____, *Mind and Earth,* Collected Works, Vol. 10, par. 49-103.
_____, *Mysterium Coniunctionis,* Collected Works, Vol. 14.
_____, *On the Nature of the Psyche,* Collected Works, Vol. 8, par. 343-442.
_____, *On the Psychology and Pathology of So-called Occult Phenomena,* Collected Works, Vol. 1, par. 1-150.
_____, *Paracelsica,* Rascher Verlag, Zürich, 1942.
_____, *Paracelsus as a Spiritual Phenomenon,* Collected Works, Vol. 13, par. 145-238.
_____, *Paracelsus, the Physician,* Collected Works, Vol. 15, par. 18-43. "의사로서의 파라켈수스," **융 기본저작집 9: 인간과 문화**, 한국융연구원 C. G. 융 저작번역위원회 옮김, 서울: 솔 출판사, 2008. 319-44.
_____, *The Phenomenology of the Spirit in Fairy Tales,* Collected Works, Vol. 9, Part I, par. 384-455. "민담에 나타난 정신현상에 관하여," **융 기본저작집 2: 원형과 무의식**, 한국융연구원 C. G. 융 저작번역위원회 옮김, 서울: 솔 출판사, 2002, 274-334.
_____, *Philosophical Tree,* Collected Works, Vol. 13, par. 304-482.
_____, *A Psychological Approach to the Dogma of the Trinity,* Collected Works,

Vol. 11, par. 169-295.
_____, *Psychological Aspects of the Mother Archetype,* Collected Works, Vol. 9, Part 1, par. 148-98. "모성 원형의 심리학적 측면," **융 기본저작집 2: 원형과 무의식**, 한국융연구원 C. G. 융 저작번역위원회 옮김, 서울: 솔 출판사, 2002, 195-236.
_____, *Psychological Factors Determining Human Behavior,* Collected Works, Vol. 8, par. 232-62.
_____, *Psychology of Transference,* Collected Works, Vol. 16, par. 353-539. "전이의 심리학, 일련의 연금술 그림에 근거한 설명," **융 기본저작집 3: 인격과 전이**, 한국융연구원 C. G. 융 저작번역위원회 옮김, 서울: 솔 출판사, 2004, 165-361.
_____, *Psychological Types,* translated by Godwin Baynes with the assistance of the author, Kegan Paul, London, 1923.
_____, *Psychological Types,* translated by Richard Hull, Collected Works, Vol. 6.
_____, *Psychology and Alchemy,* Collected Works, Vol. 12.
_____, *Psychology and Religion,* Collected Works, Vol. 11. par. 1-168. "심리학과 종교," **융 기본저작집 4: 인간의 상과 신의 상**, 한국융연구원 C. G. 융 저작번역위원회 옮김, 서울: 솔 출판사, 2008, 11-159.
_____, *A Rejoinder to Dr. Bally,* Collected Works, Vol. 10. par. 1016-34.
_____, "The Relation between the Ego and the Unconscious," in *Two Essays on Analytical Psychology,* translated by H. G. and C. F. Baynes, Balliére, Tindall and Cox, London, 1928.
_____, *The Relation between the Ego and the Unconscious,* translated by Richard Hull, Collected Works, Vol. 7. par. 202-507. "자아와 무의식의 관계," **융 기본저작집 3: 인격과 전이**, 한국융연구원 C. G. 융 저작번역위원회 옮김, 서울: 솔 출판사, 2004, 11-164.
_____, "Religious Ideas in Alchemy," in *Psychology and Alchemy,* Collected Works, Vol. 12. par. 332-565. **융 기본저작집 6: 연금술에서 본 구원의 관념**, 한국융연구원 C. G. 융 저작번역위원회 옮김, 서울: 솔 출판사, 2004.
_____, *The Role of the Unconscious,* Collected Works, Vol. 10. par. 1-48.
_____, *Seelenprobleme der Gegenwart,* Rascher Verlag, Zürich, 1931.
_____, *The Spirit Mercurius,* Collected Works, Vol. 13. par. 239-303.
_____, *A Study in the Process of Individuation,* Collected Works, Vol. 9, Part I, par. 525-626.
_____, *Symbolik des Geistes,* Rascher Verlag, Zürich, 1948.

_____, *Symbols of Transformation,* Collected Works, Vol. 5. 융 기본저작집 7: 상징과 리비도, 한국융연구원 C. G. 융 저작번역위원회 옮김, 서울: 솔, 2005. 그리고 융 기본 저작집 8: 영웅과 어머니 원형, 한국융연구원 C. G. 융 저작번역위원회 옮김, 서울: 솔 출판사, 2006.

_____, *Synchronicity: A Acausal Connecting Principle,* Collected Works Vol. 8. par. 816-997.

_____, *The Therapeutic Value of Abreaction,* Collected Works Vol. 16. par. 255-93. "제 반응의 치료적 가치," 융 기본저작집 1: 정신요법의 기본문제, 한국융연구원 C. G. 융 저작번역위원회 옮김, 서울: 솔 출판사, 2001, 107-20.

_____, *Transformation Symbolism in the Mass,* Collected Works Vol. 11. par. 296-448. "미사의 변환의 상징," 융 기본저작집 4: 신의 상과 인간의 상, 한국융연구원 C. G. 융 저작번역위원회 옮김, 서울: 솔 출판사, 2008. 161-294.

_____, *Von den Wurzeln des Bewusstseins,* Rascher Verlag, Zürich, 1954.

_____, *What India Can Teach Us,* Collected Works Vol. 10. par. 1002-13. "인도가 우리에게 가르쳐 줄 수 있는 것," 융 기본저작집 9: 인간과 문화, 한국융연구원 C. G. 융 저작번역위원회 옮김, 서울: 솔 출판사, 2008. 194-200.

_____, *Wirklichkeit der Seele,* Rascher Verlag, Zürich, 1934.

_____, *Woman in Europe,* Collected Works Vol. 10. par. 236-75. "유럽의 여성," 융 기본저작집 9: 인간과 문화, 한국융연구원 C. G. 융 저작번역위원회 옮김, 서울: 솔, 2008. 34-58.

_____, *Wotan,* Collected Works Vol. 10. par. 371-99.

Jung, C. G. and Pauli, Wolfgang, *The Interpretation of Nature and the Psyche,* Routledge, London and Pantheon Books, New York, Bollingen Series LI, 1955. 자연의 해석과 정신, 이창일, 이승일 옮김, 서울: 청계, 2002.

Jung, C. G. and Wilhelm, Richard, *The Secret of the Golden Flower,* Kegan Paul, London, 1931; Commentary on "Secret of Golden Flower" Collected Works, Vol. 12, par. 1-84. 태을금화종지, 여동빈 지음, 이윤희, 고성훈 공역, 서울: 여강출판사, 2005.

Jung, Emma and Franz, Marie-Louise von, *The Grail Legend,* Hodder and Stoughton, London, 1971; C. G. Jung Foundation and G. P. Putnam's Sons, New York, 1972.

Jung, Ernst, *"Aus den Tagebüchern maines Vaters,"* Winterthur, 1910.

Kant, Immanuel, *Critique of Pure Reason,* Everyman's Library, 1934. 순수이성비판 1, 2, 백종현 옮김, 서울: 아카넷, 2006.

Krug, W. T., *General Dictionary of the Philosophical Sciences,* 2nd edition, 1832.

Die kulturelle Bedeutung der komplexen Psychologie, Springer Verlag, Berlin, 1935, "Festschrift" for Jung's sixtieth birthday.

Lorenz, Konrad, *On Aggression,* Methuen & Co., London, and Harcourt, Brace, Jovanovich, New york, 1966. 공격성에 관하여, 송준만 옮김, 서울: 이화여자대학교 출판부, 1989.

Mead, G. R. S., "Ceremonial Game-Playing and Dancing in Medieval Churches," in *The Quest,* a Quarterly Review, No. II, Watkins, London, 1926.

_____, "The Hymns of Jesus," of *Echoes from the Gnosis,* theosophical Publishing Society, London, 1906, Vol. IV.

Nietzsche, Friedrich, *Thus Spake Zarathustra,* translated by Thomas Common, Modern Library, New York, 1900. 차라투스트라는 이렇게 말했다, 장희창 옮김, 서울: 민음사, 2004.

Oeri, Albert, "Ein paar Jugenderinnerungen," in *Die kulturelle Bedeutung der komplexen Psychologie,* Springer Verlag, Berlin, 1935.

Ostanes, Arabic Book of, in Berthelot, M., *La Chimie au moyen âge,* 1893.

Papers from the Eranos Yearbook, Bollingen Series XXX, Princeton University Press and Routledge and Kegan Paul, London, 6 vols.

Puech, H. G., "Concept of Redemption in Manichaeism," in *Papers from the Eranos Yearbook,* Vol. 6, 1968, pp. 247-314.

The Quest Quarterly Review Reprint Series, Series No. II, Watkins, London, 1926.

Richard de St. Victor, see Victor.

"Rosarium Philosophorum," in *Artis Auriferae,* 1553.

Schopenhauer, Arthur, *The World as Will and Idea,* translated by Haldone and Kemp, English and Foreign Philosophical Library, 3 vols, 1883-1886. 의지와 표상으로서의 세계, 홍성광 옮김, 서울: 을유문화사, 2009.

Steiner, Gustav, "Erinnerungen an Carl Gustav Jung," in *Basler Stadtbuch,* 1965, pp. 117-63.

Teutsches Liederbuch.

Trinick, John, *The Fire-Tried Stone,* John Watkins, London, 1967.

"The Upanishads," *The Sacred Books of the East,* Vol. 1, Oxford University Press, Reprint, London, 1926. 우파니샤드 I, 이재숙 옮김, 파주: 한길사, 2005. 우파니샤드 II, 이재숙 옮김, 파주: 한길사, 2008.

"*Die Victoriner*": *Mystische Schriften,* edited by Paul Wolff, Thomas-Verlag,

Jacob Hegner in Wien, 1936.
Victor, Richard de St., "Benjamin Minor," printed in *Die Victoriner,* pp. 131-92.
White, Victor, *God and the Unconscious,* Harwill, London, 1952.
Wilhelm, Richard, *I Ging, das Buch der Wandlungen,* Jena, 1924.
_____, *I Ching,* translated by Cary Baynes, Kegan Paul, London, 1951.
Woodroffe, Sir John, see Avalon.
Wordsworth, William, *Intimations of Immortality from Recollection of Early Childhood,* Everyman's Library, No. 203 Vol. 1, 1955.
Wundt, Wilhelm, *Philosophische Studien,* 20 vols., Leipzig, 1883-1902.
Yates, Frances, *Giordano Bruno and the Hermetic Traditions,* Routledge and Kegan, London, 1964.
Zumstein-Preiswerk, Stefanie, *C. G, Jung's Medium, Die Geschichte der Helly Preiswerk,* Kindler, Munich, 1975.